# 資治通鑒

## 图文注释本

五

周国林　主编

岳麓書社·长沙

# 第五册目录

# 资治通鉴卷第一百四十九

## 梁纪五　起屠维大渊献，尽昭阳单阏，凡五年。

## 高祖武皇帝五

**天监十八年**　春，正月，甲申，以尚书左仆射袁昂为尚令[①]，右仆射王暕为左仆射，太子詹事徐勉为右仆射。

丁亥，魏主下诏，称"太后临朝践极，岁将半纪，宜称'诏'以令宇内"。

辛卯，上祀南郊。

魏征西将军张彝之子仲瑀上封事[②]，求铨削选格，排抑武人，不使豫清品。于是喧谤盈路，立榜大巷，克期会集，屠害其家；彝父子晏然，不以为意。二月，庚午，羽林、虎贲近千人，相帅至尚书省诟骂，求仲瑀兄左民郎中始均不获[③]，以瓦石击省门；上下慑惧，莫敢禁讨。遂持火掠道中薪蒿，以杖石为兵器，直造其第，曳彝堂下，捶辱极意[④]，焚其第舍。始均逾垣走，复还拜贼，请其父命，贼就殴击，生投之火中。仲瑀重伤走免，彝仅有余息，再宿而死。远近震骇。胡太后收掩羽林、虎贲凶强者八人斩之，其余不复穷治。乙亥，大赦以安之，因令武官得依资入选。识者知魏之将乱矣。

时官员既少，应选者多，吏部尚书李韶铨注不行，大致怨嗟；更以殿中尚书崔亮为吏部尚书[⑤]。亮奏为格制，不问士之贤愚，专以停解月日为断，沉滞者皆称其能。亮甥司空咨议刘景安与亮书曰："殷周以乡塾贡士[⑥]，两汉由州郡荐才[⑦]，魏、晋因循，又置中正[8]，虽未尽美，应什收六七。而朝廷贡才，止求其文，不取其理，察孝廉唯论章句，不及治道，立中正不考才行，空辩氏姓，取士之途不博，沙汰之理未精。舅属当铨衡，宜改张易调，如何反为停年格以限之，天下士子谁复修厉名行哉！”亮复书曰：“汝所言乃有深致。吾昨为此格，有由而然。古今不同，时宜须异。昔子产铸刑书以救弊，叔向讥之以正法[9]，何异汝以古礼难权宜哉！”洛阳令代人薛琡上书言：“黎元之命，系于长吏，若以选曹唯取年劳，不简能否，义均行雁，次若贯鱼，执簿呼名，一吏足矣，数人而用，何谓铨衡！”书奏，不报。后因请见，复奏“乞令王公贵臣荐贤以补郡县”，诏公卿议之，事亦寝。其后甄琛等继亮为吏部尚书，利其便己，踵而行之，魏之选举失人，自亮始也。

初，燕燕郡太守高湖奔魏[10]，其子谧为侍御史，坐法徙怀朔镇，世居北边，遂习鲜卑之俗。谧孙欢，沉深有大志，家贫，执役在平城，富人娄氏女见而奇之，遂嫁焉。始有马，得给镇为函使[11]，至洛阳，见张彝之死，还家，倾赀以结客。或问其故，欢曰：“宿卫相帅焚大臣之第，朝廷惧其乱而不问，为政如此，事可知矣，财物岂可常守邪！”欢与怀朔省事云中司马子如、秀容刘贵[12]、中山贾显智、户曹史咸阳孙腾、外兵史怀朔侯景、狱掾善无尉景[13]、广宁蔡俊[14]，特相友善[14]，并以任侠雄于乡里。

北魏陶马

夏，四月，丁巳，大赦。

【注释】

①尚令：当为尚书令之误，他本均作“尚书令”。

②征西将军：他本后边均有

“下陆文侯”四字。 ③左民郎中：即“尚书左民郎”，尚书省分曹职官之一。 ④捶辱极意：他本“意”字下有“唱呼动地”四字。 ⑤殿中尚书：即殿中省尚书，掌内侍供奉之职。 ⑥殷、周以乡塾贡士：相传为殷、周两代的选举制度。《礼记·王制》：“命乡论秀才，升之司徒，曰选士；司徒论秀才而升之学，曰俊士。” ⑦两汉由州郡荐才：指两汉先后实行的选举贤良文学、孝廉之士的制度。 ⑧中正：指魏文帝曹丕于黄初元年(220)颁布的“九品中正制”的选士制度。 ⑨叔向讥之：指《左传·昭公六年》所记郑国铸定刑律，叔向写信给子产讥笑郑国不合先王之制一事。 ⑩高湖奔魏：后燕燕郡太守高湖率户三千降魏，事见本书卷第一百十一晋安帝隆安三年(399)。 ⑪函使：奉送信函到京师去的使者；古时上奏书表均函封，故云。 ⑫秀容：郡名，北魏永兴二年(410)置，治所在秀容县(今山西忻州市西北)。 ⑬善无：郡名，北魏置，治所在善无县(今山西右玉县东南)。 ⑭广宁：郡名，治所在今河北涿鹿县。案：本句所言“省事”“户曹史”“外兵史”“狱掾”，均为北魏所设边镇小吏。

五月，戊戌，魏以任城王澄为司徒，京兆王继为司空。

魏累世强盛，东夷、西域贡献不绝，又立互市以致南货，至是府库盈溢。胡太后尝幸绢藏，命王公嫔主从行者百余人各自负绢，称力取之，少者不减百余匹。尚书令、仪同三司李崇，章武王融，负绢过重，颠仆于地，崇伤腰，融损足，太后夺其绢，使空出，时人笑之。融，太洛之子也。侍中崔光止取两匹，太后怪其少，对曰：“臣两手唯堪两匹。”众皆愧之。

时魏宗室权幸之臣，竞为豪侈，高阳王雍，富贵冠一国，宫室园圃，侔于禁苑，僮仆六千，伎女五百，出则仪卫塞道路，归则歌吹连日夜，一食直钱数万。李崇富埒于雍而性俭啬，尝谓人曰：“高阳一食，敌我千日。”

河间王琛，每欲与雍争富，骏马十余匹，皆以银为槽，窗户之上，玉凤衔铃，金龙吐旆。尝会诸王宴饮，酒器有水精锋[①]，马瑙碗，赤玉卮，制作精巧，皆中国所无。又陈女乐、名马及诸奇宝，复引诸王历观府库，金钱、缯布，不可胜计，顾谓章武王融曰：“不恨我不见石崇[②]，恨石崇不见我。”融素以富自负，归而惋叹三日。京兆王继闻而省之，谓曰："卿之货财计不减于彼，何为愧羡乃尔？"融曰："始谓富于我者独高阳耳，不意复有河间！"继曰："卿似袁术在淮南[3]，不知世间复有刘备耳。"融乃笑而起。

太后好佛，营建诸寺，无复穷已，令诸州各建五级浮图，民力疲弊。诸王、贵人、宦官、羽林各建寺于洛阳，相高以壮丽。太后数设斋会，施僧物动以万计，赏赐左右无节，所费不赀，而未尝施惠于民。府库渐虚，乃减削百官禄力[4]。任城王澄上表，以为"萧衍常蓄窥觎之志，宜及国家强盛，将士旅力，早图混一之功。比年以来，公私贫困，宜节省浮费以周急务。"太后虽不能用，常优礼之。

魏自永平以来[5]，营明堂、辟雍，役者多不过千人，有司复借以修寺及供他役，十余年竟不成。起部郎源子恭上书[6]，以为"废经国之务，资不急之费，宜彻减诸役，早图就功，使祖宗有严配之期[7]，苍生有礼乐之富"。诏从之，然亦不能成也。

【注释】

①水精锋：一本作"水精钟"。水精，即水晶。 ②石崇：西晋南皮（今河北南皮县东北）人，字季伦，累官荆州刺史，迁卫尉，使航海致富，以豪侈闻名，后被赵王司马伦所杀。石崇事见本书卷第八十一晋武帝太康三年（282）。 ③袁术：东汉汝阳（今河南商水县西北）人，袁绍之弟，累迁河南尹、虎贲中郎将，汉末军阀混战时据有寿春（治今安徽寿县）；寿春城在淮河南岸。 ④禄力：禄，指官吏应得俸禄；力，指官吏任职时役使的差役。 ⑤永平：北魏宣武帝元恪的年号，起 508 年八月，止 512 年四月。 ⑥起部郎：职官名，负责宗庙建筑，晋、宋以后始设，但多为临时性职务，事毕即罢。 ⑦严配之期：指配天享受祭祀之期。语出《孝经》："孔子曰：'孝莫大于严父，严父莫大于配天。'"

魏人陈仲儒请依京房立准以调八音[1]。有司诘仲儒："京房律准[2]，今虽有其器，晓之者鲜，仲儒所受何师，出何典籍？"仲儒对言："性颇爱琴，又尝读司马彪《续汉书》[3]，见京房准术，成数昞然。遂竭愚思，钻研甚久，颇有所得。夫准者本以代律，取其分数，调校乐器。窃寻调声之体，宫、商宜浊，徵、羽用清。若依公孙崇[4]，止以十二律声，而云还相为宫[5]，清浊悉足。唯黄钟管最长，故以黄钟为宫，则往往相顺。若均之八音，犹须错采众音，配成其美。若以应钟为宫，蕤宾为徵，则徵浊而宫清，虽有其韵，不成音曲。若以中吕为宫，则十二律中全无所取。今依京房书，中吕为宫，乃以去灭为商，执始为徵，然后方韵。而崇乃以中吕为宫，犹用林钟为徵，何由可谐！但音声精微，史传简略，旧志准十三弦，隐间九尺[6]，不言须柱以不。又，一寸之内有万九千六百八十三分，微细难明。仲儒私曾考验，准当施柱，但前却柱中，以约准分，则相生之韵已自应合。其中弦粗细，须与琴宫相类，施轸以调声[7]，令与黄钟相合。中弦下依数画六十律清浊之节，其余十二弦须施柱如筝，即于中弦按尽一周之声，度著十二弦上。然后依相生之法，以次运行，取十二律之商、徵。商、徵既定，又依琴五调调声之法以均乐器[8]，然后错采众声以文饰之，若事有乖此，声则不和。且燧人不师资而习火[9]，延寿不束脩以变律[10]，故云知之者欲教而无从，心达者体知而无师，苟有一毫所得，皆关心抱，岂必要经师受然后为奇哉！”尚书萧宝寅奏仲儒学不师受，轻欲制作，不敢依许，事遂寝。

魏中尉东平王匡以论议数为任城王澄所夺，愤恚，复治其故棺[11]，欲奏攻澄。澄因奏匡罪状三十余条，廷尉处以死刑。秋，八月，己未，诏免死，削除官爵，以车骑将军侯刚代领中尉。三公郎中辛雄奏理匡，以为“历奉三朝，骨鲠之迹，朝野具知，故高祖赐名曰匡。先帝既已容之于前，陛下亦宜宽之于后，若终贬黜，恐杜忠臣之口”。未几，复除匡平州刺史。雄，琛之族孙也。

九月，庚寅朔[12]，胡太后游嵩高；癸巳，还宫。

太后从容谓兼中书舍人杨昱曰：“亲姻在外，不称人心，卿有闻，慎勿讳隐！”昱奏扬州刺史李崇五车载货、相州刺史杨钧造银食器饷领军元叉[13]。太后召叉夫妻，泣而责之。叉由是怨昱。昱叔父舒妻，武昌王和之妹也。和即叉之从祖。舒卒，元氏频请别居，昱父椿泣责不听，元氏恨之。会瀛州民刘宣明谋反，事觉，逃亡。叉使和及元氏诬告昱藏匿宣明，且云：“昱父定州刺史椿，叔父华州刺史津，并送甲仗三百具，谋为不逞。”叉复构成之。遣御仗五百人夜围昱宅，收之，一无所获。太后问其状，昱具对为元氏所怨。太后解昱缚，处和及元氏死刑，既而叉营救之，和直免官，元氏竟不坐。

冬，十一月，癸丑，魏任城文宣王澄卒。

庚申，魏大赦。

是岁，高句丽王云卒[14]，世子安立。

魏以郎选不精，大加沙汰，唯朱元旭、辛雄、羊深、源子恭及范阳祖莹等八人以才用见留，余皆罢遣。深，祉之子也。

**【注释】**

①京房：历史上有二人，一为汉武帝时代人，曾为大中大夫，以治《易》闻；另一京房也是西汉人，师焦延寿治《易》，好钟律，知音乐，长于灾异之说，此处即指后一人。八音：指金、石、土、革、丝、木、匏、竹八类乐器。　②律准：律，本来指用来定音的竹管，古人用十二个长度不同的律管，吹出十二个高度不同的标准音，以确定乐音的高低，因此这十二个标准音就叫做十二律；这十二个固定的音依次为黄钟、大吕、太簇、夹钟、姑洗、中吕、蕤宾、林钟、夷则、南吕、无射、应钟。据史载京房用来确定乐音高低的乐器不是一般的律管，而是准；准的形态如瑟，有一丈长，十三弦，隐间九寸。　③司马彪：西晋初期人，字绍统，晋朝宗室，著作有《九州春秋》《续汉书》等。　④公孙崇：北魏公孙崇造乐尺，事见本书卷第一百四十七梁武帝天监八年(509)。　⑤还相为宫：即旋相为宫。在中国古代音乐中宫、商、角、徵、羽五声均可作为音阶的第一级音，同时也就可以形成五种不同的调式，但宫、商、角、徵、羽等音只有相对音高，没有绝对音高，在实际音乐中，他们的音高要用律来确定，而这种用律来定宫音，形成多种调式的方法，就叫“旋相为宫”。　⑥隐间：古时琴等乐器上的装饰。　⑦轸：古时琴一类乐器上转弦的部件。　⑧五调调声：调，前一个读调式之“调”(diào 吊)；后一个读调音之“调”(tiáo 条)。五调调声，即用五种调式调度弦音。⑨燧人：即燧人氏，传说中发明钻木取火教民熟食的人。　⑩延寿：即焦延寿，京房的老师。　⑪复治其故棺：北魏东平王元匡，先朝任支度尚书，在高肇专权时，曾自造棺材置于厅前，抬棺材上殿陈述高肇之罪。事见本书卷第一百四十七梁武帝天监七年(508)。　⑫庚寅朔：他本“寅”后无“朔”字。案：庚寅为九月十四日，“朔”字应删。　⑬相州刺史杨钧造银食器：他本“相州”作“恒州”；

"器"下有"十具并"三字。 ⑭高句丽:即高句丽国,相传前37年朱蒙创于今鸭绿江流域,427年迁都至今朝鲜平壤。

**普通元年** 春,正月,乙亥朔,改元大赦。

丙子,日有食之。

己卯,以临川王宏为太尉、扬州刺史,金紫光禄大夫王份为尚书左仆射。份,奂之弟也[①]。

左军将军豫宁威伯冯道根卒。是日上春,祠二庙[②],既出宫,有司以闻。上问中书舍人朱异曰:"吉凶同日,今可行乎?"对曰:"昔卫献公闻柳庄死[③],不释祭服而往。道根虽未为社稷之臣,亦有劳王室,临之,礼也。"上即幸其宅,哭之甚恸。

高句丽世子安遣使入贡。二月,癸丑,以安为辽东将军、高句丽王,遣使者江法盛授安衣冠剑佩。魏光州兵就海中执之,送洛阳。

魏太傅、侍中、清河文献王怿,美风仪,胡太后逼而幸之。然素有才能,辅政多所匡益,好文学,礼敬士人,时望甚重。侍中、领军将军元叉在门下,兼总禁兵,恃宠骄恣,志欲无极,怿每裁之以法,叉由是怨之。卫将军、仪同三司刘腾,权倾内外,吏部希腾意,奏用腾弟为郡,人资乖越,怿抑而不奏,腾亦怨之。龙骧府长史宋维,弁之子也,怿荐为通直郎[④],浮薄无行。叉许维以富贵,使告司染都尉韩文殊父子谋作乱立怿[⑤]。怿坐禁止,按验,无反状,得释,维当反坐;叉言于太后曰:"今诛维,后有真反者,人莫敢告。"乃黜维为昌平郡守[⑥]。

叉恐怿终为己害,乃与刘腾密谋,使主食中黄门胡定自列云[⑦]:"怿货定使毒魏主,若己得为帝,许定以富贵。"帝时年十一,信之。秋,七月,丙子,太后在嘉福殿,未御前殿,叉奉帝御显阳殿,腾闭永巷门,太后不得出。怿入,遇叉于含章殿后,叉厉声不听怿入,怿曰:"汝欲反邪!"叉曰:"叉不反,正欲缚反者耳!"命宗士及直斋执怿衣袂[⑧],将入含章东省,使人防守之。腾称诏集公卿议,论怿大逆;众咸畏叉,无敢异者,唯仆射新泰文贞公游肇抗言以为不可,终不下署。

叉、腾持公卿议入，俄而得可，夜中杀怿。于是诈为太后诏，自称有疾，还政于帝。幽太后于北宫宣光殿，宫门昼夜长闭，内外断绝，腾自执管钥，帝亦不得省见，裁听传食而已。太后服膳俱废，不免饥寒，乃叹曰："养虎得噬，我之谓矣。"叉使中常侍贾粲侍帝书，密令防察动止。叉遂与太师高阳王雍等同辅政，帝谓叉为姨父。叉与腾表里擅权，叉为外御，腾为内防，常直禁省，共裁刑赏，政无巨细，决于二人，威振内外，百僚重迹。

朝野闻怿死，莫不丧气，胡夷为之剺面者数百人[9]。游肇愤邑而卒[10]。

己卯，江、淮、海并溢。

**【注释】**

①奂：指王奂，齐武帝时任尚书左仆射、雍州刺史，齐武帝永明十一年(493)起兵被杀。事见本书卷第一百三十八齐武帝永明十一年(493)。 ②二庙：指太庙和小庙。梁朝立有太庙，祭祀太祖文皇帝；又有小庙，祭祀太祖太夫人，因为她本非嫡夫人，故另立小庙。 ③卫献公闻柳庄死：卫献公，春秋时卫国国君；柳庄，卫国太史。卫献公吊唁柳庄事见《礼记·檀弓上》："卫太史柳庄寝疾，公曰：'若疾革，虽当祭必告。'公再拜稽首，请于尸曰：'有臣柳庄也者，非寡人之臣，社稷之臣也。闻之死，请往。'不释服而往，遂以襚之。" ④通直郎：即通直散骑侍郎，是一种传达请谒之职。 ⑤司染都尉：职官名，由周代染人、汉代平准令等演变而来，负责宫中丝织品的染色之事。 ⑥昌平：郡名，治所在今北京昌平区。 ⑦主食中黄门：主食，指供奉御膳的人；中黄门，宦官名称。 ⑧宗士：北魏朝廷宗师的部属。直斋：殿内斋阁值守将士，属直阁将军。 ⑨剺(lí 离)面：用刀划脸。北方少数民族风俗，吊唁死者，用刀划脸而哭，表示极端悲哀。 ⑩邑：通"悒"，忧愁不安。

辛卯，魏主加元服[1]，大赦，改元正光。

魏相州刺史中山文庄王熙，英之子也，与弟给事黄门侍郎略、司徒祭酒纂[2]，皆为清河王怿所厚，闻怿死，起兵于邺，上表欲诛元叉、刘腾，纂亡奔邺。后十日，长史柳元章等帅城人鼓噪而入，杀其左右，执熙、纂并诸子置于高楼。八月，甲寅，元叉遣尚书左丞卢同就斩熙于邺街，并其子弟。

熙好文学，有风义，名士多与之游，将死，与故知书曰："吾与弟俱蒙皇太后知遇，兄据大州，弟则入侍，殷勤言色，恩同慈母。今皇太后见废北宫，太傅清河王横受屠酷，主上幼年，独在前殿。君亲如此，无以自安，故帅兵民欲建大义于天下。但智力浅短，旋见囚执，上惭朝廷，下愧相知。本以名义干心，不得不尔，流肠碎首，复何言哉！凡百君子，各敬尔仪，为国为身，善勖名节！"闻者怜之。熙首至洛阳，亲故莫敢视，前骁骑将军刁整独收其尸而藏之。整，雍之孙也。卢同希叉意，穷治熙党与，锁济阴内史杨昱赴邺[3]，考讯百日，乃得还任。叉以同为黄门侍郎。

元略亡抵故人河内司马始宾，始宾与略缚荻筏夜渡孟津[4]，诣屯留栗法光家[5]，转依西河太守刁双，匿之经年。时购略甚急，略惧，求送出境，双曰："会有一死，所难遇者为知己死耳，愿不以为虑。"略固求南奔，双乃使从子昌送略渡江，遂来奔，上封略为中山王。双，雍之族孙也。叉诬刁整送略，并其子弟收系之，御史王基等力为辩雪，乃得免。

甲子，侍中、车骑将军永昌严侯韦睿卒[6]。时上方崇释氏，士民无不从风而靡，独睿自以位居大臣，不欲与俗俯仰，所行略如平日。

九月，戊戌，魏以高阳王雍为丞相，总摄内外，与元叉同决庶务。

初，柔然佗汗可汗纳伏名敦之妻候吕陵氏，生伏跋可汗及阿那瓌等六子。伏跋既立，忽亡其幼子祖惠，求募不能得。有巫地万言祖惠今在天上，我能呼之，乃于大泽中施帐幄，祀天神，祖惠忽在帐中，自云恒在天上。伏跋大喜，号地万为圣女，纳为可贺敦[7]。地万既挟左道，复有姿色，伏跋敬而爱之，信用其言，干乱国政。如是积岁，祖惠浸长，语其母曰："我常在地万家，未尝上天，上天者地万教我也。"其母具以状告伏跋，伏跋曰："地万能前知未然，勿为谗也。"既而地万惧，谮祖惠于伏跋而杀之。候吕陵氏遣其大臣具列等绞杀地万；伏跋怒，欲诛具列等。会阿至罗入寇[8]，伏跋击之，兵败而还。候吕陵氏与大臣共杀伏跋，立其弟阿那瓌为可汗。阿那瓌立十日，其族兄示发帅众数万击之，阿那瓌战败，与其弟乙居伐轻骑奔魏。示发杀候吕陵氏及阿那瓌二弟。

魏清河王怿死，汝南王悦了无恨元叉之意，以桑落酒候之[9]，尽其私佞。叉大喜，冬，十月，乙卯，以悦为侍中、大尉。悦就怿子亶求怿服玩，不时称旨，杖百亶下，几死。

柔然可汗阿那瓌将至魏，魏主使司空京兆王继、侍中崔光等相次迎之，赐劳甚厚。魏主引见阿那瓌于显阳殿，因置宴，置阿那瓌位于亲王之下。宴将罢，阿那瓌执启立于座后，诏引至御座前，阿那瓌再拜言曰："臣以家难，轻来诣阙，本国臣民，皆已逃散。陛下恩隆天地，乞兵送还本国，诛翦叛逆，收集亡散，臣当统帅遗民，奉事陛下。言不能尽，别有启陈。"仍以启授中书舍人常景以闻。景，爽之孙也。

十一月，己亥，魏立阿那瓌为朔方公、蠕蠕王，赐以衣服、轺车[10]，禄恤仪卫，一如亲王。时魏方强盛，于洛水桥南御道东作四馆，道西立四里：有自江南来降者处之金陵馆，三年之后赐宅于归正里；自北夷降者处燕然馆[11]，赐宅于归德里；自东夷降者处扶桑馆[12]，赐宅于慕化里；自西夷降者处崦嵫馆[13]，赐宅于慕义里。及阿那瓌入朝，以燕然馆处之。阿那瓌屡求返国，朝议异同不决，阿那瓌以金百斤赂元叉，遂听北归。十二月，壬子，魏敕怀朔都督简锐骑二千护送阿那瓌达境首，观机招纳。若彼迎候，宜赐缯帛车马礼饯而返；如不容受，听还阙庭。其行装资遣，付尚书量给。

辛酉，魏以京兆王继为司徒。

魏遣使者刘善明来聘，始复通好。

**【注释】**

①加元服：举行冠礼；元服，指冠。 ②司徒祭酒：指司徒府祭酒，从曹魏以来，公府有东、西阁祭酒。 ③济阴：郡名，原治今山东菏泽市定陶区西北，北魏时移治今山东曹县西北。 ④荻茷（dí fá 狄伐）：荻，芦苇一类的植物；茷，指草叶很多。荻茷，这里合指叶子很多的芦苇。元略和司马始宾缚荻茷从孟津（今河南洛阳市孟津区东北）渡过黄河。⑤屯（tún 豚）留：县名，汉代治所在今山西长治市屯留区，北魏移治今山西长治市西北。 ⑥永昌：县名，治所在今湖南祁东县西北。韦睿：死后

谥号“严”,故称永昌严侯韦睿。 ⑦可(kè 克)贺敦:柔然王后的称呼。 ⑧阿至罗:高车部族的一支。 ⑨桑落酒:酒名;因取九、十月间桑叶凋落时的水酿成,故名。《水经·河水注》:“河东郡有姓刘名堕者,宿善工酿,采挹河流,酿成芳酎,排于桑落之辰,故酒得其名矣。” ⑩轺(yáo 遥)车:古代的一种轻便马车。 ⑪燕然馆:北魏政府以燕然山命名的公馆;燕然山,即今蒙古国境内杭爱山脉。 ⑫扶桑馆:以扶桑命名的公馆。扶桑,我国古代对日本的别称,因为它处于我国古代神话传说中日出的地方汤谷而得名。 ⑬崦嵫(yān zī 烟资)馆:以崦嵫命名的公馆。崦嵫,中国古代神话中日落的地方;一说山名,在今甘肃天水市西。

**二年** 春,正月,辛巳,上祀南郊。

置孤独园于建康,以收养穷民。

戊子,大赦。

魏南秦州氐反[①]。

魏发近郡兵万五千人[②],使怀朔镇将杨钧将之,送柔然可汗阿那瓌返国。尚书左丞张普惠上疏,以为:“蠕蠕久为边患,今兹天降丧乱,荼毒其心,盖欲使之知有道之可乐,革面稽首以奉大魏也。陛下宜安民恭己以悦服其心。阿那瓌束身归命,抚之可也;乃更先自劳扰,兴师郊甸之内,投诸荒裔之外,救累世之勍敌[③],资天亡之丑虏,臣愚未见其可也。此乃边将贪窃一时之功,不思兵为凶器,王者不得已而用之。况今旱暵方甚[④],圣慈降膳,乃以万五千人使杨钧为将,欲定蠕蠕,干时而动,其可济乎!脱有颠覆之变,杨钧之肉,其足食乎!宰辅专好小名,不图安危大计,此微臣所以寒心者也。且阿那瓌之不还,负何信义,臣贱不及议,文书所过[⑤],不敢不陈。”阿那瓌辞于西堂,诏赐以军器、衣被、杂采、粮畜,事事优厚,命侍中崔光等劳遣于外郭。

阿那瓌之南奔也,其从父兄婆罗门帅众数万入讨示发,破之,示发奔地豆干[⑥],地豆干杀之,国人推婆罗门为弥偶可社句可汗。杨钧表称:“柔然已立君长,恐未肯以杀兄之人郊迎其弟,轻往虚返,徒损国威。自非广加兵众,无以送其入北。”二月,魏人使旧尝奉使柔然者牒云具仁往谕婆罗门[⑦],使迎阿那瓌。

辛丑，上祀明堂。

庚戌，魏使假抚军将军邴虬讨南秦叛氐。

魏元叉、刘腾之幽胡太后也，右卫将军奚康生预其谋，叉以康生为抚军大将军、河南尹，仍使之领左右。康生子难当娶侍中、左卫将军侯刚女，刚子，叉之妹夫也，叉以康生通姻，深相委托，三人率多俱宿禁中，时或迭出，以难当为千牛备身[8]。康生性粗武，言气高下，叉稍惮之，见于颜色，康生亦微惧不安。

甲午[9]，魏主朝太后于西林园，文武侍坐，酒酣迭舞，康生乃为力士舞，及折旋之际，每顾视太后，举手、蹈足、瞋目、颔首，为执杀之势，太后解其意而不敢言。日暮，太后欲携帝宿宣光殿，侯刚曰："至尊已朝讫，嫔御在南[10]，何必留宿！"康生曰："至尊陛下之儿，随陛下将东西，更复访谁！"群臣莫敢应。太后自起援帝臂，下堂而去。康生大呼，唱万岁！帝前入阁，左右竞相排，阁不得闭。康生夺难当千牛刀，斫直后元思辅[11]，乃得定。帝既升宣光殿，左右侍臣俱立西阶下。康生乘酒势将出处分，为叉所执，锁于门下。光禄勋贾粲给太后曰："侍官怀恐不安，陛下宜亲安慰。"太后信之，适下殿，粲即扶帝出东序，前御显阳殿，闭太后于宣光殿。至晚，叉不出，令侍中、黄门、仆射、尚书等十余人就康生所讯其事，处康生斩刑，难当绞刑。叉与刚并在内，矫诏决之：康生如奏，难当恕死从流。难当哭辞父，康生慷慨不悲，曰："我不反死，汝何哭也？"时已昏暗，有司驱康生赴市，斩之；尚食典御奚混与康生同执刀入内，亦坐绞。难当以侯刚婿，得留百余日，竟流安州[12]；久之，叉使行台卢同就杀之。以刘腾为

北魏时波斯银币

司空。八坐、九卿常旦造腾宅[13]，参其颜色，然后赴省府，亦有终日不得见者。公私属请，唯视货多少，舟车之利，山泽之饶，所在榷固，刻剥六镇，交通互市，岁入利息以巨万万计，逼夺邻舍以广其居，远近苦之。

京兆王继自以父子权位太盛，固请以司徒让车骑大将军、仪同三司崔光。夏，四月，庚子，以继为太保，侍中如故，继固辞，不许。壬寅，以崔光为司徒，侍中、祭酒、著作如故。

魏牒云具仁至柔然，婆罗门殊骄慢，无逊避心，责具仁礼敬；具仁不屈，婆罗门乃遣大臣丘升头等将兵二千随具仁迎阿那瓌。五月，具仁还镇，具道其状，阿那瓌惧，不敢进，上表请还洛阳。

【注释】

①南秦州：北魏正始（504—508）初以梁州改名，治所在洛谷城（今甘肃西和县西南），西魏废帝三年（554）改名成州。 ②近郡：指靠近北魏京城洛阳的各个郡。 ③勍（qíng 情）敌：强敌。 ④旱暵（hàn 汉）：干旱，干枯。 ⑤文书所过：北魏制度，朝廷文书都要经过尚书二丞之手，张普惠为尚书左丞，故文书要从他手中经过。 ⑥地豆干：北魏时北方少数民族部落建立的国家，相传其领地距室韦（契丹族的一支，居今内蒙东部一带）西千余里。 ⑦牒云具仁：人名。牒云，复姓。 ⑧千牛备身：禁卫官名。北魏北齐北周都有千牛备身，执掌御刀（千牛刀），侍卫国君左右。 ⑨甲午：据《魏书·肃宗纪》正光三年，奚康生杀元叉事在三月甲午。此处当补“三月”两字。 ⑩嫔御在南：宣光殿在洛阳北宫，元叉等幽胡太后于此。北魏孝明帝和嫔妃住在南宫，故侯刚说：“嫔御在南。” ⑪直后：官名，直阁将军的属将。 ⑫安州：治所在今河北固安县南。 ⑬八坐：魏晋南北朝时期以五曹（尚书省、中书省、门下省、秘书省、集书省）一令（尚书令）二仆射（左、右仆射）为八座（坐）；九卿：太府、太常、光禄勋、卫尉、廷尉、大司农、少府、太仆、大鸿胪。

辛巳，魏南荆州刺史桓叔兴据所部来降[1]。

六月，丁卯，义州刺史文僧明[2]、边城太守田守德拥所部降魏[3]，皆蛮酋也。魏以僧明为西豫州刺史，守德为义州刺史。

癸卯[4]，琬琰殿火，延烧后宫三千间。

秋，七月，丁酉，以大匠卿裴邃为信武将军，假节，督众军讨义州，破魏义州刺史封寿于檀公岘[5]，遂围其城；寿请降，复取义州。魏以尚书左丞张普惠为行台，将兵救之，不及。

以裴邃为豫州刺史，镇合肥。邃欲袭寿阳，阴结寿阳民李瓜花等为内应。邃已勒兵为期日，恐魏觉之，先移扬州云[6]："魏始于马头置戍[7]，如闻复欲修白捺故城[8]，若尔，便相侵逼，此亦须营欧阳[9]，设交境之备。今板卒已集，唯听信还。"扬州刺史长孙稚谋于僚佐，皆曰："此无修白捺之意，宜以实报之。"录事参军杨侃曰："白捺小城，本非形胜；邃好狡数，今集兵遣移，恐有他意。"稚大悟，曰："录事可亟作移报之。"侃报移曰："彼之纂兵，想别有意，何为妄构白捺！'他人有心，予忖度之'，勿谓秦无人也。"邃得移，以为魏人已觉，即散其兵。瓜花等以失期，遂相告发，伏诛者十余家。稚，观之子[10]；侃，播之子[11]。

初，高车王弥俄突死[12]，其众悉归嚈哒；后数年，嚈哒遣弥俄突弟伊匐帅余众还国。伊匐击柔然可汗婆罗门，大破之，婆罗门帅十部落诣凉州，请降于魏。柔然余众数万相帅迎阿那瓌，阿那瓌表称："本国大乱，姓姓别居，迭相抄掠。当今北人鹄望待拯，乞依前恩，给臣精兵一万，送臣碛北，抚定荒民。"诏付中书门下博议，凉州刺史袁翻以为："自国家都洛以来，蠕蠕、高车迭相吞噬，始则蠕蠕授首[13]，既而高车被擒[14]。今高车自奋于衰微之中，克雪仇耻，诚由种类繁多，终不能相灭。自二虏交斗，边境无尘，数十年矣，此中国之利也。今蠕蠕两主相继归诚，虽戎狄禽兽，终无纯固之节，然存亡继绝，帝王本务。若弃而不受，则亏我大德；若纳而抚养，则损我资储；或全徙内地，则非直其情不愿，亦恐终为后患，刘、石是也[15]。且蠕蠕尚存，则高车犹有内顾之忧，未暇窥窬上国[16]；若其全灭，则高车跋扈之势，岂易可知！今蠕蠕虽乱而部落犹众，处处棋布，以望旧主，高车虽强，未能尽服也。愚谓蠕蠕二主并宜存之，居阿那瓌于东，处婆罗门于西，分其降民，各有攸属。阿那瓌所居非所经见，不敢臆度；婆罗门请修西海故城以处之[17]。西海在酒泉之北，去高车所居金山千余里，实北虏往来之冲要，土地沃衍，大宜耕稼。宜遣一良将，配以兵仗，监护婆罗门，因令屯田，以省转输之劳。其北则临大碛，野兽所聚，使蠕蠕射猎，彼此相资，足以自固。外以辅蠕蠕之微弱，内亦防高车之畔援[18]，此安边保塞之长计也。若婆罗门能收离聚散，复兴其国者，渐令北转，徙度流沙，则是我之外藩，高车勍敌，西北之虞可以无虑。如其奸回反覆，不过为逋逃之寇，于我何损哉?"朝议是之。

九月，柔然可汗俟匿伐诣怀朔镇请兵[19]，且迎阿那瓌。俟匿伐，阿那瓌之兄也。冬，十月，录尚书事高阳王雍等奏："怀朔镇北吐若奚泉，原野平沃，请置阿那瓌于吐若奚泉，婆罗门于故西海郡，令各帅部落，收集离散。阿那瓌所居既在境外，宜少优遣，婆罗门不得比之。其婆罗门未降以前蠕蠕归化者，悉令州镇部送怀朔镇以付阿那瓌。"诏从之。

十一月，癸丑，魏侍中、车骑大将军侯刚加仪同三司。

魏以东益、南秦氐皆反，庚辰[20]，以秦州刺史河间王琛为行台以讨之。琛恃刘腾之势[21]，贪暴无所畏忌，大为氐所败。中尉弹奏，会赦，除名，寻复王爵。

魏以安西将军元洪超兼尚书行台，诣敦煌安置柔然婆罗门。

**【注释】**

①南荆州：北魏置，治所在今河南确山县西南。 ②义州：梁朝置，治所在今河南商城县西。 ③边城：郡名，梁置，治所在今河南商城县东。 ④癸卯：据《梁书·武帝纪下》普通二年，琬琰殿火在五月癸卯。⑤檀公岘：地名，在今安徽金寨县西南的大别山区，北魏边城郡治所设在此地。 ⑥先移：他本"移"下有"魏"字。扬州：治所在今安徽寿县。⑦马头：指马头戍，北魏置，在今安徽寿县西北。 ⑧白捺：城名，当在马头戍东北或东南。 ⑨欧阳：即欧阳城，当在今安徽淮河以南长丰县或凤阳县西南境。 ⑩观：长孙观，曾任北魏司空并发兵讨伐吐谷浑。⑪播：杨播，杨椿之兄，曾任北魏前军将军。 ⑫弥俄突死：事见本书卷第一百四十八梁武帝天监十五年（516）。 ⑬蠕蠕授首：指柔然佗汗可汗被高车王弥俄突所杀，并被割下头发送给北魏羽林监孟威之事。⑭高车被擒：指高车王弥俄突被柔然伏跋可汗擒获并杀死一事。⑮刘：刘渊（？—310），匈奴人，冒姓刘，字元海，曾任西晋建威大将军、五部大都督，封汉光乡侯。"八王之乱"时，攻陷太原，进据河东，建立前汉政权。石：石勒（274—333），羯族人，字世龙，从刘渊起兵，进攻中原，后杀刘曜建立"十六国"中的后赵政权。 ⑯窥窬（yú 鱼）：窥伺时机。

⑰西海：郡名。东汉建安中置。治所在居延县（今内蒙古额济纳旗东南）。 ⑱畔援：同"畔换"，横暴、跋扈的意思。 ⑲怀朔镇：北魏六镇之一。在今内蒙古固阳县西南。 ⑳庚辰：据《魏书·肃宗纪》正光二年，"庚辰"在十二月，为十七日。 ㉑琛恃刘腾之势：元琛求为刘腾养子。事见本书卷第一百四十八梁武帝天监十七年（518）。

**三年** 春，正月，庚子，以尚书令袁昂为中书监，吴郡太守王暕为尚书左仆射①。

辛亥，魏主耕籍田。

魏宋云与惠生自洛阳西行四千里②，至赤岭③，乃出魏境，又西行，再期④，至乾罗国而还⑤。二月，达洛阳，得佛经一百七十部。

高车王伊匐遣使入贡于魏。夏，四月，庚辰，魏以伊匐为镇西将军、西海郡公、高车王。久之，伊匐与柔然战败，其弟越居杀伊匐自立。

五月，壬辰朔，日有食之，既。

癸巳，大赦。

冬，十一月，甲午，领军将军始兴忠武王憺卒。

乙巳，魏主祀圜丘⑥。

初，魏世祖以《玄始历》浸疏⑦，命更造新历。至是，著作郎崔光表取荡寇将军张龙祥等九家所上历候验得失，合为一历，以壬子为元，应魏之水德，命曰《正光历》。丙午，初行《正光历》，大赦。

十二月，乙酉，魏以车骑大将军、尚书右仆射元钦为仪同三司，太保京兆王继为太傅，司徒崔光为太保。

初，太子统之未生也，上养临川王宏之子正德为子。正德少粗险，上即位，正德意望东宫。及太子统生，正德还本，赐爵西丰侯。正德怏怏不满意，常蓄异谋。是岁，正德自黄门侍郎为轻车将军，顷之，亡奔魏，自称废太子避祸而来。魏尚书左仆射萧宝寅上表曰："岂有伯为天子，父作扬州，弃彼密亲，远投他国！不如杀之。"由是魏人待之甚薄，正德乃杀一小儿，称为己子，远营葬地；魏人不疑，明年，复自魏逃归。上泣而诲之，复其封爵。

柔然阿那瓌求粟为种，魏与之万石。

婆罗门帅部落叛魏，亡归哌哒。魏以平西府长史代人费穆兼尚书右丞西北道行台，将兵讨之，柔然遁去。穆谓诸将曰：“戎狄之性，见敌即走，乘虚复出，若不使之破胆，终恐疲于奔命。”乃简练精骑，伏于山谷，以步兵之羸者为外营，柔然果至，奋击，大破之。婆罗门为凉州军所擒，送洛阳。

**【注释】**

①吴郡：梁置，治所在今江苏苏州市吴中区和相城区。　②宋云与惠生自洛阳西行：北魏遣宋云和惠生求佛经一事，始见于一百四十八卷梁武帝天监十七年。　③赤岭：地名，即今青海湟源县西部的日月山，位于古代中原通往西域的交通要冲。　④再期（jī 机）：两周年。期，指一周年。　⑤乾罗国：西域国名，未详何处。　⑥圜丘：古时帝王祭天之坛，相当后来的天坛。　⑦魏世祖：据章钰校记，十二行本，乙十一行“祖”作“宗”。《玄始历》，事见本书卷第一百二十六宋文帝元嘉二十九年（452）。

**四年**　春，正月，辛卯，上祀南郊，大赦。丙午，祀明堂。二月，乙亥，耕藉田。

柔然大饥，阿那瓌帅其众入魏境，表求赈给。己亥[①]，魏以尚书左丞元孚为行台尚书[②]，持节抚谕柔然。孚，谭之孙也。将行，表陈便宜，以为：“蠕蠕久来强大，昔在代京，常为重备。今天祚大魏，使彼自乱亡，稽首请服。朝廷鸠其散亡，礼送令返，宜因此时善思远策。昔汉宣之世，呼韩款塞，汉遣董忠、韩昌领边郡士马送出朔方，因留卫助。又，光武时亦使中郎将段彬置安集掾史，随单于所在，参察动静。今宜略依旧事，借其闲地，听其田牧，粗置官属，示相慰抚。严戒边兵，因令防察，使亲不至矫诈，疏不容反叛，最策之得者也。”魏人不从。

柔然俟匿伐入朝于魏。

三月，魏司空刘腾卒。宦官为腾义息重服者四十余人[③]，衰绖送葬者以百数，朝贵送葬者塞路满野。

夏，四月，魏元孚持白虎幡劳阿那瓌于柔玄、怀荒二镇之间[④]。阿那瓌众号三十万，阴有异志，遂拘留孚，载以辒车[⑤]。每集其众，坐孚东厢，称为行台，甚加礼敬。引兵而南，所过剽掠，至平城[⑥]，乃听孚还。有司奏孚辱命，抵罪。甲申，魏遣尚书令李崇、左仆射元纂帅骑十万击柔然。阿那瓌闻之，驱良民二千、公私马牛羊数十万北遁，崇追之三千余里，不及而还。

纂使铠曹参军于谨帅骑二千追柔然，至郁对原[7]，前后十七战，屡破之。谨，忠之从曾孙也，性深沉，有识量，涉猎经史。少时，屏居田里，不求仕进，或劝之仕，谨曰："州郡之职，昔人所鄙；台鼎之位[8]，须待时来。"纂闻其名而辟之。后帅轻骑出塞觇候，属铁勒数千骑奄至[9]，谨以众寡不敌，退必不免，乃散其众骑，使匿丛薄之间，又遣人升山指麾，若部分军众者。铁勒望见，虽疑有伏兵，自恃其众，进军逼谨。谨以常乘骏马，一紫一䯄[10]，铁勒所识，乃使二人各乘一马突阵而出，铁勒以为谨也，争逐之；谨帅余军击其追骑，铁勒遂走，谨因得入塞。

李崇长史巨鹿魏兰根说崇曰："昔缘边初置诸镇，地广人稀，或征发中原强宗子弟，或国之肺腑，寄以爪牙。中年以来，有司号为'府户'，役同厮养[11]，官婚班齿，致失清流，而本来族类，各居荣显，顾瞻彼此，理当愤怨。宜改镇立州，分置郡县，凡是府户，悉免为民，入士次叙，一准其旧，文武兼用，威恩并施。此计若行，国家庶无北顾之虑矣。"崇为之奏闻，事寝，不报。

**【注释】**

①己亥：据《魏书·肃宗纪》正光四年，遣元孚抚谕柔然在"己卯"日，即二十二日。　②行台：尚书省的临时分支机构。　③义息重服：义息，指义子，养子；重服，古时丧制，以斩衰、齐衰、大功、小功、缌麻为五服，臣为君、子为父服丧三年，服斩衰，称为重服。　④柔玄、怀荒二镇：北魏所置的两个边镇，柔玄镇在今内蒙古兴和县西北，怀荒镇在今河北张北县。　⑤辒车：古代的一种卧车；一说匈奴车。　⑥平城：指北魏故都平城县，治所在今山西大同市东北的古城。　⑦郁对原：地名，未详何处。　⑧台鼎：古时称朝廷禁省为台，称宰辅为鼎；因此"台鼎"为宰辅大臣的代称。　⑨铁勒：北魏时北方高车种族的一个分支，又称敕勒。⑩䯄（guā 瓜）：古指黑嘴的黄马。　⑪厮养：指烧饭劈柴的士兵。



初，元义既幽胡太后，常入直于魏主所居殿侧，曲尽佞媚，帝由是宠信之。叉出入禁中,恒令勇士持兵以自先后。时出休于千秋门外,施木栏楯[①],使腹心防守以备窃发,士民求见者,遥对之而已。其始执政之时,矫情自饰,以谦勤接物,时事得失,颇以关怀。既得志,遂自骄慢,嗜酒好色,贪吝宝贿,与夺任情,纪纲坏乱。父京兆王继尤贪纵,与其妻子各受赂遗,请属有司,莫敢违者。乃至郡县小吏亦不得公选,牧、守、令、长率皆贪污之人。由是百姓困穷,人人思乱。

武卫将军于景,忠之弟也,谋废叉,叉黜为怀荒镇将。及柔然入寇,镇民请粮,景不肯给,镇民不胜忿,遂反,执景,杀之。未几,沃野镇民破六韩拔陵聚众反[②],杀镇将,改元真王,诸镇华、夷之民往往响应,拔陵引兵南侵,遣别帅卫可孤围武川镇,又攻怀朔镇。尖山贺拔度拔及其三子允、胜、岳皆有材勇[③],怀朔镇将杨钧擢度拔为统军,三子为军主以拒之。

魏景明之初[④],世宗命宦者白整为高祖及文昭高后凿二佛龛于龙门山[⑤],皆高百尺。永平中[⑥],刘腾复为世宗凿一龛,至是二十四年,凡用十八万二千余工而未成。

秋,七月,辛亥,魏诏:"见在朝官[⑦],依令七十合解者,可给本官半禄,以终其身。"

九月,魏诏侍中、太尉汝南王悦入居门下,与丞相高阳王雍参决尚书奏事。

冬,十月,庚午,以中书监、中卫将军袁昂为尚书令,即本号开府仪同三司。

魏平恩文宣公崔光疾笃,魏主亲抚视之,拜其子励为齐州刺史,为之撤乐,罢游眺。丁酉[⑧],光卒,帝临,哭之恸,为减常膳。

光宽和乐善,终日怡怡,未尝忿恚。于忠、元叉用事,以光旧德,皆尊敬之,事多咨决,而不能救裴、郭、清河之死[⑨],时人比之张禹、胡广[⑩]。

光且死,荐都官尚书贾思伯为侍讲。帝从思伯受《春秋》,思伯虽贵,倾身下士,或问思伯曰:"公何以能不骄?"思伯曰:"衰至便骄,何常之有!"当时以为雅谈。

十一月,癸未朔,日有食之。

甲辰，尚书左仆射王暕卒。

梁初唯扬、荆、郢、江、湘、梁、益七州用钱，交、广用金银，余州杂以谷帛交易。上乃铸五铢钱，肉好周郭皆备[11]。别铸无肉郭者，谓之“女钱”。民间私用女钱交易[12]，禁之不能止，乃议尽罢铜钱。十二月，戊午，始铸铁钱。

魏以汝南王悦为太保。

**【注释】**

①栏楯（shǔn 吮）：栏干，栅栏。 ②破六韩拔陵：破六韩，姓；拔陵，名。破六韩，又作“破洛汗”，匈奴人的后裔，其先祖为汉末曹魏时匈奴右贤王之弟“潘六奚”，后人讹为“破六韩”。 ③尖山：北魏县名，即今辽宁喀喇沁左翼蒙古族自治县西双尖山。 ④景明：北魏宣武帝元恪的年号，起500年，止503年。 ⑤龙门山：一名伊阙，即今河南洛阳市南龙门。 ⑥永平：北魏宣武帝元恪的年号，起508年八月，止512年四月。 ⑦见（xiàn 现）：现在的意思。 ⑧丁酉：据《魏书·肃宗纪》正光四年，崔光卒在十一月丁酉。为十五日。 ⑨裴、郭、清河之死：裴，指北魏尚书裴植，郭，指北魏尚书左仆射郭祚；二人受于忠诬陷而死，事见本书卷第一百四十八梁武帝天监十四年（515）。清河，指北魏清河王元怿，为元叉所杀。 ⑩张禹：西汉人，汉成帝时。拜相，封安昌侯，因为外戚专权，乞归；皇帝询问朝廷，不敢直言。胡广：东汉安帝时人，累迁司徒，以定策立桓帝，历任安、顺、冲、质、桓、灵六帝。 ⑪肉好周郭：肉，古代人对圆形钱币外边的称呼；好，则指圆形钱币中间的孔。周郭，指钱币四周的轮廓。 ⑫女钱：他本均作“古钱”。

# 资治通鉴卷第一百五十

## 梁纪六 起阏逢执徐，尽旃蒙大荒落，凡二年。

## 高祖武皇帝六

**普通五年** 春，正月，辛丑，魏主祀南郊。

三月，魏以临淮王彧都督北讨诸军事，讨破六韩拔陵。

夏，四月，高平镇民赫连恩等反[①]，推敕勒酋长胡琛为高平王，攻高平镇以应拔陵。魏将卢祖迁击破之，琛北走。

卫可孤攻怀朔镇经年，外援不至，杨钧使贺拔胜诣临淮王彧告急。胜募敢死少年十余骑，夜伺隙溃围出，贼骑追及之，胜曰："我贺拔破胡也。"贼不敢逼。胜见彧于云中[②]，说之曰："怀朔被围，旦夕沦陷，大王今顿兵不进；怀朔若陷，则武川亦危，贼之锐气百倍，虽有良、平[③]，不能为大王计矣。"彧许为出师。胜还，复突围而入。钧复遣胜出觇武川，武川已陷。胜驰还，怀朔亦溃，胜父子俱为可孤所虏。

五月，临淮王彧与破六韩拔陵战于五原[④]，兵败，彧坐削除官爵。安北将军陇西李叔仁又败于白道[⑤]，贼势日盛。

魏主引丞相、令、仆、尚书、侍中、黄门于显阳殿，问之曰："今寇连恒、朔，逼近金陵[⑥]，计将安出？"吏部尚书元修义请遣重臣督军镇恒、朔以捍寇，帝曰："去岁阿那瓌叛乱，遣李崇北征，崇上表求改镇为州，朕以旧章难革，不从其请。寻崇此表，开镇户非冀之心，致有今日之患；但既往难追，聊复略论耳。然崇贵戚重望[⑦]，器识英敏,意欲还遣崇行,何如?”仆射萧宝寅等皆曰:“如此,实合群望。”崇曰:“臣以六镇遐僻,密迩寇戎,欲以慰悦彼心,岂敢导之为乱!臣罪当就死,陛下赦之;今更遣臣北行,正是报恩改过之秋。但臣年七十,加之疲病,不堪军旅,愿更择贤材。”帝不许。修义,天赐之子也。

臣光曰:李崇之表,乃所以销祸于未萌,制胜于无形。魏肃宗既不能用[8],及乱生之后,曾无愧谢之言,乃更以为崇罪,彼不明之君,乌可与谋哉!《诗》云:“听言则对,诵言如醉,匪用其良,覆俾我悖[9]。”其是之谓矣。

【注释】

①高平镇:北魏所置西北边镇,在今宁夏固原市。 ②云中:指北魏云中郡(治所在今内蒙古和林格尔县西北)。 ③良、平:指西汉高祖刘邦的著名谋臣张良、陈平。 ④五原:北魏所置五原县,在今山西沁县境内。 ⑤白道:地名,在今内蒙古呼和浩特市西北,为河套地区通往阴山以北的交通要冲。 ⑥金陵:指北魏道武帝拓跋珪墓,在今内蒙古和林格尔县西北。 ⑦崇:李崇,北魏文成皇后之兄李诞的儿子。 ⑧魏肃宗:北魏孝明帝庙号肃宗。 ⑨覆俾我悖:“覆俾”以上四句语出《诗经·大雅·柔桑》,意思是说当政者听到别人歌功颂德的话才答理别人,听到别人讽谏的话则昏昏欲睡,这就叫做不能采纳善言,反而让我做悖理的事情。

壬申,加崇使持节、开府仪同三司,北讨大都督,命抚军将军崔暹、镇军将军广阳王深皆受崇节度。深,嘉之子也[1]。

六月,以豫州刺史裴邃督征讨诸军事以伐魏。

魏自破六韩拔陵之反,二夏、豳、凉[2],寇盗蜂起。秦州刺史李彦,政刑残虐,在下皆怨,是月,城内薛珍等聚党突入州门,擒彦,杀之,推其党莫折大提为帅,大提自称秦王。魏遣雍州刺史元志讨之。

初,南秦州豪右杨松柏兄弟,数为寇盗,刺史博陵崔游诱之使降,引为主簿,接以辞色,使说下群氐,既而因宴会尽收斩之,由是所部莫不猜惧。游闻李彦死,自知不安,欲逃去,未果;城民张长命、韩祖香、孙掩等攻游，杀之，以城应大提。大提遣其党卜胡袭高平，克之，杀镇将赫连略、行台高元荣。大提寻卒，子念生自称天子，置百官，改元天建。

丁酉，魏大赦。

秋，七月，甲寅，魏遣吏部尚书元修义兼尚书仆射，为西道行台，帅诸将讨莫折念生。

崔暹违李崇节度，与破六韩拔陵战于白道，大败，单骑走还。拔陵并力攻崇，崇力战，不能御，引还云中，与之相持。

广阳王深上言："先朝都平城，以北边为重，盛简亲贤，拥麾作镇，配以高门子弟[3]，以死防遏，非唯不废仕宦，乃更独得复除，当时人物，忻慕为之。太和中[4]，仆射李冲用事，凉州土人悉免厮役；帝乡旧门，仍防边戍，自非得罪当世，莫肯与之为伍。本镇驱使，但为虞候、白直[5]，一生推迁，不过军主；然其同族留京师者得上品通官，在镇者即为清途所隔，或多逃逸。乃峻边兵之格，镇人不听浮游在外，于是少年不得从师，长者不得游宦，独为匪人，言之流涕！自定鼎伊、洛，边任益轻，唯底滞凡才，乃出为镇将，转相模习，专事聚敛。或诸方奸吏，犯罪配边，为之指踪，政以贿立，边人无不切齿。及阿那瓌背恩纵掠，发奔命追之，十五万众度沙漠，不日而还。边人见此援师，遂自意轻中国。尚书令臣崇求改镇为州，抑亦先觉，朝廷未许。而高阙戍主御下失和[6]，拔陵杀之，遂相帅为乱，攻城掠地，所过夷灭，王师屡北，贼党日盛。此段之举，指望销平；而崔暹只轮不返，臣崇与臣逡巡复路，相与还次云中，将士之情莫不解体。今日所虑，非止西北，将恐诸镇寻亦如此，天下之事，何易可量！"书奏，不省。

诏征崔暹系廷尉；暹以女妓、田园赂元叉，卒得不坐。

**【注释】**

①深：元深，本当作"元渊"，李延寿《北史》避唐高祖李渊讳改"渊"为"深"。元渊为广阳王元嘉之子，元嘉事见本书卷第一百四十二东昏侯永元元年(499)。 ②二夏：指北魏所置夏州和东夏州，夏州治所在今陕西靖边县东北白城子，东夏州治所在今陕西延安市城东延河东岸。豳州：治所在今陕西富平县。凉州：治所在今甘肃武威市。 ③高门子弟：

指祖先曾和北魏皇宗一同图谋创建魏国的人，即北魏所谓的大姓九十九。　④太和：北魏孝文帝的年号，起477年，止500年。　⑤虞候、白直：古代军中或边镇的下级小吏，虞候掌管看守山泽或地方奸宄；白直，职守与虞候相近，因为没有月俸，故名。　⑥高阙：即高阙塞，在今内蒙古乌拉特中旗西南。

丁丑，莫折念生遣其都督杨伯年攻仇鸠、河池二戍[1]，东益州刺史魏子建遣将军伊祥等击破之，斩首千余级。东益州本氐王杨绍先之国[2]，将佐皆以城民劲勇，二秦反者皆其族类，请先收其器械，子建曰："城民数经行阵，抚之足以为用，急之则腹背为患。"乃悉召城民，慰谕之，既而渐分其父兄子弟外戍诸郡，内外相顾，卒无叛者。子建，兰根之族兄也。

魏凉州幢帅于菩提等执刺史宋颖[3]，据州反。

八月，庚寅，徐州刺史成景俊拔魏童城[4]。

魏员外散骑侍郎李苗上书曰："凡食少兵精，利于速战；粮多卒众，事宜持久。今陇贼猖狂，非有素蓄，虽据两城[5]，本无德义，其势在于疾攻，日有降纳，迟则人情离沮，坐待崩溃。夫飚至风举，逆者求万一之功；高壁深垒，王师有全制之策。但天下久泰，人不晓兵，奔利不相待，逃难不相顾，将无法令，士非教习，不思长久之计，各有轻敌之心。如令陇东不守，汧军败散[6]，则两秦遂强[7]，三辅危弱[8]，国之右臂于斯废矣。宜敕大将坚壁勿战，别命偏裨帅精兵数千出麦积崖以袭其后[9]，则汧、陇之下，群妖自散。"

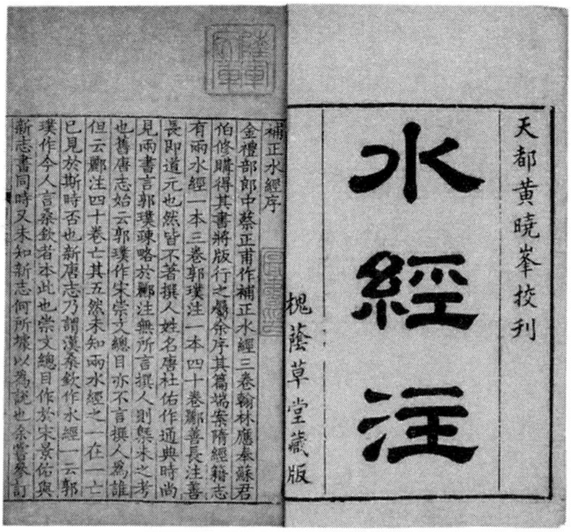


郦道元《水经注》书影

魏以苗为统军，与别将淳于诞俱出梁、益[10]，未至，莫折念生遣其弟高阳王天生将兵下陇。甲午，都督元志与战于陇口，志兵败，弃众东保岐州[11]。

东西部敕勒皆叛魏，附于破六韩拔陵，魏主始思李崇及广阳王深之言。丙申，下诏："诸州镇军贯[12]，非有罪配隶者，皆免为民。"改镇为州，以怀朔镇为朔州，更命朔州曰云州。遣兼黄门侍郎郦道元为大使[13]，抚慰六镇。时六镇已尽叛，道元不果行。

先是，代人迁洛者，多为选部所抑，不得仕进。及六镇叛，元叉乃用代来人为传诏以慰悦之[14]。廷尉评代人山伟奏记[15]，称叉德美，叉擢伟为尚书二千石郎。

秀容人乞伏莫于聚众攻郡，杀太守；丁酉，南秀容牧子万于乞真杀太仆卿陆延[16]，秀容酋长尔朱荣讨平之。荣，羽健之玄孙也[17]。其祖代勤，尝出猎，部民射虎，误中其髀，代勤拔箭，不复推问，所部莫不感悦。官至肆州刺史，赐爵梁郡公，年九十余而卒；子新兴立。新兴时，畜牧尤蕃息，牛羊驼马，色别为群，弥漫川谷，不可胜数。魏每出师，新兴辄献马及资粮以助军，高祖嘉之。新兴老，请传爵于子荣，魏朝许之。荣神机明决，御众严整。时四方兵起，荣阴有大志，散其畜牧资财，招合骁勇，结纳豪桀[18]，于是侯景、司马子如、贾显度及五原段荣、太安窦泰皆往依之。显度，显智之兄也。

戊戌，莫折念生遣都督窦双攻魏盘头郡[19]，东益州刺史魏子建遣将军窦念祖击破之。

【注释】

①仇鸠、河池：二地名。仇鸠，确址待考，疑在甘肃徽县境内。河池，西汉置有河池县，在今甘肃徽县西。　②杨绍先之国：北魏派兵攻占氐人据地武兴(今陕西略阳县)，俘获氐王杨绍先，消灭氐人政权，改武兴为东益州，事见本书卷第一百四十六梁武帝天监五年(506)。　③幢帅：大概属于掌旗官。　④童城：即僮县之城；僮城属古下邳郡(治所在今江苏睢宁县西北古邳镇东)，确址待考。　⑤两城：指莫折念生攻占的北魏天水(今甘肃天水市)、高平(今陕西渭南市华州区东)两城。　⑥汧(qiān 牵)军：指北魏雍州刺史元志统率的征讨莫折大提的魏军，汧，水

名，即今陕西西部渭水支流千水，北朝时是羌族的集居地，汧在陇坂（在今甘肃清水县和陕西陇县交界处）之东，故上文称“陇东不守”。 ⑦两秦：指莫折念生和张长命等。 ⑧三辅：即西汉时于京畿之地所设京兆尹、左冯翊、右扶风的合称，相当今陕西关中地区。 ⑨麦积崖：即今甘肃天水市东南麦积山。 ⑩梁、益：北魏置梁州（治今甘肃西和县西南）和益州（治所不详），他本“益”下均有“隶魏子建”四字。 ⑪岐州：北魏置，治所在今陕西凤翔县东南。 ⑫军贯：指军籍。 ⑬郦道元：北魏时著名的地理学家和文学家，著有《水经注》等，后来一度担任北魏荆州刺史。 ⑭人：他本“人”上均有“寒”字。 ⑮廷尉评：即汉代的“廷尉平”，掌评议决断诏狱，隋以后称“大理寺评事”。 ⑯万于乞真：他本“真”下有“反”字；北魏秀容郡属肆州，治所在今山西忻州市西北；南秀容治所不详。 ⑰羽健：尔朱羽健事见卷第一百一十晋安帝隆安二年（398）。 ⑱桀：同“杰”。 ⑲盘头郡：北魏盘头郡属东益州，具体治所不详。

九月，戊申，成景俊拔魏睢陵[①]。戊午，北兖州刺史赵景悦围荆山[②]。裴邃帅骑三千袭寿阳，壬戌夜，斩关而入，克其外郭。魏扬州刺史长孙稚御之。一日九战，后军蔡秀成失道不至，邃引兵还。别将击魏淮阳[③]，魏使行台郦道元、都督河间王琛救寿阳，安乐王鉴救淮阳。鉴，诠之子也[④]。

魏西道行台元修义得风疾，不能治军。壬申，魏以尚书左仆射齐王萧宝寅为西道行台大都督，帅诸将讨莫折念生。

宋颖密求救于吐谷浑王伏连筹，伏连筹自将救凉州，于菩提弃城走，追斩之。城民赵天安等复推宋颖为刺史。

河间王琛军至西硖石，解涡阳围[⑤]，复荆山戍。青、冀二州刺史王神念与战，为琛所败。冬，十月，戊寅，裴邃、元树攻魏建陵城[⑥]，克之，辛巳，拔曲木[⑦]；扫虏将军彭宝孙拔琅邪。

魏营州城民刘安定、就德兴执刺史李仲遵，据城反。城民王恶儿斩安定以降；德兴东走，自称燕王。

胡琛遣其将宿勤明达寇豳、夏、北华三州[⑧]，魏遣都督北海王颢帅诸将讨之。颢，详之子也[⑨]。

甲申，彭宝孙拔檀丘。辛卯，裴邃拔狄城[⑩]；丙申，又拔甓城，进屯黎浆[11]。壬寅，魏东海太守韦敬欣以司吾城降[12]。定远将军曹世宗拔曲阳[13]；甲辰，又拔秦墟[14]，魏守将多弃城走。

魏使黄门侍郎卢同持节诣营州慰劳，就德兴降而复反。诏以同为幽州刺史兼尚书行台，同屡为德兴所败而还。

魏朔方胡反，围夏州刺史源子雍[15]，城中食尽，煮马皮而食之，众无贰心。子雍欲自出求粮，留其子延伯守统万，将佐皆曰："今四方离叛，粮尽援绝，不若父子俱去。"子雍泣曰："吾世荷国恩，当毕命此城；但无食可守，故欲往东州，为诸君营数月之食，若幸而得之，保全必矣。"乃帅羸弱诣东夏州运粮[16]，延伯与将佐哭而送之。子雍行数日，胡帅曹阿各拔邀击，擒之。子雍潜遣人赍书，敕城中努力固守。阖城忧惧，延伯谕之曰："吾父吉凶未可知，方寸焦烂。但奉命守城，所为者重，不敢以私害公。诸君幸得此心。"于是众感其义，莫不奋励。子雍虽被擒，胡人常以民礼事之，子雍为陈祸福，劝阿各拔降。会阿各拔卒，其弟桑生竟帅其众随子雍降。子雍见行台北海王颢，具陈诸贼可灭之状，颢给子雍兵，令其先驱。时东夏州阖境皆反，所在屯结，子雍转斗而前，九旬之中，凡数十战，遂平东夏州，征税粟以馈统万，二夏由是获全。子雍，怀之子也。

**【注释】**

①睢陵：县名，北魏置，治所在今江苏睢宁县。　②北兖州：梁朝置，治所在今江苏淮安市淮阴区西南；赵景悦所围荆山，在今安徽怀远县西南淮河北岸，北魏置荆山戍于此。　③淮阳：县名。治所应在今江苏淮安市淮阴区西古泗水西岸。　④诠：北魏安乐王元诠，事见本书卷第一百四十六梁武帝天监五年（506）。　⑤涡阳：县名，北魏置，治所在今安徽蒙城县。　⑥建陵城：北魏建陵县城，在今江苏新沂市南沭河西岸。⑦曲木：一作"曲沐"。城名。故址在今江苏新沂市东南。　⑧北华：北魏北华州，由东秦州改置，治所在今陕西黄陵县西南。　⑨详：北魏太傅、领司徒、录尚书北海王元详，事见本书卷第一百四十五梁武帝天监三年（504）。　⑩狄城：在今山东高青县东南。　⑪黎浆：即黎浆亭，故址在今安徽寿县东南。　⑫司吾：汉代司吾县的故城，在今江苏新沂市南峒峿镇。　⑬曲阳：指汉代曲阳县故城，在今江苏沭阳县东南；北魏也置

有曲阳县，治所在今河北曲阳县。 ⑭秦墟：地名，在今安徽淮南市东上窑镇。 ⑮夏州：北魏夏州治统万城，今陕西靖边县东北白城子。 ⑯东夏州：指北魏东夏州，治今陕西延安市东延河东岸。

魏广阳王深上言："今六镇尽叛，高车二部亦与之同[①]，以此疲兵击之，必无胜理。不若选练精兵守恒州诸要[②]，更为后图。"遂与李崇引兵还平城。崇谓诸将曰："云中者，白道之冲[③]，贼之咽喉，若此地不全，则并、肆危矣。当留一人镇之，谁可者？"众举费穆，崇乃请穆为朔州刺史[④]。

贺拔度拔父子及武川宇文肱纠合乡里豪杰[⑤]，共袭卫可孤，杀之；度拔寻与铁勒战死。肱，逸豆归之玄孙也[⑥]。

李崇引国子博士祖莹为长史；广阳王深奏莹诈增首级，盗没军资，莹坐除名，崇亦免官削爵征还。深专总军政。

莫折天生进攻魏岐州，十一月，戊申，陷之，执都督元志及刺史裴芬之，送莫折念生杀之。念生又使卜胡等寇泾州[⑦]，败光禄大夫薛峦于平凉东[⑧]。峦，安都之孙也。

丙辰，彭宝孙拔魏东莞。壬戌，裴邃攻寿阳之安城[⑨]，丙寅，马头、安城皆降。

高平人攻杀卜胡，共迎胡琛。

魏以黄门侍郎杨昱兼侍中，持节监北海王颢军，以救豳州，豳州围解。蜀贼张映龙、姜神达攻雍州[⑩]，雍州刺史元修义请援，一日一夜，书移九通。都督李叔仁迟疑不赴，昱曰："长安，关中基本，若长安不守，大军自然瓦解，留此何益？"遂与叔仁进击之，斩神达，余党散走。

十二月，戊寅，魏荆山降。

壬辰，魏以京兆王继为太师、大将军，都督西道诸军以讨莫折念生。

乙巳，武勇将军李国兴攻魏平靖关[⑪]，辛丑，信威长史杨乾攻武阳关，壬寅，攻岘关，皆克之。国兴进围郢州，魏郢州刺史裴询与蛮酋西郢州刺史田朴特相表里以拒之[⑫]。围城近百日，魏援军至，国兴引还。询，骏之孙也[⑬]。

魏汾州诸胡反[14];以章武王融为大都督,将兵讨之。

魏魏子建招谕南秦诸氐,稍稍降附,遂复六郡十二戍,斩韩祖香[15]。魏以子建兼尚书,为行台,刺史如故[16],梁、巴、二益、二秦诸州皆受节度[17]。

莫折念生遣兵攻凉州,城民赵天安复执刺史以应之。

是岁,侍中、太子詹事周舍坐事免,散骑常侍钱唐朱异代掌机密,军旅谋议,方镇改易,朝仪诏敕皆典之。异好文义,多艺能,精力敏赡,上以是任之。

**【注释】**

①高车二部:高车国从阿伏至罗时分为二部,即通常所说的东部敕勒和西部敕勒。 ②恒州:北魏太和十七年(493)以司州改置,治所在北魏故都平城(今山西大同市东北古城)。 ③白道之冲:北魏云中郡,治所在今内蒙古和林格尔县西北土城子;白道又在云中之北,由白道进入恒州、平城必经云中,故称云中为“白道之冲”。 ④朔州:朔州改名“云州”已见上文,故“朔”当作“云”。 ⑤宇文肱:宇文泰之父。 ⑥逸豆归:即宇文逸豆归。后燕王慕容皝伐宇文逸豆归,事见本书卷第九十七晋康帝建元年二年(344)。 ⑦泾州:北魏置,治所在今甘肃镇原县东南。 ⑧平凉:北魏郡名,属泾州,治所在今甘肃华亭市西。 ⑨安城:县名,梁朝置,治所在今安徽寿县附近。 ⑩蜀贼:张映龙、姜神达均属蜀中迁移到关中的移民。乘北魏六镇之乱为盗,故称“蜀贼”。 ⑪平靖关:又名西关,在今河南信阳市西南,与湖北广水市交界。与下文武阳关、岘关合称义阳三关。 ⑫西郢州:北魏置,治所在今河南泌阳县。 ⑬骏:指裴骏,事见本书卷第一百二十四宋文帝元嘉二十二年(445)。 ⑭汾州:北魏置,此时治所尚在蒲子城(今山西隰县)。 ⑮斩:他本“斩”下均有“贼帅”二字。 ⑯刺史如故:指魏子建原先担任的东益州刺史之职。 ⑰二益、二秦:指北魏所置益州(治所在今四川广元市)和东益州,秦州(治所在今甘肃天水市)和南秦州。

**六年** 春,正月,丙午,雍州刺史晋安王纲遣安北长史柳浑破魏南乡郡[1];司马董当门破魏晋城[2],庚戌,又破马圈、彫阳二城[3]。

辛亥,上祀南郊,大赦。

魏徐州刺史元法僧,素附元叉,见叉骄恣,恐祸及己,遂谋反。

魏遣中书舍人张文伯至彭城，法僧谓曰："吾欲与汝去危就安，能从我乎?"文伯曰："我宁死见文陵松柏[4]，安能去忠义而从叛逆乎!"法僧杀之。庚申，法僧杀行台高谅，称帝，改元天启，立诸子为王。魏发兵击之，法僧乃遣其子景仲来降。

安东长史元显和，丽之子也[5]，举兵与法僧战；法僧擒之，执其手，命使共坐，显和不肯，曰："与翁皆出皇家[6]，一朝以地外叛，独不畏良史乎!"法僧犹欲慰谕之，显和曰："我宁死为忠鬼，不能生为叛臣。"乃杀之。

上使散骑常侍朱异使于法僧，以宣城太守元略为大都督[7]，与将军义兴陈庆之、胡龙牙、成景俊等将兵应接。

莫折天生军于黑水[8]，兵势甚盛。魏以岐州刺史崔延伯为征西将军、西道都督，帅众五万讨之。延伯与行台萧宝寅军于马嵬。延伯素骁勇，宝寅趣之使战，延伯曰："明晨为公参贼勇怯。"乃选精兵数千西渡黑水，整陈向天生营；宝寅军于水东，遥为继援。延伯直抵天生营下，扬威胁之，徐引兵还。天生见延伯众少，争开营逐之，其众多于延伯十倍，蹙延伯于水次，宝寅望之失色。延伯自为后殿，不与之战，使其众先渡，部伍严整，天生兵不敢击。须臾，渡毕，延伯徐渡，天生之众亦引还。宝寅喜曰："崔君之勇，关、张不如[9]。"延伯曰："此贼非老奴敌也，明公但安坐，观老奴破之。"癸亥，延伯勒兵出，宝寅举军继其后。天生悉众逆战，延伯身先士卒，陷其前锋，将士尽锐竞进，大破之，俘斩十余万，追奔至小陇[10]，岐、雍及陇东皆平。将士稽留采掠，天生遂塞陇道，由是诸军不能进。

宝寅破宛川[11]，俘其民以为奴婢，以美女十人赏岐州刺史魏兰根，兰根辞曰："此县介于强寇，不能自立，故附从以救死。官军之至，宜矜而抚之，奈何助贼为虐，翦以为贱役乎!"悉求其父兄而归之。

乙巳[12]，裴邃拔魏新蔡郡[13]，诏侍中、领军将军西昌侯渊藻将众前驱，南兖州刺史豫章王综与诸将继进。癸酉，裴邃拔郑城[14]。汝、颍之间，所在响应。

魏河间王琛等惮邃威名，军于城父[15]，累月不进，魏朝遣廷尉少卿崔孝芬持节、赍斋库刀以趣之[16]。孝芬，挺之子也。琛至寿阳，欲出兵决战。长孙稚以为久雨未可出，琛不听，引兵五万出城击邃。邃为四甄以待之[17]，使直阁将军李祖怜先挑战而伪退；稚、琛悉众追之，四甄竞发，魏师大败，斩首万余级。琛走入城，稚勒兵而殿，遂闭门自固，不敢复出。

魏安乐王鉴将兵讨元法僧，击元略于彭城南，略大败，与数十骑走入城。鉴不设备，法僧出击，大破之，鉴单骑奔归。将军王希聃拔魏南阳平[18]，执太守薛昙尚。昙尚，虎子之子也[19]。甲戌，以法僧为司空，封始安郡公。

魏以安丰王延明为东道行台，临淮王彧为都督，以击彭城。

【注释】

①南乡郡：郡名，治所在今河南淅川县西南。　②晋城：地名，确址未详，疑在今河南新野县或邓州市境。　③马圈：城名，在今河南镇平县南。彫阳：城名，确址不详，疑在今河南邓州市或镇平县境。　④文陵松柏：文陵，指北魏孝文帝元宏的陵墓；见文陵松柏，喻见已故的孝文帝。⑤丽：北魏安西将军元丽，事见本书卷第一百四十六梁武帝天监五年（506）。　⑥与翁皆出皇家：元法僧为阳平王拓跋熙的曾孙；元丽是小新成的孙子，依族属长幼的次序论，元显和应称元法僧为翁。　⑦元略为大都督：元略从北魏投奔梁朝，事见本书卷第一百四十九梁武帝普通元年（520）。　⑧黑水：当指黑水河，即今内蒙古巴林右旗境西拉木伦河支流查干木伦河。　⑨关、张：指关羽和张飞。　⑩小陇：即小陇山。陇山有大陇山和小陇山；大陇山在今甘肃清水县东北，小陇山在今陕西宝鸡市西北。　⑪宛川：县名，应为“苑川”之误，治所在今陕西宝鸡市东。⑫乙巳：据《梁书·武帝纪下》普通六年，当作“己巳”。为二十四日。⑬新蔡郡：治所在今河南新蔡县。　⑭郑城：地名，即今安徽颍上县。⑮城父：县名，治所在今安徽亳州市东南城父集。　⑯斋库刀：即千牛刀。　⑰甄：古代军事摆布的阵名，长形。　⑱南阳平：北魏以南朝侨置阳平郡改置，寄治彭城（今江苏徐州市）。　⑲虎子：薛虎子，曾事北魏孝文帝，历任州镇职，有政绩。

魏以京兆王继为太尉。

二月，乙未，赵景悦拔魏龙亢[1]。

初,魏刘腾既卒,胡太后及魏主左右防卫微缓。元叉亦自宽,时出游于外,留连不返,其所亲谏,叉不纳;太后察知之。去秋,太后对帝谓群臣曰:“今隔绝我母子,不听往来,复何用我为!我当出家,修道于嵩山闲居寺耳[2]。”因欲自下发;帝及群臣叩头泣涕,殷勤苦请,太后声色愈厉。帝乃宿于嘉福殿,积数日,遂与太后密谋黜叉。然帝深匿形迹,太后有忿恚,欲得往来显阳之言,皆以告叉;又对叉流涕,叙太后欲出家,忧怖之心日有数四。叉殊不以为疑,乃劝帝从太后所欲。于是太后数御显阳殿,二宫无复禁碍[3]。叉举元法僧为徐州,法僧反,太后数以为言,叉深愧悔。

丞相高阳王雍,虽位居叉上,而深畏惮之。会太后与帝游洛水,雍邀二宫幸其第。日晏,帝与太后至雍内室,从者皆不得入,遂相与定图叉之计。于是太后谓叉曰:“元郎若忠于朝廷,无反心,何故不去领军[4],以余官辅政!”叉甚惧,免冠求解领军。乃以叉为骠骑大将军、开府仪同三司、尚书令、侍中、领左右。

戊戌,魏大赦。

壬辰[5],莫折念生遣都督杨鲊等攻仇池郡,行台魏子建击破之。

三月,己酉,上幸白下城[6],履行六军顿所[7]。乙丑,命豫章王综权顿彭城,总督众军,并摄徐州府事。己巳,以元法僧之子景隆为衡州刺史[8],景仲为广州刺史[9]。上召法僧及元略还建康,法僧驱彭城吏民万余人南渡。法僧至建康,上宠待甚厚;元略恶其为人,与之言,未尝笑。

魏诏京兆王继班师。

北凉州刺史锡休儒等自魏兴侵魏梁州,攻直城[10]。魏梁州刺史傅竖眼遣其子敬绍击之,休儒等败还。

柔然王阿那瓌为魏讨破六韩拔陵,魏遣牒云具仁赍杂物劳赐之。阿那瓌勒众十万,自武川西向沃野,屡破拔陵兵。夏,四月,魏主复遣中书舍人冯俊劳赐阿那瓌。阿那瓌部落浸强,自称敕连头兵豆伐可汗。

**【注释】**

①龙亢:县名,属北魏下蔡郡,治今安徽怀远县西北。 ②嵩山闲居

寺：北魏派僧暹择嵩山形胜之地建闲居寺，事见本书卷第一百四十七梁武帝天监八年（509）。 ③二宫：指胡太后所居之宫和孝明帝所居之宫。④领军：也称领军将军，统领禁军之职。 ⑤壬辰：胡三省注："以上戊戌、下三月己酉推之，'壬辰'当作'壬寅'。"案：壬寅为二月二十七日。⑥白下城：在今江苏南京市北金川门外、幕府山南麓，北临大江，梁朝为南琅邪治所。 ⑦六军：古礼制称国家制军，一万二千五百人为军，王六军。此处泛指诸军。 ⑧衡州：梁武帝天监六年（507）置，治所在今广东英德西北。 ⑨广州：即指梁朝所置广州，北魏另置有广州，治今河南鲁山县西北。 ⑩北凉州：当为北梁州之误。梁朝北梁州治魏兴（今陕西安康市西北）；北魏梁州治仇池（今甘肃西和县西南）。直城：北魏东梁州金城郡属县，治所在今陕西汉阴县西部汉江北岸。

魏元叉虽解兵权，犹总任内外，殊不自意有废黜之理。胡太后意犹豫未决，侍中穆绍劝太后速去之。绍，亮之子也[①]。潘嫔有宠于魏主，宦官张景嵩说之云，"叉欲害嫔"。嫔泣诉于帝曰："叉非独欲杀妾，将不利于陛下。"帝信之，因叉出宿，解叉侍中。明旦，叉将入宫，门者不纳。辛卯，太后复临朝摄政，下诏追削刘腾官爵，除叉名为民。

清河国郎中令韩子熙上书为清河王怿讼冤，乞诛元叉等曰："昔赵高柄秦，令关东鼎沸；今元叉专魏，使四方云扰。开逆之端，起于宋维，成祸之末，良由刘腾，宜枭首洿宫[②]，斩骸沉族，以明其罪。"太后命发刘腾之墓，露散其骨，籍没家赀，尽杀其养子。以子熙为中书舍人。子熙，麒麟之孙也。

初，宋维父弁常曰："维性疏险，必败吾家。"李崇、郭祚、游肇亦曰："伯绪凶疏，终倾宋氏，若得杀身，幸矣。"维阿附元叉，超迁至洛州刺史，至是除名，寻赐死。

叉之解领军也，太后以叉党与尚强，未可猝制，乃以侯刚代叉为领军以安其意。寻出刚为冀州刺史，加仪同三司，未至州，黜为征虏将军，卒于家。太后欲杀贾粲，以叉党多，恐惊动内外，乃出粲为济州刺史，寻追杀之，籍没其家。唯叉以妹夫，未忍行诛。

先是给事黄门侍郎元顺以刚直忤叉意，出为齐州刺史[③]；太后征还,为侍中。侍坐于太后,叉妻在太后侧,顺指之曰:“陛下奈何以一妹之故,不正元叉之罪,使天下不得伸其冤愤!”太后嘿然。顺,澄之子也。他日,太后从容谓侍臣曰:“刘腾、元叉昔尝邀朕求铁券[4],冀得不死,朕赖不与。”韩子熙曰:“事关生杀,岂系铁券!且陛下昔虽不与,何解今日不杀!”太后怃然。未几,有告“叉及弟瓜谋诱六镇降户反于定州[5],又招鲁阳诸蛮侵扰伊阙[6],欲为内应”。得其手书,太后犹未忍杀之。群臣固执不已,魏主亦以为言,太后乃从之,赐叉及弟瓜死于家,犹赠叉骠骑大将军、仪同三司、尚书令。江阳王继废于家,病卒。前幽州刺史卢同坐叉党除名。

太后颇事妆饰,数出游幸,元顺面谏曰:“《礼》[7],妇人夫没自称未亡人,首去珠玉,衣不文采。陛下母临天下,年垂不惑,修饰过甚,何以仪刑后世!”太后惭而还宫,召顺,责之曰:“千里相征,岂欲众中见辱邪!”顺曰:“陛下不畏天下之笑,而耻臣之一言乎!”

顺与穆绍同直,顺因醉而入其寝所,绍拥被而起,正色让顺曰:“身二十年侍中,与卿先君亟连职事,纵卿方进用,何宜相排突也!”遂谢事还家,诏谕久之,乃起。

初,郑羲之兄孙俨为司徒胡国珍行参军,私得幸于太后,人未之知。萧宝寅之西讨,以俨为开府属[8]。太后再摄政,俨请奉使还朝,太后留之,拜谏议大夫、中书舍人,领尝食典御[9],昼夜禁中;每休沐[10],太后常遣宦者随之,俨见其妻,唯得言家事而已。中书舍人乐安徐纥[11],粗有文学,先以谄事赵修,坐徙枹罕[12]。后还,复除中书舍人,又谄事清河王怿;怿死,出为雁门太守[13]。还洛,复谄事元叉。叉败,太后以纥为怿所厚,复召为中书舍人,纥又谄事郑俨。俨以纥有智数,仗为谋主;纥以俨有内宠,倾身承接,共相表里,势倾内外,号为徐、郑。

俨累迁至中书令、车骑将军;纥累迁至给事黄门侍郎,仍领舍人,总摄中书、门下之事,军国诏令莫不由之。纥有机辩强力,终日治事,略无休息,不以为劳。时有急诏,令数吏执笔,或行或卧,人别占之,造次俱成,不失事理。然无经国大体,专好小数,见人矫为恭谨,远近辐凑附之。

给事黄门侍郎袁翻、李神轨皆领中书舍人,为太后所信任,时人云神轨亦得幸于太后,众莫能明也。神轨求婚于散骑常侍卢义僖,义僖不许。黄门侍郎王诵谓义僖曰:“昔人不以一女易众男⑭,卿岂易之邪!”义僖曰:“所以不从,正为此耳。从之,恐祸大而速。”诵乃坚握义僖手曰:“我闻有命,不敢以告人⑮。”女遂适他族。临婚之夕,太后遣中使宣敕停之,内外惶怖,义僖夷然自若。神轨,崇之子;义僖,度世之孙也。

**【注释】**

①亮:穆亮随北魏起家于代都,与李崇等家,历世显贵。　②洿(wū污)宫:掘掉宫室。这里指要掘掉刘腾的坟墓,将他暴尸示众。　③齐州:北魏皇兴三年(469)改冀州置,治所在今山东济南市。　④铁券:古代用来颁赐给功臣的凭证,获铁券者本人及其后世子孙如遇犯罪,则以铁券为证,朝廷得推念前功,予以赦减,因这样的证书要坚久不坏,所以要以铁为之。铁券还有丹书铁券,金书铁券等称。　⑤定州:北魏天兴三年(400)改安州置,治所在今河北定州市。　⑥伊阙:指伊阙关,在河南洛阳市南伊阙山上。　⑦《礼》:指《礼记》。案:一说妇人夫死自称未亡人始见于《左传·庄公二十八年》注,未知孰是。　⑧开府属:职官名,为开府属官。　⑨尝食典御:又作“尚食典御”。　⑩休沐:古代朝廷给官吏休息洗沐的例假,汉代制度,中朝官五日可一下里舍休沐。⑪乐安:县名,治所在今河南光山县西部。　⑫枹罕:地名,在今甘肃临夏回族自治州,北魏曾置枹罕镇于此。　⑬雁门:郡名,治所在今山西代县西南古城。　⑭不以一女易众男:引晋乐广故事,事见本书卷第八十五晋惠帝太安二年(303)。　⑮不敢以告人:语出《诗经·唐风·扬之水》“我闻有命,不敢以告人”。意谓:我早已听知您的这个意思,但不敢将此告诉他人。

胡琛据高平①,遣其大将万俟丑奴、宿勤明达等寇魏泾州②,将军卢祖迁、伊瓮生讨之,不克。萧宝寅、崔延伯既破莫折天生,引兵会祖迁等于安定,甲卒十二万,铁马八千,军威甚盛。丑奴军于安定西北七里,时以轻骑挑战,大兵未交,辄委走。延伯恃其勇,且新有功,遂唱议先驱击之,别造大盾,内为锁柱,使壮士负以趋,谓之排城,置辎重于中,战士在外,自安定北缘原北上。将战,有

北魏彩绘陶甲骑具装俑

贼数百骑诈持文书，云是降簿，且乞缓师。宝寅、延伯未及阅视，宿勤明达引兵自东北至，降贼自西竞下，覆背击之[③]，延伯上马奋击，逐北径抵其营。贼皆轻骑，延伯军杂步卒，战久疲乏，贼乘间得入排城；延伯遂大败，死伤近二万人，宝寅收众，退保安定。延伯自耻其败，乃缮甲兵，募骁勇，复自安定西进，去贼七里结营。壬辰，不告宝寅，独出袭贼，大破之，俄顷，平其数栅。贼见军士采掠散乱，复还击之，魏兵大败，延伯中流矢卒，士卒死者万余人。时大寇未平，复失骁将，朝野为之忧恐。于是贼势愈盛，而群臣自外来者，太后问之，皆言贼弱，以求悦媚，由是将帅求益兵者往往不与。

五月，夷陵烈侯裴邃卒。邃深沉有思略，为政宽明，将吏爱而惮之。壬子，以中护军夏侯亶督寿阳诸军事，驰驿代邃。

益州刺史临汝侯渊猷遣其将樊文炽、萧世澄等将兵围魏益州长史和安于小剑，魏益州刺史邴虬遣统军河南胡小虎、崔珍宝将兵救之。文炽袭破其栅，皆擒之，使小虎于城下说和安令早降，小虎遥谓安曰："我栅失备，为贼所擒，观其兵力，殊不足言。努力坚守，魏行台、傅梁州援兵已至[④]。"语未终，军士以刀殴杀之。西南道军司淳于诞引兵救小剑，文炽置栅于龙须山上以防归路[⑤]。戊辰，诞密募壮士夜登山烧其栅，梁军望见归路绝，皆恟惧，诞乘而击之，文炽大败，仅以身免，虏世澄等将吏十一人，斩获万计。魏子建以世澄购胡小虎之尸，得而葬之。

魏魏昌武康伯李崇卒。

初，帝纳东昏侯宠姬吴淑媛[6]，七月而生豫章王综，宫中多疑之。及淑媛宠衰怨望，密谓综曰："汝七月生儿，安得比诸皇子！然汝太子次弟，幸保富贵，勿泄也！"与综相抱而泣。综由是自疑，昼则谈谑如常，夜则于静室闭户，披发席藁，私于别室祭齐氏七庙[7]。又微服至曲阿拜齐太宗陵[8]，闻俗说割血沥骨，渗则为父子，遂潜发东昏侯冢，并自杀一男试之，皆验，由是常怀异志，专伺时变。综有勇力，能手制奔马；轻财好士，唯留附身故衣，余皆分施，恒致罄乏。屡上便宜，求为边任，上未之许。常于内斋布沙于地，终日跣行，足下生胝，日能行三百里。王、侯、妃、主及外人皆知其志，而上性严重，人莫敢言。又使通问于萧宝寅，谓之叔父。为南兖州刺史，不见宾客，辞讼隔帘听之，出则垂帷于舆，恶人识其面。

及在彭城，魏安丰王延明、临淮王彧将兵二万逼彭城，胜负久未决。上虑综败没，敕综引军还。综恐南归不复得至北边，乃密遣人送降款于彧；魏人皆不之信，彧募人入综军验其虚实，无敢行者。殿中侍御史济阴鹿悆为彧监军[9]，请行，曰："若综有诚心，与之盟约；如其诈也，何惜一夫！"时两敌相对，内外严固，悆单骑间出，径趣彭城，为综军所执，问其来状，悆曰："临淮王使我来，欲有交易耳。"时元略已南还，综闻之，谓成景俊等曰："我常疑元略规欲反城，将验其虚实，故遣左右为略使，入魏军中，呼彼一人。今其人果来，可遣人诈为略有疾在深室，呼至户外，令人传言谢之。"综又遣腹心安定梁话迎悆，密以意状语之。悆薄暮入城，先引见胡龙牙，龙牙曰："元中山甚欲相见[10]，故遣呼卿。"又曰："安丰、临淮，将少弱卒，规复此城，容可得乎！"悆曰："彭城，魏之东鄙，势在必争，得否在天，非人所测。"龙牙曰："当如卿言。"又引见成景俊，景俊与坐，谓曰："卿不为刺客邪？"悆曰："今者奉使，欲返命本朝，相刺之事，更卜后图。"景俊为设饮食，乃引至一所，诈令一人自室中出，为元略致意曰："我昔有以南向，且遣相呼，欲闻乡事；晚来疾作，不获相见。"悆曰："早奉音旨，冒险祗赴，不得瞻见，内怀反侧。"遂辞退。诸将竞问魏士马多少，悆盛陈有劲兵数十万，诸将相谓曰："此华辞耳！"悆曰："崇朝可验[11]，何华之有！"乃遣悆还。成景俊送之戏马台[12]，北望城堑，谓曰："险固如此，岂魏所能取！"

悆曰:“攻守在人,何论险固!”悆还,于路复与梁话申固盟约。六月,庚辰,综与梁话及淮阴苗文宠夜出,步投魏军[13]。及旦,斋内诸阁犹闭不开,众莫知所以,唯见城外魏军呼曰:“汝豫章王昨夜已来,在我军中,汝尚何为!”城中求王不获,军遂大溃。魏人入彭城,乘胜追击[14],复取诸城,至宿豫而还,将佐士卒死没者什七八,唯陈庆之帅所部得还。

上闻之,惊骇,有司奏削综爵土,绝属籍,更其子直姓悖氏。未旬日,诏复属籍,封直为永新侯[15]。

西丰侯正德自魏还[16],志行无悛,多聚亡命,夜剽掠于道[17],以轻车将军从综北伐,弃军辄还。上积其前后罪恶,免官削爵,徙临海[18];未至,追赦之。

综至洛阳,见魏主,还就馆[19],为齐东昏侯举哀,服斩衰三年。太后以下并就馆吊之,赏赐礼遇甚厚,拜司空,封高平郡公、丹杨王,更名赞。以苗文宠、梁话为光禄大夫;封鹿悆为定陶县子,除员外散骑常侍。

综长史济阳江革、司马范阳祖暅之皆为魏所虏,安丰王延明闻其才名,厚遇之。革称足疾不拜。延明使暅之作《欹器漏刻铭》,革唾骂暅之曰:“卿荷国厚恩,乃为虏立铭,孤负朝廷!”延明闻之,令革作《大小寺碑》《祭彭祖文》,革辞不为。延明将棰之,革厉色曰:“江革行年六十,今日得死为幸,誓不为人执笔!”延明知不可屈,乃止;日给脱粟三升,仅全其生而已。

上密召夏侯亶还,使休兵合肥,俟淮堰成复进。

【注释】

①高平:郡名,北魏正光五年(524)置,治所在今宁夏固原市。②泾州:北魏置,治所在今甘肃镇原县东南。 ③覆背:即“腹背”。胡三省注:“‘覆’,或作‘腹’。” ④魏行台:指魏子建,北魏以魏子建为行台兼尚书,事见上年。傅梁州:指北魏梁州刺史傅竖眼。 ⑤龙须山:地名,在今重庆奉节县东。 ⑥吴淑媛:淑媛吴氏的简称。淑媛,后宫女官名,魏文帝曹丕始置,齐明帝萧鸾以淑媛为九嫔之首,齐、梁沿袭旧称。⑦七庙:古时帝王建有七庙,即所谓三昭三穆与太祖之庙。 ⑧齐太宗陵:萧齐诸帝中没有“太宗”,此处当是“齐高帝”之误。齐高帝于479年

篡宋建齐，死后葬于曲阿（今江苏丹阳市）。 ⑨济阴：地名，在今山东曹县西北。 ⑩元中山：指元略；元略投奔梁朝，梁朝封他中山王，故称元中山。 ⑪崇朝：即终朝。崇同“终”；“崇朝”语出《诗经·卫风·河广》：“谁谓河广，曾不崇朝。” ⑫戏马台：地名，在今江苏徐州市城区南部。 ⑬步投魏军：他本“魏”作“彧”。 ⑭乘胜追击：他本“击”下有“梁兵”二字。 ⑮永新：县名，治所在今江西永新县西。 ⑯西丰侯正德：西丰侯萧正德，从北魏逃回梁朝，事见上卷梁武帝普通三年（522）。⑰剽掠于道：他本“掠”下有“杀人”二字。 ⑱临海：梁朝郡名，治今浙江临海市。 ⑲就馆：似指回到北魏设置的供梁朝降将居住的金陵馆。

癸未，魏大赦，改元孝昌。

破六韩拔陵围魏广阳王深于五原[①]，军主贺拔胜募二百人开东门出战，斩首百余级，贼稍退。深拔军向朔州，胜常为殿。

云州刺史费穆，招抚离散，四面拒敌。时北境州镇皆没，唯云中一城独存[②]。道路阻绝[③]，援军不至，粮仗俱尽，穆弃城南奔尔朱荣于秀容[④]，既而诣阙请罪，诏原之。

长流参军于谨言于广阳王深曰[⑤]：“今寇盗蜂起，未易专用武力胜也。谨请奉大王之威命，谕以祸福，庶几稍可离也。”深许之。谨兼通诸国语，乃单骑诣叛胡营，见其酋长，开示恩信，于是西部铁勒酋长乜列河等将三万余户南诣深降[⑥]。深欲引兵至折敷岭迎之[⑦]，谨曰：“破六韩拔陵兵势甚盛，闻乜列河等来降，必引兵邀之，若先据险要，未易敌也。不若以乜列河饵之，而伏兵以待之，必可破也。”深从之，拔陵果引兵邀击乜列河，尽俘其众；伏兵发，拔陵大败，复得乜列河之众而还。

柔然头兵可汗大破破六韩拔陵，斩其将孔雀等。拔陵避柔然，南徙渡河[⑧]。将军李叔仁以拔陵稍逼，求援于广阳王深，深帅众赴之。贼前后降附者二十万人，深与行台元纂表“乞于恒州北别立郡县，安置降户，随宜赈贷，息其乱心”。魏朝不从，诏黄门侍郎杨昱分处之冀、定、瀛三州就食。深谓纂曰：“此辈复为乞活矣[⑨]。”

秋，七月，壬戌，大赦。

八月，魏柔玄镇民杜洛周聚众反于上谷[10]，改元真王，攻没郡县，高欢、蔡俊、尉景及段荣、安定彭乐皆从之。洛周围魏燕州刺史博陵崔秉[11]，九月，丙辰，魏以幽州刺史常景兼尚书为行台，与幽州都督元谭讨之。景，爽之孙也。自卢龙塞至军都关[12]，皆置兵守险，谭屯居庸关。

【注释】

①五原：地名，汉五原县故地，治今内蒙古包头市西北。　②云中：北魏李崇举费穆为云州刺史，守云中（今内蒙古和林格尔县）。　③道路：他本道上均有“久之”二字。　④秀容：北魏郡名，治所在今山西忻州市，因“云中”在“秀容”郡南，故文中称费穆南奔。　⑤长流参军：职官名，职掌禁卫防务。通常从公府置长流将军；小府无长流将军，置禁防将军。　⑥西部铁勒：铁勒，古代高车部落的一部，或称“敕勒”，北魏时分裂为东、西二部。　⑦折敷岭：一作“折敦岭”，地名，未详何处。⑧渡河：指渡过北河；北河，清代以前对黄河自今内蒙古磴口以下约相当于今乌加河的称呼。　⑨乞活：指因饥荒而迁往外地乞食的民众；东晋刘琨北伐时，并州发生饥荒，一万多灾民往冀州就谷，时称“乞活”。事见本书卷第八十六晋惠帝光熙元年（306）。　⑩上谷：地名，在今河北怀来县东南。　⑪燕州：北魏置，治所在今河北涿州市。　⑫军都关：即居庸关，在今北京市昌平区西北；从卢龙塞（在今河北喜峰口一带）到军都关都是古长城，一说军都关在居庸山南，与居庸关相距二十里。

冬，十月，吐谷浑遣兵击赵天安，天安降，凉州复为魏。

平西将军高徽奉使哌哒，还，至枹罕。会河州刺史元祚卒[1]，前刺史梁钊之子景进引莫折念生兵围其城。长史元永等推徽行州事，勒兵固守；景进亦自行州事。徽请兵于吐谷浑，吐谷浑救之，景进败走。徽，湖之孙也。

魏方有事于西北，二荆、西郢群蛮皆反[2]，断三鸦路[3]，杀都督，寇掠北至襄城。汝水有冉氏、向氏、田氏，种落最盛，其余大者万家，小者千室，各称王侯，屯据险要，道路不通。十二月，壬午，魏主下诏曰：“朕将亲御六师[4]，扫荡逋秽，今先讨荆蛮，疆理南服。”时群蛮引梁将曹义宗等围魏荆州[5]，魏都督崔暹将兵数万救之，至鲁阳[6]，不敢进。魏更以临淮王彧为征南大将军，将兵讨鲁阳蛮，司空长史辛雄为行台左丞，东趣叶城[7]。别遣征虏将军裴衍、恒农太守京兆王罴将兵一万，自武关出通三鸦路，以救荆州。

衍等未至，彧军已屯汝上，州郡被蛮寇者争来请救，彧以处分道别，不欲应之，辛雄曰："今裴衍未至，王士众已集，蛮左唐突[8]，挠乱近畿，王秉麾阃外[9]，见可而进，何论别道！"彧恐后有得失之责，邀雄符下。雄以群蛮闻魏主将自出，心必震动，可乘势破也，遂符彧军，令速赴击。群蛮闻之，果散走。

魏主欲自出讨贼，中书令袁翻谏而止。辛雄自军中上疏曰："凡人所以临陈忘身，触白刃而不惮者，一求荣名，二贪重赏，三畏刑罚，四避祸难，非此数者，虽圣王不能使其臣，慈父不能厉其子矣。明主深知其情，故赏必行，罚必信，使亲疏贵贱勇怯贤愚，闻钟鼓之声，见旌旗之列，莫不奋激，竞赴敌场，岂厌久生而乐速死哉？利害悬于前，欲罢不能耳。自秦、陇逆节，蛮左乱常，已历数载，三方之师[10]，败多胜少，迹其所由，不明赏罚之故也。陛下虽降明诏，赏不移时，然将士之勋，历稔不决[11]，亡军之卒，晏然在家，是使节士无所劝慕，庸人无所畏慑；进而击贼，死交而赏赊，退而逃散，身全而无罪，此其所以望敌奔沮，不肯尽力者也。陛下诚能号令必信，赏罚必行，则军威必张，盗贼必息矣。"疏奏，不省。

曹义宗等取顺阳、马圈[12]，与裴衍等战于淅阳[13]，义宗等败退。衍等复取顺阳，进围马圈。洛州刺史董绍以马圈城坚，衍等粮少，上书言其必败。未几，义宗击衍等，破之，复取顺阳。魏以王罴为荆州刺史。

邵陵王纶摄南徐州事，在州喜怒不恒，肆行非法。遨游市里，问卖𫚉者曰[14]："刺史何如？"对言："躁虐。"纶怒，令吞𫚉而死，百姓惶骇，道路以目。尝逢丧车，夺孝子服而著之，匍匐号叫。签帅惧罪[15]，密以闻。上始严责纶，而不能改，于是遣代。纶悖慢逾甚，乃取一老翁短瘦类上者，加以衮冕，置之高坐，朝以为君，自陈无罪；使就坐剥褫，捶之于庭。又作新棺，贮司马崔会意，以辒车挽歌为送葬之法[16]，使妪乘车悲号。会意不能堪，轻骑还都以闻。上恐其奔逸，以禁兵取之，将于狱赐尽，太子统流涕固谏，得免，戊子,免纶官,削爵土。

魏山胡刘蠡升反[17],自称天子,置百官。

初,敕勒酋长斛律金事怀朔镇将杨钧为军主,行兵用匈奴法,望尘知马步多少,嗅地知军远近。及破六韩拔陵反,金拥众归之,拔陵署金为王。既而知拔陵终无所成,乃诣云州降,仍稍引其众南出黄瓜堆[18],为杜洛周所破,脱身归尔朱荣,荣以为别将。

【注释】

①河州:北魏太和十六年(492)以枹罕镇改置,治所在今甘肃临夏回族自治州。 ②二荆、西郢:指北魏所置西荆州(治今陕西洛南县东南)、北荆州(治今河南南阳市南)和西郢州(治今河南正阳县北)。 ③三鸦路:从河南南阳盆地循今白河支流口子河谷北行,逾伏牛山分水岭循襄河河谷抵鲁山境,达于汝、洛水流域。第一鸦在今南阳市北百重山;第二鸦在分水岭北麓;第三鸦即鲁阳关,在今南召、鲁山二县交界处。 ④六师:即"六军",代指国王统帅的军队。 ⑤荆州:指北魏所置荆州,治穰城(今河南邓州市)。 ⑥鲁阳:指鲁阳关,一名鲁关,为"三鸦路"上第三鸦。 ⑦叶城:即叶县城,北魏襄州治所,在今河南叶县西南。 ⑧蛮左:从刘宋以来,今河南境内各土著部落都被称为蛮左,在土著部落区域所设置的郡治,都称为"左郡"。 ⑨阃(kǔn 捆)外:指京城以外;阃:特指城门的门槛。 ⑩三方之师:指西讨秦、陇,北御边镇,南击蛮左的北魏军队。案:他本"三"上均有"凡在戎役数十万人,捍御"十字,"方"下无"之师"二字。 ⑪历稔(rěn 忍):即历年,古时以一年五谷成熟一次为一稔。 ⑫顺阳:北魏郡名,治所在今河南唐河县西南。 ⑬淅阳:北魏郡名,治所在今河南西峡县北。 ⑭鲍(shàn 善):今通作"鳝",即"鳝鱼"。 ⑮签帅:典签之官,南朝在各王国置签帅,多委派国王的近侍担任,监察刺史等地方官的执政情形。 ⑯輀(ér 而)车:古代的一种丧车。 ⑰山胡:指当时徙居于汾州(治今山西隰县)境内的一少数民族部落。 ⑱黄瓜堆:又名黄花堆,即今山西山阴县东北黄花梁。

# 资治通鉴卷第一百五十一

## 梁纪七 起柔兆敦牂，尽强圉协洽，凡二年。

### 高祖武皇帝七

**普通七年** 春，正月，辛丑朔，大赦。

壬子，魏以汝南王悦领太尉。

魏安州石离、穴城、斛盐三戍兵反[①]，应杜洛周，众合二万，洛周自松岍赴之[②]。行台常景使别将崔仲哲屯军都关以邀之，仲哲战没，元谭军夜溃，魏以别将李琚代谭为都督。仲哲，秉之子也。

初，魏广阳王深通于城阳王徽之妃。徽为尚书令，为胡太后所信任；会恒州人请深为刺史，徽言深心不可测。及杜洛周反，五原降户在恒州者谋奉深为主，深惧，上书求还洛阳。魏以左卫将军杨津代深为北道大都督，诏深为吏部尚书。徽，长寿之子也。

五原降户鲜于修礼等帅北镇流民反于定州之左城[③]，改元鲁兴，引兵向州城，州兵御之不利。杨津至灵丘[④]，闻定州危迫，引兵救之，入据州城。修礼至，津欲出击之，长史许被不听，津手剑击之，被走得免。津开门出战，斩首数百，贼退，人心少安。诏寻以津为定州刺史兼北道行台。魏以扬州刺史长孙稚为大都督北讨诸军事，与河间王琛共讨修礼。

二月，甲戌，北伐众军解严。

魏西部敕勒斛律洛阳反于桑干西[⑤]，与费也头牧子相连结。三月，甲寅，游击将军尔朱荣击破洛阳于深井[⑥]，牧子于河西[⑦]。

夏，四月，乙酉，临川靖惠王宏卒。

魏大赦。

癸巳，魏以侍中、车骑大将军城阳王徽为仪同三司。徽与给事黄门侍郎徐纥共毁侍中元顺于太后，出为护军将军、太常卿。顺奉辞于西游园，纥侍侧，顺指之谓太后曰："此魏之宰嚭[8]，魏国不亡，此终不死！"纥胁肩而出，顺抗声叱之曰："尔刀笔小才，止堪供几案之用，岂应污辱门下，斁我彝伦[9]！"因振衣而起。太后默然。

魏朔州城民鲜于阿胡等据城反。

杜洛周南出，钞掠蓟城[10]，魏常景遣统军梁仲礼击破之。丁未[11]，都督李琚与洛周战于蓟城之北，败没。常景帅众拒之，洛周引还上谷。

长孙稚行至邺，诏解大都督，以河间王琛代之。稚上言："向与琛同在淮南，琛败臣全，遂成私隙，今难以受其节度。"魏朝不听。前至呼沱[12]，稚未欲战，琛不从。鲜于修礼邀击稚于五鹿[13]，琛不赴救，稚军大败，稚、琛并坐除名。

**【注释】**

①安州：指北魏所置安州，治所在今河北定州市，后改为定州。石离、穴城、斛盐三戍：均在安州境内，石离、穴城二戍确址不详，疑在今河北古北口以北潮河上游一带；斛盐戍，在今河北滦平县南。 ②松岍(xíng 陉)：地名，又写作松岍、松陉，即今辽宁建平县北部老哈河东岸沿河南北走向的山岭。 ③定州：北魏天兴三年(400)改安州置，治所在今河北定州市。左城：在今河北安平县一带。 ④灵丘：县名。治所即今山西灵丘县东固城。 ⑤桑干：北魏郡名。治所在今山西山阴县东南。⑥深井：地名。疑在今山西山阴县西部一带。 ⑦河西：指北河(清朝以前黄河自今内蒙磴口以下的北分支，约当今乌加河)西岸地区。 ⑧宰嚭：人名，即战国时吴国太宰伯嚭，贪财好谗，吴越之争时吴王夫差信任他，吴国被越国灭亡。 ⑨斁(dù 妒)：败坏的意思。 ⑩蓟城：在今北京城西南。 ⑪丁未：依陈垣《二十史朔闰表》，梁普通七年四月无此日，疑为"乙未"之误。⑫呼沱：又作"滹沱""嘑沱"，指今河北潴龙河支流大沙河。 ⑬五鹿：一作五鹿墟，又名沙鹿，在今河北大名县东。

五月，丁未，魏主下诏将北讨，内外戒严，既而不行。

衡州刺史元略，自至江南，晨夕哭泣，常如居丧。及魏元叉死，胡太后欲召之，知略因刁双获免，征双为光禄大夫，遣江革、祖暅之南还以求略。上备礼遣之，宠赠甚厚。略始济淮，魏拜略为侍中，赐爵义阳王；以司马始宾为给事中，栗法光为本县令[①]，刁昌为东平太守[②]，刁双为西兖州刺史[③]。凡略所过，一餐一宿皆赏之。

魏以丞相高阳王雍为大司马。复以广阳王深为大都督，讨鲜于修礼；章武王融为左都督，裴衍为右都督，并受深节度。

深以其子自随，城阳王徽言于太后曰："广阳王携其爱子，握兵在外，将有异志。"乃敕融、衍潜为之备。融、衍以敕示深，深惧，事无大小，不敢自决；太后使问其故，对曰："徽衔臣次骨[④]，臣疏远在外，徽之构臣，无所不为。自徽执政以来，臣所表请，多不从允。徽非但害臣而已，从臣将士，有勋劳者皆见排抑，不得比他军，仍深被憎嫉，或因其有罪，加以深文，至于殊死，以是从臣行者，莫不悚惧。有言臣善者，视之如仇雠，言臣恶者，待之如亲戚。徽居中用事，朝夕欲陷臣于不测之诛，臣何以自安！陛下若使徽出临外州，臣无内顾之忧，庶可以毕命贼庭，展其忠力。"太后不听。

徽与中书舍人郑俨等更相阿党，外似柔谨，内实忌克，赏罚任情，魏政由是愈乱。

戊申，魏燕州刺史崔秉帅众弃城奔定州。

乙丑，魏以安西将军宗正珍孙为都督，讨汾州反胡。

六月，魏绛蜀陈双炽聚众反[⑤]，自号始建王。魏以假镇西将军长孙稚为讨蜀都督。别将河东薛修义轻骑诣双炽垒下，晓以利害，双炽即降。诏以修义为龙门镇将[⑥]。

丙子，魏徙义阳王略为东平王，顷之，迁大将军、尚书令，为胡太后所委任，与城阳王徽相埒，然徐、郑用事，略亦不敢违也。

杜洛周遣都督王曹纥真等将兵掠蓟南[⑦]，秋，七月，丙午，行台常景遣都督于荣等击之于栗园[⑧]，大破之，斩曹纥真及将卒三千余级。洛周帅众南趣范阳[⑨]，景与荣等又破之。

魏仆射元纂以行台镇恒州[⑩]。鲜于阿胡拥朔州流民寇恒州，戊申，陷平城，纂奔冀州。

上闻淮堰水盛，寿阳城几没，复遣郢州刺史元树等自北道攻黎浆[11]，豫州刺史夏侯亶等自南道攻寿阳。

八月，癸巳，贼帅元洪业斩鲜于修礼，请降于魏；贼党葛荣复杀洪业自立。

魏安北将军、都督恒朔讨虏诸军事尔朱荣过肆州，肆州刺史尉庆宾忌之，据城不出。荣怒，举兵袭肆州，执庆宾，还秀容[12]，署其从叔羽生为刺史，魏朝不能制。

初，贺拔允及弟胜、岳从元纂在恒州，平城之陷也，允兄弟相失；岳奔尔朱荣，胜奔肆州。荣克肆州，得胜，大喜曰："得卿兄弟，天下不足平也！"以为别将，军中大事多与之谋。

【注释】

①本县：指栗法光所居的屯留县（治今山西长治市屯留区古城）。②东平：北魏所置东平郡，治所在今山东东平县西北。 ③西兖州：北魏置，治所在今山东菏泽市定陶区西北。 ④衔臣次骨：意即对臣恨之入骨；次骨，言深刻至骨。 ⑤绛蜀：指由蜀地徙居绛郡（治所在今山西绛县南）的蜀人。 ⑥龙门：地名，一名禹门口，在北魏龙门县（治今山西河津市东南）西北的黄河两岸。 ⑦都督王：北魏杜洛周、葛荣为了笼络住叛众，军中将领无不加封王爵，曹纥真身为都督而加封王号，故称都督王。 ⑧栗园：指北魏所置栗园县，治所确址待考，疑在今河北易县或涞水一带。 ⑨范阳：郡名，治所在今河北涿州市。 ⑩恒州：治所在其故都平城（今山西大同市）。 ⑪黎浆：地名，在今安徽寿县东南。 ⑫秀容：郡名。治所在今山西忻州市西北。

九月，己酉，鄱阳忠烈王恢卒。

葛荣既得杜洛周之众[1]，北趣瀛州，魏广阳忠武王深自交津引兵蹑之[2]。辛亥，荣至白牛逻[3]，轻骑掩击章武庄武王融，杀之。荣自称天子，国号齐，改元广安。深闻融败，停军不进。侍中元晏密言于太后曰："广阳王盘桓不进，坐图非望。有于谨者，智略过人，为其谋主，风尘之际，恐非陛下之纯臣也。"太后深然之，诏膀尚书省门，募能获谨者有重赏。谨闻之，谓深曰："今女主临朝，信用谗佞，苟不明白殿下素心，恐祸至无日。谨请束身诣阙，归罪有司。"

遂径诣牓下，自称于谨，有司以闻。太后引见，大怒。谨备论深忠款，兼陈停军之状，太后意解，遂舍之。

深引军还，趣定州，定州刺史杨津亦疑深有异志；深闻之，止于州南佛寺。经二日，深召都督毛谥等数人，交臂为约，危难之际，期相拯恤。谥愈疑之，密告津云，深谋不轨。津遣谥讨深，深走出，谥呼噪逐深。深与左右间行至博陵界[4]，逢葛荣游骑，劫之诣荣。贼徒见深，颇有喜者，荣新立，恶之，遂杀深。城阳王徽诬深降贼，录其妻子[5]。深府佐宋游道为之诉理，乃得释。游道，繇之玄孙也。

甲申[6]，魏行台常景破杜洛周，斩其武川王贺拔文兴等，捕虏四百人。

就德兴陷魏平州[7]，杀刺史王买奴。

天水民吕伯度，本莫折念生之党也，后更据显亲以拒念生[8]；已而不胜，亡归胡琛，琛以为大都督、秦王，资以士马，使击念生。伯度屡破念生军，复据显亲，乃叛琛，东引魏军。念生窘迫，乞降于萧宝寅，宝寅使行台左丞崔士和据秦州。魏以伯度为泾州刺史，封平秦郡公[9]。大都督元修义停军陇口[10]，久不进，念生复反，执士和送胡琛，于道杀之。久之，伯度为万俟丑奴所杀，贼势益盛，宝寅不能制。胡琛与莫折念生交通，事破六韩拔陵浸慢，拔陵遣其臣费律至高平，诱琛，斩之，丑奴尽并其众。

冬，十一月，庚辰，大赦。

丁贵殡卒，太子水浆不入口，上使谓之曰："毁不灭性[11]，况我在邪！"乃进粥数合。太子体素肥壮，腰带十围，至是减削过半。

夏侯亶等军入魏境，所向皆下。辛巳，魏扬州刺史李宪以寿阳降，宣猛将军陈庆之入据其城，凡降城五十二，获男女七万五千口。丁亥，纵李宪还魏，复以寿阳为豫州[12]，改合肥为南豫州[13]，以夏侯亶为豫、南豫二州刺史。寿阳久罹兵革，民多流散，亶轻刑薄赋，务农省役，顷之，民户充复。

杜洛周围范阳，戊戌[14]，民执魏幽州刺史王延年、行台常景送洛周，开门纳之。

魏齐州平原民刘树等反[15]，攻陷郡县，频败州军，刺史元欣以平原房士达为将，讨平之。

曹义宗据穰城以逼新野⑯，魏遣都督魏承祖及尚书左丞、南道行台辛纂救之。义宗战不利，不敢进。纂，雄之从父兄也。

魏盗贼日滋，征讨不息，国用耗竭，预征六年租调，犹不足，乃罢百官所给酒肉，又税入市者人一钱，及邸店皆有税，百姓嗟怨。吏部郎中辛雄上疏，以为："华夷之民相聚为乱，岂有余憾哉？正以守令不得其人，百姓不堪其命故也。宜及此时早加慰抚。但郡县选举，由来共轻，贵游俊才，莫肯居此。宜改其弊，分郡县为三等，清官选补之法，妙尽才望，如不可并，后地先才，不得拘以停年⑰。三载黜陟，有称职者，补在京名官；如不历守令，不得为内职。则人思自勉，枉屈可申，强暴自息矣。"不听。

【注释】

①既得杜洛周之众：据史载，葛荣得杜洛周之众在北魏孝明帝武泰元年（528），此处当为"得鲜于修礼之众"。 ②交津：地名，在今河北磁县西清漳河与漳河合流处。 ③白牛逻：地名，确址不详，旧注认为在今河北蠡县境内。 ④博陵：北魏郡名，治所在今河北安平县。 ⑤录：录囚的意思，指将元深的妻儿作罪犯囚禁起来。 ⑥甲申：据陈垣《二十史朔闰表》推算，此"甲申"当为该年十月八日。 ⑦平州：北魏置，治所在今河北卢龙县北。 ⑧显亲：即东汉显亲侯国故址，北魏为显新县，治今甘肃秦安县西北。 ⑧平秦郡：北魏太延二年（436）置平秦郡于雍县（治所在今陕西宝鸡市凤翔区东南），属岐州。 ⑩陇口：陇坻之口，约在今陕西陇县陇山南端。 ⑪毁不灭性：语出《孝经》，意谓不应哀毁过甚而灭性伤身，后世"毁灭"一词即源于此。 ⑫复以寿阳为豫州：南朝从刘宋以来，各代均以寿阳（今安徽寿县）为豫州治所，萧齐时，裴叔业以寿阳投降北魏，北魏在寿阳置扬州，梁朝此时又以寿阳为豫州治所，恢复宋齐旧态。 ⑬南豫州：梁朝徙豫州治所至合肥，事见本书卷第一百四十六梁武帝天监五年（506）。 ⑭戊戌：依陈垣《二十史朔闰表》，戊戌当为该年十二月四日。 ⑮魏齐州平原：北魏平原郡，治所在今甘肃平凉市东泾水南岸；但北魏齐州治所在今山东济南市，此处平原应为北魏"东平原郡"（治今山东平原县）。 ⑯穰城：地名，在今河南邓州市。新野：在河南新野县。 ⑰停年：指北魏崔亮制定的官吏选拔的制度，这种制度不问士之贤愚，只以待选的时间长短为限，故称"停年"；事见本

书卷第一百四十九梁武帝天监十八年(519)。

**大通元年**[1] 春,正月,乙丑,以尚书左仆射徐勉为仆射[2]。

辛未,上祀南郊。

甲戌,魏以司空皇甫度为司徒,仪同三司萧宝寅为司空。

魏分定、相二州四郡置殷州[3],以北道行台博陵崔楷为刺史。楷表称:"州今新立,尺刃斗粮,皆所未有,乞资以兵粮。"诏付外量闻,竟无所给。或劝楷留家,单骑之官,楷曰:"吾闻食人之禄者忧人之忧,若吾独往,则将士谁肯固志哉!"遂举家之官。葛荣逼州城,或劝减弱小以避之,楷遣幼子及一女夜出;既而悔之,曰:"人谓吾心不固,亏忠而全爱也。"遂命追还。贼至,强弱相悬,又无守御之具;楷抚勉将士以拒之,莫不争奋,皆曰:"崔公尚不惜百口,吾属何爱一身!"连战不息,死者相枕,终无叛志。辛未,城陷,楷执节不屈,荣杀之,遂围冀州[4]。

萧宝寅出兵累年[5],将士疲弊。秦贼击之,宝寅大败于泾州[6],收散兵万余人,屯逍遥园[7],东秦州刺史潘义渊以汧城降贼[8]。莫折念生进逼岐州,城人执刺史魏兰根应之。豳州刺史毕祖晖战没[9],行台辛深弃城走,北海王颢军亦败。贼帅胡引祖据北华州[10],叱干麒麟据豳州以应天生[11],关中大扰。雍州刺史杨椿募兵得七千余人,帅以拒守,诏加椿侍中兼尚书右仆射,为行台,节度关西诸将。北地功曹毛鸿宾引贼抄掠渭北[12],雍州录事参军杨侃将兵三千掩击之;鸿宾惧,请讨贼自效,遂擒送宿勤乌过仁。乌过仁者,明达之兄子也。莫折天生乘胜寇雍州,萧宝寅部将羊侃隐身堑中射之,应弦而毙,其众遂溃。侃,祉之子也。

魏右民郎阳平路思令上疏[13],以为:"师出有功,在于将帅,得其人则六合唾掌可清,失其人则三河方为战地[14]。窃以比年将帅多宠贵子孙,衔杯跃马,志逸气浮,轩眉扼腕,以攻战自许;及临大敌,忧怖交怀,雄图锐气,一朝顿尽。乃令羸弱在前以当寇,强壮居后以卫身,兼复器械不精,进止无节,以当负险之众,敌数战之虏,欲其不败,岂可得哉!是以兵知必败,始集而先逃;将帅畏敌,迁延而不进。国家谓官爵未满,屡加宠命;复疑赏赍之轻,日散金帛。帑藏空竭，民财殚尽，遂使贼徒益甚，生民凋弊，凡以此也。夫德可感义夫，恩可劝死士。今若黜陟幽明，赏罚善恶，简练士卒，缮修器械，先遣辩士晓以祸福，如其不悛，以顺讨逆，如此，则何异厉萧斧而伐朝菌⑮，鼓洪炉而燎毛发哉！”弗听。

【注释】

①大通元年：此年三月才改元“大通”，故史书也称此年为“普通八年”。 ②仆射：此时梁朝尚书缺右仆射，故左仆射即为仆射。 ③殷州：北魏置殷州，治广阿（今河北隆尧县东），领赵郡、巨鹿、南巨鹿和广宗四郡。 ④冀州：北魏时治所在今河北冀州市。 ⑤萧宝寅：他本萧上均有“魏”字。 ⑥泾州：北魏置，治所在今甘肃镇原县东南。 ⑦逍遥园：地名，在今陕西西安市西北。 ⑧东秦州：北魏置东秦州于陇东郡，治汧城（今陕西陇县东南）。 ⑨豳州：北魏置，治所在今甘肃宁县。⑩北华州：北魏孝文帝太和十五年（491）以东秦州改名，治所在今陕西黄陵县西南。 ⑪叱干：少数民族复姓。 ⑫北地：北魏郡名，治所在今陕西富平县境内。 ⑬右民郎：即尚书右民郎，晋武帝时初置，尚书省属官之一。 ⑭三河：汉代称河东、河内、河南三郡为三河，相当于今河南北部、中部及山西南部地区。对北魏都城洛阳而言，三河乃是近郊。⑮厉萧斧而伐朝菌：萧斧，斧头的一种；朝菌，语出《庄子·逍遥游》：“朝菌不知晦朔。”旧注称为“大芝”。“厉萧斧而伐朝菌”。比喻事情容易办到。

戊子，魏以皇甫度为太尉。

己丑，魏主以四方未平，诏内外戒严，将亲出讨，竟亦不行。

谯州刺史湛僧智围魏东豫州①，将军彭群、王辩围琅邪，魏敕青、南青二州救琅邪②。司州刺史夏侯夔帅壮武将军裴之礼等出义阳道，攻魏平静、穆陵、阴山三关③，皆克之。夔，亶之弟；之礼，邃之子也。

魏东清河郡山贼群起④，诏以齐州长史房景伯为东清河太守。郡民刘简虎尝无礼于景伯，举家亡去，景伯穷捕，擒之，署其子为西曹掾，命谕山贼。贼以景伯不念旧恶，皆相帅出降。

景伯母崔氏，通经，有明识。贝丘妇人列其子不孝⑤，景伯以白其母，母曰：“吾闻闻名不如见面，山民未知礼义，何足深责！”乃召其母，与对榻共食，使其子侍立堂下，观景伯供食。未旬日，悔过求还；崔氏曰："此虽面惭，其心未也，且置之。"凡二十余日，其子叩头流血，母涕泣乞还，然后听之，卒以孝闻。景伯，法寿之族子也[⑥]。

二月，秦贼据魏潼关。

庚申，魏东郡民赵显德反[⑦]，杀太守裴烟，自号都督。

将军成景俊攻魏彭城，魏以前荆州刺史崔孝芬为徐州行台以御之。先是，孝芬坐元叉党与卢同等俱除名[⑧]，及将赴徐州，入辞太后，太后谓孝芬曰："我与卿姻戚[⑨]，奈何内头元叉车中，称'此老妪会须去之！'"孝芬曰："臣蒙国厚恩，实无斯语。假令有之，谁能得闻！若有闻者，此于元叉亲密过臣远矣。"太后意解，怅然有愧色。景俊欲堰泗水以灌彭城，孝芬与都督李叔仁等击之，景俊遁还。

三月，甲子，魏主诏将西讨，中外戒严。会秦贼西走，复得潼关，戊辰，诏回驾北讨。其实皆不行。

葛荣久围信都，魏以金紫光禄大夫源子邕为北讨大都督以救之。

初，上作同泰寺，又开大通门以对之，取其反语相协[⑩]，上晨夕幸寺，皆出入是门。辛未，上幸寺舍身；甲戌，还宫，大赦，改元。

魏齐州广川民刘钧聚众反[⑪]，自署大行台；清河民房须自署大都督，屯据昌国城[⑫]。

夏，四月，魏将元斌之讨东郡，斩赵显德。

己西，柔然头兵可

北魏铜印

汗遣使入贡于魏，且请讨群贼。魏人畏其反复，诏以盛暑，且俟后敕。

魏萧宝寅之败也，有司处以死刑，诏免为庶人。雍州刺史杨椿有疾求解，复以宝寅为都督雍泾等四州诸军事、征西将军、雍州刺史、开府仪同三司、西讨大都督，自关以西皆受节度。椿还乡里⑬，其子昱将适洛阳，椿谓之曰："当今雍州刺史亦无逾于宝寅者，但其上佐，朝廷应遣心膂重臣⑭，何得任其牒用！此乃圣朝百虑之一失也。且宝寅不藉刺史为荣，吾观其得州，喜悦特甚，至于赏罚云为，不依常宪，恐有异心。汝今赴京师，当以吾此意启二圣⑮，并白宰辅，更遣长史、司马、防城都督，欲安关中，正须三人耳。如其不遣，必成深忧。"昱面启魏主及太后，皆不听。

**【注释】**

①谯州：梁朝置，治所在今安徽滁州市境。东豫州：治所在今河南息县。 ②青：青州，治所在今山东淄博市境内。南青州：治所在今山东沂水县。 ③平静、穆陵、阴山三关：即平靖关（在今河南信阳市西南与湖北广水交界处），穆陵关（在今河南新县南潢河源鄂、豫二省交界处），阴山戍（在今湖北麻城市东北）。 ④东清河郡：即南朝刘宋时侨置清河郡故地，后被北魏占领，改为东清河郡，治所在今山东邹平市东长山。 ⑤贝丘：县名，北魏贝丘县治所在今山东临清市东南；一说本为南朝刘宋侨置贝丘县，后被北魏所占，治所在今山东淄博市淄川区。 ⑥法寿：指房法寿。房法寿与其从弟房崇吉谋袭盘阳，投降慕容白曜，事见本书卷第一百三十二宋明帝泰始三年（467）。 ⑦东郡：北魏东郡，治所在今河南滑县东。 ⑧与卢同等俱除名：北魏前幽州刺史因与元叉同党被除名，事见上卷梁武帝普通六年（525）。 ⑨与卿姻戚：据史载，胡太后当时已将崔孝芬之女纳为北魏孝明帝世妇，故此处称与崔为婚姻亲戚。 ⑩反语相协：反语，指以二字正切、倒切作隐语，在"同泰"和"大通"之间，"同泰"两字的切音为"大"（中古音），"大通"两字的切音为"同"；相协，指"同"与"通""泰"与"大"交相协（谐）韵。 ⑪广川：指北魏齐州广川郡，治所在今河北枣强县东南；一说本为宋武帝刘裕侨置广川郡，后入于北魏，治所在今山东邹平市境内。 ⑫昌国城：地名，在今山东淄博市东南。 ⑬椿还乡里：杨椿家世居华阴（今陕西华阴市东南），此处即指回华阴。 ⑭心膂（lǚ 旅）重臣：心腹重臣。 ⑮二圣：指胡太后和北

魏孝明帝。

五月，丙寅，成景俊攻魏临潼、竹邑[①]，拔之。东宫直阁兰钦攻魏萧城、厥固[②]，拔之，钦斩魏将曹龙牙。

六月，魏都督李叔仁讨刘钧，平之。

秋，七月，魏陈郡民刘获、郑辩反于西华[③]，改元天授，与湛僧智通谋[④]，魏以行东豫州刺史谯国曹世表为东南道行台以讨之，源子恭代世表为东豫州。诸将以贼众强，官军弱，且皆败散之余，不敢战，欲保城自固。世表方病背肿，舆出，呼统军是云宝谓曰[⑤]："湛僧智所以敢深入为寇者，以获、辩皆州民之望，为之内应也。向闻获引兵欲迎僧智，去此八十里；今出其不意，一战可破，获破，则僧智自走矣。"乃选士马付宝，暮出城，比晓而至，击获，大破之，穷讨，余党悉平。僧智闻之，遁还。郑辩与子恭亲旧，亡匿子恭所，世表集将吏面责子恭，收辩，斩之。

魏相州刺史乐安王鉴与北道都督裴衍共救信都[⑥]。鉴幸魏多故，阴有异志，遂据邺叛，降葛荣。

己丑，魏大赦。

初，侍御史辽东高道穆奉使相州，前刺史李世哲奢纵不法，道穆按之。世哲弟神轨用事，道穆兄谦之家奴诉良[⑦]，神轨收谦之系廷尉。赦将出，神轨启太后先赐谦之死，朝士哀之。

彭群、王辩围琅邪，自夏及秋[⑧]，魏青州刺史彭城王劭遣司马鹿悆，南青州刺史胡平遣长史刘仁之将兵击群、辩，破之，群战没。劭，勰之子也。

八月，魏遣都督源子邕、李神轨、裴衍攻邺。子邕行及汤阴[⑨]，安乐王鉴遣其弟斌之夜袭子邕营，不克；子邕乘胜进围邺城，丁未，拔之，斩鉴，传首洛阳，改姓拓跋氏[⑩]。魏因遣子邕、裴衍讨葛荣。

九月，秦州城民杜粲杀莫折念生阖门皆尽，粲自行州事。南秦州城民辛琛亦自行州事，遣使诣萧宝寅请降。魏复以宝寅为尚书令，还其旧封[⑪]。

谯州刺史湛僧智围魏东豫州刺史元庆和于广陵[⑫]，魏将军元显伯救之，司州刺史夏侯夔自武阳引兵助僧智⑬。冬十月，夔至城下，庆和举城降。夔以让僧智，僧智曰："庆和欲降公，不欲降僧智，今往，必乖其意。且僧智所将应募乌合之人，不可御以法；公持军素严，必无侵暴，受降纳附，深得其宜。"夔乃登城，拔魏帜，建梁帜；庆和束兵而出，吏民安堵，获男女四万余口。

臣光曰：湛僧智可谓君子矣！忘其积时攻战之劳，以授一朝新至之将，知己之短，不掩人之长，功成不取以济国事，忠且无私，可谓君子矣！

元显伯宵遁，诸军追之，斩获万计。诏以僧智领东豫州刺史，镇广陵。夔引军屯安阳⑭，遣别将屠楚城⑮，由是义阳北道遂与魏绝。

领军曹仲宗、东宫直阁陈庆之攻魏涡阳，诏寻阳太守韦放将兵会之。魏散骑常侍费穆引兵奄至，放营垒未立，麾下止有二百余人，放免胄下马，据胡床处分⑯，士皆殊死战，莫不一当百，魏兵遂退。放，叡之子也。

魏又遣将军元昭等众五万救涡阳，前军至驼涧⑰，去涡阳四十里。陈庆之欲逆战。韦放以魏之前锋必皆轻锐，不如勿击，待其来至。庆之曰："魏兵远来疲倦，去我既远，必不见疑，及其未集，须挫其气。诸君若疑，庆之请独取之。"于是帅麾下二百骑进击，破之，魏人惊骇。庆之乃还，与诸将连营而进，背涡阳城与魏军相持。自春至冬，数十百战，将士疲弊。闻魏人欲筑垒于军后，曹仲宗等恐腹背受敌，议引军还，庆之杖节军门曰："共来至此，涉历一岁，糜费极多。今诸君皆无斗心，唯谋退缩，岂是欲立功名，直聚为抄暴耳！吾闻置兵死地，乃可求生；须虏大合，然后与战。审欲班师，庆之别有密敕，今日犯者，当依敕行之！"仲宗等乃止。

魏人作十三城，欲以控制梁军。庆之衔枚夜出⑱，陷其四城，涡阳城主王纬乞降。韦放简遣降者三十余人分报魏诸营，陈庆之陈其俘馘，鼓噪随之，九城皆溃，追击之，俘斩略尽，尸咽涡水，所降城中男女三万余口。

【注释】

①临潼：城名，北魏临潼郡治所，在今安徽灵璧县东北。竹邑：城名，

北魏南济阴郡治所，在今安徽宿州市北。 ②东宫直阁：指梁朝太子属下所设直阁将军。萧城：又名歇马城，在今山东冠县。厥固：在今安徽萧县南。 ③西华：县名，治所在今河南西华县南。 ④与湛僧智通谋：梁将湛僧智正围魏东豫州（治所在今河南息县城关）。 ⑤统军：州府属官，武职。 ⑥乐安王：元鉴被封为“安乐王”。胡三省注：“‘乐安’当作‘安乐’。” ⑦家奴诉良：家奴投诉主人逼迫（自己）良民为奴婢。北魏律令禁止压良为贱。 ⑧自夏及秋：他本“夏”均作“春”。 ⑨汤阴：县名，治所在今河南汤阴县境。 ⑩拓跋氏：本为北魏之姓，孝文帝改姓后，拓跋降为庶姓；改姓拓跋，即贬为庶族。 ⑪旧封：指北魏封萧宝寅为丹杨郡公和梁郡公时的封赐。 ⑫广陵：指北魏东豫州治所广陵（今河南息县城关）。 ⑬武阳：指义阳三关之一的武阳，关位于今河南罗山县南。 ⑭安阳：指北魏安阳郡城，在今河南泌阳县西。 ⑮楚城：北魏西楚州治所，又名楚王城，在今河南信阳市北。 ⑯胡床：坐具，即交椅，又名交床、校椅。 ⑰驼涧：地名，在今安徽蒙城县西北。 ⑱衔枚：古代军队秘密行动时，让士兵口中衔着像筷子一样的东西，防止说话而被敌人发觉。

萧宝寅之败于泾州也，或劝之归罪洛阳，或曰：“不若留关中言功自效。”行台都令史河间冯景曰[①]：“拥兵不还，此罪将大。”宝寅不从，自念出师累年，糜费不赀，一旦覆败，内不自安；魏朝亦疑之。

中尉郦道元，素名严猛，司州牧汝南王悦嬖人丘念[②]，弄权纵恣，道元收念付狱；悦请之于胡太后，太后敕赦之，道元杀之，并以劾悦。

时宝寅反状已露，悦乃奏以道元为关右大使[③]。宝寅闻之，谓为取己，甚惧，长安轻薄子弟复劝使举兵。宝寅以问河东柳楷，楷曰：“大王，齐明帝子，天下所属，今日之举，实允人望。且谣言‘鸾生十子九子𫇭，一子不𫇭关中乱’[④]。大王当治关中，何所疑！”道元至阴盘驿[⑤]，宝寅遣其将郭子恢攻杀之，收殡其尸，表言白贼所害[⑥]。又上表自理，称为杨椿父子所谮。

宝寅行台郎中武功苏湛[⑦]，卧病在家，宝寅令湛从母弟开府属天水姜俭说湛曰[⑧]：“元略受萧衍旨[⑨]，欲见剿除，道元之来，事不可测，吾不能坐受死亡，今须为身计，不复作魏臣矣。死生荣辱，与卿共之。”湛闻之，举声大哭。俭遽止之曰：“何得便尔！”湛曰：“我百口今屠灭，云何不哭！”哭数十声，徐谓俭曰：“为我白齐王，王本以穷鸟投人，赖朝廷假王羽翼，荣宠至此。属国步多虞，不能竭忠报德，乃欲乘人间隙，信惑行路无识之语，欲以羸败之兵守关问鼎[⑩]。今魏德虽衰，天命未改，且王之恩义未洽于民，但见其败，未见有成，苏湛不能以百口为王族灭。”宝寅复使谓曰：“我救死不得不尔，所以不先相白者，恐沮吾计耳。”湛曰：“凡谋大事，当得天下奇才与之从事，今但与长安博徒谋之，此有成理不？湛恐荆棘必生于斋阁，愿赐骸骨归乡里，庶得病死，下见先人。”宝寅素重湛，且知其不为己用，听还武功。

甲寅，宝寅自称齐帝，改元隆绪，赦其所部，置百官。都督长史毛遐[⑪]，鸿宾之兄也，与鸿宾帅氐、羌起兵于马祗栅以拒宝寅，宝寅遣大将军卢祖迁击之，为遐所杀。宝寅方祀南郊，行即位礼未毕，闻败，色变，不暇整部伍，狼狈而归。以姜俭为尚书左丞，委以心腹。文安周惠达为宝寅使[⑫]，在洛阳，有司欲收之，惠达逃归长安。宝寅以惠达为光禄勋。

丹杨王萧赞闻宝寅反，惧而出走，趣白马山[⑬]，至河桥，为人所获，魏主知其不预谋，释而慰之。行台郎封伟伯等与关中豪杰谋举兵诛宝寅，事泄而死。

魏以尚书仆射长孙稚为行台以讨宝寅。

正平民薛凤贤反[⑭]，宗人薛修义亦聚众河东[⑮]，分据盐池，攻围蒲坂，东西连结以应宝寅。诏都督宗正珍孙讨之。

十一月，丁卯，以护军萧渊藻为北讨都督，镇涡阳。戊辰，以涡阳为西徐州。

葛荣围信都[⑯]，自春及冬，冀州刺史元孚帅励将士，昼夜拒守，粮储既竭，外无救援，己丑，城陷；荣执孚，逐出居民，冻死者什六七。孚兄祐为防城都督，荣大集将士，议其生死。孚兄弟各自引咎，争相为死，都督潘绍等数百人，皆叩头请就法以活使君。荣曰：“此皆魏之忠臣义士。”于是同禁者五百人皆得免。

魏以源子邕为冀州刺史，将兵讨荣；裴衍表请同行，诏许之。

子邕上言："衍行，臣请留；臣行，请留衍；若逼使同行，败在旦夕。"不许。十二月，戊申，行至阳平东北漳水曲[17]，荣帅众十万击之，子邕、衍俱败死。

相州吏民闻冀州已陷，子邕等败，人不自保。相州刺史恒农李神志气自若[18]，抚勉将士，大小致力，葛荣尽锐攻之，卒不能克。

秦州民骆超杀杜粲，请降于魏。

【注释】

①行台都令史：尚书行台属官，依尚书都令史之例而设，南北朝时期，尚书都令史与尚书左右丞总领都台事务。 ②司州牧：北魏迁都洛阳后，在洛阳置司州；牧，州刺史的别称。 ③关右：指潼关以西的关中地区。 ④一子不毈（duàn 段）关中乱：毈，多作"毈"，指卵坏，孵不出子；齐明帝萧鸾为萧宝寅之父，萧衍代齐，齐明帝诸子均被害，仅萧宝寅一人逃脱；"关中乱"，意即关中治，他本"乱"下均有"乱者治也"四字。 ⑤阴盘驿：指北魏阴盘县驿，在今陕西西安市临潼区东北阴盘城。 ⑥白贼：关中一带对前秦苻坚以来占据关中的鲜卑人的称呼。 ⑦武功：地名，在今陕西扶风县东南。 ⑧开府属：北魏以萧宝寅为开府仪同三司，故其属官有掾有属；开府属，即开府仪同三司属官。 ⑨元略受萧衍旨：元略以从梁朝回到北魏，深受胡太后宠信，萧宝寅此时叛乱，就用此为借口。 ⑩问鼎：指窥视天子之位，据《左传》记载，楚庄王伐陆浑之戎，想霸占周朝天下，遣使问三代传国之宝九鼎的轻重，后世即以问鼎为图谋君位的代称。 ⑪都督长史：即都督府长史，萧宝寅为北魏西讨大都督，故设有都督府长史等属官。 ⑫文安：县名，北魏置，治所在今陕西延川县西南；旧注一说文安县是西汉文安县故地，治所在今河北文安县。 ⑬白马山：一名白马坂，在今河南洛阳市东北。 ⑭正平：北魏郡名，治所在今山西新绛县。 ⑮河东：北魏郡名，治蒲坂（今山西永济市西南）。 ⑯信都：他本"信"字上均有"魏"字；信都地址在今河北冀州市境。 ⑰阳平：郡名，北魏置，治所在今河北馆陶县。 ⑱恒农：即弘农，地名，在今河南灵宝市东北函谷关故城，北魏时因避献文帝拓跋弘讳，改弘农为恒农。

# 资治通鉴卷第一百五十二

## 梁纪八　著雍涒滩，一年。

### 高祖武皇帝八

**大通二年**　春，正月，癸亥，魏以北海王颢为骠骑大将军、开府仪同三司、相州刺史。

魏北道行台杨津守定州城，居鲜于修礼、杜洛周之间，迭来攻围；津蓄薪粮，治器械，随机拒击，贼不能克。津潜使人以铁券说贼党，贼党有应津者，遗津书曰："贼所以围城，正为取北人耳[①]。城中北人，宜尽杀之，不然，必为患。"津悉收北人内子城中而不杀[②]，众无不感其仁。

及葛荣代修礼统众，使人说津，许以为司徒，津斩其使，固守三年。杜洛周围之，魏不能救。津遣其子遁突围出，诣柔然头兵可汗求救。遁日夜泣请，头兵遣其从祖吐豆发帅精骑一万南出；前锋至广昌[③]，贼塞隘口，柔然遂还。乙丑，津长史李裔引贼入，执津，欲烹之，既而舍之。瀛州刺史元宁以城降洛周。

乙丑，魏潘嫔生女，胡太后诈言皇子；丙寅，大赦，改元武泰。

萧宝寅围冯翊[④]，未下；长孙稚军至恒农，行台左丞杨侃谓稚曰："昔魏武与韩遂、马超据潼关相拒，遂、超之才，非魏武敌也，然而胜负久不决者，扼其险要故也。今贼守御已固，虽魏武复生，无以施其智勇。不如北取蒲反，渡河而西，入其腹心，置兵死地；则华州之围不战自解，潼关之守必内顾而走，支节既解，长安可坐取也。若愚计可取，愿为明公前驱。”稚曰：“子之计则善矣；然今薛修义围河东，薛凤贤据安邑，宗正珍孙守虞坂不得进[5]，如何可往？”侃曰：“珍孙行陈一夫，因缘为将，可为人使，安能使人！河东治在蒲反，西逼河漘[6]，封疆多在郡东。修义驱帅士民西围郡城，其父母妻子皆留旧村，一旦闻官军来至，皆有内顾之心，必望风自溃矣。”稚乃使其子子彦与侃帅骑兵自恒农北渡，据石锥壁[7]，侃声言：“今且停此以待步兵，且观民情向背。”命送降名者各自还村，“俟台军举三烽，当亦举烽相应；其无应烽者，乃贼党也，当进击屠之，以所获赏军”。于是村民转相告语，虽实未降者亦诈举烽，一宿之间，火光遍数百里，贼围城者不测其故，各自散归；修义亦逃还，与凤贤俱请降。丙子，稚克潼关，遂入河东。

会有诏废盐池税，稚上表以为：“盐池天产之货，密迩京畿，唯应宝而守之，均赡以理。今四方多虞，府藏罄竭，冀、定扰攘，常调之绢不复可收，唯仰府库，有出无入。略论盐税，一年之中，准绢而言，不下三十万匹，乃是移冀、定二州置于畿甸；今若废之，事同再失[8]。臣前仰违严旨，而先讨关贼，径解河东者，非缓长安而急蒲反，一失盐池，三军乏食。天助大魏，兹计不爽。昔高祖升平之年，无所乏少，犹创置盐官而加典护，非与物竞利，恐由利而乱俗也。况今国用不足，租征六年之粟，调折来岁之资，此皆夺人私财，事不获已。臣辄符同监将、尉，还帅所部，依常收税，更听后敕。”

萧宝寅遣其将侯终德击毛遐。会郭子恢等屡为魏军所败，终德因其势挫，还军袭宝寅；至白门[9]，宝寅始觉，丁丑，与终德战，败，携其妻南阳公主及其少子帅麾下百余骑自后门出，奔万俟丑奴。丑奴以宝寅为太傅。

二月，魏以长孙稚为车骑大将军、开府仪同三司、雍州刺史、尚书仆射、西道行台。

群盗李洪攻烧巩西阙口以东[10]，南结诸蛮；魏都督李神轨、武卫将军费穆讨之。穆败洪于阙口南，遂平之。

**【注释】**

①北人：北方人，相对北魏都城洛阳一带而言。　②子城：指大城附

属的小城，如外城所围之内城以及附郭的月城等。 ③广昌：县名，属代郡，治今河北涞源县北。 ④冯翊：郡名，北魏置，治所在今陕西西安市高陵区。 ⑤虞坂：地名，一作虞阪，又称颠轸、颠陵阪，在今山西平陆县东。 ⑥河漘（chún 唇）：河边，水边。 ⑦石锥壁：地名，因建于石锥山而得名，在今山西永济市虞乡镇东。 ⑧事同再失：梁武帝天监五年（506），北魏宣武帝接受御史中尉甄琛建议，罢盐池之禁，为一次失计；此次又废盐池税，故称“再失”。 ⑨白门：指长安城西南门。 ⑩巩：巩县，治所在今河南巩义市西南。

葛荣击杜洛周，杀之，并其众。

魏灵太后再临朝以来，嬖幸用事，政事纵弛，恩威不立，盗贼蜂起，封疆日蹙。魏肃宗年浸长，太后自以所为不谨，恐左右闻之于帝，凡帝所爱信者，太后辄以事去之，务为壅蔽，不使帝知外事。通直散骑常侍昌黎谷士恢有宠于帝，使领左右；太后屡讽之，欲用为州，士恢怀宠，不愿出外，太后乃诬以罪而杀之。有蜜多道人，能胡语，帝常置左右，太后使人杀之于城南而悬赏购贼[①]。由是母子之间，嫌隙日深。

北魏弥勒造像碑

是时，车骑将军、仪同三司、并、肆、汾、广、恒、云六州讨虏大都督尔朱荣兵势强盛[②]，魏朝惮之。高欢、段荣、尉景、蔡俊先在杜洛周党中，欲图洛周不果，逃奔葛荣，又亡归尔朱荣。刘贵先在尔朱荣所，屡荐欢于荣，荣见其憔悴，未之奇也。欢从荣之马厩，厩有悍马，荣命欢翦之，欢不加羁绊而翦之，竟不蹄啮，起，谓荣曰："御恶人亦犹是矣。"荣奇其言，坐欢于床下，屏左右，访以时事，欢曰："闻公有马十二谷，色别为群，畜此竟何用也？"荣曰："但言尔意！"欢曰："今天子暗弱，太后淫乱，嬖孽擅命，朝政不行。以明公雄武，乘时奋发，讨郑俨、徐纥之罪以清帝侧，霸业可举鞭而成，此贺六浑之意也[3]。"荣大悦，语自日中至夜半乃出，自是每参军谋。

并州刺史元天穆，孤之五世孙也，与荣善，荣兄事之。荣常与天穆及帐下都督贺拔岳密谋，欲举兵入洛，内诛嬖幸，外清群盗，二人皆劝成之。

荣上书以"山东群盗方炽，冀、定覆没，官军屡败，请遣精骑三千东援相州"。太后疑之，报以"念生枭戮，宝寅就擒，丑奴请降，关、陇已定。费穆大破群蛮，绛蜀渐平。又，北海王颢帅众二万出镇相州，不须出兵"。荣复上书，以为"贼势虽衰，官军屡败，人情危怯，恐实难用。若不更思方略，无以万全。臣愚以为蠕蠕主阿那瓌荷国厚恩，未应忘报，宜遣发兵东趣下口以蹑其背[4]，北海之军严加警备以当其前。臣麾下虽少，辄尽力命自井陉以北[5]，滏口以西[6]，分据险要，攻其肘腋。葛荣虽并洛周，威恩未著，人类差异，形势可分。"遂勒兵召集义勇，北捍马邑[7]，东塞井陉。徐纥说太后以铁券间荣左右，荣闻而恨之。

魏肃宗亦恶俨、纥等，逼于太后，不能去，密诏荣举兵内向，欲以胁太后。荣以高欢为前锋，行至上党[8]，帝复以私诏止之。俨、纥恐祸及己，阴与太后谋鸩帝，癸丑，帝暴殂。甲寅，太后立皇女为帝，大赦。既而下诏称："潘充华本实生女[9]。故临洮王宝晖世子钊，体自高祖，宜膺大宝。百官文武加二阶，宿卫加三阶。"乙卯，钊即位。钊始生三岁，太后欲久专政，故贪其幼而立之。

尔朱荣闻之，大怒，谓元天穆曰："主上晏驾，春秋十九，海内犹谓之幼君；况今奉未言之儿以临天下，欲求治安，其可得乎！吾欲帅铁骑赴哀山陵，翦除奸佞，更立长君，何如？"天穆曰："此伊、霍复见于今矣。"乃抗表称："大行皇帝背弃万方，海内咸称鸩毒致祸。岂有天子不豫，初不召医，贵戚大臣皆不侍侧，安得不使远近怪愕！又以皇女为储两[⑩]，虚行赦宥，上欺天地，下惑朝野。已乃选君于孩提之中，实使奸竖专朝，隳乱纲纪，此何异掩目捕雀，塞耳盗钟。今群盗沸腾，邻敌窥窬，而欲以未言之儿镇安天下，不亦难乎！愿听臣赴阙，参预大议，问侍臣帝崩之由，访侍卫不知之状，以徐、郑之徒付之司败[⑪]，雪同天之耻，谢远近之怨，然后更择宗亲以承宝祚。"荣从弟世隆，时为直阁，太后遣诣晋阳慰谕荣；荣欲留之，世隆曰："朝廷疑兄，故遣世隆来，今留世隆，使朝廷得预为之备，非计也。"乃遣之。

**【注释】**

①而悬赏购贼：他本"而"下均有"诈"字。 ②广：当作"唐"，指北魏唐州，治所在白马城(今山西临汾市)。 ③贺六浑：高欢，字贺六浑。④下口：地名，旧注认为是指飞狐口，在今河北蔚县东南。 ⑤井陉：指井陉关，在今河北井陉县西北。 ⑥滏口：地名，古"太行八陉"之一，在今河北磁县西北鼓山，滏水发源于此。 ⑦马邑：地名，在今山西朔州市。 ⑧上党：北魏郡名，治所在今山西长治市北古城。 ⑨潘充华：即潘嫔；充华，宫中女官名。 ⑩储两：又称储后、储君、储副等，均为太子别称。 ⑪司败：即司寇。古代官名，掌刑狱。

三月，癸未，葛荣陷魏沧州[①]，执刺史薛庆之，居民死者什八九。

乙酉，魏葬孝明帝于定陵，庙号肃宗。

尔朱荣与元天穆议，以彭城武宣王有忠勋[②]，其子长乐王子攸，素有令望，欲立之。又遣从子天光及亲信奚毅、仓头王相入洛，与尔朱世隆密议。天光见子攸，具论荣心，子攸许之。天光等还晋阳，荣犹疑之，乃以铜为显祖诸孙各铸像[③]，唯长乐王像成。荣乃起兵发晋阳，世隆逃出，会荣于上党。灵太后闻之，甚惧，悉召王公等入议，宗室大臣皆疾太后所为，莫肯致言。徐纥独曰："尔朱荣小胡[④]，敢称兵向阙，文武宿卫足以制之。但守险要以逸待劳，彼悬军千里，士马疲弊，破之必矣。"太后以为然，以黄门侍郎李神轨为大都督，帅众拒之，别将郑季明、郑先护将兵守河桥，武卫将军费穆屯小平津[⑤]。先护，俨之从祖兄弟也。

荣至河内[6]，复遣王相密至洛，迎长乐王子攸。夏，四月，丙申，子攸与兄彭城王劭、弟霸城公子正潜自高渚渡河[7]，丁酉，会荣于河阳[8]，将士咸称万岁。戊戌，济河，子攸即帝位，以劭为无上王，子正为始平王，以荣为侍中、都督中外诸军事、大将军、尚书令、领军将军、领左右，封太原王。

郑先护素与敬宗善，闻帝即位，与郑季明开城纳之。李神轨至河桥，闻北中不守，即遁还；费穆弃众先降于荣。徐纥矫诏夜开殿门，取骅骝厩御马十匹，东奔兖州，郑俨亦走还乡里。太后尽召肃宗后宫，皆令出家，太后亦自落发。荣召百官迎车驾，己亥，百官奉玺绶，备法驾，迎敬宗于河桥。庚子，荣遣骑执太后及幼主，送至河阴[9]。太后对荣多所陈说，荣拂衣而起，沉太后及幼主于河。

费穆密说荣曰："公士马不出万人，今长驱向洛，前无横陈，既无战胜之威，群情素不厌服。以京师之众，百官之盛，知公虚实，有轻侮之心。若不大行诛罚，更树亲党，恐公还北之日，未渡太行而内变作矣。"荣心然之，谓所亲慕容绍宗曰："洛中人士繁盛，骄侈成俗，不加芟翦，终难制驭；吾欲因百官出迎，悉诛之，何如？"绍宗曰："太后荒淫失道，嬖幸弄权，淆乱四海，故明公兴义兵以清朝廷。今无故歼夷多士，不分忠佞，恐大失天下之望，非长策也。"荣不听，乃请帝循河西至淘渚[10]，引百官于行宫西北，云欲祭天。百官既集，列胡骑围之，责以天下丧乱，肃宗暴崩，皆由朝臣贪虐，不能匡弼，因纵兵杀之，自丞相高阳王雍、司空元钦、仪同三司义阳王略以下，死者二千余人。前黄门侍郎王遵业兄弟居父丧，其母，敬宗之从母也，相帅出迎，俱死。遵业，慧龙之孙也，俊爽涉学，时人惜其才而讥其躁。有朝士百余人后至，荣复以胡骑围之，令曰："有能为禅文者免死。"侍御史赵元则出应募，遂使为之。荣又令其军士言"元氏既灭，尔朱氏兴"，皆称万岁。荣又遣数十人拔刀向行宫，帝与无上王劭、始平王子正俱出帐外。荣先遣并州人郭罗刹、西部高车叱列杀鬼侍帝侧，诈言防卫，抱帝入帐，余人即杀劭及子正，又遣数十人迁帝于河桥，置之幕下。

帝忧愤无计，使人谕旨于荣曰："帝王迭兴，盛衰无常。今四方瓦解，将军奋袂而起，所向无前，此乃天意，非人力也。我本相投，志在全生，岂敢妄希天位！将军见逼，以至于此。若天命有归，将军宜时正尊号；若推而不居，存魏社稷，亦当更择亲贤而辅之。”时都督高欢劝荣称帝，左右多同之，荣疑未决。贺拔岳进曰：“将军首举义兵，志除奸逆，大勋未立，遽有此谋，正可速祸，未见其福。”荣乃自铸金为像，凡四铸，不成。功曹参军燕郡刘灵助善卜筮，荣信之，灵助言天时人事未可。荣曰：“若我不吉，当迎天穆立之。”灵助曰：“天穆亦不吉，唯长乐王有天命耳。”荣亦精神恍惚，不自支持，久而方寤，深思愧悔曰：“过误若是，唯当以死谢朝廷。”贺拔岳请杀高欢以谢天下，左右曰：“欢虽复愚疏，言不思难，今四方多事，须藉武将，请舍之，收其后效。”荣乃止。夜四更，复迎帝还营，荣望马首叩头请死。

荣所从胡骑杀朝士既多，不敢入洛城，即欲向北为迁都之计。荣狐疑甚久，武卫将军泛礼固谏。辛丑，荣奉帝入城。帝御太极殿，下诏大赦，改元建义。从太原王将士，普加五阶，在京文官二阶，武官三阶，百姓复租役三年。时百官荡尽，存者皆窜匿不出，唯散骑常侍山伟一人拜赦于阙下。洛中士民草草⑪，人怀异虑，或云荣欲纵兵大掠，或云欲迁都晋阳；富者弃宅，贫者襁负，率皆逃窜，什不存一二，直卫空虚，官守旷废。荣乃上书，称：“大兵交际，难可齐一，诸王朝贵，横死者众，臣今粉躯不足塞咎，乞追赠亡者，微申私责。无上王请追尊为无上皇帝，自余死于河阴者，王赠三司，三品赠令、仆，五品赠刺史，七品已下白民赠郡镇。死者无后听继，即授封爵。又遣使者循城劳问。”诏从之。于是朝士稍出，人心粗安。封无上王之子韶为彭城王。荣犹执迁都之议，帝亦不能违；都官尚书元谌争之⑫，以为不可，荣怒曰：“何关君事，而固执也！且河阴之役，君应知之。”谌曰：“天下事当与天下论之，奈何以河阴之酷而恐元谌！谌，国之宗室，位居常伯，生既无益，死复何损，正使今日碎首流肠，亦无所惧！”荣大怒，欲抵谌罪，尔朱世隆固谏，乃止。见者莫不震悚，谌颜色自若。后数日，帝与荣登高，见宫阙壮丽，列树成行，乃叹曰：“臣昨愚暗，有北迁之意，今见皇居之盛，熟思元尚书言，深不可夺。”由是罢迁都之议。谌，谧之兄也。

癸卯，以江阳王继为太师，北海王颢为太傅；光禄大夫李延寔为太保，赐爵濮阳王；并州刺史元天穆为太尉，赐爵上党王；前侍中杨椿为司徒；车骑大将军穆绍为司空，领尚书令，进爵顿丘王；雍州刺史长孙稚为骠骑大将军、开府仪同三司，赐爵冯翊王；殿中尚书元谌为尚书右仆射，赐爵魏郡王；金紫光禄大夫广陵王恭加仪同三司；其余起家暴贵者，不可胜数。延寔，冲之子也，以帝舅故，得超拜。

徐纥弟献伯为北海太守，季产为青州长史，纥使人告之，皆将家属逃去，与纥俱奔泰山⑬。郑俨与从兄荥阳太守仲明谋据郡起兵，为部下所杀。

丁未，诏内外解严。

**【注释】**

①沧州：北魏熙平二年(517)置，治所在今河北盐山县西北。 ②彭城武宣王：指北魏彭城王元勰，谥号武宣。 ③显祖：北魏献文帝元弘的庙号。 ④尔朱荣小胡：尔朱荣先人本为胡人，北魏曾任用他为秀容(今山西忻州市西北)酋长，统治当地胡人，故徐纥称他为"小胡"。 ⑤小平津：地名，在今河南洛阳市孟津区东北的黄河上。 ⑥河内：北魏河内郡，治所在今河南沁阳市。 ⑦高渚：地名，在今河南洛阳市孟津区东。⑧河阳：北魏河阳县，治所在今河南孟州市西北故北中城，是由黄河以北抵达洛阳的要冲。 ⑨河阴：地名，位于今河南洛阳市东北。 ⑩淘渚：又作"陶渚"，北魏河阳县西南十三里古遮马堤。 ⑪士民草草：指百姓忧心忡忡，惟恐飞来横祸；草草，语出《诗经·巷伯》"劳人草草"。 ⑫都官尚书：即隋朝以后的刑部尚书，北魏时职掌军事刑狱，因与侍中、散骑常侍等常在天子左右，故又称"常伯"。 ⑬泰山：指北魏所置泰山郡，属兖州，治所在今山东泰安市东南；徐纥"东奔兖州"，即指此处奔泰山。

魏郢州刺史元显达请降①，诏郢州刺史元树迎之，夏侯夔亦自楚城往会之②，遂留镇焉。改魏郢州为北司州，以夔为刺史，兼督司州。夔进攻毛城③，逼新蔡；豫州刺史夏侯亶围南顿④，攻陈项；魏行台源子恭拒之。

庚戌，魏赐尔朱荣子义罗爵梁郡王。

柔然头兵可汗数入贡于魏，魏诏头兵赞拜不名，上书不称臣。

魏汝南王悦及东道行台临淮王彧闻河阴之乱，皆来奔。先是，魏人降者皆称魏官为伪，彧表启独称魏临淮王；上亦体其雅素，不之责。魏北海王颢将之相州，至汲郡，闻葛荣南侵及尔朱荣纵暴，阴为自安之计，盘桓不进；以其舅殷州刺史范遵行相州事，代前刺史李神守邺。行台甄密知颢有异志，相帅废遵，复推李神摄州事，遣兵迎颢，且察其变。颢闻之，帅左右来奔。密，琛之从父弟也。北青州刺史元世俊、南荆州刺史李志皆举州来降[5]。

五月，丁巳朔，魏加尔朱荣北道大行台。以尚书右仆射元罗为东道大使，光禄勋元欣副之，巡方黜陟，先行后闻。欣，羽之子也[6]。

尔朱荣入见魏主于明光殿，重谢河桥之事，誓言无复贰心。帝自起止之，因复为荣誓，言无疑心。荣喜，因求酒饮之，熟醉；帝欲诛之，左右苦谏，乃止，即以床舆向中常侍省。荣夜半方寤，遂

南北朝时期骑射图

达旦不眠，自此不复禁中宿矣。

荣女先为肃宗嫔，荣欲敬宗立以为后，帝疑未决[7]，黄门侍郎祖莹曰："昔文公在秦[8]，怀嬴入侍；事有反经合义，陛下独何疑焉！"帝遂从之，荣意甚悦。

荣举止轻脱，喜驰射，每入朝见，更无所为，唯戏上下马；于西林园宴射，恒请皇后出观，并召王公、妃主共在一堂。每见天子射中，辄自起舞叫，将相卿士悉皆盘旋，乃至妃主亦不免随之举袂。及酒酣耳热，必自匡坐唱虏歌[9]；日暮罢归，与左右连手踏地唱《回波乐》而出[10]。性甚严暴，喜愠无常，刀槊弓矢，不离于手，每有瞋嫌，辄行击射，左右恒有死忧。尝见沙弥重骑一马[11]，荣即令相触，力穷不复能动，遂使旁人以头相击，死而后已。

辛酉，荣还晋阳，帝饯之于邙阴[12]。荣令元天穆入洛阳，加天穆侍中、录尚书事、京畿大都督兼领军将军，以行台郎中桑干朱瑞为黄门侍郎兼中书舍人，朝廷要官，悉用其腹心为之。

丙寅，魏主诏："孝昌以来[13]，凡有冤抑无诉者，悉集华林东门，当亲理之。"时承丧乱之后，仓廪虚竭，始诏"入粟八千石者赐爵散侯[14]，白民输五百石者赐出身，沙门授本州统及郡县维那[15]。"

尔朱荣之趣洛也，遣其都督樊子鹄取唐州，唐州刺史崔元珍、行台郦恽拒守不从。乙亥，子鹄拔平阳，斩元珍及恽。元珍，挺之从父弟也。

**【注释】**

①郢州：北魏正始元年(504)改梁朝司州置郢州，治义阳(今河南信阳市北)；梁朝郢州治江夏郡(今湖北武汉市)。　②楚城：又名楚王城，在今河南信阳市北长台关之西。　③毛城：地名，在今河北涉县。案：夏侯夔镇守楚城(今河南信阳市北)，进攻毛城，进逼新蔡(今河南新蔡县)，似应不离今河南境地；而毛城位于今河北境内，矛盾显而易见。故"毛城"应改为"毛国"(今河南宜阳县东北)为是。　④南顿：郡名，治所在今河南项城市西南；陈项，地名，未详何处。　⑤北青州：北魏置北青州于东阳(今山东青州市)，梁朝置北青州于怀仁(今江苏连云港市赣榆区西)；北魏北青州离梁朝国界很远，故此处"北青州"旧注多认为是梁朝北青州(可能一度为北魏占领)。　⑥羽：指孝文帝元宏的弟弟元羽，

被封为广陵王。 ⑦未决:他本"决"下均有"给事"二字。 ⑧文公:指春秋时晋国国君晋文公,名重耳,春秋五霸之一。 ⑨虏歌:即胡人歌曲。 ⑩《回波乐》:乐曲名。旧说为唐中宗时创制,《乐府诗集》归入商调曲;今据此处记载,《回波乐》创制时间实早于唐中宗时期。 ⑪沙弥:本梵语译音,指刚刚出家还没接受十戒的僧人。 ⑫邙阴:邙山之北;邙山,又名北邙,在今河南洛阳市北。 ⑬孝昌:北魏孝明帝元诩的年号,起于525年,止于528年。 ⑭散侯:闲散无一定食邑封地的侯爵;据史载,北魏之制,散侯低开国侯一品。 ⑮维那:僧寺中管理众僧事务者的称呼,也称作"纲维",位置次于"上座"。

将军曹义宗围魏荆州,堰水灌城,不没者数板。时魏方多难,不能救,城中粮尽,刺史王罴煮粥与将士均分食之,每出战,不擐甲胄[①],仰天大呼曰:"荆州城,孝文皇帝所置,天若不祐国家,令箭中王罴额;不尔,王罴必当破贼。"弥历三年,前后搏战甚众,亦不被伤。癸未,魏以中军将军费穆都督南征诸军事,将兵救之。

魏临淮王彧闻魏主定位,乃以母老求还,辞情恳至。上惜其才而不能违,六月,丁亥,遣彧还。魏以彧为侍中、骠骑大将军,加仪同三司。

魏员外散骑常侍高乾,祐之从子也,与弟敖曹、季式皆喜轻侠,与魏主有旧。尔朱荣之向洛也,逃奔齐州,闻河阴之乱,遂集流民起兵于河、济之间,受葛荣官爵,频破州军。魏主使元欣谕旨,乾等乃降,以乾为给事黄门侍郎兼武卫将军,敖曹为通直散骑侍郎。荣以乾兄弟前为叛乱,不应复居近要,魏主乃听解官归乡里。敖曹复行抄掠,荣诱执之,与薛修义同拘于晋阳。敖曹名昂,以字行。

葛荣军乏食,遣其仆射任褒将兵南掠至沁水[②],魏以元天穆为大都督东北道诸军事,帅宗正珍孙等讨之。

前幽州平北府主簿河间邢杲帅河北流民十万余户反于青州之北海[③],自称汉王,改元天统。戊申,魏以征东将军李叔仁为车骑大将军、仪同三司,帅众讨之。



辛亥,魏主诏曰:"朕当亲御六戎,扫静燕、代。"以大将军尔朱荣为左军，上党王天穆为前军，司徒杨椿为右军，司空穆绍为后军。葛荣退屯相州之北。

秋，七月，乙丑，魏加尔朱荣柱国大将军、录尚书事。

壬子[④]，魏光州民刘举聚众反于濮阳[⑤]，自称皇武大将军。

是月，万俟丑奴自称天子，置百官。会波斯国献师子于魏[⑥]，丑奴留之，改元神兽。

魏泰山太守羊侃，以其祖规尝为宋高祖祭酒从事，常有南归之志。徐纥往依之，因劝侃起兵，侃从之。兖州刺史羊敦，侃之从兄也，密知之，据州拒侃。八月，侃引兵袭敦，弗克，筑十余城守之，且遣使来降，诏广晋县侯泰山羊鸦仁等将兵应接。魏以侃为骠骑大将军、泰山公、兖州刺史，侃斩其使者不受。

将军王弁侵魏徐州，蕃郡民续灵珍拥众万人攻蕃郡以应梁[⑦]；魏徐州刺史杨昱击灵珍，斩之，弁引还。

甲辰，魏大都督宗正珍孙击刘举于濮阳，灭之。

**【注释】**

①擐（huàn 换）：穿，尤指穿铠甲等古代战衣。 ②沁水：北魏沁水县，属河内郡，治所在今河南济源市东北。 ③北海：地名，在今山东潍坊市西南。 ④壬子：纪日疑误。 ⑤光州：北魏置，治所在掖县（今山东莱州市）。 ⑥波斯国：古代伊朗的别称。 ⑦蕃郡：北魏置，治蕃县（今山东滕州市）。

葛荣引兵围邺[①]，众号百万，游兵已过汲郡[②]，所至残掠，尔朱荣启求讨之。九月，尔朱荣召从子肆州刺史天光留镇晋阳，曰："我身不得至处，非汝无以称我心。"自帅精骑七千，马皆有副，倍道兼行，东出滏口[③]，以侯景为前驱。葛荣为盗日久，横行河北，尔朱荣众寡非敌，议者谓无取胜之理。葛荣闻之，喜见于色，令其众曰："此易与耳，诸人俱办长绳，至则缚取。"自邺以北，列陈数十里，箕张而进。尔朱荣潜军山谷，为奇兵，分督将已上三人为一处，处有数百骑，令所在扬尘鼓噪，使贼不测多少。又以人马逼战，刀不如棒，勒军士赍袖棒一枚[④]，置于马侧，至战时虑废腾逐，不听斩级，以棒棒之而已。分命壮勇所向冲突，号令严明，战士同奋。尔朱荣身自陷陈，出于贼后，表里合击，大破之，于陈擒葛荣，余众悉降。以贼徒既众，若即分割，恐其疑惧，或更结聚，乃下令各从所乐，亲属相随，任所居止，于是群情大喜，登即四散，数十万众一朝散尽。待出百里之外，乃始分道押领，随便安置，咸得其宜。擢其渠帅，量才授任，新附者咸安，时人服其处分机速。以槛车送葛荣赴洛，冀、定、沧、瀛、殷五州皆平。时上党王天穆军于朝歌之南⑤，穆绍、杨椿犹未发，而葛荣已灭，乃皆罢兵。

初，宇文肱从鲜于修礼攻定州，战死于唐河⑥。其子泰在修礼军中，修礼死，从葛荣；葛荣败，尔朱荣爱泰之才，以为统军。

乙亥，魏大赦，改元永安。

辛巳，以尔朱荣为大丞相、都督河北畿外诸军事，荣子平昌公文殊、昌乐公文畅并进爵为王，以杨椿为太保，城阳王徽为司徒。

冬，十月，丁亥，葛荣至洛，魏主御阊阖门引见⑦，斩于都市。

帝以魏北海王颢为魏王，遣东宫直阁将军陈庆之将兵送之还北。

丙申，魏以太原王世子尔朱菩提为骠骑大将军、开府仪同三司。丁酉，以长乐等七郡各万户，通前十万户，为太原王荣国，戊戌，又加荣太师，皆赏擒葛荣之功也。

壬子，魏江阳武烈王继卒。

魏使征虏将军韩子熙招谕邢杲，杲诈降而复反。李叔仁击杲于惟水⑧，失利而还。

魏费穆奄至荆州，曹义宗军败，为魏所擒，荆州之围始解。

元颢取魏铚城而据之⑨。

魏行台尚书左仆射于晖等兵数十万，击羊侃于瑕丘，徐纥恐事不济，说侃请乞师于梁，侃信之，纥遂来奔。晖等围侃十余重，栅中矢尽，南军不进。十一月，癸亥夜，侃溃围出，且战且行，一日一夜乃出魏境，至渣口⑩，众尚万余人，马二千匹。士卒皆竟夜悲歌，侃乃谢曰："卿等怀土，理不能相随，幸适去留，于此为别。"各拜辞而去。魏复取泰山。晖，劲之子也。

戊寅，魏以上党王天穆为大将军、开府仪同三司，世袭并州刺史。

十二月，庚子，魏诏于晖还师讨邢杲。

葛荣余党韩楼复据幽州反，北边被其患。尔朱荣以抚军将军贺拔胜为大都督，镇中山；楼畏胜威名，不敢南出。

**【注释】**

①邺：指邺城，故址在今河北临漳县西南邺镇。 ②汲郡：治所在今河南淇县东南。 ③滏口：古代“太行八陉”之一，在今河北磁县西北鼓山，滏水发源于此，故称“滏口”。案：滏口为古代从邺东西交通的要道，所以尔朱荣要抢先占领此地。 ④赍（jī 机）：带着，揣着的意思。⑤朝歌：县名，治所在今河南滑县西南淇门渡。 ⑥唐河：水名，源出于今河北唐县北，南流经县城东，至今定州市北入寇水（今唐河）。案：北魏时唐县属定州中山郡。 ⑦阊阖门：北魏东都洛阳城西面有广阳、西明、阊阖三门，此处阊阖门却指其中之一。 ⑧惟水：当作“潍水”，他本或作“潍水”。案：潍水，即今山东东部潍河。 ⑨铚城：春秋故邑，位于今安徽宿州市西南。 ⑩渣口：又称柤口，柤水入沭水口，在今江苏沭阳县西。

# 资治通鉴卷第一百五十三

## 梁纪九 屠维作噩，一年。

### 高祖武皇帝九

**中大通元年** 春，正月，甲寅，魏于晖所部都督彭乐帅二千余骑叛奔韩楼，晖引还。

辛酉，上祀南郊，大赦。

甲子，魏汝南王悦求还国，许之。

辛巳，上祀明堂。

二月，甲午，魏主尊彭城武宣王为文穆皇帝，庙号肃祖；母李妃为文穆皇后。将迁神主于太庙[①]，以高祖为伯考，大司马兼录尚书临淮王彧表谏，以为"汉高祖立太上皇庙于香街[②]，光武祀南顿君于舂陵[③]。元帝之于光武，已疏绝服，犹身奉子道，入继大宗[④]。高祖德洽寰中，道超无外，肃祖虽勋格宇宙，犹北面为臣。又，二后皆将配飨，乃是君臣并筵，嫂叔同室，窃谓不可"。吏部尚书李神俊亦谏，不听。彧又请去"帝"著"皇"，亦不听。

诏更定二百四十号将军为四十四班[⑤]。

壬寅，魏诏济阴王晖业兼行台尚书，都督丘大千等镇梁国。晖业，小新成之曾孙也[⑥]。

三月，壬戌，魏诏上党王天穆讨邢杲，以费穆为前锋大都督。

夏，四月，癸未，魏迁肃祖及文穆皇后神主于太庙，又追尊彭城王勰为孝宣皇帝。临淮王彧谏曰："兹事古所未有，陛下作而不法,后世何观!"弗听。

魏元天穆将击邢杲,以北海王颢方入寇,集文武议之,众皆曰:"杲众强盛,宜以为先。"行台尚书薛琡曰:"邢杲兵众虽多,鼠窃狗偷,非有远志。颢帝室近亲,来称义举,其势难测,宜先去之。"天穆以诸将多欲击杲,又魏朝亦以颢为孤弱不足虑,命天穆等先定齐地,还师击颢,遂引兵东出。

颢与陈庆之乘虚自铚城进拔荥城,遂至梁国;魏丘大千有众七万,分筑九城以拒之。庆之攻之,自旦至申,拔其三垒,大千请降。颢登坛燔燎,即帝位于睢阳城南⑦,改元孝基。济阴王晖业帅羽林兵二万军考城⑧,庆之攻拔其城,擒晖业。

辛丑,魏上党王天穆及尔朱兆破邢杲于济南⑨,杲降,送洛阳,斩之。兆,荣之从子也。

**【注释】**

①神主:又称木主,古代立于庙宇中供神栖依的牌位。 ②香街:地名,在汉长安(今陕西西安市)城内。 ③春陵:汉光武置春陵于南阳(今河南南阳市境)。 ④大宗:相对小宗而言。由嫡长子排列起来的宗族体系是"大宗",嫡长子以外的宗族体系则为"小宗"。"大宗"的核心是嫡长子继承制。 ⑤四十四班:班,指军阶。梁朝于天监七年(508)定将军为二十四班,接着又移宁远将军班中的明威将军于轻车将军班中,以轻车将军班中征远将军入宁远将军班中。又加安远、宣远、戎夷将军等号,共二百四十号,为四十四班。 ⑥小新成:人名,北魏文成帝拓跋濬之弟,封济阳王,事见卷第一百二十九宋孝武帝大明五年(461)。 ⑦睢阳城:在今河南商丘市南。 ⑧考城:县名,治所在今河南民权县东北。 ⑨济南:郡县名,治所在今山东济南市章丘区西北。

五月,丁巳,魏以东南道大都督杨昱镇荥阳①,尚书仆射尔朱世隆镇虎牢②,侍中尔朱世承镇崿岅③。乙丑,内外戒严。

戊辰,北海王颢克梁国。颢以陈庆之为卫将军、徐州刺史,引兵而西。杨昱拥众七万,据荥阳,庆之攻之,未拔,颢遣人说昱使降,昱不从。天穆与骠骑将军尔朱吐没儿将大军前后继至,梁士卒皆恐,庆之解鞍秣马,谕将士曰:"吾至此以来,屠城略地,实为不少；君等杀人父兄、掠人子女，亦无算矣；天穆之众，皆是仇雠。我辈众才七千，虏众三十余万，今日之事，唯有必死乃可得生耳。虏骑多，不可与之野战，当及其未尽至，急攻取其城而据之。诸君勿或狐疑，自取屠脍。”乃鼓之，使登城。将士即相帅蚁附而入，癸酉，拔荥阳，执杨昱。诸将三百余人伏颢帐前请曰：“陛下渡江三千里，无遗镞之费，昨荥阳城下一朝杀伤五百余人，愿乞杨昱以快众意！”颢曰：“我在江东闻梁主言，初举兵下都，袁昂为吴郡不降[4]，每称其忠节。杨昱忠臣，奈何杀之！此外唯卿等所取。”于是斩昱所部统帅三十七人，皆刳其心而食之。俄而天穆等引兵围城，庆之帅骑三千背城力战，大破之，天穆、吐没儿皆走。庆之进击虎牢，尔朱世隆弃城走，获魏东中郎将辛纂。

魏主将出避颢，未知所之，或劝之长安，中书舍人高道穆曰：“关中荒残，何可复往！颢士众不多，乘虚深入，由将帅不得其人，故能至此。陛下亲帅宿卫[5]，高募重赏，背城一战，臣等竭其死力，破颢孤军必矣。或恐胜负难期，则车驾不若渡河，征大将军天穆、大丞相荣各使引兵来会，犄角进讨，旬月之间，必见成功，此万全之策也。”魏主从之。甲戌，魏主北行，夜，至河内郡北[6]，命高道穆于烛下作诏书数十纸，布告远近，于是四方始知魏主所在。乙亥，魏主入河内。

北魏玻璃碗

临淮王彧，安丰王延明，帅百寮，封府库，备法驾迎颢。丙子，颢入洛阳宫，改元建武，大赦。以陈庆之为侍中、车骑大将军，增邑万户。杨椿在洛阳，椿弟顺为冀州刺史，兄子侃为北中郎将，从魏主在河北。颢意忌椿，而以其家世显重，恐失人望，未敢诛也。或劝椿出亡，椿曰："吾内外百口，何所逃匿！正当坐待天命耳。"

颢后军都督侯暄守睢阳为后援[7]，魏行台崔孝芬、大都督刁宣驰往围暄，昼夜急攻，戊寅，暄突走，擒斩之。

上党王天穆等帅众四万攻拔大梁[8]，分遣费穆将兵二万攻虎牢，颢使陈庆之击之。天穆畏颢，将北渡河，谓行台郎中济阴温子升曰："卿欲向洛，为随我北渡？"子升曰："主上以虎牢失守，致此狼狈。元颢新入，人情未安，今往击之，无不克者。大王平定京邑，奉迎大驾，此桓、文之举也[9]。舍此北渡，窃为大王惜之。"天穆善之而不能用，遂引兵渡河。费穆攻虎牢，将拔，闻天穆北渡，自以无后继，遂降于庆之。庆之进击大梁、梁国，皆下之。庆之以数千之众，自发铚县至洛阳，凡取三十二城；四十七战，所向皆克。

颢使黄门郎祖莹作书遗魏主曰："朕泣请梁朝，誓在复耻，正欲问罪于尔朱，出卿于桎梏。卿托命豺狼，委身虎口，假获民地，本是荣物，固非卿有。今国家隆替，在卿与我。若天道助顺，则皇魏再兴；脱或不然，在荣为福，于卿为祸。卿宜三复，富贵可保。"

颢既入洛，自河以南州郡多附之。齐州刺史沛郡王欣集文武议所从，曰："北海、长乐[10]，俱帝室近亲，今宗祏不移[11]，我欲受赦，诸君意何如？"在坐莫不失色。军司崔光韶独抗言曰："元颢受制于梁，引寇仇之兵以覆宗国，此魏之乱臣贼子也。岂唯大王家事所宜切齿，下官等皆受朝眷，未敢仰从！"长史崔景茂等皆曰："军司议是。"欣与斩颢使。光韶，亮之从父弟也。于是襄州刺史贾思同[12]、广州刺史郑先护[13]、南兖州刺史元暹亦不受颢命[14]。思同，思伯之弟也[15]。颢以冀州刺史元孚为东道行台、彭城郡王，孚封送其书于魏主。平阳王敬先起兵于河桥以讨颢，不克而死。

魏以侍中、车骑将军、尚书右仆射尔朱世隆为使持节、行台仆射、大将军、相州刺史，镇邺城[16]。

魏主之出也，单骑而去，侍卫后宫皆按堵如故。颢一旦得之，号令己出，四方人情想其风政。而颢自谓天授，遽有骄怠之志，宿昔宾客近习，咸见宠待，干扰政事，日夜纵酒，不恤军国，所从南兵，陵暴市里，朝野失望。高道穆兄子儒自洛阳出从魏主，魏主问洛中事，子儒曰："颢败在旦夕，不足忧也。"

尔朱荣闻魏主北出，即时驰传见魏主于长子[17]，行，且部分。魏主即日南还，荣为前驱。旬日之间，兵众大集，资粮器仗，相继而至。六月，壬午，魏大赦。

荣既南下，并、肆不安，乃以尔朱天光为并、肆等九州行台[18]，仍行并州事。天光至晋阳，部分约勒，所部皆安。

己丑，费穆至洛阳，颢引入，责以河阴之事而杀之。颢使都督宗正珍孙与河内太守元袭据河内；尔朱荣攻之，上党王天穆引兵会之，壬寅，拔其城，斩珍孙及袭。

【注释】

①荥阳：北魏荥阳郡治所，在今河南荥阳市。 ②虎牢：地名，在今河南荥阳市西北汜水镇。 ③崿岅：一称崿阪，在今河南登封市东南。④袁昂：南朝萧齐时吴兴（今浙江湖州市南）太守，萧衍篡齐，袁昂不降，因而受萧衍厚遇。事见本书卷第一百四十四齐和帝中兴元年（501）。⑤陛下：他本"下"下均有"若"字。 ⑥河内郡：北魏河内郡治野王（今河南武陟县西南）。 ⑦睢阳：此即梁国（故址在今河南商丘市南）。⑧大梁：战国大梁城故地，在今河南开封市西北。 ⑨桓、文：指我国春秋时齐国的国君齐桓公和晋国的国君晋文公，史书上认为他们以武力维护了周王朝的统一和宗主地位。 ⑩北海、长乐：北魏北海王元颢为元详之子；孝庄帝本为长乐王，是北魏彭城王元勰之子，同出于北魏显祖，故称为"帝室近亲"。 ⑪宗祏（shí 石）：古代宗庙中藏神主的石室。⑫襄州：北魏襄州治赭阳（今河南方城县东）。 ⑬广州：北魏置，治鲁阳（今河南鲁山县东）。 ⑭南兖州：北魏南兖州治谯城（今安徽亳州市）。 ⑮思伯：指北魏都官尚书贾思伯，其事见本书卷第一百四十九梁武帝普通四年（523）。 ⑯邺城：北魏相州州治，在今河北临漳县西南邺镇。 ⑰长子：县名，秦置，治所在今山西长子县；北魏移治今山西长治市南。 ⑱并、肆等九州：九州，指北魏并州、肆州、恒州、朔州、云州、蔚州、显州、汾州、晋州。

辛亥，魏淮阴太守晋鸿以湖阳来降[1]。

闰月，己未，南康简王绩卒。

魏北海王颢既得志，密与临淮王彧、安丰王延明谋叛梁；以事难未平，藉陈庆之兵力，故外同内异，言多猜忌。庆之亦密为之备，说颢曰："今远来至此，未服者尚多，彼若知吾虚实，连兵四合，将何以御之！宜启天子，更请精兵，并敕诸州，有南人没此者悉须部送。"颢欲从之，延明曰："庆之兵不出数千，已自难制；今更增其众，宁肯复为人用乎！大权一去，动息由人，魏之宗庙，于斯坠矣。"颢乃不用庆之言。又虑庆之密启，乃表于上曰："今河北、河南一时克定，唯尔朱荣尚敢跋扈，臣与庆之自能擒讨。州郡新服，正须绥抚，不宜更复加兵，摇动百姓。"上乃诏诸军继进者皆停于境上。

洛中南兵不满一万，而羌、胡之众十倍，军副马佛念为庆之曰："将军威行河、洛，声震中原，功高势重，为魏所疑，一旦变生不测，可无虑乎！不若乘其无备，杀颢据洛，此千载一时也。"庆之不从。颢先以庆之为徐州刺史[②]，因固求之镇，颢心惮之，不遣，曰："主上以洛阳之地全相任委，忽闻舍此朝寄，欲往彭城，谓君遽取富贵，不为国计，非徒有损于君，恐仆并受其责。"庆之不敢复言。

尔朱荣与颢相持于河上。庆之守北中城，颢自据南岸；庆之三日十一战，杀伤甚众。有夏州义士为颢守河中渚[③]，阴与荣通谋，求破桥立效，荣引兵赴之。及桥破，荣应接不逮，颢悉屠之，荣怅然失望。又以安丰王延明缘河固守，而北军无船可渡，议欲还北，更图后举。黄门郎杨侃曰："大王发并州之日，已知夏州义士之谋指来应之邪乎，为欲广施经略匡复帝室乎？夫用兵者，何尝不散而更合，疮愈更战；况今未有所损，岂可以一事不谐而众谋顿废乎！今四方颙颙[④]，视公此举；若未有所成，遽复引归，民情失望，各怀去就，胜负所在，未可知也。不若征发民材，多为桴筏，间以舟楫缘河布列，数百里中，皆为渡势，首尾既远，使颢不知所防，一旦得渡，必立大功。"高道穆曰："今乘舆飘荡，主忧臣辱，大王拥百万之众，辅天子而令诸侯，若分兵造筏，所在散渡，指掌可克；奈何舍之北归，使颢复得完聚，征兵天下！此所谓养虺成蛇[⑤]，悔无及矣。"荣曰："杨黄门已陈此策，当相与议之。"刘灵助言于荣曰："不出十日，河南必平。"伏波将军正平杨标与其族居马渚，自言有小船数艘，求为乡导。戊辰，荣命车骑将军尔朱兆与大都督贺拔胜缚材为筏，自马渚西硖石夜渡[6]，袭击颢子领军将军冠受[7]，擒之；安丰王延明之众闻之，大溃。颢失据，帅麾下数百骑南走，陈庆之收步骑数千，结陈东还，颢所得诸城，一时复降于魏。尔朱荣自追陈庆之，会嵩高水涨，庆之军士死散略尽，乃削须发为沙门，间行出汝阴[7]，还建康，犹以功除右卫将军，封永兴县侯。

中军大都督兼领军大将军杨津入宿殿中，洒扫宫庭，封闭府库，出迎魏主于北邙，流涕谢罪，帝慰劳之。庚午，帝入居华林园，大赦。以尔朱兆为车骑大将军、仪同三司，北来军士及随驾文武诸立义者加五级，河北报事之官及河南立义者加二级。壬申，加大丞相荣天柱大将军，增封通前二十万户。

北海王颢自轘辕南出至临颍[8]，从骑分散，临颍县卒江丰斩之，癸酉，传首洛阳。临淮王彧复自归于魏主，安丰王延明携妻子来奔。

陈庆之之入洛也，萧赞送启求还[9]。时吴淑媛尚在，上使以赞幼时衣寄之，信未达而庆之败。庆之自魏还，特重北人，朱异怪而问之，庆之曰："吾始以为大江以北皆戎狄之乡，比至洛阳，乃知衣冠人物尽在中原，非江东所及也，奈何轻之？"

**【注释】**

①淮阴：北魏未置淮阴郡，且湖阳（北魏县名，治今河南唐河县西南湖阳镇）属北魏南襄州西淮安郡，故此处"淮阴"当为"淮安"之误。
②徐州刺史：指梁朝的徐州刺史。案：北魏徐州，治济阳（今河南兰考县东北），梁朝徐州市，治彭城（今江苏徐州市），今陈庆之欲往彭城，故知应指梁朝徐州。　③河中渚：黄河中间的小洲；旧注认为此洲指古中潬城（今河南孟州市西南黄河沙洲上）。　④颙颙（yóng）：仰望的样子。⑤虺（huǐ 悔）：旧注认为是指小蛇。　⑥马渚：当也是黄河洲名，今未详何处。硖石：指硖石关，在今河南陕县东南硖石镇。　⑦汝阴：县名，治今安徽阜阳市。　⑧轘辕：指轘辕关，在今河南洛阳市偃师区东南轘辕山上。临颍：县名，治所在今河南临颍县西北。　⑨萧赞：即原梁朝豫章王萧赞，因疑其非萧衍之子而投奔北魏，事见本书卷第一百五十梁武帝普通六年（525）。

甲戌，魏以上党王天穆为太宰，城阳王徽为大司马兼太尉。乙亥，魏主宴劳尔朱荣、上党王天穆及北来督将于都亭，出宫人三百，缯锦杂彩数万匹，班赐有差，凡受元颢爵赏阶复者[①]，悉追夺之。

秋，七月，辛巳，魏主始入宫。

以高道穆为御史中尉。帝姊寿阳公主行犯清路，赤棒卒呵之[②]，不止，道穆令卒击破其车。公主泣诉于帝，帝曰："高中尉清直之士，彼所行者公事，岂可以私责之也！"道穆见帝，帝曰："家姊行路相犯，极以为愧。"道穆免冠谢，帝曰："朕以愧卿，卿何谢也。"

于是魏多细钱，米斗几直一千，高道穆上表，以为"在市铜价，八十一钱得铜一斤，私造薄钱，斤赢二百[③]。既示之以深利，又随之以重刑，抵罪虽多，奸铸弥众。今钱徒有五铢之名而无二铢之实，置之水上，殆欲不沉。此乃因循有渐，科防不切，朝廷失之，彼复何罪！宜改铸大钱，文载年号，以记其始，则一斤所成止七十钱，计私铸所费不能自润，直置无利，自应息心，况复严刑广设也"！金紫光禄大夫杨侃亦奏乞听民与官并铸五铢钱，使民乐为而弊自改。魏主从之，始铸永安五铢钱。

辛卯，魏以车骑将军杨津为司空。

初，魏以梁、益二州境土荒远，更立巴州以统诸獠[④]，凡二十余万户，以巴酋严始欣为刺史；又立隆城镇[⑤]，以始欣族子恺为镇将。始欣贪暴，孝昌初[⑥]，诸獠反，围州城，行台魏子建抚谕之，乃散。始欣恐获罪，阴来请降，帝遣使以诏书、铁券、衣冠等赐之，为恺所获，以送子建。子建奏以隆城镇为南梁州，用恺为刺史，囚始欣于南郑[⑦]。魏以唐永为东益州刺史代子建，以梁州刺史傅竖眼为行台。子建去东益而氐、蜀寻反，唐永弃城走，东益州遂没[⑧]。

傅竖眼之初至梁州也[⑨]，州人相贺，既而久病，不能亲政事。其子敬绍，奢淫贪暴，州人患之。严始欣重赂敬绍，得还巴州，遂举兵击严恺，灭之，以巴州来降，帝遣将军萧玩等将兵援之。傅敬绍见魏室方乱，阴有保据南郑之志，使其妻兄唐昆仑于外扇诱山民，相聚围城，欲为内应。围合而谋泄，城中将士共执敬绍，以白竖眼而杀之，竖眼耻恚而卒。

南京鸡鸣寺(前身为萧梁同泰寺)

八月,己未,魏以太傅李延寔为司徒。甲戌,侍中、太保杨椿致仕。

九月,癸巳,上幸同泰寺,设四部无遮大会[10]。上释御服,持法衣,行清净大舍,以便省为房,素床瓦器,乘小车,私人执役。甲子,升讲堂法座,为四部大众开《涅槃经》题[11]。癸卯,群臣以钱一亿万祈白三宝,奉赎皇帝菩萨,僧众默许。乙巳,百辟诣寺东门,奉表请还临宸极,三请,乃许。上三答书,前后并称"顿首"。

魏尔朱荣使大都督尖山侯渊讨韩楼于蓟,配卒甚少,骑止七百,或以为言,荣曰:"侯渊临机设变,是其所长;若总大众,未必能用。今以此众击此贼,必能取之。"渊遂广张军声,多设供具,亲帅数百骑深入楼境。去蓟百余里,值贼帅陈周马步万余,渊潜伏以乘其背,大破之,虏其卒五千余人。寻还其马仗,纵令入城,左右谏曰:"既获贼众,何为复资遣之?"渊曰:"我兵既少,不可力战,须为奇计以离间之,乃可克也。"渊度其已至,遂帅骑夜进,昧旦,叩其城门。韩楼果疑降卒为渊内应,遂走,追擒之,幽州平。以渊为平州刺史镇范阳。

先是，魏使征东将军刘灵助兼尚书左仆射，慰劳幽州流民于濮阳顿丘[⑫]，因帅流民北还，与侯渊共灭韩楼，仍以灵助行幽州事，加车骑将军，又为幽、平、营、安四州行台。

万俟丑奴攻魏东秦州[⑬]，拔之，杀刺史高子朗。

冬，十月，己酉，上又设四部无遮大会，道、俗五万余人。会毕，上御金辂还宫，御太极殿，大赦，改元。

魏以前司空萧赞为司徒。

十一月，己卯，就德兴请降于魏，营州平[⑭]。

丙午，魏以城阳王徽为太保，丹杨王萧赞为太尉，雍州刺史长孙稚为司徒。

十二月，辛亥，兖州刺史张景邕、荆州刺史李灵起、雄信将军萧进明叛，降魏。

以陈庆之为北兖州刺史[⑮]。有妖贼僧强，自称天子，土豪蔡伯龙起兵应之，众至三万，攻陷北徐州[⑯]，庆之讨斩之。

魏以岐州刺史王罴行南秦州事，罴诱捕州境群盗，悉诛之。

**【注释】**

①复：指免除赋役。 ②赤棒卒：即清道的中尉前驱之卒，因手持“赤棒”，故称。 ③斤赢二百：指每斤铜可造薄钱二百而大获赢利。 ④更立巴州：北魏延昌三年(514)另立巴州，治所在太谷郡(今四川巴中市)。 ⑤隆城镇：地名，在今四川阆中市。 ⑥孝昌：北魏孝明帝元诩的年号，起525年，止528年。 ⑦南郑：县名，治所在今陕西汉中市。 ⑧东益州：治所在今陕西略阳县西。 ⑨梁州：北魏太和二十年(496)由仇池镇改置，治所在今甘肃西和县西南。 ⑩四部无遮大会：四部，佛教语，又称四部大众，即僧、尼及善男子、善女人；无遮，梵语般阇于瑟的义译，意即宽容无阻，道俗贵贱贤愚均可平等参与。大会，即大法会。 ⑪《涅槃经》：佛教经典，有大乘、小乘二部，其中以北本大乘《涅槃经》流传最广。 ⑫濮阳顿丘：指北魏所置濮阳郡顿丘县，治所在今河南浚县北。 ⑬东秦州：治所在今陕西陇县东南。 ⑭营州：治所在今辽宁朝阳市。 ⑮北兖州：梁朝北兖州，治所在今江苏淮安市淮阴区西南。 ⑯北徐州：梁朝北徐州，治所在今安徽凤阳县东北。

# 资治通鉴卷第一百五十四

## 梁纪十 上章阉茂，一年。

### 高祖武皇帝十

**中大通二年** 春，正月，己丑，魏益州刺史长孙寿、梁州刺史元俊等遣将击严始欣，斩之，萧玩等亦败死，失亡万余人。

辛亥，魏东徐州城民吕文欣等杀刺史元大宾[①]，据城反，魏遣都官尚书平城樊子鹄讨之；二月，甲寅，斩文欣。

万俟丑奴侵扰关中，魏尔朱荣遣武卫将军贺拔岳讨之。岳私谓其兄胜曰："丑奴，勍敌也，今攻之不胜，固有罪，胜之，谗嫉将生。"胜曰："然则奈何？"岳曰："愿得尔朱氏一人为帅而佐之。"胜为之言于荣，荣悦，以尔朱天光为使持节、都督二雍二岐诸军事、骠骑大将军、雍州刺史，以岳为左大都督，又以征西将军代郡侯莫陈悦为右大都督[②]，并为天光之副以讨之。

天光初行，唯配军士千人，发洛阳以西路次民马以给之。时赤水蜀贼断路[③]，诏侍中杨侃先行慰谕，并税其马，贼持疑不下。军至潼关，天光不敢进，岳曰："蜀贼鼠窃，公尚迟疑，若遇大敌，将何以战！"天光曰："今日之事，一以相委。"岳遂进击蜀于渭北，破之，获马二千匹，简其壮健以充军士，又税民马合万余匹。以军士尚少，淹留未进。荣怒，遣骑兵参军刘贵乘驿至军中责天光，杖之一百，以军士二千人益之。



三月，丑奴自将其众围岐州，遣其大行台尉迟菩萨、仆射万俟件自武功南渡渭，攻围趣栅，天光使贺拔岳将千骑救之。菩萨等已拔栅而还，岳故杀掠其吏民以挑之，菩萨帅步骑二万至渭北。岳以轻骑数十自渭南与菩萨隔水而语，称扬国威，菩萨令省事传语[④]，岳怒曰："我与菩萨语，卿何人也！"射杀之。明日，复引百余骑隔水与贼语，稍引而东，至水浅可涉之处，岳即驰马东出。贼以为走，乃弃步兵轻骑南渡渭追岳，岳依横冈设伏兵以待之，贼半渡冈东，岳还兵击之，贼兵败走。岳下令，贼下马者勿杀，贼悉投马，俄获三千人，马亦无遗，遂擒菩萨；仍渡渭北，降步卒万余，并收其辎重。丑奴闻之，弃岐州，北走安定[⑤]，置栅于平亭[⑥]。天光方自雍至岐，与岳合。

夏，四月，天光至汧、渭之间[⑦]，停军牧马，宣言："天时将热，未可行师，俟秋凉更图进止。"获丑奴觇候者，纵遣之。丑奴信之，散众耕于细川[⑧]，使其太尉侯伏侯元进将兵五千[⑨]，据险立栅，其余千人已下为栅者甚众。天光知其势分，晡时，密严诸军，相继俱发，黎明，围元进大栅，拔之，所得俘囚，一皆纵遣，诸栅闻之皆降。天光昼夜径进，抵安定城下，贼泾州刺史侯几长贵以城降。丑奴弃平亭走，欲趣高平[⑩]，天光遣贺拔岳轻骑追之，丁卯，及于平凉[⑪]。贼未成列，直阁代郡侯莫陈崇单骑入贼中，于马上生擒丑奴，因大呼，众皆披靡，无敢当者，后骑益集，贼众崩溃，遂大破之。天光进逼高平，城中执送萧宝寅以降。

【注释】

①东徐州：北魏于孝昌元年（525）置，治所在今江苏睢宁县西北古邳镇东。 ②侯莫陈悦：北魏境内胡人姓名，侯莫陈，姓；悦，名。 ③赤水蜀贼：蜀人迁居赤水，相聚叛乱，故称为"赤水蜀贼"。赤水，指今甘肃陇西县东渭河的支流赤亭水。 ④省事：职官名，相当于后来的"通事"，两军相对，派此官往来通传言语，故名"通事"。 ⑤安定：西汉置安定县故地，在今甘肃泾川县北泾河北岸。 ⑥平亭：地名，在今甘肃泾川县北。案：安定城本在今甘肃泾川县北，平亭也位于此处，故两地应相距不远。 ⑦汧（qiān 谦）、渭：指汧水和渭水；汧水，又称汧川，即今陕西西部渭水支流"千水"。 ⑧细川：指今甘肃泾川县、灵台县一带的平川，土地适宜农耕。 ⑨侯伏侯元进：北魏时少数民族姓名。侯伏侯，三

字姓;元进,名。 ⑩高平:北魏郡名,治所在今宁夏固原市。 ⑪平凉:北魏平凉郡,治所在今甘肃华亭县市。

壬申,以吐谷浑王佛辅为西秦、河二州刺史。

甲戌,魏以关中平,大赦。万俟丑奴、萧宝寅至洛阳,置阊阖门外都街之中,士女聚观凡三日。丹杨王萧赞表请宝寅之命,吏部尚书李神俊、黄门侍郎高道穆素与宝寅善,欲左右之,言于魏主曰:“宝寅叛逆,事在前朝。”会应诏王道习自外至[①],帝问道习:“在外何所闻?”对曰:“惟闻李尚书、高黄门与萧宝寅周款,并居得言之地,必能全之。且二人谓宝寅叛逆在前朝,宝寅为丑奴太傅,岂非陛下时邪? 贼臣不翦,法欲安施!”帝乃赐宝寅死于驼牛署[②],斩丑奴于都市。

六月,丁巳,帝复以魏汝南王悦为魏王。

戊寅[③],魏诏胡氏亲属受爵于朝者皆黜为民。

庚申,以魏降将范遵为安北将军、司州牧,从魏王悦北还。

万俟丑奴既败,自泾、豳以西至灵州[④],贼党皆降于魏,唯所署行台万俟道洛帅众六千逃入山中,不降。时高平大旱,尔朱天光以马乏草,退屯城东五十里,遣都督长孙邪利帅二百人行原州事以镇之[⑤]。道洛潜与城民通谋,掩袭邪利,并其所部皆杀之。天光帅诸军赴之,道洛出战而败,帅其众西入牵屯山[⑥],据险自守。尔朱荣以天光失邪利,不获道洛,复遣使杖之一百。以诏书黜天光为抚军将军、雍州刺史,降爵为侯。

天光追击道洛于牵屯,道洛败走,入陇,归略阳贼帅王庆云[⑦]。道洛骁果绝伦,庆云得之,甚喜,谓大事可济,遂称帝于水洛城[⑧],置百官,以道洛为大将军。

秋,七月,天光帅诸军入陇,至水洛城,庆云、道洛出战,天光射道洛中臂,失弓还走,拔其东城。贼并兵趣西城,城中无水,众渴乏,有降者言庆云、道洛欲突走。天光恐失之,乃遣人招谕庆云使早降,曰:“若未能自决,当听诸人今夜共议,明晨早报。”庆云等冀得少缓,因待夜突出,乃报曰:“请俟明日。”天光因使谓曰:“知须水,今相为小退,任取涧水饮之。”贼众悦,无复走心。天光密使军士多作木枪⑨，各长七尺，昏后，绕城布列，要路加厚，又伏人枪中，备其冲突，兼令密缚长梯于城北。其夜，庆云、道洛果驰马突出，遇枪，马各伤倒，伏兵起，即时擒之。军士缘梯入城，余众皆出城南，遇枪而止，穷窘乞降。丙子，天光悉收其仗而坑之，死者万七千人，分其家口。于是三秦、河、渭、瓜、凉、鄯州皆降。

天光顿军略阳。诏复天光官爵，寻加侍中、仪同三司。以贺拔岳为泾州刺史，侯莫陈悦为渭州刺史。秦州城民谋杀刺史骆超，南秦州城民谋杀刺史辛显，超、显皆觉之，走归天光，天光遣兵讨平之。

步兵校尉宇文泰从贺拔岳入关，以功迁征西将军，行原州事。时关、陇凋弊，泰抚以恩信，民皆感悦，曰："早遇宇文使君⑩，吾辈岂从乱乎！"

八月，庚戌，上饯魏王悦于德阳堂，遣兵送至境上。

**【注释】**

①应诏：职官名，相当于汉代的"待诏"，因为其职掌是应诏"金马门"，备皇上顾问，故名。　②驼牛署：北魏驼牛都尉官署。驼牛都尉，太仆寺属官，掌饲养驼、骡、驴、马，故有此名。　③戊寅：据《魏书·孝庄帝纪》三年，当为"戊午"。④灵州：北魏孝昌（525—528）年间改薄骨律镇置，治所在今宁夏灵武市西南。⑤原州：北魏正光五年（524）改高平镇置，治所在今宁夏固原市。⑥牵屯山：山名，在今宁夏固原市境内。⑦略阳：北魏郡名，治所在今甘肃秦安县东北陇城镇。　⑧水洛城：地名，在今甘肃庄浪县。　⑨木枪：又称拒马枪，古代设于城门外或要隘之处的防守战具，用以抵御敌人的骑兵马队。木枪的设置通常是用直径二

北魏元纂墓志铭

尺的圆木插地，上面放上横木，而用长枪贯穿在横木之中，让枪刃向外堵住要路。 ⑩使君：奉使之官尊称“使君”，多用来指州刺史。

魏尔朱荣虽居外藩，遥制朝政，树置亲党，布列魏主左右，伺察动静，大小必知。魏主虽受制于荣，然性勤政事，朝夕不倦，数亲览辞讼，理冤狱，荣闻之，不悦。帝又与吏部尚书李神俊议清治选部，荣尝关补曲阳县令[①]，神俊以阶悬，不奏，别更拟人。荣大怒，即遣所补者往夺其任；神俊惧而辞位，荣使尚书左仆射尔朱世隆摄选。荣启北人为河南诸州，帝未之许；太宰天穆入见面论，帝犹不许。天穆曰：“天柱既有大功，为国宰相，若请普代天下官，恐陛下亦不得违之，如何启数人为州，遽不用也！”帝正色曰：“天柱若不为人臣，朕亦须代；如其犹存臣节，无代天下百官之理。”荣闻之，大恚恨，曰：“天子由谁得立！今乃不用我语！”

尔朱皇后性妒忌，屡致忿恚。帝遣尔朱世隆语以大理，后曰：“天子由我家置立，今便如此；我父本即自作，今亦复决。”世隆曰：“止自不为，若本自为之，臣今亦封王矣。”

帝既外逼于荣，内逼皇后，恒怏怏不以万乘为乐，唯幸寇盗未息，欲使与荣相持。及关、陇既定，告捷之日，乃不甚喜，谓尚书令临淮王彧曰：“即今天下便是无贼。”彧见帝色不悦，曰：“臣恐贼平之后，方劳圣虑。”帝畏余人怪之，还以他语乱之曰：“然。抚宁荒余，弥成不易。”荣见四方无事，奏称“参军许周劝臣取九锡[②]，臣恶其言，已斥遣令去”。荣时望得殊礼，故以意讽朝廷，帝实不欲与之，因称叹其忠。

荣好猎，不舍寒暑，列围而进，令士卒必齐壹，虽遇险阻，不得违避，一鹿逸出，必数人坐死。有一卒见虎而走，荣谓曰：“汝畏死邪！”即斩之，自是每猎，士卒如登战场。尝见虎在穷谷中，荣令十余人空手搏之，毋得损伤，死者数人，卒擒得之，以此为乐，其下甚苦之。太宰天穆从容谓荣曰：“大王勋业已盛，四方无事，唯宜修政养民，顺时蒐狩，何必盛夏驱逐，感伤和气？”荣攘袂曰：“灵后女主，不能自正，推奉天子，乃人臣常节。葛荣之徒，本皆奴才，乘时作乱，譬如奴走，擒获即已。顷来受国大恩，未能混壹海内，何得遽言勋业！如闻朝士犹自宽纵，今秋欲与兄戒勒士马，校猎嵩高，令贪污朝贵，入围搏虎。仍出鲁阳，历三荆[3]，悉拥生蛮，北填六镇[4]，回军之际，扫平汾胡[5]。明年，简练精骑，分出江、淮，萧衍若降，乞万户侯；如其不降，以数千骑径渡缚取。然后与兄奉天子，巡四方，乃可称勋耳。今不频猎，兵士懈怠，安可复用也！”

城阳王徽之妃，帝之舅女；侍中李彧，延寔之子，帝之姊婿也。徽、彧欲得权宠，恶荣为己害，日毁荣于帝，劝帝除之。帝惩河阴之难[6]，恐荣终难保，由是密有图荣之意，侍中杨侃、尚书右仆射元罗亦预其谋。

会荣请入朝，欲视皇后娩乳，徽等劝帝因其入，刺杀之。唯胶东侯李侃晞、济阴王晖业言："荣若来，必当有备，恐不可图。"又欲杀其党与，发兵拒之。帝疑未定，而洛阳人怀忧惧，中书侍郎邢子才之徒已避之东出，荣乃遍与朝士书，相任去留。中书舍人温子升以书呈帝，帝恒望其不来，及见书，以荣必来，色甚不悦。子才名邵，以字行，峦之族弟也。时人多以字行者，旧史皆因之。

武卫将军奚毅，建义初往来通命[7]，帝每期之甚重，然犹以荣所亲信，不敢与之言情。毅曰："若必有变，臣宁死陛下，不能事契胡[8]。"帝曰："朕保天柱无异心，亦不忘卿忠款。"

尔朱世隆疑帝欲为变，乃为匿名书自牓其门云："天子与杨侃、高道穆等为计，欲杀天柱。"取以呈荣。荣自恃其强，不以为意，手毁其书，唾地曰："世隆无胆，谁敢生心！"荣妻北乡长公主亦劝荣不行，荣不从。

是月，荣将四五千骑发并州，时人皆言"荣反"，又云"天子必当图荣"。九月，荣至洛阳，帝即欲杀之，以太宰天穆在并州，恐为后患，故忍未发，并召天穆。有人告荣云："帝欲图之。"荣即具奏，帝曰："外人亦言王欲害我，岂可信之！"于是荣不自疑，每入谒帝，从人不过数十，又皆挺身不持兵仗。帝欲止，城阳王徽曰："纵不反，亦何可耐，况不可保邪！"

先是，长星出中台[9]，扫大角[10]；恒州人高荣祖颇知天文，荣问之，对曰："除旧布新之象也。"荣甚悦。荣至洛阳，行台郎中李显和曰："天柱至，那无九锡，安须王自索也！亦是天子不见机。"都督郭罗察曰:“今年真可作禅文,何但九锡!”参军褚光曰:“人言并州城上有紫气,何虑天柱不应之!”荣下人皆陵侮帝左右,无所忌惮,故其事皆上闻。

奚毅又见帝,求间,帝即下明光殿与语,知其至诚,乃召城阳王徽及杨侃、李彧告以毅语。荣小女适帝兄子陈留王宽,荣尝指之曰:“我终得此婿力。”徽以白帝,曰:“荣虑陛下终为己患,脱有东宫,必贪立孩幼,若皇后不生太子,则立陈留耳。”帝梦手持刀自割落十指,恶之,告徽及杨侃,徽曰:“蝮蛇螫手,壮士解腕,割指亦是其类,乃吉祥也。”

戊子,天穆至洛阳,帝出迎之。荣与天穆并从入西林园宴射,荣奏曰:“近来侍官皆不习武,陛下宜将五百骑出猎,因省辞讼。”先是,奚毅言荣欲因猎挟天子移都,由是帝益疑之。

辛卯,帝召中书舍人温子升,告以杀荣状,并问以杀董卓事,子升具道本末。帝曰:“王允若即赦凉州人,必不应至此。”良久,语子升曰:“朕之情理,卿所具知。死犹须为,况不必死,吾宁为高贵乡公死[11],不为常道乡公生[12]!”帝谓杀荣、天穆,即赦其党,皆应不动。应诏王道习曰:“尔朱世隆、司马子如、朱元龙特为荣所委任,具知天下虚实,谓不宜留。”徽及杨侃皆曰:“若世隆不全,仲远、天光岂有来理!”帝亦以为然。徽曰:“荣腰间常有刀,或能狼戾伤人,临事愿陛下起避之。”乃伏侃等十余人于明光殿东。其日,荣与天穆并入,坐食未讫,起出,侃等从东阶上殿,见荣、天穆已至中庭,事不果。

壬辰,帝忌日;癸巳,荣忌日。甲午,荣暂入,即诣陈留王家饮酒,极醉,遂言病动,频日不入。帝谋颇泄,世隆又以告荣,且劝其速发。荣轻帝,以为无能为,曰:“何怱怱!”

预帝谋者皆惧,帝患之。城阳王徽曰:“以生太子为辞,荣必入朝,因此毙之。”帝曰:“后怀孕始九月,可乎?”徽曰:“妇人不及期而产者多矣,彼必不疑。”帝从之。戊戌,帝伏兵于明光殿东序,声言皇子生,遣徽驰骑至荣第告之。荣方与上党王天穆博,徽脱荣帽,欢舞盘旋,兼殿内文武传声趣之,荣遂信之,与天穆俱入朝。帝闻荣来,不觉失色,中书舍人温子升曰:“陛下色变。”帝连索酒饮之。帝令子升作赦文，既成，执以出，遇荣自外入，问："是何文书？"子升颜色不变，曰"敕"，荣不取视而入。帝在东序下西向坐，荣、天穆在御榻西北南向坐。徽入，始一拜，荣见光禄少卿鲁安、典御李侃晞等抽刀从东户入[13]，即起趋御座，帝先横刀膝下，遂手刃之，安等乱斫，荣与天穆同时俱死。荣子菩提及车骑将军尔朱阳睹等三十人从荣入宫，亦为伏兵所杀。帝得荣手版，上有数牒启，皆左右去留人名，非其腹心者悉在出限，帝曰："竖子若过今日，遂不可制。"于是内外喜噪，声满洛阳城。百寮入贺。帝登阊阖门，下诏大赦，遣武卫将军奚毅、前燕州刺史崔渊将兵镇北中[14]。是夜，北乡长公主帅荣部曲，焚西阳门，出屯河阴。

卫将军贺拔胜与荣党田怡等闻荣死，奔赴荣第。时宫殿门犹未加严防，怡等议即攻门，胜止之曰："天子既行大事，必当有备，吾等众少，何可轻尔！但得出城，更为他计。"怡乃止。及世隆等走，胜遂不从，帝甚嘉之。朱瑞虽为荣所委，而善处朝廷之间，帝亦善遇之，故瑞从世隆走而中道逃还。

荣素厚金紫光禄大夫司马子如，荣死，子如自宫中突出，至荣第，弃家，随荣妻子走出城。世隆即欲还北，子如曰："兵不厌诈，今天下恟恟，唯强是视，当此之际，不可以弱示人，若亟北走，恐变生肘腋。不如分兵守河桥，还军向京师，出其不意，或可成功。假使不得所欲，亦足示有余力，使天下畏我之强，不敢叛散。"世隆从之。己亥，攻河桥，擒奚毅等，杀之，据北中城。魏朝大惧，遣前华阳太守段育慰谕之，世隆斩首以徇。

魏以雍州刺史尔朱天光为侍中、仪同三司，以司空杨津为都督并、肆等九州诸军事、骠骑大将军、并州刺史，兼尚书令、北道行台，经略河、汾。

荣之入洛也，以高敖曹自随，禁于驼牛署；荣死，帝引见，劳勉之。兄乾自东冀州驰赴洛阳，帝以乾为河北大使，敖曹为直阁将军，使归，招集乡曲为表里形援。帝亲送之于河桥，举酒指水曰："卿兄弟冀部豪杰，能令士卒致死，京城傥有变，可为朕河上一扬尘。"乾垂涕受诏，敖曹援剑起舞，誓以必死。

冬，十月，癸卯朔，世隆遣尔朱拂律归将胡骑一千，皆白服，来至郭下，索太原王尸。帝升大夏门望之[15]，遣主书牛法尚谓之曰："太原王立功不终，阴图衅逆，王法无亲，已正刑书。罪止荣身，余皆不问。卿等若降，官爵如故。"拂律归曰："臣等随太原王入朝，忽致冤酷，今不忍空归。愿得太原王尸，生死无恨。"因涕泣，哀不自胜，群胡皆恸哭，声振城邑。帝亦为之怆然，遣侍中朱瑞赍铁券赐世隆。世隆谓瑞曰："太原王功格天地，赤心奉国，长乐不顾信誓[16]，枉加屠害，今日两行铁字，何足可信！吾为太原王报仇，终无降理！"瑞还，白帝，帝即出库物置城西门外，募敢死之士以讨世隆，一日即得万人，与拂律归等战于郭外。拂律归等生长戎旅，洛阳之人不习战斗，屡战不克。甲辰，以前车骑大将军李叔仁为大都督，帅众讨世隆。

戊申，皇子生，大赦。以中书令魏兰根兼尚书左仆射，为河北行台，定、相、殷三州皆禀兰根节度。

尔朱氏兵犹在城下，帝集群臣博议，皆恇惧不知所出。通直散骑常侍李苗奋衣起曰："今小贼唐突如此，朝廷有不测之忧，正是忠臣烈士效节之日。臣虽不武，请以一旅之众为陛下径断河桥。"城阳王徽、高道穆皆以为善，帝许之。乙卯，苗募人从马渚上流乘船夜下，去桥数里，纵火船焚河桥，倏忽而至。尔朱氏兵在南岸者，望之，争桥北渡，俄而桥绝，溺死者甚众。苗将百许人泊于小渚以待南援，官军不至，尔朱氏就击之，左右皆尽，苗赴水死。帝伤惜之，赠车骑大将军、仪同三司，封河阳侯，谥曰忠烈。世隆亦收兵北遁。丙辰，诏行台源子恭将步骑一万出西道，杨昱将募士八千出东道以讨之，子恭仍镇太行丹谷[17]，筑垒以防之。世隆至建州[18]，刺史陆希质闭城拒守，世隆攻拔之，杀城中人无遗类，以肆其忿，唯希质走免。

诏以前东荆州刺史元显恭为晋州刺史，兼尚书左仆射、西道行台。

**【注释】**

①曲阳县：汉置，北魏改为下曲阳县，治所在今河北晋州市西。②九锡：古代天子赐给有大功的诸侯的车马、衣服、弓矢等九件礼物，自王莽篡汉之后，凡加九锡多视为篡位的信号。 ③三荆：指北魏置东荆

州（治所在今河南泌阳县）、北荆州（治所在今河南嵩县东北）和荆州（先治今陕西商洛市商州区，后移治今河南邓州市）。 ④六镇：即北魏初年于都城平城（今山西大同市东）北面自西而东设置的沃野（今内蒙古五原县东北）、怀朔（今内蒙古固阳县西南）、武川（今内蒙古武川县西）、抚冥（今内蒙古四子王旗东南土城子）、柔玄（今内蒙古兴和县北）、怀荒（今河北张北县境内）六镇，葛荣领导的起义即发生于此。六镇起义后，六镇荒残，所以尔朱荣准备移民"北填六镇"。 ⑤汾胡：居住在汾州（治所在今山西隰县，后移治今山西汾阳市）境内的胡人。 ⑥河阴之难：尔朱荣于河阴屠杀北魏朝臣，史称"河阴之难"，事见本书卷第一百五十二梁武帝大通二年（528）。 ⑦建义：建义，北魏孝庄帝元子攸的年号（528）。 ⑧契胡：胡人的一种，尔朱荣出身的种族；此处代指尔朱荣。 ⑨长星：指彗星。中台：三台六星中处于中间位置的两颗星。彗星出中台，古人多认为是除旧布新或兵戎之象。 ⑩大角：星名，又名栋星或天栋，即天王星。 ⑪高贵乡公：三国魏文帝曹丕孙曹髦，字彦士，封郯县高贵乡公，齐王曹芳废，公卿迎立，后因为与司马氏集团的矛盾被司马昭所杀。 ⑫常道乡公：三国曹魏末代君主，曹操之孙曹奂，字景明，封常道乡公，被司马昭立为元帝，后禅位于司马炎，废为陈留王。曹奂禅位于司马炎事见本书卷第七十九晋武帝泰始元年（265）。 ⑬少卿：职官名，汉代九卿各置正卿一人，北魏太和十一年（487）始置少卿一人，作为正卿的副职。典御：指尝食典御。 ⑭北中：指北魏北中府所在地北中城，在今河南孟州市南。 ⑮大夏门：洛阳城门，在城北。 ⑯长乐：即长乐王；北魏孝庄帝本封长乐王。 ⑰太行丹谷：即太行山丹溪，在今山西晋城市境内。 ⑱建州：治所在今山西晋城市东北高都。

魏东徐州刺史广牧斛斯椿素依附尔朱荣[①]，荣死，椿惧，闻汝南王悦在境上，乃帅部众弃州归悦。悦授椿侍中、大将军、司空，封灵丘郡公，又为大行台前驱都督。

汾州刺史尔朱兆闻荣死，自汾州帅骑据晋阳；世隆至长子，兆来会之。壬申，共推太原太守、行并州事长广王晔即皇帝位，大赦，改元建明。晔，英之弟子也[②]。以兆为大将军，进爵为王；世隆为尚书令，赐爵乐平王，加太傅、司州牧；又以荣从弟度律为太尉，赐爵常山王；世隆兄天柱长史彦伯为侍中；徐州刺史仲远为车骑

北魏鸟纹铜牌

大将军，兼尚书左仆射、三徐州大行台[③]。仲远亦起兵向洛阳。

尔朱天光之克平凉也，宿勤明达请降，既而复叛，北走，天光遣贺拔岳讨之，明达奔东夏[④]。岳闻尔朱荣死，不复穷追，还泾州以待天光。天光与侯莫陈悦亦下陇，与岳谋引兵向洛。魏敬宗使朱瑞慰谕天光，天光与岳谋，欲令帝外奔而更立宗室，乃频启云："臣实无异心，唯欲仰奉天颜，以申宗门之罪。"又使其下僚属启云："天光密有异图，愿思胜算以防之。"

范阳太守卢文伟诱平州刺史侯渊出猎[⑤]，闭门拒之。渊屯于郡南，为荣举哀，勒兵南向，进，至中山，行台仆射魏兰根邀击之，为渊所败。

敬宗以城阳王徽兼大司马、录尚书事，总统内外。徽意谓荣既死，枝叶自应散落，及尔朱世隆等兵四起，党众日盛，徽忧怖，不知所出。性多嫉忌，不欲人居己前，每独与帝谋议，群臣有献策者，徽辄劝帝不纳，且曰："小贼何虑不平！"又靳惜财货，赏赐率皆薄少，或多而中减，或与而复追，故徒有糜费而恩不感物。

十一月，癸酉朔，敬宗以车骑将军郑先护为大都督，与行台杨昱共讨尔朱仲远。

乙亥，以司徒长孙稚为太尉，临淮王彧为司徒。

丙子，进雍州刺史广宗公尔朱天光爵为王。长广王亦以天光为陇西王。

尔朱仲远攻西兖州[⑥]，丁丑，拔之，擒刺史王衍。衍，肃之兄子也。癸未，敬宗以右卫将军贺拔胜为东征都督；壬辰，又以郑先护兼尚书左仆射为行台，与胜共讨仲远。戊戌，诏罢魏兰根行台，以定州刺史薛昙尚兼尚书，为北道行台。郑先护疑贺拔胜，置之营外。庚子，胜与仲远战于滑台东，兵败，降于仲远。

初，尔朱荣尝从容问左右曰："一日无我，谁可主军?"皆称尔朱兆。荣曰："兆虽勇于战斗，然所将不过三千骑，多则乱矣。堪代我者，唯贺六浑耳。"因戒兆曰："尔非其匹，终当为其穿鼻。"乃以高欢为晋州刺史。及兆引兵向洛，遣使召欢，欢遣长史孙腾诣兆，辞以"山蜀未平⑦，今方攻讨，不可委去，致有后忧。定蜀之日，当隔河为掎角之势⑧"。兆不悦，曰："还白高晋州，吾得吉梦，梦与吾先人登高丘，丘旁之地，耕之已熟，独余马蔺⑨，先人命吾拔之，随手而尽。以此观之，往无不克。"腾还报，欢曰："兆狂愚如是，而敢为悖逆，吾势不得久事尔朱矣。"

十二月，壬寅朔，尔朱兆攻丹谷，都督崔伯凤战死，都督史仵龙开壁请降，源子恭退走。兆轻兵倍道兼行，从河桥西涉渡。先是，敬宗以大河深广，谓兆未能猝济，是日，水不没马腹。甲辰，暴风，黄尘涨天，兆骑叩宫门，宿卫乃觉，弯弓欲射，矢不得发，一时散走。华山王鸷，斤之玄孙也⑩，素附尔朱氏。帝始闻兆南下，欲自帅诸军讨之，鸷说帝曰："黄河万仞，兆安得渡!"帝遂自安。及兆入宫，鸷复约止卫兵不使斗。帝步出云龙门外，遇城阳王徽乘马走，帝屡呼之，不顾而去。兆骑执帝，锁于永宁寺楼上，帝寒甚，就兆求头巾，不与。兆营于尚书省，用天子金鼓，设刻漏于庭⑪；扑杀皇子⑫，污辱嫔御妃主，纵兵大掠，杀司空临淮王彧、尚书左仆射范阳王诲、青州刺史李延寔等。

城阳王徽走至山南⑬，抵前洛阳令寇祖仁家⑭。祖仁一门三刺史，皆徽所引拔，以有旧恩，故投之。徽赍金百斤，马五十匹，祖仁利其财，外虽容纳，而私谓子弟曰："如闻尔朱兆购募城阳王，得之者封千户侯。今日富贵至矣!"乃怖徽云官捕将至，令其逃于他所，使人于路邀杀之，送首于兆；兆亦不加勋赏。兆梦徽谓己曰："我有金二百斤、马百匹在祖仁家，卿可取之。"兆既觉，意所梦为实，即掩捕祖仁，征其金、马。祖仁谓人密告，望风款服，云"实得金百斤、马五十匹"。兆疑其隐匿，依梦征之，祖仁家旧有金三十斤、马三十匹，尽以输兆。兆犹不信，发怒，执祖仁，悬首高树，大石坠足，捶之至死。

尔朱世隆至洛阳，兆自以为己功，责世隆曰："叔父在朝日久，耳目应广，如何令天柱受祸！"按剑瞋目，声色甚厉；世隆逊辞拜谢，然后得已，由是深恨之。尔朱仲远亦自滑台至洛[15]。

戊申，魏长广王大赦。

尔朱荣之死也，敬宗诏河西贼帅纥豆陵步蕃使袭秀容[16]。及兆入洛，步蕃南下，兵势甚盛，故兆不暇久留，亟还晋阳以御之，使尔朱世隆、度律、彦伯等留镇洛阳。甲寅，兆迁敬宗于晋阳，兆自于河梁监阅财资[17]。高欢闻敬宗向晋阳，帅骑东巡，欲邀之，不及，因与兆书，为陈祸福，不宜害天子，受恶名；兆怒，不纳。尔朱天光轻骑入洛，见世隆等，即还雍州。

初，敬宗恐北军不利[18]，欲为南走之计，托云征蛮，以高道穆为南道大行台，未及发而兆入洛。道穆托疾去，世隆杀之。主者请追李苗封赠，世隆曰："当时众议，更一二日即欲纵兵大掠，焚烧郭邑，赖苗之故，京师获全；天下之善一也，不宜复追。"

尔朱荣之死也，世隆等征兵于大宁太守代人房谟[19]，谟不应，前后斩其三使，遣弟毓诣洛阳。及兆得志，其党建州刺史是兰安定执谟系州狱，郡中蜀人闻之，皆叛。安定给谟弱马，令军前慰劳，诸贼见谟，莫不遥拜。谟先所乘马，安定别给将士，战败，蜀人得之，谓谟遇害，莫不悲泣，善养其马，不听人乘之，儿童妇女竞投草粟，皆言此房公马也。尔朱世隆闻之，舍其罪，以为其府长史。

北道大行台杨津，以众少，留邺召募，欲自滏口入并州，会尔朱兆入洛，津乃散众，轻骑还朝。

尔朱世隆与兄弟密谋，虑长广王母卫氏干预朝政，伺其出行，遣数十骑如劫盗者于京巷杀之，寻悬牓以千万钱募贼。

甲子，尔朱兆缢敬宗于晋阳三级佛寺，并杀陈留王宽。

是月，纥豆陵步蕃大破尔朱兆于秀容，南逼晋阳。兆惧，使人召高欢并力。僚属皆劝欢勿应召，欢曰："兆方急，保无他虑。"遂行。欢所亲贺拔焉过儿请缓行以弊之，欢往往逗留，辞以河无桥，不得渡。步蕃兵日盛，兆屡败，告急于欢，欢乃往从之。兆时避步蓄南出，步蓄至平乐郡[20]，欢与兆进兵合击，大破之，斩步蓄于石鼓山[21]，其众退走。兆德欢，相与誓为兄弟，将数十骑诣欢，通夜宴饮。

初，葛荣部众流入并、肆者二十余万，为契胡凌暴[22]，皆不聊生，大小二十六反，诛夷者半，犹谋乱不止。兆患之，问计于欢，欢曰："六镇反残，不可尽杀，宜选王腹心使统之，有犯者罪其帅，则所罪者寡矣。"兆曰："善！谁可使者？"贺拔允时在坐，请使欢领之。欢拳殴其口，折一齿，曰："平生天柱时，奴辈伏处分如鹰犬。今日天下事取舍在王，而阿鞠泥敢僭易妄言[23]，请杀之！"兆以欢为诚，遂以其众委焉。欢以兆醉，恐醒而悔之，遂出，宣言："受委统州镇兵，可集汾东受号令。"乃建牙阳曲川[24]，陈部分。军士素恶兆而乐属欢，莫不皆至。

居无何，又使刘贵请兆，以"并、肆频岁霜旱，降户掘田鼠而食之，面无谷色，徒污人境内，请令就食山东[25]，待温饱更受处分。"兆从其议。长史慕容绍宗谏曰："不可。方今四方纷扰，人怀异望，高公雄才盖世，复使握大兵于外，譬如借蛟龙以云雨，将不可制矣。"兆曰："有香火重誓，何虑邪！"绍宗曰："亲兄弟尚不可信，何论香火！"时兆左右已受欢金，因称绍宗与欢有旧隙，兆怒，囚绍宗，趣欢发。欢自晋阳出滏口，道逢北乡长公主自洛阳来，有马三百匹，尽夺而易之。兆闻之，乃释绍宗而问之，绍宗曰："此犹是掌握中物也。"兆乃自追欢，至襄垣[26]，会漳水暴涨，桥坏，欢隔水拜曰："所以借公主马，非有他故，备山东盗耳。王信公主之谗，自来赐追，今不辞渡水而死，恐此众便叛。"兆自陈无此意，因轻马渡水，与欢坐幕下，授欢刀，引颈使欢斫之，欢大哭曰："自天柱之薨，贺六浑更何所仰！但愿大家千万岁，以申力用耳。今为旁人所构间，大家何忍复出此言！"兆投刀于地，复斩白马，与欢为誓，因留宿夜饮。尉景伏壮士欲执兆，欢啮臂止之，曰："今杀之，其党必奔归聚结，兵饥马瘦，不可与敌，若英雄乘之而起，则为害滋甚，不如且置之。兆虽骁勇，凶悍无谋，不足图也。"旦日，兆归营，复召欢，欢将上马诣之，孙腾牵欢衣，欢乃止。兆隔水肆骂，驰还晋阳。兆腹心念贤领降户家属别为营，欢伪与之善，观其佩刀，因取杀之。

士众感悦，益愿附从。

齐州城民赵洛周闻尔朱兆入洛[27]，逐刺史丹杨王萧赞，以城归兆。赞变形为沙门，逃入长白山[28]，流转，卒于阳平[29]。梁人或盗其柩以归，上犹以子礼葬于陵次。

魏荆州刺史李琰之，韶之族弟也。南阳太守赵修延，以琰之敬宗外族，诬琰之欲奔梁，发兵袭州城，执琰之，自行州事。

魏王悦改元更兴，闻尔朱兆已入洛，自知不及事，遂南还。斛斯椿复弃悦奔魏。

是岁，诏以陈庆之为都督南北司等四州诸军事、南北司二州刺史[30]。庆之引兵围魏悬瓠，破魏颍州刺史娄起等于溱水[31]，又破行台孙腾等于楚城[32]，罢义阳镇兵，停水陆漕运，江、湖诸州并得休息；开田六千顷，二年之后，仓廪充实。

**【注释】**

①东徐州：北魏治所在今江苏睢宁县西北古邳镇东。 ②英：北魏中山王元英，北魏太和（477—500）、正始（504—508）间，南征北讨，建有大功。 ③三徐：指北魏置徐州（治所在今江苏徐州市）、北徐州（治所在今山东临沂市北）、东徐州（治所在今江苏睢宁县西北）。 ④东夏：北魏置东夏州，治所在今陕西延安市城东延河东岸。 ⑤范阳：郡名，属北魏平州，治所在今河北涿州市。 ⑥西兖州：北魏太和（477—500）中置西兖州于滑台（今河南滑县东），孝昌（525—528）迁于定陶（今山东菏泽市定陶区西北）。 ⑦山蜀：从蜀中迁徙来晋州（治所在今山西临汾市）依山而居的移民，称之为“山蜀”。 ⑧掎：应为“犄”之误。 ⑨马蔺：即马蔺子，多年生草本植物，生长于河谷地区，叶似薤而长厚，嫩叶可供食用。 ⑩斤：拓跋斤，北魏建国之前代王什翼犍的侄子，曾劝说什翼犍的庶长子实君弑什翼犍，杀诸兄弟，国中大乱，拓跋珪随母贺氏归依贺讷，事见本书卷第一百四晋孝武帝太元元年（376）。 ⑪刻漏：古代计时的器具，用铜壶盛水（或沙），壶底穿一小孔，壶中立箭，上刻度数，壶中水漏出显露箭杆上的刻度即可知时间。 ⑫皇子：指尔朱皇后所生的皇子。 ⑬山南：胡三省注：“山南，伊、颍南山之南也。”案：伊、颍南山，即应为嵩山，在今河南登封市西北。 ⑭寇祖仁：或作“寇弥”。 ⑮滑台：县名，在今河南滑县东。 ⑯河西：指黄河自今内蒙古磴口以下南、北二支中的北支，约相当于今乌加河，当时为黄河正流。纥豆陵步蕃：纥

豆陵,三字姓;步蕃,名。 ⑰河梁:即“河桥”。 ⑱北军:指源子恭率领的镇守太行丹谷(今山西晋城市东北)的军队。 ⑲大宁:胡三省注:“‘大’,当作‘泰’。”案:北魏建州有“泰宁郡”而无“大宁郡”,泰宁郡,治所在今山西沁水县西故城镇。 ⑳平乐郡:旧注认为当作乐平郡;案:北魏孝昌二年(526)分太原置乐平郡,治所在今山西昔阳县境。 ㉑石鼓山:指北魏秀容郡秀容县(今山西忻州市西北)境内的石鼓山,确址不详。 ㉒契胡:胡人的一种,尔朱氏即属此族,此处代指尔朱氏。 ㉓阿鞠泥:贺拔允字阿鞠泥。 ㉔阳曲川:在今山西太原市东北阳曲一带,因汾水南流经该县城西而得名。 ㉕山东:北魏并州、肆州、冀州、定州、瀛州、相州、殷州以太行山、常山为限,并州、肆州在两山西部,其余各州在两山东部,前者称为山西,后者称为山东。 ㉖襄垣:县名,北魏置,治所在今山西襄垣县北郊。 ㉗齐州城:今山东济南市。 ㉘长白山:山名,即今山东邹平市西南的会仙山。 ㉙阳平:北魏县名,治所在今山东莘县。 ㉚南、北司二州:指梁朝南司州和北司州二州。南司州,治所在今湖北安陆市;北司州,治所在今河南信阳市。 ㉛颍州:北魏孝昌四年(528)置,治所在今安徽阜阳市。溱(zhēn 真)水:即今河南确山县、汝南县境汝河支流溱头河。 ㉜楚城:梁朝西楚州治所,在今河南信阳市北长台关西。

# 资治通鉴卷第一百五十五

## 梁纪十一　起重光大渊献，尽玄黓困敦，凡二年。

### 高祖武皇帝十一

**中大通三年**　春，正月，辛巳，上祀南郊，大赦。

魏尚书右仆射郑先护闻洛阳不守，士众逃散，遂来奔。丙申，以先护为征北大将军。

二月，辛丑，上祀明堂。

魏自敬宗被囚，宫室空近百日。尔朱世隆镇洛阳，商旅流通，盗贼不作。世隆兄弟密议，以长广王疏远，又无人望，欲更立近亲。仪同三司广陵王恭，羽之子也，好学有志度，正光中领给事黄门侍郎[①]，以元乂擅权，托瘖病居龙华佛寺，无所交通。永安末[②]，有白敬宗言王阳瘖，将有异志，恭惧，逃于上洛山[③]，洛州刺史执送之，系治久之，以无状获免。关西大行台郎中薛孝通说尔朱天光曰："广陵王，高祖犹子[④]，夙有令望，沉晦不言，多历年所，若奉以为主，必天人允叶。"天光与世隆等谋之，疑其实瘖，使尔朱彦伯潜往敦谕，且胁之，恭乃曰："天何言哉[⑤]！"世隆等大喜。孝通，聪之子也。

己巳，长广王至邙山南，世隆等为之作禅文，使泰山太守辽西窦瑗执鞭独入，启长广王曰："天人之望，皆在广陵，愿行尧、舜之事。"遂署禅文。广陵王奉表三让，然后即位，大赦，改元普泰。黄门侍郎邢子才为赦文，叙敬宗枉杀太原王荣之状，节闵帝曰："永安手翦强臣，非为失德，直以天未厌乱，故逢成济之祸耳[6]。”因顾左右取笔，自作赦文，直言：“门下：朕以寡德，运属乐推，思与亿兆，同兹大庆，肆眚之科[7]，一依常式。”帝闭口八年，至是乃言，中外欣然以为明主，望致太平。

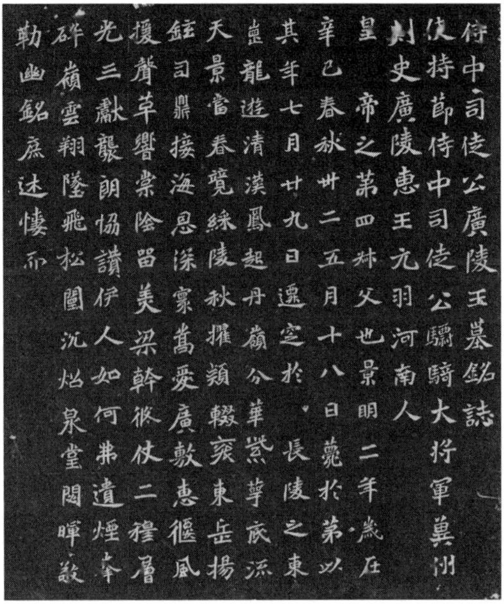

北魏广陵王元羽墓志

庚午，诏以“三皇称‘皇’，五帝称‘帝’，三代称‘王’，盖递为冲挹，自秦以来，竞称‘皇帝’，予今但称‘帝’，亦已褒矣”。加尔朱世隆仪同三司，赠尔朱荣相国、晋王，加九锡。世隆使百官议荣配飨，司直刘季明曰[8]：“若配世宗，于时无功；若配孝明，亲害其母；若配庄帝，为臣不终。以此论之，无所可配。”世隆怒曰：“汝应死！”季明曰：“下官既为议首，依礼而言，不合圣心，翦戮唯命！”世隆亦不之罪。以荣配高祖庙廷。又为荣立庙于首阳山[9]，因周公旧庙而为之，以为荣功可比周公。庙成，寻为火所焚。

尔朱兆以不预废立之谋，大怒，欲攻世隆，世隆使尔朱彦伯往谕之，乃止。

初，敬宗使安东将军史仵龙、平北将军阳文义各领兵三千守太行岭[10]，侍中源子恭镇河内；及尔朱兆南向，仵龙、文义帅众先降，由是子恭之军望风亦溃，兆遂乘胜直入洛阳。至是，尔朱世隆论仵龙、文义之功，各封千户侯，魏主曰：“仵龙、文义，于王有功，于国无勋。”竟不许。尔朱仲远镇滑台，表用其下都督为西兖州刺史，先用后表，诏答曰：“已能近补，何劳远闻！”尔朱天光之灭万俟丑奴也，始获波斯所献师子，送洛阳，及节闵帝即位，诏曰：“禽兽囚之则违其性。”命送归本国。使者以波斯道远不可达，于路杀之而返，有司劾违旨，帝曰：“岂可以兽而罪人！”遂赦之。

【注释】

①正光：北魏孝明帝的年号，起520年七月，止525年五月，当时北魏属元叉专权时期。　②永安：北魏孝庄帝的年号，起528年九月，止530年十月。　③上洛山：山名，在北魏洛州上洛郡上洛县（治今陕西商洛市商州区）境内。　④犹子：即侄子。案：古代把兄弟的儿子称为“犹子”，北魏广陵王元羽是高祖（北魏孝文帝的庙号）的弟弟，故史称元恭为“高祖犹子”。　⑤天何言哉：语出《论语·阳货》：“子曰：‘天何言哉？四时行焉，百物生焉，天何言哉？’”　⑥成济之祸：指曹魏高贵乡公曹髦欲诛司马昭，与贾充战于南阙，被成济所杀一事；成济，魏太子舍人。魏高贵乡公遭成济之祸，事见本书卷第七十七魏元帝景元元年（260）。⑦肆眚（shěng省）：即赦免罪犯。眚，罪过。　⑧司直：职官名，北魏永安三年（530）始置，为廷尉属官，不署曹事，只负责复理御史台的检劾之事。　⑨首阳山：首阳山古代有二处：一处在今山西永济市西南；另一处在今河南偃师市西北，即邙山最高处。此处疑指后者。　⑩太行岭：确址不详。案：该岭以“太行”为名，似应在太行山上，或即今山西晋城市南的“太行关”。

魏镇远将军清河崔祖螭等聚青州七郡之众围东阳[①]，旬日之间，众十余万。刺史东莱王贵平帅城民固守，使太傅谘议参军崔光伯出城慰劳，其兄光韶曰：“城民陵纵日久，众怒甚盛，非慰谕所能解，家弟往，必不全。”贵平强之，既出外，人射杀之。

幽、安、营、并四州行台刘灵助，自谓方术可以动人，又推算知尔朱氏将衰，乃起兵自称燕王、开府仪同三司、大行台，声言为敬宗复仇，且妄述图谶，云：“刘氏当王。”由是幽、瀛、沧、冀之民多从之，从之者夜举火为号，不举火者诸村共屠之。引兵南至博陵之安国城[②]。

尔朱兆遣监军孙白鹞至冀州，托言调发民马，欲俟高乾兄弟送马而收之。乾等知之，与前河内太守封隆之等合谋，潜部勒壮士，袭据信都，杀白鹞，执刺史元嶷。乾等欲推其父翼行州事，翼曰："和集乡里，我不如封皮[3]。"乃奉隆之行州事，为敬宗举哀，将士皆缟素，升坛誓众，移檄州郡，共讨尔朱氏，仍受刘灵助节度。隆之，磨奴之族孙也[4]。

殷州刺史尔朱羽生将五千人袭信都，高敖曹不暇擐甲，将十余骑驰击之，乾在城中绳下五百人，追救未及，敖曹已交兵，羽生败走。敖曹马矟绝世[5]，左右无不一当百，时人比之项籍。

高欢屯壶关大王山[6]，六旬，乃引兵东出，声言讨信都。信都人皆惧，高乾曰："吾闻高晋州雄略盖世，其志不居人下。且尔朱无道，弑君虐民，正是英雄立功之会，今日之来，必有深谋，吾当轻马迎之，密参意旨，诸君勿惧也。"乃将十余骑与封隆之子子绘潜谒欢于滏口，说欢曰："尔朱酷逆，痛结人神，凡曰有知，孰不思奋！明公威德素著，天下倾心，若兵以义立，则屈强之徒不足为明公敌矣。鄗州虽小，户口不下十万，谷秸之税，足济军资，愿公熟思其计。"乾辞气慷慨，欢大悦，与之同帐寝。

初，河南太守赵郡李显甫，喜豪侠，集诸李数千家于殷州西山方五六十里居之[7]。显甫卒，子元忠继之。家素富，多出贷求利，元忠悉焚券免责，乡人甚敬之。时盗贼蜂起，清河有五百人西戍，还，经赵郡，以路梗，共投元忠；元忠遣奴为导，曰："若逢贼，但道李元忠遣。"如言，贼皆舍避。及葛荣起，元忠帅宗党作垒以自保，坐大槲树下[8]，前后斩违命者凡三百人，贼至，元忠辄击却之。葛荣曰："我自中山至此，连为赵李所破，何以能成大事！"乃悉众攻围，执元忠以随军。贼平，就拜南赵郡太守[9]，好酒无政绩。

及尔朱兆弑敬宗，元忠弃官归，谋举兵讨之。会高欢东出，元忠乘露车[10]，载素筝浊酒以奉迎，欢闻其酒客，未即见之。元忠下车独坐，酌酒擘脯食之，谓门者曰："本言公招延俊杰，今闻国士到门，不吐哺辍洗[11]，其人可知，还吾刺[12]，勿通也！"门者以告，欢遽见之，引入，觞再行，元忠车上取筝鼓之，长歌慷慨，歌阕，谓欢曰："天下形势可见，明公犹事尔朱邪？"欢曰："富贵皆因彼所致，安敢不尽节！"元忠曰："非英雄也！高乾邕兄弟来未？"时乾已见欢，欢绐之曰："从叔辈粗，何肯来！"元忠曰："虽粗，并解事。"欢曰："赵郡醉矣。"使人扶出。元忠不肯起，孙腾进曰："此君天遣来，不可违也。”欢乃复留与语，元忠慷慨流涕，欢亦悲不自胜。元忠因进策曰：“殷州小，无粮仗，不足以济大事。若向冀州，高乾邕兄弟必为明公主人，殷州便以赐委。冀、殷既合，沧、瀛、幽、定自然弭服，唯刘诞黠胡或当乖拒，然非明公之敌。”欢急握元忠手而谢焉。

欢至山东，约勒士卒，丝毫之物不听侵犯，每过麦地，欢辄步牵马，远近闻之，皆称高仪同将兵整肃，益归心焉。

欢求粮于相州刺史刘诞，诞不与；有车营租米，欢掠取之。进至信都，封隆之、高乾等开门纳之。高敖曹时在外略地，闻之，以乾为妇人，遗以布裙；欢使世子澄以子孙礼见之，敖曹乃与俱来。

【注释】

①青州七郡：北魏青州，治东阳城（今山东青州市）；青州七郡，指北海郡、乐安郡、渤海郡、高阳郡、河间郡、乐陵郡等七郡。 ②安国城：地名，属北魏博陵郡，位于今河北安国市东南。 ③封皮：封隆之，小字封皮。 ④磨奴：封磨奴，北魏章安侯封懿的侄子，早孤，封懿因事株连将灭族，请求北魏明元帝留封磨奴性命，得以不杀。事见本书卷第一百一十九宋武帝永初元年（420）。 ⑤马矟（shuò 朔）：即“槊”，旧说矛长八尺曰槊，因为多马上使用，故称“马矟”。 ⑥壶关大王山：壶关，又名吾儿峪，即今山西黎城县东北东阳关，北魏置壶关县治于此；大王山，在今山西壶关县东南。 ⑦西山：地名，在今河北张家口市宣化区东北，当时属北魏殷州广阿县境。 ⑧槲（hú 胡）树：一种落叶乔木，叶呈倒卵形，黄花，坚果，木材坚硬。 ⑨南赵郡：北魏以南巨鹿郡改置，治所在今何处待考。 ⑩露车：古代一种用于载物的车，上面没有车盖，四周没有帷裳，故称“露车”。 ⑪吐哺辍洗：用周公和汉高祖刘邦礼贤下士的典故。相传周公为了接见贤才，食物嚼在嘴里等不到下咽便吐了出来；汉高祖刘邦为召见郦食其（yì jī 义机）等不到把脚洗完。 ⑫刺：名刺，相当于后世的名片。

癸酉，魏封长广王晔为东海王，以青州刺史鲁郡王肃为太师，淮南王欣为太傅，尔朱世隆为太保，长孙稚为太尉，赵郡王谌为司空，徐州刺史尔朱仲远、雍州刺史尔朱天光并为大将军，并州刺史尔朱兆为天柱大将军；赐高欢爵勃海王，征使入朝。长孙稚固辞太尉，乃以为骠骑大将军、开府仪同三司。尔朱兆辞天柱，曰：“此叔父所终之官，我何敢受！”固辞，不拜，寻加都督十州诸军事，世袭并州刺史。高欢辞不就征。尔朱仲远徙镇大梁[①]，复加兖州刺史。

尔朱世隆之初为仆射也，畏尔朱荣之威严，深自刻厉，留心几案，应接宾客，有开敏之名。及荣死，无所顾惮，为尚书令，家居视事，坐符台省，事无大小，不先白世隆，有司不敢行。使尚书郎宋游道、邢昕在其听事东西别坐[②]，受纳辞讼，称命施行；公为贪淫，生杀自恣；又欲收军士之意，泛加阶级，皆为将军，无复员限，自是勋赏之官大致猥滥，人不复贵。是时，天光专制关右[③]，兆奄有并、汾，仲远擅命徐、兖，世隆居中用事，竞为贪暴。而仲远尤甚，所部富室大族，多诬以谋反，籍没其妇女财物入私家，投其男子于河，如是者不可胜数。自荥阳已东，租税悉入其军，不送洛阳。东南州郡自牧守以下至士民，畏仲远如豺狼。由是四方之人皆恶尔朱氏，而惮其强，莫敢违也。

己丑，魏以泾州刺史贺拔岳为岐州刺史，渭州刺史侯莫陈悦为秦州刺史，并加仪同三司。

魏使大都督侯渊、骠骑大将军代人叱列延庆讨刘灵助，至固城，渊畏其众，欲引兵西入，据关拒险以待其变，延庆曰：“灵助庸人，假妖术以惑众，大兵一临，彼皆恃其符厌，岂肯戮力致死，与吾兵争胜负哉！不如出营城外，诈言西归，灵助闻之必自宽纵，然后潜军击之，往则成擒矣。”渊从之。出顿城西，声云欲还，丙申，简精骑一千夜发，直抵灵助垒；灵助战败，斩之，传首洛阳。初，灵助起兵，自占胜负，曰：“三月之末，我必入定州，尔朱氏不久当灭。”及灵助首函入定州，果以是月之末。

夏，四月，乙巳，昭明太子统卒。太子自加元服，上即使省录朝政，百司进事，填委于前，太子辨析诈谬，秋毫必睹，但令改正，不加按劾，平断法狱，多所全宥，宽和容众，喜愠不形于色。好读书属文，引接才俊，赏爱无倦；出宫二十余年，不畜声乐。每霖雨积雪，遣左右周行闾巷，视贫者赈之。天性孝谨，在东宫，虽燕居，坐起恒西向，或宿被召当入，危坐达旦。及寝疾，恐贻帝忧，敕参问，辄自力手书。及卒，朝野惋愕，建康男女，奔走宫门，号泣道路。

萧统像

癸丑，魏以高欢为大都督、东道大行台、冀州刺史；又以安定王尔朱智虎为肆州刺史。

魏尔朱天光出夏州，遣将讨宿勤明达，癸亥，擒明达，送洛阳，斩之。

丙寅，魏以侍中、骠骑大将军尔朱彦伯为司徒。

魏诏有司不得复称伪梁。

五月，丙子，魏荆州城民斩赵修延，复推李琰之行州事。

魏尔朱仲远使都督魏僧勖等讨崔祖螭于东阳，斩之。

初，昭明太子葬其母丁贵嫔，遣人求墓地之吉者。或赂宦者俞三副求卖地，云若得钱三百万，以百万与之。三副密启上，言"太子所得地不如今地于上为吉"。上年老多忌，即命市之。葬毕，有道士云："此地不利长子，若厌之，或可申延。"乃为蜡鹅及诸物埋于墓侧长子位。宫监鲍邈之、魏雅初皆有宠于太子[4]，邈之晚见疏于雅，乃密启上云："雅为太子厌祷。"上遣检掘，果得鹅物，大惊，将穷其事，徐勉固谏而止，但诛道士。由是太子终身惭愤，不能自明。及卒，上征其长子南徐州刺史华容公欢至建康，欲立以为嗣，衔其前事，犹豫久之，卒不立，庚寅，遣还镇。

臣光曰：君子之于正道，不可少顷离也，不可跬步失也。以昭明太子之仁孝，武帝之慈爱，一染嫌疑之迹，身以忧死，罪及后昆，求吉得凶，不可湔涤，可不戒哉！是以诡诞之士，奇邪之术，君子远之。

【注释】

①大梁:即大梁城,在今河南开封市西北,时属北魏兖州辖区,故北魏加尔朱仲远兖州刺史。 ②听事:即厅事,古代将官府治事的处所或私人住宅的中庭称为厅事。 ③关右:即函谷关以西地区。 ④宫监:即东宫监官。案:梁朝设有东宫内监殿局,内监殿局,负责东宫内外事务。

丙申,立太子母弟晋安王纲为皇太子。朝野多以为不顺,司议侍郎周弘正尝为晋安王主簿[①],乃奏记曰:“谦让道废,多历年所。伏惟明大王殿下,天挺将圣[②],四海归仁,是以皇上发德音,以大王为储副。意者愿闻殿下抗目夷上仁之义[③],执子臧大贤之节[④],逃玉舆而弗乘,弃万乘如脱屣[⑤],庶改浇竞之俗,以大吴国之风。古有其人,今闻其语,能行之者,非殿下而谁!使无为之化复生于遂古,让王之道不坠于来叶,岂不盛欤!”王不能从。弘正,舍之兄子也。

太子以侍读东海徐摛为家令[⑥],兼管记[⑦],寻带领直[⑧]。摛文体轻丽,春坊尽学之,时人谓之宫体。上闻之,怒,召摛,欲加消责。及见,应对明敏,辞义可观,意更释然,因问经史及释教,摛商较纵横,应对如响,上甚加叹异,宠遇日隆。领军朱异不悦,谓所亲曰:“徐叟出入两宫,渐来见逼,我须早为之所。”遂乘间白上曰:“摛年老,又爱泉石,意在一郡自养。”上谓摛真欲之,乃召摛,谓曰:“新安大好山水[⑨],”遂出为新安太守。

六月,癸丑,立华容公欢为豫章王,其弟枝江公誉为河东王,曲阿公詧为岳阳王[⑩]。上以人言不息,故封欢兄弟以大郡,用慰其心。久之,鲍邈之坐诱掠人,罪不至死,太子纲追思昭明之冤,挥泪诛之。

魏高欢将起兵讨尔朱氏,镇南大将军斛律金、军主善无库狄干与欢妻弟娄昭、妻之姊夫段荣皆劝成之。欢乃诈为书,称尔朱兆将以六镇人配契胡为部曲,众皆忧惧。又为并州符,征兵讨步落稽[⑪],发万人,将遣之。孙腾与都督尉景为请留五日,如此者再,欢亲送之郊,雪涕执别,众皆号恸,声震原野。欢乃谕之曰:“与尔俱为失乡客，义同一家，不意在上征发乃尔！今直西向，已当死，后军期，又当死，配国人，又当死，奈何？”众曰：“唯有反耳！”欢曰：“反乃急计，然当推一人为主，谁可者？”众共推欢，欢曰：“尔乡里难制。不见葛荣乎：虽有百万之众，曾无法度，终自败灭。今以吾为主，当与前异，毋得陵汉人，犯军令，生死任吾则可；不然，不能为天下笑。”众皆顿颡曰：“死生唯命！”欢乃椎牛飨士，庚申，起兵于信都，亦未敢显言叛尔朱氏也。

会李元忠举兵逼殷州，欢令高乾帅众救之。乾轻骑入见尔朱羽生，与指画军计，羽生与乾俱出，因擒斩之，持羽生首谒欢。欢抚膺曰：“今日反决矣！”乃以元忠为殷州刺史，镇广阿[12]。欢于是抗表罪状尔朱氏，尔朱世隆匿之不通。

魏杨播及弟椿、津皆有名德。播刚毅，椿、津谦恭，家世孝友，缌服同爨[13]，男女百口，人无间言。椿、津皆至三公，一门七郡太守，三十二州刺史。敬宗之诛尔朱荣也，播子侃预其谋；城阳王徽、李彧，皆其姻戚也。尔朱兆入洛，侃逃归华阴[14]，尔朱天光使侃妇父韦义远招之，与盟，许贳其罪[15]。侃曰：“彼虽食言，死者不过一人，犹冀全百口。”乃出应之，天光杀之。时椿致仕，与其子昱在华阴，椿弟冀州刺史顺、司空津、顺子东雍州刺史辨、正平太守仲宣皆在洛。秋，七月，尔朱世隆诬奏杨氏谋反，请收治之，魏主不许；世隆苦请，帝不得已，命有司检案以闻。壬申夜，世隆遣兵围津第，天光亦遣兵掩椿家于华阴，东西之族无少长皆杀之，籍没其家。世隆奏云：“杨氏实反，与收兵相拒，已皆格杀。”帝惋怅久之，不言而已。朝野闻之，无不痛愤。津子逸为光州刺史[16]，尔朱仲远遣使就杀之。唯津子愔于被收时适出在外，逃匿，获免，往见高欢于信都，泣诉家祸，因为言讨尔朱氏之策，欢甚重之，即署行台郎中。

【注释】

①司议侍郎：职官名，又作“司文义郎”，胡三省注：“‘议’当作‘义’”。梁普通年间(520—527)始置。　②天挺将圣：即“天纵将圣”的意思，语出《论语·子罕》：“太宰问于子贡曰：‘夫子圣者与？何其多能也？’子贡曰：‘固天纵之将圣，又多能也。’”　③目夷：春秋时宋国大臣

子鱼字目夷。当时宋桓公疾,太子兹父坚决请求立子鱼为君,子鱼推辞说,太子能以国家相让,可见他是最仁德的了,我怎能赶得上太子呢! ④子臧:春秋时曹国公子欣时字子臧。《左传·成公十三年》:诸侯伐秦,曹宣公卒于军中,曹国人派公子负刍驻守,派公子欣时迎丧,负刍杀太子自立;葬事完毕,诸侯抓住负刍,准备立欣时为曹君,欣时闻讯,逃往宋国。 ⑤屣(xǐ喜):鞋。 ⑥侍读:职官名,由晋代王绍宗侍皇太子读书得名。 ⑦管记:职官名,职掌同"公府记室"。 ⑧领直:职官名,梁朝官制,东宫有领直,统领值宫卫兵。 ⑨新安:梁朝新安郡,治所在今浙江淳安县西北。 ⑩詧:同"察",用于人名。 ⑪步落稽:即稽胡。 ⑫广阿:北魏广阿县,治所在今河北隆尧县东。 ⑬缌服同爨(cuàn窜):缌服,本为古代丧服中最轻的一种,这里代指亲疏关系在缌服以内的亲族;同爨,同在一起烧火吃饭。 ⑭华阴:北魏华阴县,此时治所在今陕西华阴市东南。 ⑮贳(shì世):宽纵,赦免。 ⑯光州:北魏皇兴四年(470)置,治所在今山东莱州市。

乙亥,上临轩策拜太子,大赦。

丙戌,魏司徒尔朱彦伯以旱逊位,戊子,以彦伯为侍中、开府仪同三司。彦伯于兄弟中差无过恶。尔朱世隆固让太保,魏主特置仪同三司之官,位次上公之下,庚寅,以世隆为之。斛斯椿谮朱瑞于世隆,世隆杀之。

庚寅,诏:"凡宗戚有服属者,并可赐沐,食乡亭侯,随远近为差。"

壬辰,以吏部尚书何敬容为尚书右仆射。敬容,昌寓之子也。

魏尔朱仲远、度律等闻高欢起兵,恃其强,不以为虑,独尔朱世隆忧之。尔朱兆将步骑二万出井陉,趣殷州,李元忠弃城奔信都。八月,丙午,尔朱仲远、度律将兵讨高欢。九月,己卯,魏以仲远为太宰,庚辰,以尔朱天光为大司马。

癸巳,魏主追尊父广陵惠王为先帝,母王氏为先太妃,封弟永业为高密王,子恕为勃海王。

冬,十月,己酉,上幸同泰寺,升法座,讲《涅槃经》,七日而罢。

乐山侯正则,先有罪徙郁林[①],招诱亡命,欲攻番禺[②],广州刺史元景仲讨斩之。正则，正德之弟也。

孙腾说高欢曰："今朝廷隔绝，号令无所禀，不权有所立，则众将沮散。"欢疑之，腾再三固请，乃立勃海太守元朗为帝。朗，融之子也。壬寅，朗即位于信都城西，改元中兴。以欢为侍中、丞相、都督中外诸军事、大将军、录尚书事、大行台，高乾为侍中、司空，高敖曹为骠骑大将军、仪同三司、冀州刺史，孙腾为尚书左仆射，河北行台魏兰根为右仆射。

己酉，尔朱仲远、度律与骠骑大将军斛斯椿、车骑大将军、仪同三司贺拔胜、车骑大将军贾显智军于阳平[③]。显智名智，以字行，显度之弟也。尔朱兆出井陉，军于广阿，众号十万。高欢纵反间，云"世隆兄弟谋杀兆"，复云"兆与欢同谋杀仲远等"，由是迭相猜贰，徘徊不进。仲远等屡使斛斯椿、贺拔胜往谕兆，兆帅轻骑三百来就仲远，同坐幕下，意色不平，手舞马鞭，长啸凝望，疑仲远等有变，遂趋出，驰还。仲远遣椿、胜等追，晓说之，兆执椿、胜还营，仲远、度律大惧，引兵南遁。兆数胜罪，将斩之，曰："尔杀卫可孤，罪一也。天柱薨，尔不与世隆等俱来，而东征仲远，罪二也。我欲杀尔久矣，今复何言？"胜曰："可孤为国巨患，胜父子诛之，其功不小，反以为罪乎？天柱被戮，以君诛臣，胜宁负王，不负朝廷。今日之事，生死在王。但寇贼密迩，骨肉构隙，自古及今，未有如是而不亡者。胜不惮死，恐王失策。"兆乃舍之。

高欢将与兆战，而畏其众强，以问亲信都督段韶[④]，韶曰："所谓众者，得众人之死；所谓强者，得天下之心。尔朱氏上弑天子，中屠公卿，下暴百姓，王以顺讨逆，如汤沃雪，何众强之有！"欢曰："虽然，吾以小敌大，恐无天命不能济也。"韶曰："韶闻'小能敌大，小道大淫'。'皇天无亲，唯德是辅[⑤]'。尔朱氏外乱天下，内失英雄心，智者不为谋，勇者不为斗，人心已去，天意安有不从者哉！"韶，荣之子也。辛亥，欢大破兆于广阿，俘其甲卒五千余人。

十一月，乙未，上幸同泰寺，讲《般若经》[⑥]，七日而罢。

庚辰，魏高欢引兵攻邺[⑦]，相州刺史刘诞婴城固守。

是岁，魏南兖州城民王乞得劫刺史刘世明，举州来降。世明，芳之族子也。上以侍中元树为镇北将军、都督北讨诸军事，镇谯城。以世明为征西大将军、郢州刺史，加仪同三司。世明不受，固请北归，上许之。世明至洛阳，奉送所持节，归乡里，不仕而卒。

【注释】

①郁林：梁朝郡名，治所在今广西桂平市西南古城。　②番禺：地名，在今广东广州市。　③阳平：北魏阳平县，治所在今山东莘县。④亲信都督：职官名，北魏末年诸将各专兵权，始置此官，职掌为统领亲兵。　⑤皇天无亲，惟德是辅：语出《尚书·蔡仲之命》，意思是上天不偏心于任何人，只辅助有德者。　⑥《般若经》：佛教经典名。般若，梵文译音，义为智慧。　⑦邺：指邺城，北魏相州治所，在今河北临漳县西南邺镇。

**四年**　春，正月，丙寅，以南平王伟为大司马，元法僧为太尉，袁昂为司空。

立西丰侯正德为临贺王[1]。正德自结于朱异，上既封昭明诸子，异言正德失职，故王之。

以太子右卫率薛法护为司州牧，卫送魏王悦入洛。

庚午，立太子纲之长子大器为宣城王。

魏高欢攻邺，为地道，施柱而焚之，城陷入地。壬午，拔邺，擒刘诞，以杨愔为行台右丞。时军国多事，文檄教令，皆出于愔及开府谘议参军崔㥄。㥄，逞之五世孙也。

二月，以太尉元法僧为东魏王[2]，欲遣还北，兖州刺史羊侃为军司马，与法僧偕行。

扬州刺史邵陵王纶遣人就市赊买锦彩丝布数百匹，市人皆闭邸店不出；少府丞何智通依事启闻。纶被责还弟，乃遣防阁戴子高等以槊刺智通于都巷，刃出于背。智通识子高，取其血以指画车壁为“邵陵”字，乃绝，由是事觉。庚戌，纶坐免为庶人，锁之于弟，经二旬，乃脱锁，顷之复封爵。

辛亥，魏安定王追谥敬宗曰武怀皇帝，甲子，以高欢为丞相、柱国大将军、太师；三月，丙寅，以高澄为骠骑大将军。丁丑，安定王帅百官入居于邺。

尔朱兆与尔朱世隆等互相猜阻，世隆卑辞厚礼谕兆，欲使之赴洛，唯其所欲，又请节闵帝纳兆女为后；兆乃悦，并与天光、度律更立誓约，复相亲睦。

斛斯椿阴谓贺拔胜曰："天下皆怨毒尔朱，而吾等为之用，亡无日矣，不如图之。"胜曰："天光与兆各据一方，欲尽去之甚难，去之不尽，必为后患，奈何？"椿曰："此易致耳。"乃说世隆追天光等赴洛，共讨高欢。世隆屡征天光，天光不至，使椿自往邀之，曰："高欢作乱，非王不能定，岂可坐视宗族夷灭邪！"天光不得已，将东出，问策于雍州刺史贺拔岳，岳曰："王家跨据三方，士马殷盛，高欢乌合之众，岂能为敌！但能同心戮力，往无不捷。若骨肉相疑，则图存之不暇，安能制人！如下官所见，莫若且镇关中以固根本，分遣锐师与众军合势，进可以克敌，退可以自全。"天光不从。闰月，壬寅，天光自长安，兆自晋阳，度律自洛阳，仲远自东郡皆会于邺，众号二十万，夹洹水而军[③]，节闵帝以长孙稚为大行台，总督之。

北魏永安五铢钱

高欢令吏部尚书封隆之守邺，癸丑，出顿紫陌[④]，大都督高敖曹将乡里部曲王桃汤等三千人以从。欢曰："高都督所将皆汉兵，恐不足集事，欲割鲜卑兵千余人相杂用之，何如？"敖曹曰："敖曹所将，练习已久，前后格斗，不减鲜卑。今若杂之，情不相洽，胜则争功，退则推罪，不烦更配也。"

庚申，尔朱兆帅轻骑三千夜袭邺城，叩西门，不克而退。壬戌，欢将战马不满二千，步兵不满三万，众寡不敌，乃于韩陵为圆陈[⑤]，连系牛驴以塞归道，于是将士皆有死志。兆望见欢，遥责欢以叛己，欢曰："本所以戮力者，共辅帝室。今天子何在？"兆曰："永安枉害天柱[6]，我报仇耳。"欢曰："我昔亲闻天柱计，汝在户前立，岂得言不反邪！且以君杀臣，何报之有！今日义绝矣。"遂战。欢将中军，高敖曹将左军，欢从父弟岳将右军。欢战不利，兆等乘之，岳以五百骑冲其前，别将斛律敦收散卒蹑其后，敖曹以千骑自栗园出横击之[7]，兆等大败，贺拔胜与徐州刺史杜德于陈降欢。兆对慕容绍宗抚膺曰："不用公言，以至于此！"欲轻骑西走，绍宗反旗鸣角，收散卒成军而去。兆还晋阳，仲远奔东郡[8]。尔朱彦伯闻度律等败，欲自将兵守河桥，世隆不从。

度律、天光将之洛阳，大都督斛斯椿谓都督贾显度、贾显智曰："今不先执尔朱氏，吾属死无类矣。"乃夜于桑下盟，约倍道先还。世隆使其外兵参军阳叔渊驰赴北中，简阅败卒，以次内之。椿至，不得入城，乃诡说叔渊曰："天光部下皆是西人，闻欲大掠洛邑，迁都长安，宜先内我以为之备。"叔渊信之。夏，四月，甲子朔，椿等入据河桥，尽杀尔朱氏之党。度律、天光欲攻之，会大雨昼夜不止，士马疲顿，弓矢不可施，遂西走，至灅陂津[9]，为人所擒，送于椿所。椿使行台长孙稚诣洛阳奏状，别遣贾显智、张欢帅骑掩袭世隆，执之。彦伯时在禁直，长孙稚于神虎门启陈："高欢义功既振，请诛尔朱氏。"节闵帝使舍人郭崇报彦伯，彦伯狼狈走出，为人所执，与世隆俱斩于阊阖门外，送其首并度律、天光于高欢。

节闵帝使中书舍人卢辩劳欢于邺，欢使之见安定王，辩抗辞不从，欢不能夺，乃舍之。辩，同之兄子也。

辛未，骠骑大将军、行济州事侯景降于安定王，以景为尚书仆射、南道大行台、济州刺史。

尔朱仲远来奔。仲远帐下都督乔宁、张子期自滑台诣欢降。欢责之曰："汝事仲远，擅其荣利，盟契百重，许同生死。前仲远自徐州为逆[10]，汝为戎首；今仲远南走，汝复叛之。事天子则不忠，事仲远则无信，犬马尚识饲之者，汝曾犬马之不如！"遂斩之。

尔朱天光之东下也，留其弟显寿镇长安，召秦州刺史侯莫陈悦欲与之俱东。贺拔岳知天光必败，欲留悦共图显寿以应高欢，计未有所出。宇文泰谓岳曰："今天光尚近，悦未必有贰心，若以此告之，恐其惊惧。然悦虽为主将，不能制物，若先说其众，必人有留心；悦进失尔朱之期，退恐人情变动，乘此说悦，事无不遂。"岳大喜，即令泰入悦军说之，悦遂与岳俱袭长安。泰帅轻骑为前驱，显寿弃城走，追至华阴，擒之。欢以岳为关西大行台，岳以泰为行台左丞，领府司马，事无巨细皆委之。

尔朱世隆之拒高欢也，使齐州行台尚书房谟募兵趣四渎[11]，又使其弟青州刺史弼趣乱城[12]，扬声北渡，为掎角之势。及韩陵既败，弼还东阳，闻世隆等死，欲来奔，数与左右割臂为盟。帐下都督冯绍隆，素为弼所信待，说弼曰："今方同契阔，宜更割心前之血以盟众。"弼从之，大集部下，披胸令绍隆割之，绍隆因推刃杀之，传首洛阳。

丙子，安东将军辛永以建州降于安定王[13]。

辛巳，安定王至邙山。高欢以安定王疏远，使仆射魏兰根慰谕洛邑，且观节闵帝之为人，欲复奉之。兰根以帝神采高明，恐于后难制，与高乾兄弟及黄门侍郎崔㥄共劝欢废之。欢集百官问所宜立，莫有应者，太仆代人綦毋俊盛称节闵帝贤明，宜主社稷，欢欣然是之。㥄作色曰："若言贤明，自可待我高王，徐登大位。广陵既为逆胡所立，何得犹为天子！若从俊言，王师何名义举？"欢遂幽节闵帝于崇训佛寺。

欢入洛阳，斛斯椿谓贺拔胜曰："今天下事，在吾与君耳，若不先制人，将为人所制。高欢初至，图之不难。"胜曰："彼有功于时，害之不祥。比数夜与欢同宿，且序往昔之怀，兼荷兄恩意甚多，何苦惮之！"椿乃止。

欢以汝南王悦，高祖之子，召欲立之，闻其狂暴无常，乃止。

时诸王多逃匿，尚书左仆射平阳王修，怀之子也。匿于田舍。欢欲立之，使斛斯椿求之。椿见修所亲员外散骑侍郎太原王思政，问王所在，思政曰："须知问意。"椿曰："欲立为天子。"思政乃言之。椿从思政见修，修色变，谓思政曰："得无卖我邪？"曰："不也。"曰："敢保之乎？"曰："变态百端，何可保也！"椿驰报欢。欢遣四百骑迎修入毡帐，陈诚，泣下沾襟，修让以寡德，欢再拜，修亦拜。欢出备服御，进汤沐，达夜严警。昧爽，文武执鞭以朝，使斛斯椿奉劝进表。椿入帷门，磬折延首而不敢前，修令思政取表视之，曰："便不得不称朕矣。"乃为安定王作诏策而禅位焉。

戊子，孝武帝即位于东郭之外，用代都旧制，以黑毡蒙七人，欢居其一，帝于毡上西向拜天毕，入御太极殿，群臣朝贺，升阊阖门大赦，改元太昌。以高欢为大丞相、天柱大将军、太师，世袭定州刺史。庚寅，加高澄侍中、开府仪同三司。

初，欢起兵信都，尔朱世隆知司马子如与欢有旧，自侍中、骠骑大将军出为南岐州刺史。欢入洛，召子如为大行台尚书，朝夕左右，参知军国。广州刺史广宁韩贤[14]，素为欢所善，欢入洛，凡尔朱氏所除官爵例皆削夺，唯贤如故。

以前御史中尉樊子鹄兼尚书左仆射，为东南道大行台，与徐州刺史杜德追尔朱仲远；仲远已出境，遂攻元树于谯。

丞相欢征贺拔岳为冀州刺史，岳畏欢，欲单马入朝。行台右丞薛孝通说岳曰："高王以数千鲜卑破尔朱百万之众，诚亦难敌。然诸将或素居其上，或与之等夷，屈首从之，势非获已。今或在京师，或据州镇，高王除之则失人望，留之则为腹心之疾。且吐万人虽复败走[15]，犹在并州，高王方内抚群雄，外抗勍敌，安能去其巢穴，与公争关中之地乎！今关中豪俊皆属心于公，愿效其智力。公以华山为城，黄河为堑，进可以兼山东，退可以封函谷，奈何欲束手受制于人乎！"言未卒，岳执孝通手曰："君言是也。"乃逊辞为启而不就征。

壬辰，丞相欢还邺，送尔朱度律、天光于洛阳，斩之。

五月，丙申，魏主鸩节闵帝于门下外省，诏百司会丧，葬用殊礼。

以沛郡王欣为太师，赵郡王谌为太保，南阳王宝炬为太尉，长孙稚为太傅。宝炬，愉之子也。丞相欢固辞天柱大将军，戊戌，许之。己酉，清河王亶为司徒。

侍中河南高隆之，本徐氏养子，丞相欢命以为弟，恃欢势骄公卿，南阳王宝炬殴之，曰："镇兵何敢尔[16]！"魏主以欢故，六月，丁卯，黜宝炬为骠骑大将军，归第。

【注释】

①正德:萧正德,本梁朝临川王萧宏之子,梁太子萧统未出生时,梁武帝收为养子,萧统出生后,封为西丰侯,怏怏不快,投奔北魏,第二年又逃回梁朝,品行不正,梁武帝几次免除他的官爵,但终重亲情,复其封爵。②东魏王:梁武帝已封北魏汝南王元悦为魏王,从西道入北魏境;又派元法僧从东道入北魏,故封元法僧为东魏王。 ③洹水:即今河南北部卫河支流安阳河。 ④紫陌:本名祭陌,因春秋时俗巫为漳水河伯娶妇,祭河伯于此而得名。十六国后赵建武十年(344)建紫陌浮桥于此,故又名紫陌,地点在今河北临漳县西南故邺县城西北漳河边。 ⑤韩陵:山名,一名七里冈,在今河南安阳市东北。下文“圆陈”的“陈”同“阵”。⑥永安:北魏孝庄帝的年号,起528年,止530年。 ⑦栗园:地名,在今河南安阳市东北。 ⑧东郡:北魏东郡,治所在今河南滑县东旧城。⑨灅陂津:一名雷波,在今河南孟州市西南、洛阳市孟津区东北黄河古河桥西边。⑩徐州为逆:指北魏尔朱荣死后徐州刺史尔朱仲远起兵向洛阳一事,事见本书卷第一百五十四梁武帝中大通二年(530)。 ⑪四渎:即四渎津,在今山东聊城市茌平区东南古黄河上。 ⑫乱城:地名,在北魏青州境内(治今山东青州市),具体地址不详。 ⑬建州:北魏建州,治所在今山西晋城市东北高都。 ⑭广州:北魏永安二年(529)置,治所在今河南鲁山县东。 ⑮吐万人:尔朱兆字吐万人。 ⑯镇兵:北魏迁都洛阳后,原边镇人均籍属镇兵。

魏主避广平武穆王之讳,改谥武怀皇帝曰孝庄皇帝,庙号敬宗。

秋,七月,庚子,魏复以南阳王宝炬为太尉。

壬寅,魏丞相欢引兵入滏口[①],大都督库狄干入井陉,击尔朱兆。庚戌,魏主使骠骑大将军、仪同三司高隆之帅步骑十万会丞相欢于太原,因以隆之为丞相军司。欢军于武乡[②],尔朱兆大掠晋阳,北走秀容。并州平。欢以晋阳四塞,乃建大丞相府而居之。

魏夏州迁民郭迁据青州反,刺史元嶷弃城走;诏行台侯景等讨之,拔其城。迁来奔。

魏东南道大行台樊子鹄围元树于谯城,分兵攻取蒙县等五城[③],以绝援兵之路。树请帅众南归,以地还魏,子鹄等许之,与之誓约。树众半出，子鹄击之，擒树及谯州刺史朱文开以归。羊侃行至官竹[4]，闻树败而还。九月，树至洛阳，久之，复欲南奔，魏人杀之。

乙巳，以司空袁昂领尚书令。

冬，十一月，丁酉，日南至，魏主祀圜丘。

甲辰，魏杀安定王朗、东海王晔。

己酉，以汝南王悦为侍中、大司马。

魏葬灵太后胡氏。

上闻魏室已定，十二月，庚辰，复以太尉元法僧为郢州刺史。

魏主以汝南王悦属近地尊，丁亥，杀之。

魏大赦，改元永兴；以与太宗同号，复改永熙。

魏主纳丞相欢女为后，命太常卿李元忠纳币于晋阳[5]。欢与之宴，论及旧事，元忠曰："昔日建义，轰轰大乐，比来寂寂无人问。"欢抚掌笑曰："此人逼我起兵。"元忠戏曰："若不与侍中，当更求建义处。"欢曰："建义不虑无，止畏如此老翁不可遇耳。"元忠曰："止为此翁难遇，所以不去。"因捋欢须大笑。欢悉其雅意，深重之。

尔朱兆既至秀容，分守险隘，出入寇抄。魏丞相欢扬声讨之，师出复止者数四，兆意怠。欢揣其岁首当宴会，遣都督窦泰以精骑驰之，一日一夜行三百里，欢以大军继之。

**【注释】**

①滏口："太行八陉"之一，在今河北磁县西北鼓山。　②武乡：县名，北魏时改名为乡县，治所在今山西榆社县西北。　③蒙县：梁朝蒙县在今安徽蒙城县西北；此处当指南朝宋朝侨置蒙县故地，在今河南商丘市境内。　④官竹：一名梁王园，在今河南商丘市东南。　⑤纳币：古代婚礼之一，又称纳征，行于纳吉之后，男方向女方献玄纁束帛俪皮等礼物。

# 资治通鉴卷第一百五十六

## 梁纪十二　起昭阳赤奋若，尽阏逢摄提格，凡二年。

### 高祖武皇帝十二

**中大通五年**　春，正月，辛卯，上祀南郊，大赦。

魏窦泰奄至尔朱兆庭，军人因宴休惰，忽见泰军，惊走，追破之于赤洪岭[①]，众并降散。兆逃于穷山，命左右西河张亮及苍头陈山提斩己首以降，皆不忍；兆乃杀所乘白马，自缢于树。欢亲临，厚葬之。慕容绍宗携尔朱荣妻子及兆余众诣欢降，欢以义故，待之甚厚。兆之在秀容[②]，左右皆密通款于欢，唯张亮无启疏，欢嘉之，以为丞相府参军。

魏罢诸行台[③]。

辛亥，上祀明堂[④]。

丁巳，魏主追尊其父为武穆帝，太妃冯氏为武穆后，母李氏为皇太妃。

劳州刺史曹凤、东荆州刺史雷能胜等举城降魏。

魏侍中斛斯椿闻乔宁、张子期之死，内不自安，与南阳王宝炬、武卫将军元毗、王思政密劝魏主图丞相欢。毗，遵之玄孙也。舍人元士弼又言欢受诏不敬，帝由是不悦。椿劝帝置阁内都督部曲[⑤]，又增武直人数，自直阁已下[⑥]，员别数百，皆选四方骁勇者充之。帝数出游幸，椿自部勒，别为行陈，由是朝政、军谋，帝专与椿决之。帝以关中大行台贺拔岳拥重兵，密与相结，又出侍中贺拔胜为都督三荆等七州诸军事[7]，欲倚胜兄弟以敌欢，欢益不悦。

侍中、司空高乾之在信都也，遭父丧，不暇终服[8]。及孝武帝即位，表请解职行丧，诏听解侍中，司空如故。乾虽求退，不谓遽见许，既去内侍，朝政多不关预，居常怏怏。帝既二于欢，冀乾为己用，尝于华林园宴罢，独留乾，谓之曰："司空奕世忠良，今日复建殊效，相与虽则君臣，义同兄弟，宜共立盟约，以敦情契。"殷勤逼之。乾对曰："臣以身许国，何敢有二。"时事出仓猝，且不谓帝有异图，遂不固辞，亦不以启欢。及帝置部曲，乾乃私谓所亲曰："主上不亲勋贤而招集群小，数遣元士弼、王思政往来关西与贺拔岳计议，又出贺拔胜为荆州，外示疏忌，内实树党，令其兄弟相近，冀据有西方。祸难将作，必及于我。"乃密启欢。欢召乾诣并州[9]，面论时事，乾因劝欢受魏禅，欢以袖掩其口曰："勿妄言！今令司空复为侍中，门下之事一以相委。"欢屡启请，帝不许。乾知变难将起，密启欢求为徐州；二月，辛酉，以乾为骠骑大将军、开府仪同三司、徐州刺史，以咸阳王坦为司空。

北魏彩绘昆仑奴陶俑

癸未，上幸同泰寺，讲《般若经》[10]，七日而罢，会者数万人。

魏正光以前[11]，阿至罗常附于魏[12]。及中原多事，阿至罗亦叛，丞相欢招抚之，阿至罗复降，凡十万户。三月，辛卯，诏复以欢为大行台，使随宜裁处。欢与之粟帛，议者以为徒费无益，欢不从；及经略河西，大收其用。

【注释】

①赤洪岭:故址在今山西吕梁市离石区境内,因境内赤洪河而得名。赤洪河又名离石河,即今北川河。 ②秀容:又称北秀容、梁郡城,故址在今山西朔州市西北。北魏尔朱氏部落世居此地,故又称尔朱川。 ③行台:行政机构名称。两晋以后,中央尚书省官员称台官,在地方代表中央行尚书省事的机构称行台。由军事行动而设置,且长官权位特重,则称大行台。 ④明堂:古代帝王举行祭祀、庆赏等仪式,借以宣明政教的场所。 ⑤部曲:原指军队编制单位,后渐指将领和豪族的私人亲兵,这里指宫廷内的侍卫亲军。 ⑥武直:指在宫殿内值班守卫的武士。直阁:宫廷内宿卫将士的一类,直阁属官有朱衣直阁、直阁将军、直寝、直斋、直后等。 ⑦三荆:北魏置荆州于穰县,置南荆州于安昌,置东荆州于沘阳,谓之三荆,皆在今河南省境内。穰县,今邓州市;安昌,今确山县;沘阳,今泌阳县。七州:三荆及襄、南襄、郢、南郢。襄,今湖北襄阳市;南襄,即南襄郡,今湖北南漳县;郢,郢州,在今河南唐河、泌阳二县之间;南郢,即南郢州,故治在今河南潢川县南。 ⑧服:服阕之制。古代丧礼规定,父母去世,着丧服守孝三年,期满除服,称为服阕。 ⑨并州:古十二州之一。故治在今山西太原市。当时又称晋阳。 ⑩《般若经》:般若(bōrě 波惹),智慧之意,系梵语音译。《般若经》,佛教经典之一。 ⑪正光:北魏孝明帝年号,当520—525年。 ⑫阿至罗:高车族(即敕勒族)的十二姓之一。本称副伏罗,北魏太和年间(477—500)其部首领阿伏至罗与从弟穷奇统高车之众自立,与北魏通好。中原遂称其部为阿至罗。

高乾将之徐州,魏主闻其漏泄机事,乃诏丞相欢曰:“乾邕与朕私有盟约[①],今乃反覆两端[②]。”欢闻其与帝盟,亦恶之,即取乾前后数启论时事者遣使封上,帝召乾,对欢使责之,乾曰:“陛下自立异图,乃谓臣为反覆。人主加罪,其可辞乎!”遂赐死。帝又密敕东徐州刺史潘绍业杀其弟敖曹[③],敖曹先闻乾死,伏壮士于路,执绍业,得敕书于袍领,遂将十余骑奔晋阳。欢抱其首哭曰:“天子枉害司空。”敖曹兄仲密为光州刺史[④],帝敕青州断其归路[⑤],仲密亦间行奔晋阳,仲密名慎,以字行。



魏太师鲁郡王肃卒。

丙辰，南平元襄王伟卒。

丁巳，魏以赵郡王谌为太尉，南阳王宝炬为太保。

魏尔朱兆之入洛也[⑥]，焚太常乐库，钟磬俱尽。节闵帝诏录尚书事长孙稚、太常卿祖莹等更造之，至是始成，命曰《大成乐》。

魏青州民耿翔聚众寇掠三齐[⑦]，胶州刺史裴粲，专事高谈，不为防御；夏，四月，翔掩袭州城。左右白贼至，粲曰："岂有此理！"左右又言已入州门，粲乃徐曰："耿王来，可引之听事[⑧]，自余部众，且付城民。"翔斩之，送首来降。

五月，魏东徐州民王早等杀刺史崔庠，以下邳来降[⑨]。

六月，壬申，魏以骠骑大将军樊子鹄为青、胶大使，督济州刺史蔡俊等讨耿翔[⑩]。秋，七月，魏师至青州，翔弃城来奔，诏以为兖州刺史[⑪]。

壬辰，魏以广陵王欣为大司马，赵郡王谌为太师。庚戌，以前司徒贺拔允为太尉。

初，贺拔岳遣行台郎冯景诣晋阳，丞相欢闻岳使至，甚喜，曰："贺拔公讵忆吾邪！"与景歃血，约与岳为兄弟。景还，言于岳曰："欢奸诈有余，不可信也。"府司马宇文泰自请使晋阳以观欢之为人，欢奇其状貌，曰："此儿视瞻非常。"将留之，泰固求复命；欢既遣而悔之，发驿急追，至关不及而返。

泰至长安，谓岳曰："高欢所以未篡者，正惮公兄弟耳；侯莫陈悦之徒，非所忌也。公但潜为之备，图欢不难。今费也头控弦之骑不下一万，夏州刺史斛拔弥俄突胜兵三千余人[⑫]，灵州刺史曹泥[⑬]、河西流民纥豆陵伊利等各拥部众，未有所属。公若引军近陇[⑭]，扼其要害，震之以威，怀之以惠，可收其士马以资吾军。西辑氐、羌，北抚沙塞，还军长安，匡辅魏室，此桓、文之功也。"岳大悦，复遣泰诣洛阳请事，密陈其状。魏主喜，加泰武卫将军，使还报。八月，帝以岳为都督雍、华等二十州诸军事、雍州刺史[⑮]，又割心前血，遣使者赍以赐之。岳遂引兵西屯平凉，以牧马为名。斛拔弥俄突、纥豆陵伊利及费也头万俟受洛干、铁勒斛律沙门等皆附于岳，唯曹泥附于欢。秦、南秦、河、渭四州刺史同会平凉[⑯]，受岳节度。岳以夏州被边要重，欲求良刺史以镇之，众举宇文泰，岳曰：

"宇文左丞,吾左右手,何可废也!"沉吟累日,卒表用之。

【注释】

①乾邕:高乾字。乾乃北魏名臣高允之侄。 ②两端:意向左右不定,脚踩两只船。 ③东徐州:南朝宋置,北魏移治所于宿豫,在今江苏宿迁市境内。 ④光州:北魏始置,故治即今山东莱州市。 ⑤青州:古九州之一,治所历代变迁不一,北魏始治乐安,后移治东阳,即今山东青州市治。 ⑥尔朱兆入洛:事见卷第一百五十四二年。 ⑦三齐:地名。指临淄、济北、胶东,即今山东东部地区。 ⑧听事:公堂,衙署,即今所称办公室。 ⑨下邳:故城在今江苏邳州市东。 ⑩济州:北魏始置,为宋魏交争之地,故城在今山东聊城市茌平区境内。 ⑪兖州:南朝宋初置兖州于滑台,后改置瑕丘,滑台则曰西兖州,滑台即今河南滑县,瑕丘在今山东济宁市兖州区境内。 ⑫夏州:北魏所置,故治在今陕西榆林市横山区。 ⑬灵州:北魏所置,故治在今宁夏灵武市境内。 ⑭陇:指陇山,又名陇坻、陇坂,即今六盘山南段,在今陕西陇县至甘肃平凉市一带。后即相沿称甘肃为陇。 ⑮雍华等二十州:北魏分雍州置华州。二十州,即雍、华、东华、岐、南岐、豳、原、河、渭、泾、夏、东夏、秦、南秦、梁、南梁、东梁、巴、益、东益。约当今陕西、甘肃大部及青海的部分地区。⑯秦、南秦、河、渭四州:秦州故治在今甘肃甘谷县。南秦:北魏置南秦州于九仇池,即今甘肃成县。河州:故治在今甘肃临夏县。渭:北魏始置渭州,故治在今甘肃陇西县境内。

九月,癸酉[①],魏丞相欢表让王爵,不许;请分封邑十万户颁授勋义,从之。

冬,十月,庚申,以尚书右仆射何敬容为左仆射,吏部尚书谢举为右仆射。

十一月,癸巳,魏以殷州刺史中山邸珍为徐州大都督[②]、东道行台、仆射,以讨下邳。

十二月,丁巳,魏主狩于嵩高[③];己巳,幸温汤;丁丑,还宫。

魏荆州刺史贺拔胜寇雍州[④],拔下迮戍,扇动诸蛮;雍州刺史庐陵王续遣军击之,屡为所败,汉南震骇。胜又遣军攻冯翊、安定、沔阳、鄀城[⑤],皆拔之。续遣电威将军柳仲礼屯谷城以拒之[⑥],胜攻之,不克,乃还;于是沔北荡为丘墟矣。仲礼,庆远之孙也。

魏丞相欢患贺拔岳、侯莫陈悦之强，右丞翟嵩曰："嵩能间之，使其自相屠灭。"欢遣之。欢又使长史侯景招抚纥豆陵伊利，伊利不从。

**六年** 春，正月，壬辰，魏丞相欢击伊利于河西，擒之，迁其部落于河东。魏主让之曰："伊利不侵不叛，为国纯臣，王忽伐之，讵有一介行人先请之乎！"

魏东梁州民夷作乱⑦，二月，诏以行东雍州事丰阳泉企讨平之。企世为商、洛豪族，魏世祖以其曾祖景言为本县令，封丹水侯，使其子孙袭之。

壬戌，魏大赦。

癸亥，上耕藉田⑧；大赦。

魏永宁浮图灾⑨，观者皆哭，声振城阙。

**【注释】**

①癸酉：九月无此日，疑误。 ②殷州：北魏置，故治在今河北隆尧县。 ③嵩高：嵩山别名。嵩山，古称外方，又名太室。 ④雍州：指梁朝侨置雍州，故治在今湖北襄阳市。 ⑤冯翊（píngyì 凭益）：南朝宋侨置，故治在今湖北宜城市。安定：南齐置，故治在今湖北南漳县境。酂（zàn 赞）城：梁置酂城郡，故治在今湖北老河口市境。 ⑥谷城：即今湖北谷城县。 ⑦东梁州：北魏置。故治在今陕西安康市境。 ⑧藉田：古代帝王亲自耕作的田地称为藉田。耕藉田，实际上是古代帝王表明自己重视农业的一种宣传仪式。 ⑨浮图：梵语"佛塔"的音译，一作浮屠、佛图。

魏贺拔岳将讨曹泥，使都督武川赵贵至夏州与宇文泰谋之，泰曰："曹泥孤城阻远，未足为忧。侯莫陈悦贪而无信，宜先图之。"岳不听，召悦会于高平①，与共讨泥。悦既得翟嵩之言，乃谋取岳。岳数与悦宴语，长史武川雷绍谏，不听。岳使悦前行，至河曲②，悦诱岳入营坐，论军事，悦阳称腹痛而起，其婿元洪景拔刀斩岳。岳左右皆散走，悦遣人谕之云："我别受旨，止取一人，诸君勿怖。"众以为然，皆不敢动。而悦心犹豫，不即抚纳，乃还入陇，屯水洛城③。岳众散还平凉，赵贵诣悦请岳尸葬之，悦许之。岳既死，悦军中皆相贺，行台郎中薛憕私谓所亲曰："悦才略素寡，辄害良将，吾属今为人虏矣，何贺之有！"憕，真度之从孙也。

岳众未有所属，诸将以都督武川寇洛年最长，推使总诸军；洛素无威略，不能齐众，乃自请避位。赵贵曰："宇文夏州英略冠世[④]，远近归心，赏罚严明，士卒用命，若迎而奉之，大事济矣。"诸将或欲南召贺拔胜，或欲东告魏朝，犹豫未决。都督盛乐杜朔周曰："远水不救近火，今日之事，非宇文夏州无能济者，赵将军议是也。朔周请轻骑告哀，且迎之。"众乃使朔周驰至夏州召泰。

泰与将佐宾客共议去留，前太中大夫颍川韩褒曰："此天授也，又何疑乎！侯莫陈悦，井中蛙耳，使君往，必擒之。"众以为："悦在水洛，去平凉不远，若已有贺拔公之众，则图之实难，愿且留以观变。"泰曰："悦既害元帅，自应乘势直据平凉，而退据水洛，吾知其无能为也。夫难得易失者，时也。若不早赴，众心将离。"

北魏云冈石窟佛弟子像

夏州首望都督弥姐元进阴谋应悦[⑤]，泰知之，与帐下都督高平蔡祐谋执之，祐曰："元进会当反噬，不如杀之。"泰曰："汝有大决。"乃召元进等入计事，泰曰："陇贼逆乱，当与诸人戮力讨之，诸人似有不同者，何也。"祐即被甲持刀直入，瞋目谓诸将曰："朝谋夕异，何以为人！今日必断奸人首！"举坐皆叩头曰："愿有所择。"祐乃叱元进，斩之，并诛其党，因与诸将同盟讨悦。泰谓祐曰："吾今以尔为子，尔其以我为父乎？"

泰与帐下轻骑驰赴平凉，令杜朔周帅众先据弹筝峡[6]。时民间惶惧，逃散者多，军士争欲掠之，朔周曰："宇文公方伐罪讨民[7]，奈何助贼为虐乎！"抚而遣之，远近悦附，泰闻而嘉之。朔周本姓赫连，曾祖库多汗避难改焉，泰命复其旧姓，名之曰达。

丞相欢使侯景招抚岳众，泰至安定遇之，谓曰："贺拔公虽死，宇文泰尚存，卿何为者！"景失色曰："我犹箭耳，唯人所射。"遂还。

泰至平凉，哭岳甚恸，将士皆悲喜。

欢复使侯景与散骑常侍代郡张华原、义宁太守太安王基劳泰[8]，泰不受，欲劫留之，曰："留则共享富贵，不然，命在今日。"华原曰："明公欲胁使者以死亡，此非华原所惧也。"泰乃遣之。基还，言"泰雄杰，请及其未定击灭之"。欢曰："卿不见贺拔、侯莫陈乎！吾当以计拱手取之。"

魏主闻岳死，遣武卫将军元毗慰劳岳军，召还洛阳，并召侯莫陈悦。毗至平凉，军中已奉宇文泰为主；悦既附丞相欢，不肯应召。泰因元毗上表称："臣岳忽罹非命，都督寇洛等令臣权掌军事。奉诏召岳军入京，今高欢之众已至河东，侯莫陈悦犹在水洛，士卒多是西人，顾恋乡邑，若逼令赴阙，悦蹑其后，欢邀其前，恐败国殄民，所损更甚。乞少赐停缓，徐事诱导，渐就东引。"魏主乃以泰为大都督，即统岳军。

初，岳以东雍州刺史李虎为左厢大都督，岳死，虎奔荆州，说贺拔胜使收岳众，胜不从。虎闻宇文泰代岳统众，乃自荆州还赴之，至阌乡[9]，为丞相欢别将所获，送洛阳。魏主方谋取关中，得虎甚喜，拜卫将军，厚赐之，使就泰。虎，歆之玄孙也。

泰与悦书，责以"贺拔公有大功于朝廷。君名微行薄，贺拔公荐君为陇右行台。又高氏专权，君与贺拔公同受密旨，屡结盟约；而君党附国贼，共危宗庙，口血未干，匕首已发。今吾与君皆受诏还阙，今日进退，唯君是视：君若下陇东迈，吾亦自北道同归，若首鼠两端，吾则指日相见"！

魏主问泰以安秦、陇之策，泰表言："宜召悦授以内官，或处以瓜、凉一藩[10]；不然，终为后患。”

原州刺史史归[11]，素为贺拔岳所亲任，河曲之变，反为悦守。悦遣其党王伯和、成次安将兵二千助归镇原州，泰遣都督侯莫陈崇帅轻骑一千袭之。崇乘夜将十骑直抵城下，余众皆伏于近路；归见骑少，不设备，崇即入，据城门，高平令陇西李贤及弟远穆在城中，为崇内应。于是，中外鼓噪，伏兵悉起，遂擒归及次安、伯和等归于平凉。泰表崇行原州事。三月，泰引兵击悦，至原州，众军毕集。

**【注释】**

①高平：县名，治所在今山西高平市境内。 ②河曲：古地区名。自古谓黄河千里一曲，名河曲之地有好几处。从当时贺拔岳讨曹泥形势看，应指灵州西之河曲。今甘肃庆阳市至宁夏吴忠市西南一线黄河。③水洛城：故城在今甘肃庄浪县东南阳三、水洛二川之间。 ④宇文夏州：宇文泰。泰为夏州刺史。 ⑤首望：最有名望的家族。 ⑥弹筝峡：在今甘肃平凉市西一百里。 ⑦讨民：治理拯救平民，讨，治理。 ⑧义宁：北魏置，故治在今山西安泽县境。 ⑨阌（wén 文）乡：地名。在今河南灵宝市境内。 ⑩瓜、凉：即瓜州、凉州。瓜州，治所在今甘肃敦煌市；凉州，治所在今甘肃武威市。 ⑪原州：州名，北魏置，治所在今宁夏固原市。

夏，四月，癸丑朔，日有食之。

魏南秦州刺史陇西李弼说侯莫陈悦曰：“贺拔公无罪而公害之，又不抚纳其众，今奉宇文夏州以来，声言为主报仇，此其势不可敌也，宜解兵谢之！不然，必及祸。”悦不从。

宇文泰引兵上陇，留兄子导为都督，镇原州。泰军令严肃，秋毫无犯，百姓大悦。军出木狭关[1]，雪深二尺，泰倍道兼行，出其不意。悦闻之，退保略阳，留万人守水洛，泰至，水洛即降。泰遣轻骑数百趣略阳，悦退保上邽[2]，召李弼与之拒泰。弼知悦必败，阴遣使诣泰，请为内应。悦弃州城，南保山险，弼谓所部曰：“侯莫陈公欲还秦州，汝辈何不装束！”弼妻，悦之姨也，众咸信之，争趣上邽。弼先据城门以安集之，遂举城降泰，泰即以弼为秦州刺史。

其夜，悦出军将战，军自惊溃。悦性猜忌，既败，不听左右近己，与其二弟并子及谋杀岳者七八人弃军迸走，数日之中，盘桓往来，不知所趣。左右劝向灵州依曹泥，悦从之。自乘骡，令左右皆步从，欲自山中趣灵州。宇文泰使原州都督贺拔颖追之，悦望见追骑，缢死于野。

泰入上邽，引薛憕为记室参军。收悦府库，财物山积，泰秋毫不取，皆以赏士卒；左右窃一银瓮以归，泰知而罪之，即剖赐将士。

悦党豳州刺史孙定儿据州不下[③]，有众数万，泰遣都督中山刘亮袭之。定儿以大军远，不为备；亮先竖一纛于近城高岭，自将二十骑驰入城，定儿方置酒，猝见亮至，骇愕，不知所为，亮麾兵斩定儿，遥指城外纛，命二骑曰："出召大军！"城中皆慑服，莫敢动。

先是，故氐王杨绍先乘魏乱逃归武兴，复称王。凉州刺史李叔仁为其民所执，氐、羌、吐谷浑所在蜂起[④]，自南岐至瓜、鄯[⑤]，跨州据郡者不可胜数。宇文泰令李弼镇原州，夏州刺史拔也恶蚝镇南秦州，渭州刺史可朱浑道元镇渭州，卫将军赵贵行秦州事，征豳、泾、东秦、岐四州之粟以给军。杨绍先惧，称藩送妻子为质。

夏州长史于谨言于泰曰："明公据关中险固之地，将士骁勇，土地膏腴。今天子在洛，迫于群凶，若陈明公之恳诚，算时事之利害，请都关右，挟天子以令诸侯，奉王命以讨暴乱，此桓、文之业，千载一时也！"泰善之。

丞相欢闻泰定秦、陇，遣使甘言厚礼以结之，泰不受，封其书，使都督济北张轨献于魏主。斛斯椿问轨曰："高欢逆谋，行路皆知之，人情所恃，唯在西方，未知宇文何如贺拔？"轨曰："宇文公文足经国，武能定乱。"椿曰："诚如君言，真可恃也。"

魏主命泰发二千骑镇东雍州，助为势援，仍命泰稍引军而东。泰以大都督武川梁御为雍州刺史，使将步骑五千前行。先是，丞相欢遣其都督太安韩轨将兵一万据蒲反以救侯莫陈悦[⑥]，雍州刺史贾显度以舟迎之。梁御见显度，说使从泰，显度即出迎御，御入据长安。

魏主以泰为侍中、骠骑大将军、开府仪同三司、关西大都督、略阳县公，承制封拜。泰乃以寇洛为泾州刺史，李弼为秦州刺史，

北魏狮形白石镇

前略阳太守张献为南岐州刺史。南岐州刺史卢待伯不受代，泰遣轻骑袭而擒之。

侍中封隆之言于丞相欢曰："斛斯椿等今在京师，必构祸乱。"隆之与仆射孙腾争尚魏主妹平原公主，公主归隆之。腾泄其言于椿，椿以白帝。隆之惧，逃还乡里，欢召隆之诣晋阳。会腾带仗入省，擅杀御史，惧罪，亦逃就欢。领军娄昭辞疾归晋阳。帝以斛斯椿兼领军，改置都督及河南、关西诸刺史。华山王鸷在徐州，欢使大都督邸珍夺其管钥。建州刺史韩贤、济州刺史蔡俊，皆欢党也；帝省建州以去贤，使御史举俊罪，以汝阳王叔昭代之。欢上言："俊勋重，不可解夺；汝阳懿德，当受大藩；臣弟永宝，猥任定州⑦，宜避贤路。"帝不听。五月，丙子，魏主增置勋府庶子，厢别六百人⑧；又增骑官⑨，厢别二百人。

**【注释】**

①木狭关：地名，在今宁夏固原市境内。狭，当作"峡"。 ②上邽(guī 圭)：县名，在今甘肃天水市境。 ③豳(bīn 斌)州：州名，西魏置。即今陕西彬州市。 ④氐(dī 低)：古族名，又称西戎，世居甘肃地区。羌：古代我国西部民族之一，世居青海、四川等地。吐谷(tǔ yù 土浴)浑：本为古代鲜卑族所建王朝名。鲜卑族本居辽东，晋末西迁，居住在今青海北部、新疆东南部地区，后遂称这些移居部落为吐谷浑。 ⑤南岐：即

南岐州，北魏所置州，故治在今陕西凤县。鄯（shàn 善）：鄯州，北魏置，故治在今青海海东市乐都区。 ⑥蒲反：县名，又称蒲坂，故治在今山西永济市境内。 ⑦猥：谦词。本义为鄙陋，用以表示能力低下，滥竽充数。⑧五月，丙子：丙子疑误，五月无此日。勋府庶子：宿卫官，有左庶子、右庶子等。 ⑨骑官：宿卫官，有云骑、武骑、越骑、屯骑等。

魏主欲伐晋阳，辛卯，下诏戒严，云"欲自将伐梁"。发河南诸州兵，大阅于洛阳，南临洛水，北际邙山，帝戎服与斛斯椿临观之。六月，丁巳，魏主密诏丞相欢，称"宇文黑獭[1]、贺拔胜颇有异志，故假称南伐，潜为之备；王亦宜共为形援，读讫燔之"。欢表以为"荆、雍将有逆谋，臣今潜勒兵马三万，自河东渡，又遣恒州刺史库狄干等将兵四万自来违津渡[2]，领军将军娄昭等将兵七万以讨荆州，冀州刺史尉景等将山东兵五万、突骑五万以讨江左，皆勒所部，伏听处分"。帝知欢觉其变，乃出欢表，令群臣议之，欲止欢军。欢亦集并州僚佐共议，还以表闻，仍云："臣为嬖佞所间，陛下一旦赐疑。臣若敢负陛下，使身受天殃，子孙殄绝。陛下若垂信赤心，使干戈不动，佞臣一二人愿斟量废出。"

丁卯，帝使大都督源子恭守阳胡[3]，汝阳王暹守石济[4]，又以仪同三司贾显智为济州刺史，帅豫州刺史斛斯元寿东趣济州。元寿，椿之弟也。蔡俊不受代，帝愈怒。辛未，帝复录洛中文武议意以答欢，且使舍人温子升为敕赐欢曰："朕不劳尺刃，坐为天子，所谓生我者父母，贵我者高王。今若无事背王，规相攻讨，则使身及子孙，还如王誓。近虑宇文为乱，贺拔应之，故戒严，欲与王俱为声援。今观其所为，更无异迹。东南不宾，为日已久，今天下户口减半，未宜穷兵极武。朕既暗昧，不知佞人为谁。顷高乾之死，岂独朕意！王忽对昂言兄枉死，人之耳目何易可轻！如闻库狄干语王云：'本欲取懦弱者为主，无事立此长君，使其不可驾御。今但作十五日行，自可废之，更立余者。'如此议论，自是王间勋人，岂出佞臣之口！去岁封隆之叛，今年孙腾逃去，不罪不送，谁不怪王！王若事君尽诚，何不斩送二首！王虽启云'西去'，而四道俱进，或欲南度洛阳，或欲东临江左，言之者犹应自怪，闻之者宁能不疑！王若晏然居北，在此虽有百万之众，终无图彼之心；王若举旗南指，纵无匹马只轮，犹欲奋空拳而争死。朕本寡德，王已立之，百姓无知，或谓实可。若为他人所图，则彰朕之恶；假令还为王杀，幽辱齑粉[5]，了无遗恨！本望君臣一体，若合符契，不图今日分疏至此！”

中军将军王思政言于魏主曰：“高欢之心，昭然可知。洛阳非用武之地，宇文泰乃心王室，今往就之，还复旧京，何虑不克？”帝深然之，遣散骑侍郎河东柳庆见泰于高平，共论时事。泰请奉迎舆驾，庆复命，帝复私谓庆曰：“朕欲向荆州，何如？”庆曰：“关中形胜，宇文泰才略可依。荆州地非要害，南迫梁寇，臣愚未见其可。”帝又问阁内都督宇文显和，显和亦劝帝西幸。时帝广征州郡兵，东郡太守河东裴侠帅所部诣洛阳[6]，王思政问曰：“今权臣擅命，王室日卑，奈何？”侠曰：“宇文泰为三军所推，居百二之地[7]，所谓己操戈矛，宁肯授人以柄！虽欲投之，恐无异避汤入火也。”思政曰：“然则如何而可？”侠曰：“图欢有立至之忧，西巡有将来之虑，且至关右徐思其宜耳。”思政然之，乃进侠于帝，授左中郎将。

初，丞相欢以洛阳久经丧乱，欲迁都于邺，帝曰：“高祖定鼎河、洛，为万世之基；王既功存社稷，宜遵太和旧事。”欢乃止。至是复谋迁都，遣三千骑镇建兴[8]，益河东及济州兵，拥诸州和籴粟，悉运入邺城。帝又敕欢曰：“王若厌伏人情，杜绝物议，唯有归河东之兵，罢建兴之戍，送相州之粟，追济州之军，使蔡俊受代，邸珍出徐，止戈散马，各事家业，脱须粮廪，别遣转输，则谗人结舌，疑悔不生，王高枕太原，朕垂拱京洛矣。王若马首南向，问鼎轻重，朕虽不武，为社稷宗庙之计，欲止不能。决在于王，非朕能定，为山止篑[9]，相为惜之。”欢上表极言宇文泰、斛斯椿罪恶。

帝以广宁太守广宁任祥兼尚书左仆射加开府仪同三司[10]，祥弃官走，渡河，据郡待欢。帝乃敕文武官北来者任其去留，遂下制书数欢咎恶，召贺拔胜赴行在所。胜以问太保掾范阳卢柔[11]，柔曰：“高欢悖逆，公席卷赴都，与决胜负，生死以之，上策也。北阻鲁阳，南并旧楚[12]，东连兖、豫，西引关中，带甲百万，观衅而动，中策也。举三荆之地，庇身于梁，功名皆去，下策也。”胜笑而不应。

帝以宇文泰兼尚书仆射，为关西大行台，许妻以冯翊长公主，谓泰帐内都督秦郡杨荐曰："卿归语行台，遣骑迎我！"以荐为直阁将军。泰以前秦州刺史骆超为大都督，将轻骑一千赴洛，又遣荐与长史宇文测出关候接。

丞相欢召其弟定州刺史琛使守晋阳，命长史崔暹佐之。暹，挺之子也。欢勒兵南出，告其众曰："孤以尔朱擅命，建大义于海内，奉戴主上，诚贯幽明；横为斛斯椿谗构，以忠为逆。今者南迈，诛椿而已。"以高敖曹为前锋。宇文泰亦移檄州郡，数欢罪恶，自将大军发高平，前军屯弘农。贺拔胜军于汝水。

秋，七月，己丑，魏主亲勒兵十余万屯河桥，以斛斯椿为前驱，陈于邙山之北。椿请帅精骑二千夜渡河掩其劳弊，帝始然之；黄门侍郎杨宽说帝曰："高欢以臣伐君，何所不至！今假兵于人，恐生他变。椿若渡河，万一有功，是灭一高欢，生一高欢矣。"帝遂敕椿停行，椿叹曰："顷荧惑入南斗⑬，今上信左右间构，不用吾计，岂天道乎！"宇文泰闻之，谓左右曰："高欢数日行八九百里，此兵家所忌，当乘便击之。而主上以万乘之重⑭，不能渡河决战，方缘津据守。且长河万里，捍御为难，若一处得渡，大事去矣。"即以大都督赵贵为别道行台，自蒲反济，趣并州，遣大都督李贤将精骑一千赴洛阳。

【注释】

①宇文黑獭：宇文泰。黑獭是其小名。　②来违津：当在今山西河曲县至兴县一段黄河边。　③阳胡：即阳壶城，又名瓠丘，在今山西垣曲县南胡里。　④石济：即古棘津。在今河南延津县东北。　⑤齑（jī 跻）粉：细粉，碎屑。　⑥东郡：郡名，东晋置，北魏移治滑台，即今河南滑县治。　⑦百二：指山河险固之地。　⑧建兴：郡名，故治在今山西晋城市境。　⑨为山止篑："为山九仞，功亏一篑"的略语。意即堆造一座山，还差最后一筐土便成，却停止不干了。　⑩广宁：据胡三省注，任祥居官之广宁，乃泌水之广宁，故城在今山西沁水县境内；任祥籍贯之广宁，乃朔州之广宁，即今山西朔州市。　⑪太保掾：太保属官。　⑫鲁阳：今河南鲁山县。旧楚：指今湖北荆州市，楚国郢都在其境内，故称旧楚。⑬荧惑入南斗：荧惑，火星的别名。南斗，南斗六星，即斗宿，二十八宿之

一。古代星象家认为,荧惑是灾星,南斗六星是天庙,荧惑走入南斗,预示着天子不保其位。 ⑭万乘:周制,天子地方千里,出兵车万乘,诸侯地方百里,出兵车千乘,故以万乘称天子,千乘称诸侯。

帝使斛斯椿与行台长孙稚、大都督颍川王斌之镇虎牢,行台长孙子彦镇陕,贾显智、斛斯元寿镇滑台。斌之,鉴之弟;子彦,稚之子也。欢使相州刺史窦泰趣滑台,建州刺史韩贤趣石济,窦泰与显智遇于长寿津[1],显智阴约降于欢,引军退。军司元玄觉之[2],驰还,请益师,帝遣大都督侯几绍赴之,战于滑台东,显智以军降,绍战死。北中郎将田怙为欢内应,欢潜军至野王[3],帝知之,斩怙。欢至河北十余里,再遣使口申诚款,帝不报。丙午,欢引军渡河。

魏主问计于群臣,或欲奔梁,或云南依贺拔胜,或云西就关中,或云守洛口死战,计未决。元斌之与斛斯椿争权,弃椿还,绐帝云:"高欢兵已至!"丁未,帝遣使召椿还,遂帅南阳王宝炬、清河王亶、广阳王湛以五千骑宿于瀍西[4],南阳王别舍沙门惠臻负玺持千牛刀以从[5]。众知帝将西出,其夜,亡者过半。亶、湛亦逃归。湛,深之子也。武卫将军云中独孤信单骑追帝,帝叹曰:"将军辞父母、捐妻子而来,'世乱识忠臣',岂虚言也!"戊申,帝西奔长安,李贤遇帝于崤中。己酉,欢入洛阳,舍于永宁寺,遣领军娄昭等追帝,请帝东还。长孙子彦不能守陕,弃城走。高敖曹帅劲骑追帝至陕西,不及。帝鞭马长骛,糗浆乏绝[6],三二日间,从官唯饮涧水。至湖城[7],有王思村民以麦饭壶浆献帝,帝悦,复一村十年。至稠桑[8],潼关大都督毛鸿宾迎献酒食,从官始解饥渴。

八月,甲寅,丞相欢集百官谓曰:"为臣奉主,匡救危乱,若处不谏争,出不陪从,缓则耽宠争荣,急则委之逃窜,臣节安在!"众莫能对,兼尚书左仆射辛雄曰:"主上与近习图事[9],雄等不得预闻。及乘舆西幸[10],若即追随,恐迹同佞党;留待大王,又以不从蒙责,雄等进退无所逃罪。"欢曰:"卿等备位大臣,当以身报国,群佞用事,卿等尝有一言谏争乎?使国家之事一朝至此,罪欲何归!"乃收雄及开府仪同三司叱列延庆、兼吏部尚书崔孝芬、都官尚书刘廞、兼度支尚书天水杨机、散骑常侍元士弼,皆杀之。孝芬子司徒从事中郎猷间行入关,魏主使以本官奏门下事。欢推司徒清河王亶为大司马,承制决事,居尚书省。

宇文泰使赵贵、梁御帅甲骑二千奉迎,帝循河西行,谓御曰:"此水东流,而朕西上,若得复见洛阳,亲诣陵庙,卿等功也。"帝及左右皆流涕。泰备仪卫迎帝,谒见于东阳驿,免冠流涕曰:"臣不能式遏寇虐,使乘舆播迁,臣之罪也。"帝曰:"公之忠节,著于遐迩。朕以不德,负乘致寇[11],今日相见,深用厚颜。方以社稷委公,公其勉之!"将士皆呼万岁。遂入长安,以雍州廨舍为宫,大赦,以泰为大将军、雍州刺史,兼尚书令,军国之政,咸取决焉。别置二尚书,分掌机事,以行台尚书毛遐、周惠达为之。时军国草创,二人积粮储,治器械,简士马,魏朝赖之。泰尚冯翊长公主,拜驸马都尉。

先是,荧惑入南斗,去而复还,留止六旬。上以谚云"荧惑入南斗,天子下殿走"。乃跣而下殿以禳之,及闻魏主西奔,惭曰:"虏亦应天象邪!"

**【注释】**

①长寿津:地名,在今河南滑县东北。　②军司:官名,晋代为监军之职。　③野王:地名,即今河南泌阳县。　④瀍(chán 缠)西:瀍河西边。瀍河在今河南北部。　⑤别舍沙门:寄居僧人。沙门,梵语音译,亦作"桑门",意为勤修善法,止息恶行。遂用作僧人代称,尤指佛门徒僧。⑥长骛(wù 悟):长时间乱跑。骛,乱跑。糗浆:粮食和饮料。　⑦湖城:县名,故城在今河南灵宝市境内。　⑧稠桑:据胡三省注,即稠桑驿,在今河南灵宝市境内。　⑨近习:指君主亲近的人。　⑩乘舆:皇帝、诸侯乘坐的车子。代称皇帝。　⑪负乘致寇:负乘,喻小人居君子之位;致寇,导致寇难不已。

己未,武兴王杨绍先为秦、南秦二州刺史。

辛酉,魏丞相欢自追迎魏主。戊辰,清河王亶下制大赦。欢至弘农[1],九月,癸巳,使行台仆射元子思帅侍官迎帝;己酉,攻潼关,克之,擒毛鸿宾,进屯华阴长城[2],龙门都督薛崇礼以城降欢。

贺拔胜使长史元颖行荆州事,守南阳,自帅所部西赴关中。

至淅阳[3]，闻欢已屯华阴，欲还，行台左丞崔谦曰："今帝室颠覆，主上蒙尘[4]，公宜倍道兼行，朝于行在[5]，然后与宇文行台同心勠力，唱举大义，天下孰不望风响应！今舍此而退，恐人人解体，一失事机，后悔何及！"胜不能用，遂还。

欢退屯河东，使行台长史薛瑜守潼关，大都督库狄温守封陵[6]，筑城于蒲津西岸，以薛绍宗为华州刺史，使守之，以高敖曹行豫州事。

欢自发晋阳，至是凡四十启，魏主皆不报。欢乃东还，遣行台侯景等引兵向荆州，荆州民邓诞等执元颖以应景。贺拔胜至，景逆击之，胜兵败，帅数百骑来奔。

魏主之在洛阳也，密遣阁内都督河南赵刚召东荆州刺史冯景昭帅兵入援，兵未及发，魏主西入关。景昭集府中文武议所从，司马冯道和请据州待北方处分。刚曰："公宜勒兵赴行在所。"久之，更无言者，刚抽刀投地曰："公若欲为忠臣，请斩道和；如欲从贼，可速见杀！"景昭感悟，即帅众赴关中。侯景引兵逼穰城[7]，东荆州民杨祖欢等起兵应之，以其众邀景昭于路，景昭战败，刚没蛮中。

北魏骑兵俑

冬，十月，丞相欢至洛阳，又遣僧道荣奉表于孝武帝曰："陛下若远赐一制，许还京洛，臣当帅勒文武，式清宫禁。若返正无日，则七庙不可无主[8]，万国须有所归，臣宁负陛下，不负社稷。”帝亦不答。欢乃集百官耆老，议所立，时清河王亶出入已称警跸[9]，欢丑之，乃托以“孝昌以来，昭穆失序[10]，永安以孝文为伯考，永熙迁孝明于夹室[11]，业丧祚短，职此之由”。遂立清河王世子善见为帝，谓亶曰：“欲立王，不如立王之子。”亶不自安，轻骑南走，欢追还之。丙寅，孝静帝即位于城东北[12]，时年十一，大赦，改元天平。

魏宇文泰进军攻潼关，斩薛瑜，虏其卒七千人，还长安，进位大丞相。东魏行台薛修义等渡河据杨氏壁[13]；魏司空参军河东薛端纠帅村民击却东魏兵，复取杨氏，丞相泰遣南汾州刺史苏景恕镇之[14]。

丁卯，以信武将军元庆和为镇北将军，帅众伐东魏。

初，魏孝武帝既与丞相欢有隙，齐州刺史侯渊、兖州刺史樊子鹄、青州刺史东莱王贵平阴相连结，以观时变；渊亦遣使通于欢所。及孝武帝入关，清河王亶承制[15]，以汝阳王暹为齐州刺史。暹至城西，渊不时纳。城民刘桃符等潜引暹入城，渊帅骑出走，妻子部曲悉为暹所虏。行及广里[16]，会承制以渊行青州事。欢遗渊书曰：“卿勿以部曲单少，惮于东行，齐人浇薄，唯利是从，齐州尚能迎汝阳王，青州岂不能开门待卿也。”渊乃复东，暹归其妻子部曲，贵平亦不受代，渊袭高阳郡[17]，克之，置累重于城中，自帅轻骑游掠于外。贵平使其世子帅众攻高阳，渊夜趣东阳，见州民馈粮者，绐之曰：“台军已至，杀戮殆尽。我，世子之人也，脱走还城，汝何为复往！”闻者皆弃粮走。比晓，复谓行人曰：“台军昨夜已至高阳，我是前锋，今至此，不知侯公竟在何所！”城民恟惧，遂执贵平出降。戊辰，渊斩贵平，传首洛阳。

**【注释】**

①弘农：郡名。故治在今河南陕县。 ②华阴长城：据胡三省注，此为战国时魏国所筑长城。 ③淅阳：郡名，故治在今河南淅川县。④蒙尘：本义为蒙被尘土。多用以喻帝王流亡或失位而遭垢辱。 ⑤行在：封建帝王所在的地方。后世专指帝王所到之处。 ⑥封陵：即封陵关，在今山西永济市境内。 ⑦穰城：穰县，故城在今河南邓州市境内。⑧七庙：《礼记·王制》：“天子七庙，三昭三穆，与太祖之庙而七。”这是

古代帝王为进行宗法统治而设的七庙,以供奉七代祖先。后世遂以七庙代称王朝。 ⑨警跸(bì 毕):古代帝王出入,左右侍卫为警,禁人行走、清理道路为跸,这是古代帝王专用排场。 ⑩昭穆失序:上下辈分关系紊乱。中国古代宗法制度规定,宗庙或陵墓的辈分排列,始祖居中,二世、四世、六世等居左,称昭;三、五世、七世等居右,称穆。用以分别宗族内部的长幼、亲疏、远近。后世遂用来泛指家族辈分,如父辈在家族中为昭,则其子为穆。 ⑪永安:北魏敬宗孝庄帝年号,当528—530年。以孝文为伯考:孝庄帝立天子七庙,当以其伯父孝文帝为穆,却尊其父彭城王元勰为皇帝列于七庙之穆位,而摒孝文于七庙之外。永熙:孝武帝年号,当532—534年。迁孝明于夹室:孝武帝与孝明帝为兄弟辈分,按礼制,兄弟不相入庙,即将孝明帝灵位移于宗庙的东西夹室。这两件事都是不合礼制的,故上文说"昭穆失序"。 ⑫孝静帝:清河王元怿之孙,与孝明帝、孝武帝为叔侄辈分,入继皇位大宗则昭穆为顺,故高欢立之。⑬杨氏壁:在今陕西华阴市与韩城市之间,为当时避乱自守所筑坞壁。⑭南汾州:州名。故治即今山西吉县。 ⑮承制:秉承皇帝旨意。⑯广里:地名。在今山东济南市长清区境内。 ⑰高阳郡:南朝宋侨置,故城在今山东淄博市临淄区境内。

庚午,东魏以赵郡王谌为大司马,咸阳王坦为太尉,开府仪同三司高盛为司徒,高敖曹为司空。坦,树之弟也。

丞相欢以洛阳西逼西魏,南近梁境,乃议迁邺[①],书下三日即行。丙子,东魏主发洛阳,四十万户狼狈就道。收百官马,尚书丞郎已上非陪从者,尽令乘驴。欢留后部分,事毕,还晋阳。改司州为洛州[②],以尚书令元弼为洛州刺史,镇洛阳。以行台尚书司马子如为尚书左仆射,与右仆射高隆之、侍中高岳、孙腾留邺,共知朝政。诏以迁民赀产未立,出粟一百三十万石以赈之。

十一月,兖州刺史樊子鹄据瑕丘以拒东魏,南青州刺史大野拔帅众就之。

庚寅,东魏主至邺,居北城相州之廨,改相州刺史为司州牧,魏郡太守为魏尹。是时,六坊之众从孝武帝西行者不及万人[③],余皆北徙,并给常廪,春秋赐帛以供衣服,乃于常调之外[④],随丰稔之处,折绢籴粟以供国用。

十二月，魏丞相泰遣仪同李虎、李弼、赵贵击曹泥于灵州。

闰月，元庆和克濑乡而据之[⑤]。

魏孝武帝闺门无礼，从妹不嫁者三人，皆封公主。平原公主明月，南阳王宝炬之同产也，从帝入关，丞相泰使元氏诸王取明月杀之；帝不悦，或时弯弓，或时椎案，由是复与泰有隙。癸巳，帝饮酒遇鸩而殂。泰与群臣议所立，多举广平王赞。赞，孝武之兄子也。侍中濮阳王顺，于别室垂涕谓泰曰："高欢逼逐先帝，立幼主以专权，明公宜反其所为。广平冲幼，不如立长君而奉之。"泰乃奉太宰南阳王宝炬而立之。顺，素之玄孙也。殡孝武帝于草堂佛寺，谏议大夫宋球恸哭呕血，浆粒不入口者数日，泰以其名儒，不之罪也。

魏贺拔胜之在荆州也，表武卫将军独孤信为大都督。东魏既取荆州，魏以信为都督三荆州诸军事、尚书右仆射、东南道行台、大都督、荆州刺史以招怀之。

蛮酋樊五能攻破淅阳郡以应魏，东魏西荆州刺史辛纂欲讨之，行台郎中李广谏曰："淅阳四面无民，唯一城之地，山路深险，表里群蛮。今少遣兵，则不能制贼；多遣，则根本虚弱；脱不如意，大挫威名，人情一去，州城难保。"纂曰："岂可纵贼不讨！"广曰："今所忧在心腹，何暇治疥癣！闻台军不久应至[⑥]，公但约勒属城，使完垒抚民以待之，虽失淅阳，不足惜也。"纂不从，遣兵攻之，兵败，诸将因亡不返。

城民密召独孤信。信至武陶[⑦]，东魏遣恒农太守田八能，帅群蛮拒信于淅阳[⑧]，又遣都督张齐民以步骑三千出信之后。信谓其众曰："今士卒不满千人，首尾受敌，若还击齐民，则土民必谓我退走，必争来邀我；不如进击八能，破之，齐民自溃矣。"遂击破八能，乘胜袭穰城；辛纂勒兵出战，大败，还趣城。门未及阖，信令都督武川杨忠为前驱，忠叱门者曰："大军已至，城中有应，尔等求生，何不避走！"门者皆散。忠帅众入城，斩纂以徇，城中慑服。信分兵定三荆。居半岁，东魏高敖曹、侯景将兵奄至城下，信兵少不敌，与杨忠皆来奔。

【注释】

①邺:邺县,故址在今河北临漳县西南邺镇。 ②司州:汉代于都城所在置司州管辖都城政务、治安等,后世相沿。北魏都洛阳,遂以洛阳为司州,至此迁都邺城,故复洛州名。 ③六坊:北魏宫廷宿卫之士分为六坊。 ④常调:正常赋调,法定赋调。 ⑤濑乡:地名,据《太康地记》载,乃老子出生地。故址在今河南鹿邑县境。 ⑥台军:东魏军队。因高欢曾任北魏大行台之职,故称其部队为台军。 ⑦武陶:据胡三省注,当作"武关"。 ⑧淅阳:地名,故城在今河南淅川县境内。

# 资治通鉴卷第一百五十七

## 梁纪十三　起旃蒙单阏，尽强圉大荒落，凡三年。

### 高祖武皇帝十三

**大同元年**　春，正月，戊申朔，大赦，改元。

是日，魏文帝即位于城西，大赦，改元大统，追尊父京兆王为文景皇帝，妣杨氏为皇后。

魏渭州刺史可朱浑道元先附侯莫陈悦，悦死，丞相泰攻之，不能克，与盟而罢。道元世居怀朔①，与东魏丞相欢善，又母兄皆在邺，由是常与欢通。泰欲击之，道元帅所部三千户西北渡乌兰津抵灵州②，灵州刺史曹泥资送至云州③。欢闻之，遣资粮迎候，拜车骑大将军。

道元至晋阳，欢始闻孝武帝之丧，启请举哀制服。东魏主使群臣议之，太学博士潘崇和以为："君遇臣不以礼则无反服④，是以汤之民不哭桀，周武之民不服纣。"国子博士卫既隆、李同轨议以为："高后于永熙离绝未彰⑤，宜为之服。"东魏从之。

魏骁骑大将军、仪同三司李虎等招谕费也头之众，与之共攻灵州，凡四旬，曹泥请降。

己酉，魏进丞相略阳公泰为都督中外诸军、录尚书事、大行台⑥，封安定王；泰固辞王爵及录尚书，乃封安定公。以尚书令斛斯椿为太保，广平王赞为司徒。

乙卯，魏主立妃乙弗氏为皇后，子钦为皇太子。后仁恕节俭，不妒忌，帝甚重之。

稽胡刘蠡升[⑦]，自孝昌以来，自称天子，改元神嘉，居云阳谷；魏之边境常被其患，谓之“胡荒”。壬戌，东魏丞相欢袭击，大破之。

勃海世子澄通于欢妾郑氏，欢归，一婢告之，二婢为证；欢杖澄一百而幽之，娄妃亦隔绝不得见。欢纳魏敬宗之后尔朱氏，有宠，生子潋，欢欲立之。澄求救于司马子如。子如入见欢，伪为不知者，请见娄妃；欢告其故，子如曰：“消难亦通子如妾，此事正可掩覆。妃是王结发妇，常以父母家财奉王；王在怀朔被杖[⑧]，背无完皮，妃昼夜供侍；后避葛贼[⑨]，同走并州，贫困，妃然马矢自作靴；恩义何可忘也！夫妇相宜，女配至尊，男承大业。且娄领军之勋[⑩]，何宜摇动！一女子如草芥，况婢言不必信邪！”欢因使子如更鞫之。子如见澄，尤之曰：“男儿何意畏威自诬！”因教二婢反其辞，胁告者自缢，乃启欢曰：“果虚言也。”欢大悦，召娄妃及澄。妃遥见欢，一步一叩头，澄且拜且进，父子、夫妇相泣，复如初。欢置酒曰：“全我父子者，司马子如也！”赐之黄金百三十斤。

甲子，魏以广陵王欣为太傅，仪同三司万俟寿洛干为司空。

己巳，东魏以丞相欢为相国，假黄钺，殊礼[⑪]；固辞。

东魏大行台尚书司马子如帅大都督窦泰、太州刺史韩轨等攻潼关[⑫]，魏丞相泰军于霸上。子如与轨回军，从蒲津宵济，攻华州。时修城未毕，梯倚城外，比晓，东魏人乘梯而入。刺史王罴卧未起，闻阁外匈匈有声，袒身露髻徒跣，持白梃大呼而出，东魏人见之惊却。罴逐至东门，左右稍集，合战，破之，子如等遂引去。

【注释】

①怀朔：怀朔镇，北魏六镇之一。故城在今内蒙古五原县。　②乌兰津：地名，在今甘肃平凉市境内。　③云州：北魏置，故治即今内蒙古呼和浩特市。　④君遇臣不以礼则无反服：君主对待臣民无礼刻薄，君主死后臣民就不必去为君主服丧。反服，在新君主统治下的臣民回过头去为已死的旧君主举哀服丧。语出《礼记·檀弓》和《孟子》。　⑤高后：孝武帝娶高欢长女为皇后；永熙：孝武帝年号，这里代指孝武帝。⑥录尚书事：官名，职掌尚书奏事，总揽一切政务、军务，位在三公上。后

汉始置,多以权重者为之。 ⑦稽胡:部族名。大约是古匈奴族的一支,刘元海五部后裔。居住在离石以西,安定以东方圆七八百里的山谷间,相当于今山西西部至宁夏固原市之间山陵地带。 ⑧王在怀朔被杖:高欢在孝昌(525—527)以前为怀朔函使,使洛阳,因坐食肉,受令史麻祥笞杖四十。事见《北史·齐本纪上》。 ⑨后避葛贼:高欢于孝昌年间投奔葛荣,旋又逃亡归附尔朱荣,尔朱荣遭葛荣攻击,败走并州,高欢亦徙并州。葛荣:北魏末年河北农民起义领袖,一度建国号齐,自称皇帝,后为尔朱荣擒杀。 ⑩娄领军:娄昭,娄妃弟。领军,领军将军,南北朝军职名,执掌禁军,谓之禁司,握有都城禁卫军实际指挥权。 ⑪相国:原义即宰相,始于战国。至东汉,于其下另设丞相,相国一职从此非权重勋高者不敢居。假黄钺:给予黄钺。黄钺,以黄金装饰的钺,天子专用仪仗。帝王有时也赐予大臣黄钺仪仗以示威重。谓之假黄钺。 ⑫太州:按《韩轨传》,为秦州刺史。此处当是秦州误为“泰州”,“泰”转写为“太”。

二月,辛巳,上祀明堂。

壬午,东魏以咸阳王坦为太傅,西河王悰为太尉。

东魏使尚书右仆射高隆之发十万夫撤洛阳宫殿,运其材入邺。

丁亥,上耕籍田。

东魏仪同三司娄昭等攻兖州,樊子鹄使前胶州刺史严思达守东平[①],昭攻拔之。遂引兵围瑕丘,久不下,昭以水灌城;己丑,大野拔见子鹄计事,因斩其首以降。始,子鹄以众少,悉驱老弱为兵,子鹄死,各散走。诸将劝娄昭尽捕诛之,昭曰:“此州不幸,横被残贼,跂望官军以救涂炭,今复诛之,民将谁诉。”皆舍之。

戊戌,司州刺史陈庆之伐东魏,与豫州刺史尧雄战,不利而还。

三月,辛酉,东魏以高盛为太尉,高敖曹为司徒,济阴王晖业为司空。

东魏丞相欢伪与刘蠡升约和,许以女妻其太子,蠡升不设备,欢举兵袭之,辛酉,蠡升北部王斩蠡升首以降。余众复立其子南海王，欢进击，擒之，俘其皇后、诸王、公卿以下四百余人，华、夷五万余户。

壬申，欢入朝于邺，以孝武帝后妻彭城王韶[2]。

魏丞相泰以军旅未息，吏民劳弊，命所司斟酌古今可以便时适治者，为二十四条新制，奏行之。

泰用武功苏绰为行台郎中[3]，居岁余，泰未之知也，而台中皆称其能，有疑事皆就决之。泰与仆射周惠达论事，惠达不能对，请出议之。出，以告绰，绰为之区处，惠达入白之，泰称善，曰："谁与卿为此议者？"惠达以绰对，且称绰有王佐之才，泰乃擢绰为著作郎[4]。泰与公卿如昆明池观渔，行至汉故仓池，顾问左右，莫有知者。泰召绰问之，具以状对。泰悦，因问天地造化之始，历代兴亡之迹，绰应对如流。泰与绰并马徐行，至池，竟不设网罟而还。遂留绰至夜，问以政事，卧而听之；绰指陈为治之要，泰起，整衣危坐，不觉膝之前席，语遂达曙不厌。诘朝，谓周惠达曰："苏绰真奇士，吾方任之以政。"即拜大行台左丞[5]，参典机密，自是宠遇日隆。绰始制文案程式朱出、墨入及计帐、户籍之法，后人多遵用之。

东魏以封延之为青州刺史，代侯渊。渊既失州任而惧，行及广川[6]，遂反，夜，袭青州南郭，劫掠郡县。夏，四月，丞相欢使济州刺史蔡俊讨之。渊部下多叛，渊欲南奔，于道为卖浆者所斩，送首于邺。

元庆和攻东魏城父[7]，丞相欢遣高敖曹帅三万人趣项[8]，窦泰帅三万人趣城父，侯景帅三万人趣彭城，以任祥为东南道行台仆射，节度诸军。

五月，魏加丞相泰柱国。

元庆和引兵逼东魏南兖州，东魏洛州刺史韩贤拒之。六月，庆和攻南顿[9]，豫州刺史尧雄破之。

秋，七月，甲戌，魏以开府仪同三司念贤为太尉，万俟寿洛干为司徒，开府仪同三司越勒肱为司空。

**【注释】**

①东平：地名，在今河南范县境内。 ②孝武帝后：即高欢长女，先嫁孝武帝，立为皇后，孝武帝逃入关中，皇后不从，至此高欢令其改嫁彭

城王元韶。　③行台郎中：行台属官，郎中本为六部各司的主官，因行台可别置官属，形同丞相府，故有行台尚书、行台郎中之设。　④著作郎：秘书省属官，职掌编写国史。　⑤大行台左丞：大行台属官，左丞本为六部尚书副职之一，与右丞分掌庶务。　⑥广川：县名，故城在今河北枣强县境内。　⑦城父：县名，故治在今安徽亳州市。　⑧项：县名，故治在今河南项城市。　⑨南顿：郡名，故治在今河南项城市。

益州刺史鄱阳王范、南梁州刺史樊文炽合兵围晋寿[1]，魏东益州刺史傅敬和来降。范，恢之子；敬和，竖眼之子也。

魏下诏数高欢二十罪，且曰："朕将亲总六军，与丞相扫除凶丑。"欢亦移檄于魏，谓宇文黑獭、斛斯椿为逆徒，且言"今分命诸将，领兵百万，刻期西讨"。

北魏司马金龙墓木板漆画

东魏遣行台元晏击元庆和。

或告东魏司空济阴王晖业与七兵尚书薛琡贰于魏[2]，八月，辛卯，执送晋阳，皆免官。

甲午，东魏发民七万六千人作新宫于邺，使仆射高隆之与司空胄曹参军辛术共营之[3]，筑邺南城周二十五里。术，琛之子也。

赵刚自蛮中往见东魏东荆州刺史赵郡李愍，劝令附魏，愍从之，刚由是得至长安。丞相泰以刚为左光禄大夫，刚说泰召贺拔胜、独孤信等于梁，泰使刚来请之。

九月，丁巳，东魏以开府仪同三司襄城王旭为司空。

冬，十月，魏太师上党文宣王长孙稚卒。

魏秦州刺史王超世，丞相泰之内兄也，骄而黩货，泰奏请加法，诏赐死。

十一月，丁未，侍中、中卫将军徐勉卒。勉虽骨鲠不及范云，亦不阿意苟合，故梁世言贤相者称范、徐云。

癸丑，东魏主祀圜丘[4]。

甲午[5]，东魏阊阖门灾。门之初成也，高隆之乘马远望，谓其匠曰："西南独高一寸。"量之果然。太府卿任忻集自矜其巧，不肯改。隆之恨之，至是谮于丞相欢曰："忻集潜通西魏，令人故烧之。"欢斩之。

北梁州刺史兰钦引兵攻南郑，魏梁州刺史元罗举州降。

东魏以丞相欢之子洋为骠骑大将军、开府仪同三司，封太原公。洋内明决而外如不慧，兄弟及众人皆嗤鄙之；独欢异之，谓长史薛琡曰："此儿识虑过吾。"幼时，欢尝欲观诸子意识，使各治乱丝，洋独抽刀斩之，曰："乱者必斩！"又各配兵四出，使都督彭乐帅甲骑伪攻之，兄澄等皆怖桡，洋独勒众与乐相格，乐免胄言情，犹擒之以献。

初，大行台右丞杨愔从兄岐州刺史幼卿[6]，以直言为孝武帝所杀，愔同列郭秀害其能，恐之曰："高王欲送卿于帝所。"愔惧，变姓名逃于田横岛。久之，欢闻其尚在，召为太原公开府司马，顷之，复为大行台右丞。

十二月，甲午，东魏文武官量事给禄。

魏以念贤为太傅，河州刺史梁景叡为太尉。

是岁，鄱阳妖贼鲜于琛改元上愿，有众万余人。鄱阳内史吴郡陆襄讨擒之[7]，案治党与，无滥死者。民歌之曰："鲜于平后善恶分，民无枉死赖陆君。"

柔然头兵可汗求婚于东魏[8]，丞相欢以常山王妹为兰陵公主，妻之，柔然数侵魏，魏使中书舍人库狄峙奉使至柔然，与约和亲，由是柔然不复为寇。

【注释】

①晋寿：地名，北魏益州州治，故城在今四川广元市境内。　②七兵尚书：晋置七兵尚书，即中左兵、中右兵、外左兵、外右兵、骑兵、别兵、都兵。　③司空胄曹参军：司空属官。胄曹，司空属官分支机构。参军，也叫参军事，职责为处理内部军务。　④圜丘：古代祭天的圆形高台。⑤甲午：十一月无此日，当有误。　⑥岐州：地名，在今陕西宝鸡市凤翔区南。　⑦内史：官名，在中央掌治京师，相当于京兆尹；在方为一州一郡管理民政的官。　⑧柔然：古族名，又译作“蠕蠕”“芮芮”。本为东胡族支系。初属拓跋部。活动中心约在今甘肃敦煌市一带，西魏末为突厥所灭。

**二年**　春，正月，辛亥，魏祀南郊，改用神元皇帝配。

甲子，东魏丞相欢自将万骑袭魏夏州，身不火食，四日而至，缚稍为梯，夜入其城，擒刺史斛拔俄弥突，因而用之，留都督张琼将兵镇守，迁其部落五千户以归。

魏灵州刺史曹泥与其婿凉州刺史普乐刘丰复叛降东魏[①]，魏人围之，水灌其城，不没者四尺。东魏丞相欢发阿至罗三万骑径度灵州，绕出魏师之后，魏师退。欢帅骑迎泥及丰，拔其遗户五千以归，以丰为南汾州刺史[②]。

东魏加丞相欢九锡[③]，固让而止。

上为文帝作皇基寺以追福，命有司求良材。曲阿弘氏自湘州买巨材东下，南津校尉孟少卿欲求媚于上[④]，诬弘氏为劫而杀之，没其材以为寺。

二月，乙亥，上耕藉田。

东魏勃海世子澄，年十五，为大行台、并州刺史，求入邺辅朝政，丞相欢不许；丞相主簿乐安孙搴为之请，乃许之。丁酉，以澄为尚书令，加领军、京畿大都督[⑤]。魏朝虽闻其器识，犹以年少期之；既至，用法严峻，事无凝滞，中外震肃。引并州别驾崔暹为左丞、吏部郎[⑥]，亲任之。

司马子如、高季式召孙搴剧饮，醉甚而卒。丞相欢亲临其丧。子如叩头请罪，欢曰：“卿折我右臂，为我求可代者！”子如举中书郎魏收，欢以收为主簿。收，子建之子也。他日，欢谓季式曰：“卿

北魏彩绘仪仗陶俑群

饮杀我孙主簿，魏收治文书不如我意；司徒尝称一人谨密者为谁?”季式以司徒记室广宗陈元康对，曰：“是能夜中暗书，快吏也。”召之，一见，即授大丞相功曹[⑦]，掌机密，迁大行台都官郎[⑧]。时军国多务，元康问无不知。欢或出，临行，留元康在后，马上有所号令九十余条，元康屈指数之，尽能记忆。与功曹平原赵彦深同知机密，时人谓之陈、赵。而元康势居赵前，性又柔谨，欢甚亲之，曰：“如此人，诚难得，天赐我也。”彦深名隐，以字行。

东魏丞相欢令阿至罗逼魏秦州刺史万俟普，欢以众应之。

三月，戊申，丹杨陶弘景卒。弘景博学多艺能，好养生之术。仕齐为奉朝请[⑨]，弃官，隐居茅山。上早与之游，及即位，恩礼甚笃，每得其书，焚香虔受，屡以手敕招之，弘景不出。国家每有吉凶征讨大事，无不先谘之，月中尝有数信，时人谓之“山中宰相”。将没，为诗曰：“夷甫任散诞，平叔坐论空。岂悟昭阳殿，遂作单于宫[⑩]!”时士大夫竞谈玄理，不习武事，故弘景诗及之。

甲寅，东魏以华山王鸷为大司马。

魏以凉州刺史李叔仁为司徒，万俟洛为太宰。

夏，四月，乙未，以骠骑大将军、开府同三司之仪元法僧为太尉[⑪]。

尚书右丞考城江子四上封事，极言政治得失，五月，癸卯，诏曰：“古人有言，‘屋漏在上，知之在下’。朕有过失，不能自觉，江子四等封事所言，尚书可时加检括，于民有蠹患者，宜速详启！”

戊辰，东魏高盛卒。

魏越勒肱卒。

魏秦州刺史万俟普与其子太宰洛、豳州刺史叱干宝乐、右卫将军破六韩常及督将三百人奔东魏，丞相泰轻骑追之，至河北千余里，不及而还。

秋，七月，庚子，东魏大赦。

上待魏降将贺拔胜等甚厚，胜请讨高欢，上不许。胜等思归，前荆州大都督抚宁史宁谓胜曰：“朱异言于梁主无不从，请厚结之。”胜从之。上许胜、宁及卢柔皆北还，亲饯之于南苑。胜怀上恩，自是见禽兽南向者皆不射之。行至襄城，东魏丞相欢遣侯景以轻骑邀之，胜等弃舟自山路逃归，从者冻馁，道死者太半。既至长安，诣阙谢罪，魏主执胜手歔欷曰：“乘舆播越，天也，非卿之咎。”丞相泰引卢柔为从事中郎，与苏绰对掌机密。

九月，壬寅，东魏以定州刺史侯景兼尚书右仆射、南道行台，督诸将入寇。

魏以扶风王孚为司徒，斛斯椿为太傅。

冬，十月，乙亥，诏大举伐东魏。东魏侯景将兵七万寇楚州⑫，虏刺史桓和；进军淮上，南、北司二州刺史陈庆之击破之⑬，景弃辎重走。十一月，己亥，罢北伐之师。

魏复改始祖神元皇帝为太祖，道武皇帝为烈祖。

十二月，东魏以并州刺史尉景为太保。

壬申，东魏遣使请和，上许之。

东魏清河文宣王亶卒。

丁丑，东魏丞相欢督诸军伐魏，遣司徒高敖曹趣上洛，大都督窦泰趣潼关。

癸未，东魏以咸阳王坦为太师。

是岁，魏关中大饥，人相食，死者什七八。

【注释】

①普乐：地名，故城在今宁夏灵武市境内。 ②南汾州：州名，东魏置，故治在今山西吉县。 ③九锡：古代帝王尊崇大臣而给予的九种器

物。九锡名目大同小异,排列前后次序说法不一,大致有四种说法,其中《公羊传·庄公元年》何休传据《礼纬》所说"九锡"如下:1. 衣服;2. 朱户;3. 纳陛;4. 车马;5. 乐则;6. 虎贲;7. 斧钺;8. 弓矢;9. 秬鬯。后世帝王多沿用此说。 ④南津:地名,又曰南州津,在今安徽当涂县。 ⑤京畿大都督:官名,负责京城及其直辖区的警备、防御、治安等事务。 ⑥别驾:官名,又称别驾从事,州刺史的佐助官员,魏晋时,此职总揽一州庶务,当刺史之半。 ⑦大丞相功曹:官名,大丞相属官,掌查考记录功劳及军机问对,故又称功曹参军事。 ⑧大行台都官郎:大行台属官,掌管军事刑狱,督理军务。 ⑨奉朝请:官名。起初不是官号,意为奉朝廷的召请而参加朝会。汉代为给退休文武勋臣、皇戚以参加朝会的机会,始赐以"奉朝请"的名号。魏晋以后为散官。 ⑩"为诗曰"句:这首诗的大意是提醒人们要提防北方政权的侵扰,不要只顾空谈玄理。诗中的王夷甫是晋代司马,何平叔是三国魏侍中尚书,二人都是闻名当世的风流美男子,性情高傲散漫,喜谈空洞玄理,兴起一代空谈之风。王夷甫后为石勒所杀,何平叔后为司马懿所斩,均不得善终。王夷甫,名衍,官至司徒;何平叔,名晏,爵列侯,有《道德论》及文赋数十篇传世。昭阳殿,梁朝宫廷所在,这里喻指梁朝政权。单于宫,喻指北方存在的鲜卑族政权,即东魏、西魏。 ⑪开府同三司之仪:官名,南朝梁始置,位在开府仪同三司之下。 ⑫楚州:州名,南朝梁置,即今重庆市巴南区。 ⑬南、北司二州:地名,南司州即今湖北武汉市黄陂区;北司州今地不详,当在黄陂以北大悟县、红安县一带。

**三年** 春,正月,上祀南郊,大赦。

东魏丞相欢军蒲坂,造三浮桥,欲渡河。魏丞相泰军广阳,谓诸将曰:"贼掎吾三面,作浮桥以示必渡,此欲缀吾军,使窦泰得西入耳。欢自起兵以来,窦泰常为前锋,其下多锐卒,屡胜而骄,今袭之,必克,克泰,则欢不战自走矣。"诸将皆曰:"贼在近,舍而袭远,脱有蹉跌,悔何及也!不如分兵御之。"丞相泰曰:"欢再攻潼关,吾军不出灞上,今大举而来,谓吾亦当自守,有轻我之心,乘此袭之,何患不克!贼虽作浮桥,未能径渡,不过五日,吾取窦泰必矣!"行台左丞苏绰、中兵参军代人达奚武亦以为然。庚戌,丞相泰还长安,诸将意犹异同。丞相泰隐其计,以问族子直事郎中深[1]，深曰："窦泰，欢之骁将，今大军攻蒲坂，则欢拒守而泰救之，吾表里受敌，此危道也。不如选轻锐潜出小关，窦泰躁急，必来决战，欢持重未即救，我急击泰，必可擒也。擒泰则欢势自沮，回师击之，可以决胜。"丞相泰曰："此吾心也。"乃声言欲保陇右，辛亥，谒魏主而潜军东出，癸丑旦，至小关。窦泰猝闻军至，自风陵渡[2]，丞相泰出马牧泽[3]，击窦泰，大破之，士众皆尽，窦泰自杀，传首长安。丞相欢以河冰薄，不得赴救，撤浮桥而退，仪同代人薛孤延为殿，一日斫十五刀折，乃得免，丞相泰亦引军还。

高敖曹自商山转斗而进[4]，所向无前，遂攻上洛。郡人泉岳及弟猛略与顺阳人杜窋等谋翻城应之[5]，洛州刺史泉企知之，杀岳及猛略。杜窋走归敖曹，敖曹以为乡导而攻之。敖曹被流矢，通中者三，殒绝良久，复上马，免胄巡城。企固守旬余，二子元礼、仲遵力战拒之，仲遵伤目，不堪复战，城遂陷。企见敖曹曰："吾力屈，非心服也。"敖曹以杜窋为洛州刺史。敖曹创甚，曰："恨不见季式作刺史。"丞相欢闻之，即以高季式为济州刺史。

敖曹欲入蓝田关，欢使人告曰："窦泰军没，人心恐动，宜速还，路险贼盛，拔身可也。"敖曹不忍弃众，力战全军而还，以泉企、泉元礼自随，泉仲遵以伤重不行。企私戒二子曰："吾余生无几，汝曹才器足以立功，勿以吾在东，遂亏臣节。"元礼于路逃还。泉、杜虽皆为土豪，乡人轻杜而重泉。元礼、仲遵阴结豪右，袭窋，杀之，魏以元礼世袭洛州刺史。

**【注释】**

①直事郎中：官名，魏晋南北朝特设职官，始于晋武帝，位在尚书诸曹郎中之上，大约为相府处理日常事务之官。 ②风陵：地名，又称风陵关，在今山西永济市南黄河北岸。 ③马牧泽：地名，据胡三省注，大约在桃林塞，即今河南灵宝市境内。 ④商山：地名，在今陕西商洛市商州区境内。 ⑤顺阳：地名，在今河南淅川县境内。

二月，丁亥，上耕藉田。

己丑，以尚书左仆射何敬容为中权将军[1]，护军将军萧渊藻为左仆射，右仆射谢举为右光禄大夫。

魏槐里获神玺[②]，大赦。

三月，辛未，东魏迁七帝神主入新庙[③]，大赦。

魏斛斯椿卒。

夏，五月，魏以广陵王欣为太宰，贺拔胜为太师。

六月，魏以扶风王孚为太保，梁景叡为太傅，广平王赞为太尉，开府仪同三司武川王盟为司空。

东魏丞相欢游汾阳之天池[④]，得奇石，隐起成文曰"六王三川"。以问行台郎中阳休之，对曰："六者，大王之字；王者，当王天下。河、洛、伊为三川，泾、渭、洛亦为三川[⑤]。大王若受天命。终应奄有关、洛。"欢曰："世人无事常言我反，况闻此乎！慎勿妄言！"休之，固之子也。行台郎中中山杜弼承间劝欢受禅，欢举杖击走之。

东魏遣兼散骑常侍李谐来聘，以吏部郎卢元明、通直侍郎李业兴副之[⑥]。谐，平之孙；元明，昶之子也。秋，七月，谐等至建康[⑦]，上引见，与语，应对如流。谐等出，上目送之，谓左右曰："朕今日遇勍敌。卿辈尝言北间全无人物，此等何自而来！"是时邺下言风流者，以谐及陇西李神俊、范阳卢元明、北海王元景、弘农杨遵彦、清河崔赡为首。神俊名挺，宝之孙；元景名昕，宪之曾孙也；皆以字行。赡，㥄之子也。

时南、北通好，务以俊乂相夸，衔命接客，必尽一时之选，无才地者不得与焉。每梁使至邺，邺下为之倾动，贵胜子弟盛饰聚观，礼赠优渥，馆门成市。宴日，高澄常使左右觇之，一言制胜，澄为之拊掌。魏使至建康亦然。

独孤信求还北，上许之。信父母皆在山东，上问信所适，信曰："事君者不敢顾私亲而怀贰心。"上以为义，礼送甚厚。信与杨忠皆至长安，上书谢罪。魏以信有定三荆之功，迁骠骑大将军，加侍中、开府仪同三司，余官爵如故。丞相泰爱杨忠之勇，留置帐下。

魏宇文深劝丞相泰取恒农。八月，丁丑，泰帅李弼等十二将伐东魏，以北雍州刺史于谨为前锋，攻盘豆[⑧]，拔之。戊子，至恒农，庚寅，拔之，擒东魏陕州刺史李徽伯，俘其战士八千。

时河北诸城多附东魏，左丞杨檦自言父猛尝为邵郡白水令[⑨]，知其豪桀，请往说之，以取邵郡；泰许之。檦乃与土豪王覆怜等举兵，收邵郡守程保及县令四人，斩之，表覆怜为郡守，遣谍说谕东魏城堡，旬月之间，归附甚众。东魏以东雍州刺史司马恭镇正平[⑩]，司空从事中郎闻喜裴邃欲攻之，恭弃城走，泰以杨檦行正平郡事。

【注释】

①中权将军：即中军将军，握有领兵征伐实权。　②槐里：地名，在今陕西扶风县境内。　③辛未：三月份无辛未日，疑误。七帝：道武帝拓跋珪、明元帝拓跋嗣、太武帝拓跋焘、文成帝拓跋濬、献文帝拓跋弘、孝文帝元宏、宣武帝元恪。　④天池：地名，在今山西宁武县西南六十里管涔山上。　⑤河、洛、伊：黄河、洛河、伊河流域；泾、渭、洛：泾河、洛河、渭河。伊河与前一洛河在今河南境内，泾、渭、与后一洛河在今陕西境内。⑥通直侍郎：即通直散骑侍郎，官名，晋始置，掌评议审核各部尚书奏事。⑦建康：地名，即今江苏南京市。　⑧盘豆：城名，今在盘豆镇，在河南灵宝市。　⑨邵郡：故治在今山西垣曲县。　⑩正平：郡名，故治在今山西新绛县。

上修长干寺阿育王塔，出佛爪发舍利[①]。辛卯，上幸寺，设无碍食[②]，大赦。

九月，柔然为魏侵东魏三堆[③]，丞相欢击之，柔然退走。

行台郎中杜弼以文武在位多贪污，言于丞相欢，请治之。欢曰："弼来，我语尔！天下贪污，习俗已久。今督将家属多在关西，宇文黑獭常相招诱，人情去留未定；江东复有一吴翁萧衍，专事衣冠礼乐，中原士大夫望之以为正朔所在。我若急正纲纪，不相假借，恐督将尽归黑獭，士子悉奔萧衍，人物流散，何以为国！尔宜少待，吾不忘之。"

欢将出兵拒魏，杜弼请先除内贼，欢问内贼为谁，弼曰："诸勋贵掠夺百姓者是也。"欢不应，使军士皆张弓注矢，举刀，按矟，夹道罗列，命弼冒出其间，弼战栗流汗。欢乃徐谕之曰："矢虽注不射，刀虽举不击，矟虽按不刺，尔犹亡魄失胆。诸勋人身犯锋镝，百死一生，虽或贪鄙，所取者大，岂可同之常人也！”弼乃顿首谢不及。

欢每号令军士，常令丞相属代郡张华原宣旨，其语鲜卑则曰[4]：“汉民是汝奴，夫为汝耕，妇为汝织，输汝粟帛，令汝温饱，汝何为陵之？”其语华人则曰：“鲜卑是汝作客，得汝一斛粟、一匹绢，为汝击贼，令汝安宁，汝何为疾之？”

时鲜卑共轻华人，唯惮高敖曹；欢号令将士，常鲜卑语，敖曹在列，则为之华言。敖曹返自上洛，欢复以为军司、大都督，统七十六都督。以司空侯景为西道大行台，与敖曹及行台任祥、御史中尉刘贵、豫州刺史尧雄、冀州刺史万俟洛同治兵于虎牢。敖曹与北豫州刺史郑严祖握槊[5]，贵召严祖，敖曹不时遣，枷其使者。使者曰：“枷则易，脱则难。”敖曹以刀就枷刎之，曰：“又何难！”贵不敢校。明日，贵与敖曹坐，外白治河役夫多溺死，贵曰：“一钱汉，随之死！”敖曹怒，拔刀斫贵；贵走出还营，敖曹鸣鼓会兵，欲攻之，侯景、万俟洛共解谕，久之乃止。敖曹尝诣相府，门者不纳，敖曹引弓射之，欢知而不责。

闰月，甲子，以武陵王纪为都督益、梁等十三州诸军事、益州刺史。

北魏兽面纹瓦当

东魏丞相欢将兵二十万自壶口趣蒲津[6]，使高敖曹将兵三万出河南。时关中饥，魏丞相泰所将将士不满万人，馆谷于恒农五十余日，闻欢将济河，乃引兵入关，高敖曹遂围恒农。欢右长史薛琡言于欢曰：“西贼连年饥馑，故冒死来入陕州，欲取仓粟。今敖曹已围陕城，粟不得出，但置兵诸道，勿与野战，比及麦秋，其民自应饿死，宝炬、黑獭何忧不降，愿勿渡河。”侯景曰：“今兹举兵，形势极大，万一不捷，猝难收敛。不如分为二军，相继而进，前军若胜，后军全力；前军若败，后军承之。”欢不从，自蒲津济河。

丞相泰遣使戒华州刺史王罴，罴语使者曰：“老罴当道卧，貉子那得过！”欢至冯翊城下，谓罴曰：“何不早降！”罴大呼曰：“此城是王罴冢，死生在此，欲死者来！”欢知不可攻，乃涉洛，军于许原西[7]。

泰至渭南，征诸州兵，皆未会。欲进击欢，诸将以众寡不敌，请待欢更西以观其势。泰曰：“欢若至长安，则人情大扰；今及其远来新至，可击也。”即造浮桥于渭，令军士赍三日粮，轻骑渡渭，辎重自渭南夹渭而西。冬，十月，壬辰，泰至沙苑[8]，距东魏军六十里。诸将皆惧，宇文深独贺。泰问其故，对曰：“欢镇抚河北，甚得众心，以此自守，未易可图。今悬师渡河，非众所欲，独欢耻失窦泰，愎谏而来，所谓忿兵，可一战擒也。事理昭然，何为不贺！愿假深一节，发王罴之兵邀其走路，使无遗类。”泰遣须昌县公达奚武觇欢军，武从三骑，皆效欢将士衣服，日暮，去营数百步下马，潜听得其军号，因上马历营，若警夜者，有不如法，往往挞之，具知敌之情状而还。

欢闻泰至，癸巳，引兵会之。候骑告欢兵且至，泰召诸将谋之。开府仪同三司李弼曰：“彼众我寡，不可平地置陈，此东十里有渭曲，可先据以待之。”泰从之，背水东西为陈，李弼为右拒，赵贵为左拒，命将士皆偃戈于苇中，约闻鼓声而起。晡时，东魏兵至渭曲，都督太安斛律羌举曰：“黑獭举国而来，欲一死决，譬如猘狗[9]，或能噬人；且渭曲苇深土泞，无所用力，不如缓与相持，密分精锐径掩长安，巢穴既倾，则黑獭不战成擒矣。”欢曰：“纵火焚之，何如？”侯景曰：“当生擒黑獭以示百姓，若众中烧死，谁复信之！”彭乐盛气请斗，曰：“我众贼寡，百人擒一，何忧不克！”欢从之。东魏兵望见魏兵少，争进击之，无复行列。兵将交，丞相泰鸣鼓，士皆奋起，于谨等六军与之合战，李弼帅铁骑横击之，东魏兵中绝为二，遂大破之。李弼弟檦，身小而勇，每跃马陷陈，隐身鞍甲之中，敌见皆曰：“避此小儿！”泰叹曰：“胆决如此，何必八尺之躯！”征虏将军武川耿令贵杀伤多，甲裳尽赤，泰曰："观其甲裳，足知令贵之勇，何必数级！"彭乐乘醉深入魏陈，魏人刺之，肠出，内之复战。丞相欢欲收兵更战，使张华原以簿历营点兵，莫有应者，还，白欢曰："众尽去，营皆空矣！"欢犹未肯去。阜城侯斛律金曰："众心离散，不可复用，宜急向河东。"欢据鞍未动，金以鞭拂马，乃驰去，夜，渡河，船去岸远，欢跨橐驼就船，乃得渡，丧甲士八万人，弃铠仗十有八万。丞相泰追欢至河上，选留甲士二万余人，余悉纵归。都督李穆曰："高欢破胆矣，速追之，可获。"泰不听，还军渭南，所征之兵甫至，乃于战所人植柳一株以旌武功。

侯景言于欢曰："黑獭新胜而骄，必不为备，愿得精骑二万，径往取之。"欢以告娄妃，妃曰："设如其言，景岂有还理！得黑獭而失景，何利之有！"欢乃止。

**【注释】**

①舍利："佛骨"的梵语音译，又译为"设利罗"。一些佛僧去世火化后，骨灰中可见到少数大小不等的颗粒，圆正光洁，击之不碎，梵语谓之舍利。弟子往往将此收藏于宝瓶，或供祭，或深埋建塔。　②无碍食：即无碍大会，又称无遮大会，梵语为"般阇于瑟"。这是佛教举行的一种以布施为中心的法会，每五年举行一次，盛行于南北朝。　③三堆：县名，故治在今山西静乐县。　④鲜卑：古族名。东胡的一支。汉初居于今辽宁境内，东汉时移居匈奴故地，即今内蒙以及山西、陕西北部地区，势力逐渐强盛。西晋时分为几个部落，以慕容、拓跋氏二部为最强大，先后建立封建王朝。隋唐以后渐渐与中原华夏民族融合。　⑤北豫州：北魏先置豫州，州治设在虎牢，后占有汝南地区，即于此地置豫州，原先虎牢之豫州改称北豫州，虎牢故地在今河南荥阳市境内，汝南即今河南汝南县。握槊：古代一种投掷博胜的游戏。据说起源于北方游牧民族。可参看刘禹锡《观博》。　⑥壶口：山名，在今山西襄汾县境内。　⑦许原：在洛河之南今陕西富平县境内。　⑧沙苑：地名，在今陕西大荔县境内。　⑨猘(zhì 治)狗：疯狗。

魏加丞相泰柱国大将军①，李弼十二将皆进爵增邑有差。

高敖曹闻欢败，释恒农，退保洛阳。

己酉，魏行台宫景寿等向洛阳，东魏洛州大都督韩贤击走之。州民韩木兰作乱，贤击破之。一贼匿尸间，贤自按检收铠仗，贼欻起斫之，断胫而卒。

魏复遣行台冯翊王季海与独孤信将步骑二万趣洛阳，洛州刺史李显趣三荆，贺拔胜、李弼围蒲坂。

东魏丞相欢之西伐也，蒲坂民敬珍谓其从祖兄祥曰："高欢迫逐乘舆，天下忠义之士皆欲剚刃于其腹；今又称兵西上，吾欲与兄起兵断其归路，此千载之时也。"祥从之，纠合乡里，数日，有众万余。会欢自沙苑败归，祥、珍帅众邀之，斩获甚众。贺拔胜、李弼至河东，祥、珍帅猗氏等六县十余万户归之，丞相泰以珍为平阳太守[2]，祥为行台郎中。

东魏秦州刺史薛崇礼守蒲坂，别驾薛善，崇礼之族弟也，言于崇礼曰："高欢有逐君之罪，善与兄忝衣冠绪余，世荷国恩，今大军已临，而犹为高氏固守，一旦城陷，函首送长安，署为逆贼，死有余愧，及今归款，犹为愈也。"崇礼犹豫不决。善与族人斩关纳魏师，崇礼出走，追获之。丞相泰进军蒲坂，略定汾、绛，凡薛氏预开城之谋者，皆赐五等爵。善曰："背逆归顺，臣子常节，岂容阖门大小俱叨封邑！"与其弟慎固辞不受。

东魏行晋州事封祖业弃城走，仪同三司薛修义追至洪洞，说祖业还守，祖业不从；修义还据晋州，安集固守。魏仪同三司长孙子彦引兵至城下，修义开门伏甲以待之；子彦不测虚实，遂退走。丞相欢以修义为晋州刺史。

独孤信至新安[3]，高敖曹引兵北渡河。信逼洛阳，洛州刺史广阳王湛弃城归邺，信遂据金墉城[4]。孝武之西迁也，散骑常侍河东裴宽谓诸弟曰："天子既西，吾不可以东附高氏。"帅家属逃于大石岭[5]；独孤信入洛，乃出见之。时洛阳荒废，人士流散，惟河东柳虬在阳城[6]，裴诹之在颍川[7]，信俱征之，以虬为行台郎中，诹之为开府属[8]。

东魏颍州长史贺若统执刺史田迄[9]，举城降魏，魏都督梁迥入据其城。前通直散骑侍郎郑伟起兵陈留，攻东魏梁州，执其刺史鹿永吉。前大司马从事中郎崔彦穆攻荥阳[10]，执其太守苏淑，与广州长史刘志皆降于魏。伟，先护之子也。丞相泰以伟为北徐州刺史，彦穆为荥阳太守。

十一月，东魏行台任祥帅督将尧雄、赵育、是云宝攻颍川，丞相泰使大都督宇文贵、乐陵公辽西怡峰将步骑二千救之。军至阳翟[11]。雄等军已去颍川三十里，祥帅众四万继其后。诸将咸以为"彼众我寡，不可争锋"。贵曰："雄等谓吾兵少，必不敢进。彼与任祥合兵攻颍川，城必危矣。若贺若统陷没，吾辈坐此何为！今进据颍川，有城可守，又出其不意，破之必矣。"遂疾趋，据颍川，背城为陈以待。雄等至，合战，大破之，雄走，赵育请降，俘其士卒万余人，悉纵遣之。任祥闻雄败，不敢进，贵与怡峰乘胜逼之，祥退保宛陵[12]；贵追及，击之，祥军大败。是云宝杀其阳州刺史那椿[13]，以州降魏。魏以贵为开府仪同三司，是云宝、赵育为车骑大将军。

都督杜陵韦孝宽攻东魏豫州，拔之，执其行台冯邕。孝宽名叔裕，以字行。

丙子，东魏以骠骑大将军、仪同三司万俟普为太尉。

司农张乐皋等聘于东魏。

十二月，魏行台杨白驹与东魏阳州刺史段粲战于蓼坞[14]，魏师败绩。

魏荆州刺史郭鸾攻东魏东荆州刺史清都慕容俨，俨昼夜拒战，二百余日，乘间出击鸾，大破之。时河南诸州多失守，唯东荆获全。

河间邢磨纳、范阳卢仲礼、仲礼从弟仲裕等皆起兵海隅以应魏。

东魏济州刺史高季式有部曲千余人，马八百匹，铠仗皆备。濮阳民杜灵椿等为盗[15]，聚众近万人，攻城剽野，季式遣骑三百，一战擒之，又击阳平贼路文徒等[16]，悉平之，于是远近肃清。或谓季式曰："濮阳、阳平乃畿内之郡，不奉诏命，又不侵境，何急而使私军远战！万一失利，岂不获罪乎！"季式曰："君何言之不忠也！我与国家同安共危，岂有见贼而不讨乎！且贼知台军猝不能来，又不疑外州有兵击之，乘其无备，破之必矣。以此获罪，吾亦无恨。"

【注释】

①柱国大将军：官名，北魏、西魏、北周所置，为最高荣衔，位在丞相之上。柱国本楚国武官衔，上柱国位次令尹（宰相），为最高军衔，柱国次之。　②平阳：地名，即平阳府，故治在今山西临汾市境内。　③新安：郡名，故治在今河南渑池县境内。　④金墉城：在今河南洛阳市。三国魏所筑，魏主禅位于晋，即出居该城，后每有废帝辄迁此城。遂发展成河南四镇之一。　⑤大石岭：《水经注》："洛阳之南有新城县，县界有大石岭，来儒之水径其南。"新城县境今属洛阳市。　⑥阳城：县名。故城在今河南登封市境内。　⑦颍川：郡名，故治在今河南禹州市。　⑧开府属：行台僚属，将军府署僚属。开府，本意为开建府署，辟置僚属，是一种特权的表现。汉制，惟三公可开府，魏晋以后，享有开府特权者渐多。⑨颍州：地名，即今河南许昌市。　⑩大司马从事中郎：大司马的幕僚。从事中郎，将帅的幕僚之一。　⑪阳翟：县名，即今河南禹州市。　⑫宛陵：县名，故治在今河南新郑市。　⑬阳州：地名，故治在今河南宜阳县。⑭蓼（liǎo 燎）坞：《水经注》："蓼水出河北县襄山蓼谷。"胡三省注："当时之人于此谷筑坞，因谓之蓼坞。"故址在今山西永济市境内。　⑮濮阳：郡名，故治在今河南范县。　⑯阳平：郡名，故治在今河北馆陶县。

# 资治通鉴卷第一百五十八

## 梁纪十四　起著雍敦牂，尽阏逢困敦，凡七年。

### 高祖武皇帝十四

**大同四年**　春，正月，辛酉朔，日有食之。

东魏砀郡获巨象[1]，送邺。丁卯，大赦，改元元象。

二月，己亥，上耕藉田。

东魏大都督善无贺拔仁攻魏南汾州，刺史韦子粲降之，丞相泰灭子粲之族。东魏大行台侯景等治兵于虎牢，将复河南诸州，魏梁迥、韦孝宽、赵继宗皆弃城西归。侯景攻广州[2]，未拔，闻魏救兵将至，集诸将议之，行洛州事卢勇请进观形势，乃帅百骑至大隗山[3]，遇魏师。日已暮，勇多置幡旗于树颠，夜，分骑为十队，鸣角直前，擒魏仪同三司程华，斩仪同三司王征蛮而还。广州守将骆超遂以城降东魏，丞相欢以勇行广州事。勇，辩之从弟也。于是南汾、颍、豫、广四州复入东魏。

初，柔然头兵可汗始得返国，事魏尽礼。及永安以后，雄据北方，礼渐骄倨，虽信使不绝，不复称臣。头兵尝至洛阳，心慕中国，乃置侍中、黄门等官[4]；后得魏汝阳王典签淳于覃[5]，亲宠任事，以为秘书监[6]，使典文翰。及两魏分裂，头兵转不逊，数为边患。魏丞相泰以新都关中，方有事山东，欲结婚以抚之，以舍人元翌女为化政公主，妻头兵弟塔寒。又言于魏主，请废乙弗后，纳头兵之女。甲辰，以乙弗后为尼，使扶风王孚迎头兵女为后。头兵遂留东魏使者元整，不报其使。

三月，辛酉，东魏丞相欢以沙苑之败，请解大丞相，诏许之；顷之，复故。

柔然送悼后于魏，车七百乘，马万匹，驼二千头。至黑盐池[7]，遇魏所遣卤簿仪卫[8]。柔然营幕，户席皆东向，扶风王孚请正南面，后曰："我未见魏主，固柔然女也。魏仗南面，我自东向。"丙子，立皇后郁久闾氏。丁丑，大赦。以王盟为司徒。丞相泰朝于长安，还屯华州。

夏，四月，庚寅，东魏高欢朝于邺；壬辰，还晋阳。

五月，甲戌，东魏遣兼散骑常侍郑伯猷来聘。

秋，七月，东魏荆州刺史王则寇淮南[9]。

癸亥，诏以东冶徒李胤之得如来舍利，大赦。

**【注释】**

①砀郡：郡名，故治在今安徽砀山县。 ②广州：州名，东魏置，故治在今河南襄城县。 ③大隗山：在今河南新郑市境内。 ④黄门：宦官别称。始为官署名，因其长官皆以宦者充任，后遂称宦官为黄门官。掌皇室和皇帝日常起居、衣食住行，为近侍之官。 ⑤典签：官名，为掌管文书小官，南朝宋齐时期一度兼有监察之权，变成皇帝在地方州县的耳目。 ⑥秘书监：官名，掌管皇室和朝廷图书秘籍，为秘书省长官。 ⑦黑盐池：地名，在今宁夏盐池县境内。 ⑧卤簿：帝王出门时护从的仪仗队。出门目的不同，仪式也有别。自汉代以后，这种仪式也用于后妃、太子、王公大臣等。 ⑨淮南：淮河上游之南，即今河南光山县一带，非传统所指淮河下游南岸今安徽淮南市一带。

东魏侯景、高敖曹等围魏独孤信于金墉，太师欢帅大军继之；景悉烧洛阳内外官寺民居，存者什二三。魏主将如洛阳拜园陵，会信等告急，遂与丞相泰俱东，命尚书左仆射周惠达辅太子钦守长安，开府仪同三司李弼、车骑大将军达奚武帅千骑为前驱。

八月，庚寅，丞相泰至谷城[1]，侯景等欲整陈以待其至，仪同三司太安莫多娄贷文请帅所部击其前锋，景等固止之。贷文勇而专，不受命，与可朱浑道元以千骑前进，夜，遇李弼、达奚武于孝水[2]。弼命军士鼓噪，曳柴扬尘，贷文走，弼追斩之，道元单骑获免，悉俘其众送恒农。

泰进军瀍东[3]，侯景等夜解围去，辛卯，泰帅轻骑追景至河上，景为陈，北据河桥，南属邙山，与泰合战。泰马中流矢惊逸，遂失所之。泰坠地，东魏兵追及之，左右皆散，都督李穆下马，以策扶泰背骂曰："笼东军士[4]！尔曹王何在，而独留此？"追者不疑其贵人，舍之而过。穆以马授泰，与之俱逸。

魏兵复振，击东魏兵，大破之。东魏兵北走。京兆忠武公高敖曹，意轻泰，建旗盖以陵陈，魏人尽锐攻之，一军皆没，敖曹单骑走投河阳南城[5]。守将北豫州刺史高永乐，欢之从祖兄子也，与敖曹有怨，闭门不受。敖曹仰呼求绳，不得，拔刀穿阖未彻而追兵至。敖曹伏桥下，追者见其从奴持金带，问敖曹所在，奴指示之。敖曹知不免，奋头曰："来！与汝开国公。"追者斩其首去。高欢闻之，如丧肝胆，杖高永乐二百，赠敖曹太师、大司马、太尉。泰赏杀敖曹者布绢万段，岁岁稍与之，比及周亡，犹未能足。魏又杀东魏西兖州刺史宋显等，虏甲士万五千人，赴河死者以万数。

初，欢以万俟普尊老，特礼之，尝亲扶上马。其子洛免冠稽首曰："愿出死力以报深恩。"及邙山之战，诸军北度桥，洛独勒兵不动，谓魏人曰："万俟受洛干在此，能来可来也！"魏人畏之而去，欢名其所营地为回洛[6]。

是日，东、西魏置陈既大，首尾悬远，从旦至未，战数十合，氛雾四塞，莫能相知。魏独孤信、李远居右，赵贵、怡峰居左，战并不利；又未知魏主及丞相泰所在，皆弃其卒先归。开府仪同三司李虎、念贤等为后军，见信等退，即与俱去。泰由是烧营而归，留仪同三司长孙子彦守金墉。

王思政下马，举长矟左右横击，一举辄踣数人。陷陈既深，从者尽死，思政被重创，闷绝，会日暮，敌亦收兵。思政每战常著破衣弊甲，敌不知其将帅，故得免。帐下督雷五安于战处哭求思政，会其已苏，割衣裹创，扶思政上马，夜久，始得还营。

平东将军蔡祐下马步斗，左右劝乘马以备仓猝，祐怒曰："丞相爱我如子，今日岂惜生乎！"帅左右十余人合声大呼，击东魏兵，杀伤甚众。东魏围之十余重，祐弯弓持满，四面拒之。东魏人募厚甲长刀者直进取之，去祐可三十步，左右劝射之，祐曰："吾曹之命，在此一矢，岂可虚发！"将至十步，祐乃射之，应弦而倒，东魏兵稍却，祐徐引还。

魏主至恒农，守将已弃城走，所虏降卒在恒农者相与闭门拒守，丞相泰攻拔之，诛其魁首数百人。

蔡祐追及泰于恒农，夜，见泰，泰曰："承先，尔来，吾无忧矣。"泰惊不得寝，枕祐股，然后安。祐每从泰战，常为士卒先，战还，诸将皆争功，祐终无所言。泰每叹曰："承先口不言勋，我当代其论叙。"泰留王思政镇恒农，除侍中、东道行台。

魏之东伐，关中留守兵少，前后所虏东魏士卒散在民间，闻魏兵败，谋作乱。李虎等至长安，计无所出，与太尉王盟、仆射周惠达等奉太子钦出屯渭北。百姓互相剽掠，关中大扰。于是沙苑所虏东魏都督赵青雀、雍州民于伏德等遂反，据长安子城，伏德保咸阳[⑦]，与咸阳太守慕容思庆各收降卒以拒还兵。长安大城民相帅以拒青雀，日与之战。大都督侯莫陈顺击贼，屡破之，贼不敢出。顺，崇之兄也。

扶风公王罴镇河东[⑧]，大开城门，悉召军士谓曰："今闻大军失利，青雀作乱，诸人莫有固志。王罴受委于此，以死报恩。有能同心者可共固守；必恐城陷，任自出城。"众感其言，皆无异志。

魏主留阌乡。丞相泰以士马疲弊，不可速进，且谓青雀等乌合，不能为患，曰："我至长安，以轻骑临之，必当面缚。"通直散骑常侍吴郡陆通谏曰[⑨]："贼逆谋久定，必无迁善之心，蜂虿有毒，安可轻也！且贼诈言东寇将至，今若以轻骑临之，百姓谓为信然，益当惊扰。今军虽疲弊，精锐尚多，以明公之威，总大军以临之，何忧不克！"泰从之，引兵西入。父老见泰至，莫不悲喜，士女相贺。华州刺史宇文导引兵入咸阳，斩思庆，擒伏德，南渡渭，与泰会，攻青雀，破之。太保梁景叡以疾留长安，与青雀通谋，泰杀之。

**【注释】**

①谷城：县名，故治在今河南洛阳市西北郊。　②孝水：在今河南新安县境内。　③瀍（chán 缠）：瀍河，源于河南谷城县北山，过洛阳，东流

注于洛河。 ④笼东军士:溃败而垂头丧气的士兵。笼东,衣物水淋淋的样子,用来形容人垂头耷耳的沮丧样子。 ⑤河阳南城:北魏在河阳筑南城、北中城、中潬城三城,南城在黄河南岸,北中城在北岸。皆在今河南孟州市境内。 ⑥回洛:地名,故址在今河南孟州市境内。 ⑦长安子城:长安外城,即长安皇城外的郊县各城,下文所称"长安大城"即指长安皇城。咸阳:咸阳郡,即今陕西咸阳市。 ⑧河东:郡名,故治在今山西永济市。 ⑨通直散骑常侍:官名,晋武帝始置,职掌与散骑常侍一样,即侍从皇帝左右,规劝得失,不典实务。

东魏太师欢自晋阳将七千骑至孟津,未济,闻魏师已遁,遂济河,遣别将追魏师至崤,不及而还。欢攻金墉,长孙子彦弃城走,焚城中室屋俱尽,欢毁金墉而还。

东魏之迁邺也,主客郎中裴让之留洛阳[1];独孤信之败也,让之弟诹之随丞相泰入关,为大行台仓曹郎中。欢囚让之兄弟五人,让之曰:"昔诸葛亮兄弟,事吴、蜀各尽其心,况让之老母在此,不忠不孝,必不为也。明公推诚待物,物亦归心;若用猜忌,去霸业远矣。"欢皆释之。

九月,魏主入长安,丞相泰还屯华州。

东魏大都督贺拔仁击邢磨纳、卢仲礼等,平之。

卢景裕本儒生,太师欢释之,召馆于家,使教诸子。景裕讲论精微,难者或相诋诃,大声厉色,言至不逊,而景裕神采俨然,风调如一,从容往复,无际可寻。性清静,历官屡有进退,无得失之色;弊衣粗食,恬然自安,终日端严,如对宾客。

冬,十月,魏归高敖曹、窦泰、莫多娄贷文之首于东魏。

散骑常侍刘孝仪等聘于东魏。

十二月,魏是云宝袭洛阳,东魏洛州刺史王元轨弃城走。都督赵刚袭广州,拔之,于是自襄、广以西城镇复为魏[2]。

魏自正光以后,四方多事,民避赋役,多为僧尼,至二百万人,寺有三万余区。至是,东魏始诏"牧守、令长,擅立寺者,计其功庸,以枉法论"。

初,魏伊川土豪李长寿为防蛮都督[3],积功至北华州刺史。孝武帝西迁，长寿帅其徒拒东魏，魏以长寿为广州刺史。侯景攻拔其壁，杀之。其子延孙复收集父兵以拒东魏，魏之贵臣广陵王欣、录尚书长孙稚等皆携家往依之[④]，延孙资遣卫送，使达关中。东魏高欢患之，数遣兵攻延孙，不能克。魏以延孙为京南行台、节度河南诸军事、广州刺史。延孙以澄清伊、洛为己任，魏以延孙兵少，更以长寿之婿京兆韦法保为东洛州刺史，配兵数百以助之。法保名祐，以字行，既至，与延孙连兵置栅于伏流[⑤]。独孤信之入洛阳也，欲缮修宫室，使外兵郎中天水权景宣帅徒兵三千出采运[⑥]。会东魏兵至，河南皆叛，景宣间道西走，与李延孙相会，攻孔城，拔之，洛阳以南寻亦西附。丞相泰即留景宣守张白坞[⑦]，节度东南诸军应关西者。是岁，延孙为其长史杨伯兰所杀，韦法保即引兵据延孙之栅。

东魏将段琛等据宜阳，遣阳州刺史牛道恒诱魏边民[⑧]。魏南兖州刺史韦孝宽患之，乃诈为道恒与孝宽书，论归款之意，使谍人遗之于琛营，琛果疑道恒。孝宽乘其猜阻，出兵袭之，擒道恒及琛，崤、渑遂清[⑨]。东道行台王思政以玉壁险要[⑩]，请筑城自恒农徙镇之，诏加都督汾、晋、并州诸军事、并州刺史，行台如故。

东魏以高澄摄吏部尚书，始改崔亮年劳之制[⑪]，铨擢贤能；又沙汰尚书郎，妙选人地以充之[⑫]。凡才名之士，虽未荐擢，皆引致门下，与之游宴、讲论、赋诗，士大夫以是称之。

**【注释】**

①主客郎中：官名，为礼部主客司长官，职掌亲王、诸侯、外国来使的接待工作。　②襄州：东魏置，故治即今河南叶县。　③伊川：地名，故城在今河南嵩县。　④录尚书：官名，录尚书事之省称。　⑤伏流：城名，故城在今河南嵩县东北。　⑥外兵郎中：官名。三国魏置二十三郎，有中兵、外兵、别兵、都兵郎中等。北魏又分中兵、外兵为左、右。　⑦张白坞：地名，在今河南济源市东南。　⑧阳州：州名，治宜阳，即今河南宜阳县治。　⑨崤、渑：崤山和渑池，即指今陕西西安市临潼区至河南渑池县一带。　⑩玉壁：地名，在今山西稷山县西南。　⑪崔亮：山东武城县人，字敬儒，累官尚书二千石，兼吏部尚书达十年之久。在任期间，制定“停年格”，不问士人智愚贤不肖，一律按任官年历升迁转职，史称北魏

选举失人,自他开始。年劳之制:即指崔亮制定并推行的按任官年限升官的“停年格”。 ⑫人地:才能品格以及门阀世族。

**五年** 春,正月,乙卯,以尚书左仆射萧渊藻为中卫将军,丹杨尹何敬容为尚书令,吏部尚书张缵为仆射。缵,弘策之子也[①]。自晋、宋以来,宰相皆以文义自逸,敬容独勤簿领,日旰不休,为时俗所嗤鄙。自徐勉、周舍既卒,当权要者,外朝则何敬容,内省则朱异[②]。敬容质悫无文,以纲维为己任;异文华敏洽,曲营世誉;二人行异而俱得幸于上。异善伺候人主意为阿谀,用事三十年,广纳货赂,欺罔视听,远近莫不忿疾。园宅、玩好、饮膳、声色穷一时之盛。每休下,车马填门,唯王承、王稚及褚翔不往。承、稚,暕之子;翔,渊之曾孙也[③]。

丁巳,御史中丞参礼仪事贺琛奏:“南、北二郊及藉田,往还并宜御辇,不复乘辂。”诏从之,祀宗庙仍乘玉辇[④]。琛,玚之弟子也[⑤]。

辛酉,东魏以尚书令孙腾为司徒。

辛未,上祀南郊。

魏丞相泰于行台置学,取丞郎、府佐德行明敏者充学生,悉令旦治公务,晚就讲习。

东魏丞相欢,以徐州刺史房谟、广平太守羊敦、广宗太守窦瑗、平原太守许惇有政绩清能[⑥],与诸刺史书,褒称谟等以劝之。

夏,五月,甲戌,东魏立丞相欢女为皇后;乙亥,大赦。

魏以开府仪同三司李弼为司空。秋,七月,以扶风王孚为太尉。

九月,甲子,东魏以畿内十万人城邺,四十日罢。冬,十月,癸亥[⑦],以新宫成,大赦,改元兴和。

魏置纸笔于阳武门外以求得失。

十一月,乙亥,东魏使散骑常侍王元景、魏收来聘。

东魏人以《正光历》浸差,命校书郎李业兴更加修正[⑧],以甲子为元,号曰《兴光历》,既成,行之。

散骑常侍朱异奏:“顷来置州稍广,而小大不伦,请分为五品,其位秩高卑，参僚多少，皆以是为差。”诏从之。于是上品二十州，次品十州，次品八州，次品二十三州，下品二十一州。时上方事征伐，恢拓境宇，北逾淮、汝，东距彭城，西开牂柯，南平俚洞⑨，纷纶甚众，故异请分之。其下品皆异国之人，徒有州名而无土地，或因荒徼之民所居村落置州及郡县，刺史守令皆用彼人为之，尚书不能悉领，山川险远，职贡罕通。五品之外，又有二十余州不知处所。凡一百七州。又以边境镇戍，虽领民不多，欲重其将帅，皆建为郡，或一人领二三郡太守，州郡虽多而户口日耗矣。

魏自西迁以来，礼乐散逸，丞相泰命左仆射周惠达、吏部郎中北海唐瑾损益旧章，至是稍备。

【注释】

①张弘策：字真简，方城（今湖北当阳市）人，南朝梁武帝舅舅，辅佐梁武帝建立梁朝，建功甚多。后封洮阳县侯。　②外朝：南北朝以三公、卿、监、尚书为外朝。内省：内朝，南北朝以门下省为内朝，专事皇帝衣食住行及处理皇帝文书公务。　③王暕：南齐著名学者王俭的儿子，仕梁累官至吏部尚书，娶淮南长公主为妻。褚渊：仕南朝宋至尚书令，后佐南齐高帝篡位，是为南齐开国功臣。　④辂、辇：皆为皇帝所乘坐车舆，马拉者为辂，人拉者为辇。　⑤贺玚（yáng 杨）：字德琏，南朝梁知名学者，官至五经博士，著有《礼》《易》《老庄》等经讲疏数百篇和《宾礼仪注》一百四十五卷。　⑥广平：郡名，故治在今河北邯郸市永年区。广宗：郡名，故治在今河北威县。平原：郡名，故治在今河北涿鹿县。　⑦癸亥：这年十月无此日，疑误。　⑧校书郎：官名，这里是秘书校书郎之省称。汉代始设校书之职，专事校勘整理皇家图书馆书籍，以郎充之则谓校书郎，以郎中充之则称校书郎中。北魏始设秘书郎之官，专掌此事。⑨淮、汝：今淮河、汝河流域。彭城：地名，即今江苏徐州市铜山区。牂牁（zāngkē 脏科）：地名，有牂牁江，牂牁郡，在今贵州境内。俚洞：俚蛮所居山洞，指今两广之地。

**六年**　春，正月，壬申，东魏以广平公库狄干为太保。

丁丑，东魏主入新宫，大赦。

魏扶风王孚卒。

二月，己亥，上耕藉田。

魏铸五铢钱。

东魏大行台侯景出三鸦[①]，将复荆州；魏丞相泰遣李弼、独孤信各将五千骑出武关[②]，景乃还。

魏文后既为尼，居别宫，悼后犹忌之，乃以其子武都王戊为秦州刺史，使文后随之官。魏主虽限以大计，而恩好不忘，密令养发，有追还之意。会柔然举国渡河南侵，时颇有言柔然以悼后故兴师者，帝曰："岂有兴百万之众为一女子邪！虽然，致人此言，朕亦何颜以见将帅！"乃遣中常侍曹宠赍手敕赐文后自尽。文后泣谓宠曰："愿至尊千万岁，天下康宁，死无恨也！"遂自杀，凿麦积崖而葬之，号曰寂陵。

夏，丞相泰召诸军屯沙苑以备柔然。右仆射周惠达发士马守京城，堑诸街巷，召雍州刺史王罴议之，罴不应召，谓使者曰："若蠕蠕至渭北者，王罴自帅乡里破之，不烦国家兵马，何为天子城中作如此惊扰！由周家小儿恇怯致此。"柔然至夏州而退。未几，悼后遇疾殂。

五月，乙酉，魏行台宫延和、陕州刺史宫延庆降于东魏，东魏以河北马场为义州以处之[③]。

东魏阳州武公高永乐卒。

闰月，丁丑朔，日有食之。

己丑，东魏封皇兄景植为宜阳王，皇弟威为清河王，谦为颍川王。

六月，壬子，东魏华山王鸷卒。

秋，七月，丁亥，东魏使兼散骑常侍李象等来聘。

八月，戊午，大赦。

九月，戊戌，司空袁昂卒，遗疏不受赠谥，敕诸子勿上行状及立铭志[④]；上不许，赠本官，谥穆正公。

冬，十一月，魏太师念贤卒。

吐谷浑自莫折念生之乱，不通于魏。伏连筹卒，子夸吕立，始称可汗，居伏俟城[⑤]。其地东西三千里，南北千余里，官有王、公、仆射、尚书、郎中、将军之号。是岁，始遣使假道柔然，聘于东魏。

【注释】

①三鸦：三鸦镇，即鲁阳关，在今河南南召县境内。　②武关：地名，在今陕西商洛市商州区境内。　③乙酉：疑误，五月无此日。义州：东魏始置，故治在今河南卫辉市。　④行状：古代文体之一，指专记死者生平事迹的文章，一般用于交付朝廷论德给谥，或付史家修史编志。铭志：刻在墓碑上的碑文，记死者生卒年月生平德行等。　⑤伏俟城：地名，在今青海西部。

**七年**　春，正月，辛巳，上祀南郊，大赦。辛丑，祀明堂。

宕昌王梁企定为其下所杀，弟弥定立。二月，乙巳，以弥定为河、梁二州刺史、宕昌王[①]。

辛亥，上耕藉田。

魏幽州刺史顺阳王仲景坐事赐死。

三月，魏夏州刺史刘平伏据上郡反[②]，大都督于谨讨禽之。

夏，五月，遣兼散骑常侍明少遐等聘于东魏。

秋，七月，己卯，东魏宜阳王景植卒。

魏以侍中宇文测为大都督、行汾州事[③]。测，深之兄也，为政简惠，得士民心。地接东魏，东魏人数来寇抄，测擒获之，命解缚，引与相见，为设酒肴，待以客礼，并给粮饩，卫送出境。东魏人大惭，不复为寇，汾、晋之间遂通庆吊，时论称之。或告测交通境外者，丞相泰怒曰："测为我安边，我知其志，何得间我骨肉！"命斩之。

魏丞相泰欲革易时政，为强国富民之法，大行台度支尚书兼司农卿苏绰尽其智能，赞成其事，减官员，置二长，并置屯田以资军国。又为六条诏书，九月，始奏行之：一曰清心，二曰敦教化，三曰尽地利，四曰擢贤良，五曰恤狱讼，六曰均赋役。泰甚重之，尝置诸坐右，又令百司习诵之，其牧守令长非通六条及计帐者，不得居官。

东魏诏群官于麟趾阁议定法制，谓之《麟趾格》，冬，十月，甲寅，颁行之。

乙巳，东魏发夫五万筑漳滨堰[④]，三十五日罢。

十一月，丙戌，东魏以彭城王韶为太尉，度支尚书胡僧敬为司空。僧敬名虔，以字行，国珍之兄孙[5]，东魏主之舅也。

十二月，东魏遣兼散骑常侍李骞来聘。

交趾李贲世为豪右[6]，仕不得志。同郡有并韶者，富于词藻，诣选求官，吏部尚书蔡撙以并姓无前贤，除广阳门郎，韶耻之。贲与韶还乡里，会交州刺史武林侯谘以刻暴失众心[7]，时贲监德州[8]，因连结数州豪桀俱反；谘输贿于贲，奔还广州。上遣谘与高州刺史孙冏、新州刺史卢子雄将兵击之[9]。谘，恢之子也[10]。

是岁，魏又益新制十二条。

东魏丞相欢以诸州调绢不依旧式，民甚苦之，奏令悉以四十尺为匹。

魏自丧乱以来，农商失业，六镇之民相帅内徙，就食齐、晋，欢因之以成霸业。东西分裂，连年战争，河南州郡鞠为茂草，公私困竭，民多饿死。欢命诸州滨河及津、梁皆置仓积谷以相转漕，供军旅，备饥馑，又于幽、瀛、沧、青四州傍海煮盐[11]，军国之费，粗得周赡。至是，东方连岁大稔，谷斛至九钱，山东之民稍复苏息矣。

东魏尚书令高澄尚静帝妹冯翊长公主，生子孝琬，朝贵贺之，澄曰："此至尊之甥，先贺至尊。"三日，帝幸其第，赐锦彩布绢万匹。于是诸贵竞致礼遗，货满十室。

东魏临淮王孝友表曰："令制百家为族，二十五家为闾，五家为比。百家之内有帅二十五，征发皆免，苦乐不均，羊少狼多，复有蚕食，此之为弊久矣。京邑诸坊，或七八百家唯一里正、二史，庶事无阙，而况外州乎！请依旧置三正之名不改[12]，而每闾止为二比，计族省十一丁，赀绢、番兵，所益甚多。"事下尚书，寝不行。

安成望族刘敬躬以妖术惑众，人多信之。

【注释】

①河州：地名，故治在今甘肃临夏市。 ②上郡：地名，故治在今陕西绥德县。 ③汾州：地名，故治在今山西隰县。 ④乙巳：十月无此日，疑误。漳滨堰：今地不详，大致在今山西漳河流域。 ⑤胡国珍：字世玉，北魏世宗宣武帝元恪灵皇后之父，官至中书监、司徒。 ⑥交趾：地名，指五岭以南今两广之地。 ⑦交州：地名，汉武帝始置，故治先后

在今广西苍梧县和广东广州市以及越南河内市。辖地相当于今两广及越南北部地区。 ⑧德州:地名,故治在今山东德州市陵城区。 ⑨高州:地名,南朝梁置,故治在今广东阳江市。新州:地名,南朝梁置,故治在今广东新兴县。 ⑩恢:萧恢,字弘达,梁武帝萧衍的弟弟,官至侍中、荆州刺史,封鄱阳王。 ⑪瀛(yíng 营):瀛州,地名,北魏置,故治在今河北河间市。沧州:地名,北魏置,故治在今河北南皮县。 ⑫三正:即三长,北魏基层行政官吏。孝文帝太和十年(486),给事中李冲提出"五家立一邻长,五邻立一里长,五里立一党长",是为三长。

**八年** 春,正月,敬躬据郡反,改元永汉,署官属,进攻庐陵[①],逼豫章[②]。南方久不习兵,人情扰骇,豫章内史张绾募兵以拒之。绾,缵之弟也。二月,戊戌,江州刺史湘东王绎遣司马王僧辩、中兵曹子郢讨敬躬,受绾节度。三月,戊辰[③],擒敬躬,送建康,斩之。僧辩,神念之子也,该博辩捷,器宇肃然,虽射不穿札[④],而志气高远。

魏初置六军。

夏,四月,丙寅[⑤],东魏使兼散骑常侍李绘来聘。绘,元忠之从子也。

东魏丞相欢朝于邺。司徒孙腾坐事免;乙酉[⑥],以彭城王韶录尚书事,侍中广阳王湛为太尉,尚书右仆射高隆之为司徒。初,太傅尉景与丞相欢同归尔朱荣,其妻,欢之姊也,自恃勋戚,贪纵不法,为有司所劾,系狱;欢三诣阙泣请,乃得免死。丁亥,降为骠骑大将军、开府仪同三司。欢往造之,景卧不起,大叫曰:"杀我时趣邪!"欢抚而拜谢之。辛卯,以库狄干

北魏人物动物纹鎏金银高足杯

为太傅，以领军将军娄昭为大司马，封祖裔为尚书右仆射。六月，甲辰，欢还晋阳。

八月，庚戌，东魏以开府仪同三司、吏部尚书侯景为兼尚书仆射、河南道大行台，随机防讨。

魏以王盟为太保。

东魏丞相欢击魏，入自汾、绛[7]，连营四十里，丞相泰使王思政守玉壁以断其道。欢以书招思政曰："若降，当授以并州。"思政复书曰："可朱浑道元降，何以不得？"冬，十月，己亥，欢围玉壁，凡九日，遇大雪，士卒饥冻，多死者，遂解围去。魏遣太子钦镇蒲坂。丞相泰出军蒲坂，至皂荚，闻欢退渡汾，追之，不及。十一月，东魏以可朱浑道元为并州刺史。

十二月，魏主狩于华阴，大享将士，丞相泰帅诸将朝之。起万寿殿于沙苑北。

辛亥，东魏遣兼散骑常侍杨斐来聘。

孙冏、卢子雄讨李贲，以春瘴方起，请待至秋；广州刺史新渝侯映不许，武林侯谘又趣之。冏等至合浦[8]，死者什六七，众溃而归。映，憺之子也。武林侯谘奏冏及子雄与贼交通，逗留不进，敕于广州赐死。子雄弟子略、子烈、主帅广陵杜天合及弟僧明、新安周文育等帅子雄之众攻广州，欲杀映、谘，为子雄复冤。西江督护、高要太守吴兴陈霸先帅精甲三千救之，大破子略等，杀天合，擒僧明、文育。霸先以僧明、文育骁勇过人，释之，以为主帅。诏以霸先为直阁将军。

魏丞相泰妻冯翊公主生子觉。

东魏以光州刺史李元忠为侍中。元忠虽处要任，不以物务干怀，唯饮酒自娱。丞相欢欲用为仆射，世子澄言其放达常醉，不可委以台阁。其子搔闻之，请节酒，元忠曰："我言作仆射不胜饮酒乐，尔爱仆射，宜勿饮酒。"

**【注释】**

①庐陵：地名，故城在今江西吉水县。 ②豫章：地名，即今江西南昌市。 ③二月，戊辰：据《梁书》卷三，当为："三月戊辰。" ④王神念：南朝梁祁州（今河北安国市）人，初为北魏颍川太守，后以郡归附南朝

梁,官至右卫将军。穿札:射穿铠甲。札,铠甲上的叶片。 ⑤四月,丙寅:四月无此日,疑误。 ⑥乙酉:四月无此日。高欢朝邺,《魏书》卷十二记作“五月,辛巳”,故此“乙酉”当为“五月乙酉”。下文“丁亥”“辛卯”类此。 ⑦绛州:地名,故治在今山西新绛县。 ⑧合浦:地名,故城在今广东雷州市。

**九年** 春,正月,壬戌,东魏大赦,改元武定。

东魏御史中尉高仲密取吏部郎崔暹之妹[1],既而弃之,由是与暹有隙。仲密选用御史,多其亲戚乡党,高澄奏令改选;暹方为澄所宠任,仲密疑其构己,愈恨之。仲密后妻李氏艳而慧,澄见而悦之,李氏不从,衣服皆裂,以告仲密,仲密益怨。寻出为北豫州刺史[2],阴谋外叛。丞相欢疑之,遣镇城奚寿兴典军事[3],仲密但知民务。仲密置酒延寿兴,伏壮士,执之。二月,壬申,以虎牢叛,降魏。魏以仲密为侍中、司徒。

欢以仲密之叛由崔暹,将杀之,高澄匿暹,为之固请,欢曰:“我丐其命,须与苦手[4]。”澄乃出暹,而谓大行台都官郎陈元康曰:“卿使崔暹得杖,勿复相见。”元康为之言于欢曰:“大王方以天下付大将军,大将军有一崔暹不能免其杖,父子尚尔,况于他人!”欢乃释之。

高季式在永安戍[5],仲密遣信报之;季式走告欢,欢待之如旧。

魏丞相泰帅诸军以应仲密,以太子少傅李远为前驱,至洛阳,遣开府仪同三司于谨攻柏谷[6],拔之;三月,壬申[7],围河桥南城。

东魏丞相欢将兵十万至河北,泰退军瀍上,纵火船于上流以烧河桥;斛律金使行台郎中张亮以小艇百余载长锁,伺火船将至,以钉钉之,引锁向岸,桥遂获全。

欢渡河,据邙山为陈[8],不进者数日。泰留辎重于瀍曲,夜,登邙山以袭欢。候骑白欢曰:“贼距此四十余里,蓐食干饭而来[9]。”欢曰:“自当渴死!”乃正阵以待之。戊申,黎明,泰军与欢军遇。东魏彭乐以数千骑为右甄,冲魏军之北垂,所向奔溃,遂驰入魏营。人告彭乐叛,欢甚怒。俄而西北尘起,乐使来告捷,虏魏侍中、开府仪同三司、大都督临洮王柬、蜀郡王荣宗、江夏王昇、巨鹿王阐、谯郡王亮、詹事赵善及督将僚佐四十八人。诸将乘胜击魏，大破之，斩首三万余级。

欢使彭乐追泰，泰窘，谓乐曰："汝非彭乐邪？痴男子！今日无我，明日岂有汝邪！何不急还营，收汝金宝！"乐从其言，获泰金带一囊以归，言于欢曰："黑獭漏刃，破胆矣！"欢虽喜其胜而怒其失泰，令伏诸地，亲捽其头，连顿之，并数以沙苑之败，举刃将下者三，噤龂良久。乐曰："乞五千骑，复为王取之。"欢曰："汝纵之何意，而言复取邪？"命取绢三千匹压乐背，因以赐之。

明日，复战，泰为中军，中山公赵贵为左军，领军若于惠等为右军。中军、右军合击东魏，大破之，悉俘其步卒。欢失马，赫连阳顺下马以授欢。欢上马走，从者步骑七人，追兵至，亲信都督尉兴庆曰："王速去，兴庆腰有百箭，足杀百人。"欢曰："事济，以尔为怀州刺史；若死，用尔子。"兴庆曰："儿少，愿用兄。"欢许之。兴庆拒战，矢尽而死。

东魏军士有逃奔魏者，告以欢所在，泰募勇敢三千人，皆执短兵，配大都督贺拔胜以攻之。胜识欢于行间，执槊与十三骑逐之，

西魏重装骑兵与步兵战斗图

驰数里，槊刃垂及，因字之曰："贺六浑，贺拔破胡必杀汝！"欢气殆绝，河州刺史刘洪徽从傍射胜，中其二骑，武卫将军段韶射胜马，毙之，比副马至，欢已逸去。胜叹曰："今日不执弓矢，天也！"

魏南郢州刺史耿令贵，大呼，独入敌中，锋刃乱下，人皆谓已死，俄奋刀而还。如是数四，当令贵前者死伤相继，乃谓左右曰："吾岂乐杀人！壮士除贼，不得不尔。若不能杀贼，又不为贼所伤，何异逐坐人也⑩！"

左军赵贵等五将战不利，东魏兵复振，泰与战，又不利。会日暮，魏兵遂遁，东魏兵追之；独孤信、于谨收散卒自后击之，追兵惊扰，魏诸军由是得全。若于惠夜引去，东魏兵追之；惠徐下马，顾命厨人营食，食毕，谓左右曰："长安死，此中死，有以异乎？"乃建旗鸣角，收散卒徐还，追骑疑有伏兵，不敢逼，泰遂入关，屯渭上。

**【注释】**

①御史中尉：官名，北魏改御史中丞为御史中尉，职掌监察文武百官，举劾不法，其出入除皇太子、王公之外，百官均下马避路。　②北豫州：地名，北魏置，治虎牢，在今河南荥阳市。　③镇城：官名，职掌州城防务，犹如防城都督。　④丐：给予。苦手：痛打。　⑤永安：地名，故治在今山西霍州市治。　⑥柏谷：柏谷坞，地名，故城在今河南偃师市东南。　⑦壬申：三月无此日，疑误。　⑧邙（máng 忙）山：山名，今名北邙，在河南洛阳市北面。　⑨蓐食：早上未起就在寝席上进食。　⑩逐坐人：指当时持文墨论议者，意谓此辈但能坐而论道、坐食俸禄。

欢进至陕，泰遣开府仪同三司达奚武等拒之。行台郎中封子绘言于欢曰："混壹东西，正在今日。昔魏太祖平汉中，不乘胜取巴、蜀，失在迟疑，后悔无及。愿大王不以为疑。"欢深然之，集诸将议进止，咸以为"野无青草，人马疲瘦，不可远追"。陈元康曰："两雄交争，岁月已久，今幸而大捷，天授我也。时不可失，当乘胜追之。"欢曰："若遇伏兵，孤何以济？"元康曰："王前沙苑失利，彼尚无伏；今奔败若此，何能远谋！若舍而不追，必成后患。"欢不从，使刘丰生将数千骑追泰，遂东归。

泰召王思政于玉壁，将使镇虎牢，未至而泰败，乃使守恒农。

思政入城，令开门解衣而卧，慰勉将士，示不足畏。后数日，刘丰生至城下，惮之，不敢进，引军还。思政乃修城郭，起楼橹[1]，营农田，积刍粟，由是恒农始有守御之备。

丞相泰求自贬，魏主不许。是役也，魏诸将皆无功，唯耿令贵与太子武卫率王胡仁、都督王文达力战功多[2]。泰欲以雍、岐、北雍三州授之，以州有优劣，使探筹取之，仍赐胡仁名勇，令贵名豪，文达名杰，用彰其功。于是广募关、陇豪右以增军旅[3]。

高仲密之将叛也，阴遣人扇动冀州豪桀，使为内应，东魏遣高隆之驰驿慰抚，由是得安。高澄密书与隆之曰："仲密枝党与之俱西者，宜悉收其家属，以惩将来。"隆之以为恩旨既行，理无追改，若复收治，示民不信，脱致惊扰，所亏不细，乃启丞相欢而罢之。

以太子詹事谢举为尚书仆射。

夏，四月，林邑王攻李贲，贲将范修破林邑于九德[4]。

清水氐酋李鼠仁[5]，乘魏之败，据险作乱；陇右大都督独孤信屡遣军击之，不克。丞相泰遣典签天水赵昶往谕之，诸酋长聚议，或从或否；其不从者欲加刃于昶，昶神色自若，辞气逾厉，鼠仁感悟，遂相帅降。氐酋梁道显叛，泰复遣昶谕降之，徙其豪帅四千余人并部落于华州，泰即以昶为都督，使领之。

泰使谍潜入虎牢，令守将魏光固守，侯景获之，改其书云："宜速去。"纵谍入城，光宵遁。景获高仲密妻子送邺，北豫、洛二州复入于东魏。五月，壬辰，东魏以克复虎牢，降死罪已下囚，唯不赦高仲密家。丞相欢以高乾有义勋，高昂死王事，季式先自告，皆为之请，免其从坐。仲密妻李氏当死，高澄盛服见之，曰："今日何如？"李氏默然，遂纳之。乙未，以侯景为司空。

秋，七月，魏大赦。以王盟为太傅，广平王赞为司空。

八月，乙丑，东魏以汾州刺史斛律金为大司马。

东魏遣兼散骑常侍李浑等来聘。

冬，十一月，甲午，东魏主狩于西山；乙巳，还宫。高澄启解侍中，东魏主以其弟并州刺史太原公洋代之。

丞相欢筑长城于肆州北山，西自马陵，东至土墱[6]，四十日罢。

魏诸牧守共谒丞相泰，泰命河北太守裴侠别立[7]，谓诸牧守曰："裴侠清慎奉公，为天下最，有如侠者，可与俱立！"众默然，无敢应者。泰乃厚赐侠，朝野叹服，号为"独立君"。

**【注释】**

①楼橹：古时用以瞭望敌情的无顶盖高台。 ②太子武卫率：太子所属武官，由东宫武卫将军改称，职掌太子所在东宫宿卫。 ③豪右：豪强大族。 ④九德：地名，在今越南北部。 ⑤清水：县名，即今甘肃清水县。氐：古族名，又称西戎，居住在甘肃、青海地区，后渐被同化。 ⑥肆州：州名，故治在今山西忻州市。马陵：地名，在今山西静乐县北。土墱：土墱寨，地名，在今山西大同市。 ⑦河北：郡名，故治在今山西芮城县。

**十年** 春，正月，李贲自称越帝，置百官，改元天德。

三月，癸巳，东魏丞相欢巡行冀、定二州，校河北户口损益，因朝于邺。

甲午，上幸兰陵，谒建宁陵[①]，使太子入守宫城；辛丑，谒修陵[②]。

丙午，东魏以开府仪同三司孙腾为太保。

己酉，上幸京口城北固楼，更名北顾；庚戌，幸回宾亭，宴乡里故老及所经近县迎候者，少长数千人，各赉钱二千。

壬子，东魏以高澄为大将军、领中书监，元弼为录尚书事，左仆射司马子如为尚书令，侍中高洋为左仆射[③]。

丞相欢多在晋阳，孙腾、司马子如、高岳、高隆之，皆欢之亲党也，委以朝政，邺中谓之四贵，其权势熏灼中外，率多专恣骄贪。欢欲损夺其权，故以澄为大将军、领中书监，移门下机事总归中书，文武赏罚皆禀于澄。

孙腾见澄，不肯尽敬，澄叱左右牵下于床，筑以刀环，立之门外。太原公洋于澄前拜高隆之，呼为叔父，澄怒，骂之。欢谓群公曰："儿子浸长，公宜避之。"于是公卿以下，见澄无不耸惧。库狄干，澄姑之婿也，自定州来谒，立于门外，三日乃得见。

澄欲置腹心于东魏主左右，擢中兵参军崔季舒为中书侍郎[④]。澄每进书于帝，有所谏请，或文辞繁杂，季舒辄修饰通之。帝报澄父子之语，常与季舒论之，曰："崔中书，我乳母也。"季舒，挺之从子也。

夏，四月，乙卯，上还自兰陵。

五月，甲申朔，魏丞相泰朝于长安。

甲午，东魏遣散骑常侍魏季景来聘。季景，收之族叔也。

尚书令何敬容妾弟盗官米，以书属领军河东王誉；丁酉，敬容坐免官。

东魏广阳王湛卒。

魏琅琊贞献公贺拔胜诸子在东者，丞相欢尽杀之，胜愤恨发疾而卒。丞相泰常谓人曰："诸将对敌神色皆动，唯贺拔公临陈如平时，真大勇也！"

秋，七月，魏更权衡度量，命尚书苏绰损益三十六条之制，总为五卷，颁行之。搜简贤才为牧守令长，皆依新制而遣焉。数年之间，百姓便之。

**【注释】**

①兰陵：郡名，故城在今山东枣庄市。建宁陵：梁武帝母张皇后陵墓。 ②修陵：梁武帝原配夫人郗氏陵墓。 ③中书监、尚书令、侍中：中书监为中书省长官，尚书令为尚书省长官，侍中为门下省长官。当时，尚书令为朝廷行政首脑，处理日常政务；中书监为内朝官，掌皇帝机要文书，预决策，处中枢决策地位；侍中亦随皇帝左右，应对顾问，预机密，此后权势渐重，中书监权位日渐为其所代替，至隋唐，侍中处中枢机要，中书监沦为行政首脑，尚书令则日渐变为虚衔。 ④中兵参军：官名，南北朝公侯王府、将军府皆置此官，职掌军事参谋及文书。中书侍郎：中书监副职，参预朝政。

魏自正光以后，政刑驰纵，在位多贪污。丞相欢启以司州中从事宋游道为御史中尉，澄固请以吏部郎崔暹为之，以游道为尚书左丞。澄谓暹、游道曰："卿一人处南台，一人处北省[①]，当使天下肃然。"暹选毕义云等为御史，时称得人。义云，众敬之曾孙也。

澄欲假暹威势，诸公在坐，令暹后至，通名，高视徐步，两人挈裾而入；澄分庭对揖，暹不让而坐，觞再行，即辞去。澄留之食，暹曰:“适受敕在台检校。”遂不待食而去,澄降阶送之。他日,澄与诸公出,之东山,遇暹于道,前驱为赤棒所击,澄回马避之。

尚书令司马子如以丞相欢故人,当重任,意气自高,与太师咸阳王坦黩货无厌;暹前后弹子如、坦及并州刺史可朱浑道元等罪状,无不极笔。宋游道亦劾子如、坦及太保孙腾、司徒高隆之、司空侯景、尚书元羡等。澄收子如系狱,一宿,发尽白,辞曰:“司马子如从夏州策杖投相王,王给露车一乘,犄牸牛犊[②],犊在道死,唯犄角存,此外皆取之于人。”丞相欢以书敕澄曰:“司马令,吾之故旧,汝宜宽之。”澄驻马行街,出子如,脱其锁;子如惧曰:“非作事邪?”八月,癸酉,削子如官爵。九月,甲申,以济阴王晖业为太尉;太师咸阳王坦以王还第,元羡等皆免官,其余死黜者甚众。久之,欢见子如,哀其憔悴,以膝承其首,亲为择虱,赐酒百瓶,羊五百口,米五百石。

高澄对诸贵极言褒美崔暹,且戒属之。丞相欢书与邺下诸贵曰:“崔暹居宪台,咸阳王、司马令皆吾布衣之旧,尊贵亲昵,无过二人,同时获罪,吾不能救,诸君其慎之!”

宋游道奏驳尚书违失数百条,省中豪吏王儒之徒并鞭斥之,令、仆已下皆侧目。高隆之诬游道有不臣之言,罪当死。给事黄门侍郎杨愔曰[③]:“畜狗求吠,今以数吠杀之,恐将来无复吠狗。”游道竟坐除名。澄谓游道曰:“卿早从我向并州,不尔,彼经略杀卿。”游道从澄至晋阳,以为大行台吏部。

己丑,大赦。

东魏以丧乱之后,户口失实,徭赋不均。冬,十月,丁巳,以太保孙腾、大司徒高隆之为括户大使,分行诸州,得无籍之户六十余万,侨居者皆勒还本属。十一月,甲申,以高隆之录尚书事,以前大司马娄昭为司徒。

庚子,东魏主祀圜丘。

东魏丞相欢袭击山胡,破之,俘万余户,分配诸州。

是岁,东魏以散骑常侍魏收兼中书侍郎,修国史。自梁、魏通好,魏书每云:“想彼境内宁静,此率土安和。”上复书,去“彼”字而已。收始定书云:“想境内清晏,今万里安和。”上亦效之。

【注释】

①南台、北省:御史台谓之南台,尚书省谓之北省。杜佑云:御史台在宫阙西南,故名南台,尚书省在北,故曰北省。 ②觠(quán 全)牸牛犊:卷角的小母牛。觠,曲角;牸,雌性牲畜。 ③给事黄门侍郎:官名,职同黄门侍郎,即侍从皇帝左右,传达文书诏令。

# 资治通鉴卷第一百五十九

## 梁纪十五 起旃蒙赤奋若，尽柔兆摄提格，凡二年。

## 高祖武皇帝十五

**大同十一年** 春，正月，丙申，东魏遣兼散骑常侍李奖来聘。

东魏仪同尔朱文畅与丞相司马任胄、都督郑仲礼等，谋因正月望夜观打簇戏作乱[①]，杀丞相欢，奉文畅为主；事泄，皆死。文畅，荣之子也；其姊，敬宗之后，及仲礼姊大车，皆为欢妾，有宠，故其兄弟皆不坐。

欢上书言："并州，军器所聚，动须女功，请置宫以处配没之口；又纳吐谷浑之女以招怀之。"丁未，置晋阳宫。二月，庚申，东魏主纳吐谷浑可汗从妹为容华[②]。

魏丞相泰遣酒泉胡安诺槃陀始通使于突厥。突厥本西方小国，姓阿史那氏，世居金山之阳[③]，为柔然铁工。至其酋长土门，始强大，颇侵魏西边。安诺槃陀至，其国人皆喜曰："大国使者至，吾国其将兴矣。"

三月，乙未，东魏丞相欢入朝于邺，百官迎于紫陌。欢握崔暹手而劳之曰："往日朝廷岂无法官，莫肯纠劾。中尉尽心徇国，不避豪强，遂使远迩肃清。冲锋陷阵，大有其人；当官正色，今始见之。富贵乃中尉自取，高欢父子无以相报。"赐暹良马。暹拜，马惊走，欢亲拥之，授以辔。东魏主宴于华林园，使欢择朝廷公直者劝之酒；欢降阶跪曰："唯暹一人可劝，并请以臣所射赐物千段赐之[④]。”高澄退，谓暹曰：“我尚畏羡，何况余人！”

然暹中怀颇挟巧诈。初，魏高阳王斌有庶妹玉仪，不为其家所齿，为孙腾妓，腾又弃之；高澄遇诸涂，悦而纳之，遂有殊宠，封琅邪公主。澄谓崔季舒曰：“崔暹必造直谏，我亦有以待之。”及暹谘事，澄不复假以颜色。居三日，暹怀刺坠之于前[⑤]，澄问：“何用此为？”暹悚然曰：“未得通公主。”澄大悦，把暹臂，入见之。季舒语人曰：“崔暹常忿吾佞，在大将军前，每言叔父可杀；及其自作，乃过于吾。”

夏，五月，甲辰，东魏大赦。

魏王盟卒。

晋氏以来，文章竞为浮华，魏丞相泰欲革其弊。六月，丁巳，魏主飨太庙。泰命大行台度支尚书、领著作苏绰作《大诰》，宣示群臣，戒以政事，仍命“自今文章皆依此体”。

上遣交州刺史杨瞟讨李贲，以陈霸先为司马[⑥]；命定州刺史萧勃会瞟于西江。勃知军士惮远役，因诡说留瞟。瞟集诸将问计，霸先曰：“交趾叛换，罪由宗室，遂使溷乱数州，逋诛累岁。定州欲偷安目前，不顾大计；节下奉辞伐罪，当死生以之，岂可逗桡不进[⑦]，长寇沮众也！”遂勒兵先发。瞟以霸先为前锋。至交州，贲帅众三万拒之，败于朱鸢[⑧]，又败于苏历江口，贲奔嘉宁城[⑨]，诸军进围之。勃，昺之子也[⑩]。

【注释】

①打簇戏：北魏风俗正月十五日夜所行的游戏。能中者赏给布帛。②容华：东汉后宫妃嫔职名之一。 ③金山：今阿尔泰山。 ④臣所射赐物：古代宴会，尤其诸侯朝会之宴，常行射礼，即举弓射箭，射中则受天子赏赐。这里所指即高欢宴射所得赏赐之物。 ⑤刺：古代削竹木以书姓名，谓之刺，犹今之名片。 ⑥司马：官名，西周始置，掌邦政。西汉后，改掌军事，有大司马、小司马、军司马等，后世中央、地方许多机构、长官皆置司马属官。 ⑦逗桡：逗留不进，以避敌人。 ⑧朱鸢（yuān渊）：县名。故治在今越南河内市境内。 ⑨嘉宁城：故址在今越南北部。 ⑩萧昺：梁武帝堂弟，封吴平侯。

魏与柔然头兵可汗谋连兵伐东魏，丞相欢患之，遣行台郎中杜弼使于柔然，为世子澄求婚。头兵曰："高王自娶则可。"欢犹豫未决。娄妃曰："国家大计，愿勿疑也。"世子澄、尉景亦劝之。欢乃遣镇南将军慕容俨聘之，号曰蠕蠕公主。秋，八月，欢亲迎于下馆[①]。公主至，娄妃避正室以处之；欢跪而拜谢，妃曰："彼将觉之，愿绝勿顾。"头兵使其弟秃突佳来送女，且报聘；仍戒曰："待见外孙乃归。"公主性严毅，终身不肯华言。欢尝病，不得往，秃突佳怨恚，欢舆疾就之。

冬，十月，乙未[②]，诏有罪者复听入赎。

东魏遣中书舍人尉瑾来聘。

乙未[③]，东魏丞相欢请释邙山俘囚桎梏，配以民间寡妇。

十二月，东魏以侯景为司徒，中书令韩轨为司空；戊子，以孙腾录尚书事。

魏筑圜丘于城南。

散骑常侍贺琛启陈四事：其一，以为"今北边稽服，正是生聚教训之时[④]，而天下户口减落，关外弥甚[⑤]。郡不堪州之控总，县不堪郡之哀削，更相呼扰，惟事征敛，民不堪命，各务流移，此岂非牧守之过欤！东境户口空虚[⑥]，皆由使命繁数，穷幽极远，无不皆至，每有一使，所属搔扰；驽困守宰，则拱手听其渔猎，桀黠长吏，又因之重为贪残，纵有廉平，郡犹掣肘。如此，虽年降复业之诏，屡下蠲赋之恩，而民不得反其居也"。其二，以为"今天下所以贪残，良由风俗侈靡使之然也。今之燕喜，相竞夸豪，积果如丘陵，列肴同绮绣，露台之产[⑦]，不周一燕之资，而宾主之间，裁取满腹，未及下堂，已同臭腐。又，畜妓之夫，无有等秩。为吏牧民者，致赀巨亿，罢归之日，不支数年，率皆尽于燕饮之物、歌谣之具。所费事等丘山，为欢止在俄顷，乃更追恨向所取之少；如复傅翼，增其搏噬，一何悖哉！其余淫侈，著之凡百，习以成俗，日见滋甚，欲使人守廉白，安可得邪！诚宜严为禁制，道以节俭，纠奏浮华，变其耳目。夫失节之嗟[⑧]，亦民所自患，正耻不能及群，故勉强而为之；苟以纯素为先，足正雕流之弊矣"。其三以为"陛下忧念四海，不惮勤劳，至于百司，莫不奏事。但斗筲之人，既得伏奏帷扆[⑨]，便欲诡竞求进,不论国之大体,心存明恕;惟务吹毛求疵,擘肌分理,以深刻为能,以绳逐为务。迹虽似于奉公,事更成其威福,犯罪者多,巧避滋甚,长弊增奸,实由于此。诚愿责其公平之效,黜其谗慝之心,则下安上谧,无侥幸之患矣”。其四,以为“今天下无事,而犹日不暇给,宜省事、息费,事省则民养,费息则财聚。应内省职掌各检所部:凡京师治、署、邸、肆及国容、戎备[⑩],四方屯、传、邸治[⑪],有所宜除,除之,有所宜减,减之;兴造有非急者,征求有可缓者,皆宜停省,以息费休民。故畜其财者,所以大用之也;养其民者,所以大役之也。若言小事不足害财,则终年不息矣;以小役不足妨民,则终年不止矣。如此,则难可以语富强而图远大矣”。

**【注释】**

①下馆:据胡三省注引宋白云:“代州即古阴馆城,有上馆、下馆。”代州即今山西代县。　②乙未:据《梁书·武帝纪下》,当作“己未”。③乙未:十月无此日,疑为“十一月乙未”。　④生聚教训:春秋时期伍子胥“越十年生聚,十年教训”一语的省略。生聚,即生育繁衍、积储粮钱;教训,即教养、训练。　⑤关外:边关之外。这里指梁朝当时新占领的淮、汝、潼、泗等州郡,即今淮河以北、黄河中下游以南地区。　⑥东境:东部边境。梁朝东境即今江浙一带。　⑦露台之产:指一百两金子。《史记·文帝纪》载,文帝曾经打算建造一座露台,让工匠计算一下费用,共需一百两金子,即作罢。露台,即高台。　⑧失节之嗟:语出《周易》:“不节若,则嗟若,无咎。”《象》:“不节之嗟,又谁咎也!”失节,失去节制;嗟,嗟叹。　⑨帷扆(yǐ 乙):帷幕屏风,这里代指朝廷、宫廷。　⑩治:衙门办公之处;署:官员休息留止之所;邸:宗王府第以及各州郡设在都城的办事处;肆:集市店铺;国容:指礼乐、车服、帐幕旌旗等;戎备:军械装备。　⑪屯:军事屯田;传:驿站传车。

启奏,上大怒,召主书于前,口授敕书以责琛。大指以为:“朕有天下四十余年,公车谠言[①],日关听览,所陈之事,与卿不异,每苦倥偬,更增惛惑。卿不宜自同阘茸[②],止取名字,宣之行路,言‘我能上事,恨朝廷之不用’。何不分别显言:某刺史横暴,某太守贪残,尚书、兰台某人奸猾,使者渔猎,并何姓名?取与者谁?明言其事，得以诛黜，更择材良。又，士民饮食过差，若加严禁，密房曲屋，云何可知？傥家家搜检，恐益增苛扰。若指朝廷，我无此事。昔之牲牢[3]，久不宰杀，朝中会同，菜蔬而已；若复减此，必有《蟋蟀》之讥[4]。若以为功德事者，皆是园中之物，变一瓜为数十种，治一菜为数十味；以变故多，何损于事！我自非公宴，不食国家之食，多历年所；乃至宫人，亦不食国家之食。凡所营造，不关材官及以国匠[5]，皆资雇借以成其事。勇怯不同，贪廉各用，亦非朝廷为之傅翼。卿以朝廷为悖，乃自甘之，当思致悖所以！卿云'宜导之以节俭'，朕绝房室三十余年，至于居处不过一床之地，雕饰之物不入于宫；受生不饮酒，不好音声，所以朝中曲宴，未尝奏乐，此群贤之所见也。朕三更出治事，随事多少，事少午前得竟，事多日昃方食，日常一食，若昼若夜；昔要腹过于十围，今之瘦削裁二尺余，旧带犹存，非为妄说。为谁为之？救物故也。卿又曰'百司莫不奏事，诡竞求进'，今不使外人呈事，谁尸其任！专委之人，云何可得？古人云：'专听生奸，独任成乱'，二世之委赵高，元后之付王莽，呼鹿为马[6]，又可法欤？卿云'吹毛求疵'，复是何人？'擘肌分理'，复是何事？治、署、邸、肆等，何者宜除？何者宜减？何处兴造非急？何处征求可缓？各出其事，具以奏闻！富国强兵之术，息民省役之宜，并宜具列！若不具列，则是欺罔朝廷。倚闻重奏，当复省览，付之尚书[7]，班下海内，庶惟新之美，复见今日。"琛但谢过而已，不敢复言。

上为人孝慈恭俭，博学能文，阴阳、卜筮、骑射、声律、草隶、围棋，无不精妙。勤于政务，冬月四更竟，即起视事，执笔触寒，手为皴裂。自天监中用释氏法[8]，长斋断鱼肉，日止一食，惟菜羹、粝饭而已，或遇事繁，日移中则嗽口以过。身衣布衣，木绵皂帐，一冠三载，一衾二年，后宫贵妃以下，衣不曳地。性不饮酒，非宗庙祭祀、大飨宴及诸法事，未尝作乐。虽居暗室，恒理衣冠，小坐、盛暑，未尝褰袒，对内竖小臣，如遇大宾。然优假士人太过，牧守多浸渔百姓，使者干扰郡县。又好亲任小人，颇伤苛察；多造塔庙，公私费损。江南久安，风俗奢靡，故琛启及之。上恶其触实，故怒。

臣光曰：梁高祖之不终也，宜哉！夫人君听纳之失，在于丛脞[9]；人臣献替之病，在于烦碎。是以明主守要道以御万机之本，忠臣陈大体以格君心之非，故身不劳而收功远，言至约而为益大也。观夫贺琛之谏未至于切直，而高祖已赫然震怒，护其所短，矜其所长；诘贪暴之主名，问劳费之条目，困以难对之状，责以必穷之辞。自以蔬食之俭为盛德，日昃之勤为至治，君道已备，无复可加，群臣箴规，举不足听。如此，则自余切直之言过于琛者，谁敢进哉！由是奸佞居前而不见，大谋颠错而不知[10]，名辱身危，覆邦绝祀，为千古所闵笑，岂不哀哉！

【注释】

①公车：汉代官署名，隶属于九卿之一的卫尉。掌宫廷警卫、接待臣民上书、负责召臣民等。后世遂以"公车"代称臣民上书言事。谠言：正直之言。 ②阘茸：驽顿软弱。 ③牲牢：按照礼制，帝王用膳，要备六牲，即马牛羊豕鸡犬。梁武帝事佛食素，故不宰杀。 ④《蟋蟀》之讥：《诗·唐风·蟋蟀》："蟋蟀在堂，岁聿其逝。"旨在讽刺晋僖公过分节俭乃致不合礼制。 ⑤材官：材官将军，官名，属少府卿。掌管建筑物资和工匠土木建造等事。 ⑥秦二世亲信赵高以致亡国，事见本书《秦纪》；西汉元帝王皇后信任侄儿王莽，导致王莽改制篡汉，事见本书《汉纪》。呼鹿为马：这是赵高为树淫威而颠倒是非的一个恶作剧，详见本书《秦纪》。 ⑦尚书：官名，群臣奏章，皇帝诏令均经过尚书，位不高而权大。⑧天监：梁武帝年号，时间当502—519年。 ⑨丛脞：细碎。 ⑩奸佞：这里指梁武帝在位时的奸臣朱异、周石珍等人。大谋颠错：指接受东魏侯景叛降，导致后来侯景乱梁。

上敦尚文雅，疏简刑法，自公卿大臣，咸不以鞫狱为意。奸吏招权弄法，货赂成市，枉滥者多。大率二岁刑已上岁至五千人；徒居作者具五任[1]，其无任者著升械；若疾病，权解之，是后囚徒或有优、剧[2]。时王侯子弟，多骄淫不法。上年老，厌于万几。又专精佛戒，每断重罪，则终日不怿；或谋反逆，事觉，亦泣而宥之。由是王侯益横，或白昼杀人于都街，或暮夜公行剽劫，有罪亡命者，匿于王家，有司不敢搜捕。上深知其弊，溺于慈爱，不能禁也。

魏东阳王荣为瓜州刺史，与其婿邓彦偕行。荣卒，瓜州首望表荣子康为刺史③，彦杀康而夺其位；魏不能讨，因以彦为刺史，屡征不至，又南通吐谷浑。丞相泰以道远难于动众，欲以计取之，以给事黄门侍郎申徽为河西大使，密令图彦。

徽以五十骑行，既至，止于宾馆；彦见徽单使，不以为疑。徽遣人微劝彦归朝，彦不从；徽又使赞成其留计；彦信之，遂来至馆。徽先与州主簿敦煌令狐整等密谋，执彦于坐，责而缚之；因宣诏慰谕吏民，且云"大军续至"，城中无敢动者，遂送彦于长安。泰以徽为都官尚书④。

**【注释】**

①五任：即胜任木工活的就让他做木工活，胜任铁匠的就让他做铁工，胜任做皮匠的就让他做皮匠活，胜任设色的就让他做设色的事，胜任做土工的就让他做土工。任，即能力胜任。 ②优、剧：宽大优待和苦役加剧。指囚徒行贿则可得到宽大优待，即可解开锁枷自由活动；无钱行贿的即使有病也不能解开锁镣，由是更增加痛苦。 ③首望：当时各州大姓，称为望族，首望即一州望族之首。 ④都官尚书：官名，职掌军事刑狱，隶属于司隶校尉。

**中大同元年** 春，正月，癸丑，杨瞟等克嘉宁城，李贲奔新昌獠中，诸军顿于江口。

二月，魏以义州刺史史宁为凉州刺史；前刺史宇文仲和据州，不受代，瓜州民张保杀刺史成庆以应之，晋昌民吕兴杀太守郭肆①，以郡应保。丞相泰遣太子太保独孤信、开府仪同三司怡峰与史宁讨之。

三月，乙巳，大赦。

庚戌，上幸同泰寺，遂停寺省，讲《三慧经》。夏，四月，丙戌，解讲，大赦，改元。是夜，同泰寺浮图灾，上曰："此魔也，宜广为法事。"群臣皆称善。乃下诏曰："道高魔盛，行善鄣生，当穷兹土木，倍增往日。"遂起十二层浮图；将成，值侯景乱而止。

魏史宁晓谕凉州吏民，率皆归附，独宇文仲和据城不下。五月，独孤信使诸将夜攻其东北，自帅壮士袭其西南，迟明，克之，遂擒仲和。

初，张保欲杀州主簿令狐整，以其人望，恐失众心，虽外相敬，内甚忌之。整阳为亲附，因使人说保曰："今东军渐逼凉州，彼势孤危，恐不能敌，宜急分精锐以救之。然成败在于将领，令狐延保，兼资文武，使将兵以往，蔑不济矣！"保从之。

整行及玉门，召豪桀述保罪状，驰还袭之。先克晋昌，斩吕兴；进击瓜州，州人素信服整，皆弃保来降，保奔吐谷浑。

众议推整为刺史，整曰："吾属以张保逆乱，恐阖州之人俱陷不义，故相与讨诛之；今复见推，是效尤也。"乃推魏所遣使波斯者张道义行州事，具以状闻。丞相泰以申徽为瓜州刺史。召整为寿昌太守，封襄武男。整帅宗族乡里三千余人入朝，从泰征讨，累迁骠骑大将军、开府仪同三司，加侍中。

六月，庚子，东魏以司徒侯景为河南大将军、大行台。

秋，七月，壬寅，东魏遣散骑常侍元廓来聘。

甲子，诏："犯罪非大逆，父母、祖父母不坐。"

**【注释】**

①晋昌：县名，即今陕西石泉县。

先是，江东唯建康及三吴、荆、郢、江、湘、梁、益用钱[①]，其余州郡杂以谷帛，交、广专以金银为货。上自铸五铢及女钱，二品并行，禁诸古钱。普通中，更铸铁钱。由是民私铸者多，物价腾踊，交易者至以车载钱，不复计数。又自破岭以东[②]，八十为百，名曰"东钱"；江、郢以上，七十为百，名曰"西钱"；建康以九十为百，名曰"长钱"。丙寅，诏曰："朝四暮三，众狙皆喜，名实未亏而喜怒为用。顷闻外间多用九陌钱，陌减则物贵，陌足则物贱，非物有贵贱，乃心有颠倒。至于远方，日更滋甚，徒乱王制，无益民财。自今可通用足陌钱！令书行后，百日为期，若犹有犯，男子谪运，女子质作，并同三年。"诏下而人不从，钱陌益少；至于季年，遂以三十五为百云。

上年高，诸子心不相下，邵陵王纶为丹杨尹，湘东王绎在江州，武陵王纪在益州，皆权侔人主；太子纲恶之，常选精兵以卫东宫。八月，以纶为南徐州刺史。

东魏丞相欢如邺。高澄迁洛阳《石经》五十二碑于邺。

魏徙并州刺史王思政为荆州刺史，使之举诸将可代镇玉壁者。思政举晋州刺史韦孝宽，丞相泰从之。东魏丞相欢悉举山东之众，将伐魏；癸巳，自邺会兵于晋阳；九月，至玉壁，围之。以挑西师，西师不出。

萧梁公式女钱铜范

李贲复帅众二万自獠中出，屯典澈湖③，大造船舰，充塞湖中。众军惮之，顿湖口，不敢进。陈霸先谓诸将曰："我师已老，将士疲劳；且孤军无援，入人心腹，若一战不捷，岂望生全！今借其屡奔，人情未固，夷、獠乌合④，易为摧殄。正当共出百死，决力取之；无故停留，时事去矣！"诸将皆默然莫应。是夜，江水暴起七丈，注湖中。霸先勒所部兵乘流先进，众军鼓噪俱前；贲众大溃，窜入屈獠洞中。

冬，十月，乙亥，以前东扬州刺史岳阳王詧为雍州刺史⑤。上舍詧兄弟而立太子纲，内尝愧之，宠亚诸子。以会稽人物殷阜，故用詧兄弟迭为东扬州以慰其心。詧兄弟亦内怀不平。詧以上衰老，朝多秕政，遂蓄聚货财，折节下士，招募勇敢，左右至数千人。以襄阳形胜之地，梁业所基，遇乱可以图大功。乃克己为政，抚循士民，数施恩惠，延纳规谏，所部称治。

东魏丞相欢攻玉壁，昼夜不息，魏韦孝宽随机拒之。城中无水，汲于汾，欢使移汾，一夕而毕。欢于城南起土山，欲乘之以入。城上先有二楼，孝宽缚木接之，令常高于土山以御之。欢使告之曰:“虽尔缚楼至天,我当穿地取尔。”乃凿地为十道,又用术士李业兴《孤虚法》[6],聚攻其北,北,天险也。孝宽掘长堑,邀其地道,选战士屯堑上;每穿至堑,战士辄禽杀之。又于堑外积柴贮火,敌有在地道内者,塞柴投火,以皮排吹之,一鼓皆焦烂。敌以攻车撞城,车之所及,莫不摧毁,无能御者。孝宽缝布为幔,随其所向张之,布既悬空,车不能坏。敌又缚松、麻于竿,灌油加火以烧布,并欲焚楼。孝宽作长钩,利其刃,火竿将至,以钩遥割之,松、麻俱落。敌又于城四面穿地为二十道,其中施梁柱,纵火烧之,柱折,城崩。孝宽于崩处竖木栅以捍之,敌不得入。城外尽攻击之术,而城中守御有余。孝宽又夺据其土山。欢无如之何,乃使仓曹参军祖珽说之曰:“君独守孤城而西方无救,恐终不能全,何不降也?”孝宽报曰:“我城池严固,兵食有余。攻者自劳,守者常逸,岂有旬朔之间已须救援!适忧尔众有不返之危。孝宽关西男子,必不为降将军也!”珽复谓城中人曰:“韦城主受彼荣禄,或复可尔,自外军民,何事相随入汤火中!”乃射募格于城中云:“能斩城主降者,拜太尉,封开国郡公,赏帛万匹。”孝宽手题书背,返射城外云:“能斩高欢者准此。”珽,莹之子也。东魏苦攻凡五十日,士卒战及病死者共七万人,共为一冢。欢智力皆困,因而发疾。有星坠欢营中,士卒惊惧。十一月,庚子,解围去。

先是,欢别使侯景将兵趣齐子岭[7],魏建州刺史杨檦镇车厢,恐其寇邵郡[8],帅骑御之。景闻檦至,斫木断路六十余里,犹惊而不安,遂还河阳。

庚戌,欢使段韶从太原公洋镇邺。辛亥,征世子澄会晋阳。

魏以韦孝宽为骠骑大将军、开府仪同三司,进爵建忠公。时人以王思政为知人。

十二月,己卯[9],欢以无功,表解都督中外诸军,东魏主许之。

欢之自玉壁归也,军中讹言韦孝宽以定功弩射杀丞相;魏人闻之,因下令曰:“劲弩一发,凶身自陨。”欢闻之,勉坐见诸贵,使斛律金作《敕勒歌》,欢自和之,哀感流涕。

**【注释】**

①江州:治所在今江西九江市西南。　②破岭:地名,又名破岗,在

今江苏南京市郊，传说为秦始皇所凿。 ③典澈湖：地名，当在今越南北部境内。 ④夷、獠：中国古代对西南少数民族仡佬族的歧视性称谓。 ⑤东扬州：南朝宋始分会稽、东阳、新安、永嘉、临海五郡为东扬州，治会稽郡，即今浙江绍兴市治。 ⑥孤虚法：利用六十甲子演化而归纳出的一种法术。《汉书·艺文志》载《风后孤虚》二十卷，《史记·龟策列传》褚少孙补："日辰不全，故有孤虚。"《集解》引"六甲孤虚法"大致为，甲子旬中无戌亥，戌亥即为孤，辰巳即为虚；甲戌旬中无申酉，申酉为孤，寅卯为虚；甲申旬中无午未，午未为孤，子丑为虚。其余三甲类推。凡对孤者即为虚。且以为，行军作战，当避孤击虚。 ⑦齐子岭：地名，在今河南济源市境内。 ⑧车厢：城名，在今山西绛县东南。邵郡：治所在今山西垣曲县东南城关。 ⑨己卯：十一月无此日，疑误。

魏大行台度支尚书、司农卿苏绰，性忠俭，常以丧乱未平为己任，纪纲庶政；丞相泰推心任之，人莫能间。或出游，常预署空纸以授绰；有须处分，随事施行，及还，启知而已。绰常谓"为国之道，当爱人如慈父，训人如严师"。每与公卿论议，自昼达夜，事无巨细，若指诸掌。积劳成疾而卒。泰深痛惜之，谓公卿曰："苏尚书平生廉让，吾欲全其素志，恐悠悠之徒有所未达；如厚加赠谥，又乖宿昔相知之心，何为而可？"尚书令史麻瑶[①]，越次进曰："俭约，所以彰其美也。"泰从之。归葬武功[②]，载以布车一乘，泰与群公步送出同州郭外。泰于车后酹酒言曰："尚书平生为事，妻子、兄弟所不知者，吾皆知之。唯尔知吾心，吾知尔志，方欲共定天下，遽舍吾去，奈何！"因举声恸哭，不觉卮落于手。

东魏司徒、河南大将军、大行台侯景，右足偏短，弓马非其长，而多谋算。诸将高敖曹、彭乐等皆勇冠一时，景常轻之，曰："此属皆如豕突，势何所至！"景尝言于丞相欢："愿得兵三万，横行天下，要须济江缚取萧衍老公，以为太平寺主。"欢使将兵十万，专制河南，杖任若己之半体。

景素轻高澄，尝谓司马子如曰："高王在，吾不敢有异；王没，吾不能与鲜卑小儿共事！"子如掩其口。及欢疾笃，澄诈为欢书以召景。先是，景与欢约曰："今握兵在远，人易为诈，所赐书皆请加微点。”欢从之。景得书无点，辞不至；又闻欢疾笃，用其行台郎颍川王伟计，遂拥兵自固。

欢谓澄曰：“我虽病，汝面更有余忧，何也？”澄未及对，欢曰：“岂非忧侯景叛邪？”对曰：“然。”欢曰：“景专制河南，十四年矣，常有飞扬跋扈之志，顾我能畜养，非汝所能驾御也。今四方未定，勿遽发哀。库狄干鲜卑老公，斛律金敕勒老公，并性遒直，终不负汝。可朱浑道元、刘丰生，远来投我，必无异心。潘相乐本作道人，心和厚，汝兄弟当得其力。韩轨少戆，宜宽借之。彭乐心腹难得，宜防护之。堪敌侯景者，唯有慕容绍宗，我故不贵之，留以遗汝。”又曰：“段孝先忠亮仁厚，智勇兼备，亲戚之中，唯有此子，军旅大事，宜共筹之。”又曰：“邙山之战，吾不用陈元康之言，留患遗汝，死不瞑目。”相乐，广宁人也。

【注释】

①尚书令史：官名，东汉始置，位次于郎，职掌文书。南北朝后，品位渐卑，成为低级吏员。　②武功：县名，治所在今陕西武功县西北武功镇。

# 资治通鉴卷第一百六十

## 梁纪十六　强圉单阏，一年。

## 高祖武皇帝十六

**太清元年**　春，正月朔，日有食之，不尽如钩。

壬寅，荆州刺史庐陵威王续卒。以湘东王绎为都督荆、雍等九州诸军事、荆州刺史。续素贪婪，临终，有启遣中录事参军谢宣融献金银器千余件[①]，上方知其富，因问宣融曰："王之金尽此乎？"宣融曰："此之谓多，安可加也！大王之过如日月之食，欲令陛下知之，故终而不隐。"上意乃解。

初，湘东王绎为荆州刺史，有微过，续代之，以状闻，自此二王不通书问。绎闻其死，入阁而跃，屧为之破。

丙午，东魏勃海献武王欢卒。欢性深密，终日俨然，人不能测，机权之际，变化若神。制驭军旅，法令严肃。听断明察，不可欺犯。擢人授任，在于得才，苟其所堪，无问厮养[②]；有虚声无实者，皆不任用。雅尚俭素，刀剑鞍勒无金玉之饰。少能剧饮，自当大任，不过三爵。知人好士，全护勋旧；每获敌国尽节之臣，多不之罪。由是文武乐为之用。世子澄秘不发丧[③]，唯行台左丞陈元康知之。

侯景自念己与高氏有隙，内不自安。辛亥，据河南叛，归于魏，颍州刺史司马世云以城应之[④]。景诱执豫州刺史高元成[⑤]、襄州刺史李密、广州刺史怀朔暴显等。遣军士二百人载仗暮入西兖州[6],欲袭取之,刺史邢子才觉之,掩捕,尽获之,因散檄东方诸州,各为之备,由是景不能取。

诸将皆以景之叛由崔暹,澄不得已,欲杀暹以谢景。陈元康谏曰:"今虽四海未清,纲纪已定;若以数将在外,苟悦其心,枉杀无辜,亏废刑典,岂直上负天神,何以下安黎庶!晁错前事[7],愿公慎之。"澄乃止,遣司空韩轨督诸军讨景。

辛酉,上祀南郊,大赦;甲子,祀明堂。

三月,魏诏:"自今应宫刑者,直没官,勿刑。"

**【注释】**

①启:古代文体之一,即较简短的书信。 ②厮养:本指供人驱使的奴仆。这里泛指出身寒微、门望低下的人。 ③世子:古代诸侯王的嫡子皆称世子。汉代以后特指诸侯王、亲王经天子敕封以继承王位王爵的嫡子。 ④颍州:东魏置。故治在今河南长葛市境。 ⑤豫州:北魏置。治所屡迁,大致在悬瓠、虎牢、广陵之间移动。悬瓠,即今河南汝南县;虎牢,今河南荥阳市;广陵,今河南息县。 ⑥西兖州:北魏置。北魏初置兖州于滑台。后得瑕丘,遂移置于此,其滑台之兖州则称西兖州。滑台即今河南滑县。 ⑦晁错前事:西汉景帝时,御史大夫晁错建议逐步削夺诸侯王封地,为景帝所采纳。随后吴楚等七诸侯国以"诛晁错以清君侧"为名发动武装叛乱,景帝被迫诛杀晁错,结果导致政局混乱、君臣离心。

魏以开府仪同三司若干惠为司空,侯景为太傅、河南道行台、上谷公。

庚辰[1],景又遣其行台郎中丁和来,上表言:"臣与高澄有隙,请举函谷以东,瑕丘以西,豫、广、郢、荆、襄、兖、南兖、济、东豫、洛、阳、北荆、北扬等十三州内附[2],惟青、徐数州,仅须折简。且黄河以南,皆臣所职,易同反掌。若齐、宋一平,徐事燕、赵。"上召群臣廷议,尚书仆射谢举等皆曰:"顷岁与魏通和,边境无事,今纳其叛臣,窃谓非宜。"上曰:"虽然,得景则塞北可清;机会难得,岂宜胶柱!"

是岁,正月,乙卯,上梦中原牧守皆以其地来降,举朝称庆。

旦，见中书舍人朱异，告之，且曰："吾为人少梦，若有梦必实。"异曰："此乃宇宙混一之兆也。"及丁和至，称景定计以正月乙卯，上愈神之。然意犹未决，尝独言："我国家如金瓯，无一伤缺，今忽受景地，讵是事宜？脱致纷纭，悔之何及？"朱异揣知上意，对曰："圣明御宇，南北归仰，正以事无机会，未达其心。今侯景分魏土之半以来，自非天诱其衷，人赞其谋，何以至此？若拒而不内，恐绝后来之望。此诚易见，愿陛下无疑。"上乃定议纳景。

壬午[3]，以景为大将军，封河南王，都督河南、北诸军事、大行台，承制如邓禹故事。平西谘议参军周弘正，善占候，前此谓人曰："国家数年后当有兵起。"及闻纳景，曰："乱阶在此矣！"

丁亥[4]，上耕藉田。

三月，庚子，上幸同泰寺，舍身如大通故事[5]。

甲辰，遣司州刺史羊鸦仁督兖州刺史桓和、仁州刺史湛海珍等[6]，将兵三万趣悬瓠[7]，运粮食应接侯景。

魏大赦。

东魏高澄虑诸州有变，乃自出巡抚。留段韶守晋阳，委以军事；以丞相功曹赵彦深为大行台都官郎中。使陈元康豫作丞相欢条教数十纸付韶及彦深，在后以次行之。临发，握彦深手泣曰："以母、弟相托，幸明此心！"夏，四月，壬申，澄入朝于邺。东魏主与之宴，澄起舞，识者知其不终。

丙子，群臣奉赎。丁亥，上还宫，大赦，改元，如大通故事。

甲午，东魏遣兼散骑常侍李系来聘。系，绘之弟也。

五月，丁酉朔，东魏大赦。

戊戌，东魏以襄城王旭为太尉。

高澄遣武卫将军元柱等将数万众昼夜兼行以袭侯景，遇景于颍川北，柱等大败。景以羊鸦仁等军犹未至，乃退保颍川。

甲辰，东魏以开府仪同三司库狄干为太师，录尚书事孙腾为太傅，汾州刺史贺拔仁为太保，司徒高隆之录尚书事，司空韩轨为司徒，青州刺史尉景为大司马，领军将军可朱浑道元为司空，仆射高洋为尚书令、领中书监，徐州刺史慕容绍宗为尚书左仆射，高阳王斌为右仆射。戊午，尉景卒。

【注释】

①庚辰：据《梁书·武帝纪》太清元年，“庚辰”在二月。 ②东豫州：北魏始置，故治在今河南息县境内。阳州：故城在今山东东平县境内。北荆州：东魏始置，故治在今河南嵩县境内。北扬州：东魏置，故治在今河南项城市。 ③壬午：同注①，“壬午”在二月。 ④丁亥：同注①，“丁亥”在二月。 ⑤大通故事：大通元年(527)，梁武帝第一次舍身同泰寺。 ⑥仁州：地名，南朝梁置，故治在今安徽灵璧县。 ⑦悬瓠：地名，故城在今河南汝南县。

韩轨等围侯景于颍川。景惧，割东荆、北兖州、鲁阳、长社四城赂魏以求救[1]。尚书左仆射于谨曰：“景少习兵，奸诈难测，不如厚其爵位以观其变，未可遣兵也。”荆州刺史王思政以为：“若不因机进取，后悔无及。”即以荆州步骑万余从鲁阳关向阳翟[2]。丞相泰闻之，加景大将军兼尚书令，遣太尉李弼、仪同三司赵贵将兵一万赴颍川。

景恐上责之，遣中兵参军柳昕奉启于上，以为：“王旅未接，死亡交急，遂求援关中，自救目前。臣既不安于高氏，岂见容于宇文！但螫手解腕，事不得已，本图为国，愿不赐咎！臣获其力，不容即弃，今以四州之地为饵敌之资，已令宇文遣人入守。自豫州以东，齐海以西，悉臣控压；见有之地，尽归圣朝，悬瓠、项城、徐州、南兖，事须迎纳。愿陛下速敕境上，各置重兵，与臣影响，不使差互！”上报之曰：“大夫出境，尚有所专；况始创奇谋，将建大业，理须适事而行，随方以应。卿诚心有本，何假词费！”

魏以开府仪同三司独孤信为大司马。

六月，戊辰，以鄱阳王范为征北将军，总督汉北征讨诸军事，击穰城[3]。

东魏韩轨等围颍川，闻魏李弼、赵贵等将至，乙巳[4]，引兵还邺。侯景欲因会执弼与贵，夺其军；贵疑之，不往。贵欲诱景入营而执之，弼止之。羊鸦仁遣长史邓鸿将兵至汝水，弼引兵还长安。王思政入据颍川。景阳称略地，引军出屯悬瓠。

景复乞兵于魏，丞相泰使同轨防主韦法保及都督贺兰愿德等将兵助之⑤。大行台左丞蓝田王悦言于泰曰："侯景之于高欢，始敦乡党之情，终定君臣之契，任居上将，位重台司；今欢始死，景遽外叛，盖所图甚大，终不为人下故也。且彼能背德于高氏，岂肯尽节于朝廷！今益之以势，援之以兵，窃恐贻笑将来也。"泰乃召景入朝。

景阴谋叛魏，事计未成，厚抚韦法保等，冀为己用，外示亲密无猜间，每往来诸军间，侍从至少，魏军中名将，皆身自造诣。同轨防长史裴宽谓法保曰："侯景狡诈，必不肯入关，欲托款于公，恐未可信。若伏兵斩之，此亦一时之功也。如其不尔，即应深为之防，不得信其诳诱，自贻后悔。"法保深然之，不敢图景，但自为备而已，寻辞还所镇。王思政亦觉其诈，密召贺兰愿德等还，分布诸军，据景七州、十二镇。景果辞不入朝，遗丞相泰书曰："吾耻与高澄雁行，安能比肩大弟！"泰乃遣行台郎中赵士宪悉召前后所遣诸军援景者。景遂决意来降。魏将任约以所部千余人降于景。

泰以所授景使持节、太傅、大将军、兼尚书令、河南大行台、都督河南诸军事回授王思政⑥，思政并让不受；频使敦谕，唯受都督河南诸军事。

高澄将如晋阳，以弟洋为京畿大都督，留守于邺，使黄门侍郎高德政佐之。德政，颢之子也。丁丑，澄还晋阳，始发丧。

秋，七月，魏长乐武烈公若干惠卒。

**【注释】**

①东荆州：治所在今河南唐河县治。北兖州：当时东魏无北兖州，或即北荆州之误，北荆州治伊阳，即今河南项城市伏流城，当时与西魏接境。鲁阳：荆州府治，即今河南鲁山县治。长社：颍川府治，即今河南许昌市。　②阳翟：地名，即今河南禹州市。　③穰城：地名，荆州府治，即今河南邓州市治。　④乙巳：六月无此日，当为"己巳"之误。　⑤同轨：郡名，治所在今河南宜阳县。　⑥使持节：加官衔，魏晋南北朝时期始置，具有诛杀中级以下官吏之权，故一般只授予朝廷重臣及地方重要军政长官。隋唐以后，渐成虚衔。

丁酉，东魏主为丞相欢举哀，服缌缞[①]，凶礼依汉霍光故事，赠相国、齐王，备九锡殊礼。戊戌，以高澄为使持节、大丞相、都督中外诸军、录尚书事、大行台、勃海王；澄启辞爵位。壬寅，诏太原公洋摄理军国，遣中使敦谕澄。

庚申，羊鸦仁入悬瓠城。甲子，诏更以悬瓠为豫州，寿春为南豫州，改合肥为合州。以鸦仁为司、豫二州刺史，镇悬瓠；西阳太守羊思达为殷州刺史，镇项城。

八月，乙丑，下诏大举伐东魏。遣南豫州刺史贞阳侯渊明、南兖州刺史南康王会理分督诸将。渊明，懿之子；会理，续之子也。始，上欲以鄱阳王范为元帅；朱异取急在外，闻之，遽入曰："鄱阳雄豪盖世，得人死力，然所至残暴，非吊民之材。且陛下昔登北顾亭以望，谓江右有反气[②]，骨肉为戎首，今日之事，尤宜详择。"上默然，曰："会理何如？"对曰："陛下得之矣。"会理懦而无谋，所乘襻舆[③]，施板屋，冠以牛皮。上闻，不悦。贞阳侯渊明时镇寿阳，屡请行，上许之。会理自以皇孙，复为都督，自渊明已下，殆不对接。渊明与诸将密告朱异，追会理还，遂以渊明为都督。

辛未，高澄入朝于邺，固辞大丞相，诏为大将军如故，余如前命。

甲申，虚葬齐献武王于漳水之西；潜凿成安鼓山石窟佛顶之旁为穴[④]，纳其柩而塞之，杀其群匠。及齐之亡也，一匠之子知之，发石取金而逃。

戊子，武州刺史萧弄璋攻东魏碛泉、吕梁二戍[⑤]，拔之。

或告东魏大将军澄云："侯景有北归之志。"会景将蔡道遵北归，言"景颇知悔过"。景母及妻子皆在邺，澄乃以书谕之，语以阖门无恙，若还，许以豫州刺史终其身，还其宠妻、爱子，所部文武，更不追摄。景使王伟复书曰："今已引二邦，扬旌北讨，熊豹齐奋；克复中原，幸自取之，何劳恩赐！昔王陵附汉，母在不归，太上囚楚，乞羹自若，矧伊妻子，而可介意！脱谓诛之有益，欲止不能，杀之无损，徒复坑戮，家累在君，何关仆也！"

戊子，诏以景录行台尚书事。

**【注释】**

①缌缞(sīcuī 思崔):丧服名。王为诸侯服丧的丧服。《周礼·春官·司服》:“王为三公六卿锡衰,为诸侯缌衰,为大夫疑衰,其首皆弁绖。”弁绖:吊丧时戴上加细麻布条的素冠。 ②江右:古人以长江下游以东地区为江左,即今江苏一带;以长江下游以西地区为江右,即今江西省。这是因为古人在叙地理时,习惯以东为左,以西为右,故称江东为江左,江西为江右。 ③襻(pàn 叛)舆:肩舆,即轿子。 ④成安:县名,今属河北省。 ⑤武州:地名,故城在今江苏邳州市。

东魏静帝,美容仪,旅力过人,能挟石师子逾宫墙,射无不中;好文学,从容沉雅。时人以为有孝文风烈,大将军澄深忌之。

始,献武王自病逐君之丑,事静帝礼甚恭,事无大小必以闻,可否听旨。每侍宴,俯伏上寿;帝设法会,乘辇行香,欢执香炉步从,鞠躬屏气,承望颜色,故其下奉帝莫敢不恭。

及澄当国,倨慢顿甚,使中书黄门郎崔季舒察帝动静[1],大小皆令季舒知之。澄与季舒书曰:“痴人比复何似?痴势小差未?宜用心检校。”帝尝猎于邺东,驰逐如飞,监卫都督乌那罗受工伐从后呼曰:“天子勿走马,大将军嗔!”澄尝侍饮酒,举大觞属帝曰:“臣澄劝陛下酒。”帝不胜忿,曰:“自古无不亡之国,朕亦何用此生为!”澄怒曰:“朕?朕?狗脚朕!”使崔季舒殴帝三拳,奋衣而出。明日,澄使季舒入劳帝,帝亦谢焉,赐季舒绢百匹。

帝不堪忧辱,咏谢灵运诗曰:“韩亡子房奋,秦帝仲连耻[2]。本自江海人,忠义动君子。”常侍、侍讲颍川荀济知帝意,乃与祠部郎中元瑾、长秋卿刘思逸、华山王大器、淮南王宣洪、济北王徽等谋诛澄[3]。大器,鸷之子也。帝谬为敕问济曰:“欲以何日开讲?”乃诈于宫中作土山,开地道向北城。至千秋门,门者觉地下响,以告澄。澄勒兵入宫,见帝,不拜而坐,曰:“陛下何意反?臣父子功存社稷,何负陛下邪!此必左右妃嫔辈所为。”欲杀胡夫人及李嫔。帝正色曰:“自古唯闻臣反君,不闻君反臣。王自欲反,何乃责我!我杀王则社稷安,不杀则灭亡无日,我身且不暇惜,况于妃嫔!必欲弑逆,缓速在王!”澄乃下床叩头,大啼谢罪。

萧梁铁五铢钱

于是酣饮，夜久乃出。居三日，幽帝于含章堂。壬辰，烹济等于市。

初，济少居江东，博学能文。与上有布衣之旧，知上有大志，然负气不服，常谓人曰："会于盾鼻上磨墨檄之。"上甚不平。及即位，或荐之于上，上曰："人虽有才，乱俗好反，不可用也。"济上书谏上崇信佛法、为塔寺奢费，上大怒，欲集朝众斩之；朱异密告之，济逃奔东魏。澄为中书监，欲用济为侍读，献武王曰："我爱济，欲全之，故不用济。济入宫，必败。"澄固请，乃许之。及败，侍中杨遵彦谓之曰："衰暮何苦复尔？"济曰："壮气在耳！"因下辨曰："自伤年纪摧颓，功名不立，故欲挟天子，诛权臣。"澄欲宥其死，亲问之曰："荀公何意反？"济曰："奉诏诛高澄，何谓反！"有司以济老病，鹿车载诣东市④，并焚之。

澄疑谘议温子升知瑾等谋⑤，方使之作《献武王碑》，既成，饿于晋阳狱，食弊襦而死。弃尸路隅，没其家口，太尉长史宋游道收葬之。澄谓游道曰："吾近书与京师诸贵论及朝士，以卿僻于朋党，将为一病；今乃知卿真是重故旧、尚节义之人，天下人代卿怖者，是不知吾心也。"九月，辛丑，澄还晋阳。

【注释】

①中书黄门郎：即中书侍郎与黄门侍郎，中书侍郎为中书省次官，黄门侍郎为门下省次官。此处崔季舒兼领二职。 ②子房：姓张，名良，战国时韩国贵族，韩国被秦灭亡后，曾纠集豪侠谋杀秦始皇，后为刘邦主要谋士，佐刘邦灭秦败楚，建立西汉王朝。以功封留侯。仲连：姓鲁，战国

时齐国人，为当时著名辩士。曾与赵、魏大臣辛垣衍论辩，竭力劝阻两国尊秦昭王为帝。③祠部郎中：官名，为尚书省祠部次官，职掌礼制、祭祀、天文、卜祝、医药等。长秋卿：官名，内侍省长秋寺长官，又名大长秋，负责传达皇后旨意，管理后宫事务，多由宦官担任。④鹿车：仅能容一只鹿的小车。⑤谘议：官名，即谘议参军，职备顾问谋议，为军府常设之官。

上命萧渊明堰泗水于寒山以灌彭城，俟得彭城，乃进军与侯景掎角。癸卯，渊明军于寒山，去彭城十八里，断流立堰。侍中羊侃监作堰，再旬而成。东魏徐州刺史太原王则婴城固守，侃劝渊明乘水攻彭城，不从。诸将与渊明议军事，渊明不能对，但云“临时制宜”。

冬，十一月，魏丞相泰从魏主狩于岐阳[1]。

东魏大将军澄使大都督高岳救彭城，欲以金门郡公潘乐为副。陈元康曰：“乐缓于机变，不如慕容绍宗；且先王之命也。公但推赤心于斯人，景不足忧也。”时绍宗在外，澄欲召见之，恐其惊叛；元康曰：“绍宗知元康特蒙顾待，新使人来饷金；元康欲安其意，受之而厚答其书，保无异也。”乙酉[2]，以绍宗为东南道行台，与岳、乐偕行。初，景闻韩轨来，曰：“啖猪肠儿何能为！”闻高岳来，曰：“兵精人凡。”诸将无不为所轻者。及闻绍宗来，叩鞍有惧色，曰：“谁教鲜卑儿解遣绍宗来！若然，高王定未死邪？”

澄以廷尉卿杜弼为军司[3]，摄行台左丞，临发，问以政事之要、可为戒者，使录一二条。弼请口陈之，曰：“天下大务，莫过赏罚。赏一人使天下之人喜，罚一人使天下之人惧，苟二事不失，自然尽美。”澄大悦，曰：“言虽不多，于理甚要。”

绍宗帅众十万据橐驼岘。羊侃劝贞阳侯渊明乘其远来击之，不从，旦日，又劝出战，亦不从，侃乃帅所领出屯堰上。

丙午，绍宗至城下，引步骑万人攻潼州刺史郭凤营[4]，矢下如雨。渊明醉，不能起，命诸将救之，皆不敢出。北兖州刺史胡贵孙谓谯州刺史赵伯超曰[5]：“吾属将兵而来，本欲何为，今遇敌而不战乎？”伯超不能对。贵孙独帅麾下与东魏战，斩首二百级。伯超拥众数千不敢救,谓其下曰:"虏盛如此,与战必败,不如全军早归。"皆曰:"善!"遂遁还。

初,侯景常戒梁人曰:"逐北不过二里。"绍宗将战,以梁人轻悍,恐其众不能支,一一引将卒谓之曰:"我当阳退,诱吴儿使前,尔击其背。"东魏兵实败走,梁人不用景言,乘胜深入。魏将卒以绍宗之言为信,争共掩击之,梁兵大败,贞阳侯渊明及胡贵孙、赵伯超等皆为东魏所虏,失亡士卒数万人。羊侃结陈徐还。

上方昼寝,宦者张僧胤白朱异启事,上骇之,遽起升舆,至文德殿阁。异曰:"韩山失律。"上闻之,怳然将坠床。僧胤扶而就坐,乃叹曰:"吾得无复为晋家乎!"

郭凤退保潼州,慕容绍宗进围之。十二月,甲子朔,凤弃城走。

**【注释】**

①岐阳:岐山之阳,即岐山之南。地在今陕西扶风县。 ②乙酉:十一月无此日,疑误。 ③廷尉卿:官名,廷尉长官,职掌刑狱。廷尉,后更名为大理寺。 ④潼州:南朝梁始置,故治在今安徽宿州市。 ⑤谯州:南朝梁置,故治在今安徽全椒县。

东魏使军司杜弼作檄移梁朝曰:"皇家垂统,光配彼天,唯彼吴、越,独阻声教。元首怀止戈之心,上宰薄兵车之命,遂解絷南冠[①],喻以好睦。虽嘉谋长算,爰自我始,罢战息民,彼获其利。侯景竖子,自生猜贰,远托关、陇,依凭奸伪,逆主定君臣之分,伪相结兄弟之亲。岂曰无恩,终成难养,俄而易虑,亲寻干戈。衅暴恶盈,侧首无托,以金陵逋逃之薮,江南流寓之地,甘辞卑礼,进孰图身,诡言浮说,抑可知矣。而伪朝大小,幸灾忘义,主荒于上,臣蔽于下,连结奸恶,断绝邻好,征兵保境,纵盗侵国。盖物无定方,事无定势,或乘利而受害,或因得而更失。是以吴侵齐境,遂得句践之师,赵纳韩地,终有长平之役。矧乃鞭挞疲民,侵轶徐部,筑垒拥川,舍舟徼利。是以援枹秉麾之将,拔距投石之士,含怒作色,如赴私仇。彼连营拥众,依山傍水,举螳螂之斧,被蛣蜣之甲,当穷辙以待轮,坐积薪而候燎。及锋刃才交,埃尘且接,已亡戟弃戈,土崩瓦解,掬指舟中,衿甲鼓下[2],同宗异姓,缧绁相望。曲直既殊,强弱不等,获一人而失一国,见黄雀而忘深阱,智者所不为,仁者所不向。诚既往之难逮,犹将来之可追。侯景以鄙俚之夫,遭风云之会,位班三事,邑启万家,揣身量分,久当止足。而周章向背,离披不已,夫岂徒然,意亦可见。彼乃授之以利器,诲之以慢藏[3],使其势得容奸,时堪乘便。今见南风不竞[4],天亡有征,老贼奸谋,将复作矣。然推坚强者难为功,摧枯朽者易为力,计其虽非孙、吴猛将,燕、赵精兵,犹是久涉行陈,曾习军旅,岂同剽轻之师,不比危脆之众。拒此则作气不足,攻彼则为势有余,终恐尾大于身,踵粗于股,倔强不掉,狼戾难驯,呼之则反速而衅小,不征则叛迟而祸大。会应遥望廷尉,不肯为臣,自据淮南,亦欲称帝。但恐楚国亡猿,祸延林木,城门失火,殃及池鱼[5],横使江、淮士子,荆、扬人物,死亡矢石之下,夭折雾露之中。彼梁主者,操行无闻,轻险有素,射雀论功,荡舟称力[6],年既老矣,耄又及之,政散民流,礼崩乐坏。加以用舍乖方,废立失所,矫情动俗,饰智惊愚,毒螫满怀,妄敦戒业,躁竞盈胸,谬治清净。灾异降于上,怨讟兴于下,人人厌苦,家家思乱,履霜有渐,坚冰且至。传险躁之风俗,任轻薄之子孙,朋党路开,兵权在外。必将祸生骨肉,衅起腹心,强弩冲城,长戈指阙;徒探雀鷇[7],无救府藏之虚,空请熊蹯[8],讵延晷刻之命。外崩中溃,今实其时,鹬蚌相持,我乘其弊。方使骏骑追风,精甲辉日,四七并列[9],百万为群,以转石之形,为破竹之势。当使钟山渡江,青盖入洛[10],荆棘生于建业之宫,麋鹿游于姑苏之馆[11]。但恐革车之所辚轹,剑骑之所蹂践,杞梓于焉倾折,竹箭以此摧残。若吴之王孙,蜀之公子,归款军门,委命下吏,当即授客卿之秩,特加骠骑之号。凡百君子,勉求多福。”其后梁室祸败,皆如弼言。

侯景围谯城不下,退攻城父[12],拔之。壬申,遣其行台左丞王伟等诣建康说上曰:“邺中文武合谋,召臣共讨高澄,事泄,澄幽元善见于金墉,杀诸元六十余人。河北物情,俱念其主,请立元氏一人以从人望,如此,则陛下有继绝之名,臣景有立功之效,河之南北,为圣朝之郑、莒,国之男女,为大梁之臣妾。”上以为然,乙亥,下诏以太子舍人元贞为咸阳王，资以兵力，使还北主魏，须渡江，许即位，仪卫以乘舆之副给之。贞，树之子也。

萧渊明至邺，东魏主升阊阖门受俘，让而释之，送于晋阳，大将军澄待之甚厚。

慕容绍宗引军击侯景，景辎重数千两，马数千匹，士卒四万人，退保涡阳。绍宗士卒十万，旗甲耀日，鸣鼓长驱而进。景使谓之曰："公等为欲送客，为欲定雌雄邪？"绍宗曰："欲与公决胜负。"遂顺风布陈。景闭垒，俟风止乃出。绍宗曰："侯景多诡计，好乘人背。"使备之，果如其言。景命战士皆被短甲，执短刀，入东魏陈，但低视，斫人胫马足。东魏兵遂败，绍宗坠马，仪同三司刘丰生被伤，显州刺史张遵业为景所擒[13]。

绍宗、丰生俱奔谯城，裨将斛律光、张恃显尤之，绍宗曰："吾战多矣，未见如景之难克者也。君辈试犯之！"光等被甲将出，绍宗戒之曰："勿渡涡水。"二人军于水北，光轻骑射之。景临涡水谓光曰："尔求勋而来，我惧死而去。我，汝之父友，何为射我？汝岂自解不渡水南，慕容绍宗教汝也。"光无以应。景使其徒田迁射光

北魏石雕盘龙伎乐人物屏风柱础

马，洞胸；光易马隐树，又中之，退入于军。景擒恃显，既而舍之。光走入谯城，绍宗曰："今定何如，而尤我也！"光，金之子也。

开府仪同三司段韶夹涡而军，潜于上风纵火，景帅骑入水，出而却走，草湿，火不复然。

魏岐州久经丧乱，刺史郑穆初到，有户三千，穆抚循安集，数年之间，至四万余户，考绩为诸州之最；丞相泰擢穆为京兆尹。

侯景与东魏慕容绍宗相持数月，景食尽，司马世云降于绍宗。

**【注释】**

①解絷南冠：《左传》载，楚军讨伐郑国，郑国军队打了胜仗，俘虏了楚国郧公钟仪，把他献给晋国。晋侯在军府中看到囚犯钟仪后，便问身边的人："这个戴着南方帽子而被捆绑的人是谁呀？"看守说："这是郑国送来的楚军俘虏。"晋侯即命令让囚犯纳税之后予以释放，由此促成了晋、楚和好。南冠，后用作囚犯、俘虏的代称。这里借以表明东魏主动释放梁军俘虏，与梁和好。 ②掬指舟中，衿甲鼓下：这是借用的两则掌故形容惨败之状。《左传》载，晋军与楚军交战，晋军败逃，在争夺船只渡河时互相砍杀，以至船中被砍掉的手指头可以一把一把的掬捧。又载，晋伐齐，齐军败，晋将州绰、具丙分别俘获齐将殖绰和郭最，"皆衿甲面缚，坐于中军之鼓下"。衿甲：不解甲。 ③利器：《老子》曰："国之利器，不可以授人。"利器即指军队、军权。慢藏：《周易》云："慢藏诲盗。"意即收藏保管财物漫不经心等于教诲盗贼前来窃取。 ④南风不竞：《左传》载，晋军围齐，楚乘机伐郑。晋人忧虑，师旷曰："不害，吾骤歌南风，又歌北风，南风不竞，多死声，楚必无功。"不竞，即不强劲。 ⑤城门失火，殃及池鱼：一说古有人叫池仲鱼，城门失火，仲鱼烧死；一说城门失火，汲城下池水以救之，池涸鱼死，今多主此说。 ⑥射雀论功，荡舟称力：《国语》载，晋平公射鷃不死，令竖襄捕捉，不慎让鷃逃走，平公怒，欲杀竖襄，幸叔向一言相救获免。《左传》载，齐桓公与蔡姬乘舟游园，舟晃荡，桓公怒，欲杀蔡姬。 ⑦探雀鷇（kòu 扣）：赵武灵王被困，探雀窝，食雏鸟，事见本书卷第四周赧王二十年（前 295）。鷇，初生的小鸟儿。⑧请熊蹯（fán 凡）：《左传》载，楚世子商臣围其父成王，王请食熊蹯而死，不许，乃缢。 ⑨四七并列：汉光武帝率二十八将平定天下，后人称之为"授钺四七"。 ⑩青盖入洛：青盖，青盖车，为王车。此句意为将

梁朝皇帝俘归东魏。 ⑪荆棘、麋鹿：汉淮南王刘安阴谋反叛，部下伍被劝阻说："昔子胥谏吴王，吴王不用，乃曰：'臣今见麋鹿游于姑苏之台。'今臣亦见宫中将生荆棘，露沾衣也。" ⑫谯城：地名，故城在今河南夏邑县。城父：地名，在今河南宝丰县东。 ⑬显州：北魏置，在今山西孝义市。

# 资治通鉴卷第一百六十一

## 梁纪十七 著雍执徐，一年。

## 高祖武皇帝十七

**太清二年** 春，正月，己亥，慕容绍宗以铁骑五千夹击侯景，景诳其众曰："汝辈家属，已为高澄所杀。"众信之。绍宗遥呼曰："汝辈家属并完，若归，官勋如旧。"被发向北斗为誓。景士卒不乐南渡，其将暴显等各帅所部降于绍宗。景众大溃，争赴涡水[①]，水为之不流。景与腹心数骑自硖石济淮，稍收散卒，得步骑八百人，南过小城，人登陴诟之曰："跛奴！欲何为邪！"景怒，破城，杀诟者而去。昼夜兼行，追军不敢逼。使谓绍宗曰："景若就擒，公复何用！"绍宗乃纵之。

辛丑，以尚书仆射谢举为尚书令，守吏部尚书王克为仆射[②]。

甲辰，豫州刺史羊鸦仁以东魏军渐逼，称粮运不继，弃悬瓠，还义阳[③]；殷州刺史羊思达亦弃项城走；东魏人皆据之。上怒，责让鸦仁；鸦仁惧，启申后期，顿军淮上。

侯景既败，不知所适，时鄱阳王范除南豫州刺史，未至。马头戍主刘神茂，素为监州事韦黯所不容，闻景至，故往候之，景问曰："寿阳去此不远，城池险固，欲往投之，韦黯其纳我乎？"神茂曰："黯虽据城，是监州耳。王若驰至近郊，彼必出迎，因而执之，可以集事。得城之后，徐以启闻，朝廷喜王南归，必不责也。"景执其手曰："天教也。"神茂请帅步骑百人先为乡导。壬子，景夜至寿阳城下;韦黯以为贼也,授甲登陴。景遣其徒告曰:“河南王战败来投此镇,愿速开门!”黯曰:“既不奉敕,不敢闻命。”景谓神茂曰:“事不谐矣。”神茂曰:“黯懦而寡智,可说下也。”乃遣寿阳徐思玉入见黯曰:“河南王,朝廷所重,君所知也。今失利来投,何得不受?”黯曰:“吾之受命,唯知守城;河南自败,何预吾事!”思玉曰:“国家付君以阃外之略,今君不肯开城,若魏兵来至,河南为魏所杀,君岂能独存!何颜以见朝廷?”黯然之。思玉出报,景大悦曰:“活我者,卿也。”癸丑,黯开门纳景,景遣其将分守四门,诘责黯,将斩之;既而抚手大笑,置酒极欢。黯,叡之子也[4]。

朝廷闻景败,未得审问;或云:“景与将士尽没。”上下咸以为忧。侍中、太子詹事何敬容诣东宫,太子曰:“淮北始更有信,侯景定得身免,不如所传。”敬容对曰:“得景遂死,深为朝廷之福。”太子失色,问其故,敬容曰:“景翻覆叛臣,终当乱国。”太子于玄圃自讲《老》《庄》[5],敬容谓学士吴孜曰:“昔西晋祖尚玄虚,使中原沦于胡、羯。今东宫复尔,江南亦将为戎乎!”

甲寅,景遣仪同三司于子悦驰以败闻,并自求贬削;优诏不许。景复求资给,上以景兵新破,未忍移易。乙卯,即以景为南豫州牧,本官如故;更以鄱阳王范为合州刺史,镇合肥。光禄大夫萧介上表谏曰:“窃闻侯景以涡阳败绩,只马归命,陛下不悔前祸,复敕容纳。臣闻凶人之性不移,天下之恶一也。昔吕布杀丁原以事董卓,终诛董而为贼;刘牢反王恭以归晋,还背晋以构妖。何者?狼子野心,终无驯狎之性,养虎之喻,必见饥噬之祸矣。侯景以凶狡之才,荷高欢卵翼之遇,位忝台司,任居方伯,然而高欢坟土未干,即还反噬。逆力不逮,乃复逃死关西;宇文不容,故复投身于我。陛下前者所以不逆细流,正欲比属国降胡以讨匈奴,冀获一战之效耳;今既亡师失地,直是境上之匹夫,陛下爱匹夫而弃与国。若国家犹待其更鸣之辰,岁暮之效,臣窃惟侯景必非岁暮之臣;弃乡国如脱屣,背君亲如遗芥,岂知远慕圣德,为江、淮之纯臣乎!事迹显然,无可致惑。臣朽老疾侵,不应干预朝政;但楚囊将死,有城郢之忠,卫鱼临亡,亦有尸谏之节[6]。臣忝为宗室遗老,敢忘刘向之心!”上叹息其忠,然不能用。介,思话之孙也[7]。

**【注释】**

①涡(guō 锅)水:水名,源于河南通许县,入于淮河。久已涸断,仅存遗迹。 ②守:古代任用官吏有一年的试用期,称为守或试守。试用称职即可真除实授。 ③义阳:地名,故治在今河南信阳市。 ④叡:韦叡,字怀文,陕西长安县人,仕南朝宋官至右军将军。起兵应梁武帝有功,官至侍中、车骑将军,时称名将。 ⑤玄圃:南朝东宫所设处所。传说昆仑山有三级,最下曰樊桐,中曰玄圃,上曰层城,乃太一帝所居。东宫次于皇帝所居,故设玄圃。 ⑥尸谏:《孔子家语》载:卫大夫蘧伯玉贤,灵公不用;弥子瑕不肖,反任之。史鱼屡谏不听,临终命其子:"生不能正君,死无以成礼,我死,汝置尸牖下,于我毕矣。"其子从之。灵公吊,怪而问之,其子以其临终之言告。灵公始悟,用伯玉而退子瑕。 ⑦萧思话:南朝宋南兰陵(今江苏常州市武进区)人,仕宋历十二州刺史,前后仗节督军凡九次,为一朝重臣。

己未,东魏大将军澄朝于邺。

魏以开府仪同三司赵贵为司空。

魏皇孙生,大赦。

二月,东魏杀其南兖州刺史石长宣,讨侯景之党也;其余为景所胁从者,皆赦之。

东魏既得悬瓠、项城,悉复旧境。大将军澄数遣书移,复求通好;朝廷未之许。澄谓贞阳侯渊明曰:"先王与梁主和好,十有余年。闻彼礼佛文云:'奉为魏主,并及先王。'此乃梁主厚意;不谓

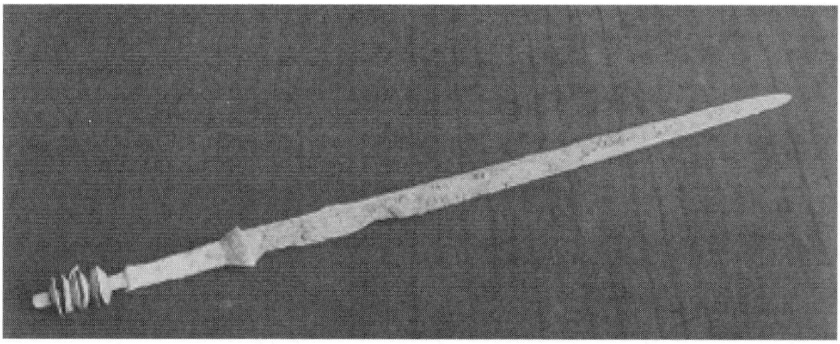

鲜卑铜柄铁剑

一朝失信，致此纷扰，知非梁主本心，当是侯景扇动耳，宜遣使谘论。若梁主不忘旧好，吾亦不敢违先王之意，诸人并即遣还，侯景家属亦当同遣。”渊明乃遣省事夏侯僧辩奉启于上，称“勃海王弘厚长者，若更通好，当听渊明还”。上得启，流涕，与朝臣议之。右卫将军朱异、御史中丞张绾等皆曰：“静寇息民，和实为便。”司农卿傅岐独曰：“高澄何事须和？必是设间，故命贞阳遣使，欲令侯景自疑；景意不安，必图祸乱。若许通好，正堕其计中。”异等固执宜和，上亦厌用兵，乃从异言，赐渊明书曰：“知高大将军礼汝不薄，省启，甚以慰怀。当别遣行人，重敦邻睦。”

僧辩还，过寿阳[①]，侯景窃访知之，摄问，具服。乃写答渊明之书，陈启于上曰：“高氏心怀鸩毒，怨盈北土，人愿天从，欢身殒越。子澄嗣恶，计灭待时，所以昧此一胜者，盖天荡澄心以盈凶毒耳[②]。澄苟行合天心，腹心无疾，又何急急奉璧求和？岂不以秦兵扼其喉，胡骑迫其背，故甘辞厚币，取安大国。臣闻‘一日纵敌，数世之患’，何惜高澄一竖，以弃亿兆之心！窃以北魏安强，莫过天监之始，钟离之役，匹马不归。当其强也，陛下尚伐而取之；及其弱也，反虑而和之。舍已成之功，纵垂死之虏，使其假命强梁，以遗后世，非直愚臣扼腕，实亦志士痛心。昔伍相奔吴，楚邦卒灭；陈平去项，刘氏用兴；臣虽才劣古人，心同往事。诚知高澄忌贾在翟，恶会居秦[③]，求盟请和，冀除其患。若臣死有益，万殒无辞；唯恐千载，有秽良史。”景又致书于朱异，饷金三百两；异纳金而不通其启。

己卯，上遣使吊澄。景又启曰：“臣与高氏，衅隙已深，仰凭威灵，期雪仇耻；今陛下复与高氏连和，使臣何地自处！乞申后战，宣畅皇威！”上报之曰：“朕与公大义已定，岂有成而相纳，败而相弃乎！今高氏有使求和，朕亦更思偃武。进退之宜，国有常制，公但清静自居，无劳虑也！”景又启曰：“臣今蓄粮聚众，秣马潜戈，指日计期，克清赵、魏，不容军出无名，故愿以陛下为主耳。今陛下弃臣遐外，南北复通，将恐微臣之身，不免高氏之手。”上又报曰：“朕为万乘之主，岂可失信于一物！想公深得此心，不劳复有启也。”

景乃诈为邺中书，求以贞阳侯易景，上将许之。舍人傅岐曰："侯景以穷归义，弃之不祥；且百战之余，宁肯束手受絷！"谢举、朱异曰："景奔败之将，一使之力耳。"上从之，复书曰："贞阳旦至，侯景夕返。"景谓左右曰："我固知吴老公薄心肠！"王伟说景曰："今坐听亦死，举大事亦死，唯王图之！"于是始为反计，属城居民，悉召募为军士，辄停责市估及田租，百姓子女，悉以配将士。

三月，癸巳，东魏以太尉襄城王旭为大司马，开府仪同三司高岳为太尉。辛亥，大将军澄南临黎阳[④]，自虎牢济河至洛阳。魏同轨防长史裴宽与东魏将彭乐等战，为乐所擒，澄礼遇甚厚，宽得间逃归。澄由太行返晋阳。

【注释】

①寿阳：地名，即今安徽寿县。　②天荡澄心：上天晃荡高澄的心。《左传》载，楚武王将死，告其夫人邓曼曰："余心荡。"邓曼曰："王禄尽乎！盈而荡，天之道也。"　③忌贾在翟，恶会居秦：《左传》载，晋灵公之初，贾季奔翟，随会奔秦，秦人用其谋，晋人患之。晋六卿相见于诸浮，赵宣子曰："随会在秦，贾季在翟，难日至矣。将若之何？"　④黎阳：郡名，故治在今北京市通州区。

屈獠洞斩李贲，传首建康。贲兄天宝遁入九真，收余兵二万围爱州[①]，交州司马陈霸先率众讨平之。诏以霸先为西江督护、高要太守、督七郡诸军事。

夏，四月，甲子，东魏吏部令史张永和等伪假人官，事觉，纠检、首者六万余人。

甲戌，东魏遣太尉高岳、行台慕容绍宗、大都督刘丰生等将步骑十万攻魏王思政于颍川。思政命卧鼓偃旗，若无人者。岳恃其众，四面陵城。思政选骁勇开门出战，岳兵败走。岳更筑土山，昼夜攻之，思政随方拒守，夺其土山，置楼堞以助防守。

五月，魏以丞相泰为太师，广陵王欣为太傅，李弼为大宗伯，赵贵为大司寇，于谨为大司空[②]。太师泰奉太子巡抚西境，登陇，至原州，历北长城，东趣五原[③]，至蒲州，闻魏主不豫而还。及至，已愈，泰还华州。

上遣建康令谢挺、散骑常侍徐陵等聘于东魏，复修前好。陵，摛之子也④。

六月，东魏大将军澄巡北边。

秋，七月，庚寅朔，日有食之。

乙卯，东魏大将军澄朝于邺。以道士多伪滥，始罢南郊道坛⑤。八月，庚寅，澄还晋阳，遣尚书辛术帅诸将略江、淮之北，凡获二十三州。

侯景自至寿阳，征求无已，朝廷未尝拒绝。景请娶于王、谢，上曰："王、谢门高非偶，可于朱、张以下访之。"景恚曰："会将吴儿女配奴！"又启求锦万匹为军人作袍，中领军朱异议以青布给之。又以台所给仗多不能精，启请东治锻工，欲更营造。景以安北将军夏侯夔之子谱为长史，徐思玉为司马，谱遂去"夏"称"侯"，托为族子。

上既不用景言，与东魏和亲，是后景表疏稍稍悖慢；又闻徐陵等使魏，反谋益甚。元贞知景有异志，累启还朝。景谓曰："河北事虽不果，江南何虑失之，何不小忍！"贞惧，逃归建康，具以事闻；上以贞为始兴内史⑥，亦不问景。

临贺王正德，所至贪暴不法，屡得罪于上，由是愤恨，阴养死士，储米积货，幸国家有变，景知之。正德在北与徐思玉相知，景遣思玉致笺于正德曰："今天子年尊，奸臣乱国，以景观之，计日祸败。大王属当储贰，中被废黜，四海业业，归心大王。景虽不敏，实思自效，愿王允副苍生，鉴斯诚款！"正德大喜曰："侯公之意，暗与吾同，天授我也！"报之曰："朝廷之事，如公所言。仆之有心，为日久矣。今仆为其内，公为其外，何有不济！机事在速，今其时矣。"

鄱阳王范密启景谋反。时上以边事专委朱异，动静皆关之，异以为必无此理。上报范曰："景孤危寄命，譬如婴儿仰人乳哺，以此事势，安能反乎！"范重陈之曰："不早剪扑，祸及生民。"上曰："朝廷自有处分，不须汝深忧也。"范复请以合肥之众讨之，上不许。朱异谓范使曰："鄱阳王遂不许朝廷有一客！"自是范启，异不复为通。

景邀羊鸦仁同反，鸦仁执其使以闻。异曰："景数百叛虏，何能为！"敕以使者付建康狱，俄解遣之。景益无所惮，启上曰："若臣事是实，应罹国宪；如蒙照察，请戮鸦仁！"景又言："高澄狡猾，宁可全信！陛下纳其诡语，求与连和，臣亦窃所笑也。臣宁堪粉骨，投命仇门，乞江西一境，受臣控督。如其不许，即帅甲骑，临江上，向闽、越，非唯朝廷自耻，亦是三公旰食。"上使朱异宣语答景使曰："譬如贫家，畜十客、五客，尚能得意；朕唯有一客，致有忿言，亦朕之失也。"益加赏赐锦彩钱布，信使相望。

戊戌，景反于寿阳，以诛中领军朱异、少府卿徐驎、太子右卫率陆验、制局监周石珍为名[⑦]。异等皆以奸佞骄贪，蔽主弄权，为时人所疾，故景托以兴兵。驎、验，吴郡人；石珍，丹杨人。驎、验迭为少府丞，以苛刻为务，百贾怨之，异尤与之昵，世人谓之"三蠹"。

司农卿傅岐，梗直士也，尝谓异曰："卿任参国钧，荣宠如此。比日所闻，鄙秽狼籍，若使圣主发悟，欲免得乎！"异曰："外间谤黩，知之久矣。心苟无愧，何恤人言！"岐谓人曰："朱彦和将死矣。恃谄以求容，肆辩以拒谏，闻难而不惧，知恶而不改，天夺之鉴，其能久乎！"

景西攻马头，遣其将宋子仙东攻木栅[⑧]，执戍主曹璆等。上闻之，笑曰："是何能为！吾折棰笞之。"敕购斩景者，封三千户公，除州刺史。甲辰，诏以合州刺史鄱阳王范为南道都督，北徐州刺史封山侯正表为北道都督，司州刺史柳仲礼为西道都督，通直散骑常侍裴之高为东道都督，以侍中开府仪同三司邵陵王纶持节董督众军以讨景。正表，宏之子[⑨]；仲礼，庆远之孙[⑩]；之高，邃之兄子也[⑪]。

**【注释】**

①九真、爱州：地名，均在今越南北部。　②大宗伯、大司寇、大司空：均为西周官名。大宗伯为礼官，掌管国家祭祀事务；大司寇为司法官，掌管国家司法刑狱；大司空为土木工程官，掌管国家土木工程、工艺制造。三者所掌分别为后世礼部、刑部、工部之职。　③五原：地名，即今内蒙古自治区五原县。　④徐摛（chī 答）：字士秀，南朝梁郯（今江苏

镇江市丹徒区)人,官至太子左卫率。侯景攻陷建康,忧愤成疾而卒。⑤南郊道坛:北魏太武帝崇信道士寇谦之,特于南郊筑道坛以处之,是为南郊道坛。 ⑥始兴:郡名,治所在今广东韶关市曲江区。内史,官名,职掌均多变,此为一郡掌民政之官。 ⑦中领军:官名,掌宫廷警卫部队。太子右卫率:太子属官之一,为太子侍从武官。制局监:武官名,掌宫廷侍卫、皇帝出行警卫及禁卫军兵仗器械。 ⑧木栅:地名,在荆山之西,此荆山即今安徽怀远县与涂山夹淮相对之荆山。 ⑨萧宏:梁武帝之弟,字宣达,官至太尉,封临川王,怯懦无能而好财色,侍女千人,豫章王萧综作《钱愚论》讽之。 ⑩柳庆远:字文和,南朝梁解(今山西永济市虞乡镇)人,官至雍州刺史。 ⑪裴邃:字渊明,南朝梁闻喜(今山西闻喜县)人。历官三州刺史,至宣毅大将军。为梁朝名将之一。

九月,东魏濮阳武公娄昭卒。

侯景闻台军讨之,问策于王伟,伟曰:“邵陵若至,彼众我寡,必为所困。不如弃淮南,决志东向,帅轻骑直掩建康;临贺反其内,大王攻其外,天下不足定也。兵贵拙速,宜即进路。”景乃留外弟中军大都督王显贵守寿阳;癸未,诈称游猎,出寿阳,人不之觉。冬,十月,庚寅,景扬声趣合肥,而实袭谯州,助防董绍先开城降之。执刺史丰城侯泰。泰,范之弟也;先为中书舍人,倾财以事时要,超授谯州刺史。至州,遍发民丁,使担腰舆、扇、伞等物,不限士庶;耻为之者,重加杖责,多输财者,即纵免之,由是人皆思乱。及侯景至,人无战心,故败。

庚子,诏遣宁远将军王质帅众三千巡江防遏。景攻历阳太守庄铁[1],丁未,铁以城降,因说景曰:“国家承平岁久,人不习战,闻大王举兵,内外震骇,宜乘此际速趋建康,可兵不血刃而成大功。若使朝廷徐得为备,内外小安,遣羸兵千人直据采石[2],大王虽有精甲百万,不得济矣。”景乃留仪同三司田英、郭骆守历阳,以铁为导,引兵临江。江上镇戍相次启闻。上问讨景之策于都官尚书羊侃[3],侃请“以二千人急据采石,令邵陵王袭取寿阳;使景进不得前,退失巢穴,乌合之众,自然瓦解”。朱异曰:“景必无渡江之志。”遂寝其议。侃曰:“今兹败矣!”

戊申,以临贺王正德为平北将军、都督京师诸军事,屯丹杨郡。正德遣大船数十艘,诈称载荻,密以济景。景将济,虑王质为梗,使谍视之。会临川大守陈昕启称:"采石急须重镇,王质水军轻弱,恐不能济。"上以昕为云旗将军,代质戍采石,征质知丹杨尹事。昕,庆之之子也。质去采石④,而昕犹未下渚。谍告景云:"质已退。"景使折江东树枝为验,谍如言而返,景大喜曰:"吾事办矣!"己酉,自横江济于采石,有马数百匹,兵八千人。是夕,朝廷始命戒严。

景分兵袭姑孰⑤,执淮南太守文成侯宁。南津校尉江子一帅舟师千余人,欲于下流邀景;其副董桃生,家在江北,与其徒先溃走。子一收余众,步还建康。子一,子四之兄也。

太子见事急,戎服入见上,禀受方略,上曰:"此自汝事,何更问为!内外军事,悉以付汝。"太子乃停中书省,指授军事,物情惶骇,莫有应募者。朝廷犹不知临贺王正德之情,命正德屯朱雀门,宁国公大临屯新亭,大府卿韦黯屯六门,缮修宫城,为受敌之备。大临,大器之弟也⑥。

己酉,景至慈湖⑦。建康大骇,御街人更相劫掠,不复通行。赦东、西冶、尚方钱署及建康系囚,以扬州刺史宣城王大器都督城内诸军事,以羊侃为军师将军副之,南浦侯推守东府,西丰公大春守石头,轻车长史谢禧、始兴太守元贞守白下⑧,韦黯与右卫将军

北魏刘根造像碑

柳津等分守宫城诸门及朝堂。推，秀之子；大春，大临之弟；津，仲礼之父也。摄诸寺库公藏钱，聚之德阳堂，以充军实。

庚戌，侯景至板桥，遣徐思玉来求见上，实欲观城中虚实。上召问之，思玉诈称叛景请间陈事，上将屏左右，舍人高善宝曰："思玉从贼中来，情伪难测，安可使独在殿上！"朱异侍坐，曰："徐思玉岂刺客邪！"思玉出景启，言"异等弄权，乞带甲入朝，除君侧之恶"。异甚惭悚。景又请遣了事舍人出相领解，上遣中书舍人贺季、主书郭宝亮随思玉劳景于板桥。景北面受敕，季曰："今者之举何名？"景曰："欲为帝也！"王伟进曰："朱异等乱政，除奸臣耳。"景既出恶言，遂留季，独遣宝亮还宫。

百姓闻景至，竞入城，公私混乱，无复次第，羊侃区分防拟，皆以宗室间之。军人争入武库，自取器甲，所司不能禁，侃命斩数人，方止。是时，梁兴四十七年，境内无事，公卿在位及闾里士大夫罕见兵甲，贼至猝迫，公私骇震。宿将已尽，后进少年并出在外，军旅指㧑，一决于侃，侃胆力俱壮，太子深仗之。

**【注释】**

①历阳：郡名，故治即今安徽和县。 ②采石：又名牛渚山、采石镇、采石戍，在今安徽当涂县西北二十里，为历代军事要地。 ③都官尚书：官名，掌都官、水部、库部、功论四曹。 ④横江：又名横江浦，在今安徽和县东南，与江南之采石相对。 ⑤姑孰：城名，时为淮南郡治所，今为安徽当涂县治。 ⑥萧大器：梁简文帝萧纲的嫡长子，字仁宗，后为侯景所杀。萧大临为萧纲第四子，后亦遇害。 ⑦慈湖：地名，在今安徽当涂县北。 ⑧轻车长史：为武官中勋官轻车将军属官，长史为军务长官。白下：地名，在今南京市北。

辛亥，景至朱雀桁南[①]，太子以临贺王正德守宣阳门，东宫学士新野庾信守朱雀门，帅宫中文武三千余人营桁北。太子命信开大桁以挫其锋，正德曰："百姓见开桁，必大惊骇，可且安物情。"太子从之。俄而景至，信帅众开桁，始除一舶，见景军皆著铁面，退隐于门。信方食甘蔗，有飞箭中门柱，信手甘蔗，应弦而落，遂弃军走。南塘游军沈子睦，临贺王正德之党也，复闭桁渡景。太子使王质将精兵三千援信，至领军府，遇贼，未陈而走。正德帅众于张侯桥迎景，马上交揖，既入宣阳门，望阙而拜，歔欷流涕，随景渡淮。景军皆著青袍，正德军并著绛袍，碧里，既与景合，悉反其袍。景乘胜至阙下，城中恟惧，羊侃诈称得射书云："邵陵王、西昌侯援兵已至近路。"众乃小安。西丰公大春弃石头，奔京口[②]；谢禧、元贞弃白下走；津主彭文粲等以石头城降景，景遣其仪同三司于子悦守之。

壬子，景列兵绕台城，幡旗皆黑，射启于城中曰："朱异等蔑弄朝权，轻作威福，臣为所陷，欲加屠戮。陛下若诛朱异等，臣则敛辔北归。"上问太子："有是乎？"对曰："然。"上将诛之。太子曰："贼以异等为名耳；今日杀之，无救于急，适足贻笑将来，俟贼平诛之未晚。"上乃止。

景绕城既帀，百道俱攻，鸣鼓吹唇，喧声震地。纵火烧大司马、东、西华诸门。羊侃使凿门上为窍，下水沃火；太子自捧银鞍，往赏战士；直阁将军朱思帅战士数人逾城出外洒水，久之方灭。贼又以长柯斧斫东掖门，门将开，羊侃凿扇为孔，以槊刺杀二人，斫者乃退。景据公车府，正德据左卫府，景党宋子仙据东宫，范桃棒据同泰寺。景取东宫妓数百，分给军士。东宫近城，景众登其墙射城内。至夜，景于东宫置酒奏乐，太子遣人焚之，台殿及所聚图书皆尽。景又烧乘黄厩、士林馆、太府寺[③]。癸丑，景作木驴数百攻城，城上投石碎之。景更作尖项木驴，石不能破。羊侃使作雉尾炬，灌以膏蜡，丛掷焚之，俄尽。景又作登城楼，高十余丈，欲临射城中。侃曰："车高堑虚，彼来必倒，可卧而观之。"及车动，果倒。

景攻既不克，士卒死伤多，乃筑长围以绝内外，又启求诛朱异等。城中亦射赏格出外曰："有能送景首者，授以景位，并钱一亿万，布绢各万匹。"朱异、张绾议出兵击之，问羊侃，侃曰："不可。今出人若少，不足破贼，徒挫锐气；若多，则一旦失利，门隘桥小，必大致失亡。"异等不从，使千余人出战；锋未及交，退走，争桥赴水死者大半。

侃子鷟，为景所获，执至城下，以示侃，侃曰："我倾宗报主，犹恨不足,岂计一子,幸早杀之!”数日,复持来,侃谓鸾曰:“久以汝为死矣,犹在邪!”引弓射之。景以其忠义,亦不之杀。

庄铁虑景不克,托称迎母,与左右数十人趣历阳,先遣书给田英、郭骆曰:“侯王已为台军所杀,国家使我归镇。”骆等大惧,弃城奔寿阳,铁入城,不敢守,奉其母奔寻阳[4]。

十一月,戊午朔,刑白马,祀蚩尤于太极殿前[5]。

临贺王正德即帝位于仪贤堂,下诏称:“普通以来[6],奸邪乱政,上久不豫,社稷将危。河南王景,释位来朝,猥用朕躬,绍兹宝位,可大赦,改元正平。”立其世子见理为皇太子,以景为丞相,妻以女,并出家之宝货悉助军费。

于是景营于阙前,分其兵二千人攻东府;南浦侯推拒之,三日,不克。景自往攻之,矢石雨下,宣城王防阁许伯众潜引景众登城。辛酉,克之;杀南浦侯推及城中战士三千人,载其尸聚于杜姥宅,遥语城中人曰:“若不早降,正当如此!”

**【注释】**

①朱雀桁:即朱雀桥,又名南津大航,在建康(今南京市)南门秦淮河上,为通往皇宫御街的咽喉之地。桁,浮航,即今之浮桥。 ②石头:即石头城,在今江苏南京市江宁区境内,北临长江。京口:地名,即今江苏镇江市丹徒区治。 ③乘(shèng 圣)黄厩:御马厩之一种。乘黄,四匹黄马,皇帝所乘马车一车用四匹黄马。士林馆,犹后世之翰林院、崇文馆,梁大同年间(535—546)始置。太府寺,官署名,掌皇家金钱府车、营造器物。 ④寻阳:地名,即今江西九江市。 ⑤蚩尤:人名,传说为黄帝时诸侯,与黄帝战于涿鹿,大败,被杀。 ⑥普通:梁武帝第二个年号,时在520—527年。

景声言上已晏驾,虽城中亦以为然。壬戌,太子请上巡城,上幸大司马门,城上闻跸声,皆鼓噪流涕,众心粗安。

江子一之败还也,上责之。子一拜谢曰:“臣以身许国,常恐不得其死;今所部皆弃臣去,臣以一夫安能击贼!若贼遂能至此,臣誓当碎首以赎前罪,不死阙前,当死阙后。”乙亥,子一启太子,与弟尚书左丞子四、东宫主帅子五帅所领百余人开承明门出战。

子一直抵贼营，贼伏兵不动。子一呼曰："贼辈何不速出！"久之，贼骑出，夹攻之。子一径前，引槊刺贼；从者莫敢继，贼解其肩而死。子四、子五相谓曰："与兄俱出，何面独旋！"皆免胄赴贼。子四中稍，洞胸而死；子五伤脰，还至堑，一恸而绝。

景初至建康，谓朝夕可拔，号令严整，士卒不敢侵暴。及屡攻不克，人心离沮。景恐援兵四集，一旦溃去；又食石头常平诸仓既尽，军中乏食；乃纵士卒掠夺民米及金帛子女。是后米一升直七八万钱，人相食，饿死者什五六。

乙丑，景于城东、西起土山，驱迫士民，不限贵贱，乱加殴捶，疲羸者因杀以填山，号哭动地。民不敢窜匿，并出从之，旬日间，众至数万。城中亦筑土山以应之。太子、宣城王已下，皆亲负土，执畚锸，于山上起芙蓉层楼，高四丈，饰以锦罽[①]，募敢死士二千人，厚衣袍铠，谓之"僧腾客"，分配二山，昼夜交战不息。会大雨，城内土山崩；贼乘之，垂入，苦战不能禁。羊侃令多掷火，为火城以断其路，徐于内筑城，贼不能进。

景募人奴降者，悉免为良；得朱异奴，以为仪同三司，异家资产悉与之。奴乘良马，衣锦袍，于城下仰诟异曰："汝五十年仕宦，方得中领军；我始事侯王，已为仪同矣！"于是三日之中，群奴出就景者以千数，景皆厚抚以配军，人人感恩，为之致死。

荆州刺史湘东王绎闻景围台城，丙寅，戒严，移檄所督湘州刺史河东王誉、雍州刺史岳阳王詧、江州刺史当阳公大心、郢州刺史南平王恪等，发兵入援。大心，大器之弟；恪，伟之子也[②]。

朱异遗景书，为陈祸福。景报书，并告城中士民，以为："梁自近岁以来，权幸用事，割剥齐民，以供嗜欲。如曰不然，公等试观：今日国家池苑，王公第宅，僧尼寺塔；及在位庶僚，姬妾百室，仆从数千，不耕不织，锦衣玉食；不夺百姓，从何得之！仆所以趋赴阙庭，指诛权佞，非倾社稷。今城中指望四方入援，吾观王侯、诸将，志在全身，谁能竭力致死，与吾争胜负哉！长江天险，二曹所叹，吾一苇航之，日明气净。自非天人允协，何能如是！幸各三思，自求元吉！"

景又奉启于东魏主，称："臣进取寿春，暂欲停憩。而萧衍识此运终，自辞宝位；臣军未入其国，已投同泰舍身。去月二十九日，届此建康。江海未苏，干戈暂止，永言故乡，人马同恋。寻当整辔，以奉圣颜。臣之母、弟，久谓屠灭，近奉明敕，始承犹在。斯乃陛下宽仁，大将军恩念，臣之弱劣，知何仰报！今辄赍启迎臣母、弟、妻、儿，伏愿圣慈，特赐裁放！”

【注释】

①锦罽(jì 计)：锦，有色彩的帛；罽，用毛织的布，犹今之粗毛布料。②萧伟：梁武帝之弟，字文达，官至大司马。

己巳，湘东王绎遣司马吴晔、天门太守樊文皎等将兵发江陵。

陈昕为景所擒，景与之极饮，使昕收集部曲，欲用之。昕不可，景使其仪同三司范桃棒囚之。昕因说桃棒，使帅所部袭杀王伟、宋子仙，诣城降。桃棒从之，潜遣昕夜缒入城。上大喜，敕镌银券赐桃棒曰：“事定之日，封汝河南王，即有景众，并给金帛女乐。”太子恐其诈，犹豫不决，上怒曰：“受降常理，何忽致疑！”太子召公卿会议，朱异、傅岐曰：“桃棒降必非谬。桃棒既降，贼景必惊，乘此击之，可大破也。”太子曰：“吾坚城自守以俟外援，援兵既至，贼岂足平！此万全策也。今开门纳桃棒，桃棒之情，何易可知！万一为变，悔无所及；社稷事重，须更详之。”异曰：“殿下若以社稷之急，宜纳桃棒；如其犹豫，非异所知。”太子终不能决。桃棒又使昕启曰：“今止将所领五百人，若至城门，皆自脱甲，乞朝廷开门赐容。事济之后，保擒侯景。”太子见其恳切，愈疑之。朱异抚膺曰：“失此，社稷事去矣！”俄而桃棒为部下所告，景拉杀之。陈昕不知，如期而出，景邀得之，逼使射书城中曰：“桃棒且轻将数十人先入。”景欲衷甲随之，昕不肯，期以必死，乃杀之。

景使萧见理与仪同三司卢晖略戍东府。见理凶险，夜，与群盗剽劫于大桁，中流矢而死。

邵陵王纶行至钟离[①]，闻侯景已渡采石，纶昼夜兼道，旋军入援，济江，中流风起，人马溺者什一二。遂帅宁远将军西丰公大春、新涂公大成、永安侯确、安南侯骏、前谯州刺史赵伯超、武州刺史萧弄璋等，步骑三万自京口西上。大成，大春之弟；确，纶之子；

骏，懿之孙也。

景遣军至江乘拒纶军[2]。赵伯超曰："若从黄城大路，必与贼遇，不如径指钟山，突据广莫门，出贼不意，城围必解矣。"纶从之，夜行失道，迂二十余里，庚辰旦，营于蒋山。景见之大骇，悉送所掠妇女、珍货于石头，具舟欲走。分兵三道攻纶，纶与战，破之。时山巅寒雪，乃引军下爱敬寺。景陈兵于覆舟山北，乙酉，纶进军玄武湖侧，与景对陈，不战。至暮，景更约明日会战，纶许之。安南侯骏见景军退，以为走，即与壮士逐之；景旋军击之，骏败走，趣纶军。赵伯超望见，亦引兵走，景乘胜追击之，诸军皆溃。纶收余兵近千人，入天保寺；景追之，纵火烧寺。纶奔朱方[3]，士卒践冰雪，往往堕足。景悉收纶辎重，生擒西丰公大春、安前司马庄丘慧、主帅霍俊等而还。丙戌，景陈所获纶军首虏铠仗及大春等于城下，使言曰："邵陵王已为乱兵所杀。"霍俊独曰："王小失利，已全军还京口。城中但坚守，援军寻至。"贼以刀殴其背，俊辞色弥厉；景义而释之，临贺王正德杀之。

是日晚，鄱阳王范遣其世子嗣与西豫州刺史裴之高、建安太守赵凤举各将兵入援[4]，军于蔡洲，以待上流诸军，范以之高督江右援军事。景悉驱南岸居民于水北，焚其庐舍，大街已西，扫地俱尽。

北徐州刺史封山侯正表镇钟离，上召之入援，正表托以船粮未集，不进。景以正表为南兖州刺史，封南郡王。正表乃于欧阳立栅以断援军，帅众一万，声言入援，实欲袭广陵，密书诱广陵令刘询，使烧城为应，询以告南兖州刺史南康王会理。十二月，会理使询帅步骑千人夜袭正表，大破之；正表走还钟离。询收其兵粮，归就会理，与之入援。

**【注释】**

①钟离：地名，在今安徽凤阳县。　②江乘：县名，故治在今江苏句容市。　③朱方：地名，即今江苏常州市武进区。　④西豫州：南朝梁置，故治在今安徽潜山县。

癸巳，侍中、都官尚书羊侃卒，城中益惧。侯景大造攻具，陈于阙前，大车高数丈，一车二十轮，丁酉，复进攻城，以蛤蟆车运土填堑。

湘东王绎遣世子方等将步骑一万入援建康，庚子，发公安。绎又遣竟陵太守王僧辩将舟师万人[①]，出自汉川，载粮东下。方等有俊才，善骑射，每战，亲犯矢石，以死节自任。

壬寅，侯景以火车焚台城东南楼。材官吴景，有巧思，于城内构地为楼，火才灭，新楼即立，贼以为神。景因火起，潜遣人于其下穿城。城将崩，乃觉之；吴景于城内更筑迂城，状如却月以拟之，兼掷火，焚其攻具，贼乃退走。

太子遣洗马元孟恭将千人自大司马门出荡[②]，孟恭与左右奔降于景。

己酉，景土山稍逼城楼，柳津命作地道以取其土，外山崩，压贼且尽。又于城内作飞桥，悬罩二土山。景众见飞桥迥出，崩腾而走；城内掷雉尾炬，焚其东山，楼栅荡尽，贼积死于城下。乃弃土山不复修，自焚其攻具。材官将军宋嶷降于景，教之以玄武湖水以灌台城，阙前皆为洪流。

上征衡州刺史韦粲为散骑常侍[③]，以都督长沙欧阳頠监州事。粲，放之子也，还，至庐陵，闻侯景乱，粲简阅部下，得精兵五千，倍道赴援。至豫章，闻景已出横江，粲就内史刘孝仪谋之，孝仪曰："必如此，当有敕。岂可轻信人言，妄相惊动！或恐不然。"时孝仪置酒，粲怒，以杯抵地曰："贼已渡江，便逼宫阙，水陆俱断，何暇有报！假令无敕，岂得自安！韦粲今日何情饮酒！"即驰马出部分。将发，会江州刺史当阳公大心

北魏陶鞍马

遣使邀粲，粲乃驰往见大心曰："上游藩镇，江州去京最近，殿下情计诚宜在前。但中流任重，当须应接，不可阙镇。今宜且张声势，移镇湓城[4]，遣偏将赐随，于事便足。"大心然之，遣中兵柳昕帅兵二千人随粲，粲至南洲，外弟司州刺史柳仲礼亦帅步骑万余人至横江，粲即送粮仗赡给之，并散私金帛以赏其战士。

西豫州刺史裴之高自张公洲遣船渡仲礼，丙辰夜，粲、仲礼及宣猛将军李孝钦、前司州刺史羊鸦仁、南陵太守陈文彻，合军屯新林王游苑[5]。粲议推仲礼为大都督，报下流众军；裴之高自以年位，耻居其下，议累日不决。粲抗言于众曰："今者同赴国难，义在除贼。所以推柳司州者，正以久捍边疆，先为侯景所惮；且士马精锐，无出其前。若论位次，柳在粲下，语其年齿，亦少于粲，直以社稷之计，不得复论。今日形势，贵在将和，若人心不同，大事去矣。裴公朝之旧德，岂应复挟私情以沮大计！粲请为诸军解之。"乃单舸至之高营，切让之曰："今二宫危逼，猾寇滔天，臣子当戮力同心，岂可自相矛盾！豫州必欲立异，锋镝便有所归。"之高垂泣致谢，遂推仲礼为大都督。

宣城内史杨白华遣其子雄将郡兵继至，援军大集，众十余万，缘淮树栅，景亦于北岸树栅以应之。

裴之高与弟之横以舟师一万屯张公洲。景囚之高弟、侄、子、孙，临水陈兵，连镍列于陈前，以鼎镬、刀锯随其后，谓曰："裴公不降，今即烹之。"之高召善射者使射其子，再发，皆不中。

景帅步骑万人于后渚挑战，仲礼欲出击之。韦粲曰："日晚我劳，未可战也。"仲礼乃坚壁不出，景亦引退。

湘东王绎将锐卒三万发江陵，留其子绥宁侯方诸居守，谘议参军刘之迟等三上笺请留，答教不许。

鄱阳王范遣其将梅伯龙攻王显贵于寿阳，克其罗城；攻中城，不克而退，范益其众，使复攻之。

东魏大将军澄患民钱滥恶，议不禁民私铸；但悬称市门，钱不重五铢，毋得入市。朝议以为年谷不登，请俟他年，乃止。

魏太师泰杀安定国臣王茂而非其罪，尚书左丞柳庆谏，泰怒曰："卿党罪人，亦当坐！"执庆于前。庆辞色不挠，曰："庆闻君蔽于事为不明，臣知而不争为不忠。庆既竭忠，不敢爱死，但惧公为不明耳。”泰寤，亟使赦茂，不及，乃赐茂家钱帛，曰：“以旌吾过。”

丙辰晦，柳仲礼夜入韦粲营，部分众军。旦日，会战，诸将各有据守，令粲顿青塘。粲以青塘当石头中路，贼必争之，颇惮之。仲礼曰：“青塘要地，非兄不可；若疑兵少，当更遣军相助。”乃使直阁将军刘叔胤助之。

**【注释】**

①竟陵：地名，即今湖北天门市。　②洗马：官名，全称为太子洗马，太子属官之一，掌太子出入侍从、文翰图籍等事。　③衡州：地名，在今广东英德市。　④湓城：地名，在今江西九江市。　⑤新林：地名，即新林浦，在今江苏南京市江宁区西南。

# 资治通鉴卷第一百六十二



## 梁纪十八　屠维大荒落，一年。

### 高祖武皇帝十八

**太清三年**　春，正月，丁巳朔，柳仲礼自新亭徙营大桁。会大雾，韦粲军迷失道，比及青塘，夜已过半，立栅未合，侯景望见之，亟帅锐卒攻粲。粲使军主郑逸逆击之，命刘叔胤以舟师截其后，叔胤畏懦不敢进，逸遂败，景乘胜入粲营，左右牵粲避贼，粲不动，叱子弟力战，遂与子尼及三弟助、警、构、从弟昂皆战死，亲戚死者数百人。仲礼方食，投箸被甲，与其麾下百骑驰往救之，与景战于青塘，大破之，斩首数百级，沉淮水死者千余人。仲礼矟将及景，而贼将支伯仁自后斫仲礼中肩，马陷于淖，贼聚矟刺之，骑将郭山石救之，得免。仲礼被重疮，会稽人惠臶吮疮断血，故得不死。自是景不敢复济南岸，仲礼亦气索，不复言战矣。

邵陵王纶复收散卒，与东扬州刺史临城公大连、新淦公大成等自东道并至；庚申，列营于桁南，亦推柳仲礼为大都督。大连，大临之弟也。

朝野以侯景之祸共尤朱异，异惭愤发疾，庚申，卒。故事：尚书官不以为赠，上痛惜异，特赠尚书右仆射。

甲子，湘东世子方等及王僧辩军至。

戊辰，封山侯正表以北徐州降东魏，东魏徐州刺史高归彦遣兵赴之。归彦，欢之族弟也。

己巳，太子迁居永福省。高州刺史李迁仕、天门太守樊文皎将援兵万余人至城下[①]。台城与援军信命久绝，有羊车儿献策，作纸鸱，系以长绳，写敕于内，放以从风，冀达众军，题云："得鸱送援军，赏银百两。"太子自出太极殿前乘西北风纵之，贼怪之，以为厌胜，射而下之。援军募人能入城送启者，鄱阳世子嗣左右李朗请先受鞭，诈为得罪，叛投贼，因得入城，城中方知援兵四集，举城鼓噪。上以朗为直阁将军，赐金遣之。朗缘钟山之后，宵行昼伏，积日乃达。

癸未，鄱阳世子嗣、永安侯确、庄铁、羊鸦仁、柳敬礼、李迁仕、樊文皎将兵渡淮，攻东府前栅，焚之；侯景退。众军营于青溪之东，迁仕、文皎帅锐卒五千独进深入，所向摧靡。至菰首桥东，景将宋子仙伏兵击之，文皎战死，迁仕遁还。敬礼，仲礼之弟也。

仲礼神情傲狠，陵蔑诸将，邵陵王纶每日执鞭至门，亦移时弗见，由是与纶及临城公大连深相仇怨。大连又与永安侯确有隙，诸军互相猜阻，莫有战心。援军初至，建康士民扶老携幼以候之，才过淮，即纵兵剽掠。由是士民失望，贼中有谋应官军者，闻之，亦止。

王显贵以寿阳降东魏。

**【注释】**

①高州：南朝梁置，故城在今广东阳江市西。天门：郡名，即今湖南石门县。

南朝释迦佛石像

临贺王记室吴郡顾野王起兵讨侯景[①]，二月，己丑，引兵来至。初，台城之闭也，公卿以食为念，男女贵贱并出负米，得四十万斛，收诸府藏钱帛五十万亿，并聚德阳堂，而不备薪刍、鱼盐。至是，坏尚书省为薪。撤荐，銼以饲马，荐尽，又食以饭。军士无膎[2]，或煮铠、熏鼠、捕雀而食之。御甘露厨有干苔，味酸咸，分给战士。军人屠马于殿省间，杂以人肉，食者必病。侯景众亦饥，抄掠无所获；东城有米，可支一年，援军断其路。又闻荆州兵将至，景甚患之。王伟曰："今台城不可猝拔，援兵日盛，吾军乏食，若伪求和以缓其势，东城之米，足支一年，因求和之际，运米入石头，援军必不得动，然后休士息马，缮修器械，伺其懈怠击之，一举可取也。"景从之，遣其将任约、于子悦至城下，拜表求和。乞复先镇。太子以城中穷困，白上，请许之。上怒曰："和不如死！"太子固请曰："侯景围逼已久，援军相仗不战，宜且许其和，更为后图。"上迟回久之，乃曰："汝自图之，勿令取笑千载。"遂报许之。景乞割江右四州之地，并求宣城王大器出送，然后济江。中领军傅岐固争曰："岂有贼举兵围宫阙而更与之和乎！此特欲却援军耳。戎狄兽心，必不可信。且宣城嫡嗣之重，国命所系，岂可为质！"上乃以大器之弟石城公大款为侍中，出质于景。又敕诸军不得复进，下诏曰："善兵不战，止戈为武。可以景为大丞相，都督江西四州诸军事，豫州牧、河南王如故。"己亥，设坛于西华门外，遣仆射王克、上甲侯韶、吏部郎萧瑳与于子悦、任约、王伟登坛共盟。太子詹事柳津出西华门，景出栅门，遥相对，更杀牲歃血为盟。既盟，而景长围不解，专修铠仗，托云"无船，不得即发"，又云"恐南军见蹑"，遣石城公还台，求宣城王出送；邀求稍广，了无去志。太子知其诈言，犹羁縻不绝。韶，懿之孙也。

庚子，前南兖州刺史南康王会理、前青、冀二州刺史湘潭侯退、西昌侯世子彧众合三万，至于马卬洲[3]，景虑其自白下而上，启云："请北军聚还南岸，不尔，妨臣济江。"太子即勒会理自白下城移军江潭苑。退，恢之子也。

辛丑，以邵陵王纶为司空，鄱阳王范为征北将军，柳仲礼为侍中、尚书右仆射。景以于子悦、任约、傅士悊皆为仪同三司，夏侯谲为豫州刺史，董绍先为东徐州刺史，徐思玉为北徐州刺史，王伟为散骑常侍。上以伟为侍中。

乙卯,景又启曰:“适有西岸信至,高澄已得寿阳、钟离,臣今无所投足,求借广陵并谯州,俟得寿阳,即奉还朝廷。”又云:“援军既在南岸,须于京口渡江。”太子并答许之。

癸卯,大赦。

庚戌,景又启曰:“永安侯确、直阁赵威方频隔栅见诟云:‘天子自与汝盟,我终当破汝。’乞召侯及威方入,即当引路。”上遣吏部尚书张绾召确,辛亥,以确为广州刺史,威方为盱眙太守。确累启固辞,不入,上不许。确先遣威方入城,因欲南奔。邵陵王纶泣谓确曰:“围城既久,圣上忧危,臣子之情,切于汤火,故欲且盟而遣之,更申后计。成命已决,何得拒违!”时台使周石珍、东宫主书左法生在纶所,确谓之曰:“侯景虽云欲去而不解长围,意可见也。今召仆入城,何益于事!”石珍曰:“敕旨如此,郎那得辞!”确意尚坚,纶大怒,谓赵伯超曰:“谯州为我斩之!持其首去!”伯超挥刃眄确曰:“伯超识君侯,刀不识也。”确乃流涕入城。

上常蔬食,及围城日久,上厨蔬茹皆绝,乃食鸡子。纶因使者暂通,上鸡子数百枚,上手自料简,歔欷哽咽。

湘东王绎军于郢州之武城④,湘州刺史河东王誉军于青草湖⑤,信州刺史桂阳王慥军于西峡口⑥,托云俟四方援兵,淹留不进。中记室参军萧贲,骨鲠士也,以绎不早下,心非之,尝与绎双六⑦,食子未下,贲曰:“殿下都无下意。”绎深衔之。及得上敕,绎欲旋师,贲曰:“景以人臣举兵向阙,今若放兵,未及渡江,童子能斩之矣,必不为也。大王以十万之众,未见贼而退,奈何!”绎不悦,未几,因事杀之。慥,懿之孙也。

东魏河内民四千余家,以魏北徐州刺史司马裔,其乡里也,相帅归之。丞相泰欲封裔,裔因辞曰:“士大夫远归皇化,裔岂能帅之!卖义士以求荣,非所愿也。”

**【注释】**

①记室:官名,又称记室令史、记室参军掌文书之类事务。 ②腞本谓鱼肉脯,引申为熟食的通称。 ③马印洲:地名,据胡三省注,即王家沙、老鹳觜一带,在今山东临沂市境内。 ④武城:又称武口城,地名,在

今湖北黄陂县东南。 ⑤青草湖:地名,又名巴丘湖,在今湖南岳阳市,与洞庭湖相通。 ⑥信州:治所在今重庆市奉节县。西峡口:地名,盖即今湖北宜昌三峡之西陵峡。 ⑦双六:赌博游戏的一种,据说为三国魏陈思王曹植所创。

侯景运东府米入石头,既毕,王伟闻荆州军退,援军虽多,不相统一,乃说景曰:“王以人臣举兵,围守宫阙,逼辱妃主,残秽宗庙,擢王之发,不足数罪。今日持此,欲安所容身乎!背盟而捷,自古多矣,愿且观其变。”临贺王正德亦谓景曰:“大功垂就,岂可弃去!”景遂上启,陈帝十失,且曰:“臣方事睽违,所以冒陈谠直。陛下崇饰虚诞,恶闻实录,以妖怪为嘉祯,以天谴为无咎。敷演六艺,排摈前儒,王莽之法也[①]。以铁为货,轻重无常,公孙之制也。烂羊镌印,朝章鄙杂,更始、赵伦之化也[②]。豫章以所天为血仇,邵陵以父存而冠布,石虎之风也[③]。修建浮图,百度糜费,使四民饥馁,笮融、姚兴之代也[④]。”又言:“建康宫室崇侈,陛下唯与主书参断万机,政以贿成,诸阉豪盛,众僧殷实。皇太子珠玉是好,酒色是耽,吐言止于轻薄,赋咏不出《桑中》[⑤];邵陵所在残破;湘东群下贪纵;南康、定襄之属,皆如沐猴而冠耳[⑥]。亲为孙侄,位则藩屏,臣至百日,谁肯勤王!此而灵长,未之有也。昔鬻拳兵谏,王卒改善,今日之举,复奚罪乎!伏愿陛下小惩大戒,放谗纳忠,使臣无再举之忧,陛下无婴城之辱,则万姓幸甚!”

上览启,且惭且怒。三月,丙辰朔,立坛于太极殿前,告天地,以景违盟,举烽鼓噪。初,闭城之日,男女十余万,擐甲者二万余人;被围既久,人多身肿气急,死者什八九,乘城者不满四千人,率皆羸喘。横尸满路,不可瘗埋,烂汁满沟。而众心犹望外援。柳仲礼唯聚妓妾、置酒作乐,诸将日往请战,仲礼不许。安南侯骏说邵陵王纶曰:“城危如此,而都督不救,若万一不虞,殿下何颜自立于世!今宜分军为三道,出贼不意攻之,可以得志。”纶不从。柳津登城谓仲礼曰:“汝君父在难,不能竭力,百世之后,谓汝为何!”仲礼亦不以为意。上问策于津,对曰:“陛下有邵陵,臣有仲礼,不忠不孝,贼何由平!”

戊午，南康王会理与羊鸦仁、赵伯超等进营于东府城北，约夜渡军。既而鸦仁等晓犹未至，景众觉之，营未立，景使宋子仙击之，赵伯超望风退走。会理等兵大败，战及溺死者五千人。景积其首于阙下，以示城中。

景又使于子悦求和，上使御史中丞沈浚至景所。景实无去志，谓浚曰："今天时方热，军未可动，乞且留京师立效。"浚发愤责之，景不对，横刀叱之。浚曰："负恩忘义，违弃诅盟，固天地所不容！沈浚五十之年，常恐不得死所，何为以死相惧邪！"因径去不顾。景以其忠直，舍之。

于是景决石阙前水，百道攻城，昼夜不息。邵陵世子坚屯太阳门，终日蒱饮，不恤吏士，其书佐董勋、熊昙朗恨之。丁卯，夜向晓，勋、昙朗于城西北楼引景众登城，永安侯确力战，不能却，乃排闼入启上云："城已陷。"上安卧不动，曰："犹可一战乎？"确曰："不可。"上叹曰："自我得之，自我失之，亦复何恨！"因谓确曰："汝速去，语汝父：勿以二宫为念。"因使慰劳在外诸军。

俄而景遣王伟入文德殿奉谒，上命褰帘开户引伟入，伟拜呈景启，称："为奸佞所蔽，领众入朝，惊动圣躬，今诣阙待罪。"上问："景何在？可召来。"景入见于太极东堂，以甲士五百人自卫。景稽颡殿下，典仪引就三公榻。上神色不变，问曰："卿在军中日久，无乃为劳！"景不敢仰视，汗流被面。又曰："卿何州人，而敢至此，妻子犹在北邪？"景皆不能对。任约从旁代对曰："臣景妻子皆为高氏所屠，唯以一身归陛下。"上又问："初渡江有几人？"景曰："千人。""围台城几人？"曰："十万。""今有几人？"曰："率土之内，莫非己有。"上俯首不言。

景复至永福省见太子，太子亦无惧容。侍卫皆惊散，唯中庶子徐摛、通事舍人陈郡殷不害侧侍[⑦]。摛谓景曰："侯王当以礼见，何得如此！"景乃拜。太子与言，又不能对。

景退，谓其厢公王僧贵曰："吾常跨鞍对陈，矢刃交下，而意气安缓，了无怖心；今见萧公，使人自慑，岂非天威难犯！吾不可以再见之。"于是悉撤两宫侍卫，纵兵掠乘舆、服御、宫人皆尽。收朝士、王侯送永福省，使王伟守武德殿，于子悦屯太极东堂。矫诏大赦，自加大都督中外诸军、录尚书事。

【注释】

①王莽（前45—23）：字巨君，为汉元帝皇后侄儿，西汉末以外戚掌权，号安汉公，后弑平帝，自称摄皇帝，进而称假皇帝，始建国元年（9），代汉称帝，改国号为新，并打着复古旗号进行改制，推行了一系列的变革措施，罢黜百家说，唯以附会推演西周六艺为务，这是其变革的核心思想，终于导致天下大乱。在位十五年，最后兵败被杀。 ②更始：姓刘名玄，字圣公，为东汉光武帝族兄。西汉末，光武帝刘秀起兵反王莽，推刘玄为天子，年号更始，刘玄即位后，滥授官爵，长安城流传顺口溜说："烂羊胃，骑都尉；烂羊头，关内侯。"后失败被杀。赵伦，即西晋赵王司马伦，乃司马炎第九子。后乘氐羌反叛之机，谋害皇太子，幽禁晋惠帝，篡夺帝位，随之滥授官爵，貂蝉盈坐，当时人作顺口溜说："貂不足，狗尾续。"后失败，惠帝复位，赐死。 ③石虎：十六国后赵石勒侄儿，字季龙，性凶暴，所向无敌，石勒死后，石虎废其子自立，称帝改元，在位十五年死。诸子自相残杀聊无遗类。 ④笮融：东汉丹阳（今安徽当涂县）人。东汉末聚众依附陶谦，据广陵、下邳、彭城，极崇佛，大修佛塔及佛寺，后兵败被杀。姚兴：十六国后秦姚苌长子，后自立为帝，亦崇佛，广建佛塔，在位二十二年而终。 ⑤《桑中》：即《诗·国风·鄘风·桑中》，见《十三经注疏·毛诗正义》卷三，该诗描写男女相悦私奔之情及约会于桑树之下的情景，古人视之为淫诗。 ⑥沐猴而冠：沐猴即猕猴。猕猴戴帽，徒具人形，实则非人，用以比喻人之虚有仪表，实无人性。 ⑦中庶子：官名，太子属官，职掌侍从左右、辅理庶务、顾问应对等。通事舍人：官名，太子东宫、中书省皆设此官，职掌呈奏大臣表章。

建康士民逃难四出。太子洗马萧允至京口，端居不行，曰："死生有命，如何可逃！祸之所来，皆生于利；苟不求利，祸从何生！"

己巳，景遣石城公大款以诏命解外援军。柳仲礼召诸将议之，邵陵王纶曰："今日之命，委之将军。"仲礼熟视不对。裴之高、王僧辩曰："将军拥众百万，致宫阙沦没，正当悉力决战，何所多言！"仲礼竟无一言，诸军乃随方各散。南兖州刺史临成公大连、湘东世子方等、鄱阳世子嗣、北兖州刺史湘潭侯退、吴郡太守袁君正、晋陵太守陆经等各还本镇①。君正,昂之子也②。邵陵王纶奔会稽。仲礼及弟敬礼、羊鸦仁、王僧辩、赵伯超并开营降,军士莫不叹愤。仲礼等入城,先拜景而后见上;上不与言。仲礼见父津,津恸哭曰:"汝非我子,何劳相见!"

湘东王绎使全威将军会稽王琳送米二十万石以馈军,至姑孰,闻台城陷,沉米于江而还。

景命烧台内积尸,病笃未绝者亦聚而焚之。

庚午,诏征镇牧守可复本任。景留柳敬礼、羊鸦仁,而遣柳仲礼归司州,王僧辩归竟陵。初,临贺王正德与景约,平城之日,不得全二宫。及城开,正德帅众挥刀欲入,景先使其徒守门,故正德不果入。景更以正德为侍中、大司马,百官皆复旧职。正德入见上,拜且泣。上曰:"啜其泣矣,何嗟及矣③!"

秦郡、阳平、盱眙三郡皆降景④,景改阳平为北沧州,改秦郡为西兖州。

东徐州刺史湛海珍、北青州刺史王奉伯并以地降东魏⑤。青州刺史明少遐、山阳太守萧邻弃城走,东魏据其地⑥。

侯景以仪同三司萧邕为南徐州刺史,代西昌侯渊藻镇京口。又遣其将徐相攻晋陵,陆经以郡降之。

初,上以河东王誉为湘州刺史,徙湘州刺史张缵为雍州刺史,

南朝武士画像砖

代岳阳王詧。缵恃其才望，轻誉少年，迎候有阙。誉至，检括州府付度事，留缵不遣；闻侯景作乱，颇陵蹙缵。缵恐为所害，轻舟夜遁，将之雍部，复虑詧拒之。缵与湘东王绎有旧，欲因之以杀誉兄弟，乃如江陵。及台城陷，诸王各还州镇，誉自湖口归湘州。桂阳王慥以荆州督府留军江陵，欲待绎至拜谒，乃还信州。缵遗绎书曰："河东戴樯上水，欲袭江陵，岳阳在雍，共谋不逞。"江陵游军主朱荣亦遣使告绎云："桂阳留此，欲应誉、詧。"绎惧，凿船，沉米，斩缆，自蛮中步道驰归江陵，囚慥，杀之。

侯景以前临江太守董绍先为江北行台，使赍上手敕，召南兖州刺史南康王会理。壬午，绍先至广陵，众不满二百，皆积日饥疲，会理士马甚盛，僚佐说会理曰："景已陷京邑，欲先除诸藩，然后篡位。若四方拒绝，立当溃败，奈何委全州之地以资寇手！不如杀绍先，发兵固守，与魏连和，以待其变。"会理素懦，即以城授之。绍先既入，众莫敢动。会理弟通理请先还建康，谓其姊曰："事既如此，岂可阖家受毙！前途亦思立效，但未知天命如何耳。"绍先悉收广陵文武部曲、铠仗、金帛，遣会理单马还建康。

湘潭侯退与北兖州刺史定襄侯祗出奔东魏。侯景以萧弄璋为北兖州刺史，州民发兵拒之；景遣直阁将军羊海将兵助之，海以其众降东魏，东魏遂据淮阴。祗，伟之子也。

癸未，侯景遣于子悦等将羸兵数百东略吴郡。新城戍主戴僧逷有精甲五千，说太守袁君正曰："贼今乏食，台中所得，不支一旬，若闭关拒守，立可饿死。"土豪陆映公恐不能胜而资产被掠，皆劝君正迎之。君正素怯，载米及牛酒郊迎。子悦执君正，掠夺财物、子女，东人皆立堡拒之。景又以任约为南道行台，镇姑孰。

夏，四月，湘东世子方等至江陵，湘东王绎始知台城不守，命于江陵四旁七里树木为栅，掘堑三重而守之。

**【注释】**

①吴郡：地名，约当今上海市、苏州市的一部分。晋陵：地名，故治即今江苏常州市武进区治。　②袁昂：字千里，仕南朝齐为吴兴太守，梁朝建立，征为吏部尚书，官至尚书令，位居司空。　③啜其泣矣，何嗟及矣：见《诗·王风·中谷有蓷》。意为：伤心哭泣，后悔来不及了。　④秦

郡：南朝宋置，故治在今江苏南京市六合区北。阳平：地名，南朝齐置，即今江苏淮安市。盱眙：地名，晋置盱眙郡，即今江苏盱眙县。　⑤北青州：南朝梁置，故治在今江苏连云港市赣榆区。　⑥山阳：地名，故治在今山东金乡县。

东魏高岳等攻魏颍川，不克。大将军澄益兵助之，道路相继，逾年犹不下。山鹿忠武公刘丰生建策，堰洧水以灌之，城多崩颓，岳悉众分休迭进。王思政身当矢石，与士卒同劳苦，城中泉涌，悬釜而炊。太师泰遣大将军赵贵督东南诸州兵救之，自长社以北[1]，皆为陂泽，兵至穰，不得前。东魏使善射者乘大舰临城射之，城垂陷；燕郡景惠公慕容绍宗与刘丰生临堰视之，见东北尘起，同入舰坐避之。俄而暴风至，远近晦冥，缆断，飘船径向城；城上人以长钩牵船，弓弩乱发，绍宗赴水溺死，丰生游上，向土山，城上人射杀之。

甲辰，东魏进大将军勃海王澄位相国，封齐王，加殊礼。丁未，澄入朝于邺，固辞；不许。澄召将佐密议之，皆劝澄宜膺朝命；独散骑常侍陈元康以为未可，澄由是嫌之，崔暹乃荐陆元规为大行台郎以分元康之权。

湘东王绎之入援也，令所督诸州皆发兵，雍州刺史岳阳王詧遣府司马刘方贵将兵出汉口；绎召詧使自行，詧不从。方贵潜与绎相知，谋袭襄阳，未发；会詧以他事召方贵，方贵以为谋泄，遂据樊城拒命，詧遣军攻之。绎厚资遣张缵使赴镇，缵至大堤，詧已拔樊城[2]，斩方贵。缵至襄阳，詧推迁未去，但以城西白马寺处之；詧犹总军府之政，闻台城陷，遂不受代。助防杜岸绐缵曰："观岳阳势不容使君，不如且往西山以避祸。"岸既襄阳豪族，兄弟九人，皆以骁勇著名。缵乃与岸结盟，著妇人衣，乘青布舆，逃入西山。詧使岸将兵追擒之，缵乞为沙门，更名法缵，詧许之。

荆州长史王冲等上笺于湘东王绎，请以太尉、都督中外诸军事承制主盟；绎不许。丙辰，又请以司空主盟，亦不许。

上虽外为侯景所制，而内甚不平。景欲以宋子仙为司空，上曰："调和阴阳，安用此物！"景又请以其党二人为便殿主帅，上不许。景不能强，心甚惮之。太子入，泣谏，上曰："谁令汝来！若社稷有灵，犹当克复；如其不然，何事流涕！”景使其军士入直省中，或驱驴马，带弓刀，出入宫庭，上怪而问之，直阁将军周石珍对曰：“侯丞相甲士。”上大怒，叱石珍曰：“是侯景，何谓丞相！”左右皆惧。是后上所求多不遂志，饮膳亦为所裁节，忧愤成疾。太子以幼子大圜属湘东王绎，并剪爪发以寄之。五月，丙辰，上卧净居殿，口苦，索蜜不得，再曰：“荷！荷！”遂殂。年八十六。景秘不发丧，迁殡于昭阳殿，迎太子于永福省，使如常入朝。王伟、陈庆皆侍太子，太子呜咽流涕，不敢泄声，殿外文武皆莫之知。

【注释】

①长社：地名，即今河南长葛市。　②樊城：地名，在汉水上游北岸，与襄阳相对，今合为襄阳市。

东魏高岳既失慕容绍宗等，志气沮丧，不敢复逼长社城。陈元康言于大将军澄曰：“王自辅政以来，未有殊功，虽破侯景，本非外贼。今颍川垂陷，愿王自以为功。”澄从之，戊寅，自将步骑十万攻长社，亲临作堰。堰三决，澄怒，推负土者及囊并塞之。

辛巳，发高祖丧，升梓宫于太极殿。是日，太子即皇帝位，大赦，侯景出屯朝堂，分兵守卫。

壬午，诏北人在南为奴婢者，皆免之，所免万计；景或更加超擢，冀收其力。

高祖之末，建康士民服食、器用，争尚豪华，粮无半年之储，常资四方委输。自景作乱，道路断绝，数月之间，人至相食，犹不免饿死，存者百无一二。贵戚、豪族皆自出采稆，填委沟壑，不可胜纪。

癸未，景遣仪同三司来亮入宛陵[①]，宣城太守杨白华诱而斩之。甲申，景遣其将李贤明攻之，不克。景又遣中军侯子鉴入吴郡，以厢公苏单于为吴郡太守，遣仪同宋子仙等将兵东屯钱塘，新城戍主戴僧逷拒之[②]。御史中丞沈浚避难东归，至吴兴，太守张嵊与之合谋，举兵讨景。嵊，稷之子也[③]。东扬州刺史临城公大连，亦据州不受景命。景号令所行，唯吴郡以西、南陵以北而已。

魏诏：“太和中代人改姓者皆复其旧。”

南朝马具装画像砖

六月，丙戌，以南康王会理为侍中、司空。

丁亥，立宣城王大器为皇太子。

初，侯景将使太常卿南阳刘之遴授临贺王正德玺绶，之遴剃发僧服而逃之。之遴博学能文，尝为湘东王绎长史；将归江陵，绎素嫉其才，己丑，之遴至夏口，绎密送药杀之，而自为志铭，厚其赙赠。

壬辰，封皇子大心为寻阳王，大款为江陵王，大临为南海王，大连为南郡王，大春为安陆王，大成为山阳王，大封为宜都王。

长社城中无盐，人病挛肿，死者什八九。大风从西北起，吹水入城，城坏。东魏大将军澄令城中曰："有能生致王大将军者封侯；若大将军身有损伤，亲近左右皆斩。"王思政帅众据土山，告之曰："吾力屈计穷，唯当以死谢国。"因仰天大哭，西向再拜，欲自刎，都督骆训曰："公常语训等：'汝赍我头出降，非但得富贵，亦完一城人。'今高相既有此令，公独不哀士卒之死乎！"众共执之，不得引决。澄遣通直散骑赵彦深就土山遗以白羽扇，执手申意，牵之以下。澄不令拜，延而礼之。思政初入颍川，将士八千人，及城陷，才三千人，卒无叛者。澄悉散配其将卒于远方，改颍川为郑州，礼遇思政甚重。西阁祭酒卢潜曰："思政不能死节，何足可重！"澄谓左右曰："我有卢潜，乃是更得一王思政。"潜，度世之曾孙也。

初，思政屯襄城，欲以长社为行台治所，遣使者魏仲启陈于太师泰，并致书于淅州刺史崔猷④。猷复书曰："襄城控带京、洛，实当今之要地，如有动静，易相应接。颍川既邻寇境，又无山川之固，贼若潜来，径至城下。莫若顿兵襄城，为行台之所；颍川置州，遣良将镇守，则表里胶固，人心易安，纵有不虞，岂能为患！”仲见泰，具以启闻。泰令依猷策。思政固请，且约：“贼水攻期年、陆攻三年之内，朝廷不烦赴救。”泰乃许之。及长社不守，泰深悔之。猷，孝芬之子也。

侯景之南叛也，丞相泰恐东魏复取景所部地，使诸将分守诸城。及颍川陷，泰以诸城道路阻绝，皆令拔军还。

上甲侯韶自建康出奔江陵，称受高祖密诏征兵，以湘东王绎为侍中、假黄钺、大都督中外诸军事、司徒、承制，自余藩镇并加位号。

宋子仙围戴僧逷，不克。丙午，吴盗陆缉等起兵袭吴郡，杀苏单于，推前淮南太守文成侯宁为主。

临贺王正德怨侯景卖己，密书召鄱阳王范使以兵入；景遮得其书，癸丑，缢杀正德。景以仪同三司郭元建为尚书仆射、北道行台、总江北诸军事，镇新秦[5]；封元罗等诸元十余人皆为王。景爱永安侯确之勇，常置左右。邵陵王纶潜遣人呼之，确曰：“景轻佻，一夫力耳，我欲手刃之，正恨未得其便，卿还启家王，勿以确为念。”景与确游钟山，引弓射鸟，因欲射景，弦断，不发，景觉而杀之。

**【注释】**

①宛陵：地名，即今安徽宣城市宣州区。　②新城：地名，故城在今浙江杭州市富阳区。　③张稷：字公乔，仕梁历官青冀二州刺史，镇北将军。州城为北魏所攻，部下徐道角策应之，为所害。　④淅州：地名，故治在今河南内乡县。　⑤新秦：地名，故治在今江苏南京市六合区。

湘东王绎娶徐孝嗣孙女为妃，生世子方等。妃丑而妒，又多失行，绎二三年一至其室。妃闻绎当至，以绎目眇，为半面妆以待之，绎怒而出，故方等亦无宠。及自建康还江陵，绎见其御军和整，始叹其能，入告徐妃，妃不对，垂泣而退。绎怒，疏其秽行，榜于大阁，方等见之，益惧。湘州刺史河东王誉，骁勇得士心，绎将讨侯景，遣使督其粮众，誉曰：“各自军府，何忽隶人！”使者三返，誉不与。方等请讨之，绎乃以少子安南侯方矩为湘州刺史，使方等将精卒二万送之。方等将行，谓所亲曰："是行也，吾必死之；死得其所，吾复奚恨！"

侯景以赵威方为豫章太守，江州刺史寻阳王大心遣军拒之，擒威方，系州狱，威方逃还建康。

湘东世子方等军至麻溪[①]，河东王誉将七千人击之，方等军败，溺死。安南侯方矩收余众还江陵，湘东王绎无戚容。绎宠姬王氏，生子方诸。王氏卒，绎疑徐妃为之，逼令自杀，妃赴井死，葬以庶人礼，不听诸子制服。

西江督护陈霸先欲起兵讨侯景，景使人诱广州刺史元景仲，许奉以为主，景仲由是附景，阴图霸先。霸先知之，与成州刺史王怀明等集兵南海[②]，驰檄以讨景仲曰："元景仲与贼合从，朝廷遣曲阳侯勃为刺史，军已顿朝亭。"景仲所部闻之，皆弃景仲而散。秋，七月，甲寅，景仲缢于阁下。霸先迎定州刺史萧勃镇广州。

前高州刺史兰裕，钦之弟也，与其诸弟扇诱始兴等十郡，攻监衡州事欧阳頠。勃使霸先救之，悉擒裕等，勃因以霸先监始兴郡事。

湘东王绎遣竟陵太守王僧辩、信州刺史东海鲍泉击湘州，分给兵粮，刻日就道。僧辩以竟陵部下未尽至，欲俟众集然后行，与泉入白绎，求申期。绎疑僧辩观望，按剑厉声曰："卿惮行拒命，欲同贼邪？今日唯有死耳！"因斫僧辩，中其左髀，闷绝，久之方苏，即送狱。泉震怖，不敢言。僧辩母徒行流涕入谢，自陈无训，绎意解，赐以良药，故得不死。丁卯，鲍泉独将兵伐湘州。

陆缉等竞为暴掠，吴人不附，宋子仙自钱塘旋军击之。壬戌，缉弃城奔海盐，子仙复据吴郡。戊辰，侯景置吴州于吴郡，以安陆王大春为刺史。

庚午，以南康王会理兼尚书令。

**【注释】**

①麻溪：地名，在今湖南长沙市北。　②成州：梁置，故治在今广西苍梧县。南海：地名，即今广东广州市。

鄱阳王范闻建康不守，戒严，欲入，僚佐或说之曰："今魏人已据寿阳，大王移足，则虏骑必窥合肥。前贼未平，后城失守，将若之何！不如待四方兵集，使良将将精卒赴之，进不失勤王，退可固本根。"范乃止。会东魏大将军澄遣西兖州刺史李伯穆逼合肥，又使魏收为书谕范。范方谋讨侯景，藉东魏为援，乃帅战士二万出东关[1]，以合州输伯穆，并遣咨议刘灵议送二子勤、广为质于东魏以乞师。范屯濡须以待上游之军，遣世子嗣将千余人守安乐栅，上游军皆不下，范粮乏，采菰稗、菱藕以自给。勤、广至邺，东魏人竟不为出师。范进退无计，乃泝流西上，军于枞阳[2]。景出屯姑孰，范将裴之悌以众降之。之悌，之高之弟也。

东魏大将军澄诣邺，辞爵位殊礼，且请立太子。澄谓济阴王晖业曰："比读何书？"晖业曰："数寻伊、霍之传，不读曹、马之书[3]。"

八月，甲申朔，侯景遣其中军都督侯子鉴等击吴兴。

己亥，鲍泉军于石椁寺，河东王誉逆战而败；辛丑，又败于桔州[4]，战及溺死者万余人。誉退保长沙，众引军围之。

辛卯，东魏立皇子长仁为太子。

勃海文襄王澄以其弟太原公洋次长，意常忌之。洋深自晦匿，言不出口，常自贬退，与澄言，无不顺从。澄轻之，常曰："此人亦得富贵，相书亦何可解！"洋为其夫人赵郡李氏营服玩小佳，澄辄夺取之；夫人或恚未与，洋笑曰："此物犹应可求，兄须何容吝惜！"澄或愧不取，洋即受之，亦无饰让。每退朝还第，辄闭阁静坐，虽对妻子，能竟日不言。或时袒跣奔跃，夫人问其故，洋曰："为尔漫戏。"其实盖欲习劳也。

澄获徐州刺史兰钦子京，以为膳奴，钦请赎之，不许；京屡自诉，澄杖之，曰："更诉，当杀汝！"京与其党六人谋作乱。澄在邺，居北城东柏堂，嬖琅邪公主，欲其往来无间，侍卫者常遣出外。辛卯，澄与散骑常侍陈元康、吏部尚书侍中杨愔、黄门侍郎崔季舒屏左右，谋受魏禅，署拟百官。兰京进食，澄却之，谓诸人曰："昨夜梦此奴斫我，当急杀之。"京闻之，置刀盘下，冒言进食，澄怒曰："我未索食，何为遽来！"京挥刀曰："来杀汝！"澄自投伤足，入于床下，贼去床，弑之。愔狼狈走，遗一靴；季舒匿于厕中；元康以身蔽澄，与贼争刀被伤，肠出；库直王纮冒刃御贼；纥奚舍乐斗死。时变起仓猝，内外震骇。太原公洋在城东双堂，闻之，颜色不变，指挥部分，入讨群贼，斩而脔之，徐出，曰："奴反，大将军被伤，无大苦也。"内外莫不惊异。洋秘不发丧。陈元康手书辞母，口占使功曹参军祖珽作书陈便宜，至夜而卒；洋殡之第中，诈云出使，虚除元康中书令。以王纮为领左右都督。纮，基之子也。

勋贵以重兵皆在并州，劝洋早如晋阳，洋从之。夜，召大将军督护太原唐邕，使部分将士，镇遏四方；邕支配须臾而毕，洋由是重之。

癸巳，洋讽东魏主以立太子大赦。澄死问渐露，东魏主窃谓左右曰："大将军今死，似是天意，威权当复归帝室矣！"洋留太尉高岳、太保高隆之、开府仪同三司司马子如、侍中杨愔守邺，余勋贵皆自随。甲午，入谒东魏主于昭阳殿，从甲士八千人，登阶者二百余人，皆攘袂扣刃，若对严敌。令主者传奏曰："臣有家事，须诣晋阳。"再拜而出。东魏主失色，目送之曰："此人又似不相容，朕不知死在何日！"晋阳旧臣、宿将素轻洋；及至，大会文武，神彩英畅，言辞敏洽，众皆大惊。澄政令有不便者，洋皆改之。高隆之、司马子如等恶度支尚书崔暹，奏暹及崔季舒过恶，鞭二百徙边。

【注释】

①东关：地名，即濡须山，亦谓之濡须口、栅江口，与七宝山（又谓之西关），夹濡须河而峙，地在今安徽巢湖市。　②枞阳：地名，故城在今安徽桐城市。　③伊、霍：即伊尹、霍光。伊尹又名挚，相传原先隐居躬耕于莘（shēn 深）野，商汤王聘为相，遂辅汤伐桀，建立商汤王朝。汤去世后，辅佐几代少主，年百岁而卒，葬之以天子之礼。霍光，西汉名将霍去病异母弟，字子孟。汉武帝时，官至大司马、大将军，武帝去世，受遗诏辅佐幼主昭帝，后昭帝去世，又立昌邑王为帝，昌邑王荒淫无道，废之，迎立宣帝，凡辅政二十余年。曹、马：即曹丕、司马炎。曹丕为东汉末著名政治家曹操长子，于 200 年废掉汉献帝，自立为皇帝，国号魏。司马炎为三国魏名臣司马懿之孙，于 265 年废掉魏元帝曹奂，自称皇帝，国号

晋。 ④桔洲:地名,在今湖南长沙市湘江中。

侯景以宋子仙为司徒、郭元建为尚书左仆射,与领军任约等四十人并开府仪同三司,仍诏:“自今开府仪同不须更加将军。”是后开府仪同至多,不可复记矣。

鄱阳王范自枞阳遣信告江州刺史寻阳王大心,大心遣信邀之。范引兵诣江州,大心以湓城处之。

吴兴兵力寡弱,张嵊书生,不闲军旅;或劝嵊效袁君正以郡迎侯子鉴。嵊叹曰:“袁氏世济忠贞,不意君正一旦隳之。吾岂不知吴郡既没,吴兴势难久全;但以身许国,有死无贰耳!”九月,癸丑朔,子鉴军至吴兴,嵊战败,还府,整服安坐,子鉴执送建康。侯景嘉其守节,欲活之,嵊曰:“吾忝任专城,朝廷倾危,不能匡复,今日速死为幸。”景犹欲全其一子,嵊曰:“吾一门已在鬼录,不就尔虏求恩!”景怒,尽杀之,并杀沈浚。

河东王誉告急于岳阳王詧,詧留咨议参军济阳蔡大宝守襄阳,帅众二万、骑二千伐江陵以救湘州。湘东王绎大惧,遣左右就狱中问计于王僧辩,僧辩具陈方略,绎乃赦之,以为城中都督。乙卯,詧至江陵,作十三营以攻之;会大雨,平地水深四尺,詧军气沮。绎与新兴太守杜崱有旧,密邀之。乙丑,崱与兄岌、岸、弟幼安、兄子龛各帅所部降于绎。岸请以五百骑袭襄阳,昼夜兼行;去襄阳三十里,城中觉之,蔡大宝奉詧母龚保林登城拒战[①]。詧闻之,夜遁,弃粮食、金帛、铠仗于湕水[②],不可胜纪。张缵病足,詧载以随军;及败走,守者恐为追兵所及,杀之,弃尸而去。詧至襄阳,岸奔广平[③],依其兄南阳太守巘。

湘东王绎以鲍泉围长沙久不克,怒之,以平南将军王僧辩代为都督,数泉十罪,命舍人罗重欢与僧辩偕行。泉闻僧辩来,愕然曰:“得王竟陵来助我,贼不足平。”拂席待之。僧辩入,背泉而坐,曰:“鲍郎,卿有罪,令旨使我锁卿,卿勿以故意见期。”使重欢宣令,锁之床侧。泉为启自申,且谢淹缓之罪,绎怒解,遂释之。

冬,十月,癸未朔,东魏以开府仪同三司潘相乐为司空。

【注释】

①保林:宫廷女官,始于汉,禄位相当于百石。 ②溠水:今名建阳河,源出湖北荆门市南。一名大漕河。 ③广平:郡名,治所在今湖北随州市。

初,历阳太守庄铁帅众归寻阳王大心,大心以为豫章内史。铁至郡即叛,推观宁侯永为主。永,范之弟也。丁酉,铁引兵袭寻阳,大心遣其将黎嗣徽逆击,破之。铁走,至建昌①,光远将军韦构邀击之,铁失其母弟妻子,单骑还南昌,大心遣构将兵追讨之。

宋子仙自吴郡趣钱塘。刘神茂自吴兴趣富阳,前武州刺史富阳孙国恩以城降之。

十一月,乙卯,葬武皇帝于修陵,庙号高祖。

百济遣使入贡,见城关荒圮,异于向来,哭于端门;侯景怒,录送庄严寺,不听出。

壬戌,宋子仙急攻钱塘,戴僧逷降之。

岳阳王詧使将军薛晖攻广平,拔之,获杜岸,送襄阳。詧拔其舌,鞭其面,支解而烹之。又发其祖父墓,焚其骸而扬之,以其头为漆碗。

詧既与湘东王绎为敌,恐不能自存,遣使求援于魏,请为附庸。丞相泰令东阁祭酒荣权使于襄阳,绎使司州刺史柳仲礼镇竟陵以图詧,詧惧,遣其妃王氏及世子嶚为质于魏。丞相泰欲经略江、汉,以开府仪同三司杨忠都督三荆等十五州诸军事,镇

南朝青黄釉仙人博山炉

穰城。仲礼至安陆，安陆太守柳勰以城降之。仲礼留长史马岫与其弟子礼守之，帅众一万趣襄阳，泰遣杨忠及行台仆射长孙俭将兵击仲礼以救督。

宋子仙乘胜渡浙江，至会稽。邵陵王纶闻钱塘已败，出奔鄱阳，鄱阳内史开建侯蕃以兵拒之，范进击蕃，破之。

魏杨忠将至义阳，太守马伯符以下溠城降之[2]，忠以伯符为乡导。伯符，岫之子也。

南郡王大连为东扬州刺史。时会稽丰沃，胜兵数万，粮仗山积，东土人惩侯景残虐，咸乐为用，而大连朝夕酣饮，不恤军事；司马东阳留异，凶狡残暴，为众所患，大连悉以军事委之。十二月，庚寅，宋子仙攻会稽，大连弃城走，异奔还乡里，寻以其众降于子仙。大连欲奔鄱阳，异为子仙乡导，追及大连于信安，执送建康，帝闻之，引帷自蔽，掩袂而泣。于是三吴尽没于景，公侯在会稽者，俱南度岭。景以留异为东阳太守，收其妻子为质。

乙酉，东魏以并州刺史彭乐为司徒。

邵陵王纶进至九江，寻阳王大心以江州让之，纶不受，引兵西上。

始兴太守陈霸先结郡中豪桀欲讨侯景，郡人侯安都、张偲等各帅众千余人归之。霸先遣主帅杜僧明将二千人顿于岭上，广州刺史萧勃遣人止之曰："侯景骁雄，天下无敌，前者援军十万，士马精强，犹不能克，君以区区之众，将何所之！如闻岭北王侯又皆鼎沸，亲寻干戈，以君疏外，讵可暗投！未若且留始兴，遥张声势，保太山之安也。"霸先曰："仆荷国恩，往闻侯景渡江，即欲赴援，遭值元、兰，梗我中道。今京都覆没，君辱臣死，谁敢爱命！君侯体则皇枝，任重方岳，遣仆一军，犹贤乎已，乃更止之乎！"乃遣使间道诣江陵，受湘东王绎节度。时南康土豪蔡路养起兵据郡[3]，勃乃以腹心谭世远为曲江令，与路养相结，同遏霸先。

魏杨忠拔随郡，执太守桓和。

东魏使金门公潘乐等将兵五万袭司州，刺史夏侯强降之。于是东魏尽有淮南之地。

【注释】

①建昌:县名,治所在今江西奉新县。 ②下溠(zhà 诈):地名,故地在今湖北随州市。 ③南康:郡名。治所在今江西于都县。

# 资治通鉴卷第一百六十三

## 梁纪十九　上章敦牂，一年。

### 太宗简文皇帝上

**大宝元年**　春，正月，辛亥朔，大赦，改元。

陈霸先发始兴，至大庾岭[①]，蔡路养将二万人军于南野以拒之[②]。路养妻侄兰陵萧摩诃，年十三，单骑出战，无敢当者。杜僧明马被伤，陈霸先救之，授以所乘马；僧明上马复战，众军因而乘之，路养大败，脱身走。霸先进军南康，湘东王绎承制授霸先明威将军、交州刺史。

戊辰，东魏进太原公高洋位丞相、都督中外诸军、录尚书事、大行台、齐郡王。

庚午，邵陵王纶至江夏，郢州刺史南康王恪郊迎，以州让之，纶不受；乃推纶为假黄钺，都督中外诸军事，承制置百官。

魏杨忠围安陆，柳仲礼驰归救之。诸将恐仲礼至则安陆难下，请急攻之，忠曰："攻守势殊，未可猝拔；若引日劳师，表里受敌，非计也。南人多习水军，不闲野战，仲礼师在近路，吾出其不意，以奇兵袭之，彼怠我奋，一举可克。克仲礼，则安陆不攻自拔，诸城可传檄定也。"乃选骑二千，衔枚夜进，败仲礼于漴头，获仲礼及其弟子礼，尽俘其众。马岫以安陆、别将王叔孙以竟陵，皆降于忠。于是汉东之地尽入于魏。

广陵人来嶷说前广陵太守祖皓曰："董绍先轻而无谋，人情不附，袭而杀之，此壮士之任也。今欲纠帅义勇，奉戴府君。若其克捷，可立桓、文之勋，必天未悔祸，犹足为梁室忠臣。”皓曰：“此仆所愿也。”乃相与纠合勇士，得百余人。癸酉，袭广陵，斩南兖州刺史董绍先；据城，驰檄远近，推前太子舍人萧勔为刺史，仍结东魏为援。皓，晅之之子；勔，勃之兄也。乙亥，景遣郭元建帅众奄至，皓婴城固守。

二月，魏杨忠乘胜至石城[4]，欲进逼江陵，湘东王绎遣舍人庾恪说忠曰：“詧来伐叔而魏助之，何以使天下归心！”忠遂停湕北。绎遣舍人王孝祀等送子方略为质以求和，魏人许之。绎与忠盟曰：“魏以石城为封，梁以安陆为界，请同附庸，并送质子，贸迁有无，永敦邻睦。”忠乃还。

宕昌王梁弥定为其宗人獠甘所袭，弥定奔魏，獠甘自立。羌酋傍乞铁匆据渠株川，与渭州民郑五丑合诸羌以叛魏。丞相泰使大将军宇文贵、凉州刺史史宁讨之，擒斩铁匆、五丑。宁别击獠甘，破之，獠甘将百骑奔生羌巩廉玉，宁复纳弥定于宕昌，置岷州于渠株川[5]，进击巩廉玉，斩獠甘，虏廉玉送长安。

侯景遣任约、于庆等帅众二万攻诸藩。

邵陵王纶欲救河东王誉而兵粮不足，乃致书于湘东王绎曰：“天时、地利，不及人和，况于手足肱支，岂可相害！今社稷危耻，创巨痛深，唯应剖心尝胆，泣血枕戈，其余小忿，或宜容贳。若外难未除，家祸仍构，料今访古，未或不亡。夫征战之理，唯求克胜；至于骨肉之战，愈胜愈酷，捷则非功，败则有丧，劳兵损义，亏失多矣。侯景之军所以未窥江外者，良为藩屏盘固，宗镇强密。弟若陷洞庭，不戢兵刃，雍州疑迫，何以自安，必引进魏军以求形援。弟若不安，家国去矣。必希解湘州之围，存社稷之计。”绎复书，陈誉过恶不赦，且曰：“詧引杨忠来相侵逼，颇遵谈笑，用却秦军，曲直有在，不复自陈。临湘旦平，暮便即路。”纶得书，投之于案，慷慨流涕曰：“天下之事，一至于斯，湘州若败，吾亡无日矣！”

侯景遣侯子鉴帅舟师八千，自帅徒兵一万攻广陵，三日，克之，执祖皓，缚而射之，箭遍体。然后车裂以徇；城中无少长皆埋之于地，驰马射而杀之。以子鉴为南兖州刺史，镇广陵。景还建康。

丙戌，以安陆王大春为东扬州刺史。省吴州[6]。

【注释】

①大庾岭：地名，又名塞上、台岭、梅岭、东峤。在今江西大余县南，广东南雄市北，为五岭之一。 ②南野：地名，又名南野县，故城在今江西赣州市南康区。 ③暅（gèng 更）：祖暅，南朝著名科学家祖冲之的儿子。字景烁，少传家业，研习天文历法，继父修改何承天历法，位至太府卿。 ④石城：石城郡，北周置，即今湖北钟祥市治。 ⑤岷州：地名，即今甘肃岷县。 ⑥吴州：故治在今江苏扬州市江都区。

乙巳，以尚书仆射王克为左仆射。

庚寅[1]，东魏以尚书令高隆之为太保。

宣城内史杨白华进据安吴[2]，侯景遣于子悦帅众攻之，不克。

东魏行台辛术将兵入寇，围阳平[3]，不克。

侯景纳上女溧阳公主，甚爱之。三月，甲申[4]，景请上禊宴于乐游苑[5]，帐饮三日。上还宫，景与公主共据御床，南面并坐，群臣文武列坐侍宴。

庚申，东魏进丞相洋爵为齐王。

临川内史始兴王毅等击庄铁，鄱阳王范遣其将巴西侯瑱救之，毅等败死。

鄱阳世子嗣与任约战于三章，约败走；嗣因徙镇三章，谓之安乐栅。

夏，四月，庚辰朔，湘东王绎以上甲侯韶为长沙王。

丙午，侯景请上幸西州[6]，上御素辇，侍卫四百余人，景浴铁数千，翼卫左右。上闻丝竹，凄然泣下，命景起舞；景

南朝青瓷多足砚

亦请上起舞。酒阑坐散，上抱景于床曰："我念丞相。"景曰："陛下如不念臣，臣何得至此！"逮夜乃罢。

时江南连年旱蝗，江、扬尤甚，百姓流亡，相与入山谷、江湖，采草根、木叶、菱芡而食之，所在皆尽，死者蔽野。富室无食，皆鸟面鹄形，衣罗绮，怀珠玉，俯伏床帷，待命听终。千里绝烟，人迹罕见，白骨成聚，如丘陇焉。

景性残酷，于石头立大碓，有犯法者捣杀之。常戒诸将曰："破栅平城，当净杀之，使天下知吾威名。"故诸将每战胜，专以焚掠为事，斩刈人如草芥，以资戏笑。由是百姓虽死，终不附之。又禁人偶语，犯者刑及外族。为其将帅者，悉称行台，来降附者，悉称开府，其亲寄隆重者曰左右厢公，勇力兼人者曰库直都督。

魏封皇子儒为燕王，公为吴王。

侯景召宋子仙还京口。

邵陵王纶在郢州，以听事为正阳殿，内外斋阁，悉加题署。其部下陵暴军府，郢州将佐莫不怨之。咨议参军江仲举，南平王恪之谋主也，说恪图纶，恪惊曰："若我杀邵陵，宁静一镇，荆、益兄弟必皆内喜，海内若平，则以大义责我矣。且巨逆未枭，骨肉相残，自亡之道也。卿且息之。"仲举不从，部分诸将，刻日将发，谋泄，纶压杀之。恪狼狈往谢，纶曰："群小所作，非由兄也。凶党已毙，兄勿深忧！"

王僧辩急攻长沙，辛巳，克之。执河东王誉，斩之，传首江陵，湘东王绎反其首而葬之。初，世子方等之死，临蒸周铁虎功最多，誉委遇甚重。僧辩得铁虎，命烹之，呼曰："侯景未灭，奈何杀壮士！"僧辩奇其言而释之，还其麾下。绎以僧辩为左卫将军，加侍中、镇西长史。

绎自去岁闻高祖之丧，以长沙未下，故匿之。壬寅，始发丧，刻檀为高祖像，置于百福殿，事之甚谨，动静必咨焉。绎以为天子制于贼臣，不肯从大宝之号，犹称太清四年。丙午，绎下令大举讨侯景，移檄远近。

【注释】

①庚寅：二月无此日，疑误。　②安吴：地名，在今安徽泾县。

③阳平：地名，在今山东汶上县。　④甲申：三月无此日，疑误。　⑤禊：祭也。古人于春秋二季临水洁濯，祓除不祥的祭祀。农历三月行春禊，七月行秋禊。　⑥西州：即西州城，在今江苏南京市郊江宁区。

鄱阳王范至湓城，以晋熙为晋州[①]，遣其世子嗣为刺史，江州郡县多辄改易。寻阳王大心，政令所行，不出一郡。大心遣兵击庄铁，嗣与铁素善，请发兵救之，范遣侯瑱帅精甲五千助铁。由是二镇互相猜忌，无复讨贼之志。大心使徐嗣徽帅众二千，筑垒稽亭以备范，市籴不通，范数万之众，无所得食，多饿死。范愤恚，疽发于背，五月，乙卯，卒。范众秘不发丧，奉范弟安南侯恬为主，有众数千人。

丙辰，侯景以元思虔为东道大行台，镇钱塘。丁巳，以侯子鉴为南兖州刺史。

东魏齐王洋之为开府也，勃海高德政为管记，由是亲昵，言无不尽。金紫光禄大夫丹杨徐之才、北平太守广宗宋景业，皆善图谶，以为太岁在午，当有革命，因德政以白洋，劝之受禅。洋以告娄太妃，太妃曰："汝父如龙，兄如虎，犹以天位不可妄据，终身北面，汝独何人，欲行舜、禹之事乎！"洋以告之才，之才曰："正为不及父兄，故宜早升尊位耳。"洋铸像卜之而成，乃使开府仪同三司段韶问肆州刺史斛律金，金来见洋，固言不可，以宋景业首陈符命，请杀之。洋与诸贵议于太妃前，太妃曰："吾儿懦直，必无此心，高德政乐祸，教之耳。"洋以人心不一，遣高德政如邺察公卿之意，未还；洋拥兵而东，至平都城[②]，召诸勋贵议之，莫敢对。长史杜弼曰："关西，国之勍敌，若受魏禅，恐彼挟天子，自称义兵而东向，王何以待之！"徐之才曰："今与王争天下者，彼亦欲为王所为，纵其屈强，不过随我称帝耳。"弼无以应。高德政至邺，讽公卿，莫有应者。司马子如逆洋于辽阳，固言未可。洋欲还，仓丞李集曰："王来为何事，而今欲还？"洋伪使于东门杀之，而别令赐绡十匹，遂还晋阳。自是居常不悦。徐之才、宋景业等日陈阴阳杂占，云宜早受命。高德政亦敦劝不已。洋使术士李密卜之，遇《大横》，曰："汉文之卦也。"又使宋景业筮之，遇《乾》之《鼎》，曰："《乾》，君也。《鼎》，五月卦也。宜以仲夏受禅。”或曰：“五月不可入官，犯之，终于其位。”景业曰：“王为天子，无复下期，岂得不终于其位乎！”洋大悦，乃发晋阳。

高德政录在邺诸事，条进于洋，洋令左右陈山提驰驿赍事条，并密书与杨愔。是月，山提至邺，杨愔即召太常卿刑邵等议选仪注，秘书监魏收草九锡、禅让、劝进诸文；引魏宗室诸王入北宫，留于东斋。甲寅，东魏进洋位相国，总百揆，备九锡。洋行至前亭，所乘马忽倒，意甚恶之，至平都城，不复肯进。高德政、徐之才苦请曰：“山提先去，恐其漏泄。”即命司马子如、杜弼驰驿续入，观察物情。子如等至邺，众人以事势已决，无敢异言。洋至邺，召夫赍筑具集城南。高隆之请曰：“用此何为？”洋作色曰：“我自有事，君何问为！欲族灭邪！”隆之谢而退。于是作圜丘，备法物。

丙辰，司空潘氏、侍中张亮、黄门郎赵彦深等求入启事，东魏孝静帝在昭阳殿见之。亮曰：“五行递运，有始有终，齐王圣德钦明，万方归仰，愿陛下远法尧、舜。”帝敛容曰：“此事推挹已久，谨当逊避。”又曰：“若尔，须作制书。”中书郎崔劼、裴让之曰：“制已作讫。”使侍中杨愔进之。东魏主既署，曰：“居朕何所？”愔对曰：“北城别有馆宇。”乃下御坐，步就东廊，咏范蔚宗《后汉书·赞》曰：“献生不辰，身播国屯，终我四百，永作虞宾。”所司请发，帝曰：“古人念遗簪弊履，朕欲与六宫别，可乎？”高隆之曰：“今日天下犹陛下之天下，况在六宫。”帝步入，与妃嫔已下别，举宫皆哭。赵国李嫔诵陈思王诗云：“王其爱玉体，俱享黄发期。”直长赵道德以车一乘候于东阁，帝登车，道德超上抱之，帝叱之曰：“朕自畏天顺人，何物奴敢逼人如此！”道德犹不下。出云龙门，王公百僚拜辞，高隆之洒泣。遂入北城，居司马子如南宅，遣太尉彭城王韶等奉玺绶，禅位于齐。

戊午，齐王即皇帝位于南郊，大赦，改元天保。自魏敬宗以来，百官绝禄，至是始复给之。己未，封东魏主为中山王，待以不臣之礼。追尊齐献武王为献武皇帝，庙号太祖，后改为高祖；文襄王为文襄皇帝，庙号世宗。辛酉，尊王太后娄氏为皇太后。乙丑，降魏朝封爵有差，其宣力霸朝及西、南投化者，不在降限。

【注释】

①晋熙:地名,即今安徽潜山市。 ②平都城:在今山西和顺县。③辽阳:地名,即今山西左权县。

文成侯宁起兵于吴,有众万人,己巳,进攻吴郡;行吴郡事侯子荣逆击,杀之。宁,范之弟也。子荣因纵兵大掠郡境。

自晋氏渡江,三吴最为富庶,贡赋商旅,皆出其地。及侯景之乱,掠金帛既尽,乃掠人而食之,或卖于北境,遗民殆尽矣。

是时,唯荆、益所部尚完实,太尉、益州刺史武陵王纪移告征、镇,使世子圆照帅兵三万受湘东王节度。圆照军至巴水[①],绎授以信州刺史,令屯白帝[②],未许东下。

六月,辛巳,以南郡王大连行扬州事。

江夏王大款、山阳王大成、宜都王大封自信安间道奔江陵。

齐主封宗室高岳等十人、功臣库狄干等七人皆为王。癸未,封弟浚为永安王,淹为平阳王,滶为彭城王,演为常山王,涣为上党王,淯为襄城王,湛为长广王,湝为任城王,湜为高阳王,济为博陵王,凝为新平王,润为冯翊王,洽为汉阳王。

鄱阳王范既卒,侯瑱往依庄铁,铁忌之;瑱不自安,丙戌,诈引铁谋事,因杀之,自据豫章。

寻阳王大心遣徐嗣徽夜袭湓城,安南侯恬、裴之横等击走之。

齐主娶赵郡李希宗之女,生子殷及绍德;又纳段韶之妹。及将建中宫,高隆之、高德政欲结勋贵之援,乃言:"汉妇人不可为天下母,宜更择美配。"帝不从。丁亥,立李氏为皇后,以段氏为昭仪,子殷为皇太子。庚寅,以库狄干为太宰,彭乐为太尉,潘相乐为司徒,司马子如为司空。辛卯,以清河王岳为司州牧。

侯景以羊鸦仁为五兵尚书。庚子,鸦仁出奔江西,将赴江陵,至东莞,盗疑其怀金,邀杀之。

魏人欲令岳阳王詧发哀嗣位,詧辞,不受。丞相泰使荣权册命詧为梁王,始建台,置百官。

陈霸先修崎头古城[③],徙居之。

初,燕昭成帝奔高丽,使其族人冯业以三百人浮海奔宋,因留新会。自业至孙融，世为罗州刺史[④]，融子宝为高凉太守[⑤]。高凉洗氏，世为蛮酋，部落十余万家，有女，多筹略，善用兵，诸洞皆服其信义；融聘以为宝妇。融虽累世为方伯，非其土人，号令不行；洗氏约束本宗，使从民礼，每与宝参决辞讼，首领有犯，虽亲戚无所纵舍，由是冯氏始得行其政。

高州刺史李迁仕据大皋口，遣使召宝，宝欲往，洗氏止之曰："刺史无故不应召太守，必欲诈君共反耳。"宝曰："何以知之？"洗氏曰："刺史被召援台，乃称有疾，铸兵聚众而后召君；此必欲质君以发君之兵也，愿且无往以观其变。"数日，迁仕果反，遣主帅杜平虏将兵入灨石，城鱼梁以逼南康，霸先使周文育击之。洗氏谓宝曰："平虏，骁将也，今入灨石与官军相拒，势未得还，迁仕在州，无能为也。君若自往，必有战斗，宜遣使卑辞厚礼告之曰：'身未敢出，欲遣妇参。'彼闻之，必喜而无备。我将千余人，步担杂物，唱言输赕[⑥]，得至栅下，破之必矣。"宝从之。迁仕果不设备，洗氏袭击，大破之，迁仕走保宁都。文育亦击走平虏，据其城。洗氏与霸先会于灨石，还，谓宝曰："陈都督非常人也，甚得众心，必能平贼，君宜厚资之。"

湘东王绎以霸先为豫州刺史，领豫章内史。

辛丑，裴之横攻稽亭，徐嗣徽击走之。

秋，七月，辛亥，齐立世宗妃元氏为文襄皇后，宫曰静德。又封世宗子孝琬为河间王，孝瑜为河南王。乙卯，以尚书令封隆之录尚书事，尚书左仆射平阳王淹为尚书令。

辛酉，梁王詧入朝于魏。

初，东魏遣仪同武威牒云洛等迎鄱阳世子嗣，使镇皖城[⑦]。

南朝青黄釉刻划莲花纹托碗

嗣未及行，任约军至，洛等引去；嗣遂失援，出战，败死。约遂略地至湓城，寻阳王大心遣司马韦质出战而败，帐下犹有战士千余人，咸劝大心走保建州；大心不能用，戊辰，以江州降约。先是，大心使太子洗马韦臧镇建昌[8]，有甲士五千，闻寻阳不守，欲帅众奔江陵，未发，为麾下所杀。臧，粲之子也。

于庆略地至豫章，侯瑱力屈，降之，庆送瑱于建康。景以瑱同姓，待之甚厚，留其妻子及弟为质，遣瑱随庆徇蠡南诸郡，以瑱为湘州刺史。

**【注释】**

①巴水：源出陕西大巴山和米仓山，南流至今四川渠县入渠江，再入嘉陵江。 ②白帝：城名，在今重庆市奉节县东白帝山。 ③崎头城：在今江西大余县东。 ④罗州：故治在今广东化州市。 ⑤高凉：郡名，故治在今广东阳江市。 ⑥赎：古时，东方、南方民族以财赎罪。 ⑦皖城：地名，故治在今安徽潜山市。 ⑧建昌：地名，故治在今湖南辰溪县。

初，巴山人黄法氍，有勇力，侯景之乱，合徒众保乡里。太守贺诩下江州，命法氍监郡事。法氍屯新淦[1]，于庆自豫章分兵袭新淦，法氍败之。陈霸先使周文育进军击庆，法氍引兵会之。

邵陵王纶闻任约将至，使司马蒋思安将精兵五千袭之，约众溃；思安不设备，约收兵袭之，思安败走。

湘东王绎改宜都为宜州，以王琳为刺史。

是月，以南郡王大连为江州刺史。

魏丞相泰以齐主称帝，帅诸军讨之。以齐王廓镇陇右，征秦州刺史宇文导为大将军、都督二十三州诸军事，屯咸阳，镇关中。

益州沙门孙天英帅徒数千人夜攻州城，武陵王纪与战，斩之。

邵陵王纶大修铠仗，将讨侯景。湘东王绎恶之，八月，甲午，遣左卫将军王僧辩、信州刺史鲍泉等帅舟师一万东趣江、郢。声言拒任约，且云迎邵陵王还江陵，授以湘州。

齐主初立，励精为治。赵道德以事属黎阳太守清河房超，超不发书，棓杀其使；齐主善之，命守宰各设棓以诛属请之使。久之，都官中郎宋轨奏曰："若受使请赇，犹致大戮，身为枉法，何以加罪！”乃罢之。

司都功曹张老上书请定齐律，诏右仆射薛琡等取魏《麟趾格》，更讨论损益之。

齐主简练六坊之人，每一人必当百人，任其临陈必死，然后取之，谓之“百保鲜卑”。又简华人之勇力绝伦者，谓之“勇士”，以备边要。

始立九等之户[②]，富者税其钱，贫者役其力。

九月，丁巳，魏军发长安。

王僧辩军至鹦鹉洲，郢州司马刘龙虎等潜送质于僧辩，邵陵王纶闻之，遣其子威正侯礩将兵击之，龙虎败，奔于僧辩。纶以书责僧辩曰：“将军前年杀人之侄，今岁伐人之兄，以此求荣，恐天下不许！”僧辩送书于湘东王绎，绎命进军。辛酉，纶集其麾下于西园，涕泣言曰：“我本无他，志在灭贼，湘东常谓与之争帝，遂尔见伐。今日欲守则交绝粮储，欲战则取笑千载，不容无事受缚，当于下流避之。”麾下壮士争请出战，纶不从，与礩自仓门登舟北出。僧辩入据郢州。绎以南平王恪为尚书令、开府仪同三司，世子方诸为郢州刺史，王僧辩为领军将军。

纶遇镇东将军裴之高于道，之高之子畿掠其军器，纶与左右轻舟奔武昌涧饮寺，僧法馨匿纶于岩穴之下。纶长史韦质、司马姜律等闻纶尚存，驰往迎之，说七栅流民以求粮仗。纶出营巴水，流民八九千人附之，稍收散卒，屯于齐昌[③]。遣使请和于齐，齐以纶为梁王。

**【注释】**

①新淦：地名，故城在今江西新干县。　②九等之户：一种户籍制度，大率将所有居户分为上中下三等，每等又分中上中下，即上上、上中、上下、中上、中中、中下、下上、下中、下下，共九等，然后依等差纳税服役。③齐昌：地名，故城在今湖北蕲春县。

湘东王绎改封皇子大款为临川王，大成为桂阳王，大封为汝南王。



癸亥，魏军至潼关。

庚午，齐主如晋阳，命太子殷居凉风堂监国。

南郡王中兵参军张彪等起兵于若邪山[①]，攻破浙东诸县，有众数万。吴郡人陆令公等说太守南海王大临往依之，大临曰："彪若成功，不资我力；如其挠败，以我自解。不可往也。"

任约进寇西阳、武昌[②]。初，宁州刺史彭城徐文盛募兵数万人讨侯景，湘东王绎以为秦州刺史，使将兵东下，与约遇于武昌。绎以庐陵王应为江州刺史，以文盛为长史行府州事，督诸将拒之。应，续之子也。邵陵王纶引齐兵未至，移营马栅，距西阳八十里，任约闻之，遣仪同叱罗子通等将铁骑二百袭之，纶不为备，策马亡走。时湘东王绎亦与齐连和，故齐人观望，不助纶。定州刺史田祖龙迎纶，纶以祖龙为绎所厚，惧为所执，复归齐昌。行至汝南，魏所署汝南城主李素，纶之故吏也，开城纳之，任约遂据西阳、武昌。

裴之高帅子弟部曲千余人至夏首，湘东王绎召之，以为新兴、永宁二郡太守[③]。又以南平王恪为武州刺史，镇武陵[④]。

初，邵陵王纶以衡阳王献为齐州刺史，镇齐昌，任约击擒之，送建康，杀之。献，畅之孙也。

乙亥，进侯景位相国，封二十郡，为汉王，加殊礼。

岳阳王詧还襄阳。

黎州民攻刺史张贲[⑤]，贲弃城走，州民引氐酋北益州刺史杨法琛据黎州，命王、贾二姓诣武陵王纪请法琛为刺史。纪深责之，囚法琛质子崇颙、崇虎。冬，十月，丁丑朔，法琛遣使附魏。

己卯，齐主至晋阳宫。广武王长弼与并州刺史段韶不协，齐主将如晋阳，长弼言于帝曰："韶拥强兵在彼，恐不如人意，岂可径往投之！"帝不听。既至，以长弼语告之，曰："如君忠诚，人犹有谗，况其余乎！"长弼，永乐之弟也。乙酉，以特进元韶为尚书左仆射，段韶为右仆射。

乙未，侯景自加宇宙大将军、都督六合诸军事，以诏文呈上。上惊曰："将军乃有宇宙之号乎！"

立皇子大钧为西阳王，大威为武宁王，大球为建安王，大昕为义安王，大挚为绥建王，大圜为乐梁王。

齐东徐州刺史行台辛术镇下邳。十一月，侯景征租入建康，术帅众渡淮断之，烧其谷百万石，遂围阳平，景行台郭元建引兵救之。壬戌，术略三千余家，还下邳。

武陵王纪帅诸军发成都，湘东王绎遣使以书止之曰："蜀人勇悍，易动难安，弟可镇之，吾自当灭贼。"又别纸云："地拟孙、刘，各安境界；情深鲁、卫，书信恒通。"

甲子，南平王恪帅文武拜笺推湘东王绎为相国，总百揆，绎不许。

魏丞相泰自弘农为桥，济河，至建州。丙寅，齐主自将出顿东城。泰闻其军容严盛，叹曰："高欢不死矣！"会久雨，自秋及冬，魏军畜产多死，乃自蒲阪还。于是河南自洛阳，河北自平阳已东，皆入于齐。

**【注释】**

①若邪山：地名，在今浙江绍兴市东南。 ②西阳：地名，即今湖北黄冈市。武昌：地名，即今湖北鄂州市。 ③新兴：地名，即今湖北荆州市。永宁：地名，即今湖北南漳县。 ④武陵：地名，即今湖南常德市。⑤黎州：地名，即今四川广元市。

丁卯，徐文盛军贝矶，任约帅水军逆战，文盛大破之，斩叱罗子通、赵威方，仍进军大举口[①]。侯景遣宋子仙等将兵二万助约，以约守西阳，久不能进，自出屯晋熙[②]。

南康王会理以建康空虚，与太子左卫将军柳敬礼、西乡侯劝、东乡侯勔谋起兵诛王伟。安乐侯乂理出奔长芦[③]，集众得千余人。建安侯贲、中宿世子子邕知其谋，以告伟。伟收会理、敬礼、劝、勔及会理弟祁阳侯通理，俱杀之。乂理为左右所杀。钱塘褚冕，以会理故旧，捶掠千计，终无异言。会理隔壁谓之曰："褚郎，卿岂不为我致此？卿虽忍死明我，我心实欲杀贼！"冕竟不服，景乃宥之。劝，昺之子；贲，正德之弟子；子邕，憺之孙也[④]。

帝自即位以来，景防卫甚严，外人莫得进见，唯武林侯谘及仆射王克、舍人殷不害，并以文弱得出入卧内，帝与之讲论而已。及会理死，克、不害惧祸，稍自疏。谘独不离帝，朝请无绝；景恶之，使其仇人刁成刺杀咨于广莫门外。

帝之即位也，景与帝登重云殿，礼佛为誓云："自今君臣两无猜贰，臣固不负陛下，陛下亦不得负臣。"及会理谋泄，景疑帝知之，故杀咨。帝自知不久，指所居殿谓殷不害曰："庞涓当死此下[⑤]。"

景自帅众讨杨白华于宣城，白华力屈而降，景以其北人，全之，以为左民尚书[⑥]，诛其兄子彬以报来亮之怨。

十二月，丙子朔，景封建安侯贲为竟陵王，中宿世子子邕为随王，仍赐姓侯氏。

辛丑，齐主还邺。

邵陵王纶在汝南，修城池，集士卒，将图安陆[⑦]。魏安州刺史马祐以告丞相泰，泰遣杨忠将万人救安陆。

武陵王纪遣潼州刺史杨乾运、南梁州刺史谯淹合兵二万讨杨法琛[⑧]，法琛发兵据剑阁以拒之[⑨]。

侯景还建康。

初，魏敬宗以尔朱荣为柱国大将军，位在丞相上；荣败，此官遂废。大统三年，文帝复以丞相泰为之。其后功参佐命，望实俱重者，亦居此官，凡八人，曰安定公宇文泰，广陵王欣，赵郡公李弼，陇西公李虎，河内公独孤信，南阳公赵贵，常山公于谨，彭城公侯莫陈崇，谓之八柱国。泰始籍民之才力者为府兵，身租庸调，一切蠲之，以农隙讲阅战陈，马畜粮备，六家供之[⑩]；合为百府，每府一郎将主之，分属二十四军。泰任总百揆，督中外诸军；欣以宗室宿望，从容禁闼而已。余六人各督二大将军，凡十二大将军，每大将军各统开府二人，开府各领一军。是后功臣位至柱国大将军、开府仪同三司、仪同三司者甚众，率为散官，无所统御，虽有继掌其事者，闻望皆出诸公之下云。

齐主命散骑侍郎宋景业造《天保历》，行之。

**【注释】**

①大举口：地名，在今湖北黄冈市内。　②晋熙：地名，即今安徽潜山市。　③长芦：地名，在今江苏南京市高淳区。　④萧昺：南朝梁武帝堂弟，官至侍中、郢州刺史。萧憺：南朝梁武帝第十一子，字僧达，官至安

西将军，封始兴郡王。 ⑤庞涓：战国魏人，与孙膑同学兵法，仕魏为将军，疾孙膑之能，召而断其足，孙膑潜逃入齐。后庞涓率军侵韩，孙膑率齐军救之，伏兵于马陵道，令部下于道旁大树上书曰："庞涓死此树下。"庞涓夜至马陵道，伏兵齐起，万弩并发，庞涓兵败自杀。 ⑥左民尚书：官名，即左户尚书，属尚书省，掌天下计账、户籍等事。 ⑦安陆：地名，即今湖北安陆市。南朝梁置南司州于此，西魏改置安州。 ⑧刺州：即刺史之异称。 ⑨剑阁：地名，在今四川剑阁县北。该地有大剑山、小剑山，两山之间崖峻绝险，架阁连山以通行旅，谓之剑阁。 ⑩六家：诸家解释纷纭，此取陈寅恪之说，即指西魏八柱国中除宇文泰、元欣外之六柱国。

# 资治通鉴卷第一百六十四

## 梁纪二十　起重光协洽，尽玄黓涒滩，凡二年。

## 太宗简文皇帝下

**大宝二年**　春，正月，新吴余孝顷举兵拒侯景，景遣于庆攻之，不克。

庚戌，湘东王绎遣护军将军尹悦、安东将军杜幼安、巴州刺史王珣将兵二万自江夏趣武昌[①]，受徐文盛节度。

杨乾运攻拔剑阁，杨法昌退保石门[②]，乾运据南阴平[③]。

辛亥，齐主祀圜丘。

张彪遣其将赵稜围钱塘，孙凤围富春，侯景遣仪同三司田迁、赵伯超救之，稜、凤败走。稜，伯超之兄子也。

癸亥，齐主耕籍田。乙丑，享太庙。

魏杨忠围汝南，李素战死。二月，乙亥，城陷，执邵陵携王纶，杀之，投尸江岸；岳阳王詧取而葬之。

或告齐太尉彭乐谋反；壬辰，乐坐诛。

齐遣散骑常侍曹文皎使于江陵，湘东王绎使兼散骑常侍王子敏报之。

侯景以王克为太师，宋子仙为太保，元罗为太傅，郭元建为太尉，张化仁为司徒，任约为司空，王伟为尚书左仆射，索超世为右仆射。景置三公官，动以十数，仪同尤多。以子仙、元建、化仁为佐命元功，伟、超世为谋主，于子悦、彭隽主击断，陈庆、吕季略、卢晖略、丁和等为爪牙。梁人为景用者，则故将军赵伯超，前制局监周石珍，内监严亶，邵陵王记室伏知命。自余王克、元罗及侍中殷不害、太常周弘正等，景从人望，加以尊位，非腹心之任也。

北兖州刺史萧邕谋降魏，侯景杀之。

杨乾运进据平兴[4]，平兴者，杨法琛所治也。法琛退保鱼石洞，乾运焚平兴而归。

李迁仕收众还击南康，陈霸先遣其将杜僧明等拒之，生擒迁仕，斩之。湘东王绎使霸先进兵取江州，以为江州刺史。

三月，丙午，齐襄城王淯卒。

庚戌，魏文帝殂，太子钦立。

乙卯，徐文盛等克武昌，进军芦洲[5]。

己未，齐以湘东王绎为梁相国，建梁台，总百揆，承制。

**【注释】**

①江夏：郡名，治所在今湖北武汉市武昌区。武昌：郡名，治所在今湖北鄂州市。　②石门：地名，在今四川广元市。　③南阴平：地名，在今四川梓潼县西北。　④平兴：地名，治所在今四川广元市。　⑤芦洲：地名，又叫逻洲、伍洲，在今湖北鄂州市西。

齐司空司马子如自求封王，齐主怒。庚申[1]，免子如官。

任约告急，侯景自帅众西上，携太子大器从军以为质，留王伟居守。闰月，景发建康，自石头至新林，舳舻相接。约分兵袭破定州刺史田龙祖于齐安[2]。壬寅，景军至西阳，与徐文盛夹江筑垒。癸卯，文盛击破之，射其右丞库狄式和，坠水死，景遁走还营。

夏，四月，甲辰，魏葬文帝于永陵。

郢州刺史萧方诸[3]，年十五，以行事鲍泉和弱，常侮易之，或使伏床，骑背为马；恃徐文盛军在近，不复设备，日以蒱酒为乐。侯景闻江夏空虚，乙巳，使宋子仙、任约帅精骑四百，由淮内袭郢州。丙午，大风疾雨，天色晦冥，有登陴望见贼者，告泉曰："虏骑至矣！"泉曰："徐文盛大军在下，贼何由得至！当是王珣军人还耳。"既而走告者稍众，始命闭门，子仙等已入城。方诸方踞泉腹，以五色彩辫其髯；见子仙至，方诸迎拜，泉匿于床下；子仙俯窥见泉素髯间彩，惊愕，遂擒之，及司马虞豫，送于景所。景因便风，中江举帆，遂越文盛等军，丁未，入江夏。文盛众惧而溃，与长沙王韶等逃归江陵。王珣、杜幼安以家在江夏，遂降于景。

湘东王绎以王僧辩为大都督，帅巴州刺史丹杨淳于量、定州刺史杜龛、宜州刺史王琳、郴州刺史裴之横东击景[4]，徐文盛以下并受节度。戊申，僧辩等军至巴陵，闻郢州已陷，因留戍之。绎遗僧辩书曰："贼既乘胜，必将西下，不劳远击；但守巴丘，以逸待劳，无虑不克。"又谓僚佐曰："贼若水步两道，直指江陵，此上策也。据夏首，积兵粮，中策也。悉力攻巴陵，下策也。巴陵城小而固，僧辩足可委任。景攻城不拔，野无所掠，暑疫时起，食尽兵疲，破之必矣。"乃命罗州刺史徐嗣徽自岳阳、武州刺史杜崱自武陵引兵会僧辩。

景使丁和将兵五千守夏首，宋子仙将兵一万为前驱，趣巴陵，分遣任约直指江陵，景帅大兵水步继进。于是缘江戍逻，望风请服，景拓逻至于隐矶[5]。僧辩乘城固守，偃旗卧鼓，安若无人。壬戌，景众济江，遣轻骑至城下，问："城内为谁？"答曰："王领军。"骑

南北朝时期重装骑兵战斗图

曰:“何不早降?”僧辩曰:“大军但向荆州,此城自当非碍。”骑去,顷之,执王珣等至城下,使说其弟琳。琳曰:“兄受命讨贼,不能死难,曾不内惭,翻欲赐诱!”取弓射之,珣惭而退。景肉薄百道攻城,城中鼓噪,矢石雨下,景士卒死者甚众,乃退。僧辩遣轻兵出战,凡十余返,皆捷。景被甲在城下督战,僧辩著绶、乘舆、奏鼓吹巡城,景望之,服其胆勇。

岳阳王詧闻侯景克郢州,遣蔡大宝将兵一万进据武宁[6],遣使至江陵,诈称赴援。众议欲答以侯景已破,令其退军。湘东王绎曰:“今语以退军,是趣之令进也。”乃使谓大宝曰:“岳阳累启连和,不相侵犯,卿那忽据武宁?今当遣天门太守胡僧祐精甲二万、铁马五千顿湕水,待时进军。”詧闻之,召其军还。僧祐,南阳人也。

**【注释】**

①三月无此日,疑误。　②齐安:地名,即今湖北黄冈市。　③郢州:地名,即今湖北武汉市。　④巴州:又称巴陵郡,地名,即今湖南岳阳市。宜州:又称夷陵郡,地名,即今湖北宜昌市。郴(chēn 琛)州:又为桂林郡,地名,即今湖南郴州市。　⑤隐矶:地名,在今湖南临湘市东北长江边,与江北彭城矶相对。　⑥武宁:郡名,治所即今湖北荆门市。

五月,魏陇西襄公李虎卒。

侯景昼夜攻巴陵,不克,军中食尽,疾疫死伤太半。湘东王绎遣晋州刺史萧惠正将兵援巴陵,惠正辞不堪,举胡僧祐自代。僧祐时坐谋议忤旨系狱,绎即出之,拜武猛将军,令赴援,戒之曰:“贼若水战,但以大舰临之,必克。若欲步战,自可鼓棹直就巴丘,不须交锋也。”僧祐至湘浦,景遣任约帅锐卒五千据白塉以待之。僧祐由他路西上,约谓其畏己,急追之,及于芊口[1],呼僧祐曰:“吴儿,何不早降,走何所之!”僧祐不应,潜引兵至赤沙亭;会信州刺史陆法和至,与之合军。法和有异术,隐于江陵百里洲[2],衣食居处,一如苦行沙门,或豫言吉凶,多中,人莫能测。侯景之围台城也,或问之曰:“事将何如?”法和曰:“凡人取果,宜待熟时,不撩自落。”固问之,法和曰:“亦克亦不克。”及任约向江陵,法和自请击之，绎许之。

壬寅，约至赤亭。六月，甲辰，僧祐、法和纵兵击之，约兵大溃，杀溺死者甚众，擒约送江陵。景闻之，乙巳，焚营宵遁。以丁和为郢州刺史，留宋子仙等，众号二万，戍郢城；别将支化仁镇鲁山，范希荣行江州事，仪同三司任延和、晋州刺史夏侯威生守晋州了。景与麾下兵数千，顺流而下。丁和以大石磕杀鲍泉及虞预，沈于黄鹤矶。任约至江陵，绎赦之。徐文盛坐怨望，下狱死。巴州刺史余孝顷遣兄子僧重将兵救鄱阳，于庆退走。

绎以王僧辩为征东将军、尚书令，胡僧祐等皆进位号，使引兵东下。陆法和请还，既至，谓绎曰："侯景自然平矣，蜀贼将至，请守险以待之。"乃引兵屯峡口。庚申，王僧辩至汉口，先攻鲁山，擒支化仁送江陵。辛酉，攻郢州，克其罗城，斩首千级。宋子仙退据金城，僧辩四面起土山，攻之。

豫州刺史荀朗自巢湖出濡须邀景，破其后军，景奔归，船前后相失。太子船入枞阳浦，船中腹心皆劝太子因此入北，太子曰："自国家丧败，志不图生，主上蒙尘，宁忍违离左右！吾今若去，乃是叛父，非避贼也。"因涕泗呜咽，即命前进。

甲子，宋子仙等困蹙，乞输郢城，身还就景；王僧辩伪许之，命给船百艘以安其意。子仙谓为信然，浮舟将发，僧辩命杜龛帅精勇千人攀堞而上，鼓噪奄进，水军主宋遥帅楼船，暗江云合。子仙且战且走，至白杨浦，大破之，周铁虎生擒子仙及丁和，送江陵，杀之。

庚午，齐主以司马子如，高祖之旧，复以为太尉。

江安侯圆正为西阳太守，宽和好施，归附者众，有兵一万。湘东王绎欲图之，署为平南将军。及至，弗见，使南平王恪与之饮，醉，因囚之内省，分其部曲，使人告其罪。荆、益之衅自此起矣。

**【注释】**

①芊（qiān 纤）口：地名，在今湖南华容县。 ②百里洲：地名，在今湖北枝江市。 ③晋州：地名，南朝梁于晋熙置晋州，即今安徽潜山市。

陈霸先引兵发南康，灨石旧有二十四滩，会水暴涨数丈，三百里间，巨石皆没，霸先进顿西昌[1]。

铁勒将伐柔然[2]，突厥酋长土门邀击，破之，尽降其众五万余落。土门恃其强盛，求婚于柔然，柔然头兵可汗大怒，使人詈辱之曰："尔，我之锻奴也，何敢发是言！"土门亦怒，杀其使者，遂与之绝，而求婚于魏；魏丞相泰以长乐公主妻之。

秋，七月，乙亥，湘东王绎以长沙王韶监郢州事。丁亥，侯景还至建康。于庆自鄱阳还豫章，侯瑱闭门拒之，庆走江州，据郭默城[3]。绎以瑱为兖州刺史。景悉杀瑱子弟。

辛丑，王僧辩乘胜下湓城，陈霸先帅所部三万人将会之，屯于巴丘[4]。西军乏食，霸先有粮五十万石，分三十万石以资之。八月，壬寅朔，王僧辩前军袭于庆，庆弃郭默城走，范希荣亦弃寻阳城走。晋熙王僧振等起兵围郡城，僧辩遣沙州刺史丁道贵助之，任延和等弃城走。湘东王绎命僧辩且顿寻阳以待诸军之集。

初，景既克建康，常言吴儿怯弱，易以掩取，当须拓定中原，然后为帝。景尚帝女溧阳公主，嬖之，妨于政事，王伟屡谏景，景以告主，主有恶言，伟恐为所谗，因说景除帝。及景自巴陵败归，猛将多死，自恐不能久存，欲早登大位。王伟曰："自古移鼎，必须废立，既示我威权，且绝彼民望。"景从之。使前寿光殿学士谢昊为诏书，以为"弟侄争立，星辰失次，皆由朕非正绪，召乱致灾，宜禅位于豫章王栋"。使吕季略赍入，逼帝书之。栋，欢之子也[5]。

戊午，景遣卫尉卿彭隽等帅兵入殿，废帝为晋安王，幽于永福省，悉撤内外侍卫，使突骑左右守之，墙垣悉布枳棘。庚申，下诏迎豫章王栋。栋时幽拘，廪饩甚薄，仰蔬茹为食。方与妃张氏锄葵，法驾奄至，栋惊，不知所为，泣而升辇。

景杀哀太子大器、寻阳王大心、西阳王大钧、建平王大球、义安王大昕及王侯在建康者二十余人。太子神明端嶷，于景党未尝屈意，所亲窃问之，太子曰："贼若于事义，未须见杀，吾虽陵慢呵叱，终不敢言。若见杀时至，虽一日百拜，亦无所益。"又曰："殿下今居困厄，而神貌怡然，不贬平日，何也？"太子曰："吾自度死日必在贼前，若诸叔能灭贼，贼必先见杀，然后就死。若其不然，贼亦杀我以取富贵，安能以必死之命为无益之愁乎！"及难，太子颜色不变。徐曰："久知此事，嗟其晚耳！"刑者将以衣带绞之，太子曰："此不能见杀"，命取帐绳绞之而绝。

壬戌，栋即帝位。大赦，改元天正。太尉郭元建闻之，自秦郡驰还，谓景曰："主上先帝太子，既无愆失，何得废之！"景曰："王伟劝吾，云'早除民望'。吾故从之以安天下。"元建曰："吾挟天子令诸侯，犹惧不济，无故废之，乃所以自危，何安之有！"景欲迎帝复位，以栋为太孙。王伟曰："废立大事，岂可数改邪！"乃止。

乙丑，景又使杀南海王大临于吴郡，南郡王大连于姑孰，安陆王大春于会稽，高唐王大壮于京口。以太子妃赐郭元建，元建曰："岂有皇太子妃乃为人妾乎！"竟不与相见，听使入道。

丙寅，追尊昭明太子为昭明皇帝，豫章安王为安皇帝，金华敬妃为敬太皇太后⑥，豫章太妃王氏为皇太后，妃张氏为皇后。以刘神茂为司空。

九月，癸巳，齐主如赵、定二州，遂如晋阳。

己亥，湘东王绎以尚书令王僧辩为江州刺史，江州刺史陈霸先为东扬州刺史。

王伟说侯景弑太宗以绝众心，景从之。冬，十月，壬寅夜，伟与左卫将军彭儁、王修纂进酒于太宗曰："丞相以陛下幽忧既久，使臣等来上寿。"太宗笑曰："已禅帝位，何得言陛下！此寿酒，将不尽此乎！"于是儁等赍曲项琵琶，与太宗极饮。太宗知将见杀，因尽醉，曰："不图为乐之至于斯也！"既醉而寝。伟乃出，儁进土囊，修纂坐其上而殂。伟撤门扉为棺，迁殡于城北酒库中。太宗自幽縶之后，无复侍者及纸，乃书壁及板障，为诗及文数百篇，辞甚凄怆。景谥曰明皇帝，庙号高宗。

侯景之逼江陵也，湘东王绎求援于魏，命梁、秦二州刺史宜丰侯循以南郑与魏，召循还江陵。循以无故输城，非忠臣之节，报曰："请待改命。"魏太师泰遣大将军达奚武将兵三万取汉中，又遣大将军王雄出子午谷⑦，攻上津⑧。循遣记室参军沛人刘璠求援于武陵王纪，纪遣潼州刺史杨乾运救之。循，恢之子也。

王僧辩等闻太宗殂，丙辰，启湘东王绎，请上尊号；绎弗许。

【注释】

①西昌:地名,故城在今江西泰和县。 ②铁勒:我国古代北方民族名。其祖先丁零为匈奴之苗裔,南北朝时为突厥所并,北魏时也称敕勒、高车部。唐称回纥,宋谓之回鹘,元称畏兀儿,即今维吾尔族,均为突厥文的音译名。 ③郭默城:晋代将领郭默反叛时所筑。故城在今江西九江市东北部。 ④巴丘:地名,故城在今江西峡江县。 ⑤萧欢:南朝梁昭明太子萧统长子,字孟孙。初封华容公,武帝废嫡立庶,朝野不平,因改封为豫章郡王,以慰其心,位至云麾将军,江州刺史。 ⑥金华敬妃:南朝梁昭明太子萧统正妃,姓蔡氏,昭明太子卒后,武帝为妃别立金华宫,供侍如旧,去世后,谥曰敬,故称金华敬妃。 ⑦子午谷:地名,在今陕西西安市长安区。 ⑧上津:郡名,故治在今湖北郧西县西北一百四十里。

司空、东道行台刘神茂闻侯景自巴丘败还,阴谋叛景,吴中士大夫咸劝之;乃与仪同三司尹思合、刘归义、王晔、云麾将军元頵等据东阳以应江陵[①],遣頵及别将李占下据建德江口。张彪攻永嘉,克之。新安民程灵洗起兵据郡以应神茂。于是浙江以东皆附江陵。湘东王绎以灵洗为谯州刺史,领新安太守。

十一月,乙亥,王僧辩等复上表劝进,湘东王绎不许。戊寅,绎以湘州刺史安南侯方矩为中卫将军以自副。方矩,方诸之弟也。以南平王恪为湘州刺史。侯景以赵伯超为东道行台,据钱塘;以田迁为军司,据富春;以李庆绪为中军都督,谢答仁为右厢都督,李遵为左厢都督,以讨刘神茂。

己卯,加侯景九锡,汉国置丞相以下官。己丑,豫章王栋禅位于景,景即皇帝位于南郊。还,登太极殿,其党数万,皆吹唇呼噪而上。大赦,改元太始。封栋为淮阴王,并其二弟桥、樛同锁于密室。

王伟请立七庙,景曰:"何谓七庙?"伟曰:"天子祭七世祖考。"并请七世讳,景曰:"前世吾不复记,唯记我父名标;且彼在朔州,那得来啖此!"众咸笑之。景党有知景祖名乙羽周者;自外皆王伟制其名位,追尊父标为元皇帝。

景之作相也，以西州为府，文武无尊卑皆引接；及居禁中，非故旧不得见，由是诸将多怨望。景好独乘小马，弹射飞鸟，王伟每禁止之，不许轻出。景郁郁不乐，更成失志，曰："吾无事为帝，与受摈不殊。"

壬辰，湘东王以长沙王韶为郢州刺史。

益州长史刘孝胜等劝武陵王纪称帝，纪虽未许，而大造乘舆车服。

十二月，丁未，谢答仁、李庆绪攻建德[2]，擒元頵、李占送建康，景截其手足以徇，经日乃死。

齐主每出入，常以中山王自随，王妃太原公主恒为之尝饮食，护视之。是月，齐主饮公主酒[3]，使人鸩中山王，杀之，并其三子，谥王曰魏孝静皇帝，葬于邺西漳北。其后齐主忽掘其陵，投梓宫于漳水。齐主初受禅，魏神主悉寄于七帝寺，至是，亦取焚之。

彭城公元韶以高氏婿，宠遇异于诸元。开府仪同三司美阳公元晖业以位望隆重，又志气不伦，尤为齐主所忌，从齐主在晋阳。晖业于宫门外骂韶曰："尔不及一老妪，负玺与人。何不击碎之！我出此言，知即死，尔亦讵得几时！"齐主闻而杀之，及临淮公元孝友，皆凿汾水冰，沉其尸。孝友，彧之弟也[4]。齐主尝剃元韶鬓须，加之粉黛以自随，曰："吾以彭城为嫔御。"言其懦弱如妇人也。

**【注释】**

①东阳：东阳郡，地名，即今浙江金华市。　②建德：建德县，地名，故城在今浙江金华市。　③太原公主：北齐献武王高欢之第二女，与高洋为兄妹情分，故高洋杀孝静帝必先醉其妹。　④元彧（yù 玉）：字文若，北魏世祖太祖帝拓跋焘之孙，封临淮王，官至司徒公，镇守河阴，尔朱兆起兵突袭，被俘，不屈而死。

## 世祖孝元皇帝上

**承圣元年**　春，正月，湘东王以南平内史王褒为吏部尚书。褒，骞之孙也[1]。

齐人屡侵侯景边地，甲戌，景遣郭元建帅步军趣小岘[②]，侯子鉴帅舟师向濡须，己卯，至合肥；齐人闭门不出，乃引还。

丙申，齐主伐库莫奚，大破之，俘获四千人，杂畜十余万。

齐主连年出塞，给事中兼中书舍人唐邕练习军书，自督将以降劳效本末及四方军士强弱多少，番代往还，器械精粗，粮储虚实，靡不谙悉。或于帝前简阅，虽数千人，不执文簿，唱其姓名，未尝谬误。帝常曰："唐邕强干，一人当千。"又曰："邕每有军事，手作文书，口且处分，耳又听受，实异人也！"宠待赏赐，群臣莫及。

魏将王雄取上津、魏兴[③]，东梁州刺史安康李迁哲军败，降之。

突厥土门袭击柔然，大破之。柔然头兵可汗自杀，其太子庵罗辰及阿那瓌从弟登注俟利、登注子库提并帅众奔齐，余众复立登注次子铁伐为主。土门自号伊利可汗，号其妻为可贺敦，子弟谓之特勒，别将兵者皆谓之设。

湘东王命王僧辩等东击侯景，二月，庚子，诸军发寻阳，舳舻数百里。陈霸先帅甲士三万，舟舰二千，自南江出湓口，会僧辩于白茅湾[④]，筑坛歃血，共读盟文，流涕慷慨。癸卯，僧辩使侯瑱袭南陵、鹊头二戍，克之。戊申，僧辩等军于大雷[⑤]；丙辰，发鹊头。戊午，侯子鉴还至战鸟[⑥]，西军奄至，子鉴惊惧，奔还淮南。

侯景仪同三司谢答仁攻刘神茂于东阳，程灵洗、张彪皆勒兵将救之，神茂欲专其功，不许，营于下淮[⑦]。或谓神茂曰："贼长于野战，下淮地平，四面受敌，不如据七里濑，贼必不能进。"不从。神茂偏裨多北人，不与神茂同心，别将王晔、郦通并据外营，降于答仁，刘归义、尹思合等弃城走。神茂孤危，辛未[⑧]，亦降于答仁，答仁送之建康。

癸酉[⑨]，王僧辩等至芜湖，侯景守将张黑弃城走。景闻之，甚惧，下诏赦湘东王绎、王僧辩之罪，众咸笑之。侯子鉴据姑孰南洲以拒西师，景遣其党史安和等将兵二千助之。三月，己巳朔，景下诏欲自至姑孰，又遣人戒子鉴曰："西人善水战，勿与争锋；往年任约之败，良为此也。若得步骑一交，必当可破，汝但结营岸上，引船入浦以待之。"子鉴乃舍舟登岸，闭营不出。僧辩等停军芜湖十余日，景党大喜，告景曰："西师畏吾之强，势将遁矣，不击，且失之。”景乃复命子鉴为水战之备。

丁丑，僧辩至姑孰，子鉴帅步骑万余人渡洲，于岸挑战，又以䴔䴖千艘载战士[10]。僧辩麾细船皆令退缩，留大舰夹泊两岸。子鉴之众谓水军欲退，争出趋之；大舰断其归路，鼓噪大呼，合战中江，子鉴大败，士卒赴水死者数千人。子鉴仅以身免，收散卒走还建康，据东府。僧辩留虎臣将军庄丘慧达镇姑孰，引军而前，历阳戍迎降。景闻子鉴败，大惧，涕下覆面，引衾而卧，良久方起，叹曰："误杀乃公！"

庚辰，僧辩督诸军至张公洲[11]，辛巳，乘潮入淮，进至禅灵寺前。景召石头津主张宾，使引淮中舣艖及海艟，以石䌖之，塞淮口；缘淮作城，自石头至于朱雀街，十余里中，楼堞相接。僧辩问计于陈霸先，霸先曰："前柳仲礼数十万兵隔水而坐，韦粲在青溪，竟不渡岸，贼登高望之，表里俱尽，故能覆我师徒。今围石头，须渡北岸。诸将若不能当锋，霸先请先往立栅。"壬午，霸先于石头西落星山筑栅，众军次连八城，直出石头西北。景恐西州路绝[12]，自帅侯子鉴等亦于石头东北筑五城以遏大路。景使王伟守台城。乙酉，景杀湘东王世子方诸、前平东将军杜幼安。

刘神茂至建康，丙戌，景命为大锉碓，先进其足，寸寸斩之，以至于头。留异外同神茂而潜通于景，故得免祸。

南朝青釉灶

【注释】

①王褒：字思寂，仕南朝梁官至度支尚书、尚书令。②小岘：即小岘山，在今安徽合肥市东七十里。又名昭关山。 ③魏兴：故治在今陕西安康市西北。 ④白茅湾：地名，在今江西九江市西北。 ⑤大雷：即大雷戍，地

名，在长江中游北岸，今为安徽望江县治。 ⑥战鸟：地名，在今安徽芜湖市繁昌区。该县东北面大江中有鹊洲，洲旁有石滩，本名孤圻，桓温举兵东下，住此，因名之曰战鸟圻。上文所云："鹊头"即今安徽铜陵市鹊头山，今安徽无为市尚有鹊尾渚，故其间长江又名曰鹊江，江中之洲即为鹊洲。 ⑦下淮：即下淮戍，地名，在今浙江桐庐县东五十里之钱塘江边，为扼江险要处。其上有七里濑，又名七里滩，距建德市四十里。⑧辛未：二月无此日，疑误。 ⑨癸酉：二月无此日，疑误。 ⑩䑽舠：小船。 ⑪张公洲：地名，即蔡洲，在今江苏南京市江宁区西南边长江中。⑫西州：即西州城，地名，晋代为扬州刺史治所，在今江苏南京市西郊。

丁亥，王僧辩进军招提寺北，侯景帅众万余人，铁骑八百余匹陈于西州之西。陈霸先曰："我众贼寡，应分其兵势，以强制弱；何故聚其锋锐，令致死于我！"乃命诸将分处置兵。景冲将军王僧志陈，僧志小缩，霸先遣将军安陆徐度将弩手二千横截其后，景兵乃却。霸先与王琳、杜龛等以铁骑乘之，僧辩以大军继进，景兵败退，据其栅。龛，岸之兄子也。景仪同三司卢晖略守石头城，开北门降，僧辩入据之。景与霸先殊死战，景帅百余骑，弃矟执刀，左右冲陈；陈不动，众遂大溃，诸军逐北至西明门。

景至阙下，不敢入台，召王伟责之曰："尔令我为帝，今日误我！"伟不能对，绕阙而藏。景欲走，伟执鞚谏曰："自古岂有叛天子邪！宫中卫士，犹足一战，弃此，将欲安之？"景曰："我昔败贺拔胜，破葛荣，扬名河、朔，渡江平台城，降柳仲礼如反掌；今日天亡我也！"因仰观石阙，叹息久之。以皮囊盛其江东所生二子，挂之鞍后，与房世贵等百余骑东走，欲就谢答仁于吴。侯子鉴、王伟、陈庆奔朱方[①]。

僧辩命裴之横、杜龛屯杜姥宅，杜崱入据台城。僧辩不戢军士，剽掠居民。男女裸露，自石头至于东城，号泣满道。是夜，军士遗火，焚太极殿及东西堂，宝器、羽仪、辇辂无遗。

戊子，僧辩命侯瑱等帅精甲五千追景。王克、元罗等帅台内旧臣迎僧辩于道，僧辩劳克曰："甚苦，事夷狄之君。"克不能对。又问："玺绂何在？"克良久曰："赵平原持去。"僧辩曰："王氏百世卿族，一朝而坠。”僧辩迎太宗梓宫升朝堂，帅百官哭踊如礼。

己丑，僧辩等上表劝进，且迎都建业。湘东王答曰：“淮海长鲸，虽云授首；襄阳短狐，未全革面。太平玉烛[②]，尔乃议之。”

庚寅，南兖州刺史郭元建，秦郡戍主郭正买，阳平戍主鲁伯和，行南徐州事郭子仲，并据城降。

僧辩之发江陵也，启湘东王曰：“平贼之后，嗣君万福，未审何以为礼？”王曰：“六门之内，自极兵威。”僧辩曰：“讨贼之谋，臣为己任，成济之事，请别举人。”王乃密谕宣猛将军朱买臣，使为之所。及景败，太宗已殂，豫章王栋及二弟桥、樛相扶出于密室，逢杜崱于道，为去其锁。二弟曰：“今日始免横死矣！”栋曰：“倚伏难知，吾犹有惧！”辛卯，遇朱买臣，呼之就船共饮，未竟，并沉于水。

僧辩遣陈霸先将兵向广陵受郭元建等降，又遣使者往安慰之。诸将多私使别索马仗，会侯子鉴渡江至广陵，谓元建等曰：“我曹，梁之深仇，何颜复见其主！不若投北，可得还乡。”遂皆降齐。霸先至欧阳[③]，齐行台辛术已据广陵。

王伟与侯子鉴相失，直渎戍主黄公喜获之[④]，送建康。王僧辩问曰：“卿为贼相，不能死节，而求活草间邪？”伟曰：“废兴，命也。使汉帝早从伟言，明公岂有今日！”尚书左丞虞骘尝为伟所辱，乃唾其面。伟曰：“君不读书，不足与语。”骘惭而退。僧辩命罗州刺史徐嗣徽镇朱方。

壬辰，侯景至晋陵，得田迁余兵，因驱掠居民，东趋吴郡。

**【注释】**

①朱方：地名，故城在今江苏镇江市丹徒区东南。 ②玉烛：《尔雅》云：“四时和谓之玉烛。”陆德明《释文》曰：“此言四时和气，温润明照。” ③欧阳：即欧阳戍，地名，在今江苏仪征市。 ④直渎：县名。故治在今江苏盱眙县。

夏，四月，齐主使大都督潘乐与郭元建将兵五万攻阳平，拔之。

王僧辩启陈霸先镇京口。

益州刺史、太尉武陵王纪，颇有武略，在蜀十七年，南开宁州、越嶲[1]，西通资陵、吐谷浑，内修耕桑盐铁之政，外通商贾远方之利，故能殖其财用，器甲殷积，有马八千匹。闻侯景陷台城，湘东王将讨之，谓僚佐曰："七官文士，岂能匡济！"内寝柏殿柱绕节生花，纪以为己瑞。乙巳，即皇帝位，改元天正，立子圆照为皇太子，圆正为西阳王，圆满为竟陵王，圆普为谯王，圆肃为宜都王。以巴西、梓潼二郡太守永丰侯㧑为征西大将军、益州刺史，封秦郡王。司马王僧略、直兵参军徐怦固谏，不从。僧略，僧辩之弟；怦，勉之从子也[2]。

初，台城之围，怦劝纪速入援，纪意不欲行，内衔之。会蜀人费合告怦反，怦有与将帅书云："事事往人口具。"纪即以为反征，谓怦曰："以卿旧情，当使诸子无恙。"对曰："生儿悉如殿下，留之何益！"纪乃尽诛之，枭首于市，亦杀王僧略。永丰侯㧑叹曰："王事不成矣！善人，国之基也，今先杀之，不亡何待！"

纪征宜丰侯谘议参军刘璠为中书侍郎，使者八反，乃至。纪令刘孝胜深布腹心，璠苦求还。中记室韦登私谓璠曰："殿下忍而蓄憾，足下不留，将致大祸，孰若共构大夏，使身名俱美哉！"璠正色曰："卿欲缓颊于我邪？我与府侯分义已定，岂以夷险易其心乎！殿下方布大义于天下，终不逞志于一夫。"纪知必不为己用，乃厚礼遣之。以宜丰侯循为益州刺史，封随郡王，以璠为循府长史、蜀郡太守。

谢答仁讨刘神茂还，至富阳，闻侯景败走，帅万人欲北出侯之，赵伯超据钱塘拒之。侯景进至嘉兴，闻伯超叛之，乃退据吴。己酉，侯瑱追及景于松江，景犹有船二百艘，众数千人，瑱进击，败之，擒彭隽、田迁、房世贵、蔡寿乐、王伯丑。瑱生剖隽腹，抽其肠，隽犹不死，手自收之，乃斩之。

景与腹心数十人单舸走，推堕二子于水，将入海，瑱遣副将焦僧度追之。景纳羊侃之女为小妻，以其兄鹍为库直都督，待之甚厚；鹍随景东走，与景所亲王元礼、谢葳蕤密图之。葳蕤，答仁之弟也。景下海，欲向蒙山，己卯[3]，景昼寝；鹍语海师："此中何处有蒙山，汝但听我处分。"遂直向京口。至胡豆洲，景觉，大惊；问岸上人，云"郭元建犹在广陵"，景大喜，将依之。鹍拔刀，叱海师向京口，因谓景曰："吾等为王效力多矣，今至于此，终无所成，欲就乞头以取富贵。"景未及答，白刃交下。景欲投水，鹍以刀斫之。景走入船中，以佩刀抉船底，鹍以矟刺杀之。尚书右仆射索超世在别船，葳蕤以景命召而执之。南徐州刺史徐嗣徽斩超世，以盐内景腹中，送其尸于建康。僧辩传首江陵，截其手，使谢葳蕤送于齐；暴景尸于市，市民争取食之，并骨皆尽；溧阳公主亦预食焉。初景之五子在北齐，世宗剥其长子面而烹之，幼者皆下蚕室。齐显祖即位，梦猕猴坐其御床，乃尽烹之。赵伯超、谢答仁皆降于侯瑱，瑱并田迁等送建康。王僧辩斩房世贵于市，送王伟、吕季略、周石珍、严亶、赵伯超、伏知命于江陵。

丁巳，湘东王下令解严。

**【注释】**

①宁州：地名，统辖今之云南，治味县，在今云南曲靖市西十五里。越嶲（xī 希）：地名，即今四川西昌市。 ②徐勉：南朝梁郯（今山东郯城县）人，仕梁官至中书令，史称良相，其《戒子书》为传世名篇。 ③己卯：四月无此日，疑为"乙卯"之误。

乙丑，葬简文帝于庄陵，庙号太宗。

侯景之败也，以传国玺自随，使其侍中兼平原太守赵思贤掌之，曰："若我死，宜沉于江，勿令吴儿复得之。"思贤自京口济江，遇盗，从者弃之草间，至广陵，以告郭元建。元建取之，以与辛术，壬申[①]，术送之至邺。

甲申[②]，齐以吏部尚书杨愔为右仆射，以太原公主妻之。公主，即魏孝静帝之后也。

杨乾运至剑北，魏达奚武逆击之，大破乾运于白马，陈其俘馘于南郑城下，且遣人辱宜丰侯循。循怒，出兵与战，都督杨绍伏兵击之，杀伤殆尽。刘璠还至白马西[③]，为武所获，送长安。太师泰素闻其名，待之如旧交。时南郑久不下，武请屠之，泰将许之。璠请之于朝，泰怒，不许；璠泣请不已，泰曰："事人当如是。"乃从其请。

五月，庚午，司空南平王恪等复劝进，湘东王犹不受，遣侍中丰城侯泰等谒山陵，修复庙社。

戊寅,侯景首至江陵,枭之于市三日,煮而漆之,以付武库。庚辰,以南平王恪为扬州刺史。甲申,以王僧辩为司徒、镇卫将军,封长宁公。陈霸先为征虏将军、开府仪同三司,封长城县侯。

乙酉,诛侯景所署尚书仆射王伟、左民尚书吕季略、少府周石珍、舍人严亶于市。赵伯超、伏知命饿死于狱。以谢答仁不失礼于太宗,特宥之。王伟于狱中上五百言诗,湘东王爱其才,欲宥之;有嫉之者,言于王曰:"前日伟作檄文甚佳。"王求而视之,檄云:"项羽重瞳,尚有乌江之败;湘东一目,宁为赤县所归!"王大怒,钉其舌于柱,剜腹、脔肉而杀之。

丙戌,齐合州刺史斛斯昭攻历阳,拔之。

丁亥,下令,以"王伟等既死,自余衣冠旧贵,被逼偷生,猛士勋豪,和光苟免者,皆不问"。

扶风民鲁悉达,纠合乡人以保新蔡[2],力田蓄谷。时江东饥乱,饿死者什八九,遗民携老幼归之。悉达分给粮廪,全济甚众,招集晋熙等五郡,尽有其地。使其弟广达将兵从王僧辩讨侯景,景平,以悉达为北江州刺史[3]。

齐主使其散骑常侍曹文皎等来聘,湘东王使散骑常侍柳晖等报之,且告平侯景;亦遣舍人魏彦告于魏。

齐主使潘乐、郭元建将兵围秦郡,行台尚书辛术谏曰:"朝廷与湘东王信使不绝。阳平,侯景之土,取之可也;今王僧辩已遣严超达守秦郡,于义何得复争之!且水潦方降,不如班师。"弗从。陈霸先命别将徐度引兵助秦郡固守。齐众七万,攻之甚急。王僧辩使左卫将军杜崱救之,霸先亦自欧阳来会;与元建大战于士林,大破之,斩首万余级,生擒千余人。元建收余众北遁;犹以通好,不穷追也。

辛术迁吏部尚书。自魏迁邺以来,大选之职,知名者数人,互有得失:齐世宗少年高朗,所弊者疏;袁叔德沈密谨厚,所伤者细;杨愔风流辩给,取士失于浮华。唯术性尚贞明,取士必以才器,循名责实,新旧参举,管库必擢,门阀不遗,考之前后,最为折衷。

【注释】

①壬申:四月无此日,疑误。　②甲申:四月无此日,疑误。　③白

马：即白马城，在今陕西勉县西北。④新蔡：地名，即今湖北黄梅县。⑤北江州：地名，即今湖北黄冈市。

魏达奚武遣尚书左丞柳带韦入南郑，说宜丰侯循曰："足下所固者险，所恃者援，所保者民。今王旅深入，所凭之险不足固也；白马破走，酋豪不进，所望之援不可恃也；长围四合，所部之民不可保也。且足下本朝丧乱，社稷无主，欲谁为为忠乎？岂若转祸为福，使庆流子孙邪！"循乃请降。带韦，庆之子也。开府仪同三司贺兰德愿闻城中食尽，请攻之，大都督赫连达曰："不战而获城，策之上者，岂可利其子女，贪其货财，而不爱民命乎！且观其士马犹强，城池尚固，攻之纵克，则彼此俱伤；如困兽犹斗，则成败未可知也。"武曰："公言是也。"乃受循降，获男女二万口而还，于是剑北皆入于魏。

六月，丁未，齐主还邺；乙卯，复如晋阳。

庚寅[①]，立安南侯方矩为王太子。

齐遣散骑常侍谢季卿来贺平侯景。

衡州刺史王怀明作乱，广州刺史萧勃讨平之。

齐政烦赋重，江北之民不乐属齐，其豪桀数请兵于王僧辩，僧辩以与齐通好，皆不许。秋，七月，广陵侨人朱盛等潜聚党数千人，谋袭杀齐刺史温仲邕，遣使求援于陈霸先，云已克其外城。霸先使告僧辩，僧辩曰："人之情伪，未易可测，若审克外城，亟须应援，如其不尔，无烦进军。"使未报，霸先已济江，僧辩乃命武州刺史杜崱等助之。会盛等谋泄，霸先因进军围广陵。

八月，魏安康人黄众宝反，攻魏兴，执太守柳桧，进围东梁州[②]。令桧诱说城中，桧不从而死。桧，虬之弟也[③]。太师泰遣王雄与骠骑大将军武川宇文虬讨之。

武陵王纪举兵由外水东下[④]，以永丰侯㧑为益州刺史，守成都，使其子宜都王圆肃副之。

九月，甲戌，司空南平王恪卒。甲申，以王僧辩为扬州刺史。

齐主使告王僧辩、陈霸先曰："请释广陵之围，必归广陵、历阳两城。"霸先引兵还京口，江北之民从霸先济江者万余口。湘东王以霸先为征北大将军、开府仪同三司、南徐州刺史，征霸先世子昌及兄子顼诣江陵，以昌为散骑常侍，顼为领直[5]。

【注释】

①庚寅：六月无此日，疑误。 ②魏兴：郡名。故治在今陕西山阳县西北。东梁州：即南朝梁南梁州，故城在今陕西安康市。 ③柳虯：北朝北周人，字仲璠，仕北魏为洛阳行台郎中，仕北周官至车骑大将军仪同三司。 ④外水：即岷江，亦曰蜀江，在今四川宜宾市汇入长江。 ⑤领直：官名，据胡三省注，南朝梁宿卫之官有四厢领直，统帅皇宫警卫部队。

宜丰侯循之降魏也，丞相泰许其南还，久而未遣，从容问刘璠曰："我于古谁比？"对曰："璠常以公为汤、武，今日所见，曾桓、文之不如！"泰曰："我安敢比汤、武，庶几望伊、周，何至不如桓、文！"对曰："齐桓存三亡国，晋文公不失信于伐原。"语未竟，泰抚掌曰："我解尔意，欲激我耳。"乃谓循曰："王欲之荆，为之益？"循请还江陵，泰厚礼遣之。循以文武千家自随，湘东王疑之，遣使觇察，相望于道；始至之夕，命劫窃其财，及旦，循启输马仗，王乃安之，引入，对泣，以循为侍中、骠骑将军、开府仪同三司。

冬，十月，齐主自晋阳如离石，自黄栌岭起长城，北至社平戍，四百余里，置三十六戍。

戊申，湘东王执湘州刺史王琳于殿中，杀其副将殷晏。

琳本会稽兵家，其姊妹皆入王宫，故琳少在王左右。琳好勇，王以为将帅。琳倾身下士，所得赏赐，不以入家。麾下万人，多江、淮群盗，从王僧辩平侯景，与杜龛功居第一。在建康，恃宠纵暴，僧辩不能禁。僧辩以宫殿之烧，恐得罪，欲以琳塞责，乃密启王，请诛琳。王以琳为湘州，琳自疑及祸，使长史陆纳帅部曲赴湘州，身诣江陵陈谢，谓纳等曰："吾若不返，子将安之？"咸曰："请死之。"相泣而别。至江陵，王下琳吏。

辛酉，以王子方略为湘州刺史，又以廷尉黄罗汉为长史，使与太舟卿张载至巴陵[1]，先据琳军。载有宠于王，而御下峻刻，荆州人疾之如仇。罗汉等至琳军，陆纳及士卒并哭，不肯受命，执罗汉及载。王遣宦者陈旻往谕之，纳对旻刳载腹，抽肠以系马足，使绕而走，肠尽气绝。又脔割，出其心，向之抃舞，焚其余骨。以黄罗汉清谨而免之。纳与诸将引兵袭湘州，时州中无主，纳遂据之。

公卿藩镇数劝进于湘东王，十一月，丙子，世祖即皇帝位于江陵，改元，大赦。是日，帝不升正殿，公卿陪列而已。

丁丑，以宜丰侯循为湘州刺史。

己卯，立王太子方矩为皇太子，更名元良。皇子方智为晋安王，方略为始安王，方等之子庄为永嘉王。追尊母阮修容为文宣皇后②。

侯景之乱，州郡太半入魏，自巴陵以下至建康，以长江为限，荆州界北尽武宁③，西拒硖口，岭南复为萧勃所据，诏令所行，千里而近，民户著籍，不盈三万而已。

陆纳袭击衡州刺史丁道贵于渌口④，破之。道贵奔零陵，其众悉降于纳。上闻之，遣使征司徒王僧辩、右卫将军杜崱、平北将军裴之横与宜丰侯循共讨纳，循军巴陵以待之。侯景之乱，零陵人李洪雅据其郡，上即以为营州刺史⑤。洪雅请讨陆纳，上许之。丁道贵收余众与之俱。纳遣其将吴藏袭击，破之，洪雅等退保空云城，藏引兵围之。顷之，纳请降，求送妻子，上遣陈旻至纳所，纳众皆泣，曰："王郎被囚，故我曹逃罪于湘州，非有他志也。"乃出妻子付旻。旻至巴陵，循曰："此诈也，必将袭我。"乃密为之备。纳果夜以轻兵继旻后，约至城下鼓噪。十二月，壬午晨⑥，去巴陵十里，众谓已至，即鼓噪，军中皆惊。循坐胡床，于垒门望之，纳乘水来攻，矢下如雨，循方食甘蔗，略无惧色，徐部分将士击之，获其一舰；纳退保长沙。

壬午⑦，齐主还邺；戊午，复如晋阳。

【注释】

①太舟卿：官名，掌管舟航、堤渠等事，权位与中书郎等同。 ②修容：后宫女官名，三国魏始置，南朝宋改称昭容，隋仍曰修容，为后宫九嫔之一。 ③武宁：地名，故城在今湖北荆门市。 ④衡州：地名，故城在今湖南衡阳市。渌口：即渌口戍，为渌河入湘江之口，在今湖南醴陵市西。 ⑤营州：故治即今湖南永州市。 ⑥壬午：十二月无此日，疑为十一月壬午，即十八日。 ⑦壬午：十二月无此日，疑误。

# 资治通鉴卷第一百六十五

## 梁纪二十一　起昭阳作噩，尽阏逢阉茂，凡二年。

### 世祖孝元皇帝下

**承圣二年**　春，正月，王僧辩发建康，承制使陈霸先代镇扬州。

丙子，山胡围齐离石。戊寅，齐主讨之，未至，胡已走，因巡三堆[①]，大猎而归。

以吏部尚书王褒为左仆射。

己丑，齐改铸钱，文曰"常平五铢"。

二月，庚子，李洪雅力屈，以空云城降陆纳。纳囚洪雅，杀丁道贵。纳以沙门宝志诗谶有"十八子"，以为李氏当王，甲辰，推洪雅为主，号大将军，使乘平肩舆，列鼓吹，纳帅众数千，左右翼从。

魏太师泰去丞相、大行台，为都督中外诸军事。

王雄至东梁州，黄众宝帅众降。太师泰赦之，迁其豪帅于雍州。

齐主送柔然可汗铁伐之父登注及兄库提还其国。铁伐寻为契丹所杀，国人立登注为可汗。登注复为其大人阿富提所杀，国人立库提。

突厥伊利可汗卒，子科罗立，号乙息记可汗；三月，遣使献马五万于魏。柔然别部又立阿拉瑰叔父邓叔子为可汗；乙息记击破邓叔子于沃野北木赖山[②]。乙息记卒，舍其子摄图而立其弟俟斤，号木杆可汗。木杆状貌奇异，性刚勇，多智略，善用兵，邻国畏之。

上闻武陵王纪东下，使方士画版为纪像，亲钉支体以厌之，又执侯景之俘以报纪。初，纪之举兵，皆太子圆照之谋也。圆照时镇巴东，执留使者，启纪云："侯景未平，宜急进讨；已闻荆镇为景所破。"纪信之，趣兵东下。

北齐常平五铢钱

上甚惧，与魏书曰："子纠，亲也，请君讨之[3]。"太师泰曰："取蜀制梁，在兹一举。"诸将咸难之。大将军代人尉迟迥，泰之甥也，独以为可克。泰问以方略，迥曰："蜀与中国隔绝百有余年，恃其险，不虞我至，若以铁骑兼行袭之，无不克矣。"泰乃遣迥督开府仪同三司原珍等六军，甲士万二千，骑万匹，自散关伐蜀[4]。

**【注释】**

①三堆：县名，北魏并入平寇县，故治即今山西静乐县。　②沃野：县名，故治在今内蒙古鄂尔多斯市。　③"子纠"三句：据《左传》庄公九年载，齐国无知弑其君，鲁庄公送公子纠入齐，而公子小白（即齐桓公）先入，遂与战，鲁师败，鲍叔率齐师追入鲁境，曰："子纠，亲也，请君讨之。"庄公遂杀子纠。　④散关：又名大散关，在今陕西宝鸡市西南，为四川至陕西之交通要道。

陆纳遣其将吴藏、潘乌黑、李贤明等下据车轮[1]。王僧辩至巴陵，宜丰侯循让都督于僧辩，僧辩弗受。上乃以僧辩、循为东、西都督。夏，四月，丙申，僧辩军于车轮。

吐谷浑可汗夸吕，虽通使于魏而寇抄不息，宇文泰将骑三万逾陇，至姑臧[2]，讨之。夸吕惧，请服，既而复通使于齐。凉州刺史史宁觇知其还，袭之于赤泉[3]，获其仆射乞伏触状。

陆纳夹岸为城，以拒王僧辩。纳士卒皆百战之余。僧辩惮之，不敢轻进，稍作连城以逼之。纳以僧辩为怯，不设备；五月，甲子，僧辩命诸军水陆齐进，急攻之，僧辩亲执旗鼓，宜丰侯循身受矢石，拔其二城；纳众大败，步走，保长沙。乙丑，僧辩进围之。僧辩坐垄上视筑围垒，吴藏、李贤明帅锐卒千人开门突出，蒙盾直进，趋僧辩。时杜崱、杜龛并侍左右，甲士卫者止百余人，力战拒之。僧辩据胡床不动，裴之横从旁击藏等，藏等败退，贤明死，藏脱走入城。

武陵王纪至巴郡，闻有魏兵，遣前梁州刺史巴西谯淹还军救蜀。初，杨乾运求为梁州刺史，纪以为潼州刺史；杨法琛求为黎州刺史，以为沙州，二人皆不悦。乾运兄子略说乾运曰："今侯景初平，宜同心戮力，保国宁民，而兄弟寻戈，此自亡之道也。夫木朽不雕，世衰难佐，不如送款关中，可以功名两全。"乾运然之，令略将二千人镇剑阁，又遣其婿乐广镇安州[4]，与法琛皆潜通于魏。魏太师泰密赐乾运铁券，授骠骑大将军、开府仪同三司、梁州刺史。尉迟迥以开府仪同三司侯吕陵始为前军，至剑阁，略退就乐广，翻城应始，始入据安州。甲戌，迥至涪水，乾运以州降。迥分军守之，进袭成都。时成都见兵不满万人，仓库空竭，永丰侯㧑婴城自守，迥围之。谯淹遣江州刺史景欣、幽州刺史赵拔扈援成都，迥使原珍等击走之。

武陵王纪至巴东，闻侯景已平，乃自悔，召太子圆照责之，对曰："侯景虽平，江陵未服。"纪亦以既称尊号，不可复为人下，欲遂东进。将卒日夜思归，其江州刺史王开业以为宜还救根本，更思后图，诸将皆以为然。圆照及刘孝胜固言不可，纪从之，宣言于众曰："敢谏者死！"己丑，纪至西陵，军势甚盛，舳舻翳川。护军陆法和筑二城于峡口两岸，运石填江，铁锁断之。

帝拔任约于狱，以为晋安王司马，使助法和拒纪，谓之曰："汝罪不容诛，我不杀，本为今日！"因撤禁兵以配之，仍许妻以庐陵王续之女，使宣猛将军刘棻与之俱。

【注释】

①车轮：地名，即车轮洲，在今湖南湘阴县北，为湘江要隘。 ②姑臧：地名，故城即今甘肃武威市治。 ③赤泉：地名，在今甘肃张掖市东南。 ④安州：即普安郡，旧称南安，南朝梁改置南安州，后改为安州，故治在今四川广元市剑阁县。

庚辰，巴州刺史余孝顷将兵万人会王僧辩于长沙。

豫章太守观宁侯永，昏而少断，左右武蛮奴用事，军主文重疾之。永将兵讨陆纳，至宫亭湖，重杀蛮奴，永军溃，奔江陵。重将其众奔开建侯蕃，蕃杀之而有其众。

六月，壬辰，武陵王纪筑连城，攻绝铁锁，陆法和告急相继。上复拔谢答仁于狱，以为步兵校尉，配兵使助法和；又遣使送王琳，令说谕陆纳。乙未，琳至长沙，僧辩使送示之，纳众悉拜且泣，使谓僧辩曰："朝廷若赦王郎，乞听入城。"僧辩不许，复送江陵。陆法和求救不已，上欲召长沙兵，恐失陆纳，乃复遣琳许其入城。琳既入，纳遂降，湘州平。上复琳官爵，使将兵西援峡口。

甲辰，齐章武景王库狄干卒。

武陵王纪遣将军侯睿将众七千筑垒与陆法和相拒，上遣使与纪书，许其还蜀，专制一方；纪不从，报书如家人礼。陆纳既平，湘州诸军相继西上，上复与纪书曰："吾年为一日之长，属有平乱之功，膺此乐推，事归当璧[①]。倘遣使乎，良所迟也。如曰不然，于此投笔。友于兄弟，分形共气，兄肥弟瘦，无复相见之期，让枣推梨[②]，永罢欢愉之日。心乎爱矣，书不尽言。"纪顿兵日久，频战不利，又闻魏寇深入，成都孤危，忧懑不知所为。乃遣其度支尚书乐奉业诣江陵求和，请依前旨还蜀。奉业知纪必败，启上曰："蜀军乏粮，士卒多死，危亡可待。"上遂不许其和。

纪以黄金一斤为饼，饼百为箧，至有百箧，银五倍于金，锦罽、缯彩称是，每战，悬示将士，不以为赏。宁州刺史陈智祖请散之以募勇士，弗听，智祖哭而死。有请事者，纪辞疾不见。由是将卒解体。

秋，七月，辛未，巴东民符升等斩峡口城主公孙晃，降于王琳。

谢答仁、任约进攻侯睿,破之,拔其三垒。于是两岸十四城俱降。纪不获退,顺流东下,游击将军樊猛追击之,纪众大溃,赴水死者八千余人,猛围而守之。上密敕猛曰:“生还,不成功也。”猛引兵至纪所,纪在舟中绕床而走,以金囊掷猛曰:“以此雇卿,送我一见七官。”猛曰:“天子何由可见!杀足下,金将安之!”遂斩纪及其幼子圆满。陆法和收太子圆照兄弟三人送江陵。上绝纪属籍,赐姓饕餮氏[③]。下刘孝胜狱,已而释之。上使谓江安侯圆正曰:“西军已败,汝父不知存亡。”意欲使其自裁。圆正闻之号哭,称世子不绝声。上频使觇之,知不能死,移送廷尉狱,见圆照,曰:“兄何乃乱人骨肉,使痛酷如此!”圆照唯云“计误”。上并命绝食于狱,至啮臂啖之,十三日而死,远近闻而悲之。

乙未[④],王僧辩还江陵。诏诸军各还所镇。

**【注释】**

①事归当璧:据《左传》载,楚共王无嫡长子立以继位,有宠子五人,乃遍祭山川诸神,以玉璧示之曰:“当璧而拜者,神所立也。”随之将玉璧密埋于庭院,令五子入拜之,平王幼,抱之入拜,两拜皆中璧,后果继位为王。　②让枣推梨:南朝宋王泰年数岁祖母集诸孙散枣,群儿竞争,泰独不取,问之,对曰:“不取自当得赐。”汉孔融兄弟七人,融排行第六,年四岁,与诸兄共食梨枣,专拣小者,问其故,答曰:“我小儿,当取小者。”后以让枣推梨喻兄弟友爱。　③饕餮(tāo tiè 滔帖):《左传》文公十八年载:“缙云氏有不才子,贪于饮食,冒于货贿,侵欲崇侈……天下之民以比三凶,谓之饕餮。”贪财为饕,贪食为餮。　④乙未:七月无此日,疑误。

魏尉迟迥围成都五旬,永丰侯㧑屡出战,皆败,乃请降。诸将欲不许,迥曰:“降之则将士全,远人悦;攻之则将士伤,远人惧。”遂受之。八月,戊戌,㧑与宜都王圆肃帅文武诣军门降,迥以礼接之,与盟于益州城北。吏民皆复其业,唯收奴婢及储积以赏将士,军无私焉。魏以㧑及圆肃并为开府仪同三司,以迥为大都督益、潼等十二州诸军事、益州刺史。

庚子,下诏将还建康,领军将军胡僧祐、太府卿黄罗汉、吏部尚书宗懔、御史中丞刘瑴谏曰:“建业王气已尽,与虏正隔一江,若有不虞，悔无及也！且古老相承云：'荆州洲数满百，当出天子。'今枝江生洲，百数已满，陛下龙飞，是其应也。"上令朝臣议之。黄门侍郎周弘正、尚书右仆射王褒曰："今百姓未见舆驾入建康，谓是列国诸王，愿陛下从四海之望。"时群臣多荆州人，皆曰："弘正等东人也，志愿东下，恐非良计。"弘正面折之曰："东人劝东，谓非良计；西人欲西，岂成长策！"上笑。又议于后堂，会者五百人，上问之曰："吾欲还建康，诸卿以为如何！"众莫敢先对。上曰："劝吾去者左袒。"左袒者过半。武昌太守朱买臣言于上曰："建康旧都，山陵所在；荆镇边疆，非王者之宅。愿陛下勿疑，以致后悔。臣家在荆州，岂不愿陛下居此，但恐是臣富贵，非陛下富贵耳！"上使术士杜景豪卜之，不吉，对上曰："未去。"退而言曰："此兆为鬼贼所留也。"上以建康凋残，江陵全盛，意亦安之，卒从僧祐等议。

以湘州刺史王琳为衡州刺史。

九月，庚午，诏王僧辩还镇建康，陈霸先复还京口。丙子，以护军将军陆法和为郢州刺史。法和为政，不用刑狱，专以沙门法及西域幻术教化，部曲数千人，通谓之弟子。

契丹寇齐边。壬午，齐主北巡冀、定、幽、安，遂伐契丹。

齐主使郭元建治水军二万余人于合肥，将袭建康，纳湘潭侯退，又遣将军邢景远、步大汗萨帅众继之。陈霸先在建康闻之，白上，上诏王僧辩镇姑孰以御之。

冬，十月，丁酉，齐主至平州①，从西道趣长堑，使司徒潘相乐帅精骑五千自东道趣青山。辛丑，至白狼城②；壬寅，至昌黎城③，使安德王韩轨帅精骑四千东断契丹走路；癸卯，至阳师水④，倍道兼行，掩袭契丹。齐主露髻肉袒，昼夜不息，行千余里，逾越山岭，为士卒先，唯食肉饮水，壮气弥厉。甲辰，与契丹遇，奋击，大破之，虏获十万余口，杂畜数百万头。潘相乐又于青山破契丹别部。丁未，齐主还至营州。

己酉，王僧辩至姑孰，遣婺州刺史侯瑱、吴郡太守张彪、吴兴太守裴之横筑垒东关⑤，以待齐师。

丁巳，齐主登碣石山⑥，临沧海，遂如晋阳。以肆州刺史斛律金为太师，乃还晋阳，拜其子丰乐为武卫大将军，命其孙武都尚义宁公主，宠待之厚，群臣莫及。

**【注释】**

①平州：故治在今河北卢龙县。 ②白狼城：地名，晋代于此置白狼县，故城在今辽宁凌源市。 ③昌黎城：地名，故城在今辽宁凌源市。④阳师水：在今北京市房山区。 ⑤东关：地名，在今安徽巢湖市。⑥碣石山：在今辽宁凌源市。

闰月，丁丑，南豫州刺史侯瑱与郭元建战于东关，齐师大败，溺死者万计。湘潭侯退复归于邺，王僧辩还建康。

吴州刺史开建侯蕃[①]，恃其兵强，贡献不入，上密令其将徐佛受图之。佛受使其徒诈为讼者，诣蕃，遂执之。上以佛受为建安太守，以侍中王质为吴州刺史。质至鄱阳，佛受置之金城，自据罗城，掌门管，缮治舟舰甲兵，质不敢与争。故开建侯部曲数千人攻佛受，佛受奔南豫州，侯瑱杀之，质始得行州事。

十一月，戊戌，以尚书右仆射王褒为左仆射，湘东太守张绾为右仆射。

己未，突厥复攻柔然，柔然举国奔齐。

癸亥，齐主自晋阳北击突厥，迎纳柔然，废其可汗库提，立阿那瑰子庵罗辰为可汗，置之马邑川[②]，给其廪饩缯帛；亲追突厥于朔州，突厥请降，许之而还。自是贡献相继。

魏尚书元烈谋杀宇文泰，事泄，泰杀之。

丙寅，上使侍中王琛使于魏。太师泰阴有图江陵之志，梁王詧闻之，益重其贡献。

十二月，齐宿预民东方白额以城降[③]，江西州郡皆起兵应之。

**三年** 春，正月，癸巳，齐主自离石道讨山胡，遣斛律金从显州道，常山王演从晋州道夹攻，大破之，男子十三以上皆斩，女子及幼弱以赏军，遂平石楼[④]。石楼绝险，自魏世所不能至，于是远近山胡莫不慑服。有都督战伤，其什长路晖礼不能救，帝命刳其五藏，令九人食之，肉及秽恶皆尽。自是始为威虐。

陈霸先自丹徒济江，围齐广陵，秦州刺史严超达自秦郡进围泾州[⑤]，南豫州刺史侯瑱、吴郡太守张彪皆出石梁，为之声援。辛丑，使晋陵太守杜僧明帅三千人助东方白额。

魏太师泰始作九命之典，以叙内外官爵，改流外品为九秩⑥。

魏主自元烈之死，有怨言，密谋诛太师泰；临淮王育、广平王赞垂涕切谏，不听。泰诸子皆幼，兄子章武公导、中山公护皆出镇，唯以诸婿为心膂，大都督清河公李基、义城公李晖、常山公于翼俱为武卫将军⑦，分掌禁兵。基，远之子；晖，弼之子；翼，谨之子也。由是魏主谋泄，泰废魏主，置之雍州，立其弟齐王廓，去年号，称元年，复姓拓跋氏，九十九姓改为单者⑧，皆复其旧。魏初统国三十六，大姓九十九，后多灭绝。泰乃以诸将功高者为三十六姓，次者为九十九姓，所将士卒亦改从其姓。

三月，丁亥，长沙王韶取巴郡。

甲辰，以王僧辩为太尉、车骑大将军。

丁未，齐将王球攻宿预，杜僧明出击，大破之，球归彭城。

北齐彩绘按盾武士俑

郢州刺史陆法和上启自称司徒，上怪之。王褒曰："法和既有道术，容或先知。"戊申，上就拜法和为司徒。

己酉，魏侍中宇文仁恕来聘。会齐使者亦至江陵，帝接仁恕不及齐使，仁恕归，以告太师泰。帝又请据旧图定疆境，辞颇不逊，泰曰："古人有言，'天之所弃，谁能兴之'，其萧绎之谓乎！"荆州刺史长孙俭屡陈攻取之策，泰征俭入朝，问以经略，复命还镇，密为之备。马伯符密使告帝，帝弗之信。

【注释】

①吴州:地名,故治在今江西鄱阳县。 ②马邑川:地名,在今山西宁武县。 ③宿预:县名,治所在今江苏宿迁市南。 ④石楼:石楼山,地名,在今山西石楼县东南。 ⑤泾州:地名,北周改曰石梁,故城在今安徽天长市。 ⑥九命、九秩:官阶制度。西魏宇文泰命尚书卢辩制定。大致内容为:分文武官员为内外命两大系列,内命指朝廷文武官员,分九个等级,称九命,三公为九命,三孤八命,六卿七命,上大夫六命,中大夫五命,下大夫四命,上士三命,中士二命,下士一命。外命指诸侯及其臣僚,亦分九等,诸公九命,诸侯八命,诸伯七命,诸子六命,诸男五命,诸公之孤、卿四命,侯之孤卿、公之大夫三命,子、男之孤卿、侯伯之大夫、公之上士二命,公之中士、侯伯之上士一命。然后按品命等级定禄秩,是为九秩,即九等薪俸。 ⑦武卫将军:武官名,北魏军制:左、右卫将军各一人,掌左、右厢皇宫卫队,各副以武卫将军二人。 ⑧改姓之事见本书卷第一百四十齐明帝建武三年。

柔然可汗庵罗辰叛齐,齐主自将出击,大破之,庵罗辰父子北走。太保安定王贺拔仁献马不甚骏,齐主拔其发,免为庶人,输晋阳负炭。

齐中书令魏收撰《魏书》,颇用爱憎为褒贬,每谓人曰:“何物小子,敢与魏收作色!举之则使升天,按之则使入地!”既成,中书舍人卢潜奏“收诬罔一代,罪当诛”。尚书左丞卢斐、顿丘李庶皆言《魏史》不直。收启齐主云:“臣既结怨强宗,将为刺客所杀。”帝怒,于是斐、庶及尚书郎中王松年皆坐谤史,鞭二百,配甲坊。斐、庶死于狱中,潜亦坐系狱。然时人终不服,谓之“秽史”。潜,度世之曾孙;斐,同之子;松年,遵业之子也。

夏,四月,柔然寇齐肆州,齐主自晋阳讨之,至恒州,柔然散走。帝以二千余骑为殿,宿黄瓜堆[①]。柔然别部数万骑奄至,帝安卧,平明乃起,神色自若,指画形势,纵兵奋击;柔然披靡,因溃围而出。柔然走,追击之,伏尸二十余里,获庵罗辰妻子,虏三万余口,令都督善无高阿那肱帅骑数千塞其走路。时柔然军犹盛,阿那肱以兵少,请益,帝更减其半。阿那肱奋击,大破之。庵罗辰超越岩谷，仅以身免。

丙寅，上使散骑常侍庾信等聘于魏。

癸酉，以陈霸先为司空。

丁未[2]，齐主复自击柔然，大破之。

庚戌[3]，魏太师泰鸩杀废帝。

五月，魏直州人乐炽、洋州人黄国等作乱[4]，开府仪同三司高平田弘、河南贺若敦讨之，不克。太师泰命车骑大将军李迁哲与敦共讨炽等，平之。仍与敦南出，徇地至巴州[5]，巴州刺史牟安民降之，巴、濮之民皆附于魏。蛮酋向五子王陷白帝，迁哲击之，五子王遁去，迁哲追击，破之。泰以迁哲为信州刺史，镇白帝。信州先无储蓄，迁哲与军士共采葛根为粮，时有异味，辄分尝之，军士感悦。屡击叛蛮，破之，群蛮慑服，皆送粮饩，遣子弟入质。由是州境安息，军储亦赡。

**【注释】**

①黄瓜堆：地名，在今山西山阴县北，今名黄花山。 ②丁未：四月无此日，疑误。 ③庚戌：四月无此日，疑误。 ④直州：地名，故治在今陕西安康市。洋州：地名，故治在今陕西西乡县。 ⑤巴州：地名，故治在今四川巴中市。

柔然乙旃达官寇魏广武[1]，柱国李弼追击，破之。

广州刺史曲江侯勃，自以非上所授，内不自安；上亦疑之。勃启求入朝；五月，乙巳，上以王琳为广州刺史，勃为晋州刺史。上以琳部众强盛，又得众心，故欲远之。琳与主书广汉李膺厚善，私谓膺曰："琳，小人也，蒙官拔擢至此。今天下未定，迁琳岭南，如有不虞，安得琳力！窃揆官意不过疑琳，琳分望有限，岂与官争为帝乎！何不以琳为雍州刺史、镇武宁，琳自放兵作田，为国御捍。"膺然其言而弗敢启。

散骑郎新野庾季才言于上曰："去年八月丙申，月犯心中星，今月丙戌，赤气干北斗。心为天王，丙主楚分，臣恐建子之月有大兵入江陵，陛下宜留重臣镇江陵，整旆还都以避其患。假令魏虏侵蹙，止失荆、湘，在于社稷，犹得无虑。"上亦晓天文，知楚有灾，叹曰："祸福在天，避之何益！"

六月，壬午，齐步大汗萨将兵四万趣泾州，王僧辩使侯瑱、张彪自石梁引兵助严超达拒之，瑱、彪迟留不进。将军尹令思将万余人谋袭盱眙。齐冀州刺史段韶将兵讨东方白额于宿预，广陵、泾州皆来告急，诸将患之。韶曰："梁氏丧乱，国无定主，人怀去就，强者从之。霸先等外托同德，内有离心，诸君不足忧，吾揣之熟矣！"乃留仪同三司敬显携等围宿预，自引兵倍道趣泾州，涂出盱眙。令思不意齐师猝至，望风退走。韶进击超达，破之，回趣广陵，陈霸先解围走。杜僧明还丹徒，侯瑱、张彪还秦郡。吴明彻围海西[2]，镇将中山郎基固守，削木为箭，剪纸为羽，围之十旬，卒不能克而还。

柔然帅余众东徙，且欲南寇，齐主帅轻骑邀之于金川[3]。柔然闻之，远遁，营州刺史灵丘王峻设伏击之，获其名王数十人。

邓至羌檐桁失国，奔魏，太师泰使秦州刺史宇文导将兵纳之。

齐段韶还至宿预，使辩士说东方白额，白额开门请盟，因执而斩之。

秋，七月，庚戌，齐主还邺。

魏太师泰西巡，至原州。

八月，壬辰[4]，齐以司州牧清河王岳为太保，司空尉粲为司徒，太子太师侯莫陈相为司空，尚书令平阳王淹录尚书事，常山王演为尚书令，中书令上党王涣为左仆射。

乙亥，齐仪同三司元旭坐事赐死。丁丑，齐主如晋阳。齐主之未为魏相也，太保、录尚书事平原王高隆之常侮之，及将受禅，隆之复以为不可，齐主由是衔之。崔季舒谮"隆之每见诉讼者辄加哀矜之意，以示非己能裁"。帝禁之尚书省。隆之尝与元旭饮，谓旭曰："与王交，当生死不相负。"人有密言之者，帝由是发怒，令壮士筑百余拳而舍之，辛巳，卒于路。久之，帝追忿隆之，执其子慧登等二十人于前，帝以鞭叩鞍，一时头绝，并投尸漳水；又发隆之冢，出其尸，斩截骸骨焚之，弃于漳水。

【注释】

①广武：地名，故城在今陕西延安市。 ②海西：地名，故城在今江

苏东海县南。　③金川：地名，据胡三省注，约当金河县，在今内蒙古呼和浩特市。　④壬辰：八月无此日，疑误。

齐主使常山王演、上党王涣、清河王岳、平原王段韶帅众于洛阳西南筑伐恶城、新城、严城、河南城。九月，齐主巡四城，欲以致魏师，魏师不出，乃如晋阳。

魏宇文泰命侍中崔猷开回车路以通汉中。

帝好玄谈，辛卯，于龙光殿讲《老子》。

曲江侯勃迁居始兴，王琳使副将孙玚先行据番禺。

乙巳，魏遣柱国常山公于谨、中山公宇文护、大将军杨忠将兵五万入寇，冬，十月，壬戌，发长安。长孙俭问谨曰："为萧绎之计，将如之何？"谨曰："耀兵汉、沔，席卷渡江，直据丹杨，上策也；移郭内居民退保子城，峻其陴堞，以待援军，中策也；若难于移动，据守罗郭，下策也。"俭曰："揣绎定出何策？"谨曰："下策。"俭曰："何故？"谨曰："萧氏保据江南，绵历数纪，属中原多故，未遑外略；又以我有齐氏之患，必谓力不能分。且绎懦而无谋，多疑少断，愚民难与虑始，皆恋邑居，所以知其用下策也！"

癸亥，武宁太守宗均告魏兵且至，帝召公卿议之。领军胡僧祐、太府卿黄罗汉曰："二国通好，未有嫌隙，必应不尔。"侍中王琛曰："臣揣宇文容色，必无此理。"乃复使琛使魏。丙寅，于谨至樊、邓，梁王詧帅众会之。辛卯[①]，帝停讲，内外戒严。王琛至石梵[②]，未见魏军，驰书报黄罗汉曰："吾至石梵，境上帖然，前言皆儿戏耳。"帝闻而疑之。庚午，复讲，百官戎服以听。

辛未，帝使主书李膺至建康，征王僧辩为大都督、荆州刺史，命陈霸先徙镇扬州。僧辩遣豫州刺史侯瑱帅程灵洗等为前军，兖州刺史杜僧明帅吴明彻等为后军。甲戌，帝夜登凤皇阁，徙倚叹息曰："客星入翼、轸，今必败矣！"嫔御皆泣。

陆法和闻魏师至，自郢州入汉口，将赴江陵。帝使逆之曰："此自能破贼，但镇郢州，不须动也！"法和还州，垩其城门[③]，著衰绖，坐苇席，终日，乃脱之。

十一月，帝大阅于津阳门外，遇北风暴雨，轻辇还宫。癸未，魏军济汉，于谨令宇文护、杨忠帅精骑先据江津，断东路。甲申，护克武宁，执宗均。是日，帝乘马出城行栅，插木为之，周围六十余里。以领军将军胡僧祐都督城东诸军事，尚书右仆射张绾为之副，左仆射王褒都督城西诸军事，四厢领直元景亮为之副；王公已下各有所守。丙戌，命太子巡行城楼，令居人助运木石。夜，魏军至黄华，去江陵四十里，丁亥，至栅下。戊子，嶲州刺史裴畿、畿弟新兴太守机、武昌太守朱买臣、衡阳太守谢答仁开枇杷门出战，裴机杀魏仪同三司胡文伐。畿，之高之子也。

帝征广州刺史王琳为湘东刺史，使引兵入援。丁酉，栅内火，焚数千家及城楼二十五，帝临所焚楼，望魏军济江，四顾叹息。是夜，遂止宫外，宿民家，己亥，移居祇洹寺。于谨令筑长围，中外信命始绝。

庚子，信州刺史徐世谱、晋安王司马任约等筑垒于马头，遥为声援。是夜，帝巡城，犹口占为诗，群臣亦有和者。帝裂帛为书，趣王僧辩曰："吾忍死待公，可以至矣！"壬寅，还宫；癸卯，出长沙寺。戊申，王褒、胡僧祐、朱买臣、谢答仁等开门出战，皆败还。己酉，帝移居天居寺；癸丑，移居长沙寺。朱买臣按剑进曰："唯斩宗懔、黄罗汉，可以谢天下！"帝曰："曩实吾意，宗、黄何罪！"二人退入众中。

王琳军至长沙，镇南府长史裴政请间道先报江陵，至百里洲，为魏人所获。梁王詧谓政曰："我，武皇帝之孙也，不可为尔君乎？若从我计，贵及子孙；如或不然，腰领分矣。"政诡对曰："唯命。"詧锁之至城下，使言曰："王僧辩闻台城被围，已自为帝。王琳孤弱，不复能来。"政告城中曰："援兵大至，各思自勉。吾以间使被擒，当碎身报国。"监者击其口，詧怒，使速杀之。西中郎参军蔡大业谏曰[④]："此民望也，杀之，则荆州不可下矣。"乃释之。政，之礼之子[⑤]；大业，大宝之弟也。

**【注释】**

①辛卯：十月无此日，疑误。　②石梵：地名，据《梁书·安成王秀传》，当在今湖北钟祥市境内。　③垩（è恶）：用白色土涂饰，表示凶丧之意。　④西中郎参军：即西中郎将之参军。南朝梁于襄阳置西中郎

将，中郎将位次将军，中央、地方武官多置此官。　⑤裴之礼：南朝梁裴邃之子，官至黄门侍郎、少府卿。

时征兵四方，皆未至。甲寅，魏人百道攻城，城中负户蒙楯，胡僧祐亲当矢石，昼夜督战，奖励将士，明行赏罚，众咸致死，所向摧殄，魏不得前。俄而僧祐中流矢死，内外大骇。魏悉众攻栅，反者开西门纳魏师，帝与太子、王褒、谢答仁、朱买臣退保金城，令汝南王大封、晋熙王大圆质于于谨以请和。魏军之初至也，众以王僧辩子侍中𫖮可为都督，帝不用，更夺其兵，使与左右十人入守殿中；及胡僧祐死，乃用为都督城中诸军事。裴畿、裴机、历阳侯峻皆出降。于谨以机手杀胡文伐，并畿杀之。峻，渊猷之子也[1]。时城南虽破，而城北诸将犹苦战，日暝，闻城陷，乃散。

帝入东阁竹殿，命舍人高善宝焚古今图书十四万卷，将自赴火，宫人左右共止之。又以宝剑斫柱令折，叹曰："文武之道，今夜尽矣！"乃使御史中丞王孝祀作降文。谢答仁、朱买臣谏曰："城中兵众犹强，乘暗突围而出，贼必惊，因而薄之，可渡江就任约。"帝素不便走马，曰："事必无成，只增辱耳！"答仁求自扶，帝以问王褒，褒曰："答仁，侯景之党，岂足可信！成彼之勋，不如降也。"答仁又请守子城，收兵可得五千人，帝然之，即授城中大都督，配以公主。既而召王褒谋之，以为不可。答仁请入不得，欧血而去。于谨征太子为质，帝使王褒送之。谨子以褒善书，给之纸笔，乃书曰："柱国常山公家奴王褒。"有顷，黄门郎裴政犯门而出。帝遂去羽仪文物，白马素衣出东门，抽剑击阖曰："萧世诚一至此乎[2]！"魏军士度堑牵其辔，至白马寺北，夺其所乘骏马，以驽马代之，遣长壮胡人手扼其背以行，逢于谨，胡人牵帝使拜。梁王詧使铁骑拥帝入营，囚于乌幔之下，甚为詧所诘辱。乙卯，于谨令开府仪同三司长孙俭入据金城。帝绐俭云："城中埋金千斤，欲以相赠。"俭乃将帝入城。帝因述詧见辱之状，谓俭曰："向聊相绐，欲言此耳，岂有天子自埋金乎！"俭乃留帝于主衣库。

帝性残忍，且惩高祖宽纵之弊，故为政尚严。及魏师围城，狱中死囚且数千人，有司请释之以充战士；帝不许，悉令棓杀之，事未成而城陷。

中书郎殷不害先于别所督战，城陷，失其母，时冰雪交积，冻死者填满沟堑，不害行哭于道，求其母尸，无所不至，见沟中死人，辄投下捧视，举体冻湿，水浆不入口，号哭不辍声，如是七日，乃得之。

十二月，丙辰，徐世谱、任约退戍巴陵。于谨逼帝使为书召王僧辩，帝不可。使者曰："王今岂得自由？"帝曰："我既不自由，僧辩亦不由我。"又从长孙俭求宫人王氏、荀氏及幼子犀首，俭并还之。或问："何意焚书？"帝曰："读书万卷，犹有今日，故焚之！"

**【注释】**

①萧渊猷：南朝梁武帝长兄萧懿之子，仕齐官至中书令，后赐死。②萧世诚：萧绎之字号。

庚申，齐主北巡，至达速岭，行视山川险要，将起长城。

辛未，帝为魏人所杀。梁王詧遣尚书傅准监刑，以土囊陨之。詧使以布帊缠尸，敛以蒲席，束以白茅，葬于津阳门外。并杀愍怀太子元良、始安王方略、桂阳王大成等。世祖性好书，常令左右读书，昼夜不绝，虽熟睡，卷犹不释，或差误及欺之，帝辄惊寤。作文章，援笔立就。常言："我韬于文士，愧于武夫。"论者以为得言。

魏立梁王詧为梁主，资以荆州之地，延袤三百里，仍取其雍州之地。詧居江陵东城，魏置防主，将兵居西城，名曰助防，外示助詧备御，内实防之。以前仪同三司王悦留镇江陵。于谨收府库珍宝及宋浑天仪、梁铜晷表、大玉径四尺及诸法物[1]；尽俘王公以下及选百姓男女数万口为奴婢，分赏三军，驱归长安，小弱者皆杀之。得免者三百余家，而人马所践及冻死者什二三。

魏师之在江陵也，梁王詧将尹德毅说詧曰："魏虏贪婪，肆其残忍，杀掠士民，不可胜纪。江东之人涂炭至此，咸谓殿下为之。殿下既杀人父兄，孤人子弟，人尽仇也，谁与为国！今魏之精锐尽萃于此，若殿下为设享会，请于谨等为欢，预伏武士，因而毙之，分命诸将，掩其营垒，大歼群丑，俾无遗类。收江陵百姓，抚而安之，文武群僚，随材铨授。魏人慑息，未敢送死，王僧辩之徒，折简可致。然后朝服济江,入践皇极,晷刻之间,大功可立。古人云:'天与不取,反受其咎。'愿殿下恢弘远略,勿怀匹夫之行。"詧曰:"卿此策非不善也,然魏人待我厚,未可背德。若遽为卿计,人将不食吾余。"既而阖城长幼被虏,又失襄阳,詧乃叹曰:"恨不用尹德毅之言!"

王僧辩、陈霸先等共奉江州刺史晋安王方智为太宰,承制。

王褒、王克、刘毅、宗懔、殷不害及尚书右丞吴兴沈炯至长安,太师泰皆厚礼之。泰亲至于谨第,宴劳极欢,赏谨奴婢千口及梁之宝物并雅乐一部,别封新野公;谨固辞,不许。谨自以久居重任,功名既立,欲保优闲,乃上先所乘骏马及所著铠甲等。泰识其意,曰:"今巨猾未平,公岂得遽尔独善!"遂不受。

是岁,魏秦州刺史章武孝公宇文导卒。

魏加益州刺史尉迟迥督六州,通前十八州,自剑阁以南,得承制封拜及黜陟。迥明赏罚,布威恩,绥辑新民,经略未附,华、夷怀之。

【注释】

①浑天仪:我国古代观测星象位置的仪器,类似今之天球仪。又名浑象、浑仪。此浑天仪为南朝宋元嘉十三年(436)钱乐之所铸。铜晷表:用铜制作的测日影以定时刻的仪器。法物:帝王仪仗队所用器物。

# 资治通鉴卷第一百六十六

## 梁纪二十二　起旃蒙大渊献，尽柔兆困敦，凡二年。

### 敬　皇　帝

**绍泰元年**　春，正月，壬午朔，邵陵太守刘棻将兵援江陵，至三百里滩，部曲宋文彻杀之，帅其众还据邵陵。

梁王詧即皇帝位于江陵，改元大定；追尊昭明太子为昭明皇帝，庙号高宗，妃蔡氏为昭德皇后；尊其母龚氏为皇太后，立妻王氏为皇后，子岿为皇太子。赏刑制度并同王者，唯上疏于魏则称臣，奉其正朔。至于官爵其下，亦依梁氏之旧，其勋级则兼用柱国等名。以咨议参军蔡大宝为侍中、尚书令，参掌选事；外兵参军太原王操为五兵尚书。大宝严整有智谋，雅达政事，文辞赡速，后梁主推心任之，以为谋主，比之诸葛孔明，操亦亚之。追赠邵陵王纶太宰，谥曰壮武；河东王誉丞相，谥曰武桓。以莫勇为武州刺史，魏永寿为巴州刺史。

湘州刺史王琳将兵自小桂北下[①]，至蒸城，闻江陵已陷，为世祖发哀，三军缟素，遣别将侯平帅舟师攻后梁。琳屯兵长沙，传檄州郡，为进取之计。长沙王韶及上游诸将皆推琳为盟主。

齐主使清河王岳将兵攻魏安州，以救江陵。岳至义阳，江陵陷，因进军临江，郢州刺史陆法和及仪同三司宋莅举州降之；长史江夏太守王珉不从，杀之。甲午，齐召岳还，使仪同三司清都慕容俨戍郢州。王僧辩遣江州刺史侯瑱攻郢州，任约、徐世谱、宜丰侯循皆引兵会之。

辛丑，齐立贞阳侯渊明为梁主，使其上党王涣将兵送之，徐陵、湛海珍等皆听从渊明归。

二月，癸丑，晋安王至自寻阳，入居朝堂，即梁王位，时年十三。以太尉王僧辩为中书监、录尚书、骠骑大将军、都督中外诸军事，加陈霸先征西大将军，以南豫州刺史侯瑱为江州刺史，湘州刺史萧循为太尉，广州刺史萧勃为司徒，镇东将军张彪为郢州刺史。

齐主先使殿中尚书邢子才驰传诣建康，与王僧辩书，以为"嗣主冲藐，未堪负荷。彼贞阳侯，梁武犹子，长沙之胤，以年以望，堪保金陵，故置为梁主，纳于彼国。卿宜部分舟舰，迎接今主，并心一力，善建良图"。乙卯，贞阳侯渊明亦与僧辩书求迎。僧辩复书曰："嗣主体自宸极，受于乂文祖。明公傥能入朝，同奖王室，伊、吕之任，佥曰仰归；意在主盟，不敢闻命。"甲子，齐以陆法和为都督荆、雍等十州诸军事、太尉、大都督、西南道大行台，又以宋莅为郢州刺史，莅弟簉为湘州刺史。甲戌，上党王涣克谯郡[2]。己卯，渊明又与僧辩书，僧辩不从。

【注释】

①小桂：地名，即今湖南郴州市治。　②谯郡：地名，即今安徽巢湖市。

魏以右仆射申徽为襄州刺史[1]。

侯平攻后梁巴、武二州，故刘棻主帅赵朗杀宋文彻，以邵陵归于王琳。

三月，贞阳侯渊明至东关，散骑常侍裴之横御之。齐军司尉瑾、仪同三司萧轨南侵皖城[2]，晋州刺史萧惠以州降之。齐改晋熙为江州，以尉瑾为刺史。丙戌，齐克东关，斩裴之横，俘数千人；王僧辩大惧，出屯姑孰，谋纳渊明。

丙申，齐主还邺，封世宗二子孝珩为广陵王，延宗为安德王。

孙玚闻江陵陷，弃广州还，曲江侯勃复据有之。

魏太师泰遣王克、沈炯等还江南。泰得庾季才，厚遇之，令参掌太史。季才散私财，购亲旧之为奴婢者，泰问："何能如是？"对曰："仆闻克国礼贤，古之道也。今郢都覆没，其君信有罪矣，搢绅何咎，皆为皂隶！鄙人羁旅，不敢献言，诚切哀之，故私购之耳。"泰乃悟曰："吾之过也！微君，遂失天下之望！"因出令，免梁俘为奴婢者数千口。

夏，四月，庚申，齐主如晋阳。

五月，庚辰，侯平等擒莫勇、魏永寿。江陵之陷也，永嘉王庄生七年矣，尼法慕匿之，王琳迎庄，送之建康。

庚寅，齐主还邺。

王僧辩遣使奉启于贞阳侯渊明，定君臣之礼，又遣别使奉表于齐，以子显及显母刘氏、弟子世珍为质于渊明，遣左民尚书周弘正至历阳奉迎，因求以晋安王为皇太子，渊明许之。渊明求度卫士三千，僧辩虑其为变，止受散卒千人。庚子，遣龙舟法驾迎之。渊明与齐上党王涣盟于江北，辛丑，自采石济江。于是梁舆南渡，齐师北返。僧辩疑齐，拥楫中流，不敢就西岸。齐侍中裴英起卫送渊明，与僧辩会于江宁。癸卯，渊明入建康，望朱雀门而哭，逆者以哭对。丙午，即皇帝位，改元天成，以晋安王为皇太子，王僧辩为大司马，陈霸先为侍中。

六月，庚戌朔，齐发民一百八十万筑长城，自幽州夏口西至恒州九百余里[③]，命定州刺史赵郡王叡将兵监之。叡，琛之子也[④]。

齐慕容俨始入郢州而侯瑱等奄至城下，俨随方备御，瑱等不能克；乘间出击瑱等军，大破之。城中食尽，煮草木根叶及靴皮带角食之，与士卒分甘共苦，坚守半岁，人无异志。贞阳侯渊明立，乃命瑱等解围，瑱还镇豫章。齐人以城在江外难守，因割以还梁。俨归，望齐主，悲不自胜。齐主呼前，执其手，脱帽看发，叹息久之。

吴兴太守杜龛，王僧辩之婿也。僧辩以吴兴为震州，用龛为刺史，又以其弟侍中僧愔为豫章太守。

壬子，齐主以梁国称藩，诏凡梁民悉遣南还。

丁卯，齐主如晋阳；壬申，自将击柔然。秋，七月，己卯，至白道[⑤]，留辎重，帅轻骑五千追柔然，壬午，及之于怀朔镇[⑥]。齐主亲犯矢石，频战，大破之，至于沃野，获其酋长，及生口二万余，牛羊数十万。壬申⑦,还晋阳。

【注释】

①襄州:地名,即今湖北襄阳市。 ②皖城:地名,即今安徽潜山县。③夏口:地名,一作下口镇,在今河北东光县。恒州:地名,在今山西大同市。 ④高琛:字永宝,高欢之弟,仕北魏官至御史中尉,后因淫乱受高欢杖责而死。 ⑤白道:地名,在今内蒙古呼和浩特市北。 ⑥怀朔镇:北魏六镇之一,在今内蒙古五原县。 ⑦壬申:七月无此日,疑为"壬辰"之误。

八月,辛巳①,王琳自蒸城还长沙。

齐主还邺,以佛、道二教不同,欲去其一,集二家论难于前,遂敕道士皆剃发为沙门;有不从者,杀四人,乃奉命。于是齐境皆无道士。

初,王僧辩与陈霸先共灭侯景,情好甚笃,僧辩为子頠娶霸先女,会僧辩有母丧,未成婚。僧辩居石头城,霸先在京口,僧辩推心待之,頠兄顗屡谏,不听。及僧辩纳贞阳侯渊明,霸先遣使苦争之,往返数四,僧辩不从。霸先窃叹,谓所亲曰:"武帝子孙甚多,唯孝元能复仇雪耻,其子何罪,而忽废之!吾与王公并处托孤之地,而王公一旦改图,外依戎狄,援立非次,其志欲何所为乎!"乃密具袍数千领及锦彩金银为赏赐之具。

会有告齐师大举至寿春将入寇者,僧辩遣记室江旰告霸先,使为之备。霸先因是留旰于京口,举兵袭

北齐贴金彩绘佛立像

僧辩。九月，壬寅，召部将侯安都、周文育及安陆徐度、钱塘杜棱谋之。棱以为难，霸先惧其谋泄，以手巾绞棱，闷绝于地，因闭于别室。部分将士，分赐金帛，以弟子著作郎昙朗镇京口，知留府事，使徐度、侯安都帅水军趋石头，霸先帅马步自江乘罗落会之[②]，是夜，皆发，召杜棱与同行。知其谋者，唯安都等四将，外人皆以为江旰征兵御齐，不之怪也。

甲辰，安都引舟舰将趣石头，霸先控马未进，安都大惧，追霸先骂曰："今日作贼，事势已成，生死须决，在后欲何所望！若败，俱死，后期得免斫头邪！"霸先曰："安都嗔我！"乃进。安都至石头城北，弃舟登岸。石头城北接冈阜，不甚危峻，安都被甲带长刀，军人捧之，投于女垣内，众随而入，进及僧辩卧室；霸先兵亦自南门入。僧辩方视事，外白有兵，俄而兵自内出。僧辩遽走，遇子颜，与俱出阁，帅左右数十人苦战于听事前，力不敌，走登南门楼，拜请求哀。霸先欲纵火焚之，僧辩与颜俱下就执。霸先曰："我有何辜，公欲与齐师赐讨？"且曰："何意全无备？"僧辩曰："委公北门，何谓无备？"是夜，霸先缢杀僧辩父子。既而竟无齐兵，亦非霸先之谲也。前青州刺史新安程灵洗帅所领救僧辩，力战于石头西门，军败；霸先遣使招谕，久之乃降。霸先深义之，以为兰陵太守，使助防京口。乙巳，霸先为檄布告中外，列僧辩罪状，且曰："资斧所指，唯王僧辩父子兄弟，其余亲党，一无所问。"

丙午，贞阳侯渊明逊位，出就邸，百僚上晋安王表，劝进。冬，十月，己酉，晋安王即皇帝位，大赦，改元，中外文武赐位一等。以贞阳侯渊明为司徒，封建安公。告齐云："僧辩阴图篡逆，故诛之。"仍请称臣于齐，永为藩国。齐遣行台司马恭与梁人盟于历阳。

辛亥，齐主如晋阳。

壬子，加陈霸先尚书令、都督中外诸军事、车骑将军、扬、南徐二州刺史。癸丑，以宜丰侯循为太保，建安公渊明为太傅，曲江侯勃为太尉，王琳为车骑将军、开府仪同三司。

戊午，尊帝所生夏贵妃为皇太后，立妃王氏为皇后。

【注释】

①辛巳：八月无此日，疑误。 ②江乘：江乘县，地名，故治在今江苏句容市。

杜龛恃王僧辩之势，素不礼于陈霸先，在吴兴，每以法绳其宗族，霸先深怨之。及将图僧辩，密使兄子蒨还长城[1]，立栅以备龛。僧辩死，龛据吴兴拒霸先，义兴太守韦载以郡应之。吴郡太守王僧智，僧辩之弟也，亦据城拒守。陈蒨至长城，收兵才数百人，杜龛遣其将杜泰将精兵五千奄至，将士相视失色。蒨言笑自若，部分益明，众心乃定。泰日夜苦攻，数旬，不克而退。霸先使周文育攻义兴，义兴属县卒皆霸先旧兵，善用弩，韦载收得数十人，系以长锁，命所亲监之，使射文育军，约曰："十射不两中者死。"故每发辄毙一人，文育军稍却。载因于城外据水立栅，相持数旬。杜龛遣其从弟北叟将兵拒战，北叟败，归于义兴。霸先闻文育军不利，辛未，自表东讨，留高州刺史侯安都、石州刺史杜棱宿卫台省。甲戌，军至义兴，丙子，拔其水栅。

谯、秦二州刺史徐嗣徽从弟嗣先，僧辩之甥也。僧辩死，嗣先亡就嗣徽，嗣徽以州入于齐。及陈霸先东讨义兴，嗣徽密结南豫州刺史任约，将精兵五千乘虚袭建康，是日，袭据石头，游骑至阙下。侯安都闭门藏旗帜，示之以弱，令城中曰："登陴窥贼者斩！"及夕，嗣徽等收兵还石头。安都夜为战备，将旦，嗣徽等又至，安都帅甲士三百开东、西掖门出战，大破之，嗣徽等奔还石头，不敢复逼台城。

陈霸先遣韦载族弟翙赍书谕载，丁丑，载及杜北叟皆降，霸先厚抚之，以翙监义兴郡，引载置左右，与之谋议。霸先卷甲还建康，使周文育讨杜龛，救长城。

将军黄他攻王僧智于吴郡，不克，霸先使宁远将军裴忌助之。忌选所部精兵轻行倍道，自钱塘直趣吴郡，夜，至城下，鼓噪薄之。僧智以为大军至，轻舟奔吴兴。忌入据吴郡，因以忌为太守。

十一月，己卯，齐遣兵五千渡江据姑孰，以应徐嗣徽、任约。陈霸先使合州刺史徐度立栅于冶城[2]。庚辰，齐又遣安州刺史翟子崇、楚州刺史刘士荣、淮州刺史柳达摩将兵万人于胡墅度米三万石、马千匹入石头[3]。霸先问计于韦载，载曰："齐师若分兵先据三吴之路，略地东境，则时事去矣。今可急于淮南因侯景故垒筑城，以通东道转输，分兵绝彼之粮运，则齐将之首旬日可致。"霸先从之。癸未，使侯安都夜袭胡墅，烧齐船千余艘；仁威将军周铁虎断齐运输，擒其北徐州刺史张领州；仍遣韦载于大航筑侯景故垒，使杜棱守之。齐人于仓门、水南立二栅，与梁兵相拒。壬辰，齐大都督萧轨将兵屯江北。

【注释】

①长城：长城县，即今浙江长兴县。　②冶城：地名，在江苏南京市江宁区西。　③胡墅：在江苏南京市六合区东。

初，齐平秦王归彦幼孤，高祖令清河昭武王岳养之，岳情礼甚薄，归彦心衔之。及显祖即位，归彦为领军大将军，大被宠遇；岳谓其德己，更倚赖之。岳屡将兵立功，有威名，而性豪侈，好酒色，起第于城南，听事后开巷。归彦谮之于帝曰："清河僭拟宫禁，制为永巷，但无阙耳。"帝由是恶之。帝纳倡妇薛氏于后宫，岳先尝因其姊迎之至第。帝夜游于薛氏家，其姊为父乞司徒。帝大怒，悬其姊，锯杀之。让岳以奸，岳不服，帝益怒，乙亥[1]，使归彦鸩岳。岳自诉无罪，归彦曰："饮之则家全。"饮之而卒，葬赠如礼。

薛嫔有宠于帝，久之，帝忽思其与岳通，无故斩首，藏之于怀，出东山宴饮。劝酬始合，忽探出其首，投于柈上，支解其尸，弄其髀为琵琶，一座大惊。帝方收取，对之流涕曰："佳人难再得！"载尸以出，被发步哭而随之。

甲辰，徐嗣徽等攻冶城栅，陈霸先将精甲自西明门出击之，嗣徽等大败，留柳达摩等守城，自往采石迎齐援。

以郢州刺史宜丰侯循为太保，广州刺史曲江侯勃为司空，并征入侍。循受太保而辞不入。勃方谋举兵，遂不受命。

镇南将军王琳侵魏，魏大将军豆卢宁御之。

十二月，癸丑，侯安都袭秦郡，破徐嗣徽栅，俘数百人。收其家，得其琵琶及鹰，遣使送之曰："昨至弟处得此，今以相还。"嗣徽大惧。丙辰，陈霸先对冶城立航，悉渡众军，攻其水南二栅。柳达摩等渡淮置陈，霸先督兵疾战，纵火烧栅，齐兵大败，争舟相挤，溺死者以千数，呼声震天地，尽收其船舰。是日，嗣徽与任约引齐兵水步万余人还据石头，霸先遣兵诣江宁，据险要。嗣徽等水步不敢进，顿江宁浦口，霸先遣侯安都将水军袭破之，嗣徽等单舸脱走，尽收其军资器械。

己未，霸先四面攻石头，城中无水，升水直绢一匹。庚申，达摩遣使请和于霸先，且求质子。时建康虚弱，粮运不继，朝臣皆欲与齐和，请以霸先从子昙朗为质。霸先曰："今在位诸贤欲息肩于齐，若违众议，谓孤爱昙朗，不恤国家，今决遣昙朗，弃之寇庭。齐人无信，谓我微弱，必当背盟。齐寇若来，诸君须为孤力斗也！"乃与昙朗及永嘉王庄、丹阳尹王冲之子珉为质，与齐人盟于城外，将士恣其南北。辛酉，霸先陈兵石头南门，送齐人归北，徐嗣徽、任约皆奔齐。收齐马仗船米，不可胜计。齐主诛柳达摩。壬戌，齐和州长史乌丸远自南州奔还历阳[②]。

江宁令陈嗣、黄门侍郎曹朗据姑孰反，霸先命侯安都等讨平之。霸先恐陈昙朗亡窜，自帅步骑至京口迎之。

【注释】

①乙亥：十一月无此日，疑误。　②和州：治历阳，即今安徽和县。

交州刺史刘元偃帅其属数千人归王琳。

魏以侍中李远为尚书左仆射。

魏益州刺史宇文贵使谯淹从子子嗣诱说淹，以为大将军，淹不从，斩子嗣。贵怒，攻之，淹自东遂宁徙屯垫江[①]。

初，晋安民陈羽[②]，世为闽中豪姓，其子宝应多权诈，郡中畏服。侯景之乱，晋安太守宾化侯云以郡让羽，羽老，但治郡事，令宝应典兵。时东境荒馑，而晋安独丰衍，宝应数自海道出，寇抄临安、永嘉、会稽，或载米粟与之贸易，由是能致富强。侯景平，世祖因以羽为晋安太守。及陈霸先辅政，羽求传郡于宝应，霸先许之。

是岁，魏宇文泰讽淮安王育上表请如古制降爵为公，于是宗室诸王皆降为公。

突厥木杆可汗击柔然邓叔子，灭之，叔子收其余烬奔魏。木杆西破嚈哒[3]，东走契丹，北并契骨[4]，威服塞外诸国。其地东自辽海，西至西海，长万里，南自沙漠以北五六千里皆属焉。木杆恃其强，请尽诛邓叔子等于魏，使者相继于道；太师泰收叔子以下三千余人付其使者，尽杀之于青门外。

初，魏太师泰以汉、魏官繁，命苏绰及尚书令卢辩依《周礼》更定六官。

**太平元年** 春，正月，丁丑，魏初建六官，以宇文泰为太师、大冢宰，柱国李弼为太傅、大司徒，赵贵为太保、大宗伯[6]，独孤信为大司马，于谨为大司寇，侯莫陈崇为大司空[7]。自余百官，皆仿《周礼》[8]。

戊寅，大赦，其与任约、徐嗣徽同谋者，一无所问。癸未，陈霸先使从事中郎江旰说徐嗣徽使南归，嗣徽执旰送齐。

陈蒨、周文育合军攻杜龛于吴兴。龛勇而无谋，嗜酒常醉，其将杜泰阴与蒨等通。龛与蒨等战败，泰因说龛使降，龛然之。其妻王氏曰："霸先仇隙如此，何可求和！"因出私财赏募，复击蒨等，大破之。既而杜泰降于蒨，龛尚醉未觉，蒨遣人负出，于项王寺前斩之。王僧智与其弟豫章太守僧愔俱奔齐。

东扬州刺史张彪素为王僧辩所厚，不附霸先，二月，庚戌，陈蒨、周文育轻兵袭会稽，彪兵败，走入若邪山中[9]，蒨遣其将吴兴章昭达追斩之。东阳太守留异馈蒨粮食，霸先以异为缙州刺史。

江州刺史侯瑱本事王僧辩，亦拥兵据豫章及江州，不附霸先。霸先以周文育为南豫州刺史，使将兵击湓城，庚申，又遣侯安都、周铁虎将舟师立栅于梁山，以备江州。

癸亥，徐嗣徽、任约袭采石，执戍主明州刺史张怀钧送于齐。

后梁主击侯平于公安，平与长沙王韶引兵还长沙。王琳遣平镇巴州。

三月，壬午，诏杂用古今钱。

戊戌，齐遣仪同三司萧轨、库狄伏连、尧难宗、东方老等与任约、徐嗣徽合兵十万入寇，出栅口[10]，向梁山。陈霸先帐内荡主黄丛逆击，破之，齐师退保芜湖。霸先遣定州刺史沈泰等就侯安都，共据梁山以御之。周文育攻湓城，未克，召之还。夏，四月，丁巳，霸先如梁山巡抚诸军。

乙丑，齐仪同三司娄叡讨鲁阳蛮，破之。

侯安都轻兵袭齐行台司马恭于历阳，大破之，俘获万计。

魏太师泰尚孝武妹冯翊公主，生略阳公觉；姚夫人生宁都公毓。毓于诸子最长，娶大司马独孤信女。泰将立嗣，谓公卿曰："孤欲立子以嫡，恐大司马有疑，如何？"众默然，未有言者。尚书左仆射李远曰："夫立子以嫡不以长，略阳公为世子，公何所疑！若以信为嫌，请先斩之。"遂拔刀而起。泰亦起，曰："何至于是！"信又自陈解，远乃止。于是群公并从远议。远出外，拜谢信曰："临大事不得不尔！"信亦谢远曰："今日赖公决此大议。"遂立觉为世子。

北齐黄釉印花扁壶

太师泰北巡。

五月，齐人召建安公渊明，诈许退师，陈霸先具舟送之。癸未，渊明疽发背卒。甲申，齐兵发芜湖，庚寅，入丹杨县[11]，丙申，至秣棱故治。陈霸先遣周文育屯方山，徐度顿马牧，杜棱顿大航南以御之。

齐汉阳敬怀王洽卒。

【注释】

①东遂宁：地名，故治在今四川遂宁市。垫江：县名，治所即今重庆合川区治。　②晋安：县名，治所在今福建南安市。　③哌哒：古民族名、国名，为大月氏的后裔。五世纪中分布于今阿姆河之南，建都拔底延城（今阿富汗北部），势力一度达到今新疆、青海等地区，自突厥木杆可

汗攻破其国,部落分散,不复建国。 ④契骨:古部族名,又名坚昆、鬲昆、结骨、纥骨、居勿、黠戛斯,故居住地在今叶尼塞河上游。 ⑤西海:地名,即今青海省。 ⑥太师、太傅、太保:官名,即所谓三师,各一人,官位正一品,无具体职守,备帝王师从顾问而已,中国自周代至明代,历朝皆置,无人当之则缺。大冢宰:官名,统领百官,职权相当于宰相。大司徒:官名,三公之一,原为掌管图籍户口、建设规划之官。自汉代定为在公之官,即为执掌国政权臣之一,至明代始废。大宗伯:官名,掌邦国祭礼鬼神及宗教礼仪之事,即后世礼部之职。 ⑦大司马、大司寇、大司空:官名,历代废置不一,大司马执掌军政,统帅军队,为三公之一;大司寇掌刑狱司法及监察;大司空原为主管工程制造之官,自汉定为三公之官,与大司马、大司徒等共掌国政,至明清时为工部尚书别称。 ⑧《周礼》:又名《周官》,儒家经典之一。内容为搜集周王室官制和战国时各国制度,添加儒家的政治理想,增减排比汇编而成。 ⑨若邪山:山名,在今浙江绍兴市南二十里。 ⑩栅口:地名,在今安徽和县西南。 ⑪丹杨县:故治在今安徽当涂县。 ⑫秣棱:地名,故地在今江苏南京市郊。

辛丑,齐人跨淮立桥栅度兵,夜至方山,徐嗣徽等列舰于青墩,至于七矶,以断周文育归路。文育鼓噪而发,嗣徽等不能制;至旦,反攻嗣徽。嗣徽骁将鲍砰独以小舰殿军,文育乘单舴艋与战,跳入舰中,斩砰,仍牵其舰而还。嗣徽众大骇,因留船芜湖,自丹杨步上。陈霸先追侯安都、徐度皆还。

癸卯,齐兵自方山进及倪塘,游骑至台,建康震骇,帝总禁兵出顿长乐寺,内外纂严。霸先拒嗣徽等于白城,适与周文育会。将战,风急,霸先曰:“兵不逆风。”文育曰:“事急矣,何用古法!”抽槊上马先进,风亦寻转,杀伤数百人。侯安都与嗣徽等战于耕坛南,安都帅十二骑突其陈,破之,生擒齐仪同三司乞伏无劳。霸先潜撤精卒三千配沈泰渡江,袭齐行台赵彦深于瓜步,获舰百余艘,粟万斛。

六月,甲辰,齐兵潜至钟山,侯安都与齐将王敬宝战于龙尾,军主张纂战死。丁未,齐师至幕府山,霸先遣别将钱明将水军出江乘,邀击齐人粮运,尽获其船米。齐军乏食,杀马驴食之。庚戌，齐军逾钟山，霸先与众军分顿乐游苑东及覆舟山北，断其冲要。壬子，齐军至玄武湖西北，将据北郊坛，众军自覆舟东移顿坛北，与齐人相对。

会连日大雨，平地水丈余，齐军昼夜坐立泥中，足指皆烂，悬鬲以爨[①]，而台中及潮沟北路燥，梁军每得番易。时四方壅隔，粮运不至，建康户口流散，征求无所。甲寅，少霁，霸先将战，调市人得麦饭，分给军士，士皆饥疲。会陈蒨馈米三千斛、鸭千头，霸先命炊米煮鸭，人人以荷叶裹饭，婫以鸭肉数脔[②]。乙卯，未明，蓐食，比晓，霸先帅麾下出莫府山。侯安都谓其部将萧摩诃曰："卿骁勇有名，千闻不如一见。"摩诃对曰："今日令公见之。"及战，安都坠马，齐人围之，摩诃单骑大呼，直冲齐军，齐军披靡，安都乃免。霸先与吴明彻、沈泰等众军首尾齐举，纵兵大战，安都自白下引兵横出其后，齐师大溃，斩获数千人，相蹂践而死者不可胜计，生擒徐嗣徽及弟嗣宗，斩之以徇，追奔至于临沂。其江乘、摄山、钟山等诸军相次克捷[③]，虏萧轨、东方老、王敬宝等将帅凡四十六人。其军士得窜至江者，缚荻筏以济，中江而溺，流尸至京口，翳水弥岸；唯任约、王僧愔得免。丁巳，众军出南州，烧齐舟舰。

戊午，大赦。己未，解严。军士以赏俘贸酒，一人裁得一醉。庚申，斩齐将萧轨等，齐人闻之，亦杀陈昙朗。霸先启解南徐州以授侯安都。

**【注释】**

①鬲（lì 利）：古代炊具，圆口，三空心足。《说文》："鬲：鼎属也，实五觳。" ②婫（hùn 混）：覆盖。 ③摄山：山名，在今江苏南京市江宁区东北。

侯平频破后梁军，以王琳兵威不接，更不受指麾；琳遣将讨之。平杀巴州助防吕旬，收其众，奔江州，侯瑱与之结为兄弟。琳军势益衰，乙丑，遣使奉表诣齐，并献驯象。江陵之陷也，琳妻蔡氏、世子毅皆没于魏，琳又献款于魏以求妻子，亦称臣于梁。

齐发丁匠三十余万修广三台宫殿。

齐显祖之初立也，留心政术，务存简靖，坦于任使，人得尽力。

又能以法驭下，或有违犯，不容勋戚，内外莫不肃然。至于军国机策，独决怀抱；每临行阵，亲当矢石，所向有功。数年之后，渐以功业自矜，遂嗜酒淫泆，肆行狂暴；或身自歌舞，尽日通宵；或散发胡服，杂衣锦彩；或袒露形体，涂傅粉黛；或乘驴、牛、橐驼、白象，不施鞍勒；或令崔季舒、刘桃枝负之而行，担胡鼓拍之；勋戚之第，朝夕临幸，游行市里，街坐巷宿；或盛夏日中暴身，或隆冬去衣驰走；从者不堪，帝居之自若。三台构木高二十七丈，两栋相距二百余尺，工匠危怯，皆系绳自防，帝登脊疾走，殊无怖畏；时复雅舞，折旋中节，傍人见者莫不寒心。尝于道上问妇人曰："天子何如？"曰："颠颠痴痴，何成天子！"帝杀之。

娄太后以帝酒狂，举杖击之曰："如此父生如此儿！"帝曰："即当嫁此老母与胡。"太后大怒，遂不言笑。帝欲太后笑，自匍匐以身举床，坠太后于地，颇有所伤。既醒，大惭恨，使积柴炽火，欲入其中。太后惊惧，亲自持挽，强为之笑，曰："向汝醉耳！"帝乃设地席，命平秦王归彦执杖，口自责数，脱背就罚，谓归彦曰："杖不出血，当斩汝。"太后前自抱之，帝流涕苦请，乃笞脚五十，然后衣冠拜谢，悲不自胜。因是戒酒，一旬，又复如初。

帝幸李后家，以鸣镝射后母崔氏，骂曰："吾醉时尚不识太后，老婢何事！"马鞭乱击一百有余。虽以杨愔为相，使进厕筹，以马鞭鞭其背，流血浃袍。尝欲以小刀剺其腹，崔季舒托俳言曰："老小公子恶戏。"因掣刀去之。又置愔于棺中，载以輀车。又尝持槊走马，以拟左丞相斛律金之胸者三，金立不动，乃赐帛千段。

高氏妇女，不问亲疏，多与之乱，或以赐左右，又多方苦辱之。彭城王浟太妃尔朱氏，魏敬宗之后也，帝欲蒸之，不从，手刃杀之。故魏乐安王元昂，李后之姊婿也，其妻有色，帝数幸之，欲纳为昭仪。召昂，令伏，以鸣镝射之百余下，凝血垂将一石，竟至于死。后啼不食，乞让位于姊，太后又以为言，帝乃止。

又尝于众中召都督韩哲，无罪，斩之。作大镬、长锯、锉、碓之属，陈之于庭，每醉，辄手杀人，以为戏乐。所杀者多令支解，或焚之于火，或投之于水。杨愔乃简邺下死囚，置之仗内，谓之供御囚，帝欲杀人，辄执以应命，三月不杀，则宥之。

开府参军裴谓之上书极谏，帝谓杨愔曰："此愚人，何敢如是！"对曰："彼欲陛下杀之，以成名于后世耳。"帝曰："小人，我且不杀，尔焉得名！"帝与左右饮，曰："乐哉！"都督王纮曰："有大乐，亦有大苦。"帝曰："何谓也？"对曰："长夜之饮，不寤国亡身陨，所谓大苦！"帝缚纮，欲斩之，思其有救世宗之功，乃舍之。

帝游宴东山，以关、陇未平，投杯震怒，召魏收于前，立为诏书，宣示远近，将事西行。魏人震恐，常为度陇之计。然实未行。一日，泣谓群臣曰："黑獭不受我命，奈何？"都督刘桃枝曰："臣得三千骑，请就长安擒之以来。"帝壮之，赐帛千匹。赵道德进曰："东西两国，强弱力钧，彼可擒之以来，此亦可擒之以往。桃枝妄言应诛，陛下奈何滥赏！"帝曰："道德言是。"回绢赐之。帝乘马欲下峻岸入于漳，道德揽辔回之；帝怒，将斩之。道德曰："臣死不恨，当于地下启先帝，论此儿酣酗颠狂，不可教训。"帝默然而止。他日，帝谓道德曰："我饮酒过，须痛杖我。"道德抶之[1]，帝走。道德逐之曰："何物人，为此举止！"

典御丞李集面谏[2]，比帝于桀、纣。帝令缚置流中，沉没久之，复令引出，谓曰："吾何如桀、纣？"集曰："向来弥不及矣！"帝又令沉之，引出，更问，如此数四，集对如初。帝大笑曰："天下有如此痴人，方知龙逄、比干未是俊物[3]！"遂释之。顷之，又被引入见，似有所谏，帝令将出要斩。其或斩或赦，莫能测焉。

内外憯憯，各怀怨毒，而素能默识强记，加以严断，群下战栗，不敢为非。又能委政杨愔，愔总摄机衡，百度修敕，故时人皆言主昏于上，政清于下。愔风表鉴裁，为朝野所重，少历屯厄，及得志，有一餐之惠者必重报之，虽先尝欲杀己者亦不问；典选二十余年，以奖拔贤才为己任。性复强记，一见皆不忘其姓名，选人鲁漫汉自言猥贱独不见识，愔曰："卿前在元子思坊，乘短尾牝驴，见我不下，以方曲障面，我何为不识卿！"漫汉惊服。

**【注释】**

①抶：击打。　②典御丞：门下省尚食、尚药二局长官，掌御膳御药事。　③龙逄、比干：人名。龙逄传说为夏代人，因劝谏夏桀王而被杀；比干为商纣王叔父，纣王淫乱不止，比干面谏三日不去，纣王怒，杀之，剖

其腹而观其心脏。

秋，七月，甲戌，前天门太守樊毅袭武陵，杀武州刺史衡阳王护，王琳使司马潘忠击之，执毅以归。护，畅之孙也。

丙子，以陈霸先为中书监、司徒、扬州刺史，进爵长城公，余如故。

初，余孝顷为豫章太守，侯瑱镇豫章，孝顷于新吴县别立城栅[①]，与瑱相拒。瑱使其从弟奫守豫章悉众攻孝顷，久不克，筑长围守之。癸酉[②]，侯平发兵攻奫，大掠豫章，焚之，奔于建康。瑱众溃，奔湓城，依其将焦僧度。僧度劝之奔齐，会霸先使记室济阳蔡景历南上，说瑱令降，瑱乃诣阙归罪，霸先为之诛侯平。丁亥，以瑱为司空。

南昌民熊昙朗，世为郡著姓。昙朗有勇力，侯景之乱，聚众据丰城为栅，世祖以为巴山太守。江陵陷，昙朗兵力浸强，侵掠邻县。侯瑱在豫章，昙朗外示服从而阴图之，及瑱败走，昙朗获其马仗。

己亥，齐大赦。

魏太师泰遣安州长史钳耳康买使于王琳，琳遣长史席豁报之，且请归世祖及愍怀太子之柩，泰许之。

八月，己酉，鄱阳王循卒于江夏，弟丰城侯泰监郢州事。王琳使兖州刺史吴藏攻江夏，不克而死。

魏太师泰北度河。

魏以王琳为大将军、长沙郡公。

魏江州刺史陆腾讨陵州叛獠[③]，獠因山为城，攻之难拔。腾乃陈伎乐于城下一面，獠弃兵，携妻子临城观之，腾潜师三面俱上，斩首万五千级，遂平之。腾，俟之玄孙也[④]。

庚申，齐主将西巡，百官辞于紫陌，帝使稍骑围之，曰："我举鞭，即杀之。"日晏，帝醉不能起。黄门郎是连子畅曰："陛下如此，群臣不胜恐怖。"帝曰："大怖邪！若然，勿杀。"遂如晋阳。

九月，壬寅，改元，大赦。以陈霸先为丞相、录尚书事、镇卫大将军、扬州牧、义兴公。以吏部尚书王通为右仆射。

北齐铜牛车

【注释】

①新吴县:地名,即今江西奉新县。 ②癸酉:七月无此日,疑误。③江州、陵州:地名,故城均在今四川仁寿县。 ④陆俟:人名,北魏人,官至都督秦雍诸军事,封爵东平王,史称北魏名臣。

突厥木杆可汗假道于凉州以袭吐谷浑,魏太师泰使凉州刺史史宁帅骑随之,至番禾[1],吐谷浑觉之,奔南山。木杆将分兵追之,宁曰:"树敦、贺真二城[2],吐谷浑之巢穴也,拔其本根,余众自散。"木杆从之。木杆从北道趣贺真,宁从南道趣树敦。吐谷浑可汗在贺真,使其征南王将数千人守树敦。木杆破贺真,获夸吕妻子;宁破树敦,虏征南王;还,与木杆会于青海[3],木杆叹宁勇决,赠遗甚厚。

甲子,王琳以舟师袭江夏;冬,十月,壬申,丰城侯泰以州降之。

齐发山东寡妇二千六百人以配军,有夫而滥夺者什二三。

魏安定文公宇文泰还至牵屯山而病[4],驿召中山公护。护至泾州,见泰,泰谓护曰:"吾诸子皆幼,外寇方强,天下之事,属之于汝,宜努力以成吾志。"乙亥,卒于云阳[5]。护还长安,发丧。泰能驾御英豪，得其力用，性好质素，不尚虚饰，明达政事，崇儒好古，凡所施设，皆依仿三代而为之。丙子，世子觉嗣位，为太师、柱国、大冢宰，出镇同州，时年十五。

中山公护，名位素卑，虽为泰所属，而群公各图执政，莫肯服从。护问计于大司寇于谨，谨曰："谨早蒙先公非常之知，恩深骨肉，今日之事，必以死争之。若对众定策，公必不得让。"明日，群公会议，谨曰："昔帝室倾危，非安定公无复今日。今公一旦违世，嗣子虽幼，中山公亲其兄子，兼受顾托，军国之事，理须归之。"辞色抗厉，众皆悚动。护曰："此乃家事，护虽庸昧，何敢有辞。"谨素与泰等夷，护常拜之，至是，谨起而言曰："公若统理军国，谨等皆有所依。"遂再拜，群公迫于谨，亦再拜，于是众议始定。护纲纪内外，抚循文武，人心遂安。

十一月，辛丑，丰城侯泰奔齐，齐以为永州刺史。诏征王琳为司空，琳辞不至，留其将潘纯陀监郢州，身还长沙。魏人归其妻子。

壬子，齐主诏以"魏末豪桀纠合乡部，因缘请托，各立州郡，离大合小，公私烦费，丁口减于畴日，守令倍于昔时。且要荒向化[⑥]，旧多浮伪，百室之邑，遽立州名，三户之民，空张郡目，循名督实，事归焉有"。于是并省三州，一百五十三郡。

诏分江州四郡置高州[⑦]。军黄法氍为刺史[⑧]，镇巴山。

十二月，壬申，以曲江侯勃为太保。

甲申，魏葬安定文公。丁亥，以岐阳之地封世子觉为周公。

初，侯景之乱，临川民周续起兵郡中，始兴王毅以郡让之而去。续部将皆郡中豪族，多骄横，续裁制之，诸将皆怨，相与杀之。续宗人迪，勇冠军中，众推为主。迪素寒微，恐郡人不服，以同郡周敷族望高显，折节交之，敷亦事迪甚谨。迪据上塘，敷据故郡，朝廷以迪为衡州刺史，领临川内史。时民遭侯景之乱，皆弃农业，群聚为盗，唯迪所部独务农桑，各有赢储，政教严明，征敛必至，余郡乏绝者皆仰以取给。迪性质朴，不事威仪，居常徒跣，虽外列兵卫，内有女伎，挼绳破篾，傍若无人，讷于言语而襟怀信实，临川人皆附之。

齐自西河总秦戍筑长城，东至于海，前后所筑东西凡三千余里，率十里一戍，其要害置州镇，凡二十五所。

魏宇文护以周公幼弱，欲早使正位以定人心，庚子，以魏恭帝诏禅位于周，使大宗伯赵贵持节奉册，济北公迪致皇帝玺绂；恭帝出居大司马府。

【注释】

①番禾：县名。故治在今甘肃永昌县西。 ②树敦城：地名，在今青海东北部。 ③青海：湖名。在今青海省东北部，北魏时水面尚有千余里，今渐涸，仅剩五百余里，产鱼盐甚丰。 ④牵屯山：地名，在今甘肃固原市。 ⑤云阳：县名，治所在今陕西泾阳县。 ⑥要荒：要服、荒服之合称。古代王畿之外，每五百里为一区划，按距离远近分为五等，叫五服，分别称为侯服、甸服、绥服、要服、荒服。则要服为距王畿二千里之地，荒服为距王畿二千五百里之地。这里泛指边远地区。 ⑦四郡：即临川、安成、豫宁、巴山，皆在今江西省西北部。 ⑧军：其前疑有脱漏，据章钰《校记》云：宋刊十二行本“军”字前面有“以明威将”四字，当确。氍（qú 瞿），同“氍”。

# 资治通鉴卷第一百六十七

## 陈纪一　起强圉赤奋若，尽屠维单阏，凡三年。

### 高祖武皇帝[①]

**永定元年**[②]　春，正月，辛丑，周公即天王位[③]，柴燎告天，朝百官于露门[④]；追尊王考文公为文王，妣为文后；大赦。封魏恭帝为宋公。以木德承魏水，行夏之时，服色尚黑。以李弼为太师，赵贵为太傅、大冢宰，独孤信为太保、大宗伯，中山公护为大司马。

诏以王琳为司空、骠骑大将军，以尚书右仆射王通为左仆射。

周王祀圜丘，自谓先世出于神农，以神农配二丘[⑤]，始祖献侯配南北郊，文王配明堂，庙号太祖。癸卯，祀方丘。甲辰，祭大社。除市门税[⑥]。乙巳，享太庙，仍用郑玄义，立太祖与二昭、二穆为五庙，其有德者别为祧庙[⑦]，不毁。辛亥，祀南郊。壬子，立王后元氏。后，魏文帝之女晋安公主也。

齐南安城主冯显请降于周[⑧]，周柱国宇文贵使丰州刺史太原郭彦将兵迎之[⑨]，遂据南安。

吐谷浑为寇于周，攻凉、鄯、河三州[⑩]。秦州都督遣渭州刺史于翼赴援[⑪]，翼不从。僚属咸以为言，翼曰："攻取之术，非夷俗所长。此寇之来，不过抄掠边牧，掠而无获，势将自走。劳师以往，必无所及。翼揣之已了，幸勿复言。"数日，问至，果如翼所策。

初，梁世祖以始兴郡为东衡州[⑫]，以欧阳頠为刺史[⑬]。久之，徙頠为郢州刺史[⑭]，萧勃留頠不遣。世祖以王琳代勃为广州刺史，勃

陕西富平宇文泰陵

遣其将孙荡监广州，尽帅所部屯始兴以避之。頠别据一城，不往谒，闭门自守。勃怒，遣兵袭之，尽取其货财马仗；寻赦之，使复其所，与之结盟。江陵陷，頠遂事勃。二月，庚午，勃起兵于广州，遣頠及其将傅泰、萧孜为前军。孜，勃之从子也。南江州刺史余孝顷以兵会之⑮。诏平西将军周文育帅诸军讨之。

**【注释】**

①高祖武皇帝：即陈霸先，南朝陈建立者。557—559 年在位。字兴国。吴兴长城（今浙江长兴）人。　②永定元年：是年十月陈霸先受禅，始改元永定。十月以前，犹是梁太平二年。　③周公：即宇文觉，宇文泰第三子。556 年嗣父爵，任太师、大冢宰，封周公。次年，代西魏称天王，建国号为周，史称北周。　④露门：即路门，宫室最内的正门。　⑤二丘：指圜丘、方丘。祭天、祭地之所。　⑥市门税：魏末国用不足，入市门者每人交税一钱。　⑦祧（tiāo 佻）庙：祖庙。　⑧南安：郡名，东魏置，治所在今河南叶县南。　⑨柱国：北周最高武官。丰州：治所在今山西武乡县。　⑩凉、鄯、河三州：凉州，治所在今甘肃武威市。鄯州，治所在今青海海东市乐都区。河州，治所在今甘肃临夏回族自治州。　⑪秦

州：治所在今甘肃天水市。渭州：治所在今甘肃陇西县东南。⑫始兴郡：治所在今广东韶关市南。⑬欧阳𬱟（wěi 伟）：人名。至陈，官至广州刺史，进号征南将军。⑭郢州：治所在今湖北武汉市武昌区。⑮南江州：治所在今江西奉新县西。

癸酉，周王朝日于东郊；戊寅，祭太社。

周楚公赵贵、卫公独孤信故皆与太祖等夷，及晋公护专政，皆怏怏不服。贵谋杀护，信止之；开府仪同三司宇文盛告之。丁亥，贵入朝，护执而杀之，免信官。

领军将军徐度出东关侵齐[1]，戊子，至合肥，烧齐船三千艘。

欧阳𬱟等出南康[2]。𬱟屯豫章之苦竹滩[3]，傅泰据蹠口城[4]，余孝顷遣其弟孝劢守郡城，自出豫章据石头[5]。巴山太守熊昙朗诱𬱟共袭高州刺史黄法𣰰[6]；又语法𣰰，约共破𬱟，且曰："事捷，与我马仗。"遂出军，与𬱟俱进。至法𣰰城下，昙朗阳败走，法𣰰乘之，𬱟失援而走，昙朗取其马仗，归于巴山。

周文育军少船，余孝顷有船在上牢[7]，文育遣军主焦僧度袭之，尽取以归，仍于豫章立栅。军中食尽，诸将欲退，文育不许，使人间行遗周迪书，约为兄弟。迪得书甚喜，许馈以粮。于是文育分遣老弱乘故船沿流俱下，烧豫章栅，伪若遁去者。孝顷望之，大喜，不复设备。文育由间道兼行，据芊韶[8]，芊韶上流则欧阳𬱟、萧孜，下流则傅泰、余孝顷营，文育据其中间，筑城飨士，𬱟等大骇。𬱟退入泥溪[9]，文育遣严威将军周铁虎等袭𬱟，癸巳，擒之。文育盛陈兵甲，与𬱟乘舟而宴，巡蹠口城下，使其将丁法洪攻泰，擒之。孜、孝顷退走。

甲午，周以于谨为太傅，大宗伯侯莫陈崇为太保，晋公护为大冢宰，柱国武川贺兰祥为大司马[10]，高阳公达奚武为大司寇。

周人杀魏恭帝。

三月，庚子，周文育送欧阳𬱟、傅泰于建康。丞相霸先与𬱟有旧，释而厚待之。

周晋公护以赵景公独孤信名重，不欲显诛之，己酉，逼令自杀。

甲辰，以司空王琳为湘、郢二州刺史。

曲江侯勃在南康，闻欧阳頠等败，军中恼惧。甲寅，德州刺史陈法武、前衡州刺史谭世远攻勃[11]，杀之。

**【注释】**

①领军将军：南北朝时重要军事长官之一，与护军将军或中护军同掌中央军队。东关：即今安徽巢湖市东南东关。 ②南康：郡名，梁时治所在今江西赣州市东北。 ③豫章：郡名，治所在今江西南昌市。苦竹滩：在今江西丰城市西北。 ④踱口城：在今江西丰城市东北赣江东岸。⑤石头：即石头渚，在今江西南昌市西北赣江西岸。 ⑥巴山：郡名，治所在今江西崇仁县西南。高州：梁置郡，治所在今江西崇仁县西南。⑦上牢：在今江西奉新县东北。 ⑧芊韶：在今江西丰城市东北赣江东岸。 ⑨泥溪：在今江西新干县西南。 ⑩武川：北魏置县，治所在今河南南召县东南。 ⑪德州：南朝梁置，治所在九德县（今越南义安省荣市）。

夏，四月，己卯，铸四柱钱[1]，一当二十。

齐遣使请和。

壬午，周王谒成陵[2]。乙酉，还宫。

齐以太师斛律金为右丞相，前大将军可朱浑道元为太傅，开府仪同三司贺拔仁为太保，尚书令常山王演为司空，录尚书事长广王湛为尚书令，右仆射杨愔为左仆射，仍加开府仪同三司。并省尚书右仆射崔暹为左仆射[3]，上党王涣录尚书事。

丁亥，周王享太庙。

壬辰，改四柱钱一当十；丙申，复闭细钱[4]。

故曲江侯勃主帅兰敱袭杀谭世远[5]，军主夏侯明彻杀敱，持勃首降。勃故记室李宝藏奉怀安侯任据广州[6]。萧孜、余孝顷犹据石头，为两城，各据其一，多设船舰，夹水而陈。丞相霸先遣平南将军侯安都助周文育击之。戊戌，安都潜师夜烧其船舰，文育帅水军、安都帅步骑进攻之；萧孜出降，孝顷逃归新吴[7]，文育等引兵还。丞相霸先以欧阳頠声著南土，复以頠为衡州刺史[8]，使讨岭南，未至，其子纥已克始兴，頠至岭南，诸郡皆降，遂克广州，岭南悉平。

周仪同三司齐轨谓御正中大夫薛善曰[⑨]:"军国之政,当归天子,何得犹在权门!"善以告晋公护,护杀之,以善为中外府司马。

五月,戊辰[⑩],余孝顷遣使诣丞相府乞降。

王琳既不就征,大治舟舰,将攻陈霸先;六月,戊寅,霸先以开府仪同三司侯安都为西道都督,周文育为南道都督,将舟师二万会武昌以击之。

秋,七月,辛亥,周王享太庙。

河南、北大蝗。齐主问魏郡丞崔叔瓒曰:"何故致蝗?"对曰:"《五行志》:土功不时,蝗虫为灾。今外筑长城,内兴三台,殆以此乎!"齐主大怒,使左右殴之,擢其发,以溷沃其头,曳足以出。叔瓒,季舒之兄也。

**【注释】**

①四柱钱:梁末有两柱钱及鹅眼钱,同时流通,其价同。但两柱钱重,鹅眼钱轻,故铸四柱钱,一当细钱二十。 ②成陵:周太祖陵。 ③并省:东魏时高欢居晋阳,并州有行台尚书令、仆射等官。其子高洋代东魏称齐帝,遂以并州行台为并省,位亚于邺省。 ④细钱:民间私铸钱。 ⑤敳(ái 皑):意为用力治事。 ⑥怀安侯任:即萧任,萧勃之子,封怀安侯。怀安,南朝齐以安怀县改名怀安县,治所在今广东惠东县西北梁化。 ⑦新吴:东汉置县,治所在今江西奉新县西。 ⑧衡州:梁天监六年(507)置,治所在今广东英德市西北浛洸。 ⑨御正中大夫:属大冢宰,五品。 ⑩戊辰:五月无戊辰,戊辰为六月初一。

八月,丁卯,周人归梁世祖之柩及诸将家属千余人于王琳。

戊辰,周王祭太社。

甲午,进丞相霸先位太傅,加黄钺殊礼[①],赞拜不名。九月,辛丑,进丞相为相国,总百揆,封陈公,备九锡[②],陈国置百司。

周孝愍帝性刚果,恶晋公护之专权。司会李植自太祖时为相府司录[③],参掌朝政,军司马孙恒亦久居权要[④],及护执政,植、恒恐不见容,乃与宫伯乙弗凤、贺拔提等共谮之于周王[⑤]。植、恒曰:"护自诛赵贵以来,威权日盛,谋臣宿将,争往附之,大小之政,皆决于护。以臣观之，将不守臣节，愿陛下早图之！”王以为然。凤、提曰：“以先王之明，犹委植、恒以朝政，今以事付二人，何患不成！且护常自比周公，臣闻周公摄政七年，陛下安能七年邑邑如此乎！”王愈信之，数引武士于后园讲习，为执缚之势。植等又引宫伯张光洛同谋，光洛以告护。护乃出植为梁州刺史[6]，恒为潼州刺史[7]，欲散其谋。后王思植等，每欲召之，护泣谏曰：“天下至亲，无过兄弟，若兄弟尚相疑，他人谁可信者！太祖以陛下富于春秋，属臣后事，臣情兼家国，实愿竭其股肱。若陛下亲览万机，威加四海，臣死之日，犹生之年。但恐除臣之后，奸回得志，非唯不利陛下，亦将倾覆社稷，使臣无面目见太祖于九泉。且臣既为天子之兄，位至宰相，尚复何求！愿陛下勿信谗臣之言，疏弃骨肉。”王乃止不召，而心犹疑之。

凤等益惧，密谋滋甚，刻日召群公入宴，因执护诛之。张光洛又以告护。护乃召柱国贺兰祥、领军尉迟纲等谋之，祥等劝护废立。时纲总领禁兵，护遣纲入宫召凤等议事，及至，以次执送护第，因罢散宿卫兵。王方悟，独在内殿，令宫人执兵自守。护遣贺兰祥逼王逊位，幽于旧第。悉召公卿会议，废王为略阳公，迎立岐州刺史宁都公毓[8]。公卿皆曰：“此公之家事，敢不唯命是听！”乃斩凤等于门外，孙恒亦伏诛。

时李植父柱国大将军远镇弘农[9]，护召远及植还朝，远疑有变，沈吟久之，乃曰：“大丈夫宁为忠鬼，安可作叛臣邪！”遂就征。既至长安，护以远功名素重，犹欲全之，引与相见，谓之曰：“公儿遂有异谋，非止屠戮护身，乃是倾危宗社。叛臣贼子，理宜同疾，公可早为之所。”乃以植付远。远素爱植，植又口辩，自陈初无此谋。远谓为信然，诘朝，将植谒护。护谓植已死，左右白植亦在门。护大怒曰：“阳平公不信我[10]！”乃召入，仍命远同坐，令略阳公与植相质于远前。植辞穷，谓略阳曰：“本为此谋，欲安社稷，利至尊耳！今日至此，何事云云！”远闻之，自投于床曰：“若尔，诚合万死！”于是护乃害植，并逼远令自杀。植弟叔诣、叔谦、叔让亦死，余子以幼得免。初，远弟开府仪同三司穆知植非保家之主，每劝远除之，远不能用。及远临刑，泣谓穆曰：“吾不用汝言以至此！”

穆当从坐,以前言获免,除名为民,及其子弟亦免官。植弟淅州刺史基[11],尚义归公主[12],当从坐,穆请以二子代基命,护两释之。

后月余,护弑略阳公,黜王后元氏为尼。

癸亥,宁都公自岐州至长安,甲子,即天王位,大赦。

【注释】

①黄钺(yuè 越):以黄金为饰之斧。人臣得此,得代表天子主征伐。②九锡(cì 次):古代帝王赐给有功或有权势的诸侯大臣的九种物品,如衣服、车马、弓矢、斧钺等。西汉王莽阴谋建立新王朝前,先加九锡,后来魏晋南北朝掌政大臣夺取政权,建立新王朝前,都加九锡,成为例行公事。锡,通"赐"。 ③司会(kuài 快):官名。《周礼》天官之属。主管财政经济。北周置司会中大夫,属大冢宰,五命。相府司录:官名。总录相府之机务。 ④军司马:官名。《周礼》夏官之属。北周置军司马中大夫,五命。 ⑤宫伯:官名。《周礼》天官之属有宫伯,掌管卿大夫士有名籍的子弟的任用、俸禄和奖惩。北周的宫伯中大夫,五命。 ⑥梁州:治所在今陕西汉中市东。 ⑦潼州:治所在今四川绵阳市东。 ⑧岐州:治所在今陕西宝鸡市凤翔区东南义坞堡。宁都公毓(yù 育):即宇文毓,小名统万突,宇文泰长子,后即位为北周明帝。 ⑨弘农:旧址在今河南灵宝市东北故函谷关城,为战略要地。 ⑩阳平公:李远封阳平公。⑪淅州:治所在今河南西峡县北。 ⑫义归公主:宇文泰之女。

冬,十月,戊辰,进陈公爵为王。辛未,梁敬帝禅位于陈。

癸酉,周魏武公李弼卒。

陈王使中书舍人刘师知引宣猛将军沈恪勒兵入宫[1],卫送梁主如别宫,恪排闼见王[2],叩头谢曰:"恪身经事萧氏,今日不忍见此。分受死耳,决不奉命!"王嘉其意,不复逼,更以荡主王僧志代之[3]。乙亥,王即皇帝位于南郊,还宫,大赦,改元。奉梁敬帝为江阴王,梁太后为太妃,皇后为妃。

以给事黄门侍郎蔡景历为秘书监[4],兼中书通事舍人。是时政事皆由中书省[5],置二十一局,各当尚书诸曹,总国机要,尚书唯听受而已。

丙子,上幸钟山,祠蒋帝庙。庚辰,上出佛牙于杜姥宅,设无遮大会⑥，帝亲出阙前膜拜⑦。

辛巳，追尊皇考文赞为景皇帝，庙号太祖，皇妣董氏曰安皇后，追立前夫人钱氏为昭皇后，世子克为孝怀太子，立夫人章氏为皇后。章后，乌程人也⑧。

置删定郎，治律令。

乙酉，周王祀圜丘；丙戌，祀方丘；甲午，祭太社。

戊子，太祖神主祔太庙，七庙始共用一太牢，始祖荐首，余皆骨体。

侯安都至武昌，王琳将樊猛弃城走，周文育自豫章会之。安都闻上受禅，叹曰："吾今兹必败，战无名矣！"时两将俱行，不相统摄，部下交争，稍不相平。军至郢州，琳将潘纯陀于城中遥射官军，安都怒，进军围之；未克，而王琳至弇口，安都乃释郢州，悉众诣沌口⑩，留沈泰一军守汉曲⑪。安都遇风不得进，琳据东岸，安都等据西岸，相持数日，乃合战，安都等大败。安都、文育及裨将徐敬成、周铁虎、程灵洗皆为琳所擒，沈泰引兵奔归。琳引见诸将与语，周铁虎辞气不屈，琳杀铁虎而囚安都等，总以一长锁系之，置琳所坐艒下，令所亲宦者王子晋掌视之。琳乃移湘州军府就郢城⑫，又遣其将樊猛袭据江州。

陈霸先像

【注释】

①中书舍人：曹魏于中书省置中书通事舍人，掌传宣诏命。晋及南朝历代沿置。至梁除通事二字，直称中书舍人，任起草诏令之职，参与机密，权力日重。 ②闼（tà 沓）：门。 ③荡主：别帅，副将。顾炎武《日知录》七："古人以左右冲杀为荡阵，其锐卒谓之跳荡，别帅谓之荡主。"

④秘书监：官名。东汉始置秘书监一官，典司图籍。至南北朝为秘书省之长官，掌图书著作等事。 ⑤中书省：官署名。为秉承君主意旨、掌管机要、发布政令的机构。 ⑥无遮大会：佛教举行的一种以布施为中心的法会，梵语般阇于瑟。华言解免。每五年举行一次，故也称般遮大会或五年大会。盛行于南北朝。 ⑦膜拜：合掌加额，伏地跪拜。我国古代西北部少数民族对其最尊敬者或畏服者，多行此礼。 ⑧乌程：县名。治所在今浙江长兴县。 ⑨弇（yǎn 掩）口：在今湖北武汉市西，即弇水（今名咸河、金河）入长江之口。 ⑩沌（zhuàn 篆）口：在今湖北武汉市汉阳西南，即古沌水入长江之口。 ⑪汉曲：今武汉市附近。 ⑫湘州：南朝梁置，治所在今湖北大悟县东北。郢城：即郢州城，今武汉市武昌区。

十一月，丙申，上立兄子蒨为临川王，顼为始兴王；弟子昙朗已死而上未知，遥立为南康王。

庚子，周王享太庙；丁未，祀圜丘；十二月，庚午，谒成陵；癸酉，还宫。

谯淹帅水军七千、老弱三万自蜀江东下，欲就王琳，周使开府仪同三司贺若敦、叱罗晖等击之，斩淹，悉俘其众。

是岁，诏给事黄门侍郎萧乾招谕闽中。时熊昙朗在豫章，周迪在临川，留异在东阳[①]，陈宝应在晋安[②]，共相连结，闽中豪帅往往立寨以自保。上患之，使乾谕以祸福，豪帅皆帅众请降，即以乾为建安太守[③]。乾，子范之子也[④]。

初，梁兴州刺史席固以州降魏[⑤]，周太祖以固为丰州刺史。久之，固犹习梁法，不遵北方制度，周人密欲代之，而难其人，乃以司宪中大夫令狐整权镇丰州[⑥]，委以代固之略。整广布恩威，倾身抚接，数月之间，化洽州府。于是除整丰州刺史，以固为湖州刺史[⑦]。整迁丰州于武当[⑧]，旬日之间，城府周备，迁者如归。固之去也，其部曲多愿留为整左右，整谕以朝制，弗许，莫不流涕而去。

齐人于长城内筑重城，自库洛枝至坞纥戍[⑨]，凡四百余里。

初，齐有术士言“亡高者黑衣”，故高祖每出[⑩]，不欲见沙门。显祖在晋阳[⑪]，问左右：“何物最黑？”对曰：“无过于漆。”帝以上党王涣于兄弟第七，使库直都督破六韩伯升之邺征涣。涣至紫陌桥[12]，杀伯升而逃，浮河南渡；至济州[13]，为人所执，送邺。

帝之为太原公也，与永安王浚皆见世宗[14]，帝有时洟出，浚责帝左右曰："何不为二兄拭鼻！"帝深衔之。及即位，浚为青州刺史[15]，聪明矜恕，吏民悦之。浚以帝嗜酒，私谓亲近曰："二兄因酒败德，朝臣无敢谏者，大敌未灭，吾甚以为忧。欲乘驿至邺面谏，不知用吾不？"或密以白帝，帝益衔之。浚入朝，从幸东山，帝裸裎为乐。浚进谏曰："此非人主所宜！"帝不悦。浚又于屏处召杨愔，讥其不谏。帝时不欲大臣与诸王交通，愔惧，奏之。帝大怒曰："小人由来难忍！"遂罢酒，还宫。浚寻还州，又上书切谏，诏征浚。浚惧祸，谢疾不至，帝遣驰驿收浚，老幼泣送者数千人。至邺，与上党王涣皆盛以铁笼，置于北城地牢，饮食溲秽，共在一所。

【注释】

①东阳：郡名，治所在今浙江金华市。　②晋安：郡名，治所在今福建福州市。　③建安：郡名，治所在今福建建瓯市。　④子范：萧子范，齐豫章王萧嶷之子。　⑤兴州：南朝梁置，治所在嘉宁县（今越南永富省白鹤县南风州）。　⑥司宪中大夫：北周秋官置司宪中大夫二人，掌丞司寇之法，相当于御史中丞之职。　⑦湖州：治所在今河南唐河县西南湖阳镇。　⑧武当：郡名，治所在今湖北丹江口市西北。　⑨库洛枝：在今山西偏关县东北境。鸡纥戍：今山西繁峙县东北境。　⑩高祖：齐高祖高欢。　⑪显祖：即齐显祖高洋，高欢第二子。晋阳：今山西太原市。⑫紫陌桥：在今河北临漳县西。　⑬济州：治所在今山东聊城市茌平区西南碻磝城。　⑭永安王浚：即高浚，高欢第三子。世宗：即高澄，高洋与高浚之长兄。　⑮青州：治所在今四川眉山市。

**二年**　春，正月，王琳引兵下，至湓城，屯于白水浦[1]，带甲十万，琳以北江州刺史鲁悉达为镇北将军，上亦以悉达为征西将军，各送鼓吹女乐[2]。悉达两受之，迁延顾望，皆不就；上遣安西将军沈泰袭之，不克。琳欲引军东下，而悉达制其中流，琳遣使说诱，终不从。己亥，琳遣记室宗虩求援于齐[3]，且请纳梁永嘉王庄以主梁祀[4]。衡州刺史周迪欲自据南川，乃总召所部八郡守宰结盟，齐言入赴；上恐其为变，厚慰抚之。

新吴洞主余孝顷遣沙门道林说琳曰:“周迪、黄法氍皆依附金陵,阴窥间隙,大军若下,必为后患;不如先定南川,然后东下,孝顷请席卷所部以从下吏。”琳乃遣轻车将军樊猛、平南将军李孝钦、平东将军刘广德将兵八千赴之,使孝顷总督三将,屯于临川故郡,征兵粮于迪,以观其所为。

以开府仪同三司侯瑱为司空,衡州刺史欧阳頠为都督交、广等十九州诸军事、广州刺史。

周以晋公护为太师。

辛丑,上祀南郊,大赦。乙巳,祀北郊。

辛亥,周王耕藉田。

癸丑,周立王后独孤氏。

戊午,上祀明堂。

二月,壬申,南豫州刺史沈泰奔齐。

齐北豫州刺史司马消难,以齐主昏虐滋甚,阴为自全之计,曲意抚循所部。消难尚高祖女,情好不睦,公主诉之。上党王涣之亡也,邺中大扰,疑其赴成皋[5]。消难从弟子瑞为尚书左丞,与御史中丞毕义云有隙,义云遣御史张子阶诣北豫州采风闻,先禁消难典签家客等[6]。消难惧,密令所亲中兵参军裴藻托以私假,间行入关,请降于周。

三月,甲午,周遣柱国达奚武、大将军杨忠帅骑士五千迎消难,从间道驰入齐境五百里,前后三遣使报消难,皆不报。去虎牢三十里[7],武疑有变,欲还,忠曰:“有进死,无退生!”独以千骑夜趣城下。城四面峭绝,但闻击柝声[8]。武亲来,麾数百骑西去,忠勒余骑不动,俟门开而入,驰遣召武。齐镇城伏敬远勒甲士二千人据东城,举烽严警。武惮之,不欲保城,乃多取财物,以消难及其属先归,忠以三千骑为殿。至洛南,皆解鞍而卧。齐众来追,至洛北,忠谓将士曰:“但饱食,今在死地,贼必不敢渡水!”已而果然,乃徐引还。武叹曰:“达奚武自谓天下健儿,今日服矣!”周以消难为小司徒[9]。

丁酉,齐主自晋阳还邺。



齐发兵援送梁永嘉王庄于江南,册拜王琳为梁丞相、都督中外诸军、录尚书事。琳遣兄子叔宝帅所部十州刺史子弟赴邺。琳奉庄即皇帝位,改元天启。追谥建安公渊明曰闵皇帝。庄以琳为侍中、大将军、中书监,余依齐朝之命。

【注释】

①白水浦:一名白水港。在今江西九江市西。 ②鼓吹:乐名。主要乐器有鼓钲箫笳,出自北方民族,本为军中之乐,后用以赐有功之臣。 ③记室:官名,诸王、三公及大将军幕府均置。虩(xì 隙)。 ④永嘉王庄:即萧庄,梁元帝萧绎之孙,梁敬帝萧方智之子。 ⑤成皋:北豫州治所。 ⑥典签:官名。本为掌管文书的小吏。南朝宋齐诸王任刺史,朝廷设长史、典签为其佐属官。典签多由时主的亲近充任,权力尤重,称为签帅。 ⑦虎牢:关隘名。在今河南荥阳市西北汜水镇。位于大伾山上,形势险要,历代为兵争之地。 ⑧柝(tuò 唾):巡夜打更用的梆子。 ⑨小司徒:官名。《周礼》地官之属,为大司徒的副职。北周地官小司徒,上大夫,六命。

夏,四月,甲子,上享太庙。

乙丑,上使人害梁敬帝,立梁武林侯谘之子季卿为江阴王。

己巳,周以太师护为雍州牧。

甲戌,周王后独孤氏殂。

辛巳,齐大赦。

齐主以旱祈雨于西门豹祠,不应,毁之,并掘其冢。

五月,癸巳,余孝顷等屯二万军于工塘[①],连八城以逼周迪。迪惧,请和,并送兵粮。樊猛等欲受盟而还;孝顷贪其利,不许,树栅围之。由是猛等与孝顷不协。

周以大司空侯莫陈崇为大宗伯。

癸丑,齐广陵南城主张显和、长史张僧那各帅所部来降[②]。

辛丑,齐以尚书令长广王湛录尚书事,骠骑大将军平秦王归彦为尚书左仆射。甲辰,以前左仆射杨愔为尚书令。

辛酉,上幸大庄严寺舍身[③];壬戌,群臣表请还宫。

六月,乙丑,齐主北巡,以太子殷监国,因立大都督府与尚书省分理众务,仍开府置佐。齐主特崇其选,以赵郡王叡为侍中、摄大都督府长史。

己巳，诏司空侯瑱与领军将军徐度帅舟师为前军以讨王琳。

齐主至祁连池[4]；戊寅，还晋阳。

秋，戊戌，上幸石头，送侯瑱等。

高州刺史黄法𣰰、吴兴太守沈恪、宁州刺史周敷合兵救周迪[5]。敷自临川故郡断江口，分兵攻余孝顷别城。樊猛等不救而没；刘广德乘流先下，故获全。孝顷等皆弃舟引兵步走，迪追击，尽擒之，送孝顷及李孝钦于建康，归樊猛于王琳。

甲辰，上遣吏部尚书谢哲往谕王琳。哲，朏之孙也[6]。

八月，甲子，周大赦。

乙丑，齐主还邺。

辛未，诏临川王蒨西讨，以舟师五万发建康，上幸冶城寺送之。

北齐释迦七尊像

甲戌，齐主如晋阳。

王琳在白水浦，周文育、侯安都、徐敬成许王子晋以厚赂，子晋乃伪以小船依䑽而钓，夜，载之上岸，入深草中，步投陈军，还建康自劾；上引见，并宥之。戊寅，复其本官。

谢哲返命，王琳请还湘州，诏追众军还。癸未，众军至自大雷[7]。

**【注释】**

①工塘：城名。在今江西抚州市临川区东南。 ②长史：官名。南朝时，凡刺史之带将军称号开府者，其幕府设长史，多兼任首郡太守。③舍身：佛教徒为宣扬佛法，

或为布施，自加苦行，称为舍身。六朝时此风最盛。如梁武帝、陈武帝皆有舍身为奴，而命公卿臣僚出钱奉赎之事。 ④祁连池：一名天池。在今山西宁武县西南管涔山上。 ⑤高州：南朝梁太平元年(556)置，治所在今江西崇仁县西南。吴兴：郡名。治所在今浙江长兴县南下菰城。宁州：胡三省注："时盖即临川故郡置宁州，以敷为刺史。"临川郡治在今江西抚州市临川区西。 ⑥朏(fěi 匪)：谢朏，谢庄之子，历仕宋、齐、梁三朝。 ⑦大雷：大雷戍。即今安徽望江县治。

九月，甲申[①]，周封少师元罗为韩国公以绍魏后。

丁未，周王如同州[②]。冬，十月，辛酉，还长安。

余孝顷之弟孝劢及子公飏犹据旧栅不下；庚午，诏开府仪同三司周文育都督众军出豫章讨之。

齐三台成[③]，更命铜爵曰金凤，金虎曰圣应，冰井曰崇光。十一月，甲午，齐主至邺，大赦。齐主游三台，戏以槊刺都督尉子辉，应手而毙。

常山王演以帝沈湎[④]，忧愤形于颜色。帝觉之，曰："但令汝在，我何为不纵乐！"演唯涕泣拜伏，竟无所言。帝亦大悲，抵杯于地曰[⑤]："汝似嫌我如是，自今敢进酒者斩之！"因取所御杯尽坏弃。未几，沉湎益甚，或于诸贵戚家角力批拉，不限贵贱，唯演至，则内外肃然。演又密撰事条，将谏，其友王晞以为不可；演不从，因间极言，遂逢大怒。演性颇严，尚书郎中剖断有失，辄加捶楚，令史奸慝即考竟。帝乃立演于前，以刀钚拟胁，召被演罚者，临以白刃，求演之短；咸无所陈，乃释之。晞，昕之弟也。帝疑演假辞于晞以谏，欲杀之。王私谓晞曰："王博士，明日当作一条事，为欲相活，亦图自全，宜深体勿怪。"乃于众中杖晞二十。帝寻发怒，闻晞得杖，以故不杀，髡鞭配甲坊[⑦]。居三年，演又因谏争，大被殴挞，闭口不食。太后日夜涕泣，帝不知所为，曰："倘小儿死，奈我老母何！"于是数往问演疾，谓曰："努力强食，当以王晞还汝。"乃释晞，令诣演。演抱晞曰："吾气息惙然，恐不复相见！"晞流涕曰："天道神明，岂令殿下遂毙此舍！至尊亲为人兄，尊为人主，安可与计！殿下不食，太后亦不食，殿下纵不自惜，独不念太后乎！"言未卒，演强坐而饭。晞由是免徒，还为王友。及演录尚书事，除官者皆诣演谢，去必辞。晞言于演曰："受爵天朝，拜恩私第[8]，自古以为不可，宜一切约绝。"演从之。久之，演从容谓晞曰："主上起居不恒，卿宜耳目所具，吾岂可以前逢一怒，遂尔结舌。卿宜为撰谏草，吾当伺便极谏。"晞遂条十余事以呈，因谓演曰："今朝所恃者惟殿下，乃欲学匹夫耿介，轻一朝之命！狂药令人不自觉，刀箭岂复识亲疏，一旦祸出理外，将奈殿下家业何，奈皇太后何！"演欷歔不自胜，曰："乃至是乎！"明日，见晞曰："吾长夜久思，今遂息意。"即命火，对晞焚之。后复承间苦谏，帝使力士反接，拔白刃注颈，骂曰："小子何知，是谁教汝？"演曰："天下噤口，非臣谁敢有言！"帝趣杖，乱捶之数十，会醉卧，得解。帝亵黩之游，遍于宗戚，所往留连；唯至常山第，多无适而去。尚书左仆射崔暹屡谏，演谓暹曰："今太后不敢言，吾兄弟杜口，仆射独能犯颜，内外深相感愧。"

太子殷，自幼温裕开朗，礼士好学，关览时政，甚有美名。帝尝嫌太子"得汉家性质[9]，不似我"，欲废之。帝登金凤台召太子，使手刃囚，太子恻然有难色，再三，不断其首。帝大怒，亲以马鞭撞之，太子由是气悸语吃，精神昏扰。帝因酣宴，屡云："太子性懦，社稷事重，终当传位常山。"太子少傅魏收谓杨愔曰："太子，国之根本，不可动摇。至尊三爵之后，每言传位常山，令臣下疑贰。若其实也，当决行之。此言非所以为戏，恐徒使国家不安。"愔以收言白帝，帝乃止。

帝既残忍，有司讯囚，莫不严酷，或烧犁耳，使立其上，或烧车釭[10]，使以臂贯之，既不胜苦，皆至诬伏。唯三公郎中武强苏琼[11]，历职中外，所至皆以宽平为治，时赵州及清河屡有人告谋反者[12]，前后皆付琼推检，事多申雪。尚书崔昂谓琼曰："若欲立功名，当更思余理；数雪反逆，身命何轻！"琼正色曰："所雪者冤枉耳，不纵反逆也。"昂大惭。

帝怒临漳令稽晔、舍人李文思，以赐臣下为奴。中书侍郎彭城郑颐私诱祠部尚书王昕曰："自古无朝士为奴者。"昕曰："箕子为之奴。"颐以白帝曰："王元景比陛下于纣。"帝衔之。顷之，帝与朝臣酣饮，昕称疾不至，帝遣骑执之，见方摇膝吟咏，遂斩于殿前，投尸漳水。

齐主筑长城，南助萧庄，士马死者以数十万计。重以修筑台殿，赐与无节，府藏之积，不足以供，乃减百官之禄，撤军人常廪，并省州郡县镇戍之职，以节费用焉。

【注释】

①甲申：据严衍《资治通鉴补》："'申'改'辰'。" ②同州：治所在今陕西大荔县。 ③三台：东汉建安十五年（210），曹操在邺城西北修三台，中曰铜雀台，南曰金虎台，北曰冰井台。北齐重修，改名。 ④常山王演：即高演，高欢第六子，齐文宣帝高洋同母弟。 ⑤扺：当为"抵（zhǐ纸）"，投掷。 ⑥友：王府僚属有师有友。 ⑦髡（kūn 昆）：古代一种剃去头发的刑罚。甲坊：制作甲杖之坊。 ⑧受爵天朝，拜恩私第：晋羊祜之言。 ⑨汉家：鲜卑族称中原汉人为汉家。太子母李皇后为汉人。 ⑩釭（gāng 刚，又读 gōng 工）：车毂内外口的铁圈，用以穿轴。 ⑪三公郎中：官名。北齐三公郎中属殿中尚书，掌五时读时令、诸曹囚账、断罪、赦日建金鸡等事。武强：县名。治所在今河北武强县西南。 ⑫赵州：北齐天保二年（551）改殷州置，治所在今河北隆尧县东。清河：郡名。北齐时治所在今河北清河县西北。

十二月，庚寅[1]，齐以可朱浑道元为太师，尉粲为太尉，冀州刺史段韶为司空，常山王演为大司马，长广王湛为司徒。

壬午，周大赦。

齐主如北城，因视永安简平王浚、上党刚肃王涣于地牢。帝临穴讴歌，令浚等和之，浚等惶怖且悲，不觉声颤；帝怆然，为之下泣，将赦之。长广王湛素与浚不睦，进曰："猛虎安可出穴！"帝默然。浚等闻之，呼湛小字曰："步落稽，皇天见汝！"帝亦以浚与涣皆有雄略，恐为后害，乃自刺涣，又使壮士刘桃枝就笼乱刺。槊每下，浚、涣辄以手拉折之，号哭呼天。于是薪火乱投，烧杀之，填以土石。后出之，皮发皆尽，尸色如炭，远近为之痛愤。帝以仪同三司刘郁捷杀浚，以浚妃陆氏赐之；冯文洛杀涣，以涣妃李氏赐之，二人皆帝家旧奴也。陆氏寻以无宠于浚，得免。

高凉太守冯宝卒[2]，海隅扰乱。宝妻冼氏怀集部落[3]，数州晏然。其子仆，生九年，是岁，遣仆帅诸酋长入朝，诏以仆为阳春太守[4]。

后梁主遣其大将军王操将兵略取王琳之长沙、武陵、南平等郡[5]。

【注释】

①庚寅：据严衍《资治通鉴补》："'庚'改'戊'。" ②高凉：郡名。治所在今广东阳江市西。 ③洗（xiǎn 显）氏：南朝、隋初岭南少数民族女首领。嫁梁高凉太守冯宝。宝死后，她积极助陈统一岭南，封石龙太夫人。隋开皇九年(589)迎隋将韦洸入广州、击平王仲宣叛乱，封谯国夫人。④阳春：郡名。治所在今广东阳春市。 ⑤南平：郡名。治所在今湖北公安县西。

**三年** 春，正月，己酉，周太师护上表归政，周王始亲万机；军旅之事，护犹总之。初改都督军州事为总管[1]。

王琳召桂州刺史淳于量[2]。量虽与琳合而潜通于陈；二月，辛酉，以量为开府仪同三司。

壬午，侯瑱引兵焚齐舟舰于合肥。

丙戌，齐主于甘露寺禅居深观[3]，唯军国大事乃以闻。尚书右仆射崔暹卒，齐主幸其第哭之，谓其妻李氏曰："颇思暹乎？"对曰："思之。"帝曰："然则自往省之。"因手斩其妻，掷首墙外。

齐斛律光将骑一万击周开府仪同三司曹回公，斩之，柏谷城主薛禹生弃城走[4]，遂取文侯镇[5]，立戍置栅而还。

三月，戊戌，齐以高德政为尚书右仆射。

吐谷浑寇周边；庚戌，周遣大司马贺兰祥击之。

丙辰，齐主至邺。

梁永嘉王庄至郢州，遣使入贡于齐。王琳遣其将雷文策袭后梁监利太守蔡大有[6]，杀之。

齐主之为魏相也，胶州刺史定阳文肃侯杜弼为长史[7]，帝将受禅，弼谏止之[8]。帝问："治国当用何人？"对曰："鲜卑车马客，会须用中国人。"帝以为讥己，衔之。高德政用事，弼不为之下，尝于众前面折德政；德政数言其短于帝，弼恃旧，不自疑。夏，帝因饮酒，积其愆失，遣使就州斩之。既而悔之，驿追不及。

闰四月，戊子，周命有司更定新历。

丁酉，遣镇北将军徐度将兵城南皖口[9]。

齐高德政与杨愔同为相，愔常忌之。齐主酣饮，德政数强谏，齐主不悦，谓左右曰："高德政恒以精神凌逼人。"德政惧，称疾，欲自退。帝谓杨愔曰："我大忧德政病。"对曰："陛下若用为冀州刺史，病当自差[10]。"帝从之。德政见除书，即起。帝大怒，召德政谓曰："闻尔病，我为尔针。"亲以小刀刺之，血流沾地。又使曳下斩去其足，刘桃枝执刀不敢下，帝责桃枝曰："尔头即堕地！"桃枝乃斩其足之三指。帝怒不解，囚德政于门下，其夜，以毡舆送还家。明旦，德政妻出珍宝满四床，欲以寄人，帝奄至其宅，见之，怒曰："我御府犹无是物！"诘其所从得，皆诸元赂之，遂曳出，斩之。妻出拜，又斩之，并其子伯坚。以司州牧彭城王浟为司徒[11]，侍中高阳王湜为尚书右仆射。乙巳，以浟兼太尉。

齐主封子绍廉为长安王。

辛亥，周以侯莫陈崇为大司徒，达奚武为大宗伯，武阳公豆卢宁为大司寇，柱国辅城公邕为大司空。

乙卯，周诏："有司无得纠赦前事；唯厩库仓廪与海内所共，若有侵盗，虽经赦宥免其罪，征备如法[12]。"

周贺兰祥与吐谷浑战，破之，拔其洮阳、洪和二城[13]，以其地为洮州。

【注释】

①总管：官名。地方高级军政长官。北周武成元年(559)始改都督诸州军事为总管。隋及唐初也在各州设总管，边镇或大州设大总管。后复称都督。　②桂州：治所在今广西桂林市。　③甘露寺：相传三国吴孙权建，在今江苏镇江市北固山上。　④柏谷城：北周置，在今河南宜阳县南。　⑤文侯镇：在今山西稷山县西北。　⑥监利：县名。治所在今湖北监利市东北。　⑦胶州：治所在今山东诸城市。定阳：县名。治所在今山西吉县。　⑧弼谏止之：见本书卷第一百六十三简文帝大宝元年(550)。　⑨南皖口：即今安徽安庆市南皖水入长江之口。　⑩差(chài虿)：病好了。后写作"瘥"。　⑪司州：东魏天平元年(534)改相州置，

治所在今河北临漳县西南邺镇。 ⑫备:赔偿。胡三省注:“备,偿也。今人犹言填备。” ⑬洮(táo 桃)阳:在今甘肃临潭县西南。洪和:即今甘肃临潭县治。

五月,丙辰朔,日有食之。

齐太史奏,今年当除旧布新。齐主问于特进彭城公元韶曰[①]:“汉光武何故中兴?”对曰:“为诛诸刘不尽。”于是齐主悉杀诸元以厌之。癸未,诛始平公元世哲等二十五家,囚韶等十九家。韶幽于地牢,绝食,啗衣袖而死。

周文育、周迪、黄法𣰰共讨余公飏[②],豫章太守熊昙朗引兵会之,众且万人。文育军于金口[③],公飏诈降,谋执文育,文育觉之,囚送建康。文育进屯三陂[④]。王琳遣其将曹庆帅二千人救余孝劢,庆分遣主帅常众爱与文育相拒,自帅其众攻周迪及安南将军吴明彻,迪等败,文育退据金口。熊昙朗因其失利,谋杀文育以应众爱,监军孙白象闻其谋,劝文育先之,文育不从。时周迪弃船走,不知所在,乙酉,文育得迪书,自赍以示昙朗,昙朗杀之于坐而并其众,因据新淦城[⑤]。昙朗将兵万人袭周敷,敷击破之,昙朗单骑奔巴山。

鲁悉达部将梅天养等引齐军入城[⑥]。悉达帅麾下数千人济江自归,拜平南将军、北江州刺史。

六月,戊子,周以霖雨,诏群臣上封事极谏。左光禄大夫猗氏乐逊上言四事[⑦]:其一,以为“比来守令代期既促,责其成效,专务威猛;今关东之民沦陷涂炭,若不布政优优[⑧],闻诸境外,何以使彼劳民,归就乐土”?其二,以为“顷者魏都洛阳,一时殷盛,贵势之家,竞为侈靡,终使祸乱交兴,天下丧败;比来朝贵器服稍华,百工造作务尽奇巧,臣诚恐物逐好移,有损政俗”。其三,以为“选曹补拟,宜与众共之;今州郡选置,犹集乡闾,况天下铨衡,不取物望,既非机事,何足可密!其选置之日,宜令众心明白,然后呈奏”。其四,以为“高洋据有山东,未易猝制,譬犹棋劫相持[⑨],争行先后,若一行不当,或成彼利,诚应舍小营大,先保封域,不宜贪利边陲,轻为举动”。

周处士韦夐，孝宽之兄也，志尚夷简，魏、周之际，十征不屈。周太祖甚重之，不夺其志，世宗礼敬尤厚，号曰“逍遥公”。晋公护延之至第，访以政事；护盛修第舍，夐仰视堂，叹曰：“酣酒嗜音，峻宇雕墙，有一于此，未或不亡。”护不悦。

骠骑大将军、开府仪同三司寇俊，赞之孙也[11]，少有学行。家人常卖物，多得绢五匹，俊于后知之，曰：“得财失行，吾所不取。”访主还之。敦睦宗族，与同丰约，教训子孙，必先礼义。自大统中，称老疾，不朝谒；世宗虚心欲见之，俊不得已入见。王引之同席而坐，问以魏朝旧事；载以御舆，令于王前乘之以出，顾谓左右曰：“如此之事，唯积善者可以致之。”

周文育之讨余孝劢也，帝令南豫州刺史侯安都继之。文育死，安都还，遇王琳将周炅、周协南归，与战，擒之。孝劢弟孝猷帅所部四千家诣安都降。安都进军至左里[12]，击曹庆、常众爱，破之。众爱奔庐山，庚寅，庐山民斩之，传首。

诏临川王蒨于南皖口置城，使东徐州刺史吴兴钱道戢守之。

**【注释】**

①特进：官名。西汉末期始置，以授列侯中之有特殊地位者，得自辟僚属。南北朝为加官，无实职。　②余公飏：余孝顷之子。　③金口：在今江西金溪县西北，即金溪水入抚河之口。　④三陂：在金口西南。⑤新淦（gàn 绀）城：即今江西新干县樟树镇。　⑥入城：鲁悉达所据为新蔡城（今河南新蔡县）。　⑦猗氏：县名。治所在今山西临猗县南。⑧布政优优：语见《诗·商颂·长发》。布政，施政。优优，宽和的样子。⑨劫：围棋术语。黑白双方争夺某一从属未定的棋眼。　⑩酣酒四句：见《尚书·五子之歌》。　⑪赞：寇赞，自秦归魏，见本书卷第一百一十八晋安帝义熙十四年（418）。　⑫左里：城名。即左蠡镇。在今江西都昌县西北左蠡山下。

丁酉，上不豫，丙午，殂。上临戎制胜，英谋独运，而为政务崇宽简，非军旅急务，不轻调发。性俭素，常膳不过数品。私宴用瓦器、蚌盘[1]，殽核充事而已；后宫无金翠之饰，不设女乐。

时皇子昌在长安[2]，内无嫡嗣，外有强敌，宿将皆将兵在外，朝无重臣，唯中领军杜稜典宿卫兵在建康。章皇后召稜及中书侍郎蔡景历入禁中定议，秘不发丧，急召临川王蒨于南皖。景历亲与宦者、宫人密营敛具。时天暑，须治梓宫，恐斤斧之声闻于外，乃以蜡为秘器，文书诏敕，依旧宣行。

侯安都军还，适至南皖，与临川王俱还朝。甲寅，王至建康，入居中书省，安都与群臣定议，奉王嗣位，王谦让不敢当。皇后以昌故，未肯下令，群臣犹豫不能决。安都曰："今四方未定，何暇及远！临川王有大功于天下，须共立之。今日之事，后应者斩！"即按剑上殿，白皇后出玺，又手解蒨发，推就丧次，迁殡大行于太极西阶[3]。皇后乃下令，以蒨纂承大统。是日，即皇帝位，大赦。秋，七月，丙辰，尊皇后为皇太后。辛酉，以侯瑱为太尉，侯安都为司空。

齐显祖将如晋阳，乃尽诛诸元，或祖父为王，或身尝贵显，皆斩于东市，其婴儿投于空中，承之以矟。前后死者凡七百二十一人，悉弃尸漳水，剖鱼者往往得人爪甲，邺下为之久不食鱼。使元黄头与诸囚自金凤台各乘纸鸱以飞，黄头独能至紫陌乃堕，仍付御史中丞毕义云饿杀之。唯开府仪同三司元蛮、祠部郎中元文遥等数家获免[4]。蛮，继之子[5]，常山王演之妃父；文遥，遵之五世孙也[6]。定襄令元景安[7]，虔之玄孙也[8]，欲请改姓高氏，其从兄景皓曰："安有弃其本宗而从人之姓者乎！丈夫宁可玉碎，何能瓦全！"景安以其言白帝，帝收景皓，诛之；赐景

陈文帝陈蒨

安姓高氏。

八月，甲申[9]，葬武皇帝于万安陵[10]，庙号高祖。

戊戌，齐封皇子绍义为广阳王；以尚书右仆射河间王孝琬为左仆射，都官尚书崔昂为右仆射。

周御正中大夫崔猷建议，以为："圣人沿革，因时制宜。今天子称王，不足以威天下，请遵秦、汉旧制称皇帝，建年号。"乙亥[11]，周王始称皇帝，追遵文王曰文皇帝，改元武成。

癸卯，齐诏："民间或有父祖冒姓元氏，或假托携养者，不问世数远近，悉听改复本姓。"

初，高祖追谥兄道谭为始兴昭烈王，以其次子顼袭封。及世祖即位，顼在长安未还，上以本宗乏飨，戊戌，诏徙封顼为安成王，皇子伯茂为始兴王。

初，周太祖平蜀，以其形胜之地，不欲使宿将居之，问诸子："谁可往者？"皆不对。少子安成公宪请行，太祖以其幼，不许。壬子，周人以宪为益州总管，时年十六，善于抚绥，留心政术，蜀人悦之。九月，乙卯，以大将军天水公广为梁州总管。广，导之子也[12]。

辛酉，立皇子伯宗为太子。

己巳，齐主如晋阳。

辛未，周主封其弟辅成公邕为鲁公，安成公宪为齐公，纯为陈公，盛为越公，达为代公，通为冀公，逌为滕公。

乙亥，立太子母吴兴沈妃为皇后。

周少保怀宁庄公蔡祐卒[13]。

齐显祖嗜酒成疾，不复能食，自知不能久，谓李后曰："人生必有死，何足致惜！但怜正道尚幼[14]，人将夺之耳！"又谓常山王演曰："夺则任汝，慎勿杀也！"尚书令开封王杨愔、领军大将军平秦王归彦、侍中广汉燕子献、黄门侍郎郑颐皆受遗诏辅政[15]。冬，十月，甲午，殂。癸卯，发丧，群臣号哭，无下泣者，唯杨愔涕泗呜咽。太子殷即位，大赦。庚戌，尊皇太后为太皇太后，皇后为皇太后。诏诸土木金铁杂作一切停罢。

王琳闻高祖殂，乃以少府卿吴郡孙玚为郢州刺史[16]，总留任，奉梁永嘉王庄出屯濡须口[17]，齐扬州道行台慕容俨帅众临江[18]，为之声援。十一月，乙卯，琳寇大雷，诏侯瑱、侯安都及仪同徐度将兵御之。安州刺史吴明彻夜袭湓城[19]，琳遣巴陵太守任忠击明彻[20]，大破之，明彻仅以身免。琳因引兵东下。

齐以右丞相斛律金为左丞相，常山王演为太傅，长广王湛为太尉，段韶为司徒，平原王淹为司空，高阳王湜为尚书左仆射，河间王孝琬为司州牧，侍中燕子献为右仆射。

辛未，齐显祖之丧至邺。

十二月，戊戌，齐徙上党王绍仁为渔阳王，广阳王绍义为范阳王，长乐王绍广为陇西王。

**【注释】**

①蚌盘：用螺蚌为饰的漆器，又称为螺钿。　②皇子昌：即陈昌，梁元帝承圣元年(552)征昌为领直，554 年，西魏攻破江陵，俘梁元帝，陈昌死于长安。　③大行：古称帝死停棺未葬者为大行皇帝，也简称为大行。④祠部郎中：三国魏置祠部郎。北齐尚书曹祠部郎，掌祠祀、医药、赠赐等事。　⑤继：江阳王元继，元义之父，后徙封安定王。　⑥遵：常山王元遵，佐魏道武帝定中原。　⑦定襄：县名。治所即今山西定襄县。⑧虔：陈留王元虔，也佐魏道武帝定中原，与燕王慕容垂战败而死。⑨甲申：据《陈书·高祖纪》作“丙申”。　⑩万安陵：在今江苏南京市江宁区方山西北。　⑪乙亥：据章钰校勘记，十二行本、乙十一行本及孔本“乙”作“己”。　⑫导：宇文导，周太祖宇文泰之兄子。　⑬少保：官名。自北周起，历代多沿置，与少师、少傅合称三少。一般为大官加衔，并无实职。怀宁：郡名。治所在今四川成都市。　⑭正道：齐太子高殷，字正道。　⑮领军大将军：官名。南北朝时为重要军事长官之一，与护军将军或中护军同掌中央军队。平秦：郡名。治所在今陕西凤翔县东南义坞堡。广汉：郡名。治所在今四川广汉市北。　⑯少府卿：官名。九卿之一。掌宫中御衣、宝货、珍膳等。吴郡：治所在今江苏苏州市。　⑰濡须口：在今安徽无为市东南。为古濡须水入长江之口。　⑱行台：在地方代表朝廷行尚书省事的机构。　⑲安州：治所在今广西钦州市东北三十里。　⑳巴陵：郡名。治所在今湖南岳阳市。

# 资治通鉴卷第一百六十八

## 陈纪二　起上章执徐，尽玄黓敦牂，凡三年。

### 世祖文皇帝上[1]

**天嘉元年**　春，正月，癸丑朔，大赦，改元。

齐大赦，改元乾明。

辛酉，上祀南郊。

齐高阳王湜，以滑稽便辟有宠于显祖，常在左右，执杖以挞诸王，太皇太后深衔之。及显祖殂，湜有罪，太皇太后杖之百余；癸亥，卒。

辛未，上祀北郊。

齐主自晋阳还至邺。

二月，乙未，高州刺史纪机自军所逃还宣城[2]，据郡应王琳，泾令贺当迁讨平之。

王琳至栅口[3]，侯瑱督诸军出屯芜湖，相持百余日。东关春水稍长[4]，舟舰得通，琳引合肥漅湖之众，舳舻相次而下，军势甚盛。瑱进军虎槛洲[5]，琳亦出船列于江西，隔洲而泊。明日，合战，琳军少却，退保西岸。及夕，东北风大起，吹其舟舰并坏，没于沙中，浪大，不得还浦。及旦，风静，琳入浦治船，瑱等亦引军退入芜湖。

周人闻琳东下，遣都督荆、襄等五十二州诸军事、荆州刺史史宁将兵数万乘虚袭郢州，孙玚婴城自守。琳闻之，恐其众溃，乃帅舟师东下，去芜湖十里而泊，击柝闻于陈军。齐仪同三司刘伯球将兵万余人助琳水战，行台慕容恃德之子子会将铁骑二千屯芜湖西岸，为之声势。

丙申，瑱令军中晨炊蓐食以待之。时西南风急，琳自谓得天助，引兵直趣建康。瑱等徐出芜湖蹑其后，西南风翻为瑱用。琳掷火炬以烧陈船，皆反烧其船。瑱发拍以击琳舰，又以牛皮冒蒙冲小船以触其舰[⑥]，并熔铁洒之。琳军大败，军士溺死者什二三，余皆弃船登岸，为陈军所杀殆尽。齐步军在西岸者，自相蹂践，并陷于芦荻泥淖中；骑皆弃马脱走，得免者什二三。擒刘伯球、慕容子会，斩获万计，尽收梁、齐军资器械。琳乘舴艋冒陈走[⑦]，至湓城，欲收合离散，众无附者，乃与妻妾左右十余人奔齐。

先是，琳使侍中袁泌、御史中丞刘仲威侍卫永嘉王庄；及败，左右皆散。泌以轻舟送庄达于齐境，拜辞而还，遂来降；仲威奉庄奔齐。泌，昂之子也。樊猛及其兄毅帅部曲来降。

齐葬文宣皇帝于武宁陵，庙号高祖，后改曰显祖。

戊戌，诏："衣冠士族、将帅战兵陷在王琳党中者，皆赦之，随材铨叙。"

己亥，齐以常山王演为太师、录尚书事，以长广王湛为大司马，并省录尚书事，以尚书左仆射平秦王归彦为司空，赵郡王叡为尚书左仆射。

诏："诸元良口配没入官及赐人者并纵遣。"

【注释】

①世祖文皇帝：即陈蒨，字子华，高祖陈霸先兄陈道谭之长子。　②宣城：今安徽宣城市。　③栅口：在今安徽无为市东南，即古栅水入长江之口。　④东关：即今安徽巢湖市东南东关。　⑤虎槛洲：在今安徽芜湖市繁昌区东北长江中。　⑥蒙冲：古代战船。其制以生牛皮蒙船覆背，两厢开掣棹孔，左右前后有弩窗矛穴，使敌不得近，矢石不能败。　⑦舴（zé 则）艋：小船。陈（zhèn 阵）：通"阵"。

乙巳，以太尉侯瑱都督湘、巴等五州诸军事，镇湓城。

齐显祖之丧，常山王演居禁中护丧事，娄太后欲立之而不果；太子即位，乃就朝列。以天子谅阴[①]，诏演居东馆，欲奏之事，皆先咨决。杨愔等以演与长广王湛位地亲逼，恐不利于嗣主，心忌之。居顷之，演出归第，自是诏敕多不关预。

或谓演曰："鸷鸟离巢，必有探卵之患。今日王何宜屡出？"中山太守阳休之诣演[2]，演不见。休之谓王友王晞曰："昔周公朝读百篇书，夕见七十士，犹恐不足。录王何所嫌疑[3]，乃尔拒绝宾客！"

先是，显祖之世，群臣人不自保。及济南王立，演谓王晞曰："一人垂拱，吾曹亦保优闲。"因言："朝廷宽仁，真守文良主。"晞曰："先帝时，东宫委一胡人傅之。今春秋尚富，骤览万机，殿下宜朝夕先后，亲承音旨。而使他姓出纳诏命，大权必有所归，殿下虽欲守藩，其可得邪！借令得遂冲退，自审家祚得保灵长乎？"演默然久之，曰："何以处我？"晞曰："周公抱成王摄政七年，然后复子明辟，惟殿下虑之！"演曰："我何敢自比周公！"晞曰："殿下今日地望，欲不为周公，得邪？"演不应。显祖常遣胡人康虎儿保护太子，故晞言及之。

齐主将发晋阳，时议谓常山王必当留守根本之地；执政欲使常山王从帝之邺，留长广王镇晋阳；既而又疑之，乃敕二王俱从至邺。外朝闻之，莫不骇愕。又敕以王晞为并州长史。演既行，晞出郊送之。演恐有觇察，命晞还城，执晞手曰："努力自慎！"跃马而去。

平秦王归彦总知禁卫，杨愔宣敕留从驾五千兵于西中[4]，阴备非常；至邺数日，归彦乃知之，由是怨愔。

领军大将军可朱浑天和，道元之子也，尚帝姑东平公主，每曰："若不诛二王，少主无自安之理。"燕子献谋处太皇太后于北宫，使归政皇太后。

又自天保八年已来，爵赏多滥，杨愔欲加澄汰，乃先自表解开府及开封王，诸叨窃恩荣者皆从黜免，由是嬖宠失职之徒，尽归心二叔。平秦王归彦初与杨、燕同心，既而中变，尽以疏忌之迹告二王。

侍中宋钦道，弁之孙也。显祖使在东宫，教太子以吏事。钦道面奏帝，称"二叔威权既重，宜速去之"。帝不许，曰："可与令公共详其事"[5]。

愔等议出二王为刺史，以帝慈仁，恐不可所奏，乃通启皇太后，具述安危。宫人李昌仪[6]，高仲密之妻也[7]，李太后以其同姓，甚相昵爱，以启示之；昌仪密启太皇太后。

愔等又议不可令二王俱出，乃奏以长广王湛镇晋阳，以常山王演录尚书事。二王既拜职，乙巳，于尚书省大会百僚。愔等将赴之，散骑常侍兼中书侍郎郑颐止之，曰："事未可量，不宜轻脱。"愔曰："吾等至诚体国，岂常山拜职有不赴之理！"

长广王湛，旦伏家僮数十人于录尚书后室，仍与席上勋贵贺拔仁、斛律金等数人相知约曰："行酒至愔等，我各劝双杯，彼必致辞。我一曰'执酒'，二曰'执酒'，三曰'何不执'，尔辈即执之！"及宴，如之。愔大言曰："诸王反逆，欲谋杀忠良邪！尊天子，削诸侯，赤心奉国，何罪之有！"常山王演欲缓之。湛曰："不可。"于是拳杖乱殴，愔及天和、钦道皆头面血流，各十人持之。燕子献多力，头又少发，狼狈排众走出门，斛律金逐而擒之，子献叹曰："丈夫为计迟，遂至于此！"使太子太保薛孤延等执颐于尚药局[8]。颐曰："不用智者言至此，岂非命也！"

二王与平秦王归彦、贺拔仁、斛律金拥愔等唐突入云龙门，见都督叱利骚，招之，不进，使骑杀之。开府仪同三司成休宁抽刃呵演，演使归彦谕之，休宁厉声不从。归彦久为领军，素为军士所服，皆弛仗，休宁方叹息而罢。

演入，至昭阳殿，湛及归彦在朱华门外[9]。帝与太皇太后并出，太皇太后坐殿上，皇太后及帝侧立。

北齐玛瑙串饰

演以砖叩头，进言曰："臣与陛下骨肉至亲，杨遵彦等欲独擅朝权[⑩]，威福自己，自王公已下皆重足屏气；共相唇齿，以成乱阶，若不早图，必为宗社之害。臣与湛为国事重，贺拔仁、斛律金惜献武皇帝之业，共执遵彦等入宫，未敢刑戮。专辄之罪，诚当万死。"

时庭中及两庑卫士二千余人，皆被甲待诏。武卫娥永乐，武力绝伦，素为显祖所厚，叩刀仰视，帝不睨之。帝素吃讷，仓猝不知所言。太皇太后令却仗，不退；又厉声曰："奴辈即今头落！"乃退。永乐内刀而泣。

太皇太后因问："杨郎何在[⑪]？"贺拔仁曰："一眼已出。"太皇太后怆然曰："杨郎何所能为，留使岂不佳邪！"乃让帝曰："此等怀逆，欲杀我二子，次将及我，尔何为纵之？"帝犹不能言。太皇太后怒且悲，曰："岂可使我母子受汉老妪斟酌[⑫]！"太后拜谢。太皇太后又为太后誓言："演无异志，但欲去逼而已。"演叩头不止。太后谓帝："何不安慰尔叔！"帝乃曰："天子亦不敢为叔惜，况此汉辈！但丐儿命，儿自下殿去，此属任叔父处分。"遂皆斩之。

长广王湛以郑颐昔尝谗己，先拔其舌，截其手而杀之，演令平秦王归彦引侍卫之士向华林园[⑬]，以京畿军士入守门阁，斩娥永乐于园。

太皇太后临愔丧，哭曰："杨郎忠而获罪。"以御金为之一眼，亲内之，曰："以表我意。"演亦悔杀之。于是下诏罪状愔等，且曰："罪止一身，家属不问。"顷之，复簿录五家[⑭]；王晞固谏，乃各没一房，孩幼尽死，兄弟皆除名。

以中书令赵彦深代杨愔总机务。鸿胪少卿阳休之私谓人曰[⑮]："将涉千里，杀骐骥而策蹇驴，可悲之甚也！"

戊申，演为大丞相、都督中外诸军、录尚书事，湛为太傅、京畿大都督，段韶为大将军，平阳王淹为太尉，平秦王归彦为司徒，彭城王湝为尚书令。

**【注释】**

①谅阴：天子、诸侯居丧。　②中山：郡名。治所在今河北定州市。③录王：高演以常山王录尚书事，故称录王。　④西中：晋阳在邺西，故谓之西中。　⑤令公：杨愔时为尚书令，故称之为令公。　⑥昌仪：太后

女官名。 ⑦高仲密：高仲密因妻而外叛，事见本书卷第一百五十八梁武帝大同九年。 ⑧尚药局：北齐门下省所属机构有尚药局，总管御药事。 ⑨朱华门：北齐禁中有朱华阁。朱华阁以外，左、右卫将军各一人主禁卫，各有武卫将军二人为其副手。 ⑩杨遵彦：杨愔字遵彦。 ⑪杨郎：杨愔，公主之夫，故谓之杨郎。 ⑫汉老妪（yù 玉）：娄太皇太后为鲜卑族，李太后为汉族人。故鄙称后者为汉老妪。 ⑬华林园：十六国后赵石虎都邺后建，在今河北临漳县西南古邺城北。 ⑭五家：杨愔、可朱浑天和、燕子献、宋钦道、郑颐五家。 ⑮鸿胪少卿：官名。北齐置鸿胪寺，掌蕃客朝会，吉凶吊祭。有卿、少卿各一人。

江陵之陷也，长城世子昌及中书侍郎顼皆没于长安。高祖即位，屡请之于周，周人许而不遣。高祖殂，周人乃遣昌还，以王琳之难，居于安陆。琳败，昌发安陆；将济江，致书于上，辞甚不逊。上不怿，召侯安都从容谓曰："太子将至，须别求一藩为归老之地。"安都曰："自古岂有被代天子！臣愚，不敢奉诏。"因请自迎昌。于是群臣上表，请加昌爵命。庚戌，以昌为骠骑将军、湘州牧，封衡阳王。

齐大丞相演如晋阳，既至，谓王晞曰："不用卿言，几至倾覆。今君侧虽清，终当何以处我？"晞曰："殿下往时位地，犹可以名教出处；今日事势，遂关天时，非复人理所及。"演奏赵郡王叡为左长史，王晞为司马。三月，甲寅，诏："军国之政，皆申晋阳，禀大丞相规算。"

周军初至，郢州助防张世贵举外城以应之，所失军民三千余口。周人起土山、长梯，昼夜攻之，因风纵火，烧其内城南面五十余楼。孙玚兵不满千人，身自抚循，行酒赋食，士卒皆为之死战。周人不能克，乃授玚柱国、郢州刺史，封万户郡公；玚伪许以缓之，而潜修战守之备，一朝而具，乃复拒守。既而周人闻王琳败，陈兵将至，乃解围去。玚集将佐谓之曰："吾与王公同奖梁室，勤亦至矣；今时事如此，岂非天乎！"遂遣使奉表，举中流之地来降。

王琳之东下也，帝征南川兵[①]，江州刺史周迪、高州刺史黄法𣰰帅舟师将赴之，熊昙朗据城列舰，塞其中路，迪等与周敷共围之。琳败，昙朗部众离心，迪攻拔其城，虏男女万余口。昙朗走入村中，村民斩之；丁巳，传首建康，尽灭其族。

齐军先守鲁山②，戊午，弃城走，诏南豫州刺史程灵洗守之。

甲子，置沅州、武州③，以右卫将军吴明彻为武州刺史，以孙玚为湘州刺史④。玚怀不自安，固请入朝，征为中领军；未拜，除吴郡太守。

壬申，齐封世宗之子孝珩为广宁王，长恭为兰陵王。

甲戌，衡阳献王昌入境，诏主书、舍人缘道迎候⑤；丙子，济江，中流，陨之，使以溺告。侯安都以功进爵清远公。

初，高祖遣荥阳毛喜从安成王顼诣江陵，梁世祖以喜为侍郎，没于长安，与昌俱还，因进和亲之策。上乃使侍中周弘正通好于周。

夏，四月，丁亥，立皇子伯信为衡阳王，奉献王祀。

周世宗明敏有识量，晋公护惮之，使膳部中大夫李安置毒于糖䭔而进之⑥。帝颇觉之，庚子，大渐，口授遗诏五百余言，且曰："朕子年幼，未堪当国。鲁公，朕之介弟，宽仁大度，海内共闻；能弘我周家，必此子也。"辛丑，殂。

鲁公幼有器质，特为世宗所亲爱，朝廷大事，多与之参议；性深沉，有远识，非因顾问，终不辄言。世宗每叹曰："夫人不言，言必有中⑦。"壬寅，鲁公即皇帝位。大赦。

五月，壬子，齐以开府仪同三司刘洪徽为尚书右仆射。

侯安都父文捍为始兴内史⑧，卒官。上迎其母还建康，母固求停乡里。乙卯，为置东衡州，以安都从弟晓为刺史；安都子秘，才九岁，上以为始兴内史，并令在乡侍养。

六月，壬辰，诏葬梁元帝于江宁，车旗礼章，悉用梁典。

齐人收永安、上党二王遗骨，葬之。敕上党王妃李氏还第。冯文洛尚以故意，修饰诣之。妃盛列左右，立文洛于阶下，数之曰："遭难流离，以至大辱，志操寡薄，不能自尽。幸蒙恩诏，得反藩闱，汝何物奴，犹欲见侮！"杖之一百，血流洒地。

**【注释】**

①南川：南康至豫章一带。 ②鲁山：城名。在今湖北武汉市汉阳

区东北隅。 ③武州：治所在今湖南常德市。 ④湘州：退斋校："'湘'作'沅'。" ⑤主书：官名。主文书者。或称主书令史。 ⑥膳部中大夫：《周礼》天官所属有膳夫，掌王之食饮膳馐。北周膳部中大夫，属冢宰，六命；又有膳部下大夫，五命。饵(duī 堆)：饼。 ⑦夫人不言，言必有中：语见《论语·先进篇》。 ⑧始兴：郡名。治所在今广东韶关市东南莲花岭下。

秋，七月，丙辰，封皇子伯山为鄱阳王。

齐丞相演以王晞儒缓，恐不允武将之意，每夜载入，昼则不与语。尝进晞密室，谓曰："比王侯诸贵，每见敦迫，言我违天不祥，恐当或有变起；吾欲以法绳之，何如？"晞曰："朝廷比者疏远亲戚，殿下仓猝所行，非复人臣之事。芒刺在背，上下相疑，何由可久！殿下谦退[1]，粃糠神器，实恐违上玄之意，坠先帝之基。"演曰："卿何敢发此言，须致卿于法！"晞曰："天时人事，皆无异谋，是以敢冒犯斧钺，抑亦神明所赞耳。"演曰："拯难匡时，方俟圣哲，吾何敢私议！幸勿多言！"丞相从事中郎陆杳将出使[2]，握晞手，使之劝进。晞以杳言告演，演曰："若内外咸有此意，赵彦深朝夕左右，何故初无一言？"晞乃以事隙密问彦深，彦深曰："我比亦惊此声论，每欲陈闻，则口噤心悸。弟既发端，吾亦当昧死一披肝胆。"因共劝演。

演遂言于太皇太后。赵道德曰："相王不效周公辅成王[3]，而欲骨肉相夺，不畏后世谓之篡邪！"太皇太后曰："道德之言是也。"未几，演又启云："天下人心未定，恐奄忽变生，须早定名位。"太皇太后乃从之。

八月，壬午，太皇太后下令，废齐主为济南王，出居别宫。以常山王演入纂大统，且戒之曰："勿令济南有他也！"

肃宗即皇帝位于晋阳[4]，大赦，改元皇建。太皇太后还称皇太后；皇太后称文宣皇后[5]，宫曰昭信。

乙酉，诏绍封功臣，礼赐耆老，延访直言，褒赏死事，追赠名德。

帝谓王晞曰："卿何为自同外客，略不可见？自今假非局司，但有所怀，随宜作一牒，候少隙，即径进也。"因敕与尚书阳休之、鸿胪卿崔劼等三人，每日职务罢，并入东廊，共举录历代礼乐、职官及田市、征税，或不便于时而相承施用，或自古为利而于今废坠，或道德高俊，久在沉沦，或巧言眩俗，妖邪害政者，悉令详思，以渐条奏。朝晡给御食，毕景听还。

帝识度沉敏，少居台阁，明习吏事，即位尤自勤励，大革显祖之弊，时人服其明而讥其细。尝问舍人裴泽，在外议论得失。泽率尔对曰："陛下聪明至公，自可远侔古昔；而有识之士，咸言伤细，帝王之度，颇为未弘。"帝笑曰："诚如卿言。朕初临万机，虑不周悉，故致尔耳。此事安可久行，恐后又嫌疏漏。"泽由是被宠遇。

厍狄显安侍坐[6]，帝曰："显安，我姑之子；今序家人之礼，除君臣之敬，可言我之不逮。"显安曰："陛下多妄言。"帝曰："何故？"对曰："陛下昔见文宣以马鞭挞人，常以为非；今自行之，非妄言邪？"帝握其手谢之。又使直言，对曰："陛下太细，天子乃更似吏。"帝曰："朕甚知之。然无法日久，将整之以至无为耳。"又问王晞，晞曰："显安言是也。"显安，干之子也。群臣进言，帝皆从容受纳。

性至孝，太后不豫，帝行不能正履，容色贬悴，衣不解带，殆将四旬。太后疾小增，即寝伏阁外，食饮药物，皆手亲之。太后尝心痛不自堪，帝立侍帷前，以爪掐掌代痛，血流出袖。友爱兄弟，无君臣之隔。

戊子，以长广王湛为右丞相，平阳王淹为太傅，彭城王浟为大司马。

周军司马贺若敦[7]，帅众一万，奄至武陵[8]；武州刺史吴明彻不能拒，引军还巴陵。

江陵之陷也，巴、湘之地皆入于周，周使梁人守之。太尉侯瑱等将兵逼湘州。贺若敦将步骑救之，乘胜深入，军于湘川。

九月，乙卯，周将独孤盛将水军与敦俱进。辛酉，遣仪同三司徐度将兵会侯瑱于巴丘。会秋水汎溢，盛、敦粮援断绝，分军抄掠，以供资费。敦恐瑱知其粮少，乃于营内多为土聚，覆之以米，召旁村人，阳有访问，随即遣之。瑱闻之，良以为实。敦又增修营垒，造庐舍为久留之计，湘、罗之间遂废农业[9]。瑱等无如之何。

先是土人亟乘轻船，载米粟鸡鸭以饷瑱军。敦患之，乃伪为土人装船，伏甲士于中。瑱军人望见，谓饷船之至，逆来争取，敦甲士出而擒之。又敦军数有叛人乘马投瑱者。敦乃别取一马，牵以趣船，令船中逆以鞭鞭之。如是者再三，马畏船不上。然后伏兵于江岸，使人乘畏船马以招瑱军，诈云投附。瑱遣兵迎接，竞来牵马，马既畏船不上，伏兵发，尽杀之。此后实有馈饷及亡降者，瑱犹谓之诈，并拒击之。

冬，十月，癸巳，瑱袭破独孤盛于杨叶洲[10]，盛收兵登岸，筑城自保。丁酉，诏司空侯安都帅众会瑱南讨。

【注释】

①殿下：据章钰校勘记，十二行本、乙十一行本、孔本“殿下”之后有“虽欲”二字。　②从事中郎：官名。汉以后三公及州郡长官皆自辟僚属，多以从事为称，如从事史、从事中郎、别驾从事等，到宋代废除。③相王：常山王高演为丞相，故称之为相王。　④肃宗：齐孝昭帝高演庙号。高演，字延安，渤海王高欢第六子，齐文宣帝高洋之弟。　⑤文宣皇后：济南王高殷之母，高演之嫂。　⑥库狄显安：其父库狄干，其母为渤海王高欢之妹乐陵长公主。　⑦军司马：官名。《周礼》大司马属官有军司马，下大夫。北周置军司马，其爵列中大夫，六命。　⑧武陵：今湖南常德市。　⑨罗：梁置罗州，治所在今湖南湘阴县。　⑩杨叶洲：在湘江口。

十一月，辛亥，齐主立妃元氏为皇后，世子百年为太子，百年时才五岁。

齐主征前开府长史卢叔虎为中庶子[1]。叔虎。柔之从叔也。帝问时务于叔虎，叔虎请伐周，曰：“我强彼弱，我富彼贫，其势相悬。然干戈不息，未能并吞者，此失于不用强富也。轻兵野战，胜负难必，是胡骑之法，非万全之术也。宜立重镇于平阳[2]，与彼蒲州相对[3]，深沟高垒，运粮积甲。彼闭关不出，则稍蚕食其河东之地，日使穷蹙。若彼出兵，非十万以上，不足为我敌。所损粮食，咸出关中。我军士年别一代，谷食丰饶。彼来求战，我则不应；彼若退去，我乘其弊。自长安以西，民疏城远，敌兵来往，实自艰难，与我相持，农业且废，不过三年，彼自破矣。”帝深善之。

齐主自将击库莫奚[4]，至天池[5]，库莫奚出长城北遁。齐主分兵追击，获牛羊七万而还。

十二月，乙未，诏：“自今孟春讫于夏首，大辟事已款者，宜且申停。”

己亥，周巴陵城主尉迟宪降，遣巴州刺史侯安鼎守之。庚子，独孤盛将余众自杨叶洲潜遁。

丙午，齐主还晋阳。

齐主斩人于前，问王晞曰：“是人应死不？”晞曰：“应死，但恨死不得其地耳。臣闻‘刑人于市，与众弃之’[6]。殿庭非行戮之所。”帝改容谢曰：“自今当为王公改之。”

帝欲以晞为侍郎[7]，苦辞不受。或劝晞勿自疏。晞曰：“我少年以来，阅要人多矣，得志少时，鲜不颠覆。且吾性实疏缓，不堪时务，人主恩私，何由可保！万一披猖，求退无地。非不好作要官，但思之烂熟耳。”

初，齐显祖之末，谷籴踊贵。济南王即位，尚书左丞苏珍芝建议，修石鳖等屯[8]，由是淮南军防足食。肃宗即位，平州刺史嵇晔建议[9]，开督亢陂[10]，置屯田，岁收稻粟数十万石，北境周赡。又于河内置怀义等屯[11]，以给河南之费。自是稍止转输之劳。

**【注释】**

①中庶子：官名。太子官属，职如侍中。北齐为门下坊之长。　②平阳：今山西临汾市。　③蒲州：今山西永济市西南蒲州镇。　④库莫奚：我国古民族名。东胡族。　⑤天池：一名祁连池。在今山西宁武县西南管涔山上。　⑥刑人于市，与众弃之：语见《礼记·王制》。　⑦侍郎：官名。东汉以后为尚书的属官，初任称郎中，满一年称尚书郎，三年称侍郎。　⑧石鳖：在今江苏宝应县西南。　⑨平州：治所在今河北卢龙县北。　⑩督亢陂：在今河北涿州市东南，跨有涿州市、固安县、高碑店市等地。陂周五十余里，支渠四通，富灌溉之利。燕荆轲献图于秦，即此地。　⑪河内：指今河南黄河以北地区。

**二年**　春，正月，戊申，周改元保定。以大冢宰护为都督中外诸军事;令五府总于天官[①],事无巨细,皆先断后闻。

庚戌,大赦。

周主祀圜丘。

辛亥,齐主祀圜丘;壬子,禘于太庙。

周主祀方丘;甲寅,祀感生帝于南郊;乙卯,祭太社。

齐主使王琳出合肥,召募伧楚[②],更图进取。合州刺史裴景徽[③],琳兄珉之婿也,请以私属为向导。齐主使琳与行台左丞卢潜将兵赴之,琳沉吟不决。景徽恐事泄,挺身奔齐。齐主以琳为骠骑大将军、开府仪同三司、扬州刺史,镇寿阳。

己巳,周主享太庙,班太祖所述六官之法。

辛未,周湘州城主殷亮降,湘州平。

侯瑱与贺若敦相持日久,瑱不能制,乃借船送敦等渡江;敦虑其诈,不许,报云:"湘州我地,为尔侵逼;必须我归,可去我百里之外。"瑱留船江岸,引兵去之。敦乃自拔北归,军士病死者什五六。武陵、天门、南平、义阳、河东、宜都郡悉平。晋公护以敦失地无功,除名为民。

二月,甲午,周主朝日于东郊[④]。

周人以小司徒韦孝宽尝立勋于玉壁[⑤],乃置勋州于玉壁,以孝宽为刺史。

孝宽有恩信,善用间谍,或齐人受孝宽金货,遥通书疏,故齐之动静,周人皆先知之。有主帅许盆,以所戍城降齐,孝宽遣谍取之,俄斩首而还。

离石以南,生胡数为抄掠[⑥],而居于齐境,不可诛讨。孝宽欲筑城于险要以制之,乃发河西役徒十万,甲士百人,遣开府仪同三司姚岳监筑之。岳以兵少,惧不敢前。孝宽曰:"计此城十日可毕。城距晋州四百余里,吾一日创手,二日敌境始知。设使晋州征兵,三日方集,谋议之间,自稽二日,计其军行,二日不到,我之城隍,足得办矣。"乃令筑之。齐人果至境上,疑有大军,停留不进。其夜,孝宽使汾水以南傍介山、稷山诸村纵火[⑦],齐人以为军营,收兵自固。岳卒城而还。

三月,乙卯,太尉零陵壮肃公侯瑱卒。

丙寅，周改八丁兵为十二丁兵，率岁一月而役。

夏，四月，丙子朔，日有食之。

周以少傅尉迟纲为大司空。

丙午[⑧]，周封愍帝子康为纪国公，皇子赟为鲁公。赟，李后之子也。

六月，乙酉，周使御正殷不害来聘[⑨]。

**【注释】**

①五府：地官、春官、夏官、秋官、冬官府。 ②伧（cāng 仓，旧读 chéng 成）：粗野；鄙陋。晋南北朝时的文人士大夫常讥骂人为“伧”或“伧夫”，意谓鄙夫，粗野的人。 ③合州：梁改南豫州置，治所在今安徽合肥市西。 ④朝（cháo 潮）日：古代帝王祭日之礼。 ⑤玉壁：城名。在今山西稷山县西南。 ⑥生胡：匈奴别种，稽胡之未归化者。 ⑦介山：在今山西介休市东南。稷山：在今山西稷山县南。 ⑧丙午：《周书·武帝纪上》作“五月丙午”，《北史》同。 ⑨御正：北周官名。北周依《周礼》改官制，武成元年（559）增置御正四人，掌王言，在皇帝左右，位上大夫。

秋，七月，周更铸钱，文曰“布泉”，一当五，与五铢并行。

己酉，周追封皇伯父颢为邵国公，以晋公护之子会为嗣；颢弟连为杞国公，以章武公导之子亮为嗣；连弟洛生为莒国公，以护之子至为嗣；追封太祖之子武邑公震为宋公，以世宗之子寔为嗣[①]。

齐主之诛杨、燕也，许以长广王湛为太弟；既而立太子百年，湛心不平。帝在晋阳，湛居守于邺[②]。散骑常侍高元海，高祖之从孙也，留典机密。帝以领军代人库狄伏连为幽州刺史，斛律光之弟羡为领军，以分湛权。湛留伏连，不听羡视事。

先是，济南闵悼王常在邺，望气者言：邺中有天子气。平秦王归彦恐济南复立，为己不利，劝帝除之。帝乃使归彦至邺，征济南王如晋阳。

湛内不自安，问计于高元海。元海曰：“皇太后万福，至尊孝友异常，殿下不须异虑。”湛曰：“此岂我推诚之意邪！”元海乞还省，一夜思之，湛即留元海于后堂。元海达旦不眠，唯绕床徐步。

夜漏未尽，湛遽出，曰："神算如何？"元海曰："有三策，恐不堪用耳。请殿下如梁孝王故事[3]，从数骑入晋阳，先见太后求哀，后见主上，请去兵权，以死为限，不干朝政，必保太山之安。此上策也。不然，当具表云，威权太盛，恐取谤众口，请青、齐二州刺史，沉靖自居，必不招物议。此中策也。"更问下策。曰："发言即恐族诛。"固逼之，元海曰："济南世嫡，主上假太后令而夺之。今集文武，示以征济南之敕，执斛律丰乐[4]，斩高归彦，尊立济南，号令天下，以顺讨逆，此万世一时也。"湛大悦。然性怯，狐疑未能用，使术士郑道谦等卜之，皆曰："不利举事，静则吉。"有林虑令潘子密[5]，晓占候，潜谓湛曰："宫车当晏驾，殿下为天下主。"湛拘之于内以候之。又令巫觋卜之[6]，多云"不须举兵，自有大庆"。

湛乃奉诏，令数百骑送济南王至晋阳。九月，帝使人鸩之，济南王不从，乃扼杀之。帝寻亦悔之。

冬，十月，甲戌朔[7]，日有食之。

丙子，齐以彭城王浟为太保，长乐王尉粲为太尉。

齐肃宗出畋，有兔惊马，坠地绝肋。娄太后视疾，问济南所在者三，齐主不对。太后怒曰："杀之邪？不用吾言，死其宜矣！"遂去，不顾。

十一月，甲辰，诏以嗣子冲眇，可遣尚书右仆射赵郡王叡谕旨，征长广王湛统兹大宝。又与湛书曰："百年无罪，汝可以乐处置之，勿效前人也。"是日，殂于晋阳宫。临终，言恨不见太后山陵。

颜之推论曰：孝昭天性至孝，而不知忌讳，乃至于此，良由不学之所为也。

赵郡王叡先使黄门侍郎王松年驰至邺，宣肃宗遗命。湛犹疑其诈，使所亲先诣殡所，发而视之。使者复命，湛喜，驰赴晋阳，使河南王孝瑜先入宫，改易禁卫。癸丑，世祖即皇帝位于南宫[8]，大赦，改元太宁。

周人许归安成王顼，使司会上士杜杲来聘[9]。上悦，即遣使报之，并赂以黔中地及鲁山郡。

齐以彭城王浟为太师、录尚书事，平秦王归彦为太傅，尉粲为太保，平阳王淹为太宰，博陵王济为太尉，段韶为大司马，丰州刺史娄叡为司空，赵郡王叡为尚书令，任城王湝为尚书左仆射[10]，并州刺史斛律光为右仆射。娄叡，韶之兄子也[11]。立太子百年为乐陵王。

丁巳，周主畋于岐阳；十二月，壬午，还长安。

太子中庶子余姚虞荔、御史中丞孔奂，以国用不足，奏立煮海盐赋及榷酤之科，诏从之。

初，高祖以帝女丰安公主妻留异之子贞臣，征异为南徐州刺史，异迁延不就。帝即位，复以异为缙州刺史[12]，领东海太守。异屡遣其长史王澌入朝，澌每言朝廷虚弱。异信之，虽外示臣节，恒怀两端，与王琳自鄱阳信安岭潜通使往来[13]。琳败，上遣左卫将军沈恪代异，实以兵袭之。异出军下淮以拒恪[14]。恪与战而败，退还钱塘[15]。异复上表逊谢。时众军方事湘、郢，乃降诏书慰谕，且羁縻之。异知朝廷终将讨己，乃以兵戍下淮及建德以备江路[16]。丙午[17]，诏司空、南徐州刺史侯安都讨之。

北齐青绿釉莲瓣纹灯

【注释】

①为嗣四句：宇文颢与卫可孤作战而死，有子宇文什肥、宇文导、宇文护。宇文什肥与其叔父宇文连皆被高欢杀害，无后，故以宇文会、宇文亮为嗣。宇文洛生被尔朱荣杀害，宇文震早卒，都无后，故也立嗣。 ②居守：古代帝王出巡或亲征时，以大臣辅太子（或亲王）留守京师，或称留守，或称居守。 ③梁孝王：事见本书卷第十六汉景帝中元二年（前

148）。　④斛律丰乐：斛律羡，字丰乐。　⑤林虑：县名。治所在今河南林州市。　⑥巫觋（xí 习）：古代称女巫为巫，男巫为觋。　⑦甲戌朔：十月朔应是癸酉，甲戌为初二。　⑧世祖：高湛，勃海王高欢第九子，孝昭帝高演同母弟。南宫：晋阳南宫。　⑨司会上士：官名。《周礼》天官之属有司会，主管财政经济，北周司会属天官府，有中大夫、上士、中士。⑩湝（jiē 皆）：高湝。　⑪昭：娄昭，娄太后之弟。娄叡，娄昭兄娄拔之子。　⑫缙州：治所在今浙江金华市。　⑬信安岭：指今浙江常山县、江山市与江西玉山县之间山岭。　⑭下淮：即下淮戍。在今浙江桐庐县东北。　⑮钱塘：郡名。治所在今浙江杭州市。　⑯建德：县名，治所即今浙江建德市东北梅城镇。　⑰丙午：《陈书·世祖本纪》作“丙戌”。

**三年**　春，正月，乙亥[1]，齐主至邺；辛巳，祀南郊；壬午，享太庙；丙戌，立妃胡氏为皇后，子纬为皇太子。后，魏兖州刺史安定胡延之之女也[2]。戊子，大赦。己亥，以冯翊王润为尚书左仆射。

周凉景公贺兰祥卒。

壬寅，周人凿河渠于蒲州，龙首渠于同州[3]。

丁未，周以安成王顼为柱国大将军，遣杜杲送之南归。

辛亥，上祀南郊，以胡公配天。二月[4]，辛酉，祀北郊。

闰月，丁未，齐以太宰、平阳王淹为青州刺史，太傅、平秦王归彦为太宰、冀州刺史。

归彦为肃宗所厚，恃势骄盈，陵侮贵戚。世祖即位，侍中、开府仪同三司高元海、御史中丞毕义云、黄门郎高乾和数言其短，且云：“归彦威权震主，必为祸乱。”帝亦寻其反复之迹[5]，渐忌之，伺归彦还家，召魏收于帝前作诏草，除归彦冀州，使乾和缮写；昼日，仍敕门司不听归彦辄入宫。时归彦纵酒为乐，经宿不知。至明，欲参，至门知之，大惊而退。及通名谢，敕令早发，别赐钱帛等物甚厚，又敕督将悉送至清阳宫[6]。拜辞而退，莫敢与语，唯赵郡王叡与之久语，时无闻者。

帝之为长广王也，清都和士开以善握槊、弹琵琶有宠[7]，辟为开府行参军，及即位，累迁给事黄门侍郎。高元海、毕义云、高乾和皆疾之，将言其事。士开乃奏元海等交结朋党，欲擅威福，乾和由是被疏。义云纳赂于士开,得为兖州刺史。

帝征江州刺史周迪出镇湓城,又征其子入朝。迪趑趄顾望[⑧],并不至,其余南江酋帅,私署令长,多不受召,朝廷未暇致讨,但羁縻之。豫章太守周敷独先入朝,进号安西将军,给鼓吹一部,赐以女妓、金帛,令还豫章。迪以敷素出己下,深不平之,乃阴与留异相结,遣其弟方兴袭敷;敷与战,破之。又遣其兄子伏甲船中,诈为贾人,欲袭湓城。未发,事觉,寻阳太守监江州事晋陵华皎遣兵逆击之,尽获其船仗。

上以闽州刺史陈宝应之父为光禄大夫[⑨],子女皆受封爵,命宗正编入属籍。而宝应以留异女为妻,阴与异合。

虞荔弟寄,流寓闽中,荔思之成疾,上为荔征之,宝应留不遣。寄尝从容讽以逆顺,宝应辄引他语以乱之。宝应尝使人读《汉书》,卧而听之,至蒯通说韩信曰:"相君之背,贵不可言。"蹶然起坐,曰:"可谓智士!"寄曰:"通一说杀三士[⑩],何足称智!岂若班彪《王命》,识所归乎!"

寄知宝应不可谏,恐祸及己,乃著居士服[⑪],居东山寺,阳称足疾。宝应使人烧其屋,寄安卧不动。亲近将扶之出,寄曰:"吾命有所悬,避将安往!"纵火者自救之。

乙卯,齐以任城王湝为司徒。

齐扬州刺史行台王琳数欲南侵,尚书卢潜以为时事未可。上遣移书寿阳,欲与齐和亲。潜以其书奏齐朝,仍上启且请息兵。齐主许之,遣散骑常侍崔瞻来聘,且归南康愍王昙朗之丧。琳于是与潜有隙,更相表列。齐主征琳赴邺,以潜为扬州刺史,领行台尚书。瞻,㥄之子也。

梁末丧乱,铁钱不行[⑫],民间私用鹅眼钱。甲子,改铸五铢钱,一当鹅眼之十。

后梁主安于俭素,不好酒色,虽多猜忌,而抚将士有恩。以封疆褊隘,邑居残毁,干戈日用,郁郁不得志,疽发背而殂;葬平陵,谥曰宣皇帝,庙号中宗。太子岿即皇帝位[⑬],改元天保;尊龚太后为太皇太后,王后曰皇太后,母曹贵嫔为皇太妃。

【注释】

①乙亥:此自然段中干支纪日均有误。 ②兖(yǎn 演)州:治所在今山东济宁市兖州区。安定:郡名,县名。治所在今甘肃泾川县北泾河北岸。③龙首渠:我国历史上第一条人工灌溉井渠。西汉武帝时开凿。自今陕西澄城县西南引洛水东南流,至大荔县西复入洛水。渠经商颜山(今名铁镰山)下,因土松渠岸易崩,乃凿井,于井下通水,长十余里。北周时重加修浚。 ④二月:此处“二月辛酉”,《陈书·世祖本纪》无“二月”两字。辛酉实为正月二十日。 ⑤反复:高归彦始为文宣帝高洋所信任,其后背叛文宣帝顾命大臣杨愔等,投靠孝昭帝高演,高演病逝后,高归彦又迎立长广王高湛,故高湛推寻其反复之迹而忌之。 ⑥清阳宫:齐有别宫在清淇之阳,因以为名。 ⑦握槊:古赌戏,“双陆”之一类。 ⑧趑趄(zī jū 资居):且前且却,犹豫不进。 ⑨闽州:陈永定初置,治所在今福建福州市。 ⑩三士:指郦生、田横、韩信。 ⑪居士:不出家而奉佛的人。 ⑫铁钱:梁普通(520—526)中铸铁钱。 ⑬太子岿:萧岿,字仁远,西梁宣帝萧詧第三子,继位为西梁明帝。

二月[①],丙子,安成王顼至建康,诏以为中书监、中卫将军。

上谓杜杲曰:“家弟今蒙礼遣,实周朝之惠;然鲁山不返,亦恐未能及此。”杲对曰:“安成,长安一布衣耳,而陈之介弟也,其价岂止一城而已哉!本朝敦睦九族,恕己及物,上遵太祖遗旨,下思继好之义,是以遣之南归。今乃云以寻常之土易骨肉之亲,非使臣之所敢闻也。”上甚惭,曰:“前言戏之耳。”待杲之礼有加焉。

顼妃柳氏及子叔宝犹在穰城[②],上复遣毛喜如周请之,周人皆归之。

丁丑,以安右将军吴明彻为江州刺史,督高州刺史黄法氍、豫章太守周敷共讨周迪。

甲申,大赦。

留异始谓台军必自钱塘上,既而侯安都步由诸暨出永康[③],异大惊,奔桃枝岭,于岩口竖栅以拒之。安都为流矢所中,血流至踝,乘舆指麾,容止不变。因其山势,迮而为堰[④],会潦水涨满,安都引船入堰,起楼舰与异城等,发拍碎其楼堞。异与其子忠臣脱身奔晋安，依陈宝应。安都虏其妻及余子，尽收铠仗而还。

异党向文政据新安[⑤]，上以贞毅将军程文季为新安太守，帅精甲三百轻往攻之。文政战败，遂降。文季，灵洗之子也。

夏，四月，辛丑，齐武明娄太后殂。齐主不改服，绯袍如故。未几，登三台，置酒作乐，宫女进白袍，帝投诸台下。散骑常侍和士开请止乐，帝怒，挞之。

乙巳，帝遣使来聘。

齐青州上言河水清，齐主遣使祭之，改元河清。

先是，周之君臣受封爵者皆未给租赋。癸亥，始诏柱国等贵臣邑户，听寄食他县。

五月，庚午，周大赦。

己丑，齐以右仆射斛律光为尚书令。

壬辰，周以柱国杨忠为大司空。六月，己亥，以柱国蜀国公尉迟迥为大司马。

**【注释】**

①二月：据《陈书·世祖本纪》，应作"三月"。　②穰城：今河南邓州市外城东南隅。　③诸暨：县名。治所即今浙江诸暨市。永康：县名。治所即今浙江永康市。　④迮(zé 责)：阻遏。　⑤新安：郡名。治所在今浙江淳安县西北。

秋，七月，己丑，纳太子妃王氏，金紫光禄大夫固之女也[①]。

齐平秦王归彦至冀州，内不自安，欲待齐主如晋阳，乘虚入邺。其郎中令吕思礼告之。诏大司马段韶、司空娄叡讨之。归彦于南境置私驿，闻大军将至，即闭城拒守。长史宇文仲鸾等不从，皆杀之。归彦自称大丞相，有众四万。齐主以都官尚书封子绘，冀州人，祖父世为本州刺史，得人心，使乘传至信都，巡城，谕以祸福。吏民降者相继，城中动静，小大皆知之。

归彦登城大呼云："孝昭皇帝初崩，六军百万，悉在臣手，投身向邺，奉迎陛下。当时不反，今日岂反邪！正恨高元海、毕义云、高乾和诳惑圣上，疾忌忠良，但为杀此三人，即临城自刎。"既而城破，单骑北走，至交津[②]，获之，锁送邺。乙未，载以露车，衔木面缚。刘桃枝临之以刃,击鼓随之,并其子孙十五人皆弃市。命封子绘行冀州事。

齐主知归彦前谮清河王岳,以归彦家良贱百口赐岳家,赠岳太师。

丁酉,以段韶为太傅,娄叡为司徒,平阳王淹为太宰,斛律光为司空,赵郡王叡为尚书令,河间王孝琬为左仆射。

癸亥[③],齐主如晋阳。

上遣使聘齐。

九月,戊辰朔,日有食之。

以侍中、都官尚书到仲举为尚书右仆射、丹扬尹。仲举,溉之弟子也[④]。

吴明彻至临川攻周迪,不能克。丁亥,诏安成王顼代之。

冬,十月,戊戌,诏以军旅费广,百姓空虚,凡供乘舆饮食衣服及宫中调度,悉从减削;至于百司,宜亦思省约。

十一月,丁卯,周以赵国公招为益州总管。

丁丑,齐遣兼散骑常侍封孝琰来聘。

十二月,丙辰,齐主还邺。

齐主逼通昭信李后[⑤],曰:"若不从我,我杀尔儿。"后惧,从之,既而有娠。太原王绍德至阁[⑥],不得见,愠曰:"儿岂不知邪!姊腹大[⑦],故不见儿。"后大惭,由是生女不举。帝横刀诟曰:"杀我女,我何得不杀尔儿!"对后以刀环筑杀绍德。后大哭。帝愈怒,裸后,乱挞之。后号天不已,帝命盛以绢囊,流血淋漉,投诸渠水,良久乃苏,犊车载送妙胜寺为尼。

**【注释】**

①周:据《陈书·王皇后传》,"周"应为"固"。 ②交津:在今河北磁县西清漳河与漳河合流处。 ③癸亥:七月无此日,疑误。 ④溉:到溉,到彦之的曾孙,梁初以文学博洽、清正廉洁著称。 ⑤昭信李后:即文宣帝李皇后,高湛之嫂。高演即位,降居昭信宫。 ⑥太原王绍德:高绍德,李后第二子。 ⑦姊:《北齐书·文宣李后传》作"姊姊"。齐俗呼母为"姊姊"。

# 资治通鉴卷第一百六十九



## 陈纪三 起昭阳协洽，尽柔兆阉茂，凡四年。

## 世祖文皇帝下

**天嘉四年** 春，正月，齐以太子少傅魏收兼尚书右仆射[①]。时齐主终日酣饮，朝事专委侍中高元海。元海庸俗，帝亦轻之；以收才名素盛，故用之。而收畏懦避事，寻坐阿纵，除名。

兖州刺史毕义云作书与高元海，论叙时事，元海入宫，不觉遗之。给事中李孝贞得而奏之[②]，帝由是疏元海，以孝贞兼中书舍人，征义云还朝。和士开复谮元海，帝以马鞭棰元海六十，责曰："汝昔教我反，以弟反兄，几许不义！以邺城兵抗并州，几许无智！"出为兖州刺史。

甲申，周迪众溃，脱身逾岭，奔晋安，依陈宝应。官军克临川，获迪妻子。宝应以兵资迪，留异又遣子忠臣随之。

虞寄与宝应书，以十事谏之曰："自天厌梁德，英雄互起，人人自以为得之，然夷凶翦乱，四海乐推者，陈氏也；岂非历数有在，惟天所授乎！一也。以王琳之强，侯瑱之力，进足以摇荡中原，争衡天下，退足以屈强江外，雄张偏隅；然或命一旅之师，或资一士之说，琳则瓦解冰泮，投身异域，瑱则厥角稽颡，委命阙庭，斯又天假之威而除其患。二也。今将军以藩戚之重，东南之众，尽忠奉上，戮力勤王，岂不勋高窦融[③]，宠过吴芮[④]，析珪判野，南面称孤乎！三也。圣朝弃瑕忘过，宽厚得人，至于余孝顷、潘纯陀、李孝钦、欧阳颜等[5],悉委以心腹,任以爪牙,胸中豁然,曾无纤芥。况将军衅非张绣[6],罪异毕谌[7],当何虑于危亡,何失于富贵!四也。方今周、齐邻睦,境外无虞,并兵一向,匪朝伊夕,非刘、项竞逐之机,楚、赵连从之势;何得雍容高拱,坐论西伯哉[8]!五也。且留将军狼顾一隅,亟经摧衄,声实亏丧,胆气衰沮。其将帅首鼠两端,唯利是视,孰能被坚执锐,长驱深入,系马埋轮,奋不顾命,以先士卒者乎!六也。将军之强,孰如侯景[9]?将军之众,孰如王琳?武皇灭侯景于前,今上摧王琳于后,此乃天时,非复人力。且兵革已后,民皆厌乱,其孰能弃坟墓,捐妻子,出万死不顾之计,从将军于白刃之间乎!七也。历观前古,子阳、季孟[10],颠覆相寻;馀善、右渠[11],危亡继及。天命可畏,山川难恃。况将军欲以数郡之地当天下之兵,以诸侯之资拒天子之命,强弱逆顺,可得侔乎!八也。且非我族类,其心必异;不爱其亲,岂能及物!留将军身縻国爵,子尚王姬[12],犹且弃天属而不顾,背明君而孤立,危急之日,岂能同忧共患,不背将军者乎!至于师老力屈,惧诛利赏,必有韩、智晋阳之谋[13],张、陈井陉之势[14]。九也。北军万里远斗,锋不可当。将军自战其地,人多顾后;众寡不敌,将帅不侔。师以无名而出,事以无机而动,以此称兵,未知其利。十也。为将军计,莫若绝亲留氏[15],释甲偃兵,一遵诏旨。方今藩维尚少,皇子幼冲,凡豫宗族,皆蒙宠树。况以将军之地,将军之才,将军之名,将军之势,而克修藩服,北面称臣,宁与刘泽同年而语其功业哉[16]!寄感恩怀服,不觉狂言,斧钺之诛,其甘如荠。”宝应览书大怒。或谓宝应曰:“虞公病势稍笃,言多错谬。”宝应意乃小释,亦以寄民望,故优容之。

周梁躁公侯莫陈崇从周主如原州[17]。帝夜还长安,人窃怪其故,崇谓所亲曰:“吾比闻术者言,晋公今年不利,车驾今忽夜还,不过晋公死耳。”或发其事。乙酉,帝召诸公于大德殿,面责崇,崇惶恐谢罪。其夜,冢宰护遣使将兵就崇第,逼令自杀,葬如常仪。

壬辰,以高州刺史黄法氍为南徐州刺史,临川太守周敷为南豫州刺史。

周主命司宪大夫拓跋迪造《大律》十五篇[18]。其制罪:一曰杖刑,自十至五十;二曰鞭刑,自六十至百;三曰徒刑,自一年至五年;四曰流刑,自二千五百里至四千五百里;五曰死刑,磬、绞、斩、枭、裂;凡二十五等。

庚戌,以司空南徐州刺史侯安都为江州刺史。

辛酉,周诏:"大冢宰晋国公,亲则懿昆,任当元辅,自今诏诰及百司文书,并不得称公名。"护抗表固让。

北齐辫发陶骑俑

三月,乙丑朔,日有食之。

齐诏司空斛律光督步骑二万,筑勋掌城于轵关⑲;仍筑长城二百里,置十二戍⑳。

丙戌,齐以兼尚书右仆射赵彦深为左仆射㉑。

【注释】

①魏收(506—572):北齐史学家。北魏时,任散骑常侍,编修国史。北齐时,任中书令兼著作郎,奉诏编撰《魏书》,后累官至尚书右仆射,监修国史。 ②给事中:官名。秦汉时为加官。给事殿中,备顾问应对,讨论政事。自晋代始为正官。 ③窦融(前16—62):东汉初将领。扶风平陵(今陕西咸阳市西北)人。累世为河西官吏。新莽末,为波水将军,继降刘玄。刘玄败后,他联合酒泉、敦煌等五郡,割据河西,称行河西五郡大将军事。后归光武帝刘秀,攻灭隗嚣,封安丰侯,任大司空,累世贵盛。 ④吴芮(?—前202):汉初诸侯王。初为秦番阳(今江西鄱阳县)令,称为番君。秦末率越人起兵,并派部将梅锠领兵从刘邦入关。项羽封他为衡山王。汉朝建立,改封长沙王。高祖刘邦曾制诏御史:"长沙王

忠,其定著令。”传国五世。 ⑤潘纯陀、李孝钦:二人皆王琳部将。李孝钦与余孝顷一起被周迪所擒。潘纯陀在王琳失败后归陈。 ⑥张绣(?—207):三国时将领。曾杀曹操之子,后降曹操,曹操厚待之。⑦毕谌(chén 辰):汉末曹操为兖州牧,以毕谌为东平别驾。张邈叛,劫毕谌母弟妻子,曹操要毕谌回去,谌顿首言无二心。后仍逃走。及破吕布,毕谌被活捉。曹操说:“夫人孝于亲者,岂有不忠于君乎!吾所求也。”任用毕谌为鲁相。 ⑧坐论西伯:《后汉书·隗嚣传论》:“若嚣命会符运,敌非天力,虽坐论西伯,岂多嗤乎?”意谓隗嚣若不是遇到刘秀这样的对手,其功业不在西伯之下。西伯,周文王在商纣时为西伯。⑨侯景(503—552):北朝时将领。先属北魏尔朱荣,继归高欢,为镇守河南的大将。中大同二年(547),因恐被高澄所杀,降梁,为河南王。次年,举兵叛变,攻破建康(今江苏南京市)。大宝二年(551),自立为汉帝。不久,为陈霸先等所破,逃亡时被部下杀死。 ⑩子阳:公孙述字。季孟:隗嚣字。 ⑪馀善:东越王,前111年反汉,汉武帝派杨仆等讨伐,第二年被部下所杀。右渠:朝鲜王。前109年,汉武帝遣杨仆、荀彘击朝鲜;第二年,右渠被臣下所杀,朝鲜降汉。 ⑫子尚王姬:留异子贞臣娶世祖长女丰安公主为妻。 ⑬韩、智:事见本书卷第一周威烈王二十三年(前403)。 ⑭井陉(xíng 形):山名。在今河北井陉县西北。前204年韩信在此大破赵兵,斩陈馀、擒赵王歇。 ⑮绝亲留氏:陈宝应娶留异女为妻。⑯刘泽:汉高祖刘邦疏属,事见本书卷第十三汉高后七年(前181)。 ⑰原州:治所在今宁夏固原市。 ⑱《大律》十五篇:据《隋书·刑法志》:周造《大律》,“凡二十五篇”。篇目是:《刑名》《法例》《祀享》《朝会》《婚姻》《户禁》《水火》《兴缮》《卫宫》《市廛》《斗竞》《劫盗》《贼叛》《毁亡》《建制》《关津》《诸侯》《厩牧》《杂犯》《诈伪》《请求》《告言》《逃亡》《系讯》《断狱》。 ⑲轵关:在今河南济源市西北,当豫、晋交通要冲,历代为兵争之地。 ⑳十二戍:《北齐书·斛律光传》作“十三戍”。 ㉑左仆射:当作“右仆射”。先是兼官,今正除右仆射。

夏,四月,乙未,周以柱国达奚武为太保。

周主将视学,以太傅燕国公于谨为三老[①]。谨上表固辞,不许,仍赐以延年杖。戊午,帝幸太学。谨入门,帝迎拜于门屏之间,谨答拜。有司设三老席于中楹,南向。太师护升阶,设几,谨升席，南面凭几而坐。大司马豆卢宁升阶，正舄[②]。帝升阶，立于斧扆之前[③]，西面。有司进馔，帝跪设酱豆[④]，亲为之袒割。谨食毕，帝亲跪授爵以酳[⑤]。有司撤讫，帝北面立而访道。谨起，立于席后，对曰："木受绳则正，后从谏则圣。明王虚心纳谏以知得失，天下乃安。"又曰："去食去兵，信不可去[⑥]；愿陛下守信勿失。"又曰："有功必赏，有罪必罚，则为善者日进，为恶者日止。"又曰："言行者，立身之基，愿陛下三思而言，九虑而行，勿使有过。天子之过，如日月之食，人莫不知，愿陛下慎之。"帝再拜受言，谨答拜。礼成而出[⑦]。

司空侯安都恃功骄横，数聚文武之士骑射赋诗，斋中宾客，动至千人。部下将帅，多不遵法度，检问收摄，辄奔归安都。上性严整，内衔之，安都弗之觉。每有表启，封讫，有事未尽，开封自书之云："又启某事。"及侍宴，酒酣，或箕踞倾倚[⑧]。常陪乐游园禊饮[⑨]，谓上曰："何如作临川王时？"上不应。安都再三言之。上曰："此虽天命，抑亦明公之力。"宴讫，启借供帐水饰[⑩]，欲载妻妾于御堂宴饮。上虽许之，意甚不怿。明日，安都坐于御座，宾客居群臣位，称觞上寿。会重云殿灾，安都帅将士带甲入殿，上甚恶之，阴为之备。

及周迪反，朝议谓当使安都讨之，而上更使吴明彻。又数遣台使按问安都部下，检括亡叛。安都遣其别驾周弘实自托于舍人蔡景历，并问省中事。景历录其状，具奏之，因希旨称安都谋反。上虑其不受召，故用为江州。

五月，安都自京口还建康[⑪]，部伍入于石头。六月，帝引安都宴于嘉德殿，又集其部下将帅会于尚书朝堂，于坐收安都，囚于嘉德西省[⑫]，又收其将帅，尽夺马仗而释之。因出蔡景历表，以示于朝，乃下诏暴其罪恶，明日，赐死，宥其妻子，资给其丧。

初，高祖在京口，尝与诸将宴，杜僧明、周文育、侯安都为寿，各称功伐。高祖曰："卿等悉良将也，而并有所短。杜公志大而识暗，狎于下而骄于上；周侯交不择人，而推心过差；侯郎傲诞而无厌，轻佻而肆志；并非全身之道。"卒皆如其言。

乙卯，齐主使兼散骑常侍崔子武来聘。

齐侍中、开府仪同三司和士开有宠于齐主，齐主外朝视事，或在内宴赏，须臾之间，不得不与士开相见，或累日不归，一日数入；或放还之后，俄顷即追，未至之间，连骑督趣。奸谄百端，宠爱日隆，前后赏赐，不可胜纪。每侍左右，言辞容止，极诸鄙亵；以夜继昼，无复君臣之礼。常谓帝曰："自古帝王，尽为灰土，尧舜、桀纣，竟复何异！陛下宜及少壮，极意为乐，纵横行之。一日取快，可敌千年。国事尽付大臣，何虑不办，无为自勤约也！"帝大悦。于是委赵彦深掌官爵，元文遥掌财用，唐邕掌外、骑兵⑬，信都冯子琮、胡长粲掌东宫。帝三四日一视朝，书数字而已，略无所言，须臾罢入。长粲，僧敬之子也⑭。

帝使士开与胡后握槊。河南康献王孝瑜谏曰："皇后天下之母，岂可与臣下接手！"孝瑜又言："赵郡王叡，其父死于非命⑮，不可亲近。"由是叡及士开共谮之。士开言孝瑜奢僭，叡言"山东唯闻有河南王，不闻有陛下"。帝由是忌之。孝瑜窃与尔朱御女言⑯，帝闻之，大怒。庚申，顿饮孝瑜酒三十七杯。孝瑜体肥大，腰带十围，帝使左右娄子彦载以出，鸩之于车⑰，至西华门，烦躁投水而绝。赠太尉、录尚书事。诸侯在宫中者，莫敢举声，唯河间王孝琬大哭而出⑱。

**【注释】**

①三老：相传古代设三老五更，以尊养年老的官员。《礼记·乐记》郑玄注："三老五更互言之耳，皆老人更知三德五事者也。" ②舄（xì戏）：鞋。 ③扆（yǐ以）：屏风。 ④豆：古代一种盛食物的器皿，形似高脚盘。 ⑤酳（yìn胤）：古代宴会时的一种礼节，食毕用酒漱口。 ⑥去食去兵，信不可去：孔子答子贡之言。见《论语·颜渊》。 ⑦礼成：胡注："三代而下，视学、养老、乞言之礼，唯汉明帝、周武帝行之。" ⑧箕踞：即"箕坐"。坐时两脚伸直岔开，形似簸箕。一说屈膝张足而坐。为一种轻慢态度。 ⑨禊（xì戏）饮：古代民俗，于三月上旬巳日于水滨洗濯，祓除不祥，清去宿垢，称为禊。携饮食在郊野水滨宴饮，称禊饮。 ⑩供帐：陈设的帷帐。水饰：游览船上的装饰物。 ⑪京口：今江苏镇江市。陈南徐州治此。 ⑫西省：即中书省。 ⑬外、骑兵：外兵及骑兵。高欢为东魏大丞相，丞相府外兵曹、骑兵曹分掌兵马。高洋受魏

禅建立北齐，诸司皆归尚书，唯此二曹不废，称为外兵省、骑兵省。据《北齐书·和士开传》，时委唐邕掌外兵，白建掌骑兵。⑭僧敬：胡僧敬。见本书卷第一百五十八梁武帝大同七年（541）。⑮其父：高叡之父高琛，高欢之弟，因乱高欢后庭，受刑杖而死。⑯尔朱御女：《北齐书·河南王孝瑜传》："尔朱御女名摩女，本事太后，孝瑜先与之通，后因太子婚夜，孝瑜窃与之言。"御女，古代宫内女官，位在世妇之下。也名"女御""御妻"。齐制，八十一御女，比正四品。⑰鸩（zhèn 振）：毒酒。用毒酒杀人。⑱孝琬：孝瑜之弟。

秋，七月，戊辰，周主幸原州[①]。

八月，辛丑，齐以三台宫为大兴圣寺。

九月，壬戌，广州刺史阳山穆公欧阳頠卒[②]，诏子纥袭父爵位。

甲子，周主自原州登陇。

周迪复越东兴岭为寇[③]，辛未，诏护军章昭达将兵讨之。

丙戌，周主如同州。

初，周人欲与突厥木杆可汗连兵伐齐。许纳其女为后，遣御伯大夫杨荐及左武伯太原王庆往结之[④]。齐人闻之惧，亦遣使求婚于突厥，赂遗甚厚。木杆贪齐币重，欲执荐等送齐。荐知之，责木杆曰："太祖昔与可汗共敦邻好，蠕蠕部落数千来降[⑤]，太祖悉以付可汗使者，以快可汗之意，如何今日遽欲背恩忘义，独不愧鬼神乎？"木杆惨然良久曰："君言是也。吾意决矣，当相与共平东贼，然后遣女。"荐等复命。

公卿请发十万人击齐，柱国杨忠独以为得万骑足矣。戊子，遣忠将步骑一万，与突厥自北道伐齐，又遣大将军达奚武帅步骑三万，自南道出平阳，期会于晋阳。

冬，十一月，辛酉，章昭达大破周迪。迪脱身潜窜山谷，民相与匿之，虽加诛戮，无肯言者。

十二月，辛卯，周主还长安。

丙申，大赦。

章昭达进军，度岭，趣建安[⑥]，讨陈宝应，诏益州刺史余孝顷督会稽、东阳、临海、永嘉诸军自东道会之。

是岁，初祭始兴昭烈王于建康，用天子礼。

周杨忠拔齐二十余城。齐人守陉岭之隘[7]，忠击破之。突厥木杆、地头、步离三可汗以十万骑会之。己丑，自恒州三道俱入[8]。时大雪数旬，南北千余里，平地数尺。齐主自邺倍道赴之，戊午，至晋阳。斛律光将步骑三万屯平阳。己未，周师及突厥逼晋阳。齐主畏其强，戎服帅宫人欲东走，避之。赵郡王睿、河间王孝琬叩马谏。孝琬请委叡部分，必得严整。帝从之，命六军进止皆取叡节度，而使并州刺史段韶总之。

【注释】

①原州：治所在今宁夏固原市。　②阳山：郡名。治所在今广东英德市西北浛洸。　③东兴岭：在今江西黎川县、福建光泽县之间，为赣、闽往来通道。　④御伯大夫：官名。北周天官新置御伯中大夫二人，天子出入则随侍左右，大祭祀盥洗则授巾，如侍中之职。左武伯：侍卫之官。　⑤蠕蠕（rú 如）：古族名。即“柔然”。　⑥建安：县名。治所在今福建建瓯市。　⑦陉（xíng 形）岭：一名西陉山、句注山、雁门山。在今山西代县西北。　⑧恒州：治所在今山西大同市东北古城。

**五年**　春，正月，庚申朔，齐主登北城，军容甚整。突厥咎周人曰：“尔言齐乱，故来伐之。今齐人眼中亦有铁，何可当邪！”

周人以步卒为前锋，从西山下去城二里许。诸将咸欲逆击之，段韶曰：“步卒力势，自当有限，今积雪既厚，逆战非便，不如陈以待之。彼劳我逸，破之必矣。”既至，齐悉其锐兵鼓噪而出。突厥震骇，引上西山，不肯战，周师大败而还。突厥引兵出塞，纵兵大掠，自晋阳以往七百余里，人畜无遗。段韶追之，不敢逼。突厥还至陉岭，冻滑，乃铺毡以度，胡马寒瘦，膝已下皆无毛；比至长城，马死且尽，截矟杖之以归。

达奚武至平阳，未知忠退，斛律光与书曰：“鸿鹄已翔于寥廓，罗者犹视于沮泽。”武得书，亦还。光逐之，入周境，获二千余口而还。

光见帝于晋阳，帝以新遭大寇，抱光头而哭。任城王湝进曰：“何至于此！”乃止。

初，齐显祖之世，周人常惧齐兵西渡，每至冬月，守河椎冰。及世祖即位，嬖幸用事，朝政渐紊，齐人椎冰以备周兵之逼。斛律光忧之，曰："国家常有吞关、陇之志[①]，今日至此，而唯玩声色乎！"

辛巳，上祀南郊。

二月，庚寅朔，日有食之。

初，齐显祖命群官刊定魏《麟趾格》为《齐律》[②]，久而不成。时军国多事，决狱罕依律文，相承谓之"变法从事"。世祖即位，思革其弊，乃督修律令者，至是而成，《律》十二篇[③]，《令》四十卷。其刑名有五：一曰死，重者轘之[④]，次枭首，次斩，次绞；二曰流，投边裔为兵；三曰刑，自五岁至一岁；四曰鞭，自百至四十；五曰杖，自三十至十；凡十五等。其流外官及老、小、阉、痴并过失应赎者[⑤]，皆以绢代金。三月，辛酉，班行之，因大赦。是后为吏者始守法令。又敕仕门子弟常讲习之，故齐人多晓法。

又令民十八受田输租调[⑥]，二十充兵，六十免力役，六十六还田，免租调。一夫受露田八十亩[⑦]，妇人四十亩，奴婢依良人，牛受六十亩。大率一夫一妇调绢一匹，绵八两，垦租二石，义租五斗；奴婢准良人之半；牛调二尺，垦租一斗，义租五升。垦租送台，义租送郡以备水旱。

己巳，齐群盗田子礼等数十人，共劫太师彭城景思王浟为主，诈称使者，径向浟第，至内室，称敕，牵浟上马，临以白刃，欲引向南殿。浟大呼不从，盗杀之。

庚辰，周初令百官执笏。

齐以斛律光为司徒，武兴王普为尚书左仆射。普，归彦之兄子也。甲申，以冯翊王润为司空。

【注释】

①关、陇：指北周。 ②《麟趾格》：东魏刑律。东魏初，袭用后魏律令，至孝静帝兴和三年（541），诏文襄王高澄与群臣于麟趾阁议定新律，颁布施行，称为《麟趾格》。 ③《律》十二篇：《齐律》有十二篇：一、名例；二、禁卫；三、婚户；四、擅兴；五、违制；六、诈伪；七、斗讼；八、贼盗；九、捕断；十、毁损；十一、厩牧；十二、杂律。 ④轘（huán 环）：车裂分尸。 ⑤流外官：据章钰校记，十二行本、乙十一行本、孔本"外"作

“内”。按:《隋书·刑法志》为“流内官”,可从。后魏、北齐、隋、唐官制,自一品至九品官,称为流内,不入九品的称为流外。 ⑥租调:北魏、北齐、隋至唐朝前期的赋税制度。租即交纳粟,按田亩计算;调即交纳绢或布,按户计算。唐加上力役称租庸调。 ⑦露田:种谷物之田。

夏,四月,辛卯,齐主使兼散骑常侍皇甫亮来聘。

庚子,周主遣使来聘。

癸卯,周以邓公河南窦炽为大宗伯。五月,壬戌,封世宗之子贤为毕公。

甲子,齐主还邺。

壬午,齐以赵郡王叡为录尚书事,前司徒娄叡为太尉。甲申,以段韶为太师。丁亥,以任城王湝为大将军。

壬辰[①],齐主如晋阳。

周以太保达奚武为同州刺史。

六月,齐主杀乐陵王百年。时白虹晕日两重,又横贯而不达,赤星见,齐主欲以百年厌之。会博陵人贾德胄教百年书,百年尝作数敕字,德胄封以奏之。帝发怒,使召百年。百年自知不免,割带玦留与其妃斛律氏,见帝于凉风堂。使百年书敕字,验与德胄所奏相似,遣左右乱捶之,又令曳之绕堂行且捶,所过血皆遍地,气息将尽,乃斩之,弃诸池,池水尽赤。妃把玦哀号不食,月余亦卒,玦犹在手,拳不可开;其父光自擘之[②],乃开。

庚寅,周改御伯为纳言[③]。

初,周太祖之从贺拔岳在关中也,遣人迎晋公护于晋阳。护母阎氏及周主之姑皆留晋阳,齐人以配中山宫[④]。及护用事,遣间使入齐求之,莫知音息。齐遣使者至玉壁[⑤],求通互市。护欲访求母、姑,使司马下大夫尹公正至玉壁[⑥],与之言,使者甚悦。勋州刺史韦孝宽获关东人,复纵之,因致书为言西朝欲通好之意[⑦]。是时,周人以前攻晋阳不得志,谋与突厥再伐齐。齐主闻之,大惧,许遣护母西归,且求通好,先遣其姑归。

【注释】

①壬辰:纪日当在六月。干支疑有误。 ②擘(bò 簸):分开,掰开。

③纳言:官名。职掌宣达帝令,或称为侍中。 ④中山宫:慕容氏故宫,北齐作为别宫。 ⑤玉壁:城名。时为勋州治所。在今山西稷山县西南。 ⑥司马下大夫:即军司马之职。 ⑦西朝:即北周。北周在关西,故称西朝。

秋,八月,丁亥朔,日有食之。

周遣柱国杨忠会突厥伐齐,至北河而还[1]。

戊子,周以齐公宪为雍州牧,宇文贵为大司徒。九月,丁巳,以卫公直为大司马。追录佐命元功,封开府仪同三司陇西公李昞为唐公,太驭中大夫长乐公若干凤为徐公[2]。昞,虎之子[3];凤,惠之子也[4]。

乙丑,齐主封其子绰为南阳王,俨为东平王。俨,太子之母弟也。

突厥寇齐幽州,众十余万,入长城,大掠而还。

周皇姑之归也,齐主遣人为晋公护母作书,言护幼时数事,又寄其所著锦袍,以为信验。且曰:"吾属千载之运,蒙大齐之德,矜老开恩,许得相见。禽兽草木,母子相依。吾有何罪,与汝分离!今复何福,还望见汝!言此悲喜,死而更苏。世间所有,求皆可得,母子异国,何处可求!假汝贵极王公,富过山海,有一老母,八十之年,飘然千里,死亡旦夕,不得一朝暂见,不得一日同处,寒不得汝衣,饥不得汝食,汝虽穷荣极盛,光耀世间,于吾何益!吾今日之前,汝既不得申其供养,事往何论;今日以后,吾之残命,唯系于汝尔。戴天履地,中有鬼神,勿云冥昧,而可欺负!"

护得书,悲不自胜。复书曰:"区宇分崩,遭遇灾祸,违离膝下,三十五年。受生禀气,皆知母子,谁同萨保,如此不孝!子为公侯,母为俘隶,暑不见母暑,寒不见母寒,衣不知有无,食不知饥饱,泯如天地之外,无由暂闻。分怀冤酷,终此一生,死若有知,冀奉见于泉下耳!不谓齐朝解网,惠以德音,磨敦、四姑[5],并许矜放。初闻此旨,魂爽飞越,号天叩地,不能自胜。齐朝霈然之恩,既已沾洽,有家有国,信义为本,伏度来期,已应有日。一得奉见慈颜,永毕生愿。生死肉骨,岂过今恩;负山戴岳,未足胜荷。"

齐人留护母，使更与护书，邀护重报，往返再三。时段韶拒突厥军于塞下，齐主遣黄门徐世荣乘传赍周书问韶。韶以“周人反覆，本无信义，比晋阳之役，其事可知。护外托为相，其实主也。既为母请和，不遣一介之使。若据移书，即送其母，恐示之以弱。不如且外许之，待和亲坚定，然后遣之未晚”。齐主不听，即遣之。

阎氏至周，举朝称庆，周主为之大赦。凡所资奉，穷极华盛。每四时伏腊[6]，周主帅诸亲戚行家人之礼，称觞上寿。

【注释】

①北河：清以前黄河自今内蒙古磴口县以下分为南、北二支，北支约当今乌加河，时为黄河正流，对南支而言，称为北河。　②太驭中大夫：北周依《周礼》设官，太驭中大夫掌驾驭玉路及祭祀，属夏官。　③虎：李虎。见本书卷第一百五十六梁武帝中大通六年（534）。　④惠：若干惠。见一百五十八卷中大同九年（543）。　⑤磨敦：宇文护兄弟称呼其母为“阿摩敦”。　⑥伏腊：夏祭曰伏，冬祭曰腊。

突厥自幽州还，留屯塞北，更集诸部兵，遣使告周，欲与共击齐如前约。闰月，乙巳，突厥寇齐幽州。

晋公护新得其母，未欲伐齐；又恐负突厥约，更生边患，不得已，征二十四军及左右厢散隶秦、陇、巴、蜀之兵并羌、胡内附者[1]，凡二十万人。冬，十月，甲子，周主授护斧钺于庙庭；丁卯，亲劳军于沙苑[2]；癸酉，还宫。

护军至潼关，遣柱国尉迟迥帅精兵十万为前锋，趣洛阳，大将军权景宣帅山南之兵趣悬瓠[3]，少师杨标出轵关[4]。

周迪复出东兴，宣城太守钱肃镇东兴，以城降迪。吴州刺史陈详将兵击之，详兵大败，迪众复振。

南豫州刺史西丰脱侯周敷帅所部击之，至定川，与迪对垒。迪绐敷曰：“吾昔与弟戮力同心，岂规相害！今愿伏罪还朝，因弟披露心腑，先乞挺身共盟。”敷许之，方登坛，为迪所杀。

陈宝应据晋安、建安二郡，水陆为栅，以拒章昭达。昭达与战，不利，因据上流，命军士伐木为筏，施拍其上。会大雨江涨，昭达放筏冲宝应水栅，尽坏之，又出兵攻其步军。方合战，上遣将军余孝顷自海道适至,并力乘之。十一月,己丑,宝应大败,逃至莆口[⑤],谓其子曰:“早从虞公计,不至今日。”昭达追擒之,并擒留异及其族党,送建康,斩之。异子贞臣以尚主得免,宝应宾客皆死。

上闻虞寄尝谏宝应,命昭达礼遣诣建康。既见,劳之曰:“管宁无恙[⑥]。”以为衡阳王掌书记。

周晋公护进屯弘农[⑦]。尉迟迥围洛阳[⑧],雍州牧齐公宪、同州刺史达奚武、泾州总管王雄军于邙山[⑨]。

**【注释】**

①二十四军:六柱国及十二大将军所统关中诸府兵。 ②沙苑:又名沙阜、沙海、沙窝。在今陕西大荔县南洛水、渭水之间,东西八十里,南北三十里。 ③悬瓠:一作悬壶。城名。即今河南汝南县。东晋、南北朝时为南北军事要地,置重兵戍守于此。 ④少师:官名。职掌辅导太子,与少傅、少保合称三少。轵关:在今河南济源市西北,当豫、晋交通要冲,历代为兵争之地。 ⑤莆口:在今福建莆田市界。 ⑥管宁(158—241):三国时隐士,字幼安,北海朱虚(今山东临朐县东南)人。东汉末,避居辽东三十多年,不受公孙度爵命,后回乡里隐居。此处以管宁喻指虞寄。 ⑦弘农:今河南陕县。 ⑧尉迟迥:据章钰校记,十二行本、乙十一行本、孔本“尉”上有“甲午”二字。按:《周书·武帝纪》保定四年(564):“十一月甲午,柱国、蜀国公尉迟迥率师围洛阳。”甲午为初十。 ⑨邙山:在洛阳北。

戊戌,齐主遣兼散骑常侍刘逖来聘。

初,周杨标为邵州刺史[①],镇捍东境二十余年,数与齐战,未尝不捷,由是轻之。既出轵关,独引兵深入,又不设备。甲辰,齐太尉娄叡将兵奄至,大破标军,标遂降齐。

权景宣围悬瓠,十二月,齐豫州道行台、豫州刺史太原王士良、永州刺史萧世怡并以城降之。景宣使开府郭彦守豫州[②],谢彻守永州[③],送士良、世怡及降卒千人于长安。

周人为土山、地道以攻洛阳,三旬不克。晋公护命诸将堑断河阳路[④],遏齐救兵,然后同攻洛阳;诸将以为齐兵必不敢出,唯张斥候而已。

齐遣兰陵王长恭、大将军斛律光救洛阳，畏周兵之强，未敢进。齐主召并州刺史段韶，谓曰："洛阳危急，今欲遣王救之。突厥在北，复须镇御，如何？"对曰："北虏侵边，事等疥癣。今西邻窥逼，乃腹心之病，请奉诏南行。"齐主曰："朕意亦尔。"乃令韶督精骑一千发晋阳。丁巳，齐主亦自晋阳赴洛阳。

己未，齐太宰平原靖翼王淹卒。

段韶自晋阳行，五日济河，会连日阴雾，壬戌，韶至洛阳，帅帐下三百骑，与诸将登邙坂[5]，观周军形势。至太和谷[6]，与周军遇，韶即驰告诸营，追集骑士，结陈以待之。韶为左军，兰陵王长恭为中军，斛律光为右军。周人不意其至，皆恟惧。韶遥谓周人曰："汝宇文护才得其母，遽来为寇，何也？"周人曰："天遣我来，有何可问！"韶曰："天道赏善罚恶，当遣汝送死来耳！"

周人以步兵在前，上山逆战。韶且战且却以诱之；待其力弊，然后下马击之。周师大败，一时瓦解，投坠溪谷死者甚众。

兰陵王长恭以五百骑突入周军，遂至金墉城下[7]。城上人弗识，长恭免胄示之面，乃下弩手救之。周师在城下者亦解围遁去，委弃营幕，自邙山至谷水[8]，三十里中，军资器械，弥满川泽。唯齐公宪、达奚武及庸忠公王雄在后，勒兵拒战。

王雄驰马冲斛律光陈，光退走，雄追之。光左右皆散，唯余一奴一矢。雄按矟不及光者丈余，谓光曰："吾惜尔不杀，当生将尔见天子。"光射雄中额，雄抱马走，至营而卒。军中益惧。

齐公宪拊循督励，众心小安。至夜，收军，宪欲待明更战。达奚武曰："洛阳军散，人情震骇，若不因夜速还，明日欲归不得。武在军久，备见形势；公少年未经事，岂可以数营士卒委之虎口乎！"乃还。权景宣亦弃豫州走。

丁卯，齐主至洛阳。己巳，以段韶为太宰，斛律光为太尉，兰陵王长恭为尚书令。壬申，齐主如虎牢，遂自滑台如黎阳[9]，丙子，至邺。

杨忠引兵出沃野[10]，应接突厥，军粮不给，诸军忧之，计无所出。忠乃招诱稽胡酋长咸在坐，诈使河州刺史王杰勒兵鸣鼓而至，曰："大冢宰已平洛阳，欲与突厥共讨稽胡之不服者。"坐者皆惧，忠慰谕而遣之。于是诸胡相帅馈输，军粮填积。属周师罢归，忠亦还。

晋公护本无将略，是行也，又非本心，故无功，与诸将稽首谢罪。周主慰劳罢之。

是岁，齐山东大水，饥死者不可胜计。

宕昌王梁弥定屡寇周边，周大将军田弘讨灭之，以其地置宕州⑪。

南北朝突厥贵族金面具

**【注释】**

①邵州：治所在今山西垣曲县东南城关。 ②豫州：治所在悬瓠城，即今河南汝南县。 ③永州：治所在今河南信阳市北长台关西。 ④河阳：县名。治所在今河南孟州市西北。 ⑤邙坂：即北邙之坂，在今河南洛阳市北。 ⑥太和谷：在洛阳市东北。 ⑦金墉城：故址在今河南洛阳市东北魏晋洛阳故城西北隅。 ⑧谷水：即今河南洛河支流涧水及其上游渑池县南渑水。 ⑨滑台：城名。即今河南滑县东旧滑县。北临古黄河，东晋南北朝时为军事要地。黎阳：郡名。治所在今河南浚县东北。 ⑩沃野：在今内蒙古巴彦淖尔市临河区西南。 ⑪宕（dàng 荡）州：治所在今甘肃宕昌县东良恭镇。

**六年** 春，正月，癸卯，齐以任城王湝为大司马。

齐主如晋阳。

二月，辛丑①，周遣陈公纯、许公贵、神武公窦毅、南阳公杨荐等备皇后仪卫行殿，并六宫百二十人，诣突厥可汗牙帐逆女②。毅，炽之兄子也。

丙寅，周以柱国安武公李穆为大司空，绥德公陆通为大司寇。

壬申，周主如岐州。

夏，四月，甲寅，以安成王顼为司空。

顼以帝弟之重，势倾朝野。直兵鲍僧睿[3]，恃顼势为不法，御史中丞徐陵为奏弹之，从南台官属引奏案而入[4]。上见陵章服严肃，为敛容正坐。陵进读奏版，时顼在殿上侍立，仰视上，流汗失色。陵遣殿中御史引顼下殿。上为之免顼侍中、中书监。朝廷肃然。

丙午[5]，齐大将军东安王娄睿坐事免。

齐著作郎祖珽[6]，有文学，多技艺，而疏率无行。尝为高祖中外府功曹，因宴失金叵罗，于珽髻上得之；又坐诈盗官粟三千石，鞭二百，配甲坊[7]。显祖时，珽为秘书丞[8]，盗《华林遍略》，及有他赃，当绞，除名为民。显祖虽憎其数犯法，而爱其才伎，令直中书省。

世祖为长广王，珽为胡桃油献之，因言"殿下有非常骨法。孝征梦殿下乘龙上天[9]"。王曰："若然，当使兄大富贵。"及即位，擢拜中书侍郎，迁散骑常侍。与和士开共为奸谄。

珽私说士开曰："君之宠幸，振古无比。宫车一日晚驾，欲何以克终？"士开因从问计。珽曰："宜说主上云：'文襄、文宣、孝昭之子，俱不得立，今宜令皇太子早践大位，以定君臣之分。'若事成，中宫、少主必皆德君，此万全之计也。请君微说主上令粗解，珽当自外上表论之。"士开许诺。

会有彗星见。太史奏云："彗，除旧布新之象，当有易主。"珽于是上书言："陛下虽为天子，未为极贵，宜传位东宫，且以上应天道。"并上魏显祖禅子故事[10]。齐主从之。

丙子，使太宰段韶持节奉皇帝玺绶，传位于太子纬[11]。太子即皇帝位于晋阳宫，大赦，改元天统。又诏以太子妃斛律氏为皇后。于是群公上世祖尊号为太上皇帝，军国大事咸以闻。使黄门侍郎冯子琮、尚书左丞胡长粲辅导少主，出入禁中，专典敷奏。子琮，胡后之妹夫也。

祖珽拜秘书监[12]，加仪同三司，大被亲宠，见重二宫。

丁丑，齐以贺拔仁为太师，侯莫陈相为太保，冯翊王润为司徒，赵郡王叡为司空，河南王孝琬为尚书令。戊寅，以瀛州刺史尉粲为太尉[13]，斛律光为大将军，东安王娄叡为太尉，尚书仆射赵彦深为左仆射⑭。

五月，突厥遣使至齐，始与齐通。

六月，己巳，齐主使兼散骑常侍王季高来聘。

**【注释】**

①辛丑：据《周书·武帝纪》，当作“辛酉”。为二月初八。 ②牙帐：头领或将帅之军帐．帐前竖有牙旗。 ③直兵：从秦代开始，王公府都有直兵。 ④南台：即御史台。 ⑤丙午：据严衍《资治通鉴补》：“丙”改“戊”。戊午为初六。 ⑥著作郎：官名。掌编纂国史。属秘书省。 ⑦甲坊：制造甲仗的作坊。 ⑧秘书丞：秘书省副长官，佐理图书著作等事。 ⑨孝征：祖珽字孝征。 ⑩魏显祖禅子：见本书卷第一百三十二宋明帝泰始六年(470)。 ⑪太子纬：高纬，字仁纲，武成帝高湛长子。 ⑫秘书监：秘书省长官，掌图书著作等事。 ⑬尉粲为太尉：据《北齐书·尉粲传》，粲为太傅，当从之。 ⑭赵彦深：据《北齐书·后主纪》天统元年(565)夏四月：“尚书右仆射赵彦深为左仆射。”

秋，七月，辛巳朔，日有食之。

上遣都督程灵洗自鄱阳别道击周迪，破之。迪与麾下十余人窜于山穴中，日月浸久，从者亦稍苦之。后遣人潜出临川市鱼鲑①，临川太守骆牙执之，令取迪自效，因使腹心勇士随之入山。其人诱迪出猎，勇士伏于道傍，出斩之。丙戌，传首至建康。

庚寅，周主如秦州；八月，丙子，还长安。

己卯，立皇子伯固为新安王，伯恭为晋安王，伯仁为庐陵王，伯义为江夏王。

冬，十月，辛亥，周以函谷关城为通洛防，以金州刺史贺若敦为中州刺史②，镇函谷。

敦恃才负气，顾其流辈皆为大将军，敦独未得，兼以湘州之役，全军而返，谓宜受赏，翻得除名，对台使出怨言。晋公护怒，征还，逼令自杀。临死，谓其子弼曰：“吾志平江南，今而不果，汝必成吾志。吾以舌死，汝不可不思。”因引锥刺弼舌出血以诫之。

十一月，癸未，齐太上皇至邺。

齐世祖之为长广王也，数为显祖所捶，心常衔之。显祖每见祖珽,常呼为贼,故珽亦怨之;且欲求媚于世祖,乃说世祖曰:"文宣狂暴,何得称'文'? 既非创业,何得称'祖'? 若文宣为祖,陛下万岁后当何所称?"帝从之。己丑,改谥太祖献武皇帝庙号高祖[3],献明皇后为武明皇后。令有司更议文宣谥号。

十二月,乙卯,封皇子伯礼为武陵王。

壬戌,齐上皇如晋阳。

庚午,齐改谥文宣皇帝为景烈皇帝,庙号威宗。

**【注释】**

①临川:郡名。治所在今江西南城县东南。鲑(xié 协):吴人总称鱼菜为鲑。 ②中州:北周保定五年(565)置,治所在中州城(今河南新安县),建德六年(577)废。 ③"改谥"句:据《北齐书·后主纪》:"太上皇帝诏改'太祖献武皇帝'为'神武皇帝',庙号'高祖'。"

**天康元年** 春,正月,己卯,日有食之。

癸未,周大赦,改元天和。

辛卯,齐主祀圜丘;癸巳,祫太庙[1]。

丙申,齐以吏部尚书尉瑾为右仆射。

己亥,周主耕藉田。

庚子,齐主如晋阳。

周遣小载师杜杲来聘[2]。

二月,庚戌,齐上皇还邺。

丙子,大赦,改元。

三月,己卯,以安成王顼为尚书令。

丙午,周主祀南郊。夏,四月,辛亥,大雩。

上不豫,台阁众事,并令尚书仆射到仲举、五兵尚书孔奂共决之。奂,琇之之曾孙也[3]。疾笃,奂、仲举与司空、尚书令、扬州刺史安成王顼、吏部尚书袁枢、中书舍人刘师知入侍医药。枢,君正之子也[4]。太子伯宗柔弱,上忧其不能守位,谓顼曰:"吾欲遵太伯之事。"顼拜伏泣涕,固辞。上又谓仲举、奂等曰:"今三方鼎峙,四海事重,宜须长君。朕欲近则晋成[5],远隆殷法,卿等宜遵此意。"孔奂流涕对曰:"陛下御膳违和,痊复非久。皇太子春秋鼎盛,圣德日跻，安成王介弟之尊，足为周旦。若有废立之心，臣等愚，诚不敢闻诏。”上曰：“古之遗直，复见于卿。”乃以奂为太子詹事[⑥]。

臣光曰：夫人臣之事君，宜将顺其美，正救其恶。孔奂在陈，处腹心之重任，决社稷之大计，苟以世祖之言为不诚，则当如窦婴面辩[⑦]，袁盎廷争[⑧]，防微杜渐以绝觊觎之心[⑨]。以为诚邪，则当请明下诏书，宣告中外，使世祖有宋宣之美[⑩]，高宗无楚灵之恶[⑪]。不然，谓太子嫡嗣，不可动摇，欲保辅而安全之，则当尽忠竭节，如晋之荀息[⑫]，赵之肥义[⑬]。奈何于君之存，则逆探其情而求合焉；及其既没，则权臣移国而不能救，嗣主失位而不能死！斯乃奸谀之尤者，而世祖谓之遗直，以托六尺之孤，岂不悖哉！

癸酉，上殂。

上起自艰难，知民疾苦。性明察俭约，每夜刺闺取外事分判者[⑭]，前后相续。敕传更签于殿中者[⑮]，必投签于阶石之上，令枪然有声，曰：“吾虽眠，亦令惊觉。”

太子即位[⑯]，大赦。五月，己卯，尊皇太后曰太皇太后，皇后曰皇太后。

乙酉，齐以兼尚书左仆射武兴王普为尚书令。

吐谷浑龙涸王莫昌帅部落附于周，以其地为扶州[⑰]。

庚寅，以安成王顼为骠骑大将军、司徒、录尚书、都督中外诸军事。丁酉，以中军大将军、开府仪同三司徐度为司空，以吏部尚书袁枢为左仆射，吴兴太守沈钦为右仆射，御史中丞徐陵为吏部尚书。

陵以梁末以来，选授多滥，乃为书示众曰：“梁元帝承侯景之凶荒，王太尉接荆州之祸败[⑱]，故使官方，穷此纷杂。永安之时[⑲]，圣朝草创，白银难得，黄札易营[⑳]，权以官阶，代于钱绢。致令员外、常侍，路上比肩，谘议、参军，市中无数，岂是朝章固应如此！今衣冠礼乐，日富年华，何可犹作旧意非理望也！”众咸服之。

己亥，齐立上皇子弘为齐安王，仁固为北平王，仁英为高平王，仁光为淮南王。

六月，齐遣兼散骑常侍韦道儒来聘。

丙寅，葬文皇帝于永宁陵，庙号世祖。

**【注释】**

①祫（xiá 侠）：古代天子诸侯宗庙祭礼之一。集合远近祖先的神位于太庙大合祭。三年丧毕时举行一次，次年禘祭后又举行一次，以后每五年一次。 ②小载师：官名。北周依《周礼》置载师，职掌土地管理、六畜车乘及赋役等事。 ③琇之：孔琇之。见本书卷第一百三十九齐明帝建武元年（494）。 ④君正：袁君正。见本书卷第一百六十三梁武帝太清三年（549）。 ⑤晋成：晋成帝立母弟为嗣，事见本书卷第九十七咸康八年（342）。 ⑥太子詹事：官名。掌皇后太子家事。 ⑦窦婴面辩：事见本书卷第十六汉景帝前三年（前 154）。 ⑧袁盎廷争：事见十六卷汉景帝中五年（前 145）。 ⑨觊觎（jìyú 记于）：非分的希望或企图。 ⑩宋宣：宋宣公。前 747—前 729 年在位。舍其子与夷而立其弟和继位，为宋穆公。前 720 年，穆公卒，舍其子冯而立与夷。世谓宋宣公有知人之明，立穆公，而自己的儿子最终继承了王位。 ⑪楚灵：楚灵王。前 541 年，楚康王患病，其弟围入宫问疾，缢杀康王，并杀其子幕及平夏而自立，是为灵王。 ⑫荀息：春秋晋国大臣。前 651 年，晋献公病重，嘱荀息辅立其子奚齐。献公卒，里克杀奚齐。荀息立卓子而葬献公。里克杀卓子，荀息以身殉。 ⑬肥义：事见本书卷第四周赧王二十年（前 295）。 ⑭刺闺：夜有急报，投刺于宫门以告警。 ⑮更签：报更的竹签。 ⑯太子即位：史称陈废帝。 ⑰扶州：治所在今四川松潘县。 ⑱王太尉：即王僧辩。 ⑲永安：《南史 · 徐陵传》作“永定”。永定，陈武帝年号。 ⑳黄札：除官拜职的玺书为黄纸，故称黄札。

秋，七月，戊寅，周筑武功等诸城以置军士。

丁酉，立妃王氏为皇后。

八月，齐上皇如晋阳。

周信州蛮冉令贤、向五子王等据巴峡反，攻陷白帝，党与连结二千余里。周遣开府仪同三司元契、赵刚等前后讨之，终不克。九月，诏开府仪同三司陆腾督开府仪同三司王亮、司马裔讨之。

腾军于汤口①，令贤于江南据险要，置十城，远结涔阳蛮为声援②，自帅精卒固守水逻城③。腾召诸将问计，皆欲先取水逻，后攻江南。腾曰：“令贤内恃水逻金汤之固，外托涔阳辅车之援，资粮充实，器械精新。以我悬军，攻其严垒，脱一战不克，更成其气。不如顿军汤口，先取江南，翦其羽毛，然后进军水逻，此制胜之术也。”乃遣王亮帅众渡江，旬日，拔其八城，捕虏及纳降各千计。遂间募骁勇，数道进攻水逻。蛮帅冉伯犁，冉安西素与令贤有仇，腾说诱，赂以金帛，使为乡导。水逻之旁有石胜城④，令贤使其兄子龙真据之。腾密诱龙真，龙真遂以城降。水逻众溃，斩首万余级，捕虏万余口。令贤走，追获，斩之。腾积骸于水逻城侧为京观。是后群蛮望之，辄大哭，不敢复叛。

向五子王据石墨城⑤，使其子宝胜据双城⑥。水逻既平，腾频遣谕之，犹不下。进击，皆擒之，尽斩诸向酋长，捕虏万余口。

信州旧治白帝，腾徙之于八陈滩北⑦，以司马裔为信州刺史。

小吏部陇西辛昂⑧，奉使梁、益，且为腾督军粮。时临、信、楚、合等州⑨，民多从乱，昂谕以祸福，赴者如归。乃令老弱负粮，壮夫拒战，咸乐为用。使还，会巴州万荣郡民反⑩，攻围郡城，遏绝山路。昂谓其徒曰：“凶狡猖狂，若待上闻，孤城必陷。苟利百姓，专之可也。”遂募通、开二州⑪，得三千人。倍道兼行，出其不意，直趣贼垒。贼以为大军至，望风瓦解，一郡获全。周朝嘉之，以为渠州刺史⑫。

北齐弹琵琶陶俑

冬，十月⑬，齐以侯莫陈相为大傅，任城王湝为太保，娄睿为大司马，冯翊王润为太尉，开府仪同三司韩祖念为司徒。

庚申，帝享太庙。

十一月，乙亥，周遣使来吊。

丙戌，周主行视武功等新城；十二月，庚申，还长安。

齐河间王孝琬怨执政，为草人而射之。和士开、祖珽谮之于上皇曰："草人以拟圣躬也。又，前突厥至并州，孝琬脱兜鍪抵地，云：'我岂老妪，须著此物！'此言属大家也[14]。又，魏世谣言：'河南种谷河北生，白杨树上金鸡鸣。'河南、北者，河间也。孝琬将建金鸡大赦耳[15]。"上皇颇惑之。

会孝琬得佛牙，置第内，夜有光。上皇闻之，使搜之，得填库矟幡数百[16]，上皇以为反具，收讯。诸姬有陈氏者，无宠，诬孝琬云："孝琬常画陛下像而哭之。"其实世宗像也[17]。上皇怒，使武卫赫连辅玄倒鞭挝之[18]。孝琬呼叔。上皇曰："何敢呼我为叔！"孝琬曰："臣神武皇帝嫡孙，文襄皇帝嫡子，魏孝静皇帝之甥，何为不得呼叔！"上皇愈怒，折其两胫而死。

安德王延宗哭之，泪赤。又为草人，鞭而讯之曰："何故杀我兄？"奴告之，上皇覆延宗于地，马鞭鞭之二百，几死。

是岁，齐赐侍中、中书监元文遥姓高氏，顷之，迁尚书左仆射。

魏末以来，县令多用厮役，由是士流耻为之。文遥以为县令治民之本，遂请革选，密择贵游子弟，发敕用之；犹恐其披诉，悉召之集神武门，令赵郡王叡宣旨唱名，厚加尉谕而遣之。齐之士人为县自此始。

**【注释】**

①汤口：在今重庆市云阳县东，即汤溪水（今东瀼河）入长江之口。 ②涔阳：城名。在今湖北公安县南。 ③水逻城：在今重庆奉节县东。 ④石胜城：在今重庆奉节县境。 ⑤石墨城：疑在今湖北巴东县境。 ⑥双城：在今湖北巴东县北。 ⑦八陈滩：在今重庆奉节县南。 ⑧小吏部：官名。北周依《周礼》建六官，以六部分属六官，小吏部属天官。 ⑨临：临州，治所在今重庆忠县。信：信州，治所在今重庆奉节县东北。楚：楚州，治所在今重庆巴南区。合：合州，治所在今重庆涪陵区东南。 ⑩万荣郡：治所在今四川达州市西北。 ⑪通：通州，治所在今四川达州市。开：开州，治所在今重庆开州区。 ⑫渠州：治所在今四川渠县。 ⑬十月：中华书局标点本《北齐书·后主纪》天统二年（566）作"冬十月

乙卯","乙卯"据《北史》卷八校改。《通鉴》当补。按:乙卯为十二日。⑭大家:宫中近臣或后妃称皇帝为大家,百官小吏称皇帝为天家。⑮金鸡大赦:北魏、北齐大赦之日,武库令设金鸡及鼓于阙门外右侧,金鸡高挂于竹竿之上,囚犯集合于阙前,击鼓千声,然后把囚犯赦免释放。⑯矟(shuò 朔)幡:矟,即槊,丈八长矛。矟幡,用矟悬幡。 ⑰世宗:高孝琬之父高澄,谥号为文襄皇帝,庙号世宗。 ⑱倒鞭:持鞭小头,以鞭大头抽打。

# 资治通鉴卷第一百七十

## 陈纪四　起强圉大渊献，尽重光单阏，凡五年。

### 临　海　王[1]

**光大元年**　春，正月，癸酉朔，日有食之。

尚书左仆射袁枢卒。

乙亥，大赦，改元。

辛卯，帝祀南郊。

壬辰，齐上皇还邺。

己亥，周主耕籍田。

二月，壬寅朔，齐主加元服，大赦。

初，高祖为梁相，用刘师知为中书舍人。师知涉学工文，练习仪体，历世祖朝，虽位宦不迁，而委任甚重，与扬州刺史安成王顼、尚书仆射到仲举同受遗诏辅政。师知、仲举恒居禁中，参决众事，顼与左右三百人入居尚书省。师知见顼地望权势为朝野所属，心忌之，与尚书左丞王暹等谋出顼于外。众犹豫，未敢先发。东宫通事舍人殷不佞，素以名节自任，又受委东宫，乃驰诣相府[2]，矫敕谓顼曰："今四方无事，王可还东府经理州务[3]。"

顼将出，中记室毛喜，驰入见顼曰："陈有天下日浅，国祸继臻，中外危惧。太后深惟至计，令王入省共康庶绩，今日之言，必非太后之意。宗社之重，愿王三思，须更闻奏，无使奸人得肆其谋。今出外即受制于人，譬如曹爽[4]，愿作富家翁，其可得邪！"顼遣喜与领军将军吴明彻筹之,明彻曰:“嗣君谅暗[⑤],万机多阙。殿下亲实周、邵,当辅安社稷,愿留中勿疑。”

顼乃称疾,召刘师知,留之与语,使毛喜先入言于太后。太后曰:“今伯宗幼弱,政事并委二郎[⑥]。此非我意。”喜又言于帝。帝曰:“此自师知等所为,朕不知也。”喜出,以报顼。顼因囚师知,自入见太后及帝,极陈师知之罪,仍自草敕请画,以师知付廷尉,其夜,于狱中赐死。以到仲举为金紫光禄大夫。王暹、殷不佞并付治。不佞,不害之弟也,少有孝行,顼雅重之,故独得不死,免官而已。王暹伏诛。自是国政尽归于顼。

右卫将军会稽韩子高,镇领军府,在建康诸将中士马最盛,与仲举通谋。事未发。毛喜请简士马配子高,并赐铁炭,使修器甲。顼惊曰:“子高谋反,方欲收执,何为更如是邪?”喜曰:“山陵始毕,边寇尚多,而子高受委前朝,名为杖顺。若收之,恐不即授首,或能为人患。宜推心安诱,使不自疑,伺间图之,一壮士之力耳。”顼深然之。

仲举既废归私第,心不自安。子郁,尚世祖妹信义长公主,除南康内史,未之官。子高亦自危,求出为衡、广诸镇;郁每乘小舆,蒙妇人衣,与子高谋。会前上虞令陆昉及子高军主告其谋反。顼在尚书省,因召文武在位议立皇太子。平旦,仲举、子高入省,皆执之,并郁送廷尉,下诏,于狱赐死,余党一无所问。

辛亥,南豫州刺史余孝顷坐谋反诛。

癸丑,以东扬州刺史始兴王伯茂为中卫大将军、开府仪同三司。伯茂,帝之母弟也,刘师知、韩子高之谋,伯茂皆预之;司徒顼恐扇动中外,故以为中卫,专使之居禁中,与帝游处。

三月,甲午,以尚书右仆射沈钦为侍中、左仆射。

**【注释】**

①临海王:即陈伯宗,字奉业,小字药王,陈文帝嫡长子。天康元年(566)四月,陈文帝死,即帝位,史称废帝。光大二年(568)十一月被安成王陈顼废为临海王。 ②相府:此时以尚书省为相府。 ③东府:南朝宰相府第。 ④曹爽:事见本书卷第四十五魏邵陵厉公嘉平元年(249)。 ⑤谅暗:帝王居丧。 ⑥二郎:指陈顼。文帝陈蒨居长,陈顼

居次，故称为二郎。

夏，四月，癸丑，齐遣散骑常侍司马幼之来聘[①]。

湘州刺史华皎闻韩子高死，内不自安，缮甲聚徒，抚循所部，启求广州，以卜朝廷之意。司徒顼伪许之，而诏书未出。皎遣使潜引周兵，又自归于梁，以其子玄响为质。

五月，癸巳，顼以丹杨尹吴明彻为湘州刺史。

甲午，齐以东平王俨为尚书令。

司徒顼遣吴明彻帅舟师三万趣郢州，丙申，遣征南大将军淳于量帅舟师五万继之，又遣冠武将军杨文通从安成步道出茶陵[②]，巴山太守黄法慧从宜阳出澧陵[③]，共袭华皎，并与江州刺史章昭达、郢州刺史程灵洗合谋进讨。六月，壬寅，以司空徐度为车骑将军，总督建康诸军，步道趣湘州。

辛亥，周主尊其母叱奴氏为皇太后。

己未，齐封皇弟仁机为西河王，仁约为乐浪王，仁俭为颍川王，仁雅为安乐王，仁直为丹杨王，仁谦为东海王。

华皎使者至长安；梁王亦上书言状，且乞师；周人议出师应之。司会崔猷曰："前岁东征，死伤过半。比虽循抚，疮痍未复。今陈氏保境息民，共敦邻好，岂可利其土地，纳其叛臣，违盟约之信，兴无名之师乎！"晋公护不从。闰六月，戊寅，遣襄州总管卫公直督柱国陆通、大将军田弘、权景宣、元定等将兵助之。

辛巳，齐左丞相咸阳武王斛律金卒，年八十。长子光为大将军，次子羡及孙武都并开府仪同三司，出镇方岳[④]，其余子孙封侯贵显者众甚。门中一皇后，二太子妃[⑤]，三公主[⑥]，事齐贵宠，三世无比。自肃宗以来，礼敬尤重，每朝见，常听乘步挽车至阶，或以羊车迎之。然金不以为喜，尝谓光曰："我虽不读书，闻古来外戚鲜有能保其族者。女若有宠，为诸贵所嫉；无宠，为天子所憎。我家直以勋劳致富贵，何必藉女宠也！"

壬午，齐以东平王俨录尚书事，以左仆射赵彦深为尚书令，并省尚书左仆射娄定远为左仆射，中书监徐之才为右仆射。定远，昭之子也。

【注释】

①散骑常侍：据《北齐书·后主纪》，当作“兼散骑常侍”。 ②安成：郡名。治所在今江西安福县东南。茶陵：县名。治所在今湖南茶陵县东。 ③宜阳：县名。治所即今江西宜春市。澧陵：又作醴陵。县名。治所即今湖南醴陵市。 ④出镇方岳：斛律羡为幽州刺史，斛律武都为梁州、兖州刺史。 ⑤一皇后、二太子妃：斛律光之长女，齐孝昭帝纳为太子妃；次女，齐武成帝纳为太子妃，齐后主继位立为皇后。 ⑥三公主：斛律光之子武都、世雄、恒伽都娶公主为妻。

秋，七月，戊申，立皇子至泽为太子。

八月，齐以任城王湝为太师，冯翊王润为大司马，段韶为左丞相，贺拔仁为右丞相，侯莫陈相为太宰，娄叡为太傅，斛律光为太保，韩祖念为大将军，赵郡王叡为太尉，东平王俨为司徒。

俨有宠于上皇及胡后，时兼京畿大都督、领军大将军，领御史中丞。魏朝故事：中丞出，与皇太子分路，王公皆遥驻车，去牛，顿轭于地，以待其过；其或迟违，则前驱以赤棒棒之。自迁邺以后，此仪废绝，上皇欲尊宠俨，命一遵旧制。俨初从北宫出，将上中丞，凡京畿步骑、领军官属、中丞威仪、司徒卤簿，莫不毕从。上皇与胡后张幕于华林园东门外而观之，遣中使骤马趣仗。不得入，自言奉敕，赤棒卒应声碎其鞍，马惊，人坠。上皇大笑，以为善，更敕驻车，劳问良久。观者倾邺城。

北齐红陶牛

俨恒在宫中，坐含光殿视事，诸父皆拜之。上皇或时如并州[1]，俨恒居守。每送行，或半路，或至晋阳乃还。器玩服饰，皆与齐主同，所须悉官给。尝于南宫见新冰早李[2]，还，怒曰："尊兄已有[3]，我何竟无！"自是齐主或先得新奇，属官及工人必获罪。俨性刚决，尝言于上皇曰："遵兄懦，何能帅左右！"上皇每称其才，有废立意，胡后亦劝之，既而中止。

华皎遣使诱章昭达，昭达执送建康。又诱程灵洗，灵洗斩之。皎以武州居其心腹[4]，遣使诱都督陆子隆，子隆不从；遣兵攻之，不克。巴州刺史戴僧朔等并隶于皎，长沙太守曹庆等，本隶皎下，遂为之用。司徒顼恐上流守宰皆附之，乃曲赦湘、巴二州。九月，乙巳，悉诛皎家属。

梁以皎为司空，遣其柱国王操将兵二万助之。周权景宣将水军，元定将陆军，卫公直总之，与皎俱下。淳于量军夏口[5]，直军鲁山[6]，使元定以步骑数千围郢州[7]。皎军于白螺[8]，与吴明彻等相持。徐度、杨文通由岭路袭湘州，尽获其所留军士家属。

皎自巴陵与周、梁水军顺流乘风而下，军势甚盛，战于沌口[9]。量、明彻募军中小舰，多赏金银，令先出当西军大舰受其拍；西军诸舰发拍皆尽，然后量等以大舰拍之，西军舰皆碎，没于中流。西军又以舰载薪，因风纵火，俄而风转，自焚，西军大败。皎与戴僧朔单舸走，过巴陵，不敢发岸，径奔江陵；卫公直亦奔江陵。

元定孤军，进退无路，斫竹开径，且战且引，欲趣巴陵。巴陵已为徐度等所据，度等遣使伪与结盟，许纵之还国；定信之，解仗就度，度执之，尽俘其众，并擒梁大将军李广。定愤恚而卒。

皎党曹庆等四十余人并伏诛。唯以岳阳太守章昭裕，昭达之弟，桂阳太守曹宣，高祖旧臣，衡阳内史汝阴任忠，尝有密启，皆宥之。

吴明彻乘胜攻梁河东[10]，拔之。

周卫公直归罪于梁柱国殷亮；梁主知非其罪，然不敢违，遂诛之。

周与陈既交恶，周沔州刺史裴宽白襄州总管，请益戍兵，并迁城于羊蹄山以避水[11]。总管兵未至，程灵洗舟师奄至城下。会大雨，水暴涨，灵洗引大舰临城发拍，击楼堞皆碎，矢石昼夜攻之三十余日；陈人登城，宽犹帅众执短兵拒战；又二日，乃擒之。

丁巳，齐上皇如晋阳。山东水，饥，僵尸满道。

【注释】

①并州：晋阳宫在并州。 ②南宫：北齐少主时居邺城南宫，高俨随从太上皇、胡后居北宫。 ③尊兄：高俨常称呼少主为尊兄。 ④武州：梁置。治所在今湖南常德市。 ⑤夏口：夏水（汉水下游的古称）注入长江处。 ⑥鲁山：城名。在今湖北武汉市汉阳区东北。 ⑦郢州：治所在今武汉市武昌区。 ⑧白螺：山名。即今湖北洪湖市西南长江北岸螺山。 ⑨沌（zhuàn 撰）口：在今湖北武汉市汉阳区西南，即古沌水入长江之口。 ⑩河东：郡名。东晋侨置，隋平陈后废。治所在今湖北松滋市西北。 ⑪羊蹄山：在今湖北汉川市南。

冬，十月，甲申，帝享太庙。

十一月，戊戌朔，日有食之。

丙午，齐大赦。

癸丑，周许穆公宇文贵自突厥还，卒于张掖。

齐上皇还邺。

十二月，周晋公护母卒，诏起，令视事。

齐秘书监祖珽，与黄门侍郎刘逖友善。珽欲求宰相，乃疏赵彦深、元文遥、和士开罪状，令逖奏之，逖不敢通；彦深等闻之，先诣上皇自陈。上皇大怒，执珽，诘之，珽因陈士开、文遥、彦深等朋党、弄权、卖官、鬻狱事[①]。上皇曰："尔乃诽谤我！"珽曰："臣不敢诽谤，陛下取人女。"上皇曰："我以其饥馑，收养之耳。"珽曰："何不开仓振给，乃买入后宫乎？"上皇益怒，以刀环筑其口，鞭杖乱下，将扑杀之。珽呼曰："陛下勿杀臣，臣为陛下合金丹。"遂得少宽。珽曰："陛下有一范增不能用。"上皇又怒曰："尔自比范增，比我为项羽邪？"珽曰："项羽布衣，帅乌合之众，五年而成霸业。陛下藉父兄之资，才得至此，臣以为项羽未易可轻。"上皇愈怒，令以土塞其口。珽且吐且言，乃鞭二百，配甲坊，寻徙光州[②]，敕令牢掌。别驾张奉福曰："牢者，地牢也。"乃置地牢中，桎梏不离身；夜，以芜菁子为烛，眼为所熏，由是失明。

齐七兵尚书毕义云[③]，为治酷忍，非人理所及，于家尤甚。夜，为盗所杀,遗其刀,验之,其子善昭所佩刀也。有司执善昭,诛之。

【注释】

①鬻(yù 预):卖。 ②光州:治所在今山东莱州市。 ③七兵尚书:官名。即后来的兵部尚书。三国魏始置五兵尚书,谓中兵、外兵、别兵、都兵、骑兵。至晋,中兵、外兵又各分左、右,共为七曹,但仍称五兵尚书。至北魏始有七兵尚书。

**二年** 春,正月,己亥,安成王顼进位太傅,领司徒,加殊礼。

辛丑,周主祀南郊。

癸亥,齐主使兼散骑常侍郑大护来聘。

湘东忠肃公徐度卒。

二月,丁卯,周主如武功。

突厥木杆可汗贰于周,更许齐人以婚,留陈公纯等数年不返。会大雷风,坏其穹庐,旬日不止。木杆惧,以为天谴,即备礼送其女于周,纯等奉之以归。三月,癸卯,至长安,周主行亲迎之礼。甲辰,周大赦。

乙巳,齐以东平王俨为大将军,南阳王绰为司徒,开府仪同三司徐显秀为司空,广宁王孝珩为尚书令。

戊午,周燕文公于谨卒。谨勋高位重,而事上益恭,每朝参,所从不过二三骑。朝廷有大事,多与谨谋之。谨尽忠补益,于功臣中特被亲信,礼遇隆重,始终无间;教训诸子,务存静退,而子孙蕃衍,率皆显达。

吴明彻乘胜进攻江陵,引水灌之。梁主出顿纪南以避之[①]。周总管田弘从梁主,副总管高琳与梁仆射王操守江陵三城,昼夜拒战十旬。梁将马武、吉彻击明彻,败之。明彻退保公安,梁主乃得还。

夏,四月,辛巳,周以达奚武为太傅,尉迟迥为太保,齐公宪为大司马。

齐上皇如晋阳。

齐尚书左仆射徐之才善医,上皇有疾,之才疗之,既愈;中书监和士开欲得次迁,乃出之才为兖州刺史。五月,癸卯,以尚书右仆射胡长仁为左仆射，士开为右仆射。长仁，太上皇后之兄也。

庚戌，周主享太庙；庚申，如醴泉宫[2]。

壬戌，齐上皇还邺。

秋，七月，壬寅，周随桓公杨忠卒，子坚袭爵。坚为开府仪同三司、小宫伯[3]，晋公护欲引以为腹心。坚以白忠，忠曰："两姑之间难为妇，汝其勿往！"坚乃辞之。

丙午，帝享太庙。

戊午，周主还长安。

壬戌，封皇弟伯智为永阳王，伯谋为桂阳王。

八月，齐请和于周，周遣军司马陆程等聘于齐；九月，丙申，齐使侍中斛斯文略报之。

**【注释】**

①纪南：古城名。在今湖北荆州市西北十多里。　②醴泉宫：即汉甘泉宫旧地，在今陕西淳化县西北。　③小宫伯：官名。北周依《周礼》署左、右宫伯，掌侍卫宫禁，各更值于内。小宫伯为左、右宫伯之佐贰。

冬，十月，癸亥，周主享太庙。

庚午，帝享太庙。

辛巳，齐以广宁王孝珩录尚书事，左仆射胡长仁为尚书令，右仆射和士开为左仆射，中书监唐邕为右仆射。

十一月，壬辰朔，日有食之。

齐遣兼散骑常侍李谐来聘[1]。

甲辰，周主如岐阳。

周遣开府仪同三司崔彦等聘于齐[2]。

始兴王伯茂以安成王顼专政，意甚不平，屡肆恶言。甲寅，以太皇太后令诬帝，云与刘师知、华皎等通谋。且曰："文皇知子之鉴，事等帝尧；传弟之怀，又符太伯。今可还申曩志，崇立贤君。"遂废帝为临海王，以安成王入纂。又下令，黜伯茂为温麻侯，置诸别馆，安成王使盗邀之于道，杀之车中。

齐上皇疾作，驿追徐之才，未至。辛未[3]，疾亟，以后事属和士开，握其手曰："勿负我也！"遂殂于士开之手。明日，之才至，复遣还州。

士开秘丧三日不发。黄门侍郎冯子琮问其故,士开曰:"神武、文襄之丧,皆秘不发。今至尊年少,恐王公有贰心者,意欲尽追集于凉风堂[4],然后与公议之。"士开素忌太尉录尚书事赵郡王叡及领军娄定远,子琮恐其矫遗诏出叡于外,夺定远禁兵,乃说之曰:"大行先已传位于今上,群臣富贵者,皆至尊父子恩,但令在内贵臣一无改易,王公必无异志。世异事殊,岂得与霸朝相比[5]!且公不出宫门已数日,升遐之事,行路皆传,久而不举,恐有他变。"士开乃发丧。

丙子,大赦。戊寅,尊太上皇后为皇太后。

侍中尚书左仆射元文遥,以冯子琮,胡太后之妹夫,恐其赞太后干预朝政,与赵郡王叡、和士开谋,出子琮为郑州刺史。

世祖骄奢淫泆,役繁赋重,吏民苦之。甲申,诏:"所在百工细作,悉罢之。邺下、晋阳、中山宫人、官口之老病者,悉简放。诸家缘坐在流所者,听还。"

周梁州恒棱獠叛[6],总管长史南郑赵文表讨之。诸将欲四面进攻,文表曰:"四面攻之,獠无生路,必尽死以拒我,未易可克。今吾示以威恩,为恶者诛之,从善者抚之。善恶既分,破之易矣。"遂以此意遍令军中。时有从军熟獠,多与恒棱亲识,即以实报之。恒棱犹豫未决,文表军已至其境。獠中先有二路,一平一险,有獠帅数人来见,请为乡导。文表曰:"此路宽平,不须为导。卿但先行慰谕子弟,使来降也。"乃遣之。文表谓诸将曰:"獠帅谓吾从宽路而进,必设伏以邀我,当更出其不意。"乃引兵自险路入。乘高而望,果有伏兵。獠既失计,争帅众来降。文表皆慰抚之,仍征其租税,无敢违者。周人以文表为蓬州长史[7]。

【注释】

①李谐:据《北齐书·后主纪》,当作"李翥"(zhù 铸)。 ②"周遣"句:据《周书·武帝纪》天和三年(568)十一月:"壬子,遣开府崔彦穆、小宾部元晖使于齐。"按:壬子,为二十一日。 ③辛未:据《北齐书·武成帝纪、后主纪》,"辛未"之前应补"十二月"三字。 ④凉风堂:在晋阳宫殿中。 ⑤霸朝:高欢、高澄为东魏权臣,握东魏之政,北齐君臣称之为

"霸朝"。 ⑥恒棱:在今四川嘉陵江支流林溪上游仪陇等县一带。⑦蓬州:治所在今四川营山县东北。长史:据《周书·赵文表传》,应为"刺史"。

## 高宗宣皇帝上之上[1]

**太建元年** 春,正月,辛卯朔,周主以齐世祖之丧罢朝会,遣司会李纶吊赙[2],且会葬。

甲午,安成王即皇帝位,改元,大赦。复太皇太后为皇太后,皇太后为文皇后;立妃柳氏为皇后,世子叔宝为太子;封皇子叔陵为始兴王,奉昭烈王祀。乙未,上谒太庙。丁酉,以尚书仆射沈钦为左仆射,度支尚书王劢为右仆射。劢,份之孙也。

辛丑,上祀南郊。

壬寅,封皇子叔英为豫章王,叔坚为长沙王。

戊午,上享太庙。

齐博陵文简王济,世祖之母弟也,为定州刺史,语人曰:"次叙当至我矣。"齐主闻之,阴使人就州杀之,葬赠如礼。

二月,乙亥,上耕藉田。

甲申,齐葬武成帝于永平陵,庙号世祖。

乙丑[3],齐徙东平王俨为琅邪王。

齐遣侍中叱列长叉聘于周。

齐以司空徐显秀为太尉,并省尚书令娄定远为司空。

初,侍中、尚书右仆射和士开,为世祖所亲狎,出入卧内,无复期度,遂得幸于胡后。及世祖殂,齐主以士开受顾托,深委任之,威权益盛;与娄定远及录尚书事赵彦深、侍中、尚书左仆射元文遥、开府仪同三司唐邕、领军綦连猛、高阿那肱、度支尚书胡长粲俱用事,时号"八贵"。太尉赵郡王睿、大司马冯翊王润、安德王延宗与娄定远、元文遥皆言于齐主,请出士开为外任。会胡太后觞朝贵于前殿,睿面陈士开罪失云:"士开先帝弄臣,城狐社鼠,受纳货赂,秽乱宫掖。臣等义无杜口,冒死陈之。"太后曰:"先帝在时,王等何不言？今日欲欺孤寡邪？且饮酒，勿多言！”睿等词色愈厉。仪同三司安吐根曰：“臣本商胡，得在诸贵行末，既受厚恩，岂敢惜死！不出士开，朝野不定。”太后曰：“异日论之，王等且散！”睿等或投冠于地，或拂衣而起。明日，睿等复诣云龙门，令文遥入奏之，三返，太后不听。左丞相段韶使胡长粲传太后言曰：“梓宫在殡，事太匆匆，欲王等更思之！”睿等遂皆拜谢。长粲复命，太后曰：“成妹母子家者，兄之力也。”厚赐睿等，罢之。

太后及齐主召问士开，对曰：“先帝于群臣之中，待臣最厚。陛下谅暗始尔，大臣皆有觊觎。今若出臣，正是翦陛下羽翼。宜谓睿云：‘文遥与臣，俱受先帝任用，岂可一去一留！并可用为州，且出纳如旧。待过山陵，然后遣之。’睿等谓臣真出，心必喜之。”帝及太后然之，告睿等如其言。乃以士开为兖州刺史[4]，文遥为西兖州刺史[5]。葬毕，睿等促士开就路。太后欲留士开过百日，睿不许；数日之内，太后数以为言。有中人知太后密旨者，谓睿曰：“太后意既如此，殿下何宜苦违！”睿曰：“吾受委不轻。今嗣主幼冲，岂可使邪臣在侧！不守之以死，何面戴天！”遂更见太后，苦言之。太后令酌酒赐睿，睿正色曰：“今论国家大事，非为卮酒！”言讫，遽出。

士开载美女珠帘诣娄定远，谢曰：“诸贵欲杀士开，蒙王力，特全其命，用为方伯。今当奉别，谨上二女子，一珠帘。”定远喜，谓士开曰：“欲还入不？”士开曰：“在内久不自安，今得出，实遂本志，不愿更入。但乞王保护，长为大州刺史足矣。”定远信之。送至门，士开曰：“今当远出，愿得一辞觐二宫。”定远许之。士开由是得见太后及帝，进说曰：“先帝一旦登遐，臣愧不能自死。观朝贵意势，欲以陛下为乾明[6]。臣出之后，必有大变，臣何面目见先帝于地下！”因恸哭。帝、太后皆泣，问：“计安出？”士开曰：“臣已得入，复何所虑，正须数行诏书耳。”于是诏出定远为青州刺史，责赵郡王睿以不臣之罪。

旦日，睿将复入谏，妻子咸止之，睿曰：“社稷事重，吾宁死事先皇，不忍见朝廷颠沛。”至殿门，又有人谓曰：“殿下勿入，恐有变。”睿曰：“吾上不负天，死亦无恨。”入，见太后，太后复以为言，睿执之弥固。出，至永巷，遇兵，执送华林园雀离佛院，令刘桃枝拉杀之。睿久典朝政，清正自守，朝野冤惜之。复以士开为侍中、尚书左仆射。定远归士开所遗，加以余珍赂之。

【注释】

①高宗宣皇帝：即陈顼，569—582 年在位。陈顼为始兴昭烈王陈道谭第二子，陈世祖陈蒨之弟。 ②赙（fù 付）：旧指以财物助人办丧事。③乙丑：据《北齐书·后主纪》，当作“己丑”，为二十九日。 ④兖州：治所在今山东济宁市兖州区。 ⑤西兖州：治所在今河南滑县。 ⑥乾明：北齐济南王高殷年号，事见本书卷第一百六十八陈文帝天嘉元年（560）。

三月，齐主如晋阳。夏，四月，甲子，以并州尚书省为大基圣寺，晋祠为大崇皇寺。乙丑，齐主还邺。

齐主年少，多嬖宠。武卫将军高阿那肱，素以谄佞为世祖及和士开所厚，世祖多令在东宫侍齐主，由是有宠；累迁并省尚书令，封淮阴王。

世祖简都督二十人[①]，使侍卫东宫，昌黎韩长鸾预焉，齐主独亲爱长鸾。长鸾，名凤，以字行，累迁侍中、领军，总知内省机密。

宫婢陆令萱者，其夫汉阳骆超，坐谋叛诛，令萱配掖庭，子提婆，亦没为奴。齐主之在襁褓，令萱保养之。令萱巧黠，善取媚，有宠于胡太后，宫掖之中，独擅威福，封为郡君，和士开、高阿那肱皆为之养子。齐主以令萱为女侍中[②]。令萱引提婆入侍齐主，朝夕戏狎，累迁至开府仪同三司、武卫大将军。宫人穆舍利者，斛律后之从婢也，有宠于齐主；令萱欲附之，乃为之养母，荐为弘德夫人，因令提婆冒姓穆氏。然和士开用事最久，诸幸臣皆依附之以固其宠。

齐主思祖珽，就流囚中除海州刺史[③]。珽乃遗陆媪弟仪同三司悉达书曰：“赵彦深心腹深沉，欲行伊、霍事，仪同姊弟岂得平安，何不早用智士邪！”和士开亦以珽有胆略，欲引为谋主，乃弃旧怨，虚心待之，与陆媪言于帝曰：“襄、宣、昭三帝之子，皆不得立。今至尊独在帝位者，祖孝征之力也[④]。人有功，不可不报。孝征心

徐陵像

行虽薄，奇略出人，缓急可使。且其人已盲，必无反心，请呼取，问以筹策。”齐主从之，召入，为秘书监，加开府仪同三司。

士开谮尚书令陇东王胡长仁骄恣，出为齐州刺史。长仁怨愤，谋遣刺客杀士开。事觉，士开与珽谋之，珽引汉文帝诛薄昭故事⑤，遂遣使就州赐死。

五月，庚戌，周主如醴泉宫。

丁巳，以吏部尚书徐陵为左仆射⑥。

秋，七月，辛卯，皇太子纳妃沈氏，吏部尚书君理之女也。

辛亥，周主还长安。

八月，庚辰，盗杀周孔城防主⑦，以其地入齐。

九月，辛卯，周遣齐公宪与柱国李穆将兵趣宜阳⑧，筑崇德等五城。

欧阳纥在广州十余年，威惠著于百越。自华皎之叛，帝心疑之，征为左卫将军。纥恐惧，其下多劝之反，遂举兵攻衡州刺史钱道戢⑨。

帝遣中书侍郎徐俭持节谕旨。纥初见俭，盛仗卫，言辞不恭。俭曰：“吕嘉之事⑩，诚当已远，将军独不见周迪、陈宝应乎！转祸为福，未为晚也。”纥默然不应，置俭于孤园寺，累旬不得还。纥尝出见俭，俭谓之曰：“将军业已举事，俭须还报天子。俭之性命，虽在将军，将军成败，不在于俭，幸不见留。”纥乃遣俭还。俭，陵之子也。

冬，十月，辛未，诏车骑将军章昭达讨纥。

壬午，上享太庙。

十一月，辛亥，周郚文公长孙俭卒。

辛丑，齐以斛律光为太傅，冯翊王润为太保，琅邪王俨为大司马。十二月，庚午，以兰陵王长恭为尚书令。庚辰，以中书监魏收为左仆射[11]。

周齐公宪等围齐宜阳，绝其粮道。

自华皎之乱，与周人绝，至是周遣御正大夫杜杲来聘，请复修旧好。上许之，遣使如周。

【注释】

①都督：北齐掌宫廷禁卫的左、右卫府和领左、右府，其御仗属官，各有正、副都督等员。 ②女侍中：北魏女官名。相当于二品。 ③海州：治所在今江苏连云港市西南海州镇。 ④祖孝征：祖珽，字孝征。 ⑤薄昭：事见本书卷第十四汉文帝十年（前170）。 ⑥左仆射：据《陈书·宣帝纪》，应为“右仆射”。 ⑦孔城：在今河南伊川县西南，东魏置新城郡治此，北周置为孔城防。 ⑧宜阳：在今河南宜阳县西。 ⑨衡州：南朝梁置，治所在今广东英德市西北浛洸，南朝陈改为西衡州。 ⑩吕嘉：事见本书卷第二十汉武帝元鼎五年、六年（前112、前111）。 ⑪左仆射：据《北齐书·后主纪》，当为“右仆射”。

**二年** 春，正月，乙酉朔，齐改元武平。

齐东安王娄叡卒。

丙午，上享太庙。

戊申，齐使兼散骑常侍裴谳之来聘。

齐太傅斛律光，将步骑三万救宜阳，屡破周军，筑统关、丰化二城而还[1]。周军追之，光纵击，又破之，获其开府仪同三司宇文英、梁景兴。二月，己巳，齐以斛律光为右丞相、并州刺史，又以任城王湝为太师，贺拔仁录尚书事。

欧阳纥召阳春太守冯仆至南海[2]，诱与同反。仆遣使告其母冼夫人。夫人曰：“我为忠贞，经今两世，不能惜汝负国。”遂发兵拒境，帅诸酋长迎章昭达。

昭达倍道兼行，至始兴[③]。纥闻昭达奄至，恇扰不知所为，出顿洭口[④]，多聚沙石，盛以竹笼，置于水栅之外，用遏舟舰。昭达居上流，装舰造拍，令军人衔刀潜行水中，以斫笼，篾皆解，因纵大舰随流突之，纥众大败，生擒纥，送之；癸未，斩于建康市。

纥之反也，士人流寓在岭南者皆惶骇。前著作佐郎萧引独恬然，曰："管幼安、袁曜卿[⑤]，亦但安坐耳。君子直己以行义，何忧惧乎！"纥平，上征为金部侍郎[⑥]。引，允之弟也[⑦]。

冯仆以其母功，封信都侯，迁石龙太守[⑧]，遣使持节册命冼氏为石龙太夫人，赐绣幰油骆驷马安车一乘，给鼓吹一部，并麾幢旌节，其卤簿一如刺史之仪。

三月，丙申，皇太后章氏殂。

戊戌，齐安定武王贺拔仁卒。

丁未，大赦。

夏，四月，甲寅，周以柱国宇文盛为大宗伯。

周主如醴泉宫。

辛酉，齐以开府仪同三司徐之才为尚书左仆射。

戊寅，葬武宣皇后于万安陵。

闰月，戊申，上谒太庙。

五月，壬午，齐遣使来吊。

六月，乙酉，齐以广宁王孝珩为司空。

甲辰，齐穆夫人生子恒。齐主时未有男，为之大赦。陆令萱欲以恒为太子，恐斛律后恨怒，乃白齐主，使斛律后母养之。

己丑，齐以开府仪同三司唐邕为尚书右仆射。

**【注释】**

①二城：据章钰校记，十二行本、乙十一行本、孔本"城"字下有"以通宜阳粮道"六字。按：《北齐书·斛律光传》与校记略同。　②阳春：郡名，治所在今广东阳春市。南海：郡名，治所在今广东广州市。　③始兴：郡名。治所在今广东韶关市东南莲花岭下。　④洭口：在今广东英德市西南连江口。　⑤管幼安：管宁（158—241），字幼安。三国时隐士。曾依公孙度，后魏文帝征他为太中大夫，明帝时又征他为光禄勋，都固辞

不就。袁曜卿:袁涣,字曜卿,被吕布拘禁而不屈服,吕布败后归向曹操。⑥金部侍郎:官名。属尚书省。掌财帛库藏出纳及市易、给赐等。⑦允:萧允。见本书卷第一百六十二梁武帝太清三年(549)。⑧石龙:郡名。治所在今广东化州市。

秋,七月[1],齐立肃宗子彦基为城阳王,彦忠为梁郡王。甲寅,以尚书令兰陵王长恭为录尚书事,中领军和士开为尚书令,赐爵淮阳王。

士开威权日盛,朝士不知廉耻者,或为之假子,与富商大贾同在伯仲之列。尝有一人士参士开疾,值医云:"王伤寒极重[2],应服黄龙汤[3]。"士开有难色。人士曰:"此物甚易服,王不须疑,请为王先尝之。"一举而尽。士开感其意,为之强服,遂得愈。

乙卯,周主还长安。

癸酉,齐以华山王凝为太傅。

司空章昭达攻梁,梁主与周总管陆腾拒之。周人于峡口南岸筑安蜀城,横引大索于江上,编苇为桥,以度军粮。昭达命军士为长戟,施于楼船上,仰割其索。索断,粮绝,因纵兵攻安蜀城,下之。

梁主告急于周襄州总管卫公直,直遣大将军李迁哲将兵救之。迁哲以其所部守江陵外城,自帅骑兵出南门,使步出北门,首尾邀击陈兵,陈兵多死。夜,陈兵窃于城西以梯登城,登者已数百人,迁哲与陆腾力战拒之,乃退。

昭达又决龙川宁朔堤[4],引水灌江陵。腾出战于西堤,昭达兵不利,乃引还。

八月,辛卯,齐主如晋阳。

九月,乙巳[5],齐立皇子恒为太子。

冬,十月,辛巳朔,日有食之。

齐以广宁王孝珩为司徒,上洛王思宗为司空。复以梁永嘉王庄为开府仪同三司、梁王,许以兴复,竟不果。及齐亡,庄愤邑,卒于邺。

乙酉,上享太庙。

己丑，齐复威宗谥曰文宣皇帝，庙号显祖。

丁酉，周郑桓公达奚武卒。

十二月，丁亥，齐主还邺。

周大将军郑恪将兵平越巂，置西宁州[6]。

周、齐争宜阳，久而不决。勋州刺史韦孝宽谓其下曰："宜阳一城之地，不足损益，两国争之，劳师弥年。彼岂无智谋之士，若弃崤东[7]，来图汾北，我必失地。今宜速于华谷及长秋筑城以杜其意[8]。脱其先我，图之实难。"乃画地形，具陈其状。晋公护谓使者曰："韦公子孙虽多，数不满百，汾北筑城，遣谁守之！"事遂不行。

齐斛律光果出晋州道[9]，于汾北筑华谷、龙门二城[10]。光至汾东，与孝宽相见，光曰："宜阳一城，久劳争战。今已舍彼，欲于汾北取偿，幸勿怪也。"孝宽曰："宜阳，彼之要冲，汾北，我之所弃。我弃彼取，其偿安在！君辅翼幼主，位望隆重，不抚循百姓而极武穷兵，苟贪寻常之地，涂炭疲弊之民，窃为君不取也！"

光进围定阳[11]，筑南汾城以逼之[12]。周人释宜阳之围以救汾北。晋公护问计于齐公宪，宪曰："兄宜暂出同州以为声势[13]，宪请以精兵居前，随机攻取。"护从之。

**【注释】**

①七月：据《北齐书·后主纪》武平元年（570），"七月"下有"癸丑"两字。癸丑为初二。 ②王：时和士开已封淮阳郡王。 ③黄龙汤：多年粪汁。④龙川：又作龙陂。在今湖北荆州市北。 ⑤乙巳：疑有误。⑥西宁州：治所在今四川西昌市。 ⑦崤东：指宜阳，因宜阳在崤山以东。 ⑧华谷：在今山西稷山县西北化峪村。长秋：在今山西新绛县西北泉掌镇。 ⑨晋州：治所在今山西临汾市。 ⑩龙门：城名。即今山西稷山县北古城。 ⑪定阳：郡名。治所在今山西吉县。 ⑫南汾城：在今山西吉县西北。 ⑬同州：治所在今陕西大荔县。

**三年** 春，正月，乙丑，以尚书右仆射徐陵为左仆射。

丁巳，齐使兼散骑常侍刘环俊来聘。

辛酉，上祀南郊；辛未，祀北郊。

齐斛律光筑十三城于西境，马上以鞭指画而成，拓地五百里，而未尝伐功。又与周韦孝宽战于汾北，破之。齐公宪督诸将东拒齐师。

二月，辛巳，上祀明堂。丁酉，耕藉田。

壬寅，齐以兰陵王长恭为太尉，赵彦深为司空，和士开录尚书事，徐之才为尚书令，唐邕为左仆射，吏部尚书冯子琮为右仆射，仍摄选。

子琮素谄附士开，至是，自以太后亲属，且典选，颇擅引用人，不复启禀，由是与士开有隙。

三月，丁丑，大赦。

周齐公宪自龙门渡河，斛律光退保华谷，宪攻拔其新筑五城。齐太宰段韶、兰陵王长恭将兵御周师，攻柏谷城[①]，拔之而还。

夏，四月，戊寅朔，日有食之。

壬午，齐以琅邪王俨为太保。

壬辰，齐遣使来聘。

周陈公纯取齐宜阳等九城，齐斛律光将步骑五万赴之。

五月，癸亥，周使纳言郑诩来聘。

周晋公护使中外府参军郭荣城于姚襄城南、定阳城西[②]，齐段韶引兵袭周师，破之。六月，韶围定阳城，周汾州刺史杨敷固守不下。韶急攻之，屠其外城。时韶卧病，谓兰陵王长恭曰："此城三面重涧，皆无走路；唯虑东南一道耳，贼必从此出。宜简精兵专守之，此必成擒。"长恭乃令壮士千余人伏于东南涧口。城中粮尽，齐公宪总兵救之，惮韶，不敢进。敷帅见兵突围夜走，伏兵击擒之，尽俘其众。乙巳，齐取周汾州及姚襄城[③]，唯郭荣所筑城独存。敷，愔之族子也。

敷子素，少多才艺，有大志，不拘小节，以其父守节陷齐，未蒙赠谥，上表申理。周主不许，至于再三，帝大怒，命左右斩之。素大言曰："臣事无道天子，死其分也！"帝壮其言，赠敷大将军，谥曰忠壮，以素为仪同三司，渐见礼遇。帝命素为诏书，下笔立成，词义兼美，帝曰："勉之，勿忧不富贵。"素曰："但恐富贵来逼臣，臣无心图富贵也。"

齐斛律光与周师战于宜阳城下，取周建安等四戍[④]，捕虏千余人而还。军未至邺，齐主敕使散兵，光以军士多有功者，未得慰劳，乃密通表，请遣使宣旨，军仍且进，齐朝发使迟留。军还，将至紫陌，光乃驻营待使。帝闻光军已逼，心甚恶之，亟令舍人召光入见，然后宣劳散兵。

【注释】

①柏谷城：在今河南宜阳县南。 ②姚襄城：在今山西吉县西北黄河北岸。 ③汾州：北周以南汾州改名，治所在定阳城（今山西吉县）。④建安：戍所名。在宜阳城侧，今河南宜阳县西。

齐琅邪王俨以和士开、穆提婆等专横奢纵，意甚不平。二人相谓曰："琅邪王眼光奕奕，数步射人。向者暂对，不觉汗出；吾辈见天子奏事尚不然。"由是忌之，乃出俨居北宫[1]，五日一朝，不得无时见太后。

俨之除太保也，余官悉解，犹带中丞及京畿。士开等以北城有武库，欲移俨于外，然后夺其兵权。治书侍御史王子宜，与俨所亲开府仪同三司高舍洛、中常侍刘辟强说俨曰："殿下被疏，正由士开间构，何可出北宫入民间也！"俨谓侍中冯子琮曰："士开罪重，儿欲杀之，何如？"子琮心欲废帝而立俨，因劝成之。

俨令子宜表弹士开罪，请禁推。子琮杂他文书奏之，帝主不审省而可之。俨诳领军库狄伏连曰："奉敕，令领军收士开。"伏连以告子琮，且请覆奏，子琮曰："琅邪受敕，何必更奏。"伏连信之，发京畿军士，伏于神虎门外，并戒门者不听士开入。秋，七月，庚午旦，士开依常早参，伏连前执士开手曰："今有一大好事。"王子宜授以一函，云："有敕，令王向台。"因遣军士护送。俨遣都督冯永洛就台斩之。

俨本意唯杀士开，其党因逼俨曰："事既然，不可中止。"俨遂帅京畿军士三千余人屯千秋门。帝使刘桃枝将禁兵八十人召俨，桃枝遥拜，俨命反缚，将斩之，禁兵散走。帝又使冯子琮召俨，俨辞曰："士开昔来实合万死，谋废至尊，剃家家发为尼[2]，臣为是矫诏诛之。尊兄若欲杀臣，不敢逃罪。若赦臣，愿遣姊姊来迎，臣即入见。"姊姊，谓陆令萱也，俨欲诱出杀之。令萱执刀在帝后，闻之，战栗。

帝又使韩长鸾召俨，俨将入，刘辟强牵衣谏曰："若不斩穆提婆母子，殿下无由得入。"广宁王孝珩、安德王延宗自西来，曰："何不入？"辟强曰："兵少。"延宗顾众而言曰："孝昭帝杀杨遵彦，止八十人。今有数千，何谓少？"

帝泣启太后曰："有缘，复见家家；无缘，永别！"乃急召斛律光，俨亦召之。

光闻俨杀士开，抚掌大笑曰："龙子所为，固自不似凡人！"入，见帝于永巷。帝帅宿卫者步骑四百，授甲，将出战，光曰："小儿辈弄兵，与交手即乱。鄙谚云：'奴见大家心死[3]。'至尊宜自至千秋门，琅邪必不敢动。"帝从之。

光步道，使人走出，曰："大家来。"俨徒骇散。帝驻马桥上遥呼之，俨犹立不进，光就谓曰："天子弟杀一夫，何所苦！"执其手，强引以前，请于帝曰："琅邪王年少，肠肥脑满，轻为举措，稍长自不复然，愿宽其罪。"帝拔俨所带刀环，乱筑辫头，良久，乃释之。

收库狄伏连、高舍洛、王子宜、刘辟强、都督翟显贵，于后园支解，暴之都街。帝欲尽杀俨府文武职吏，光曰："此皆勋贵子弟，诛之，恐人心不安。"赵彦深亦曰："《春秋》责帅。"于是罪之各有差。

太后责问俨，俨曰："冯子琮教儿。"太后怒，遣使就内省以弓弦绞杀子琮，使内参以库车载尸归其家。自是太后常置俨于宫中，每食必自尝之。

【注释】

①北宫：在邺城北城。 ②家家：北齐诸王呼嫡母为"家家"，乳母为"姊姊"，妇为"妹妹"。 ③大家：奴仆称主人、臣妾称天子为大家。

八月，己亥，齐主如晋阳。

九月，辛亥，齐以任城王湝为太宰，冯翊王润为太师。

己未，齐平原忠武王段韶卒。韶有谋略，得将士死力，出总军旅，入参帏幄，功高望重，而雅性温慎，得宰相体。事后母孝，闺门雍肃，齐勋贵之家，无能及者。

齐祖珽说陆令萱，出赵彦深为兖州刺史。齐王以珽为侍中。

北齐胡人舞俑

陆令萱说帝曰："人称琅邪王聪明雄勇，当今无敌；观其相表，殆非人臣。自专杀以来，常怀恐惧，宜早为之计。"幸臣何洪珍等亦请杀之。帝未决，以食舆密迎珽，问之。珽称："周公诛管叔，季友鸩庆父[①]。"帝乃携俨之晋阳，使右卫大将军赵元侃诱俨执之，元侃曰："臣昔事先帝，见先帝爱王。今宁就死，不忍行此。"帝出元侃为豫州刺史。

庚午，帝启太后曰："明旦欲与仁威早出猎[②]。"夜四鼓，帝召俨，俨疑之。陆令萱曰："兄呼，儿何为不去！"俨出，至永巷，刘桃枝反接其手。俨呼曰："乞见家家、尊兄。"桃枝以袖塞其口，反袍蒙头负出，至大明宫，鼻血满面，拉杀之，时年十四，裹之以席，埋于室内。帝使启太后，太后临哭，十余声，即拥入殿。遗腹四男，皆幽死。

冬，十月，罢京畿府，入领军。

壬午，周冀公通卒。

甲申，上享太庙。

乙未，周遣右武伯谷会琨等聘于齐[③]。

齐胡太后出入不节，与沙门统昙献通，诸僧至有戏呼昙献为太上皇者。齐主闻太后不谨而未之信，后朝太后，见二尼，悦而召之，乃男子也。于是昙献事亦发，皆伏诛。

己亥，帝自晋阳奉太后还邺，至紫陌，遇大风。舍人魏僧伽习风角，奏言：“即时当有暴逆事。”帝诈云“邺中有变”，弯弓缠弰，驰入南城，遣宦者邓长颙幽太后于北宫，仍敕内外诸亲皆不得与胡太后相见。太后或为帝设食，帝亦不敢尝。

庚戌[4]，齐遣侍中赫连子悦聘于周。

十一月[5]，丁巳，周主如散关[6]。

丙寅，齐以徐州行台广宁王孝珩录尚书事；庚午，又以为司徒。癸酉，以斛律光为左丞相。

十二月，己丑，周主还长安。

壬辰，邵陵公章昭达卒。

是岁，梁华皎将如周，过襄阳，说卫公直曰：“梁主既失江南诸郡，民少国贫；朝廷兴亡继绝，理宜资赡，望借数州以资梁国。”直然之，遣使言状，周主诏以基、平、鄀三州与之[7]。

【注释】

①季友鸩庆父：前 662 年，鲁庄公死，子般立。庄公庶兄庆父指使圉人荦杀子般，立闵公启方（庄公庶子，年八岁）。前 660 年，庆父杀闵公，庄公弟季友领着闵公弟申出奔邾。庆父出奔莒。季友回国立申，为僖公，向莒索取庆父；庆父自杀。　②仁威：高俨字仁威。　③右武伯：官名。北周置左、右武伯，掌内卫、外卫禁令，兼六率之士。　④庚戌：《北齐书·后主纪》武平二年作“十一月庚戌”。庚戌为初六。　⑤十一月：以上“庚戌”为十一月。　⑥散关：即大散关。在今陕西宝鸡市西南大散岭上。地当秦岭南北交通要道，历代为兵家必争之地。　⑦基：基州，治所在今湖北钟祥市南。平：平州，治所即今湖北当阳市。鄀：䣊州，治所在今湖北荆门市西北。

# 资治通鉴卷第一百七十一

## 陈纪五　起玄黓执徐，尽阏逢敦牂，凡三年。

### 高宗宣皇帝上之下

**太建四年**　春，正月，丙午，以尚书仆射徐陵为左仆射，中书监王劢为右仆射。

己巳，齐主祀南郊。

庚午，上享太庙。

辛未，齐主赠琅邪王俨为楚恭哀帝以慰太后心，又以俨妃李氏为楚帝后。

二月，癸酉，周遣大将军昌城公深聘于突厥，司宾李除、小宾部贺遂礼聘于齐[①]。深，护之子也。

己卯，齐以卫菩萨为太尉。辛巳，以并省吏部尚书高元海为尚书左仆射[②]。

乙酉，封皇子叔卿为建安王。

庚寅，齐以尚书左仆射唐邕为尚书令，侍中祖珽为左仆射。初，胡太后既幽于北宫，珽欲以陆令萱为太后，为令萱言魏保太后故事[③]。且谓人曰："陆虽妇人，然实雄杰，自女娲以来，未之有也。"令萱亦谓珽为"国师""国宝"，由是得仆射。

三月，癸卯朔，日有食之。

初，周太祖为魏相，立左右十二军，总属相府；太祖殂，皆受晋公护处分，凡所征发，非护书不行。护第屯兵侍卫，盛于宫阙。诸子、僚属皆贪残恣横，士民患之。周主深自晦匿，无所关预，人不测其浅深。

护问稍伯大夫庾季才曰[4]："比日天道何如?"季才对曰："荷恩深厚，敢不尽言。顷上台有变[5]，公宜归政天子，请老私门。此则享期颐之寿，受旦、奭之美，子孙常为藩屏。不然，非复所知。"护沉吟久之，曰："吾本志如此，但辞未获免耳。公既王官，可依朝例，无烦别参寡人也。"自是疏之。

卫公直，帝之母弟也，深昵于护，及沌口之败，坐免官，由是怨护，劝帝诛之，冀得其位。帝乃密与直及右宫伯中大夫宇文神举、内史下大夫太原王轨、右侍上士宇文孝伯谋之[6]。神举，显和之子；孝伯，安化公深之子也。

帝每于禁中见护，常行家人礼，太后赐护坐，帝立侍于旁。丙

北朝虞弘墓石椁雕刻局部

辰,护自同州还长安,帝御文安殿见之。因引护入含仁殿谒太后,且谓之曰:"太后春秋高,颇好饮酒,虽屡谏,未蒙垂纳。兄今入朝,愿更启请。"因出怀中酒诰授之,曰:"以此谏太后。"护既入,如帝所戒读酒诰;未毕,帝以玉珽自后击之,护踣于地。帝令宦者何泉以御刀斫之,泉惶惧,斫不能伤。卫公直匿于户内,跃出,斩之。时神举等皆在外,更无知者。

帝召宫伯长孙览等,告以护已诛,令收护子柱国谭公会、大将军莒公至、崇业公静、正平公乾嘉及其弟乾基、乾光、乾蔚、乾祖、乾威并柱国北地侯龙恩、龙恩弟大将军万寿、大将军刘勇、中外府司录尹公正、袁杰、膳部下大夫李安等,于殿中杀之。览,稚之孙也。

初,护既杀赵贵等,侯龙恩为护所亲,其从弟开府仪同三司植谓龙恩曰:"主上春秋既富,安危系于数公。若多所诛戮以自立威权,岂唯社稷有累卵之危,恐吾宗亦缘此而败,兄安得知而不言!"龙恩不能从。植又承间言于护曰:"公以骨肉之亲,当社稷之寄,愿推诚王室,拟迹伊、周,则率土幸甚!"护曰:"我誓以身报国,卿岂谓吾有他志邪!"又闻其先与龙恩言,阴忌之,植以忧卒。及护败,龙恩兄弟皆死,高祖以植为忠,特免其子孙。

大司马兼小冢宰、雍州牧齐公宪,素为护所亲任,赏罚之际,皆得参预,权势颇盛。护欲有所陈,多令宪闻奏,其间或有可不,宪虑主相嫌隙,每曲而畅之,帝亦察其心。及护死,召宪入,宪免冠拜谢;帝慰勉之,使诣护第收兵符及诸文籍。卫公直素忌宪,固请诛之,帝不许。

护世子训为蒲州刺史,是夜,帝遣柱国越公盛乘传征训,至同州,赐死。昌城公深使突厥未还,遣开府仪同三司宇文德赍玺书就杀之。护长史代郡叱罗协、司录弘农冯迁及所亲任者,皆除名。

丁巳,大赦,改元。

以宇文孝伯为车骑大将军,与王轨并加开府仪同三司。初,孝伯与帝同日生,太祖爱之,养于第中,幼与帝同学。及即位,欲引致左右,托言欲与孝伯讲习旧经,故护弗之疑也,以为右侍上士,出入卧内,预闻机务。孝伯为人,沉正忠谅,朝政得失,外间细事,无不使帝闻之。

帝阅护书记,有假托符命妄造异谋者,皆坐诛;唯得庾季才书两纸,盛言纬候灾祥,宜返政归权,帝赐季才粟三百石,帛二百段,迁太中大夫。

癸亥,以尉迟迥为太师,柱国窦炽为太傅,李穆为太保,齐公宪为大冢宰,卫公直为大司徒,陆通为大司马,柱国辛威为大司寇,赵公招为大司空。

时帝始亲览朝政,颇事威刑,虽骨肉无所宽借。齐公宪虽迁冢宰,实夺之权。又谓宪侍读裴文举曰[⑦]:"昔魏末不纲,太祖辅政;及周室受命,晋公复执大权;积习生常,愚者谓法应如是。岂有年三十天子而可为人所制乎!诗云:'夙夜匪懈,以事一人[⑧]。'一人,谓天子耳。卿虽陪侍齐公,不得遽同为臣,欲死于所事。宜辅以正道,劝以义方,辑睦我君臣,协和我兄弟,勿令自致嫌疑。"文举咸以白宪,宪指心抚几曰:"吾之夙心,公宁不知!但当尽忠竭节耳,知复何言。"

卫公直,性浮诡贪狠,意望大冢宰;既不得,殊怏怏;更请为大司马,欲据兵权。帝揣知其意,曰:"汝兄弟长幼有序,岂可返居下列!"由是用为大司徒。

**【注释】**

①司宾:官名。同《周礼》大行人之职,掌天子诸侯间的重大交际礼仪。小宾部:官名。同《周礼》小行人之职,掌接待宾客,职位次于司宾。②尚书左仆射:据《北齐书·后主纪》,应为"尚书右仆射"。　③保太后:事见本书卷第一百二十宋帝元嘉二年(425)。　④稍伯大夫:官名。同《周礼》稍人之职,掌都鄙修治沟涂之事。稍,指离王城三百里的地域。　⑤上台:《隋书·天文志上》:"三台六星,两两而居,三公之位也。西近文昌二星,谓之上台。"　⑥右宫伯中大夫:官名。掌王宫宿卫次舍之事。内史下大夫:官名。掌诏王爵禄、废置、杀生、予夺之法及策命等事。右侍上士:官名。北周为左、右宫伯之属官。掌御宴之禁。　⑦侍读:官名。北周诸王有侍读之官,掌讲读经史等事。　⑧"夙夜匪懈,以事一人":语见《诗·大雅·烝民》。

夏，四月[①]，周遣工部成公建、小礼部辛彦之聘于齐[②]。

庚寅，周追尊略阳公为孝闵皇帝。

癸巳，周立皇子鲁公赟为太子，大赦。

五月，癸卯，王励卒。

齐尚书右仆射祖珽，势倾朝野，左丞相咸阳王斛律光恶之，遥见，辄骂曰："多事乞索小人，欲行何计！"又尝谓诸将曰："兵马处分，赵令恒与吾辈参论[③]。盲人掌机密以来，全不与吾辈语，正恐误国家事耳。"光尝在朝堂垂帘坐，珽不知，乘马过其前，光怒曰："小人乃敢尔！"后珽在内省，言声高慢，光适过，闻之，又怒。珽觉之，私赂光从奴问之。奴曰："自公用事，相王每夜抱膝叹曰[④]：'盲人入，国必破矣。'"

穆提婆求娶光庶女，不许。齐主赐提婆晋阳田，光言于朝曰："此田，神武帝以来常种禾，饲马数千匹，以拟寇敌。今赐提婆，无乃阙军务也！"由是祖、穆皆怨之。

斛律后无宠，珽因而间之。光弟羡，为都督、幽州刺史、行台尚书令，亦善治兵，士马精强，鄣候严整，突厥畏之，谓之"南可汗"。光长子武都，为开府仪同三司、梁、兖二州刺史。

光虽贵极人臣，性节俭，不好声色，罕接宾客，杜绝馈饷，不贪权势。每朝廷会议，常独后言，言辄合理。或有表疏，令人执笔，口占之，务从省实。行兵仿其父金之法，营舍未定，终不入幕；或竟日不坐，身不脱介胄，常为士卒先。士卒有罪，唯大杖挞背，未尝妄杀，众皆争为之死。自结发从军，未尝败北，深为邻敌所惮。周勋州刺史韦孝宽密为谣言曰："百升飞上天，明月照长安[⑤]。"又曰："高山不推自崩，槲木不扶自举。"令谍人传之于邺，邺中小儿歌之于路，珽因续之曰："盲老公背受大斧，饶舌老母不得语。"使其妻兄郑道盖奏之。帝以问珽，珽与陆令萱皆曰："实闻有之。"珽因解之曰："百升者，斛也。盲老公，谓臣也，与国同忧。饶舌老母，似谓女侍中陆氏也。且斛律累世大将，明月声震关西，丰乐威行突厥[⑥]，女为皇后，男尚公主，谣言甚可畏也。"帝以问韩长鸾，长鸾以为不可，事遂寝。

珽又见帝，请间，唯何洪珍在侧，帝曰："前得公启，即欲施行，长鸾以为无此理。”珽未对，洪珍进曰：“若本无意则可；既有此意而不决行，万一泄露，如何？”帝曰：“洪珍言是也。”然犹未决。会丞相府佐封士让密启云：“光前西讨还，敕令散兵，光引兵逼帝城，将行不轨，事不果而止。家藏弩甲，僮奴千数，每遣使往丰乐、武都所，阴谋往来。若不早图，恐事不可测。”帝遂信之，谓何洪珍曰：“人心亦大灵，我前疑其欲反，果然。”帝性怯，恐即有变，令洪珍驰召祖珽告之：“欲召光，恐其不从命。”珽请：“遣使赐以骏马，语云：‘明日将游东山，王可乘此同行。’光必入谢，因而执之。”帝如其言。

六月[7]，戊辰，光入，至凉风堂，刘桃枝自后扑之，不仆。顾曰：“桃枝常为如此事。我不负国家。”桃枝与三力士以弓弦罥其颈[8]，拉而杀之，血流于地，铲之[9]，迹终不灭。于是下诏称其谋反，并杀其子开府仪同三司世雄、仪同三司恒伽。

祖珽使二千石郎邢祖信簿录光家[10]。珽于都省问所得物[11]，祖信曰：“得弓十五，宴射箭百，刀七，赐矟二。”珽厉声曰：“更得何物？”曰：“得枣杖二十束，拟奴仆与人斗者，不问曲直，即杖之一百。”珽大惭，乃下声曰：“朝廷已加重刑，郎中何宜为雪！”及出，人尤其抗直，祖信慨然曰：“贤宰相尚死，我何惜余生！”

齐主遣使就州斩斛律武都，又遣中领军贺拔伏恩乘驿捕斛律羡，仍以洛州行台仆射中山独孤永业代羡，与大将军鲜于桃枝发定州骑卒续进。伏恩等至幽州，门者曰：“使人衷甲，马有汗，宜闭城门。”羡曰：“敕使岂可疑拒！”出见之。伏恩执而杀之，初，羡常以盛满为惧，表解所职，不许。临刑，叹曰：“富贵如此，女为皇后，公主满家，常使三百兵，何得不败！”及其五子伏护、世达、世迁、世辨、世酋皆死。

周主闻光死，为之大赦。

祖珽与侍中高元海共执齐政。元海妻，陆令萱之甥也，元海数以令萱密语告珽。珽求为领军，齐主许之，元海密言于帝曰：“孝征汉人，两目又盲，岂可为领军！”因言珽与广宁王孝珩交结，由是中止。珽求见，自辨，且言：“臣与元海素嫌，必元海谮臣。”帝弱颜，不能讳，以实告之，珽因言元海与司农卿尹子华等结为朋党。又以元海所泄密语告令萱，令萱怒，出元海为郑州刺史。子华等皆被黜。

珽自是专主机衡，总知骑兵、外兵事[12]，内外亲戚，皆得显位。帝常令中要人扶侍出入，直至永巷，每同御榻论决政事，委任之重，群臣莫比。

**【注释】**

①四月：据《周书·武帝纪》建德元年（572）夏四月己卯，"遣工部代公达、小礼部辛彦之使于齐。"己卯，为"初八"。　②工部：官名。掌工程。成公建：应为"代公达"，见上注①。小礼部：礼部属官。佐掌礼仪、祭享、贡举等事。　③赵令：指赵彦深。为尚书令，以官职称呼。　④相王：即左丞相、咸阳王斛律光。　⑤明月：斛律光，字明月。　⑥丰乐：斛律羡，字丰乐。　⑦六月：据《北齐书·后主纪》武平三年（572）："秋七月戊辰，诛左丞相、咸阳王斛律光及其弟幽州行台、荆山公丰乐。"然纪日疑有误。　⑧罥（juàn 绢）：缠绕。　⑨铲（chǎn 产）：削去，铲平。　⑩二千石郎：官名。北齐官制，二千石郎掌畿外得失等事。　⑪都省：即尚书都省。北齐之制，录尚书事、尚书令、尚书仆射总理六尚书事，称为都省。　⑫外兵：北齐之制：尚书郎有中兵、外兵，各分左右。左外兵掌河南及潼关以东各州，右外兵掌河北及潼关以西各州丁帐及发召征兵等事。

秋，七月，遣使如周。

八月，庚午，齐废皇后斛律氏为庶人。以任城王湝为右丞相，冯翊王润为太尉，兰陵王长恭为大司马，广宁王孝珩为大将军，安德王延宗为大司徒[1]。

齐使领军封辅相聘于周。

辛未，周使司城中大夫杜杲来聘[2]。上谓之曰："若欲合从图齐，宜以樊、邓见与。"对曰："合从图齐，岂弊邑之利！必须城镇，宜待得之于齐，先索汉南，使臣不敢闻命。"

初，齐胡太后自愧失德，欲求悦于齐主，乃饰其兄长仁之女置宫中，令帝见之，帝果悦，纳为昭仪[3]。又斛律后废，陆令萱欲立穆夫人；太后欲立胡昭仪，力不能遂，乃卑辞厚礼以求令萱，结为姊妹。令萱亦以胡昭仪宠幸方隆，不得已，与祖珽白帝立之。戊子，立皇后胡氏。

乙丑，齐以北平王仁坚为尚书令，特进许季良为左仆射，彭城王宝德为右仆射。

癸巳，齐主如晋阳。

九月，庚子朔，日有食之。

辛亥，大赦。

冬，十月，庚午，周诏："江陵所虏充官口者，悉免为民。"

辛未，周遣小匠师杨勰等来聘[4]。

周绥德公陆通卒。

乙酉，上享太庙。

齐陆令萱欲立穆昭仪为皇后，私谓齐主曰："岂有男为皇太子而身为婢妾者！"胡后有宠于帝，不可离间，令萱乃使人行厌蛊之术，旬朔之间，胡后精神恍惚，言笑无恒，帝渐畏而恶之。令萱一旦忽以皇后服御衣被昭仪，又别造宝帐，爰及枕席器玩，莫非珍奇。坐昭仪于帐中，谓帝曰："有一圣女出，将大家看之。"及见昭仪，令萱乃曰："如此人不作皇后，遣何物人作！"帝纳其言。

甲午，立穆氏为右皇后，以胡氏为左皇后。

十一月，庚戌，周主行如羌桥[5]，集长安以东诸军都督以上，颁赐有差。乙卯，还宫。以赵公招为大司马。壬申[6]，周主如斜谷[7]，集长安已西都督以上，颁赐有差。丙戌，还宫。

庚寅，周主游道会苑，以上善殿壮丽，焚之。

十二月，辛巳，周主祀南郊。

齐胡后之立，非陆令萱意，令萱一旦于太后前作色而言曰："何物亲侄，作如此语！"太后问其故，令萱曰："不可道。"固问之，乃曰："语大家云：'太后行多非法，不可以训。'"太后大怒，呼后出，立剃其发，送还家。辛丑[8]，废胡后为庶人。然齐主犹思之，每致物以通意。

自是令萱与其子侍中穆提婆势倾内外，卖官鬻狱，聚敛无厌。每一赐与，动倾府藏。令萱则自太后以下，皆受其指麾；提婆则唐邕之徒，皆重足屏气；杀生予夺，唯意所欲。

乙巳[9],周以柱国田弘为大司空。

乙卯[10],周主享太庙。

是岁,突厥木杆可汗卒,复舍其子大逻便而立其弟,是为佗钵可汗。佗钵以摄图为尔伏可汗,统其东面;又以其弟褥但可汗之子为步离可汗,居西面。周人与之和亲,岁给缯锦絮彩十万段。突厥在长安者,衣锦食肉,常以千数。齐人亦畏其为寇,争厚赂之。佗钵益骄,谓其下曰:"但使我在南两儿常孝[11],何忧于贫!"

阿史那后无宠于周主,神武公窦毅尚襄阳公主,生女尚幼,密言于帝曰:"今齐、陈鼎峙,突厥方强,愿舅抑情慰抚,以生民为念!"帝深纳之。

**【注释】**

①大司徒:《北齐书·后主纪》作"司徒"。据改。　②司城中大夫:官名。北周置,同《周礼》掌固之职,掌修城郭沟渠及有关防守之事。③昭仪:妃嫔的称号。北魏、北齐昭仪次于皇后,位同大司马。　④小匠师:大司空属官。　⑤羌桥:在长安东。　⑥壬申:据《周书·武帝纪》建德元年,应为"十二月壬申"。壬申为初四。　⑦斜谷:在今陕西眉县西南。　⑧辛丑:纪日疑有误。　⑨乙巳:此日《通鉴》记事,《周书·武帝纪》在建德二年(573)春正月,《通鉴》则应在下一年(太建五年,573年)春正月"乙巳"之下。　⑩乙卯:同上,应系于下一年(太建五年,573年)春正月"乙卯"之下。　⑪在南两儿:指北周和北齐。

**五年**　春,正月,癸酉,以吏部尚书沈君理为右仆射。

戊寅,齐以并省尚书令高阿那肱录尚书事,总知外兵及内省机密,与侍中城阳王穆提婆、领军大将军昌黎王韩长鸾共处衡轴,号曰"三贵",蠹国害民,日月滋甚。

长鸾弟万岁,子宝行、宝信,并开府仪同三司,万岁仍兼侍中,宝行、宝信皆尚公主。每群臣旦参,帝常先引长鸾顾访,出后,方引奏事官。若不视事,内省有急奏事,皆附长鸾奏闻,军国要密,无不经手。尤疾士人,朝夕宴私,唯事谮诉。常带刀走马,未尝安行,瞋目张拳,有啖人之势。朝士咨事,莫敢仰视,动致呵叱。每骂云:"汉狗大不可耐,唯须杀之!"

庚辰，齐遣崔象来聘。

辛巳，上祀南郊；甲午，享太庙；二月，辛丑，祀明堂。

乙巳，齐立右皇后穆氏为皇后。穆后母名轻霄，本穆氏之婢也，面有黥字。后既以陆令萱为母，穆提婆为外家，号令萱曰“太姬”。太姬者，齐皇后母号也，视一品，班在长公主上。由是不复问轻霄。轻霄自疗面，欲求见后，太姬使禁掌之，竟不得见。

齐主颇好文学。丙午，祖珽奏置文林馆，多引文学之士以充之，谓之待诏；以中书侍郎博陵李德林、黄门侍郎琅邪颜之推同判馆事，又命共撰《修文殿御览》①。

甲寅，周太子赟巡省西土。

乙卯，齐以北平王坚录尚书事②。丁巳，齐主如晋阳。

壬戌，周遣司会侯莫陈凯等聘于齐③。

庚辰④，齐主还邺。

三月，己卯，周太子于岐州获二白鹿以献，周主诏曰：“天德不在瑞。”

帝谋伐齐，公卿各有异同，唯镇前将军吴明彻决策请行。帝谓公卿曰：“朕意已决，卿可共举元帅。”众议以中权将军淳于量位重，共署推之。尚书左仆射徐陵独曰：“吴明彻家在淮左⑤，悉彼风俗；将略人才，当今亦无过者。”都官尚书河东裴忌曰：“臣同徐仆射。”陵应声曰：“非但明彻良将，裴忌即良副也。”壬午，分命众军，以明彻都督征讨诸军事，忌监军事，统众十万伐齐。明彻出秦郡⑥，都督黄法氍出历阳⑦。

**【注释】**

①《修文殿御览》：古代类书，北齐后主命祖珽等编，共三百六十卷，已佚，有辑佚本。　②北平王坚：据《北齐书·武平十二王·北平王贞传》，“坚”上脱一“仁”字。　③司会：官名。北周依《周礼》设。主管财政经济。　④庚辰：据《北齐书·后主纪》在三月，为十四日。　⑤淮左：指秦郡。见下。　⑥秦郡：治所在今江苏南京市六合区北。　⑦历阳：郡名。治所在今安徽和县。

夏，四月，己亥，周主享太庙。

癸卯，前巴州刺史鲁广达与齐师战于大岘[①]，破之。

戊申，齐以兰陵王长恭为太保，南阳王绰为大司马，安德王延宗为太尉，武兴王普为司徒，开府仪同三司宜阳王赵彦深为司空。

齐人于秦郡置秦州，州前江浦通涂水[②]，齐人以大木为栅于水中。辛亥，吴明彻遣豫章内史程文季将骁勇拔其栅，克之。文季，灵洗之子也。

齐人议御陈师，开府仪同三司王纮曰："官军比屡失利，人情骚动。若复出顿江、淮，恐北狄、西寇[③]，乘弊而来。莫若薄赋省徭，息民养士，使朝廷辑睦，遐迩归心。天下皆当肃清，岂直陈氏而已。"不从。遣军救历阳，庚申，黄法氍击破之。又遣开府仪同三司尉破胡、长孙洪略救秦州。

赵彦深私问计于秘书监源文宗曰："吴贼侏张[④]，遂至于此。弟往为秦、泾刺史[⑤]，悉江、淮间情事，今何术以御之？"文宗曰："朝廷精兵，必不肯多付诸将；数千已下，适足为吴人之饵。尉破胡人品，王之所知，败绩之事，匪朝伊夕。国家待遇淮南，失之同于蒿箭。如文宗计者，不过专委王琳，招募淮南三四万人，风俗相通，能得死力；兼令旧将将兵屯于淮北。且琳之于顼，必不肯北面事之，明矣。窃谓此计之上者。若不推赤心于琳，更遣余人制肘，复成速祸，弥不可为。"彦深叹曰："弟此策诚足制胜千里，但口舌争之十日，已不见从。时事至此，安可尽言！"因相顾流涕。文宗名彪，以字行，子恭之子也。

文宗子师为左外兵郎中，摄祠部，尝白高阿那肱："龙见当雩。"阿那肱惊曰："何处龙见？其色如何？"师曰："龙星初见，礼当雩祭，非真龙也。"阿那肱怒曰："汉儿多事，强知星宿！"遂不祭。师出，窃叹曰："礼既废矣，齐能久乎！"

齐师选长大者膂力者为前队，又有苍头、犀角、大力，其锋甚锐，又有西域胡，善射，弦无虚发，众军尤惮之。辛酉，战于吕梁[⑥]。将战，吴明彻谓巴山太守萧摩诃曰："若殪此胡，则彼军夺气，君才不减关羽矣。"摩诃曰："愿示其状，当为公取之。"明彻乃召降人有识胡者，使指示之，自酌酒以饮摩诃。摩诃饮毕，驰马冲齐军。胡挺身出陈前十余步，彀弓未发，摩诃遥掷铣锐[⑦]，正中其额，应手而仆。齐军大力十余人出战，摩诃又斩之。于是齐军大败，尉破胡走，长孙洪略战死。

破胡之出师也，齐人使侍中王琳与之俱。琳谓破胡曰："吴兵甚锐，宜以长策制之，慎勿轻斗！"破胡不从而败。琳单骑仅免，还，至彭城，齐人即使之赴寿阳召募以拒陈师，复以卢潜为扬州道行台尚书。

甲子，南谯太守徐槾克石梁城⑧。五月，己巳，瓦梁城降⑨。癸酉，阳平郡降⑩。甲戌，徐槾克庐江城⑪。历阳窘蹙乞降，黄法氍缓之，则又拒守。法氍怒，帅卒急攻，丙子，克之，尽杀戍卒。进军合肥，合肥望旗请降，法氍禁侵掠，抚劳戍卒，与之盟而纵之。

**【注释】**

①大岘（xiàn 现）：城名。在今安徽含山县东北大岘山。 ②涂水：即今安徽、江苏境内长江北岸支流滁河。 ③北狄：指突厥。西寇：指北周。 ④吴贼：指江南陈朝军队。 ⑤泾：泾州，北齐置，治所在石梁，即今安徽天长市西北石梁镇。 ⑥吕梁：胡三省注："吕梁在彭城，疑此即石梁。" ⑦铣锐（xiǎn xiàn 显现）：小凿子。 ⑧石梁城：见上注⑤。 ⑨瓦梁城：北齐瓦梁郡治所，在今江苏南京市六合区西。 ⑩阳平郡：治所在今江苏宝应县。 ⑪庐江城：在今安徽霍山县东北三十里。

丁丑，周以柱国侯莫陈琼为大宗伯，荥阳公司马消难为大司寇，江陵总管陆腾为大司空。琼，崇之弟也。

己卯，齐北高唐郡降①。辛巳，诏南豫州刺史黄法氍徙镇历阳。乙酉，南齐昌太守黄咏克齐昌外城②。丙戌，庐陵内史任忠军于东关③，克其东、西二城，进克蕲城④；戊子，又克谯郡城⑤。秦州城降。癸巳，瓜步、胡墅二城降⑥。帝以秦郡，吴明彻之乡里，诏具太牢，令拜祠上冢，文武羽仪甚盛，乡人荣之。

齐自和士开用事以来，政体隳紊。及祖珽执政，颇收举才望，内外称美。珽复欲增损政务，沙汰人物，官号服章，并依故事。又欲黜诸阉竖及群小辈，为致治之方，陆令萱、穆提婆议颇同异。珽乃讽御史中丞丽伯律，令劾主书王子冲纳赂⑦。知其事连提婆，欲使赃罪相及，望因此并坐及令萱。犹恐齐主溺于近习，欲引后党为援，乃请以胡后兄君瑜为侍中、中领军；又征君瑜兄梁州刺史君璧，欲以为御史中丞。令萱闻而怀怒，百方排毁，出君瑜为金紫光禄大夫，解中领军；君璧还镇梁州。胡后之废，颇亦由此。释王子冲不问。

珽日以益疏，诸宦者更共谮之。帝以问陆令萱，令萱悯默不对，三问，乃下床拜曰："老婢应死。老婢始闻和士开言孝征多才博学，意谓善人，故举之。比来观之，大是奸臣。人实难知，老婢应死。"帝令韩长鸾检按。长鸾素恶珽，得其诈出敕受赐等十余事。帝以尝与之重誓，故不杀，解珽侍中、仆射，出为北徐州刺史。珽求见帝，长鸾不许，遣人推出柏阁，珽坐，不肯行，长鸾令牵曳而出。

癸巳，齐以领军穆提婆为尚书左仆射，侍中、中书监段孝言为右仆射。孝言，韶之弟也。初，祖珽执政，引孝言为助，除吏部尚书。孝言凡所进擢，非贿则旧，求仕者或于广会膝行跪伏，公自陈请，孝言颜色扬扬，以为己任，随事酬许。将作丞崔成忽于众中抗言曰："尚书，天下尚书，岂独段家尚书也！"孝言无辞以应，唯厉色遣下而已。既而与韩长鸾共构祖珽，逐而代之。

北齐骆驼陶俑

齐兰陵武王长恭，貌美而勇，以邙山之捷，威名大盛，武士歌之，为兰陵王入陈曲，齐主忌之。及代段韶督诸军攻定阳，颇务聚敛，其所亲尉相愿问之曰："王受朝寄，何得如此？"长恭未应。相愿曰："岂非以邙山之捷，欲自秽乎？"长恭曰："然。"相愿曰："朝廷若忌王，即当用此为罪，无乃避祸而更速之乎！”长恭涕泣前膝问计，相愿曰：“王前既有功，今复告捷，威声太重。宜属疾在家，勿预时事。”长恭然其言，未能退。及江、淮用兵，恐复为将，叹曰：“我去年面肿，今何不发！”自是有疾不疗。齐主遣使鸩杀之。

**【注释】**

①北高唐郡：治所在今安徽宿松县。　②齐昌：北齐郡名。治所在今湖北蕲春县西北。　③东关：即今安徽巢湖市东南东关。　④蕲城：今安徽巢湖市治。　⑤谯郡城：在今安徽宿州市。　⑥瓜步：古城名。在今江苏六安市东南瓜埠山侧。古时南临大江，南北朝时屡为军事争夺要地。胡墅：古城名。在今江苏南京市六合区东。　⑦主书：官名。掌文书。晋代中书省有主书。北齐中书省有舍人、主书各十人。

六月①，郢州刺史李综克滠口城②。乙巳，任忠克合州外城③。庚戌，淮阳、沭阳郡皆弃城走④。

壬子，周皇孙衍生。

齐主游南苑，从官暍死者六十人⑤。以高阿那肱为司徒。

癸丑，程文季攻齐泾州，拔之。乙卯，宣毅司马湛陀克新蔡城⑥。

丙辰，齐使开府仪同三司王纮聘于周。

癸亥，黄法氍克合州。吴明彻进攻仁州⑦，甲子，克之。

治明堂。

秋，七月，戊辰，齐遣尚书左丞陆骞将兵二万救齐昌，出自巴、蕲，遇西阳太安汝南周炅。炅留羸弱，设疑兵以当之，身帅精锐，由间道邀其后，大破之。己巳，征北大将军吴明彻军至峡口⑧，克其北岸城；南岸守者弃城走。周炅克巴州⑨。淮北、绛城及谷阳士民⑩，并杀其戍主，以城降。

齐巴陵王王琳与扬州刺史王贵显保寿阳外郭，吴明彻以琳初入，众心未固，丙戌，乘夜攻之，城溃。齐兵退据相国城及金城⑪。

八月，乙未，山阳城降⑫。壬寅，盱眙城降⑬。壬子，戎昭将军徐敬辩克海安城⑭。青州东海城降⑮。戊午，平固侯敬泰等克晋州⑯。九月，甲子，阳平城降⑰。壬申，高阳太守沈善庆克马头城[18]。甲戌,齐安城降[19]。丙子,左卫将军樊毅克广陵楚子城[20]。

壬午,周太子赟纳妃杨氏[21]。妃,大将军随公坚之女也。

太子好昵近小人,左宫正宇文孝伯言于周主曰[22]:“皇太子四海所属,而德声未闻,臣忝宫官,实当其责。且春秋尚少,志业未成,请妙选正人,为其师友,调护圣质,犹望日就月将。如或不然,悔无及矣。”帝敛容曰:“卿世载鲠直,竭诚所事。观卿此言,有家风矣。”孝伯拜谢曰:“非言之难,受之难也。”帝曰:“正人岂复过卿!”于是以尉迟运为右宫正。运,迥之弟子也。

帝尝问万年县丞南阳乐运曰:“卿言太子何如人?”对曰:“中人。”帝顾谓齐公宪曰:“百官佞我,皆称太子聪明睿智。唯运所言忠直耳。”因问运中人之状。对曰:“如齐桓公是也:管仲相之则霸,竖貂辅之则乱,可与为善,可与为恶。”帝曰:“我知之矣。”乃妙选宫官以辅之,仍擢运为京兆丞。太子闻之,意甚不悦。

癸未,沈君理卒。

壬辰晦,前鄱阳内史鲁天念克黄城[23]。甲午[24],郭默城降[25]。

【注释】

①六月:据《陈书·宣帝纪》太建五年,“六月”之下当有“庚子”二字。庚子日为初五。 ②滠口城:在今湖北武汉市黄陂区西南。 ③合州:治所在今安徽合肥市。 ④淮阳:郡名。治所在今河南周口市淮阳区西古泗水西岸。沭阳郡:治所在今江苏沭阳县治。 ⑤赐死:据《北齐书·后主纪》武平四年(573),“赐死”当作“暍死”。暍(yē 耶),中暑。⑥宣毅司马:将军属官。梁置镇兵、翊师、宣惠、宣毅四将军,代替四中郎将,都有长史、司马。 ⑦仁州:治所在今安徽泗县西南。 ⑧峡口:在今安徽凤台县西南。 ⑨巴州:北齐置。治所在今湖北黄冈市西北一百二十里。 ⑩绛城:即虹县城,治所在今安徽五河县西。谷阳:郡名。治所在今安徽灵璧县西南。 ⑪相国城及金城:二城都在寿阳城中。相国城,刘裕伐长安所筑,故名。金城,寿阳中城。 ⑫山阳城:今江苏淮安市。⑬盱眙城:今灌输盱眙县东北。 ⑭海安城:即今江苏海安市。⑮东海城:即今江苏灌云县北南城镇。 ⑯晋州:治所在今安徽潜山县。⑰阳平城:在今江苏宝应县西南。 ⑱马头城:即今安徽怀远县南淮河南岸马头城。 ⑲齐安城:在今湖北麻城市西南。 ⑳楚子城:即楚城,又名楚王城,在今河南信阳市北长台关西。 ㉑太子赟(yūn 氲):即宇

文赟，后即位为周宣帝。 ㉒左宫正：太子属官。下文“右官正”同。 ㉓黄城：在今湖北武汉市黄陂区东。 ㉔甲午：据《陈书·宣帝纪》太建五年：“冬十月甲午，郭默城降。”《通鉴》当补“冬十月”三字。 ㉕郭默城：东晋时郭默筑，故址在今江西九江市东北。

己亥，以特进领国子祭酒周弘正为尚书右仆射①。

齐国子祭酒张雕，以经授齐主为侍读，帝甚重之。雕与宠胡何洪珍相结，穆提婆、韩长鸾等恶之。洪珍荐雕为侍中，加开府仪同三司，奏度支事，大为帝所委信，常呼“博士”。雕自以出于微贱，致位大臣，欲立效以报恩，论议抑扬，无所回避，省宫掖不急之费，禁约左右骄纵之臣，数讥切宠要，献替帷幄，帝亦深倚仗之。雕遂以澄清为己任，意气甚高，贵幸皆侧目。

尚书左丞封孝琰，隆之之弟子，与侍中崔季舒，皆为祖珽所厚。孝琰尝谓珽曰：“公是衣冠宰相，异于余人。”近习闻之，大以为恨。

会齐主将如晋阳，季舒与张雕议，以为：“寿阳被围，大军出拒之，信使往还，须禀节度。且道路小人，或相惊恐，以为大驾向并州，畏避南寇。若不启谏，恐人情骇动。”遂与从驾文官连名进谏。时贵臣赵彦深、唐邕、段孝言等，意有异同，季舒与争，未决。长鸾遽言于帝曰：“诸汉官连名总署，声云谏幸并州，其实未必不反，宜加诛戮。”辛丑，齐主悉召已署名者集含章殿，斩季舒、雕、孝琰及散骑常侍刘逖、黄门侍郎裴泽、郭遵于殿庭，家属皆徙北边，妇女配奚官②，幼男下蚕室，没入赀产。癸卯，遂如晋阳。

吴明彻攻寿阳，堰肥水以灌城，城中多病肿泄，死者什六七。齐行台右仆射琅邪皮景和等救寿阳，以尉破胡新败，怯懦不敢前，屯于淮口，敕使屡促之。然始渡淮，众数十万，去寿阳三十里，顿军不进。诸将皆惧，曰：“坚城未拔，大援在近，将若之何？”明彻曰：“兵贵神速，而彼结营不进，自挫其锋，吾知其不敢战，明矣。”乙巳，躬擐甲胄，四面疾攻，一鼓拔之，生擒王琳、王贵显、卢潜及扶风王可朱浑孝裕、尚书左丞李騊駼送建康。景和北遁，尽收其驼马辎重。

琳体貌闲雅，喜怒不形于色；强记内敏，军府佐史千数，皆能识其姓名；刑罚不滥，轻财爱士，得将卒心；虽失地流寓在邺，齐人皆重其忠义。及被擒，故麾下将卒多在明彻军中，见者皆歔欷，不能仰视，争为之请命及致资给。明彻恐其为变，遣使追斩之于寿阳东二十里，哭者声如雷。有一叟以酒脯来祭，哭尽哀，收其血而去。田夫野老，知与不知，闻者莫不流涕。

齐穆提婆、韩长鸾闻寿阳陷，握槊不辍，曰："本是彼物，从其取去。"齐主闻之，颇以为忧，提婆等曰："假使国家尽失黄河以南，犹可作一龟兹国[③]。更可怜人生如寄，唯当行乐，何用愁为！"左右嬖臣因共赞和之，帝即大喜，酣饮鼓舞，仍使于黎阳临河筑城戍[④]。

丁未，齐遣兵万人至颍口[⑤]，樊毅击走之。辛亥，遣兵援苍陵[⑥]，又破之。齐主以皮景和全军而还，赏之，除尚书令。

丙辰，诏以寿阳复为豫州，以黄城为司州。以明彻为都督豫、合等六州诸军事、车骑大将军、豫州刺史，遣谒者萧淳风就寿阳册命，于城南设坛，士卒二十万，陈旗鼓戈甲。明彻登坛拜受，成礼而退，将卒荣之。上置酒，举杯属徐陵曰："赏卿知之。"陵避席曰："定策圣衷，非臣力也。"以黄法氍为征西大将军、合州刺史。

戊午，湛陀克齐昌城。十一月，甲戌，淮阴城降[⑦]。庚辰，威虏将军刘桃枝克朐山城[⑧]。辛巳，樊毅克济阴城[⑨]。己丑，鲁广达攻济南徐州[⑩]，克之；以广达为北徐州刺史，镇其地。

齐北徐州民多起兵以应陈，逼其州城，祖珽命不闭城门，禁人不得出衢路，城中寂然。反者不测其故，疑人走城空，不设备。珽忽令鼓噪震天，反者皆惊走。既而复结陈向城，珽令录事参军王君植将兵拒之，自乘马临陈左右射。反者先闻其盲，谓其必不能出，忽见之，大惊。穆提婆欲令城陷，不遣援兵，珽且战且守，十余日，反者竟散走。

诏悬王琳首于建康市。故吏梁骠骑仓曹参军朱玚致书徐陵求其首[⑪]，曰："窃以典午将灭，徐广为晋家遗老；当涂已谢，马孚称魏室忠臣。梁故建宁公琳，当离乱之辰，总方伯之任，天厌梁德，尚思匡继，徒蕴包胥之志，终遘苌弘之眚[⑫]，至使身没九泉，头行千里。伏惟圣恩博厚，明诏爰发，赦王经之哭[⑬]，许田横之葬。不使寿春城下,唯传报葛之人[14];沧洲岛上,独有悲田之客。”陵为之启上。十二月,壬辰朔,并熊昙朗等皆还其亲属。玚瘗琳于八公山侧,义故会葬者数千人。玚间道奔齐,别议迎葬,寻有寿阳人茅智胜等五人,密送其柩于邺。齐赠琳开府仪同三司、录尚书事,谥曰忠武王,给辒輬车以葬之[15]。

癸巳,周主集群臣及沙门、道士,帝自升高坐,辨三教先后,以儒为先,道为次,释为后。

乙未,谯城降[16]。

乙巳,立皇子叔明为宜都王,叔献为河东王。

壬午[17],任忠克霍州[18]。

诏征安州刺史周炅入朝。初,梁定州刺史田龙升以城降,诏仍旧任。及炅入朝,龙升以江北六州、七镇叛入于齐,齐遣历阳王景安将兵应之。诏以炅为江北道大都督,总众军以讨龙升,斩之。景安退走,尽复江北之地。

是岁,突厥求婚于齐。

【注释】

①国子祭酒:官名。西晋建国子学,为教育五品以上官僚子弟的贵族学校。北齐始立专署,称国子寺,主管为祭酒。唐代改为国子监。②奚官:官署名。南朝及隋有奚官署。掌管守宫人疾病、罪罚、丧葬等事,多用罪犯从坐的男女家属担任。 ③龟兹国:一作丘兹国、屈支国。本西域城国,国都在延城(今新疆库车市东郊皮朗旧城)。西汉神爵二年(前60)后属西域都护府。 ④黎阳:县名。治所在今河南浚县东北。⑤颍口:颍水入淮之口,在今安徽颍上县西。 ⑥苍陵:在颍口、寿阳之间。 ⑦淮阴城:今江苏淮安市淮阴区西南甘罗城。 ⑧朐山城:即今江苏连云港市西南海州镇。 ⑨济阴城:今江苏睢宁县治。 ⑩济南徐州:胡三省注:“‘济’当作‘齐’。为‘齐南徐’,以别京口之南徐。”南徐州,治所在今安徽凤阳县东北。 ⑪骠骑仓曹参军:将军府属吏。梁制,将军府有功曹、仓曹、中兵、外兵、骑兵、长流、城局等参军。 ⑫苌弘(? —前492):周景王、敬王大臣刘文公所属大夫。刘氏与晋范氏世为婚姻,在晋卿内江中帮助范氏,曹卿赵鞅为此来声讨,苌弘被周人杀死。⑬赦王经之哭:魏元帝景元元年(260),司马昭弑高贵乡公曹髦,并收捕王经,其属吏向雄抱住王经哭于东市,司马昭赦免向雄。 ⑭报葛之人:

魏高贵乡公甘露三年(258),司马昭破寿春,诸葛诞部下不降而死。事见本书卷第七十七。 ⑮辒辌车:一种卧车,有窗牖,闭之则温,开之则凉,故名。后用作丧车。 ⑯谯城:今安徽蒙城县治。 ⑰壬午:纪日疑有误。 ⑱霍州:治所在今安徽霍山县东。

**六年** 春,正月,壬戌朔,周齐公宪等七人晋爵为王。

己巳,周主享太庙;乙亥,耕藉田。

壬子[①],上享太庙。

甲申,广陵金城降[②]。

二月,壬午朔[③],日有食之。

乙未,齐主还邺。

丁酉,周纪国公贤等六人进爵为王。

辛亥,上耕藉田。

齐朔州行台南安王思好,本高氏养子,骁勇,得边镇人心。齐主使嬖臣斫骨光弁至州,光弁不礼于思好,思好怒,遂反,云"欲入除君侧之恶"。进军至阳曲[④],自号大丞相。武卫将军赵海在晋阳,苍猝不暇奏,矫诏发兵拒之。帝闻变,使尚书令唐邕等驰之晋阳,辛丑,帝勒兵继进。未至,思好军败,投水死。其麾下二千人,刘桃枝围之,且杀且招,终不降,以至于尽。

先是有人告思好谋反,韩长鸾女适思好子,奏言:"是人诬告贵臣,不杀无以息后。"乃斩之。思好既诛,告者弟伏阙下求赠官,长鸾不为通。

丁未,齐主还邺。甲寅,以唐邕为录尚书事。

乙卯,周主如云阳宫。

丙辰,周大赦。

庚申,周叱奴太后有疾。三月,辛酉,周主还长安。癸酉,太后殂。帝居倚庐,朝夕进一溢米。群臣表请,累旬乃止。命太子总厘庶政。

卫王直谮齐王宪于帝曰:"宪饮酒食肉,无异平日。"帝曰:"吾与齐王异生,俱非正嫡,特以吾故,同袒括发。汝当愧之,何论得失!汝,亲太后之子,特承慈爱;但当自勉,无论他人。"

夏，四月，乙卯，齐遣侍中薛孤康买吊于周，且会葬。

初，齐世祖为胡后造珠裙袴，所费不可胜计；为火所焚。至是，齐主复为穆后营之。使商胡赍锦彩三万，与吊使偕往市珠。周人不与，齐主竟自造之。及穆后爱衰，其侍婢冯小怜大幸，拜为淑妃；与齐主坐则同席，出则并马，誓同生死。

五月，庚申，周葬文宣皇后于永固陵，周主跣行至陵所。辛酉，诏曰："三年之丧，达于天子。但军国务重，须自听朝。衰麻之节，苫庐之礼，率遵前典，以申罔极。百僚宜依遗令，既葬而除。"公卿固请依权制，帝不许，卒申三年之制。五服之内，亦令依礼。

庚午，齐大赦。

齐人恐陈师渡淮，使皮景和屯西兖州以备之⑤。

丙子，周禁佛、道二教，经、像悉毁，罢沙门、道士，并令还俗。并禁诸淫祀，非祀典所载者尽除之。

六月，壬辰，周弘正卒。

壬子，周更铸五行大布钱，一当十，与布泉并行。

戊午，周立通道观以壹圣观之教。

**【注释】**

①壬子：据《陈书·宣帝纪》太建六年（574）："壬午，舆驾亲祠太庙。"壬午，为二十一日。　②广陵金城：即广陵内城。　③壬午：据《陈书·宣帝纪》，应作"壬辰"。　④阳曲：县名。治所在今山西太原市北阳曲镇南。　⑤西兖州：治所在今山东菏泽市定陶区西北。

秋，七月，庚申，周主如云阳，以右宫正尉迟运兼司武①，与薛公长孙览辅太子守长安。

初，帝取卫王直第为东宫，使直自择所居。直历观府署，无如意者；末取废陟屺寺，欲居之。齐王宪谓直曰："弟子孙多，此无乃褊小？"直曰："一身尚不自容，何论子孙！"直尝从帝校猎而乱行，帝对众挞之，直积怨愤，因帝在外，遂作乱。乙酉，帅其党袭肃章门。长孙览惧，奔诣帝所。尉迟运偶在门中，直兵奄至，手自阖门。直党与运争门，斫伤运指，仅而得闭。直不得入，纵火焚门。运恐火尽，直党得进，取宫中材木及床榻以益火，膏油灌之，火转炽。久之，直不得进，乃退。运帅留守兵，因其退而击之，直大败，帅百余骑奔荆州。戊子，帝还长安。八月，辛卯，擒直，废为庶人，囚于别宫，寻杀之。以尉迟运为大将军，赐赉甚厚。

丙申，周主复如云阳。

癸丑[2]，齐主如晋阳。甲辰，齐以高劢为尚书右仆射。

九月，庚申，周主如同州。

冬，十月，丙申，周遣御正弘农杨尚希、礼部卢恺来聘。恺，柔之子也。

甲寅，周主如蒲州；丙辰，如同州；十一月，甲戌，还长安。

十二月，戊戌，以吏部尚书王玚为右仆射，度支尚书孔奂为吏部尚书。玚，冲之子也。

时新复淮、泗，攻战、降附，功赏纷纭。奂识鉴精敏，不受请托，事无凝滞，人皆悦服。湘州刺史始兴王叔陵，屡讽有司，求为三公。奂曰："衮章之职，本以德举，未必皇枝。"因以白帝。帝曰："始兴那忽望公！且朕儿为公，须在鄱阳王后。"奂曰："臣之所见，亦如圣旨。"

齐定州刺史南阳王绰，喜为残虐，尝出行，见妇人抱儿，夺以饲狗。妇人号哭，绰怒，以儿血涂妇人，纵狗使食之。常云："我学文宣伯之为人[3]。"齐主闻之，锁诣行在，至而宥之。问："在州何事最乐？"对曰："多聚蝎于器，置狙其中，观之极乐。"帝即命夜索蝎一斗，比晓，得三二升，置浴斛，使人裸卧斛中，号叫宛转。帝与绰临观，喜噱不已[4]。因让绰曰："如此乐事，何不驰驿奏闻！"由是有宠，拜大将军，朝夕同戏。韩长鸾疾之，是岁，出为齐州刺史。将发，使人诬告其反，奏云："此犯国法，不可赦！"帝不忍明诛，使宠胡何猥萨与之手搏，扼而杀之。

**【注释】**

①司武：即司马。掌军政及军赋。 ②癸丑：据《北齐书·后主纪》武平五年(574)，应作"癸卯"，为十五日。 ③文宣伯：即北齐文宣帝高洋。高绰为高洋弟高湛之子，故称高洋为伯。 ④噱(jué 决)：大笑。

# 资治通鉴卷第一百七十二

## 陈纪六　起旃蒙协洽，尽柔兆涒滩，凡二年。

### 高宗宣皇帝中之上

**太建七年**　春，正月，辛未，上祀南郊。

癸酉，周主如同州。

乙亥，左卫将军樊毅克潼州[1]。

齐主还邺。

辛巳，上祀北郊。

二月，丙戌朔，日有食之。

戊申，樊毅克下邳、高栅等六城[2]。

齐主言语涩呐，不喜见朝士，自非宠私昵狎，未尝交语。性懦，不堪人视，虽三公、令、录奏事，莫得仰视，皆略陈大指，惊走而出。承世祖奢泰之余，以为帝王当然，后宫皆宝衣玉食，一裙之费，至直万匹；竞为新巧，朝衣夕弊。盛修宫苑，穷极壮丽；所好不常，数毁又复。百工土木，无时休息，夜则然火照作，寒则以汤为泥。凿晋阳西山为大像，一夜然油万盆，光照宫中。每有灾异寇盗，不自贬损，唯多设斋，以为修德。好自弹琵琶，为无愁之曲，近侍和之者以百数，民间谓之“无愁天子”。于华林园立贫儿村，帝自衣蓝缕之服，行乞其间以为乐。又写筑西鄙诸城，使人衣黑衣攻之，帝自帅内参拒斗。

宠任陆令萱、穆提婆、高阿那肱、韩长鸾等宰制朝政，宦官邓长颙、陈德信、胡儿何洪珍等并参预机权，各引亲党，超居显位。官由财进，狱以贿成，竞为奸谄，蠹政害民。旧苍头刘桃枝等皆开府封王[3]，其余宦官、胡儿、歌舞人，见鬼人、官奴婢等滥得富贵者，殆将万数，庶姓封王者以百数，开府千余人，仪同无数，领军一时至二十人，侍中、中常侍数十人，乃至狗、马及鹰亦有仪同、郡君之号，有斗鸡，号开府，皆食其干禄。诸嬖幸朝夕娱侍左右，一戏之赏，动逾巨万。既而府藏空竭，乃赐二三郡或六七县，使之卖官取直。由是为守令者，率皆富商大贾，竞为贪纵，民不聊生。

周高祖谋伐齐，命边镇益储偫，加戍卒；齐人闻之，亦增修守御。柱国于翼谏曰："疆场相侵，互有胜负，徒损兵储，无益大计。不如解严继好，使彼懈而无备，然后乘间，出其不意，一举可取也。"周主从之。

韦孝宽上疏陈三策：

其一曰："臣在边积年，颇见间隙，不因际会，难以成功。是以往岁出军，徒有劳费，功绩不立，由失机会。何者？长淮之南，旧为沃土，陈氏以破亡余烬，犹能一举平之；齐人历年赴救，丧败而返。内离外叛，计尽力穷，仇敌有衅，不可失也。今大军若出轵关[4]，方轨而进，兼与陈氏共为掎角，并令广州义旅出自三鸦[5]，又募山南骁锐，沿河而下，复遣北山稽胡[6]，绝其并、晋之路。凡此诸军，仍令各募关、河之外劲勇之士，厚其爵赏，使为前驱。岳动川移，雷骇电激，百道俱进，并趋虏庭。必当望旗奔溃，所向摧殄，一

北齐石狮

戎大定[⑦],实在此机。"

其二曰:"若国家更为后图,未即大举,宜与陈人分其兵势。三鸦以北,万春以南[⑧],广事屯田,预为贮积,募其骁悍,立为部伍。彼既东南有敌,戎马相持,我出奇兵,破其疆埸。彼若兴师赴援,我则坚壁清野,待其去远,还复出师。常以边外之军,引其腹心之众。我无宿舂之费,彼有奔命之劳,一二年中,必自离叛。且齐氏昏暴,政出多门,鬻狱卖官,唯利是视,荒淫酒色,忌害忠良,阖境嗷然,不胜其弊。以此而观,覆亡可待,然后乘间电扫,事等摧枯。"

其三曰:"昔勾践亡吴,尚期十载;武王取纣,犹烦再举。今若更存遵养[⑨],且复相时,臣谓宜还崇邻好,申其盟约,安民和众,通商惠工,蓄锐养威,观衅而动。斯乃长策远驭,坐自兼并也。"

书奏,周主引开府仪同三司伊娄谦入内殿,从容谓曰:"朕欲用兵,何者为先?"对曰:"齐氏沈溺倡优,耽昏麴糵[⑩]。其折冲之将斛律明月,已毙于谗口,上下离心,道路以目。此易取也。"帝大笑。三月,丙辰,使谦与小司寇元卫聘于齐以观衅。

丙寅,周主还长安。

**【注释】**

①潼州:治所在今安徽灵璧县东北潼郡村。　②下邳:郡名。治所在今江苏睢宁县西北古邳镇东。高栅:城名。在今江苏宿迁市西南。③苍头:奴仆。汉时仆隶以深青色巾包头,故称。　④轵关:在今河南济源市西北。当豫、晋交通要冲。　⑤广州:北魏置。治所在今河南鲁山县东。三鸦:即鲁阳关,在今河南南召县东北。　⑥稽胡:南匈奴遗种。居今山西吕梁山脉及河西一带。　⑦一戎大定:周武王伐纣,一戎衣而天下大定。　⑧万春:城名。在今山西河津市东北。　⑨遵养:语见《诗·周倾·酌》:"於铄王师,遵养时晦。"高亨《周颂考释》:"遵养者,屯兵而养之也。……遵谓屯兵,屯兵即聚兵。"　⑩麴糵(qū niè 曲聂):酿酒用的酒曲。代指酒。

夏,四月,甲午,上享太庙。

监豫州陈桃根得青牛,献之,诏遣还民。又表上织成罗文锦被各二百首，诏于云龙门外焚之。

庚子，齐以中书监阳休之为尚书右仆射。

六月，壬辰，以尚书右仆射王玚为左仆射。

甲戌[1]，齐主如晋阳。

秋，七月，丙戌[2]，周主如云阳宫。

大将军杨坚姿相奇伟。畿伯下大夫长安来和尝谓坚曰[3]："公眼如曙星，无所不照，当王有天下，愿忍诛杀。"

周主待坚素厚，齐王宪言于帝曰："普六茹坚[4]，相貌非常，臣每见之，不觉自失；恐非人下，请早除之！"帝亦疑之，以问来和。和诡对曰："随公止是守节人，可镇一方；若为将领，陈无不破。"

丁卯，周主还长安。

先是周主独与齐王宪及内史王谊谋伐齐，又遣纳言卢韫乘驲三诣安州总管于翼问策[5]，余人皆莫之知。丙子，始召大将军以上于大德殿告之。

丁丑，下诏伐齐，以柱国陈王纯、荥阳公司马消难、郑公达奚震为前三军总管，越王盛、周昌公侯莫陈崇、赵王招为后三军总管[6]。齐王宪帅众二万趋黎阳，随公杨坚、广宁公薛迥将舟师三万自渭入河，梁公侯莫陈崇帅众二万守太行道，申公李穆帅众三万守河阳道，常山公于翼帅众二万出陈、汝[7]。谊，盟之兄孙；震，武之子也。

周主将出河阳[8]。内史上士宇文弢曰[9]："齐氏建国，于今累世；虽曰无道，藩镇之任，尚有其人。今之出师，要须择地。河阳冲要，精兵所聚，尽力攻围，恐难得志。如臣所见，出于汾曲[10]，戍小山平，攻之易拔。用武之地，莫过于此。"民部中大夫天水赵煚曰："河南、洛阳，四面受敌，纵得之，不可以守。请从河北直指太原，倾其巢穴，可一举而定。"遂伯下大夫鲍宏曰[11]："我强齐弱，我治齐乱，何忧不克！但先帝往日屡出洛阳，彼既有备，每用不捷。如臣计者，进兵汾、潞，直掩晋阳，出其不虞，似为上策。"周主皆不从。宏，泉之弟也。

壬午，周主帅众六万，直指河阴[12]。杨素请帅其父麾下先驱，周主许之。

八月，癸卯，周遣使来聘。

周师入齐境，禁伐树践稼，犯者皆斩。丁未，周主攻河阴大城，拔之。齐王宪拔武济[13]；进围洛口[14]，拔东、西二城，纵火船焚浮桥，桥绝。齐永桥大都督太安傅伏[15]，自永桥夜入中潬城[16]。周人既克南城，围中潬，二旬不下。洛州刺史独孤永业守金墉[17]，周主自攻之，不克。永业通夜办马槽二千，周人闻之，以为大军且至而惮之。

九月，齐右丞相高阿那肱自晋阳将兵拒周师。至河阳，会周主有疾，辛酉夜，引兵还。水军焚其舟舰。傅伏谓行台乞伏贵和曰："周师疲弊，愿得精骑二千追击之，可破也。"贵和不许。

齐王宪、于翼、李穆，所向克捷，降拔三十余城，皆弃而不守。唯以王药城要害[18]，令仪同三司韩正守之，正寻以城降齐。

戊寅，周主还长安。

庚辰，齐以赵彦深为司徒，斛阿列罗为司空[19]。

闰月，车骑大将军吴明彻将兵击齐彭城[20]；壬辰，败齐兵数万于吕梁[21]。

甲午，周主如同州。

冬，十月，己巳，立皇子叔齐为新蔡王，叔文为晋熙王。

十二月，辛亥朔，日有食之。

壬戌，以王玚为尚书左仆射，太子詹事吴郡陆缮为右仆射。

庚午，周主还长安。

**【注释】**

①甲戌：据《北齐书·后主纪》武平六年（575）："甲戌"之上当补"秋七月"三字。甲戌为二十二日。 ②丙戌：纪日疑误。又，据上注①，"丙戌"上之"秋七月"可删。 ③畿伯下大夫：官名。北周大司徒属官。每方畿伯，中大夫；每县小畿伯，下大夫。 ④普六茹坚：即杨坚。杨坚之父杨忠，跟随北周太祖屡有战功，赐姓普六茹氏。 ⑤驲（rì 日）：古代驿站专用的车。 ⑥陈崇：侯莫陈崇已死于保定三年（563），"陈崇"当作"陈琼"。 ⑦陈、汝：今河南淮阳县、汝州市一带。 ⑧河阳：今河南孟州市西。 ⑨弜："粥"的古字。 ⑩汾曲：汾水之曲，今山西临汾市南。 ⑪遂伯下大夫：北周每乡设小遂伯一人，下大夫，掌一乡的政令戒

禁。 ⑫河阴：今河南洛阳市孟津区东。 ⑬武济：城名。周武王伐纣，由此济河，故以名城。即今河南洛阳市孟津区。 ⑭洛口：洛水入河之口，于此置城。在今河南巩县东北。 ⑮永桥：城名。在今河南武陟县西，黄河北岸。⑯中潬城：在今河南孟州市西南黄河沙洲上。为河阳三城之一。另外为南城、北城。 ⑰金墉：城名。在今洛阳市西北。 ⑱王药城：在今河南济源市境。 ⑲斛阿列罗：《北史》《北齐书·后主纪》并作“斛律阿列罗”。 ⑳彭城：郡名。治所在今江苏徐州市。 ㉑吕梁：在今江苏徐州市东南。

**八年**　春，正月，癸未，周主如同州；辛卯，如河东涑川[①]；甲午，复还同州。

甲寅[②]，齐大赦。

乙卯[③]，齐主还邺。

二月，辛酉，周主命太子巡抚西土，因伐吐谷浑，上开府仪同大将军王轨、宫正宇文孝伯从行。军中节度，皆委二人，太子仰成而已。

齐括杂户未嫁者悉集，有隐匿者，家长坐死。

壬申，以开府仪同三司吴明彻为司空。

三月，壬寅，周主还长安；夏，四月，乙卯，复如同州。

己未，上享太庙。

尚书左仆射王玚卒。

五月，壬辰，周主还长安。

六月，戊申朔，日有食之。

辛亥，周主享太庙。

初，太子叔宝欲以左户部尚书江总为詹事[④]，令管记陆瑜言于吏部尚书孔奂。奂谓瑜曰：“江有潘、陆之华而无园、绮之实[⑤]，辅弼储宫，窃有所难。”太子深以为恨，自言于帝。帝将许之，奂奏曰：“江总，文华之士。今皇太子文华不少，岂藉于总！如臣所见，愿选敦重之才，以居辅导之职。”帝曰：“即如卿言，谁当居此？”奂曰：“都官尚书王廓，世有懿德，识性敦敏，可以居之。”太子时在侧，乃曰：“廓，王泰之子，不宜为太子詹事。”奂曰：“宋朝范晔，即范泰之子，亦为太子詹事，前代不疑。”太子固争之；帝卒以总为詹事。总，敩之曾孙也[6]。

甲寅，以尚书右仆射陆缮为左仆射。帝欲以孔奂代缮，诏已出，太子沮之而止；更以晋陵太守王克为右仆射。

顷之，总与太子为长夜之饮，养良娣陈氏为女；太子亟微行，游总家。上怒，免总官。

周利州刺史纪王康[7]，骄矜无度，缮修戎器，阴有异谋。司录裴融谏止之，康杀融。丙辰，赐康死。

丁巳，周主如云阳。

庚申，齐宜阳王赵彦深卒。彦深历事累朝，常参机近，以温谨著称。既卒，朝贵典机密者，唯侍中、开府仪同三司斛律孝卿一人而已，其余皆嬖幸也。孝卿，羌举之子，比于余人，差不贪秽。

【注释】

①涑川：即今山西西南部黄河支流涑水河。 ②甲寅：纪日或月份有误。 ③乙卯：纪日或月份有误。 ④左户部尚书：当为“左户尚书”，官名。胡三省注：“梁置吏部、祠部、度支、左户、都官、五兵等六尚书；陈因梁制。此盖左户也，‘部’字衍。” ⑤园、绮：即汉初隐士东园公、绮里季。汉初，高祖打算更换太子，吕后采纳张良计策，卑辞厚礼迎四皓东园公、绮里季等辅佐太子刘盈，高祖便没有更换太子。 ⑥敩（xiào 效）：字义为教。也与“学”通。此处为人名。 ⑦利州：治所在今四川广元市。

秋，八月，乙卯，周主还长安。

周太子伐吐谷浑，至伏俟城而还[1]。

宫尹郑译[2]、王端等皆有宠于太子。太子在军中多失德，译等皆预焉。军还，王轨等言之于周主。周主怒，杖太子及译等，仍除译等名，宫臣亲幸咸被谴。太子复召译，戏狎如初。译因曰：“殿下何时可得据天下？”太子悦，益昵之。译，俨之兄孙也。

周主遇太子甚严，每朝见，进止与群臣无异，虽隆寒盛暑，不得休息；以其嗜酒，禁酒不得至东宫；有过，辄加捶挞。尝谓之曰：“古来太子被废者几人？余儿岂不堪立邪！”乃敕东宫官属录太子言语动作，每月奏闻。太子畏帝威严，矫情修饰，由是过恶不上闻。

王轨尝与小内史贺若弼言："太子必不克负荷。"弼深以为然，劝轨陈之。轨后因侍坐，言于帝曰："皇太子仁孝无闻，恐不了陛下家事。愚臣短暗，不足可信。陛下恒以贺若弼有文武奇才，亦常以此为忧。"帝以问弼，对曰："皇太子养德春宫，未闻有过。"既退，轨让弼曰："平生言论，无所不道，今者对扬，何得乃尔反覆？"弼曰："此公之过也。太子，国之储副，岂易发言！事有蹉跌，便至灭族。本谓公密陈臧否，何得遂至昌言！"轨默然久之，乃曰："吾专心国家，遂不存私计。向者对众，良实非宜。"

后轨因内宴上寿，捋帝须曰："可爱好老公，但恨后嗣弱耳。"先是，帝问右宫伯宇文孝伯曰："吾儿比来何如？"对曰："太子比惧天威，更无过失。"罢酒，帝责孝伯曰："公常语我云：'太子无过。'今轨有此言，公为诳矣。"孝伯再拜曰："父子之际，人所难言。臣知陛下不能割慈忍爱，遂尔结舌。"帝知其意，默然久之，乃曰："朕已委公矣，公其勉之！"

王轨骤言于帝曰："皇太子非社稷主。普六茹坚貌有反相。"帝不悦，曰："必天命有在，将若之何！"杨坚闻之，甚惧，深自晦匿。

帝深以轨等言为然，但汉王赞次长，又不才，余子皆幼，故得不废。

丁卯，以司空吴明彻为南兖州刺史[③]。

齐主如晋阳。营邯郸宫。

**【注释】**

①伏俟城：吐谷浑都城。在今青海共和县西北黑马镇东北。 ②宫尹：官名。北周置太子宫尹，职同詹事，为太子官属。 ③南兖州：治所在今江苏扬州市西北蜀冈上。

九月，戊戌，以皇子叔彪为淮南王。

周主谓群臣曰："朕去岁属有疾疢，遂不得克平逋寇。前入齐境，备见其情，彼之行师，殆同儿戏。况其朝廷昏乱，政由群小，百姓嗷然，朝不谋夕。天与不取，恐贻后悔。前出河外，直为拊背，未扼其喉。晋州本高欢所起之地,镇摄要重,今往攻之,彼必来援;吾严军以待,击之必克。然后乘破竹之势,鼓行而东,足以穷其巢穴,混同文轨。”诸将多不愿行。帝曰:“机不可失。有沮吾军者,当以军法裁之!”

冬,十月,己酉,周主自将伐齐,以越王盛、杞公亮、随公杨坚为右三军,谯王俭、大将军窦泰、广化公丘崇为左三军,齐王宪、陈王纯为前军。亮,导之子也。

丙辰,齐主猎于祁连池;癸亥,还晋阳。先是,晋州行台左丞张延隽公直勤敏,储偫有备,百姓安业,疆埸无虞。诸嬖幸恶而代之,由是公私烦扰。

北周彩绘贴金石菩萨像

周主至晋州[①],军于汾曲,遣齐王宪将兵二万守雀鼠谷[②],陈王纯步骑二万守千里径[③],郑公达奚震步骑一万守统军川[④],大将军韩明步骑五千守齐子岭[⑤],焉氏公尹升步骑五千守鼓钟镇[⑥],凉城公辛韶步骑五千守蒲津关[⑦],赵王招步骑一万自华谷攻齐汾州诸城[⑧],柱国宇文盛步骑一万守汾水关[⑨]。

遣内史王谊监诸军攻平阳城[⑩]。齐行台仆射海昌王尉相贵婴城拒守。甲子,齐集兵晋祠。庚午[⑪],齐主自晋阳帅诸军趣晋州。周主日自汾曲至城下督战,城中窘急。庚午,行台左丞侯子钦出降于周。壬申,晋州刺史崔景嵩守北城,夜,遣使请降于周,王轨帅众应之。未明,周将北海段文振,杖槊与数十人先登,与景嵩同至尉相贵所，拔佩刀劫之。城上鼓噪，齐兵大溃，遂克晋州，虏相贵及甲士八千人。

齐主方与冯淑妃猎于天池，晋州告急者，自旦至午，驿马三至。右丞相高阿那肱曰："大家正为乐，边鄙小小交兵，乃是常事，何急奏闻！"至暮，使更至，云"平阳已陷"，乃奏之。齐主将还，淑妃请更杀一围，齐主从之。

周齐王宪攻拔洪洞、永安二城[12]，更图进取。齐人焚桥守险，军不得进，乃屯永安。使永昌公椿屯鸡栖原[13]，伐柏为庵以立营。椿，广之弟也。

癸酉，齐主分军万人向千里径，又分军出汾水关，自帅大军上鸡栖原。宇文盛遣人告急，齐王宪自救之。齐师退，盛追击，破之。俄而椿告齐师稍逼，宪复还救之。与齐对陈，至夜不战。会周主召宪还，宪引兵夜去。齐人见柏庵在，不之觉，明日，始知之。齐主使高阿那肱将前军先进，仍节度诸军。

甲戌，周以上开府仪同大将军安定梁士彦为晋州刺史，留精兵一万镇之。

十一月，己卯，齐主至平阳。周主以齐兵新集，声势甚盛，且欲西还以避其锋。开府仪同大将军宇文忻谏曰："以陛下之圣武，乘敌人之荒纵，何患不克！若使齐得令主，君臣协力，虽汤、武之势，未易平也。今主暗臣愚，士无斗志，虽有百万之众，实为陛下奉耳。"军正京兆王纮曰："齐失纪纲，于兹累世。天奖周室，一战而扼其喉。取乱侮亡，正在今日。释之而去，臣所未谕。"周主虽善其言，竟引军还。忻，贵之子也。

周主留齐王宪为后拒，齐师追之，宪与宇文忻各将百骑与战，斩其骁将贺兰豹子等，齐师乃退。宪引军渡汾，追及周主于玉壁。

齐师遂围平阳，昼夜攻之。城中危急，楼堞皆尽，所存之城，寻仞而已。或短兵相接，或交马出入，外援不至，众皆震惧。梁士彦慷慨自若，谓将士曰："死在今日，吾为尔先。"于是勇烈齐奋，呼声动地，无不一当百。齐师少却，乃令妻妾、军民、妇女，昼夜修城，三日而就。周主使齐王宪将兵六万屯涑川，遥为平阳声援。齐人作地道攻平阳，城陷十余步，将士乘势欲入。齐主敕且止，召冯淑妃观之。淑妃妆点，不时至，周人以木拒塞之，城遂不下。旧俗相传，晋州城西石上有圣人迹，淑妃欲往观之。齐主恐弩矢及桥，乃抽攻城木造远桥。齐主与淑妃度桥，桥坏，至夜乃还。

癸巳，周主还长安。甲午，复下诏，以齐人围晋州，更帅诸军击之。丙申，纵齐降人使还。丁酉，周主发长安；壬寅，济河，与诸军合。十二月，丁未，周主至高显[14]，遣齐王帅所部先向平阳。戊申，周主至平阳。庚戌，诸军总集，凡八万人，稍进，逼城置陈，东西二十余里。

先是齐人恐周师猝至，于城南穿堑，自乔山属于汾水[15]；齐主大出兵，陈于堑北，周主命齐王宪驰往观之。宪复命曰："易与耳，请破之而后食。"周主悦，曰："如汝言，吾无忧矣！"周主乘常御马，从数人巡陈，所至辄呼主帅姓名慰勉之。将士喜于见知，咸思自奋。将战，有司请换马。周主曰："朕独乘良马，欲何之！"周主欲薄齐师，碍堑而止，自旦至申，相持不决。

齐主谓高阿那肱曰："战是邪？不战是邪？"阿那肱曰："吾兵虽多，堪战不过十万，病伤及绕城樵爨者复三分居一。昔攻玉壁，援军来即退。今日将士，岂胜神武时邪！不如勿战，却守高梁桥[16]。"安吐根曰："一撮许贼，马上刺取，掷著汾水中耳！"齐主意未决。诸内参曰："彼亦天子，我亦天子。被尚能远来，我何为守堑示弱！"齐主曰："此言是也。"于是填堑南引。周主大喜，勒诸军击之。

兵才合，齐主与冯淑妃并骑观战。东偏少却，淑妃怖曰："军败矣！"录尚书事城阳王穆提婆曰："大家去！大家去！"齐主即以淑妃奔高梁桥。开府仪同三司奚长谏曰："半进半退，战之常体。今兵众全整，未有亏伤，陛下舍此安之！马足一动，人情骇乱，不可复振。愿速还安慰之！"武卫张常山自后至，亦曰："军寻收讫，甚完整。围城兵亦不动。至尊宜回。不信臣言，乞将内参往视。"齐主将从之。穆提婆引齐主肘曰："此言难信。"齐主遂以淑妃北走。齐师大溃，死者万余人，军资器械，数百里间，委弃山积。安德王延宗独全军而还。

齐主至洪洞，淑妃方以粉镜自玩，后声乱，唱贼至，于是复走。

先是齐主以淑妃为有功勋，将立为左皇后，遣内参诣晋阳取皇后服御袆翟等。至是，遇于中涂，齐主为按辔，命淑妃著之，然后去。

【注释】

①晋州：治所在今山西临汾市。高欢起兵晋州，事见一百五十四卷梁武帝中大通二年(530)。 ②雀鼠谷：即今山西介休市西南、霍州市之北汾河河谷。 ③千里径：在今山西霍州市东十里。 ④统军川：一名通军水。即今山西洪洞县南汾水东岸支流。 ⑤齐子岭：在今河南济源市西北。北齐、北周以此为界。 ⑥鼓钟镇：在今山西垣曲县北六十里。⑦蒲津关：在今陕西大荔县朝邑镇东黄河津渡处，自古以来为水陆交通要冲。 ⑧华谷：在今山西稷山县西北二十里。汾州：治所在今山西汾阳市。 ⑨汾水关：在今山西灵石县西南汾河东岸。 ⑩平阳城：即晋州城。 ⑪庚午：上文已有"庚午"，此处重复，应删。 ⑫洪洞：城名。即今山西洪洞县。永安：城名。即今山西霍州市。 ⑬鸡栖原：在今山西霍州市东北霍山上。 ⑭高显：城名。山西曲沃县西北高显镇。⑮乔山：一作桥山。在今山西襄汾市东南。 ⑯高梁桥：在今山西临汾市东北。

辛亥，周主入平阳。梁士彦见周主，持周主须而泣曰："臣几不见陛下！"周主亦为之流涕。

周主以将士疲弊，欲引还。士彦叩马谏曰："今齐师遁散，众心皆动，因其惧而攻之，其势必举。"周主从之，执其手曰："余得晋州，为平齐之基，若不固守，则大事不成。朕无前忧，唯虑后变，汝善为我守之！"遂帅诸将追齐师。诸将固请西还，周主曰："纵敌患生。卿等若疑，朕将独往。"诸将乃不敢言。癸丑，至汾水关。

齐主入晋阳，忧惧不知所之。甲寅，齐大赦。齐主问计于朝臣，皆曰："宜省赋息役，以慰民心；收遗兵，背城死战，以安社稷。"齐主欲留安德王延宗、广宁王孝珩守晋阳，自向北朔州[①]。若晋阳不守，则奔突厥，群臣皆以为不可，帝不从。

开府仪同三司贺拔伏恩等宿卫近臣三十余人西奔周军，周主封赏各有差。

高阿那肱所部兵尚一万，守高壁[②]，余众保洛女砦[③]。周主引军向高壁，阿那肱望风退走。齐王宪攻洛女砦，拔之。有军士告阿那肱招引西军，齐主命侍中斛律孝卿检校，孝卿以为妄。还，至晋阳，阿那肱腹心复告阿那肱谋反，又以为妄，斩之。

乙卯，齐主诏安德王延宗、广宁王孝珩募兵。延宗入见，齐主告以欲向北朔州，延宗泣谏，不从，密遣左右先送皇太后、太子于北朔州。

丙辰，周主与齐王宪会于介休。齐开府仪同三司韩建业举城降，以为上柱国，封郇公。

是夜，齐主欲遁去，诸将不从。丁巳，周师至晋阳。齐主复大赦，改元隆化。以安德王延宗为相国、并州刺史，总山西兵，谓曰："并州兄自取之，儿今去矣！"延宗曰："陛下为社稷勿动。臣为陛下出死力战，必能破之。"穆提婆曰："至尊计已成，王不得辄沮！"齐主乃夜斩五龙门而出，欲奔突厥，从官多散。领军梅胜郎叩马谏，乃回向邺。时唯高阿那肱等十余骑从，广宁王孝珩、襄城王彦道继至，得数十人与俱。

穆提婆西奔周军，陆令萱自杀，家属皆诛没。周主以提婆为柱国、宜州刺史。下诏谕齐群臣曰："若妙尽人谋，深达天命，官荣爵赏，各有加隆。或我之将卒，逃逸彼朝，无问贵贱，皆从荡涤。"自是齐臣降者相继。

初，齐高祖为魏丞相，以唐邕典外兵曹，太原白建典骑兵曹，皆以善书计、工簿帐受委任。及齐受禅，诸司咸归尚书；唯二曹不废，更名二省。邕官至录尚书事，建官至中书令，常典二省，世称"唐、白"。邕兼领度支，与高阿那肱有隙，阿那肱谮之，齐主敕侍中斛律孝卿总知骑兵、度支。孝卿事多专决，不复询禀。邕自以宿习旧事，为孝卿所轻，意甚郁郁。及齐主还邺，邕遂留晋阳。并州将帅请于安德王延宗曰："王不为天子，诸人实不能为王出死力。"延宗不得已，戊午，即皇帝位。下诏曰："武平孱弱，政由宫竖，斩关夜遁，莫知所之。王公卿士，猥见推逼，今祗承宝位。"大赦，改元德昌。以晋昌王唐邕为宰相，齐昌王莫多娄敬显，沐阳王右卫大将军段畅、开府仪同三司韩骨胡等为将帅。敬显，贷文之子也。众闻之，不召而至者，前后相属。延宗发府藏及后宫美女以赐将士，籍没内参十余家。齐主闻之，谓近臣曰："我宁使周得并州，不欲安德得之。"左右曰："理然。"延宗见士卒，皆亲执手称名，流涕呜咽，众争为死；童儿女子，亦乘屋攘袂，投砖石以御敌。

己未，周主至晋阳。庚申，齐主入邺。周军围晋阳，四合如黑云。安德王延宗命莫多娄敬显、韩骨胡拒城南，和阿干子、段畅拒城东，自帅众拒齐王宪于城北。延宗素肥，前如偃，后如伏，人常笑之。至是，奋大矟往来督战，劲捷若飞，所向无前。和阿干子、段畅以千骑奔周军。周主攻东门，际昏，遂入之，进焚佛寺。延宗、敬显自门入，夹击之，周师大乱，争门，相填压，塞路不得进。齐人从后斫刺，死者二千余人。周主左右略尽，自拔无路。承御上士张寿牵马首④，贺拔伏恩以鞭拂其后，崎岖得出。齐人奋击，几中之。城东道厄曲，伏恩及降者皮子信导之，仅得免，时已四更。延宗谓周主为乱兵所杀，使于积尸中求长鬣者，不得。时齐人既捷，入坊饮酒，尽醉卧，延宗不复能整。

周主出城，饥甚，欲遁去，诸将亦多劝之还。宇文忻勃然进曰："陛下自克晋州，乘胜至此。今伪主奔波，关东响震，自古行兵，未有若斯之盛。昨日破城，将士轻敌，微有不利，何足为怀！丈夫当死中求生，败中取胜。今破竹之势已成，奈何弃之而去！"齐王宪、柱国王谊亦以为去必不免，段畅等又盛言城内空虚。周主乃驻马，鸣角收兵，俄顷复振。辛酉，旦，还攻东门，克之。延宗战力屈，走至城北，周人擒之。周主下马执其手，延宗辞曰："死人手，何敢迫至尊！"周主曰："两国天子，非有怨恶，直为百姓来耳。终不相害，勿怖也。"使复衣帽而礼之。唐邕等皆降于周。独莫多娄敬显奔邺，齐主以为司徒。

延宗初称尊号，遣使修启于瀛州刺史任城王湝，曰："至尊出奔，宗庙事重，群公劝迫，权主号令。事宁，终归叔父。"湝曰："我人臣，何容受此启！"执使者送邺。

壬戌，周主大赦，削除齐制。收礼文武之士。

郧伊娄谦聘于齐⑤，其参军高遵以情输于齐，齐人拘之于晋阳。周主既克晋阳，召谦，劳之。执遵付谦，任其报复。谦顿首，请赦之，周主曰："卿可聚众唾面，使其知愧。"谦曰："以遵之罪，又非唾面可责。”帝善其言而止。谦待遵如初。

臣光曰：赏有功，诛有罪，此人君之任也。高遵奉使异国，漏泄大谋，斯叛臣也；周高祖不自行戮，乃以赐谦，使之复怨，失政刑矣！孔子谓以德报怨者何以报德。为谦者，宜辞而不受，归诸有司，以正典刑。乃请而赦之以成其私名，美则美矣，亦非公义也。

【注释】

①北朔州：治所在今山西朔州市。 ②高壁：岭名。又名韩壁岭。在今山西灵石县南。 ③洛女砦：在今山西灵石县境。 ④承御上士：侍卫左右之官。 ⑤郱伊娄谦聘于齐：胡三省注：“周遣伊类谦聘齐，事见去年二月，此上不应有‘郱’字，盖‘初’字之误。”

齐主命立重赏以募战士，而竟不出物。广宁王孝珩请“使任城王湝将幽州道兵入土门[1]，扬声趣并州，独孤永业将洛州道兵入潼关，扬声趣长安，臣请将京畿兵出滏口[2]，鼓行逆战。敌闻南北有兵，自然逃溃”。又请出宫人珍宝赏将士，齐主不悦。斛律孝卿请齐主亲劳将士，为之撰辞，且曰：“宜慷慨流涕，以感激人心。”齐主既出，临众，将令之，不复记所受言，遂大笑，左右亦笑。将士怒曰：“身尚如此，吾辈何急！”皆无战心。于是自大丞相已下，太宰、三师、大司马、大将军、三公等官[3]，并增员而授，或三或四，不可胜数。

朔州行台仆射高劢将兵侍卫太后、太子，自土门道还邺。时宦官仪同三司苟子溢犹恃宠纵暴，民间鸡彘，纵鹰犬搏噬取之；劢执以徇，将斩之；太后救之，得免。或谓劢曰：“子溢之徒，言成祸福，独不虑后患邪？”劢攘袂曰：“今西寇已据并州，达官率皆委叛，正坐此辈浊乱朝廷。若得今日斩之，明日受诛，亦无所恨！”劢，岳之子也。甲子，齐太后至邺。

丙寅，周主出齐宫珍宝服玩及宫女二千人，班赐将士，加立功者官爵各有差。周主问高延宗以取邺之策，辞曰：“此非亡国之臣所及。”强问之，乃曰：“若任城王据邺，臣不能知。若今主自守，陛下兵不血刃。”癸酉，周师趣邺，命齐王宪先驱，以上柱国陈王纯为并州总管。

齐主引诸贵臣入朱雀门[4],赐酒食,问以御周之策,人人异议,齐主不知所从。是时人情恟惧,莫有斗心,朝士出降,昼夜相属。高励曰:“今之叛者,多是贵人,至于卒伍,犹未离心。请追五品已上家属,置之三台[5],因胁之以战,若不捷,则焚台。此曹顾惜妻子,必当死战。且王师频北,贼徒轻我,今背城一决,理必破之。”齐主不能用。望气者言,当有革易。齐主引尚书令高元海等议,依天统故事,禅位皇太子。

**【注释】**

①土门:关隘名。又名井陉关。在今河北井陉县西北井陉山上。地当太行山区进入华北平原的要隘。　②滏口:“太行八陉”之一。在今河北磁县西北鼓山,滏水(今滏阳河)发源于此。古为自邺城西出要道。③三师:太师、太傅、太保。　④朱雀门:邺都宫城正南门。　⑤三台:魏武帝所建,北齐文宣帝扩建时改为寺。

# 资治通鉴卷第一百七十三

## 陈纪七　起强圉作噩，尽屠维大渊献，凡三年。

## 高宗宣皇帝中之下

**太建九年**　春，正月，乙亥朔，齐太子恒即皇帝位，生八年矣；改元承光，大赦。尊齐主为太上皇帝，皇太后为太皇太后，皇后为太上皇后。以广宁王孝珩为太宰。

司徒莫多娄敬显、领军大将军尉相愿谋伏兵千秋门[1]，斩高阿那肱，立广宁王孝珩，会阿那肱自他路入朝，不果。孝珩求拒周师，谓阿那肱等曰："朝廷不赐遣击贼，岂不畏孝珩反邪？孝珩若破宇文邕，遂至长安，反亦何预国家事！以今日之急，犹如此猜忌邪？"高、韩恐其为变，出孝珩为沧州刺史。相愿拔佩刀斫柱，叹曰："大事去矣，知复何言！"

齐主使长乐王尉世辩帅千余骑觇周师，出滏口[2]，登高阜西望，遥见群乌飞起，谓是西军旗帜，即驰还；比至紫陌桥，不敢回顾。世辩，粲之子也。于是黄门侍郎颜之推、中书侍郎薛道衡、侍中陈德信等劝上皇往河外募兵，更为经略；若不济，南投陈国。从之。道衡，孝通之子也。丁丑，太皇太后、太上皇后自邺先趣济州[3]；癸未，幼主亦自邺东行。己丑，周师至紫陌桥。

辛卯，上祭北郊。

壬辰，周师至邺城下；癸巳，围之，烧城西门。齐人出战，周师奋击，大破之。

齐上皇从百骑东走，使武卫大将军慕容三藏守邺宫。周师入邺，齐王、公以下皆降。三藏犹拒战，周主引见，礼之，拜仪同大将军。三藏，绍宗之子也。领军大将军渔阳鲜于世荣，齐高祖旧将也。周主先以马脑酒钟遗之，世荣得即碎之。周师入邺，世荣在三台前鸣鼓不辍，周人执之；世荣不屈，乃杀之。周主执莫多娄敬显，数之曰："汝有死罪三：前自晋阳走邺，携妾弃母，不孝也；外为伪朝戮力，内实通启于朕，不忠也；送款之后，犹持两端，不信也。用心如此，不死何待！"遂斩之。

使将军尉迟勤追齐主。

甲午，周主入邺。齐国子博士长乐熊安生[4]，博通五经，闻周主入邺，遽令扫门。家人怪而问之，安生曰："周帝重道尊儒，必将

北齐《校书图》宋摹本局部

见我。”俄而周主幸其家，不听拜，亲执其手，引与同坐；赏赐甚厚，给安车驷马以自随。又遣小司马唐道和就中书侍郎李德林宅宣旨慰谕，曰：“平齐之利，唯在于尔。”引入宫，使内史宇文昂访问齐朝风俗政教，人物善恶。即留内省，三宿乃归。

乙未，齐上皇渡河入济州。是日，幼主禅位于大丞相任城王湝。又为湝诏：尊上皇为无上皇，幼主为宋国天王[5]。令侍中斛律孝卿送禅文及玺绂于瀛州[6]，孝卿即诣邺。

周主诏：“去年大赦所未及之处，皆从赦例。”

齐洛州刺史独孤永业，有甲士三万，闻晋州败，请出兵击周，奏寝不报；永业愤慨。又闻并州陷，乃遣子须达请降于周，周以永业为上柱国，封应公。

丙申，周以越王盛为相州总管。

齐上皇留胡太后于济州，使高阿那肱守济州关[7]，觇候周师，自与穆后、冯淑妃、幼主、韩长鸾、邓长颙等数十人奔青州[8]。使内参田鹏鸾西出，参伺动静；周师获之，问齐主何在，绐云：“已去，计当出境。”周人疑其不信，捶之。每折一支，辞色愈厉，竟折四支而死。

上皇至青州，即欲入陈。而高阿那肱密召周师，约生致齐主，屡启云：“周师尚远，已令烧断桥路。”上皇由是淹留自宽。周师至关，阿那肱即降之。周师奄至青州，上皇囊金，系于鞍，与后、妃、幼主等十余骑南走，己亥，至南邓村[9]，尉迟勤追及，尽擒之，并胡太后送邺。

庚子，周主诏：“故斛律光、崔季舒等，宜追加赠谥，并为改葬，子孙各随荫叙录，家口田宅没官者，并还之。”周主指斛律光名曰：“此人在，朕安得至邺！”辛丑，诏：“齐之东山、南园、三台，并可毁撤。瓦木诸物，可用者悉以赐民。山园之田，各还其主。”

**【注释】**

①千秋门：邺宫西门。　②滏口：见本书卷第一百七十二最末一段注②。　③济州：治所在今山东聊城市茌平区西南。　④国子博士：学官名。晋武帝咸宁二年(276)，初立国子学，为教育五品以上官僚子弟的贵族学校，置国子祭酒、博士各一人，北齐置国子博士五人。　⑤宋国天

王：据《北齐书·幼主纪》，应为“守国天王”。 ⑥瀛州：治所在今河北河间市。 ⑦济州关：济州城北有碻磝津故关。 ⑧青州：治所在今山东青州市。 ⑨南邓村：在今山东临朐县西南。

二月，壬午[1]，上耕藉田。

丙午，周主宴从官将士于齐太极殿，颁赏有差。

丁未，高纬至邺，周主降阶，以宾礼见之。

齐广宁王孝珩至沧州，以五千人会任城王湝于信都[2]，共谋匡复，召募得四万余人。周主使齐王宪、柱国杨坚击之。令高纬为手书招湝，湝不从。宪军至赵州[3]，湝遣二谍觇之，候骑执以白宪。宪集齐旧将，遍示之，谓曰：“吾所争者大，不在汝曹。今纵汝还，仍充吾使。”乃与湝书曰：“足下谍者为候骑所拘，军中情实，具诸执事。战非上计，无待卜疑；守乃下策，或未相许。已勒诸军分道并进，相望非远，凭轼有期。‘不俟终日’，所望知机也！”

宪至信都，湝陈于城南以拒之。湝所署领军尉相愿诈出略陈，遂以众降。相愿，湝心腹也，众皆骇惧。湝杀相愿妻子，明日，复战，宪击破之，俘斩三万人，执湝及广宁王孝珩。宪谓湝曰：“任城王何苦至此！”湝曰：“下官神武皇帝之子，兄弟十五人，幸而独存。逢宗社颠覆，无愧坟陵。”宪壮之，命归其妻子。又亲为孝珩洗疮傅药，礼遇甚厚。孝珩叹曰：“自神武皇帝以外，吾诸父兄弟，无一人至四十者，命也。嗣君无独见之明，宰相非柱石之寄，恨不得握兵符，受斧钺，展我心力耳！”

齐王宪善用兵，多谋略，得将士心。齐人惮其威声，皆望风沮溃。刍牧不扰，军无私焉。

周主以齐降将封辅相为北朔州总管。北朔州，齐之重镇，士卒骁勇。前长史赵穆等谋执辅相迎任城王湝于瀛州，不果，乃迎定州刺史范阳王绍义。绍义至马邑[4]，自肆州以北二百八十余城皆应之[5]。绍义与灵州刺史袁洪猛引兵南出，欲取并州。至新兴[6]，而肆州已为周守，前队二仪同以所部降周。周兵击显州[7]，执刺史陆琼，复攻拔诸城。绍义还保北朔州。周东平公神举将兵逼马邑，绍义战败，北奔突厥，犹有众三千人。绍义令曰：“欲还者从其意。”于是辞去者太半。突厥佗钵可汗常谓齐显祖为英雄天子，以绍义重踝，似之，甚见爱重；凡齐人在北者，悉以隶之。

于是齐之行台、州、镇，唯东雍州行台傅伏、营州刺史高宝宁不下，其余皆入于周。凡得州五十，郡一百六十二，县三百八十，户三百三万二千五百。高宝宁者，齐之疏属，有勇略，久镇和龙[⑧]，甚得夷、夏之心。周主于河阳、幽、青、南兖、豫、徐、北朔、定置总管府，相、并二州各置宫及六府官。

周师之克晋阳也，齐使开府仪同三司纥奚永安求救于突厥，比至，齐已亡。佗钵可汗处永安于吐谷浑使者之下，永安言于佗钵曰：“今齐国已亡，永安何用余生！欲闭气自绝，恐天下谓大齐无死节之臣；乞赐一刀，以显示远近。”佗钵嘉之，赠马七十匹而归之。

梁主入朝于邺。自秦兼天下，无朝觐之礼，至是始命有司草具其事：致积，致饩，设九傧、九介[⑨]，受享于庙，三公、三孤、六卿致食[⑩]，劳宾，还贽，致享，皆如古礼。周主与梁主宴，酒酣，周主自弹琵琶。梁主起舞，曰：“陛下既亲抚五弦，臣何敢不同百兽！”周主大悦，赐赉甚厚。

乙卯，周主自邺西还。

三月，壬午，周诏：“山东诸军，各举明经干治者二人；若奇才异术，卓尔不群者，不拘此数。”

周主之擒尉相贵也，招齐东雍州刺史傅伏，伏不从。齐人以伏为行台右仆射。周主既克并州，复遣韦孝宽招之，令其子以上大将军、武乡公告身及金、玛脑二酒钟赐伏为信。伏不受，谓孝宽曰：“事君有死无贰。此儿为臣不能竭忠，为子不能尽孝，人所仇疾，愿速斩之以令天下！”周主自邺还，至晋州，遣高阿那肱等百余人临汾水召伏。伏出军，隔水见之，问：“至尊今何在？”阿那肱曰：“已被擒矣。”伏仰天大哭，帅众入城，于厅事前北面哀号，良久，然后降。周主见之曰：“何不早下？”伏流涕对曰：“臣三世为齐臣，食齐禄，不能自死，羞见天地！”周主执其手曰：“为臣当如此。”乃以所食羊肋骨赐伏曰：“骨亲肉疏，所以相付。”遂引使宿卫，授上仪同大将军。敕之曰：“若亟与公高官，恐归附者心动。努力事朕，勿忧富贵。”他日，又问：“前救河阴得何赏？”对曰：“蒙一转，授特进、永昌郡公。”周主谓高纬曰：“朕三年教战，决取河阴。正为傅伏善守，城不可动，遂敛军而退。公当时赏功，何其薄也！”

夏，四月，乙巳，周主至长安，置高纬于前，列其王公于后，车舆、旗帜、器物，以次陈之。备大驾，布六军，奏凯乐，献俘于太庙。观者皆称万岁。戊申，封高纬为温公，齐之诸王三十余人，皆受封爵。周主与齐君臣饮酒，令温公起舞。高延宗悲不自持，屡欲仰药，其傅婢禁止之。

周主以李德林为内史上士，自是诏诰格式及用山东人物，并以委之。帝从容谓群臣曰：“我常日唯闻李德林名，复见其为齐朝作诏书移檄，正谓是天上人；岂言今日得其驱使。”神武公纥豆陵毅对曰：“臣闻麒麟凤皇，为王者瑞，可以德感，不可力致。麒麟凤皇，得之无用，岂如德林，为瑞且有用哉！”帝大笑曰：“诚如公言。”

己巳，周主享太庙。

五月，丁丑，周以谯王俭为大冢宰。庚辰，以杞公亮为大司徒，郑公达奚震为大宗伯，梁公侯莫陈芮为大司马，应公独孤永业为大司寇，郑公韦孝宽为大司空。

己丑，周主祭方丘。诏以“路寝会义、崇信、含仁、云和、思齐诸殿，皆晋公护专政时所为，事穷壮丽，有逾清庙[11]，悉可毁撤。雕斫之物，并赐贫民。缮造之宜，务从卑朴”。又诏[12]：“并、邺诸堂殿壮丽者准此。”

臣光曰：周高祖可谓善处胜矣！他人胜则益奢，高祖胜而愈俭。

【注释】

①壬午：今中华书局点校本《陈书·宣帝纪》已据《南史·宣帝纪》校改为“壬子”。是年二月甲辰朔，壬子为初九。 ②信都：郡名。治所在今河北冀州市。 ③赵州：治所在今河北隆尧县东。 ④马邑：北朔州治所。在今山西朔州市。 ⑤肆州：治所在今山西忻州市。 ⑥新兴：郡名。治所在今山西忻州市。 ⑦显州：治所在今山西原平市北崞阳镇。 ⑧和龙：又名黄龙城、龙都。为营州治所。在今辽宁朝阳县。⑨九傧：也作“九宾”。古代朝会大典所设的礼宾人员，负责接待宾客。

九介：替宾主传话的人员。 ⑩三孤：古代少师、少傅、少保称为三少，也称为三孤。 ⑪清庙：《诗·周颂》有《清庙》篇。毛《传》认为清庙为祭有清明之德者之宫。亦为宗庙的通称。 ⑫又诏：据章钰《校记》，十二行本、乙十一行本、孔本“又”上有“戊戌”二字。按：据《周书·武帝纪》建德六年五月，当补“戊戌”两字。戊戌为二十六日。

六月，丁卯，周主东巡。秋，七月，丙戌，幸洛州。八月，壬寅，议定权衡度量，颁之于四方。

初，魏虏西凉之人，没为隶户，齐氏因之，仍供厮役。周主灭齐，欲施宽惠，诏曰：“罪不及嗣，古有定科。杂役之徒，独异常宪，一从罪配，百代不免，罚既无穷，刑何以措！凡诸杂户，悉放为民。”自是无复杂户。

甲子，郑州获九尾狐，已死，献其骨。周主曰：“瑞应之来，必彰有德。若五品时叙，四海和平，乃能致此。今无其时，恐非实录。”命焚之。

九月，戊寅，周制：“庶人已上，唯听衣绸、绵绸、丝布、圆绫、纱、绢、绡、葛、布等九种[①]，余悉禁之。朝祭之服，不拘此制。”

冬，十月，戊申，周主如邺。

上闻周人灭齐，欲争徐、兖，诏南兖州刺史、司空吴明彻督诸军伐之，以其世子戎昭、将军惠觉摄行州事。明彻军至吕梁[②]，周徐州总管梁士彦帅众拒战，戊午，明彻击破之。士彦婴城自守，明彻围之。

帝锐意以为河南指麾可定。中书通事舍人蔡景历谏曰：“师老将骄，不宜过穷远略。”帝怒，以为沮众，出为豫章内史。未行，有飞章劾景历在省赃污狼籍，坐免官，削爵土。

周改葬德皇帝于冀州，周主服缞，哭于太极殿；百官素服。

周人诬温公高纬与宜州刺史穆提婆谋反，并其宗族皆赐死。众人多自陈无之，高延宗独攘袂泣而不言，以椒塞口而死。唯纬弟仁英以清狂，仁雅以喑疾得免，徙于蜀。其余亲属，不杀者散配西土，皆死于边裔。

周主以高湝妻卢氏赐其将斛斯征。卢氏蓬首垢面，长斋，不言笑。征放之,乃为尼。齐后、妃贫者,至以卖烛为业。

十一月,壬申,周立皇子衍为道王[③],兑为蔡王。

癸酉,周遣上大将军王轨将兵救徐州。

初,周人败齐师于晋州,乘胜逐北,齐人所弃甲仗,未暇收敛;稽胡乘间窃出,并盗而有之。仍立刘蠡升之孙没铎为主,号圣武皇帝,改元石平。

周人既克关东,将讨稽胡,议欲穷其巢穴。齐王宪曰:"步落稽种类既多,又山谷险绝,王师一举,未可尽除。且当翦其魁首,余加慰抚。"周主从之,以宪为行军元帅,督诸军讨之。至马邑,分道俱进。没铎分遣其党天柱守河东,穆支守河西,据险以拒之。宪命谯王俭击天柱,滕王逌击穆支,并破之,斩首万余级。赵王招击没铎,禽之,余众皆降。

周诏:"自永熙三年以来[④],东土之民掠为奴婢,及克江陵之日,良人没为奴婢者,并放为良。"又诏:"后宫唯置妃二人,世妇三人,御妻三人,此外皆减之。"

周主性节俭,常服布袍,寝布被,后宫不过十余人;每行兵,亲在行陈,步涉山谷,人所不堪;抚将士有恩,而明察果断,用法严峻。由是将士畏威而乐为之死。

己亥晦,日有食之。

周初行刑书要制:群盗赃一匹,及正、长隐五丁、若地顷以上,皆死。

十二月,戊申,新作东宫成,太子徙居之。

庚申,周主如并州,徙并州军民四万户于关中。戊辰,废并州宫及六府。

高宝宁自黄龙上表劝进于高绍义,绍义遂称皇帝,改元武平,以宝宁为丞相。突厥佗钵可汗举兵助之。

**【注释】**

①绡(xiāo 消):生丝织成的薄绸、薄纱。 ②吕梁:在今江苏徐州市东南。 ③皇子衍:据《周书·武帝诸子道王传》,道王名充,字乾仁。《周书》《北史·周武帝纪》并言封皇子充为道王,当据改。 ④永熙三年:北魏孝武帝年号,534 年。

**十年**　春，正月，壬午，周主幸邺；辛卯，幸怀州[1]；癸巳，幸洛州。置怀州宫。

二月，甲辰，周谯孝王俭卒。

丁巳，周主还长安。

吴明彻围周彭城，环列舟舰于城下，攻之甚急。王轨引兵轻行，据淮口[2]，结长围，以铁锁贯车轮数百，沉之清水[3]，以遏陈船归路；军中恼惧。谯州刺史萧摩诃言于明彻曰："闻王轨始锁下流，其两端筑城，今尚未立，公若见遣击之，彼必不敢相拒。水路未断，贼势不坚；彼城若立，则吾属必为虏矣。明彻奋髯曰："搴旗陷陈，将军事也；长算远略，老夫事也。"摩诃失色而退。一旬之间，水路遂断。

周兵益至，诸将议破堰拔军，以舫载马而去，马主裴子烈曰："若破堰下船，船必倾倒，不如先遣马出。"时明彻苦背疾甚笃，萧摩诃复请曰："今求战不得，进退无路。若潜军突围，未足为耻。愿公帅步卒、乘马舆徐行，摩诃领铁骑数千驱驰前后，必当使公达京邑。"明彻曰："弟之此策，乃良图也。然步军既多，吾为总督，必须身居其后，相帅兼行。弟马军宜速，在前，不可迟缓。"摩诃因帅马军夜发。甲子，明彻决堰，乘水势退军，冀以入淮。至清口，水势渐微，舟舰并碍车轮，不复得过。王轨引兵围而蹙之，众溃。明彻为周人所执，将士三万并器械辎重皆没于周。萧摩诃以精骑八十居前突围，众骑继之，比旦，达淮南，与将军任忠、周罗睺独全军得还。

初，帝谋取彭、汴，以问五兵尚书毛喜[4]，对曰："淮左新平，边民未辑。周氏始吞齐国，难与争锋。且弃舟楫之工，践车骑之地，去长就短，非吴人所便。臣愚以为不若安民保境，寝兵结好，斯久长之术也。"及明彻败，帝谓喜曰："卿言验于今矣。"即日，召蔡景历，复以为征南谘议参军。

周主封吴明彻为怀德公，位大将军。明彻忧愤而卒。

乙丑，周以越王盛为大冢宰。

三月，戊辰，周于蒲州置宫[5]。废同州及长春二宫。

甲戌，周主初服常冠，以皂纱全幅向后襆发，仍裁为四脚。

丙子，命中军大将军、开府仪同三司淳于量为大都督，总水陆诸军事，镇西将军孙玚都督荆、郢诸军，平北将军樊毅都督清口上至荆山缘淮诸军，宁远将军任忠都督寿阳、新蔡、霍州诸军，以备周。

乙酉，大赦。

壬辰，周改元宣政。

**【注释】**

①怀州：治所在今河南沁阳市。 ②淮口：清水入淮之口，即清口。在今江苏淮阴市西南。 ③清水：泗水的别名。 ④五兵尚书：职官名。掌中兵、外兵、别兵、都兵、骑兵。 ⑤蒲州：治所在今山西永济市西南蒲州镇。

夏，四月，庚申，突厥寇周幽州，杀掠吏民。

戊午，樊毅遣军渡淮北，对清口筑城。壬戌，清口城不守。

五月，己丑，周高祖帅诸军伐突厥，遣柱国原公姬愿、东平公神举等将兵五道俱入。

癸巳，帝不豫，留止云阳宫[①]；丙申，诏停诸军。驿召宗师宇文孝伯赴行在所[②]，帝执其手曰："吾自量必无济理，以后事付君。"是夜，授孝伯司卫上大夫，总宿卫兵。又令驰驿入京镇守，以备非常。六月，丁酉朔，帝疾甚，还长安；是夕殂，年三十六。

戊戌，太子即位。尊皇后阿史那氏为皇太后。宣帝初立，即逞奢欲。大行在殡，曾无戚容，扪其杖痕，大骂曰："死晚矣！"阅视高祖宫人，逼为淫欲。超拜吏部下大夫郑译为开府仪同大将军、内史中大夫，委以朝政。

己未，葬武皇帝于孝陵，庙号高祖。既葬，诏内外公除，帝及六宫皆议即吉。京兆郡丞乐运上疏，以为"葬期既促，事讫即除，太为汲汲"。帝不从。

帝以齐炀王宪属望重，忌之。谓宇文孝伯曰："公能为朕图齐王，当以其官相授。"孝伯叩头曰："先帝遗诏，不许滥诛骨肉。齐王，陛下之叔父，功高德茂，社稷重臣。陛下若无故害之，则臣为不忠之臣,陛下为不孝之子矣。”帝不怿,由是疏之。乃与开府仪同大将军于智、郑译等密谋之,使智就宅候宪,因告宪有异谋。

甲子,帝遣宇文孝伯语宪,欲以宪为太师,宪辞让。又使孝伯召宪,曰:“晚与诸王俱入。”既至殿门,宪独被引进。帝先伏壮士于别室,至,即执之。宪自辩理,帝使于智证宪,宪目光如炬,与智相质。或谓宪曰:“以王今日事势,何用多言!”宪曰:“死生有命,宁复图存!但老母在堂,恐留兹恨耳!”因掷笏于地。遂缢之。

帝召宪僚属,使证成宪罪。参军勃海李纲,誓之以死,终无桡辞。有司以露车载宪尸而出,故吏皆散,唯李纲抚棺号恸,躬自瘗之,哭拜而去。

又杀上大将军王兴、上开府仪同大将军独孤熊、开府仪同大将军豆卢绍,皆素与宪亲善者也。帝既诛宪而无名,乃云与兴等谋反,时人谓之“伴死”。

以于智为柱国,封齐公,以赏之。

闰月,乙亥,周主立妃杨氏为皇后。

辛巳,周以赵王招为太师,陈王纯为太傅。

齐范阳王绍义闻周高祖殂,以为得天助。幽州人卢昌期,起兵据范阳[3],迎绍义,绍义引突厥兵赴之。周遣柱国东平公神举将兵讨昌期。绍义闻幽州总管出兵在外,欲乘虚袭蓟,神举遣大将军宇文恩将四千人救之,半为绍义所杀。会神举克范阳,擒昌期,绍义闻之,素衣举哀,还入突厥。高宝宁帅夷、夏数万骑救范阳,至潞水[4],闻昌期死,还,据和龙。

北周武帝宇文邕墓志

秋,七月,周主享太庙;丙午,礼圜丘。

庚戌,周以小宗伯斛律征为大宗伯。壬戌,以亳州总管杨坚为上柱国、大司马[5]。

癸亥,周主尊所生母李氏为帝太后。

八月,丙寅,周主祀西郊;壬申,如同州。以大司徒杞公亮为安州总管,上柱国长孙览为大司徒,杨公王谊为大司空。丙戌,以永昌公椿为大司寇。

九月,乙巳,立方明坛于娄湖[6]。戊申,以扬州刺史始兴王叔陵为王官伯,临盟百官。

庚戌,周主封其弟元为荆王。

周主诏:"诸应拜者,皆以三拜成礼。"

甲寅,上幸娄湖誓众。乙卯,分遣大使以盟誓班下四方,上下相警戒。

冬[7],周主还长安。以大司空王谊为襄州总管。

戊子,以尚书左仆射陆缮为尚书仆射。

十一月,突厥寇周边,围酒泉,杀掠吏民。

十二月,甲子,周以毕王贤为大司空。

己丑,周以河阳总管滕王逌为行军元帅[8],帅众入寇。

**【注释】**

①云阳宫:北周别宫。在今陕西泾阳县西北。 ②宗师:官名。掌宗室子弟的训导。 ③范阳:郡名。治所在今河北涿州市。 ④潞水:即今北京市通州区以下白河。 ⑤亳(bó 博)州:北周末改南兖州置,治所在今安徽亳州市。 ⑥娄湖:在今江苏南京市东南。 ⑦冬:据章钰校记,十二行本、乙十一行本"冬"下有"十月癸酉"四字。《周书·宣帝纪》同。癸酉为初十。 ⑧逌(yōu 悠):宇文逌。

**十一年** 春,正月,癸巳,周主受朝于露门,始与群臣服汉、魏衣冠;大赦,改元大成。置四辅官;以大冢宰越王盛为大前疑,相州总管蜀公尉迟迥为大右弼,申公李穆为大左辅,大司马随公杨坚为大后承。

周主之初立也,以高祖刑书要制为太重而除之,又数行赦宥。京兆郡丞乐运上疏,以为:"《虞书》所称'眚灾肆赦',谓过误为害,当缓赦之;《吕刑》云:'五刑之疑有赦[2]',谓刑疑从罚,罚疑从免也。谨寻经典,未有罪无轻重,溥天大赦之文。大尊岂可数施非常之惠,以肆奸宄之恶乎!”帝不纳。既而民轻犯法,又自以奢淫多过失,恶人规谏,欲为威虐,慑服群下。乃更为《刑经圣制》,用法益深,大醮于正武殿,告天而行之。密令左右伺察群臣,小有过失,辄行诛谴。

又,居丧才逾年,辄恣声乐,鱼龙百戏,常陈殿前,累日继夜,不知休息;多聚美女以实后宫,增置位号,不可详录;游宴沉湎,或旬日不出,群臣请事者,皆因宦者奏之。于是乐运舆榇诣朝堂,陈帝八失:其一,以为“大尊比来事多独断,不参诸宰辅,与众共之”。其二,“搜美女以实后宫,仪同以上女不许辄嫁,贵贱同怨”。其三,“大尊一入后宫,数日不出,所须闻奏,多附宦者”。其四,“下诏宽刑,未及半年,更严前制”。其五,“高祖斫雕为朴,崩未逾年,而遽穷奢丽”。其六,“徭赋下民,以奉俳优角抵”。其七,“上书字误者,即治其罪,杜献书之路”。其八,“玄象垂诫,不能谘诹善道,修布德政”。“若不革兹八事,臣见周庙不血食矣。”帝大怒,将杀之。朝臣恐惧,莫有救者。内史中大夫洛阳元岩叹曰:“臧洪同死[3],人犹愿之,况比干乎!若乐运不免,吾将与之俱毙。”乃诣阁请见,曰:“乐运不顾其死,欲以求名。陛下不如劳而遣之,以广圣度。”帝颇感悟。明日,召运,谓曰:“朕昨夜思卿所奏,实为忠臣。”赐御食而罢之。

癸卯,周立皇子阐为鲁王。

甲辰,周主东巡;以许公宇文善为大宗伯。戊午,周主至洛阳;立鲁王阐为皇太子。

**【注释】**

①《吕刑》:《尚书》篇名。据《尚书序》,周穆王采纳司寇吕侯的言论作刑布告四方,即今《尚书》的《吕刑》篇。 ②五刑:古代以墨、劓、刵、宫、大辟为五刑。 ③臧洪句:事见本书卷第六十一献帝兴平三年(196)。

二月,癸亥,上耕藉田。

周下诏,以洛阳为东京;发山东诸州兵治洛阳宫,常役四万人。徙相州六府于洛阳。

周徐州总管王轨，闻郑译用事，自知及祸，谓所亲曰："吾昔在先朝，实申社稷至计。今日之事，断可知矣。此州控带淮南，邻接强寇，欲为身计，易如反掌。但忠义之节，不可亏违，况荷先帝厚恩，岂可以获罪嗣主，遽忘之邪！正可于此待死，冀千载之后，知吾此心耳！"

周主从容问译曰："我脚杖痕，谁所为也？"对曰："事由乌丸轨、宇文孝伯[①]。"因言轨捋须事。帝使内史杜庆信就州杀轨，元岩不肯署诏。御正中大夫颜之仪切谏，帝不听，岩进继之，脱巾顿颡，三拜三进。帝曰："汝欲党乌丸轨邪？"岩曰："臣非党轨，正恐滥诛失天下之望。"帝怒，使阉竖搏其面。轨遂死，岩亦废于家。远近知与不知，皆为轨流涕。之仪，之推之弟也。

周主之为太子也，上柱国尉迟运为宫正，数进谏，不用；又与王轨、宇文孝伯、宇文神举皆为高祖所亲待，太子疑其同毁己。及轨死，运惧，私谓孝伯曰："吾徒必不免祸，为之奈何？"孝伯曰："今堂上有老母，地下有武帝，为臣为子，知欲何之！且委质事人，本徇名义，谏而不入，死焉可逃！足下若为身计，宜且远之。"于是运求出为秦州总管。

他日，帝托以齐王宪事让孝伯曰："公知齐王谋反，何以不言？"对曰："臣知齐王忠于社稷，为群小所谮，言必不用，所以不言。且先帝付嘱微臣，唯令辅导陛下。今谏而不从，实负顾托。以此为罪，是所甘心。"帝大惭，俯首不语，命将出，赐死于家。

时宇文神举为并州刺史，帝遣使就州鸩杀之。尉迟运至秦州，亦以忧死。

周罢南伐诸军。

突厥佗钵可汗请和于周[②]，周主以赵王招女为千金公主，妻之，且命执送高绍义；佗钵不从。

辛巳，周宣帝传位于太子阐[③]，大赦，改元大象，自称天元皇帝，所居称"天台"，冕二十四旒，车服旗鼓皆倍于前王之数。皇帝称正阳宫，置纳言、御正、诸卫等官[④]，皆准天台。尊皇后为天元皇太后。

天元既传位，骄侈弥甚，务自尊大，无所顾惮，国之仪典，率情变更。每对臣下自称为天，用樽、彝、珪、瓒以饮食。令群臣朝天台者，致斋三日，清身一日。既自比上帝，不欲群臣同己，常自带绶，冠通天冠，加金附蝉，顾见侍臣弁上有金蝉及王公有绶者，并令去之。不听人有"天""高""上""大"之称，官名有犯，皆改之。改姓高者为"姜"，九族称高祖者为"长祖"。又令天下车皆以浑木为轮。禁天下妇人不得施粉黛，自非宫人，皆黄眉墨妆。

每召侍臣论议，唯欲兴造变革，未尝言及政事。游戏无常，出入不节，羽仪仗卫，晨出夜还，陪侍之官，皆不堪命。自公卿以下，常被楚挞。每捶人，皆以百二十为度，谓之"天杖"，其后又加至二百四十。宫人内职亦如之，后、妃、嫔、御，虽被宠幸，亦多杖背。于是内外恐怖，人不自安，皆求苟免，莫有固志，重足累息，以逮于终。

戊子，周以越王盛为太保，尉迟迥为大前疑，代王达为大右弼。

辛卯，徙邺城《石经》于洛阳[⑤]。诏："河阳、幽、相、豫、亳、青、徐七总管，并受东京六府处分。"

三月，庚申，天元还长安，大陈军伍，亲擐甲胄，入自青门，静帝备法驾以从。

夏，四月，壬戌朔[⑥]，立妃朱氏为天元帝后。后，吴人，本出寒微，生静帝，长于天元十余岁，疏贱无宠，以静帝故，特尊之。

乙巳[⑦]，周主祠太庙。壬午，大醮于正武殿。

五月[⑧]，以襄国郡为赵国，济南郡为陈国，武当、安富二郡为越国，上党郡为代国，新野郡为滕国，邑各万户；令赵王招、陈王纯、越王盛、代王达、滕王逌并之国。

随公杨坚私谓大将军汝南公庆曰："天元实无积德；视其相貌，寿亦不长。又，诸藩微弱，各令就国，曾无深根固本之计。羽翮既翦，何能及远哉！"庆，神举之弟也。

突厥寇周并州。六月，周发山东诸民修长城。

【注释】

①乌丸轨：即王轨。王轨赐姓乌丸氏。 ②请和于周：据《周书》及

《北史·突厥传》,当作"请和亲于周"。 ③太子阐:时年方七岁。④纳言:此纳言似隋官之纳言,为门下省长官。 ⑤邺城《石经》:即三国魏正始《石经》,又称《三字石经》,东魏时高澄移于邺城。 ⑥壬戌朔:四月初一是辛酉日,壬戌日是初二。此处有误。 ⑦乙巳:据《周书·宣帝纪》当为"己巳"。己巳为初九。 ⑧五月:据《周书·宣帝纪》,"五月"下有"辛亥"二字,章钰《校记》同。辛亥为二十一日。

秋,七月,庚寅,周以杨坚为大前疑,柱国司马消难为大后承。

辛卯,初用大货六铢钱。

丙申,周纳司马消难女为正阳宫皇后。

己酉,周尊天元帝太后李氏为天皇太后。壬子,改天元皇后朱氏为天皇后,立妃元氏为天右皇后,陈氏为天左皇后,凡四后云。元氏,开府仪同大将军晟之女[1];陈氏,大将军山提之女也。

八月,庚申,天元如同州。

丁卯,上阅武于大壮观[2]。命都督任忠帅步骑十万陈于玄武湖,都督陈景帅楼舰五百出瓜步江[3],振旅而还。

壬申,周天元还长安。甲戌,以陈山提、元晟并为上柱国。

戊寅,上还宫。

豫章内史南康王方泰,在郡秩满,纵火延烧邑居,因行暴掠,驱录富人,征求财贿。上阅武,方泰当从,启称母疾不行,而微服往民间淫人妻,为州所录。又帅人仗抗拒,伤禁司,为有司所奏。上大怒,下方泰狱,免官,削爵土,寻而复旧。

壬午,周以上柱国毕王贤为太师,郇公韩业为大左辅。九月,乙卯,以酆王贞为大冢宰。以郧公孝宽为行军元帅,帅行军总管杞公亮、郕公梁士彦寇淮南。仍遣御正杜杲、礼部薛舒来聘。

冬,十月,壬戌,周天元幸道会苑,大醮,以高祖配醮。初复佛像及天尊像,天元与二像俱南面坐,大陈杂戏,令长安士民纵观。

甲戌,以尚书仆射陆缮为尚书左仆射。

十一月,辛卯,大赦。

周韦孝宽分遣杞公亮自安陆攻黄城[4],梁士彦攻广陵[5]。甲午,士彦至肥口[6]。

乙未，周天元如温汤。

戊戌，周军进围寿阳。

周天元如同州。

诏开府仪同三司、南兖州刺史淳于量为上流水军都督[⑦]，中领军樊毅都督北讨诸军事，左卫将军任忠都督北讨前军事，前丰州刺史皋文奏帅步骑三千趣阳平郡[⑧]。

壬寅，周天元还长安。

癸卯，任忠帅步骑七千趣秦郡[⑨]；丙午，仁威将军鲁广达帅众入淮；是日，樊毅将水军二万自东关入焦湖[⑩]，武毅将军萧摩诃帅步骑趣历阳[⑪]。戊申，韦孝宽拔寿阳，杞公亮拔黄城，梁士彦拔广陵；辛亥，又取霍州[⑫]。癸丑，以扬州刺史始兴王叔陵为大都督，总水步众军。

丁巳，周铸永通万国钱，一当千，与五行大布并行。

十二月，戊午，周天元以灾异屡见，舍仗卫，如天兴宫。百官上表，劝复寝膳。甲子，还宫，御正武殿，集百官及宫人、外命妇[⑬]，大列伎乐，初作乞寒胡戏[⑭]。

乙丑，南、北兖、晋三州及盱眙、山阳、阳平、马头、秦、历阳、沛、北谯、南梁等九郡民并自拔还江南。周又取谯、北徐州。自是江北之地尽没于周。

周天元如洛阳，亲御驿马，日行三百里，四皇后及文武侍卫数百人并乘驲以从[⑮]。仍令四后方驾齐驱，或有先后，辄加谴责，人马顿仆，相及于道。

癸酉，遣平北将军沈恪、电威将军裴子烈镇南徐州，开远将军徐道奴镇栅口[⑯]，前信州刺史杨宝安镇白下[⑰]。戊寅，以中领军樊毅都督荆、郢、巴、武四州水陆诸军事。

己卯，周天元还长安。

贞毅将军汝南周法尚，与长沙王叔坚不相能，叔坚谮之于上，云其欲反。上执其兄定州刺史法僧，发兵将击法尚。法尚奔周，周天元以为仪同大将军、顺州刺史，上遣将军樊猛济江击之。法尚遣部曲督韩朗诈降于猛，曰："法尚部兵不愿降北，人皆窃议，欲叛还。若得军来，自当倒戈。"猛以为然，引兵急趋之。法尚阳为畏惧，自保江曲，战而伪走，伏兵邀之，猛仅以身免，没者几八千人。

【注释】

①晟（shèng盛）：元晟。 ②大壮观：山名。东接钟山，南临玄武湖。③瓜步江：在今江苏南京市六合区东南。 ④黄城：在今湖北武汉市黄陂区东，当时为陈朝司州治所。 ⑤文陵：城名。今河南息县。⑥肥口：西肥河入淮之口，在今安徽凤台县。 ⑦“诏开府”句：据《陈书·宣帝纪》太建十一年（579）十一月记载，此上当补“辛丑”二字。辛丑为十四日。 ⑧阳平郡：治所在今江苏宝应县西南。 ⑨秦郡：治所在今江苏南京市六合区北。 ⑩焦湖：又名巢湖。今安徽巢湖市。⑪历阳：郡名。治所在今安徽和县。 ⑫霍州：治所在今安徽霍山县。⑬外命妇：五品以上官员之妻。 ⑭乞寒：古代西域杂戏。又名“泼寒”。严寒时，少年裸露形体结队跳舞，观者以水浇泼为戏乐。 ⑮驲（rì日）：古代驿站专用的车。也指驿马。 ⑯栅口：古栅水入长江之口。在今安徽无为市东南。 ⑰白下：城名。在今江苏南京市北金川门外、幕府山南麓。北临大江，为东晋、南朝时建康北郊的军事要地，常置镇戍于此。

# 资治通鉴卷第一百七十四

## 陈纪八 上章困敦，一年。

### 高宗宣皇帝下之上

**太建十二年** 春，正月，癸巳，周天元祠太庙。

戊戌，以左卫将军任忠为南豫州刺史，督缘江军防事。

乙卯，周税入市者人一钱。

二月，丁巳，周天元幸露门学，释奠。

戊午，突厥入贡于周，且迎千金公主。

乙丑，周天元改制为天制，敕为天敕。壬午，尊天元皇太后为天元上皇太后，天皇太后为天元圣皇太后。癸未，诏杨后与三后皆称太皇后，司马后直称皇后。

行军总管杞公亮，天元之从祖兄也。其子西阳公温妻尉迟氏，蜀公迥之孙，有美色，以宗妇入朝，天元饮之酒，逼而淫之。亮闻之，惧；三月，军还，至豫州，密谋袭韦孝宽，并其众，推诸父为主，鼓行而西。亮国官茹宽知其谋[①]，先告孝宽，孝宽潜设备。亮夜将数百骑袭孝宽营，不克而走。戊子，孝宽追斩之，温亦坐诛。天元即召其妻入宫，拜长贵妃。辛卯，立亮弟永昌公椿为杞公。

周天元如同州，增候正、前驱、式道候为三百六十重[②]，自应门至于赤岸泽[③]，数十里间，幡旗相蔽，音乐俱作，又令虎贲持钑马上[④]，称警跸[⑤]。乙未，改同州宫为成天宫。庚子，还长安。诏天台侍卫之官，皆著五色及红、紫、绿衣，以杂色为缘，名曰“品色衣”，有大事,与公服间服之。壬寅,诏内外命妇皆执笏,其拜宗庙及天台,皆俯伏如男子。

天元将立五皇后,以问小宗伯狄道辛彦之。对曰:“皇后与天子敌体,不宜有五。”太学博士西城何妥曰:“昔帝喾四妃,虞舜二妃。先代之数,何常之有!”帝大悦,免彦之官。甲辰,诏曰:“坤仪比德,土数惟五,四太皇后外,可增置天中太皇后一人。”于是以陈氏为天中太皇后,尉迟妃为天左太皇后。又造下帐五[⑥],使五皇后各居其一,实宗庙祭器于前,自读祝版而祭之。又以五辂载妇人[⑦],自帅左右步从。又好倒悬鸡及碎瓦于车上,观其号呼以为乐。

**【注释】**

①国官:诸国公各自有国官。 ②候正:主候望及侦察敌情。前驱:先驱。负责先行安排。式道候:负责在车驾前面开路。 ③应门:宫廷正门。赤岸泽:在今陕西大荔县西南。 ④钑(sà 萨):兵器名。铁把短矛。 ⑤警跸:古时帝王出入称警跸,左右侍卫为警,止人清道为跸,以戒止行人。 ⑥下帐:北周天元皇帝以自己所居为上帐,五皇后所居为下帐。 ⑦五辂:五种车子。指玄辂、夏篆、夏缦、墨车、栈车。

夏,四月,癸亥,尚书左仆射陆缮卒。

己巳,周天元祠太庙;己卯,大雩;壬午,幸仲山祈雨[①];甲申,还宫,令京城士女于衢巷作乐迎候。

五月,癸巳,以尚书右仆射晋安王伯恭为仆射。

周杨后性柔婉,不妒忌,四皇后及嫔、御等,咸爱而仰之。天元昏暴滋甚,喜怒乖度,尝谴后,欲加之罪。后进止详闲,辞色不挠,天元大怒,遂赐后死,逼令引诀,后母独孤氏诣阁陈谢,叩头流血,然后得免。

后父大前疑坚,位望隆重,天元忌之,尝因忿谓后曰:“必族灭尔家!”因召坚,谓左右曰:“色动,即杀之。”坚至,神色自若,乃止。内史上大夫郑译,与坚少同学,奇坚相表,倾心相结。坚既为帝所忌,情不自安,尝在永巷,私于译曰:“久愿出藩,公所悉也,愿少留意!”译曰:“以公德望,天下归心。欲求多福,岂敢忘也!谨即言之。”

天元将遣译入寇，译请元帅。天元曰：“卿意如何？”对曰：“若定江东，自非懿戚重臣，无以镇抚，可令随公行，且为寿阳总管以督军事。”天元从之。己丑，以坚为扬州总管，使译发兵会寿阳。将行，会坚暴有足疾，不果行。

甲午夜，天元备法驾，幸天兴宫；乙未，不豫而还。小御正博陵刘昉，素以狡谄得幸于天元，与御正中大夫颜之仪并见亲信。天元召昉、之仪入卧内，欲属以后事，天元喑，不复能言。昉见静帝幼冲，以杨坚后父，有重名，遂与领内史郑译、御饰大夫柳裘、内史大夫杜陵韦謩、御正下士朝那皇甫绩谋引坚辅政[2]，坚固辞，不敢当；昉曰：“公若为，速为之；不为，昉自为也。”坚乃从之，称受诏居中侍疾。裘，惔之孙也[3]。

是日，帝殂。秘不发丧。昉、译矫诏以坚总知中外兵马事。颜之仪知非帝旨，拒而不从。昉等草诏署讫，逼之仪连署，之仪厉声曰：“主上升遐，嗣子冲幼，阿衡之任，宜在宗英。方今赵王最长，以亲以德，合膺重寄。公等备受朝恩，当思尽忠报国，奈何一旦欲以神器假人！之仪有死而已，不能诬罔先帝。”昉等知不可屈，乃代之仪署而行之。诸卫既受敕，并受坚节度。

坚恐诸王在外生变，以千金公主将适突厥为辞，征赵、陈、越、代、滕五王入朝。坚索符玺，颜之仪正色曰：“此天子之物，自有主者，宰相何故索之！”坚大怒，命引出，将杀之；以其民望，出为西边郡守。

丁未，发丧。静帝入居天台，罢正阳宫。大赦，停洛阳宫作。庚戌，尊阿史那太后为太皇太后，李太后为太帝太后，杨后为皇太后，朱后为帝太后，其陈后、元后、尉迟后并为尼。以汉王赞为上柱国、右大丞相，尊以虚名，实无所综理。以杨坚为假黄钺、左大丞相，秦王贽为上柱国。百官总己以听于左丞相。

坚初受顾命，使邗国公杨惠谓御正下大夫李德林曰：“朝廷赐令总文武事，经国任重。今欲与公共事，必不得辞。”德林曰：“愿以死奉公。”坚大喜。始，刘昉、郑译议以坚为大冢宰，译自摄大司马，昉又求小冢宰。坚私问德林曰：“欲何以见处？”德林曰：“宜作大丞相、假黄钺、都督中外诸军事，不尔，无以压众心。”乃发丧，即依此行之。以正阳宫为丞相府。

时众情未壹，坚引司武上士卢贲置左右。将之东宫，百官皆不知所从。坚潜令贲部伍仗卫，因召公卿，谓曰：“欲求富贵者宜相随。”往往偶语，欲有去就，贲严兵而至，众莫敢动。出崇阳门，至东宫，门者拒不纳，贲谕之，不去；瞋目叱之，门者遂却，坚入。贲遂典丞相府宿卫。贲，辩之弟子也。以郑译为丞相府长史，刘昉为司马，李德林为府属，二人由是怨德林。

内史下大夫勃海高颎明敏有器局，习兵事，多计略，坚欲引之入府，遣杨惠谕意。颎承旨，欣然曰：“愿受驱驰。纵令公事不成，颎亦不辞灭族。”乃以为相府司录[④]。

时汉王赞居禁中，每与静帝同帐而坐。刘昉饰美妓进赞，赞甚悦之。昉因说赞曰：“大王，先帝之弟，时望所归。孺子幼冲，岂堪大事！今先帝初崩，人情尚扰。王且归第，待事宁后，入为天子，此万全计也。”赞年少，性识庸下，以为信然，遂从之。

坚革宣帝苛酷之政，更为宽大，删略旧律，作《刑书要制》，奏而行之；躬履节俭，中外悦之。

坚夜召太史中大夫庾季才，问曰：“吾以庸虚，受兹顾命。天时人事，卿以为何如?”季才曰：“天道精微，难可意察。窃以人事卜之，符兆已定。季才纵言不可，公岂复得为箕、颍之事乎[⑤]！”坚默然久之，曰：“诚如君言。”独孤夫人亦谓坚曰：“大事已然，骑虎之势，必不得下，勉之！”

北周李贤墓出土陶俑

坚以相州总管尉迟迥位望素重，恐有异图，使迥子魏安公惇奉诏书召之会葬。壬子，以上柱国韦孝宽为相州总管；又以小司徒叱列长义为相州刺史，先令赴邺；孝宽续进。

陈王纯时镇齐州，坚使门正上士崔彭征之[⑥]。彭以两骑往止传舍，遣人召纯。纯至，彭请屏左右，密有所道，遂执而锁之，因大言曰："陈王有罪，诏征入朝，左右不得辄动！"其从者愕然而去。彭，楷之孙也[⑦]。

六月，五王皆至长安。

【注释】

①仲山：在今陕西泾阳县西北。 ②韦謩：謩，与"谟"同。 ③惔（tán 谈）：即柳惔，柳世隆之子。 ④司录：职官名。总录一府之事。 ⑤箕、颍之事：尧让天下给许由，许由便逃到箕山，在颍水边清洗自己的耳朵。 ⑥门正：职官名。掌管门关开闭，验查人员出入。 ⑦楷：崔楷。崔楷死职见本书卷第一百五十一梁武帝大通元年（527）。

庚申，周复行佛、道二教，旧沙门、道士精志者，简令入道。

周尉迟迥知丞相坚将不利于帝室，谋举兵讨之。韦孝宽至朝歌，迥遣其大都督贺兰贵，赍书候韦孝宽。孝宽留贵与语以审之，疑其有变，遂称疾徐行；又使人至相州求医药，密以伺之。孝宽兄子艺，为魏郡守，迥遣艺迎孝宽，孝宽问迥所为，艺党于迥，不以实对。孝宽怒，将斩之，艺惧，悉以迥谋语孝宽。孝宽携艺西走，每至亭驿，尽驱传马而去，谓驿司曰："蜀公将至，宜速具酒食。"迥寻遣仪同大将军梁子康将数百骑追孝宽，追者至驿，辄逢盛馔，又无马，遂迟留不进。孝宽与艺由是得免。

坚又令候正破六韩裒诣迥谕旨[①]，密与总管府长史晋昶等书，令为之备。迥闻之，杀昶及裒，集文武士民，登城北楼，令之曰："杨坚藉后父之势，挟幼主以作威福，不臣之迹，暴于行路。吾与国舅甥，任兼将相；先帝处吾于此，本欲寄以安危。今欲与卿等纠合义勇，以匡国庇民，何如？"众咸从命。迥乃自称大总管，承制置官司。时赵王招入朝，留少子在国，迥奉以号令。

甲子，坚发关中兵，以韦孝宽为行军元帅，郧公梁士彦、乐安公元谐、化政公宇文忻、濮阳公武川宇文述、武乡公崔弘度、清河公杨素、陇西公李询等皆为行军总管，以讨迥。弘度，楷之孙；询，穆之兄子也。

初，宣帝使计部中大夫杨尚希抚慰山东[②]，至相州，闻宣帝殂，与尉迟迥发丧。尚希出，谓左右曰："蜀公哭不哀而视不安，将有他计。吾不去，惧及于难。"遂夜从捷径而遁。迟明，迥觉，追之不及，遂归长安。坚遣尚希督宗兵三千人镇潼关。

雍州牧毕剌王贤，与五王谋杀坚，事泄，坚杀贤，并其三子，掩五王之谋不问。以秦王贽为大冢宰，杞公椿为大司徒。庚子[③]，以柱国梁叡为益州总管。叡，御之子也。

周遣汝南公神庆、司卫上士长孙晟送千金公主于突厥。晟，幼之曾孙也。

又遣建威侯贺若谊赂佗钵可汗，且说之以求高绍义。佗钵伪与绍义猎于南境，使谊执之。谊，敦之弟也。秋，七月，甲申，绍义至长安，徙之蜀；久之，病死于蜀。

周青州总管尉迟勤，迥之弟子也。初得迥书，表送之，寻亦从迥。迥所统相、卫、黎、洺、贝、赵、冀、瀛、沧，勤所统青、齐、胶、光、莒等州皆从之，众数十万。荥州刺史邵公胄，申州刺史李惠，东楚州刺史费也利进，潼州刺史曹孝远，各据本州，徐州总管司录席毗罗据兖州，前东平郡守毕义绪据兰陵，皆应迥；怀县永桥镇将纥豆陵惠以城降迥。迥使其所署大将军石逊攻建州[④]，建州刺史宇文弁以州降之。又遣西道行台韩长业攻拔潞州[⑤]，执刺史赵威，署城人郭子胜为刺史。纥豆陵惠袭陷巨鹿[⑥]，遂围恒州[⑦]。上大将军宇文威攻汴州[⑧]，莒州刺史乌丸尼等帅青、齐之众围沂州[⑨]，大将军檀让攻拔曹、亳二州[⑩]，屯兵梁郡[⑪]。席毗罗众号八万，军于蕃城[⑫]，攻陷昌虑、下邑[⑬]。李惠自申州攻永州[⑭]，拔之。

迥遣使招大左辅、并州刺史李穆，穆锁其使，封上其书。穆子士荣，以穆所居天下精兵处，阴劝穆从迥，穆深拒之。坚使内史大夫柳裘诣穆，为陈利害，又使穆子左侍上士浑往布腹心。穆使浑奉尉斗于坚，曰："愿执威柄以尉安天下。"又十三环金带遗坚。十三环金带者，天子之服也。坚大悦，遣浑诣韦孝宽述穆意。穆兄子崇，为怀州刺史，初欲应迥；后知穆附坚，慨然太息曰："阖家富贵者数十人，值国有难，竟不能扶倾继绝，复何面目处天地间乎！"不得已亦附于坚。迥子谊，为朔州刺史，穆执送长安；又遣兵讨郭子胜，擒之。

迥招徐州总管源雄，东郡守于仲文，皆不从。雄，贺之曾孙；仲文，谨之孙也。迥遣宇文胄自石济，宇文威自白马济河，二道攻仲文，仲文弃郡走还长安，迥杀其妻子。迥遣檀让徇地河南，丞相坚以仲文为河南道行军总管，使诣洛阳发兵讨让，命杨素讨宇文胄。

丁未，周以丞相坚都督中外诸军事。

郧州总管司马消难亦举兵应迥，己酉，周以柱国王谊为行军元帅，以讨消难。

广州刺史于顗[15]，仲文之兄也，与总管赵文表不协；诈得心疾，诱文表，手杀之，因唱言文表与尉迟迥通谋。坚以迥未平，因劳勉之，即拜吴州总管。

赵僭王招谋杀坚，邀坚过其第，坚赍酒肴就之。招引入寝室，招子员、贯及妃弟鲁封等皆在左右，佩刀而立，又藏刃于帷席之间，伏壮士于室后。坚左右皆不得从，唯从祖弟开府大将军弘、大将军元胄坐于户侧。胄，顺之孙也。弘、胄皆有勇力，为坚腹心。酒酣，招以佩刀刺瓜连啗坚，欲因而刺之。元胄进曰："相府有事，不可久留。"招诃之曰："我与丞相言，汝何为者！"叱之使却。胄瞋目愤气，扣刀入卫。招赐之酒，曰："吾岂有不善之意邪！卿何猜警如是？"招伪吐，将入后阁，胄恐其为变，扶令上坐，如此再三。招伪称喉干，命胄就厨取饮，胄不动。会滕王逌后至，坚降阶迎之。胄耳语曰："事势大异，可速去！"坚曰："彼无兵马，何能为！"胄曰："兵马皆彼物，彼若先发，大事去矣。胄不辞死，恐死无益。"坚复入坐。胄闻室后有被甲声，遽请曰："相府事殷，公何得如此！"因扶坚下床趋去。招将追之，胄以身蔽户，招不得出；坚及门，胄自后至。招恨不时发，弹指出血。壬子，坚诬招与越王盛谋反，皆杀之，及其诸子。赏赐元胄，不可胜计。

周室诸王数欲伺隙杀坚，坚都督临泾李圆通常保护之，由是得免。

**【注释】**

①破六韩裒（póu 抔）：人名。破六韩，三字姓。 ②计部：职官名。

北周置计部，主计会之簿书。同《周礼》之司书。　③庚子：据《周书·静帝纪》大象二年（580）六月记载，庚辰，以梁睿为益州总管。庚辰为二十六日。　④建州：治所在今山西晋城市东北高都。　⑤潞州：治所在今山西长治市北古驿。　⑥巨鹿：郡名。治所在今河北宁晋县南。　⑦恒州：治所在今河北正定县南。　⑧汴州：治所在今河南开封市西北。　⑨沂州：治所在今山东临沂市西。　⑩曹：曹州。治所在今山东曹县西北。亳：亳州，治所在今安徽亳州市。　⑪梁郡：治所在今河南商丘市南。　⑫蕃城：今山东滕州市。　⑬昌虑：县名。治所在今山东滕州市东南。下邑：县名。治所在今河南夏邑县。　⑭永州：治所在今河南信阳市北长台关西。　⑮广州刺史：据《隋书·于颛传》，颛时为东广州刺史。当补一“东”字。其时东广州刺史与吴州总管并治广陵（今江苏扬州市西北）。

癸丑，周主封其弟衍为叶王[①]，术为郢王。

周豫、荆、襄三州蛮反，攻破郡县。

周韦孝宽军至永桥城[②]，诸将请先攻之，孝宽曰：“城小而固，若攻而不拔，损我兵威。今破其大军，此何能为！”于是引军壁于武陟[③]。尉迟迥遣其子魏安公惇帅众十万入武德[④]，军于沁东。会沁水涨，孝宽与迥隔水相持不进。

孝宽长史李询密启丞相坚云：“梁士彦、宇文忻、崔弘度并受尉迟迥饷金，军中慅慅，人情大异。”坚深以为忧，与内史上大夫郑译谋代此三人者，李德林曰：“公与诸将，皆国家贵臣，未相服从，今正以挟令之威控御之耳。前所遣者，疑其乖异，后所遣者，又安知其能尽腹心邪！又，取金之事，虚实难明，今一旦代之，或惧罪逃逸，若加縻縶，则自郧公以下，莫不惊疑。且临敌易将，此燕、赵之所以败也[⑤]。如愚所见，但遣公一腹心，明于智略，素为诸将所信服者，速至军所，使观其情伪。纵有异意，必不敢动，动亦能制之矣。”坚大悟，曰：“公不发此言，几败大事。”乃命少内史崔仲方往监诸军，为之节度。仲方，猷之子也，辞以父在山东。又命刘昉、郑译，昉辞以未尝为将，译辞以母老。坚不悦。府司录高颎请行，坚喜，遣之。颎受命亟发，遣人辞母而已。自是坚措置军事，皆与李德林谋之，时军书日以百数，德林口授数人，文意百端，不加治点。

司马消难以郧、随、温、应、土、顺、沔、儇、岳九州及鲁山等八镇来降[⑥]，为质以求援。八月，己未，诏以消难为大都督、总督九州八镇诸军事、司空，赐爵随公。庚申，诏镇西将军樊毅进督沔、汉诸军事，南豫州刺史任忠帅众趣历阳，超武将军陈慧纪为前军都督，趣南兖州。

周益州总管王谦亦不附丞相坚，起巴、蜀之兵以攻始州[⑦]。梁睿至汉川[⑧]，不得进，坚即以睿为行军元帅以讨谦。

**【注释】**

①衍：据《周书·静帝纪》，"衍"当作"衎"（kàn 看）。周静帝名衍，不当兄弟同名。 ②永桥城：在今河南武陟县西。 ③武陟：地名。在今河南武陟县南。 ④武德：地名，在今河南武陟县东南。 ⑤"燕、赵"句：战国时燕惠王听信谗言，撤换上将军乐毅，改用骑劫为将，被齐将田单大败。赵惠文王中秦反间计，用赵括代替廉颇为将，结果被秦将白起大败，赵军俘虏四十万人被活埋。 ⑥儇（xuān 宣）：儇州。一说"儇"当作"澴"。 ⑦始州：治所在今四川剑阁县。 ⑧汉川：即汉中，隋避讳改汉川。

戊辰，诏以司马消难为大都督水陆诸军事。庚午，通直散骑常侍淳于陵克临江郡[①]。

梁世宗使中书舍人柳庄奉书入周。丞相坚执庄手曰："孤昔开府，从役江陵，深蒙梁主殊眷。今主幼时艰，猥蒙顾托。梁主奕叶委诚朝廷，当相与共保岁寒[②]。"时诸将竞劝梁主举兵，与尉迟迥连谋，以为进可以尽节周氏，退可以席卷山南。梁主疑未决。会庄至，具道坚语，且曰："昔袁绍、刘表、王凌、诸葛诞，皆一时雄杰，据要地，拥强兵，然功业莫就，祸不旋踵者，良由魏、晋挟天子，保京都，仗大顺以为名故也。今尉迟迥虽曰旧将，昏耄已甚。司马消难、王谦，常人之下者，非有匡合之才。周朝将相，多为身计，竞效节于杨氏。以臣料之，迥等终当覆灭，随公必移周祚。未若保境息民以观其变。"梁主深然之，众议遂止。

高颎至军，为桥于沁水。尉迟惇于上流纵火筏，颎豫为土狗以御之[③]。惇布陈二十余里，麾兵少却，欲待孝宽军半渡而击之；孝宽因其却，鸣鼓齐进。军既渡，颎命焚桥，以绝士卒反顾之心。惇兵大败，单骑走。孝宽乘胜进，追至邺。

庚午，迥与惇及惇弟西都公祐，悉将其卒十三万陈于城南，迥别统万人，皆绿巾、锦袄，号曰"黄龙兵"。迥弟勤帅众五万，自青州赴迥，以三千骑先至。迥素习军旅，老犹被甲临陈。其麾下皆关中人，为之力战，孝宽等军不利而却。邺中士民观战者数万人，行军总管宇文忻曰："事急矣！吾当以诡道破之。"乃先射观者，观者皆走，转相腾藉，声如雷霆。忻乃传呼曰："贼败矣！"众复振，因其扰而乘之。迥军大败，走保邺城。孝宽纵兵围之，李询及思安伯代人贺娄子干先登。

崔弘度妹，先适迥子为妻，及邺城破，迥窘迫升楼，弘度直上龙尾追之。迥弯弓，将射弘度，弘度脱兜鍪，谓迥曰："颇相识不？今日各图国事，不得顾私。以亲戚之情，谨遏乱兵，不许侵辱。事势如此，早为身计，何所待也？"迥掷弓于地，骂左丞相极口而自杀。弘度顾其弟弘升曰："汝可取迥头。"弘升斩之。军士在小城中者，孝宽尽坑之。勤、惇、祐东走青州，未至，开府仪同大将军郭衍追获之。丞相坚以勤初有诚款，特不之罪。李惠先自缚归罪，坚复其官爵。

迥末年衰耄，及起兵，以小御正崔达拏为长史。达拏，暹之子也，文士，无筹略，举措多失，凡六十八日而败。

于仲文军至蓼堤[④]，去梁郡七里。檀让拥众数万，仲文以羸师挑战而伪北，让不设备；仲文还击，大破之，生获五千余人，斩首七百级。进攻梁郡，迥守将刘子宽弃城走。仲文进击曹州，获迥所署刺史李仲康。檀让以余众屯成武[⑤]，仲文袭击，破之，遂拔成武。迥将席毗罗，众十万，屯沛县，将攻徐州。其妻子在金乡[⑥]，仲文遣人诈为毗罗使者，谓金乡城主徐善净曰："檀让明日午时至金乡，宣蜀公令，赏赐将士。"金乡人皆喜。仲文简精兵，伪建迥旗帜，倍道而进。善净望见，以为檀让，出迎谒。仲文执之，遂取金乡。诸将多劝屠其城，仲文曰："此城乃毗罗起兵之所，当宽其妻子，其兵自归。如即屠之,彼望绝矣。"众皆称善。于是毗罗恃众来薄官军,仲文设伏击之,毗罗众大溃,争投洙水死,水为之不流。获檀让,槛送京师;斩毗罗,传首。

韦孝宽分兵讨关东叛者,悉平之。坚徙相州于安阳,毁邺城及邑居。分相州,置毛州、魏州[⑦]。

梁主闻迥败,谓柳庄曰:"若从众人之言,社稷已不守矣!"

丞相坚之初得政也,待黄公刘昉、沛公郑译甚厚,赏赐不可胜计,委以心膂,朝野倾属,称为"黄、沛"。二人皆恃功骄恣,溺于财利,不亲职务。及辞监军,坚始疏之,恩礼渐薄。高颎自军所还,宠遇日隆。时王谦、司马消难未平,坚忧之,忘寝与食。而昉逸游纵酒,相府事多遗落。坚乃以高颎代昉为司马;不忍废译,阴敕官属不得白事于译。译犹坐听事,无所关预,惶惧顿首,求解职;坚犹以恩礼慰勉之。

【注释】

①临江郡:治所在今重庆忠县。 ②岁寒:《论语·子罕》:"岁寒,然后知松柏之后凋也。"比喻在艰苦危难的处境中保持高洁贞固的节操。 ③土狗:积土于水中,前尖后宽,前高后低,其状如坐狗,故称。 ④蓼堤:一作漻堤。在今河南东部,西北起自今杞县境,东南抵今商丘市境。 ⑤成武:县名。治所在今山东成武县。 ⑥金乡:县名。治所在今山东金乡县。 ⑦毛州:治所在今山东馆陶县西南四十里。魏州:治所在今河北大名县东。

北周三品(永通万国、五行大布、布泉)

癸酉，智武将军鲁广达克周之郭默城[1]。丙子，淳于陵克祐州城。

周以汉王赞为太师，申公李穆为太傅，宋王实为大前疑，秦王贽为大右弼，燕公子于寔为大左辅。寔，仲文之父也。

乙卯[2]，周大赦。

周王谊帅四总管至郧州，司马消难拥其众以鲁山、甑山二镇来降[3]。

初，消难遣上开府仪同大将军段珣将兵围顺州[4]，顺州刺史周法尚不能拒，弃城走，消难虏其母弟而南。樊毅救消难，不及，周亳州总管元景山击之，毅掠居民而去。景山与南徐州刺史宇文弢追之[5]，与毅战于漳口[6]，一日三战三捷。毅退保甑山镇，城邑为消难所据者，景山皆复取之。

郧州巴蛮多叛，共推渠帅兰雒州为主，以附消难。王谊遣诸将分讨之，旬月皆平。陈纪、萧摩诃攻广陵[7]，周吴州总管于颛击破之[8]。沙州氐帅杨永安聚众应王谦[9]，大将军乐宁公达奚儒讨之。杨素破宇文胄于石济[10]，斩之。

周以神武公窦毅为大司马，齐公于智为大司空；九月，以小宗伯竟陵公杨惠为大宗伯。

丁亥，周将王延贵帅众援历阳；任忠击破之，生擒延贵。

壬辰，周废皇后司马氏为庶人。庚戌，以随世子勇为洛州总管、东京小冢宰，总统旧齐之地。壬子，以左丞相坚为大丞相，罢左、右丞相之官。

【注释】

①郭默城：一名陶公垒。在今江西九江市东北。　②乙卯：据《周书·静帝纪》，当作“己卯”，为二十六日。　③鲁山：镇名。在今湖北武汉市汉阳区东北隅。甑（zèng 赠）山：镇名。在今湖北汉川市东南。　④顺州：治所在今湖北随州市北八十里。　⑤南徐州刺史：胡三省注：“按《隋书·宇文弢传》，弢时为南司州刺史，与元景山共追樊毅。又《五代志》：安陆郡吉阳县，梁置义阳郡，西魏改为南司州。其地近澴、顺诸州。‘南徐’当作‘南司’。”南司州治所在今湖北安陆市。弢，古“弼”字。⑥漳口：在今湖北云梦县南。　⑦陈纪：即陈慧纪。广陵：城名。在今江

苏扬州市西北蜀冈上。 ⑧吴州：治所在广陵。见上。 ⑨沙州：治所在今四川广元市西北。 ⑩石济：在今河南延津县东北。

冬，十月，甲寅，日有食之。

周丞相坚杀陈惑王纯及其子。

周梁叡将步骑二十万讨王谦，谦分命诸将据险拒守，叡奋击，屡破之，蜀人大骇。谦遣其将达奚惎、高阿那肱、乙弗虔等帅众十万攻利州[①]，堰江水以灌之。城中战士不过二千，总管昌黎豆卢勣[②]，昼夜拒守，凡四旬，时出奇兵击惎等，破之；会梁叡至，勣等遁去。叡自剑阁入，进逼成都。谦令达奚惎、乙弗虔城守，亲帅精兵五万，背城结陈。叡击之，谦战败，将入城，惎、虔以城降。谦将麾下三十骑走新都[③]，新都令王宝执之。戊寅，叡斩谦及高阿那肱，剑南平[④]。

十一月，甲辰，周达奚儒破杨永安，沙州平。

丁未，周郧襄公韦孝宽卒。孝宽久在边境，屡抗强敌；所经略布置，人初莫之解，见其成事，方乃惊服。虽在军中，笃意文史；敦睦宗族，所得俸禄，不入私室。人以此称之。

十二月，庚辰，河东康简王叔献卒。

癸亥，周诏诸改姓者，宜悉复旧。

甲子，周以大丞相坚为相国，总百揆，去都督中外、大冢宰之号，进爵为王，以安陆等二十郡为随国，赞拜不名，备九锡之礼；坚受王爵、十郡而已。

辛巳，杀代奰王达、滕闻王逌及其子[⑤]。

壬申，以小冢宰元孝规为大司徒。

是岁，周境内有州二百一十一，郡五百八。

**【注释】**

①惎：音忌(jì)。利州：治所在今四川广元市。 ②豆卢勣(jì 绩)：本姓慕容，为燕北地王慕容精之后。 ③新都：县名。治所在今四川新都县西。在城都北四十五里。 ④剑南：蜀地在剑阁之南，故称蜀地为剑南。 ⑤奰(bì 币)：谥号。《谥法》：“不醉而怒曰奰。”

# 资治通鉴卷第一百七十五

## 陈纪九　起重光赤奋若，尽昭阳单阏，凡三年。

### 高宗宣皇帝下之下

**太建十三年**　春，正月，壬午，以晋安王伯恭为尚书左仆射，吏部尚书袁宪为右仆射。宪，枢之弟也。

周改元大定。

二月，甲寅，隋王始受相国、百揆、九锡，建台置官。丙辰，诏进王妃独孤氏为王后，世子勇为太子。

开府仪同大将军庾季才，劝隋王宜以今月甲子应天受命。太傅李穆、开府仪同大将军卢贲亦劝之。于是周主下诏，逊居别宫。甲子，命兼太傅杞公椿奉册，大宗伯赵煚奉皇帝玺绂[①]，禅位于隋[②]。隋主冠远游冠；受册、玺，改服纱帽、黄袍；入御临光殿，服衮冕，如元会之仪。大赦，改元开皇。命有司奉册祀于南郊。遣少冢宰元孝矩代太子勇镇洛阳。孝矩名矩，以字行，天赐之孙也；女为太子妃。

少内史崔仲方劝隋主除周六官[③]，依汉、魏之旧，从之。置三师、三公及尚书、门下、内史、秘书、内侍五省，御史、都水二台，太常等十一寺[④]，左右卫等十二府[⑤]，以分司统职。又置上柱国至都督十一等勋官[⑥]，以酬勤劳；特进至朝散大夫七等散官[⑦]，以加文武官之有德声者；改侍中为纳言。以相国司马高颎为尚书左仆射，兼纳言，相国司录京兆虞庆则为内史监，兼吏部尚书，相国内郎李德林为内史令[8]。

乙丑，追尊皇考为武元皇帝，庙号太祖；皇妣吕氏为元明皇后。丙寅，修庙社。立王后独孤为皇后，王太子勇为皇太子。丁卯，以太尉赵煚为尚书右仆射。己巳，封周静帝为介公。周氏诸王皆降爵为公。

隋文帝杨坚像

初，刘、郑矫诏以隋主辅政，杨后虽不预谋，然以嗣子幼冲，恐权在他族，闻之，甚喜。后知其父有异图，意颇不平，形于言色，及禅位，愤惋逾甚。隋主内甚愧之，改封乐平公主，久之，欲夺其志；公主誓不许，乃止。

隋主与周载下大夫北平荣建绪有旧[9]，隋主将受禅，建绪为息州刺史；将之官，隋主谓曰："且踌躇，当共取富贵。"建绪正色曰："明公此旨，非仆所闻。"及即位，来朝，帝谓之曰："卿亦悔不？"建绪稽首曰："臣位非徐广[10]，情类杨彪[11]。"帝怒曰："朕虽不晓书语，亦知卿此言不逊！"

上柱国窦毅之女，闻隋受禅，自投堂下，抚膺太息曰："恨我不为男子，救舅氏之患！"毅及襄阳公主掩其口曰："汝勿妄言，灭吾族！"毅由是奇之。及长，以适唐公李渊。渊，昞之子也[12]。

虞庆则劝隋主尽灭宇文氏，高颎、杨惠亦依违从之，李德林固争，以为不可，隋主作色曰："君书生，不足与议此！"于是周太祖孙谯公乾恽、冀公绚，闵帝子纪公湜[13]，明帝子酆公贞、宋公实，高祖子汉公赞、秦公贽、曹公允、道公充、蔡公兑、荆公元，宣帝子莱公衍、郢公术皆死。德林由此品位不进。

【注释】

①炅(jiǒng 炯):意为火、日光。此处为人名用字。 ②隋:隋主本袭封隋公,故国号为隋。因"辵"义为走,故去"辵"为"隋"。 ③周六官:北周定六官事,始见于本书卷第一百六十六梁敬帝绍泰元年(555)。 ④十一寺:太常、光禄、卫尉、宗正、太仆、大理、鸿胪、司农、太府九寺,并置卿、少卿等官,国子寺置祭酒,将作寺置大匠、丞等官。 ⑤十二府:隋初沿北周之制,设置十二府以统率禁卫之兵,十二府是:左右卫府、左右武卫府、左右武候府、左右领左右府(简称"左右领"或"领左右"府)、左右监门府和左右领军府。大业三年(607),隋炀帝将十二府增改为十二卫四府,合称十六卫府或十六府,后人习惯上也称十六卫。 ⑥十一等勋官:隋采用北周之制,置上柱国、柱国、上大将军、大将军、上开府仪同三司、开府仪同三司、上仪同三司、仪同三司、大都督、帅都督、都督,共十一等。 ⑦七等散官:即特进、左右光禄大夫、金紫光禄大夫、银青光禄大夫、朝议大夫、朝散大夫。散官,有官名而无固定职事的官。 ⑧相国内郎:即相国府从事中郎,隋避讳改为内郎。 ⑨载下大夫:应为载师下大夫。"载"下佚"师"字。 ⑩徐广:事见本书卷第一百一十九宋高祖永初元年(420)。 ⑪杨彪:事见本书卷第六十九魏文帝黄初二年(221)。 ⑫昞(bǐng 丙):李昞,北周柱国李虎之子,唐高祖李渊之父。⑬湜(shí 食):即宇文湜。

乙亥,上耕藉田。

隋主封其弟邵公慧为滕王,安公爽为卫王,子雁门公广为晋王,俊为秦王,秀为越王,谅为汉王。

隋主赐李穆诏曰:"公既旧德,且又父党。敬惠来旨,义无有违。即以今月十三日恭膺天命。"俄而穆入朝,帝以穆为太师,赞拜不名;子孙虽在襁褓,悉拜仪同,一门执象笏者百余人,贵盛无比。又以上柱国窦炽为太傅,幽州总管于翼为太尉。李穆上表乞骸骨,诏曰:"吕尚以期颐佐周[①],张苍以华皓相汉,高才命世,不拘常礼。"仍以穆年耆,敕蠲朝集,有大事,就第询访。

美阳公苏威,绰之子也,少有令名,周晋公护强以女妻之。威见护专权,恐祸及己,屏居山寺,以讽读为娱。周高祖闻其贤,除车骑大将军、仪同三司,又除稍伯下大夫[②],皆辞疾不拜;宣帝就除开府仪同大将军。隋主为丞相，高颎荐之，隋主召见，与语，大悦；居月余，闻将受禅，遁归田里。颎请追之，隋主曰："此不欲预吾事耳，置之。"及受禅，征拜太子少保，追封其父为邳公，以威袭爵。

丁丑，隋以晋王广为并州总管。三月，戊子，以上开府仪同三司贺若弼为吴州总管，镇广陵；和州刺史河南韩擒虎为庐州总管，镇庐江[3]。隋主有并吞江南之志，问将帅于高颎，颎荐弼与擒虎，故置于南边，使潜为经略。

戊戌，以太子少保苏威兼纳言、度支尚书。

初，苏绰在西魏，以国用不足，制征税法颇重，既而叹曰："今所为者，譬如张弓，非平世法也。后之君子，谁能驰之！"威闻其言，每以为己任。至是，奏减赋役，务从轻简，隋主悉从之，渐见亲重，与高颎参掌朝政。帝尝怒一人，将杀之；威入阁进谏，帝不纳，将自出斩之，威当帝前不去；帝避之而出，威又遮止。帝拂衣而入，良久，乃召威谢曰："公能若是，吾无忧矣。"赐马二匹，钱十余万，寻复兼大理卿、京兆尹、御史大夫[4]，本官悉如故。

治书侍御史安定梁毗，以威兼领五职[5]，安繁恋剧，无举贤自代之心，抗表劾威，帝曰："苏威朝夕孜孜，志存远大，何遽迫之！"因谓朝臣曰："苏威不值我，无以措其言；我不得苏威，何以行其道。杨素才辩无双，至于斟酌古今，助我宣化，非威之匹也。威若逢乱世，南山四皓，岂易屈哉！"威尝言于帝曰："臣先人每戒臣云：'唯读孝经一卷，足以立身治国，何用多为！'"帝深然之。

高颎深避权势，上表逊位，让于苏威，帝欲成其美，听解仆射。数日，帝曰："苏威高蹈前朝，颎能推举。吾闻进贤受上赏，宁可使之去官！"命颎复位。颎、威同心协赞，政刑大小，帝无不与之谋议，然后行之。故革命数年，天下称平。

太子左庶子卢贲，以颎、威执政，心甚不平，时柱国刘昉亦被疏忌。贲因讽昉及上柱国元谐、李询、华州刺史张宾等谋黜颎、威，五人相与辅政。又以晋王广有宠于帝，私谓太子曰："贲欲数谒殿下，恐为上所谴，愿察区区之心。"谋泄，帝穷治其事，昉等委罪于宾、贲。公卿奏二人当死，帝以故旧，不忍诛，并除名为民。

庚子，隋诏前代品爵，悉依旧不降。

丁未，梁主遣其弟太宰岩入贺于隋。

【注释】

①期(jī 基)颐：百岁的代称。　②稍伯：官名。《周礼》地官有稍人，掌修治沟渠道路等事。　③庐江：郡名。治所在今安徽合肥市西。　④大理卿：大理寺长官，九卿之一，掌刑狱。同秦汉之廷尉。　⑤五职：指纳言、度支尚书、大理卿、京兆尹、御史大夫。

夏，四月，辛巳，隋大赦。戊戌，悉放太常散乐为民，仍禁杂戏。

散骑常侍韦鼎、兼通直散骑常侍王瑳聘于周[①]。辛丑，至长安，隋已受禅，隋主致之介国。

隋主召汾州刺史韦冲为兼散骑常侍。时发稽胡筑长城，汾州胡千余人，在涂亡叛。帝召冲问计，对曰："夷狄之性，易为反覆，皆由牧宰不称之所致。臣请以理绥静，可不劳兵而定。"帝然之，命冲绥怀叛者，月余皆至，并起长城之役。冲，夐之子也[②]。

五月，戊午，隋封邗公雄为广平王[③]，永康公弘为河间王。雄，高祖之族子也。

隋主潜害周静帝而为之举哀，葬于恭陵；以其族人洛为嗣。

六月，癸未，隋诏郊庙冕服必依《礼经》。其朝会之服、旗帜、牺牲皆尚赤，戎服以黄，常服通用杂色。秋，七月，乙卯，隋主始服黄，百僚毕贺。于是百官常服，同于庶人，皆著黄袍；隋主朝服亦如之，唯以十三环带为异。

八月，壬午，隋废东京官。

吐谷浑寇凉州，隋主遣行军元帅乐安公元谐等步骑数万击之。谐击破吐谷浑于丰利山，又败其太子可博汗于青海[④]，俘斩万计。吐谷浑震骇，其王侯三十人各帅所部来降。吐谷浑可汗夸吕帅亲兵远遁。隋主以其高宁王移兹裒为河南王，使统降众。以元谐为宁州刺史[⑤]，留行军总管贺娄子干镇凉州。

【注释】

①散骑常侍、通直散骑常侍：官名。散骑为皇帝的骑从。常侍、中常侍为皇帝左右侍从之官。自三国魏以后，中常侍和散骑合并，称散骑常

侍,为正规官,在皇帝左右规谏过失、以备顾问。晋以后,增加员额,称员外散骑常侍,或通直散骑常侍,往往预闻要政。南北朝时属集书省,隋代属门下省。 ②敻(xiòng):韦敻。见本书卷第一百六十七陈高祖永定三年(559)。 ③邘:据《隋书·观德王雄传》,"邘"当作"邗"。 ④青海:湖名。即今青海省青海湖。 ⑤宁州:治所在今甘肃宁县。

九月,庚午,将军周罗睺攻隋故墅[①],拔之。萧摩诃攻江北。

隋奉车都尉于宣敏奉使巴、蜀还,奏称:"蜀土沃饶,人物殷阜,周德之衰,遂成戎首。宜树建藩屏,封殖子孙。"隋主善之,辛未,以越王秀为益州总管,改封蜀王。宣敏,谨之孙也。

隋以上柱国长孙览、元景山并为行军元帅[②],发兵入寇;命尚书左仆射高颎节度诸军。

初,周、齐所铸钱凡四等,及民间私钱,名品甚众,轻重不等。隋主患之,更铸五铢钱,背、面、肉、好皆有周郭,每一千重四斤二两。悉禁古钱及私钱。置样于关;不如样者,没官销毁之。自是钱币始一,民间便之。

隋郑译以上柱国归第,赏赐丰厚。译自以被疏,呼道士醮章祈福,为婢所告,以为巫蛊,译又与母别居,为宪司所劾,由是除名。隋主下诏曰:"译若留之于世,在人为不道之臣;戮之于朝,入地为不孝之鬼。有累幽显,无所置之。宜赐以《孝经》,令其熟读。"仍遣与母共居。

初,周法比于齐律,烦而不要,隋主命高颎、郑译及上柱国杨素、率更令裴政等更加修定[③]。政练习典故,达于从政,乃采魏、晋旧律,下至齐、梁,沿革重轻,取其折衷。时同修者十余人,凡有疑滞,皆取决于政。于是去前世枭、轘及鞭法,自非谋叛以上,无收族之罪。始制死刑二,绞、斩;流刑三,自二千里至三千里;徒刑五,自一年至三年;杖刑五,自六十至百;笞刑五,自十至五十。又制议、请、减、赎、官当之科以优士大夫。除前世讯囚酷法,考掠不得过二百;枷杖大小,咸有程式。民有枉屈,县不为理者,听以次经郡及州省;若仍不为理,听诣阙伸诉。

冬,十月,戊子,始行新律。诏曰:"夫绞以致毙,斩则殊形,除恶之体，于斯已极。枭首、轘身，义无所取，不益惩肃之理，徒表安忍之怀。鞭之为用，残剥肤体，彻骨侵肌，酷均脔切。虽云往古之式，事乖仁者之刑。枭、轘及鞭，并令去之。贵带砺之书[4]，不当徒罚；广轩冕之荫，旁及诸亲。流役六年，改为五载；刑徒五岁，变从三祀。其余以轻代重，化死为生，条目甚多，备于简策。杂格、严科，并宜除削。”自是法制遂定，后世多遵用之。

隋主尝怒一郎，于殿前笞之。谏议大夫刘行本进曰：“此人素清，其过又小，愿少宽之。”帝不顾。行本于是正当帝前曰：“陛下不以臣不肖，置臣左右，臣言若是，陛下安得不听；若非，当致之于理。”因置笏于地而退。帝敛容谢之，遂原所笞者。行本，璠之兄子也。

独孤皇后，家世贵盛而能谦恭，雅好读书，言事多与隋主意合，帝甚宠惮之，宫中称为“二圣”。帝每临朝，后辄与帝方辇而进，至阁乃止。使宦官伺帝，政有所失，随即匡谏。候帝退朝，同反燕寝。有司奏称：“《周礼》百官之妻，命于王后，请依古制。”后曰：“妇人与政，或从此为渐，不可开其源也。”大都督崔长仁，后之中外兄弟也，犯法当斩，帝以后故，欲免其罪。后曰：“国家之事，焉可顾私！”长仁竟坐死。后性俭约，帝尝合止利药，须胡粉一两。宫内不用，求之，竟不得。又欲赐柱国刘嵩妻织成衣领，宫内亦无之。

然帝惩周氏之失，不以权任假借外戚，后兄弟不过将军、刺史。帝外家吕氏，济南人，素微贱，齐亡以来，帝求访，不知所在。及即位，始求得舅子吕永吉，追赠外祖双周为太尉，封齐郡公，以永吉袭爵。永吉从父道贵，性尤顽呆，言词鄙陋，帝厚加供给，而不许接对朝士。拜上仪同三司，出为济南太守；后郡废，终于家。

壬辰，隋主如岐州。

岐州刺史安定梁彦光，有惠政，隋主下诏褒美，赐束帛及御伞，以厉天下之吏；久之，徙相州刺史。岐俗质厚，彦光以静镇之，奏课连为天下最。及居相，部如岐州法。邺自齐亡，衣冠士人多迁入关，唯工商乐户移实州郭，风俗险诐[5]，好兴谣讼，目彦光为“著帽饧[6]”。帝闻之，免彦光官。岁余，拜赵州刺史。彦光自请复为相州,帝许之。豪猾闻彦光再来,皆嗤之。彦光至,发擿奸伏,有若神明,豪猾潜窜,阖境大治。于是招致名儒,每乡立学,亲临策试,褒勤黜怠,及举秀才,祖道于郊,以财物资之。于是风化大变,吏民感悦,无复讼者。

时又有相州刺史陈留樊叔略,有异政,帝以玺书褒美,班示天下,征拜司农。

新丰令房恭懿,政为三辅之最,帝赐以粟帛。雍州诸县令朝谒,帝见恭懿,必呼至榻前,咨以治民之术。累迁德州司马。帝谓诸州朝集使曰:"房恭懿志存体国,爱养我民,此乃上天宗庙之所祐。朕若置而不赏,上天宗庙必当责我。卿等宜师范之。"因擢为海州刺史。由是州县吏多称职,百姓富庶。

**【注释】**

①故墅:《隋书·高祖纪》开皇元年(581)作"胡墅",当据改。胡墅,在今江苏南京市长江北岸。 ②"隋以上柱国"句:章钰校记,十二行本、乙十一行本等"隋"上有"壬申"二字。今本《隋主·高祖纪》开皇元年记此事为壬申日。壬申为二十六日。 ③率更令:官名。魏、晋之制,率更令主管宫殿门户及掌罚事,其职如同光禄勋、卫尉。隋制,率更令掌伎乐漏刻。 ④带砺之书:汉高祖刘邦分封功臣,与之剖符作誓,说:"使黄河如带,泰山如砺,国以永存,爰及苗裔。" ⑤诐(bì 币):邪僻。⑥著帽饧(xíng 形):胡三省注:"饧软而甘,言彦光为人软美如团饧,特著帽耳。"饧,古"糖"字。《本草纲目·谷部》:"饴即软糖也,北人谓之饧。"

十一月,丁卯,隋遣兼散骑侍郎郑㧑来聘[①]。

十二月,庚子,隋主还长安,复郑译官爵。

广州刺史马靖[②],得岭表人心,兵甲精练,数有战功。朝廷疑之,遣吏部侍郎萧引观靖举措,讽令送质,外托收督赕物[③],引至番禺。靖即遣子弟入质。

是岁,隋主诏境内之民任听出家,仍令计口出钱,营造经像。于是时俗从风而靡,民间佛书,多于《六经》数十百倍。

突厥佗钵可汗病且卒,谓其子庵逻曰:"吾兄不立其子,委位于我。我死,汝曹当避大逻便[4]。”及卒,国人将立大逻便。以其母贱,众不服;庵逻实贵[5],突厥素重之。摄图最后至[6],谓国人曰:“若立庵逻者,我当帅兄弟事之。若立大逻便,我必守境,利刃长矛以相待。”摄图长,且雄勇,国人莫敢拒,竟立庵逻为嗣。大逻便不得立,心不服庵逻,每遣人詈辱之。庵逻不能制,因以国让摄图。国中相与议曰:“四可汗子[7],摄图最贤。”共迎立之,号沙钵略可汗,居都斤山[8]。庵逻降居独洛水[9],称第二可汗。大逻便乃谓沙钵略曰:“我与尔俱可汗子,各承父后。尔今极尊,我独无位,何也?”沙钵略患之,以为阿波可汗,还领所部。又沙钵略从父玷厥,居四面,号达头可汗。诸可汗各统部众,分居四面。沙钵略勇而得众,北方皆畏附之。

隋主既立,待突厥礼薄,突厥大怨。千金公主伤其宗祀覆灭,日夜言于沙钵略,请为周室复仇,沙钵略谓其臣曰:“我,周之亲也。今隋公自立而不能制,复何面目见可贺敦乎[10]!”乃与故齐营州刺史高宝宁合兵为寇。隋主患之,敕缘边修保障,峻长城,命上柱国武威阴寿镇幽州,京兆尹虞庆则镇并州,屯兵数万以备之。

初,奉车都尉长孙晟送千金公主入突厥,突厥可汗爱其善射,留之竟岁,命诸子弟贵人与之亲友,冀得其射法。沙钵略弟处罗侯,号突利设,尤得众民,为沙钵略所忌,密托心腹阴与晟盟。晟与之游猎,因察山川形势,部众强弱,靡不知之。

及突厥入寇,晟上书曰:“今诸夏虽安,戎虏尚梗,兴师致讨,未是其时,弃于度外,又相侵扰,故宜密运筹策,有以攘之。玷厥之于摄图,兵强而位下,外名相属,内隙已彰;鼓动其情,必将自战。又,处罗侯者,摄图之弟,奸多势弱,曲取众心,国人爱之,因为摄图所忌,其心殊不自安,迹示弥缝,实怀疑惧。又,阿波首鼠,介在其间,颇畏摄图,受其牵率,唯强是与,未有定心。今宜远交而近攻,离强而合弱。通使玷厥,说合阿波,则摄图回兵,自防右地。又引处罗,遣连奚、霫[11],则摄图分众,还备左方。首尾猜嫌,腹心离阻,十数年后,乘衅讨之,必可一举而空其国矣。”帝省表,大悦,因召与语。晟复口陈形势,手画山川,写其虚实,皆如指掌,帝深嗟异,皆纳用之。遣太仆元晖出伊吾道[12],诣达头,赐以狼头纛[13]，达头使来，引居沙钵略使上。以晟为车骑将军，出黄龙道[14]，赍币赐奚、霫、契丹，遣为乡导，得至处罗侯所，深布心腹，诱之内附。反间既行，果相猜贰。

始兴王叔陵，太子之次弟也，与太子异母，母曰彭贵人。叔陵为江州刺史，性苛刻狡险。新安王伯固，以善谐谑，有宠于上及太子；叔陵疾之，阴求其过失，欲中之以法。叔陵入为扬州刺史，事务多关涉省阁，执事承意顺旨，即讽上进用之；微致违忤，必抵以大罪，重者至殊死。伯固惮之，乃谄求其意。叔陵好发古冢，伯固好射雉，常相从郊野，大相款狎，因密图不轨。伯固为侍中，每得密语，必告叔陵。

**【注释】**

①郑㧑（huī 挥）：人名。 ②广州：治所在番禺县（今广东广州市）。 ③赕（dǎn 胆）：用财物赎罪。 ④大逻便：木杆可汗之子。 ⑤菴逻实贵：《隋书·突厥传》作“菴逻母贵”。当从之。 ⑥摄图：逸可汗之子，统东面部落。 ⑦四可汗：逸可汗、木杆可汗、褥但可汗、佗钵可汗。 ⑧都斤山：即今蒙古国境内杭爱山。 ⑨独洛水：即今蒙古国境内土拉河。 ⑩可贺敦：突厥君长称可汗，其妻称可贺敦。 ⑪奚：库莫奚。我国古民族名。东胡族。霫（xí 习）：我国古代部族名。匈奴别支，居潢水（今西拉木伦河）以北，人多善骑射，风俗略与契丹同。 ⑫伊吾道：即汉伊吾卢地，今新疆哈密市。 ⑬纛（dào 道，又读 dú 毒）：古代军队或仪仗队的大旗。 ⑭黄龙道：即和龙，今辽宁朝阳市。

**十四年** 春，正月，己酉，上不豫，太子与始兴王叔陵、长沙王叔坚并入侍疾。叔陵阴有异志，命典药吏曰：“切药刀甚钝，可砺之！”甲寅，上殂。仓猝之际，叔陵命左右于外取剑。左右弗悟，取朝服木剑以进，叔陵怒。叔坚在侧，闻之，疑有变，伺其所为。乙卯，小敛。太子哀哭俯伏。叔陵抽锉药刀斫太子，中项，太子闷绝于地；母柳皇后走来救之，又斫后数下。乳媪吴氏自后掣其肘，太子乃得起；叔陵持太子衣，太子自奋得免。叔坚手扼叔陵，夺去其刀，仍牵就柱，以其褶袖缚之。时吴媪已扶太子避贼，叔坚求太子所在，欲受生杀之命。叔陵多力，奋袖得脱，突走出云龙门，驰车

陈宣帝陈顼像

还东府①,召左右断青溪道②,赦东城囚以充战士,散金帛赏赐;又遣人往新林追其所部兵③;仍自被甲,著白布帽,登城西门招募百姓;又召诸王将帅,莫有至者,唯新安王伯固单马赴之,助叔陵指挥。叔陵兵可千人,欲据城自守。

时众军并缘江防守,台内空虚。叔坚白柳后,使太子舍人河内司马申,以太子命召右卫将军萧摩诃入见受敕,帅马步数百趣东府,屯城西门。叔陵惶恐,遣记室韦谅送其鼓吹与摩诃,谓曰:"事捷,必以公为台辅。"摩诃绐报之曰:"须王心膂节将自来,方敢从命。"叔陵遣其所亲戴温、谭骐驎诣摩诃,摩诃执以送台,斩其首,徇东城。

叔陵自知不济,入内,沉其妃张氏及宠妾七人于井,帅步骑数百自小航渡④,欲趣新林,乘舟奔隋。行至白杨路,为台军所邀。伯固见兵至,旋避入巷,叔陵驰骑拔刃追之,伯固复还,叔陵部下多弃甲溃去。摩诃马容陈智深迎刺叔陵僵仆⑤,陈仲华就斩其首,伯固为乱兵所杀,自寅至巳乃定。叔陵诸子并赐死,伯固诸子宥为庶人。韦谅及前衡阳内史彭暠、谘议参军兼记室郑信、典签俞公喜并伏诛[⑥]。暠，叔陵舅也。信、谅有宠于叔陵，常参谋议。谅，粲之子也。

丁巳，太子即皇帝位，大赦。

辛酉，隋置河北道行台于并州，以晋王广为尚书令；置西南道行台于益州，以蜀王秀为尚书令。隋主惩周氏孤弱而亡，故使二子分莅方面。以二王年少，盛选贞良有才望者为之僚佐；以灵州刺史王韶为并省右仆射，鸿胪卿赵郡李雄为兵部尚书，左武卫将军朔方李彻总晋王府军事，兵部尚书元岩为益州总管府长史。王韶、李雄、元岩俱有骨鲠名，李彻前朝旧将，故用之。

初，李雄家世以学业自通，雄独习骑射。其兄子旦让之曰："非士大夫之素业也。"雄曰："自古圣贤，文武不备而能成其功业者鲜矣。雄虽不敏，颇观前志，但不守章句耳。既文且武，兄何病焉！"及将如并省，帝谓雄曰："吾儿更事未多，以卿兼文武才，吾无北顾之忧矣。"

二王欲为奢侈非法，韶、岩辄不奉教，或自锁，或排阁切谏。二王甚惮之，每事谘而后行，不敢违法度。帝闻而赏之。

又以秦王俊为河南道行台尚书令、洛州刺史，领关东兵。

癸亥，以长沙王叔坚为骠骑将军、开府仪同三司、扬州刺史；萧摩诃为车骑将军、南徐州刺史，封绥远公，始兴王叔陵家金帛累巨万，悉以赐之。以司马申为中书通事舍人。

乙丑，尊皇后为皇太后。时帝病创，卧承香殿，不能听政。太后居柏梁殿，百司众务，皆决于太后，帝创愈，乃归政焉。

丁卯，封皇弟叔重为始兴王，奉昭烈王祀。

隋元景山出汉口[⑦]，遣上开府仪同三司邓孝儒将卒四千攻甑山。镇将军陆纶以舟师救之，为孝儒所败；涢口、甑山、沌阳守将皆弃城走[⑧]。戊辰，遣使请和于隋，归其胡墅。

己巳，立妃沈氏为皇后。辛未，立皇弟叔俨为寻阳王，叔慎为岳阳王，叔达为义阳王，叔能为巴山王，叔虞为武昌王。

隋高颎奏，礼不伐丧；二月，己丑，隋主诏颎等班师。

三月，己巳，以尚书左仆射晋安王伯恭为湘州刺史，永阳王伯智为尚书仆射。

**【注释】**

①东府:即东府城,一名东城。在今江苏南京市通济门附近,临秦淮河。 ②青溪道:即青溪桥通道。在今江苏南京市。青溪由玄武湖分泄,南入秦淮河。 ③新林:即今江苏南京市西南西善桥镇,滨临大江。南朝时为军事、交通要地。 ④小航:渡口名。胡三省注:"六朝都建业,航秦淮而渡者非一处,当朱雀门者为大航.当东府门者为小航。" ⑤马容:行军时的前驱者。胡三省注:"军行,择便于鞍马、躯干壮伟者,乘马居前,以壮军容,谓之马容。" ⑥暠:"皓"的异体字。典签:官名。本为处理文书的小吏。南朝以诸王出镇,由朝廷派典签辅佐,名义上是典领文书,实际上则监视诸王行动,其权力甚大,有签帅之称。 ⑦汉口:汉水入江之口。 ⑧涢口:在今湖北汉川市东北,即涢水入汉江之口。沌(zhuàn 篆)阳:县名。治所在今湖北武汉市东临嶂山下。

夏,四月,庚寅,隋大将军韩僧寿破突厥于鸡头山[①],上柱国李充破突厥于河北山[②]。

丙申,立皇子永康公胤为太子。胤,孙姬之子也,沈后养以为子。

五月,己未,高宝宁引突厥寇隋平州[③],突厥悉发五可汗控弦之士四十万入长城[④]。

壬戌,隋任穆公于翼卒。

甲子,隋更命传国玺曰"受命玺"。

六月,甲申,隋遣使来吊。

乙酉,隋上柱国李光败突厥于马邑[⑤]。突厥又寇兰州,凉州总管贺娄子干败之于可洛峐[⑥]。

隋主嫌长安城制度狭小,又宫内多妖异。纳言苏威劝帝迁都,帝以初受命,难之;夜,与威及高颎共议。明旦,通直散骑庾季才奏曰:"臣仰观乾象,俯察图记,必有迁都之事。且汉营此城,将八百岁,水皆咸卤,不甚宜人。愿陛下协天人之心,为迁徙之计。"帝愕然,谓颎、威曰:"是何神也!"太师李穆亦上表请迁都。帝省表曰:"天道聪明,已有征应;太师人望,复抗此请;无不可矣。"丙申，诏高颎等创造新都于龙首山[7]。以太子左庶子宇文恺有巧思，领营新都副监。恺，忻之弟也。

秋，七月，辛未，大赦。

九月，丙午，设无㝵大会于太极殿[8]，舍身及乘舆御服。大赦。

丙午，以长沙王叔坚为司空，将军、刺史如故。

冬，十月，癸酉，隋太子勇屯兵咸阳以备突厥。

十二月，丙子，隋命新都曰大兴城。

乙酉，隋遣沁源公虞庆则屯弘化以备突厥[9]。

行军总管达奚长儒将兵二千，与突厥沙钵略可汗遇于周槃，沙钵略有众十余万，军中大惧。长儒神色慷慨，且战且行，为虏所冲突，散而复聚，四面抗拒。转斗三日，昼夜凡十四战，五兵咸尽，士卒以拳殴之，手皆骨见，杀伤万计。虏气稍夺，于是解去。长儒身被五疮，通中者二；其战士死者什八九。诏以长儒为上柱国，余勋回授一子。

时柱国冯昱屯乙弗泊[10]，兰州总管叱列长叉守临洮[11]，上柱国李崇屯幽州[12]，皆为突厥所败。于是突厥纵兵自木硖、石门两道入寇[13]，武威、天水、金城、上郡、弘化、延安[14]，六畜咸尽。

沙钵略更欲南入，达头不从，引兵而去。长孙晟又说沙钵略之子染干诈告沙钵略曰："铁勒等反[15]，欲袭其牙。"沙钵略惧，回兵出塞。

隋主既立，待遇梁主，恩礼弥厚。是岁，纳梁主女为晋王妃，又欲以其子玚尚兰陵公主。由是罢江陵总管，梁主始得专制其国。

**【注释】**

①鸡头山：一作崆峒山。在今宁夏隆德县东。　②河北山：即今内蒙古狼山与阴山的合称。　③平州：治所在今河北卢龙县北。　④五可汗：沙钵略可汗、第二可汗、达头可汗、阿波可汗、贪汗可汗。　⑤李光：当作"李充"。马邑：朔州治所。在今山西朔州市。　⑥可洛峐（gāi 该）：山名。在今甘肃武威市。　⑦龙首山：在今陕西西安市及其南北一带。北起渭河，南止樊川。　⑧㝵：与"碍"同。无㝵大会即无遮大会。⑨弘化：郡名。治所在今甘肃庆阳市。　⑩乙弗泊：今青海西宁市。

⑪临洮：郡名。治所在今甘肃临潭县。 ⑫幽州：治所在今北京城西南。⑬木硖：在今甘肃环县。石门：在今甘肃固原市。 ⑭金城：郡名。治所在今甘肃兰州市。上郡：治所在今陕西富平县。延安：郡名。治所在今陕西延安市城东延河东岸。 ⑮铁勒：我国古代北方民族名。其先为匈奴之苗裔，部族甚多。南北朝时为突厥所并，北魏时也称敕勒、高车部。

## 长城公上①

**至德元年** 春，正月，庚子，隋将入新都，大赦。

壬寅，大赦，改元。

初，上病创，不能视事，政无大小，皆决于长沙王叔坚，权倾朝廷。叔坚颇骄纵，上由忌之。都官尚书山阴孔范，中书舍人施文庆，皆恶叔坚而有宠于上，日夕求其短，构之于上。上乃即叔坚骠骑将军本号，同三司之仪，出为江州刺史。以祠部尚书江总为吏部尚书。

癸卯，立皇子深为始安王。

二月，己巳朔，日有食之。

癸酉，遣兼散骑常侍贺彻等聘于隋。

突厥寇隋北边。

癸巳，葬孝宣皇帝于显宁陵，庙号高宗。

右卫将军兼中书通事舍人司马申既掌机密，颇作威福，多所谮毁。能候人主颜色，有忤己者，必以微言谮之；附己者，因机进之。是以朝廷内外，皆从风而靡。

上欲用侍中、吏部尚书毛喜为仆射，申恶喜强直，言于上曰："喜，臣之妻兄，高宗时称陛下有酒德，请逐去宫臣，陛下宁忘之邪？"上乃止。

上创愈，置酒于后殿以自庆，引吏部尚书江总以下展乐赋诗。既醉而命毛喜。于时山陵初毕，喜见之，不怿，欲谏，则上已醉。喜升阶，阳为心疾，仆于阶下，移出省中。上醒，谓江总曰："我悔召毛喜，彼实无疾，但欲阻我欢宴，非我所为耳。"乃与司马申谋曰:“此人负气,吾欲乞鄱阳兄弟[②],听其报仇,可乎?”对曰:“彼终不为官用[③],愿如圣旨。”中书通事舍人北地傅縡争之曰:“不然。若许报仇,欲置先皇何地?”上曰:“当乞一小郡,勿令见人事耳。”乃以喜为永嘉内史。

三月,丙辰,隋迁于新都。

初令民二十一成丁[④],减役者每岁十二番为二十日役,减调绢一匹为二丈。周末榷酒坊、盐池、盐井,至是皆罢之。

秘书监牛弘上表[⑤],以“典籍屡经丧乱,率多散逸。周氏聚书,仅盈万卷。平齐所得,除其重杂,裁益五千。兴集之期,属膺圣世。为国之本,莫此为先。岂可使之流落私家,不归王府!必须勒之以天威,引之以微利,则异典必臻,观阁斯积[⑥]”。隋主从之。丁巳,诏购求遗书于天下,每献书一卷,赉缣一匹。

**【注释】**

①长城公:即陈后主,582—589 年在位。名叔宝,字元秀,小字黄奴,陈宣帝嫡长子。589 年,隋兵入建康(今江苏南京市),他躲在井中,被俘。604 年在洛阳病死,赠长城县公。 ②鄱阳兄弟:胡三省注:“鄱阳兄弟,世祖诸子也。高宗之篡,杀刘师知、韩子高、到仲举父子以及始兴王伯茂,皆毛喜之谋。后主怒喜,欲以喜乞鄱阳兄弟,听其报仇,于臣为不君,于父为不子。” ③官:陈朝臣子称其君为官。 ④二十一成丁:北周之制,民年十八成丁。现增加三岁。 ⑤秘书监:官名。南北朝末期以后为秘书省长官,掌图书著作等事。 ⑥观阁:指古代国家书库、图书馆。汉代东观、天禄阁、石渠阁都为藏书之所,故称。

夏,四月,庚午,吐谷浑寇隋临洮。洮州刺史皮子信出战,败死;汶州总管梁远击走之。又寇廓州[①],州兵击走之。

壬申,隋以尚书右仆射赵煚兼内史令。

突厥数为隋寇。隋主下诏曰:“往者周、齐抗衡,分割诸夏,突厥之虏,俱通二国。周人东虑,恐齐好之深,齐氏西虞,惧周交之厚;谓虏意轻重,国遂安危,盖并有大敌之忧,思减一边之防也。朕以为厚敛兆庶,多惠豺狼,未尝感恩,资而为贼。节之以礼,不为虚费,省徭薄赋,国用有余。因入贼之物,加赐将士;息道路之民，务为耕织；清边制胜，成策在心。凶丑愚暗，未知深旨，将大定之日，比战国之时；乘昔世之骄，结今时之恨。近者尽其巢窟，俱犯北边，盖上天所忿，驱就齐斧[2]，诸将今行，义兼含育，有降者纳，有违者死，使其不敢南望，永服威刑。何用侍子之朝[3]，宁劳渭桥之拜！"

于是命卫王爽等为行军元帅，分八道出塞击之。爽督总管李充等四将出朔州道，己卯，与沙钵略可汗遇于白道[4]，李充言于爽曰："突厥狃于骤胜，必轻我而无备，以精兵袭之，可破也。"诸将多以为疑，唯长史李彻赞成之，遂与充帅精骑五千掩击突厥，大破之。沙钵略弃所服金甲，潜草中而遁。其军中无食，粉骨为粮，加以疾疫，死者甚众。

幽州总管阴寿帅步骑十万出卢龙塞[5]，击高宝宁。宝宁求救于突厥，突厥方御隋师，不能救。庚辰，宝宁弃城奔碛北，和龙诸县悉平。寿设重赏以购宝宁，又遣人离其腹心；宝宁奔契丹，为其麾下所杀。

己丑，郢州城主张子讥遣使请降于隋，隋主以和好，不纳。

辛卯，隋主遣兼散骑常侍薛舒、兼散骑常侍王劭来聘。劭，松年之子也[6]。

癸巳，隋主大雩。

甲子[7]，突厥遣使入见于隋。

隋改度支尚书为民部，都官尚书为刑部[8]。命左仆射判吏、礼、兵三部事，右仆射判民、刑、工三部事。废光禄、卫尉、鸿胪寺及都水台。

五月，癸卯，隋行军总管李晃破突厥于摩那度口[9]。

乙巳，梁太子琮入朝于隋，贺迁都。

辛酉，隋主祀方泽。

隋秦州总管窦荣定帅九总管步骑三万出凉州，与突厥阿波可汗相拒于高越原[10]，阿波屡败。荣定，炽之兄子也。

前上大将军京兆史万岁，坐事配敦煌为戍卒，诣荣定军门，请自效，荣定素闻其名，见而大悦。壬戌，将战，荣定遣人谓突厥曰："士卒何罪而杀之！但当各遣一壮士决胜负耳。"突厥许诺，因遣一骑挑战。荣定遣万岁出应之，万岁驰斩其首而还。突厥大惊，不敢复战，遂请盟，引军而去。

长孙晟时在荣定军中为偏将，使谓阿波曰："摄图每来，战皆大胜。阿波才入，遽即奔败，此乃突厥之耻也。且摄图之与阿波，兵势本敌。今摄图日胜，为众所崇；阿波不利，为国生辱。摄图必当以罪归阿波，成其宿计，灭北牙矣。愿自量度，能御之乎？"阿波使至，晟又谓之曰："今达头与隋连和，而摄图不能制，可汗何不依附天子，连结达头，相合为强，此万全计也，岂若丧兵负罪，归就摄图，受其戮辱邪！"阿波然之，遣使随晟入朝。

沙钵略素忌阿波骁悍；自白道败归，又闻阿波贰于隋，因先归，袭击北牙，大破之，杀阿波之母。阿波还，无所归，西奔达头。达头大怒，遣阿波帅兵而东，其部落归之者将十万骑，遂与沙钵略相攻，屡破之，复得故地，兵势益强。贪汗可汗素睦于阿波，沙钵略夺其众而废之，贪汗亡奔达头。沙钵略从弟地勤察，别统部落，与沙钵略有隙，复以众叛归阿波。连兵不已，各遣使诣长安请和求援。隋主皆不许。

**【注释】**

①廓州：治所在今青海贵德县。　②齐（zī资）斧：同"资斧"。利斧。　③"何用"两句：汉宣帝时，匈奴呼韩邪单于遣子入侍，并来长安朝拜。　④白道：在今内蒙古呼和浩特市西北。为河套东北地区通往阴山以北的交通要道。北魏时南谷口有白道城，城北有白道岭、白道川。⑤卢龙塞：在今河北喜峰口附近一带。古有塞道，自今天津蓟州区东北经遵化，循滦河河谷，折东趋大凌河流域，为河北平原通向东北的交通要道。　⑥松年：王松年，仕北齐为通直散骑常侍、给事黄门侍郎。《北齐书》卷35有传。　⑦甲子：据《隋书·高祖纪》开皇三年，应作"甲午"。甲午为四月二十七日。　⑧"隋改"两句：三省形成于东汉三国时代，至隋整齐划一为三省六部，六部即尚书省下属的吏部、礼部、兵部、民部、刑部、工部。三省六部为隋唐时期的中央最高政府机构，主要掌管中央政令和政策的制定、审核和贯彻执行。　⑨摩那度口：在今新疆乌鲁木齐市北。　⑩高越原：在今内蒙古阿拉善右旗东部和甘肃民勤县西部一带。

六月，庚辰，隋行军总管梁远破吐谷浑于尔汗山[①]。

突厥寇幽州，隋幽州总管广宗壮公李崇帅步骑三千拒之。转战十余日，师人多死，遂保砂城[②]。突厥围之，城荒颓，不可守御，晓夕力战，又无所食。每夜出掠虏营，得六畜以继军粮，突厥畏之，厚为其备，每夜中结陈以待之。崇军苦饥，出辄遇敌，死亡略尽。及明，奔还城者尚百许人，然多伤重，不堪更战。突厥意欲降之，遣使谓崇曰："若来降者，封为特勒。"崇知不免，令其士卒曰："崇丧师徒，罪当万死。今日效命，以谢国家。汝俟吾死，且可降贼，便散走，努力还乡。若见至尊，道崇此意。"乃挺刃突陈，复杀二人，突厥乱射，杀之。秋，七月[③]，以豫州刺史代人周摇为幽州总管。命李崇子敏袭爵。

敏娶乐平公主之女娥英[④]，诏假一品羽仪，礼如尚帝女。既而将侍宴，公主谓敏曰："我以四海与至尊，唯一婿，当为尔求柱国；若余官，汝慎勿谢。"及进见，帝授以仪同及开府，皆不谢。帝曰："公主有大功于我，我何得于其婿而惜官乎！今授汝柱国。"敏乃拜而蹈舞。

八月，丁卯朔，日有食之。

长沙王叔坚未之江州，复留为司空，实夺之权。

壬午，隋遣尚书左仆射高颎出宁州道[⑤]，内史监虞庆则出原州道[⑥]，以击突厥。

九月，癸丑，隋大赦。

冬，十月，甲戌，隋废河南道行台省，以秦王俊为秦州总管，陇右诸州尽隶焉。

丁酉，立皇弟叔平为湘东王，叔敖为临贺王，叔宣为阳山王，叔穆为西阳王。

戊戌，侍中建昌侯徐陵卒。

癸丑，立皇弟叔俭为安南王，叔澄为南郡王，叔兴为沅陵王，叔韶为岳山王，叔纯为新兴王。

十一月，遣散骑常侍周坟、通直散骑常侍袁彦聘于隋。帝闻隋主状貌异人，使彦画像而归。帝见，大骇曰："吾不欲见此人。"亟命屏之。

南北朝侍饮画像砖

隋既班律令，苏威屡欲更易事条，内史令李德林曰："修律令时，公何不言？今始颁行，且宜专守，自非大为民害，不可数更。"

河南道行台兵部尚书杨尚希曰："窃见当今郡县，倍多于古。或地无百里，数县并置；或户不满千，二郡分领。具僚已众，资费日多；吏卒增倍，租调岁减；民少官多，十羊九牧。今存要去闲，并小为大，国家则不亏粟帛，选举则易得贤良。"苏威亦请废郡。帝从之。甲午，悉罢诸郡为州。

【注释】

①尔汗山：在今青海东面。 ②砂城：在今北京大兴区北。 ③七月：据章钰校记，十二行本、乙十一行本等"月"下有"辛丑"二字。按：《隋书·高祖纪》任命周摇为"七月辛丑"。辛丑为初五。 ④乐平公主：即杨坚之女，周宣帝皇后，隋文帝杨坚受禅，改封她为乐平公主。 ⑤宁州道：今甘肃宁县。 ⑥原州道：今宁夏固原市。

十二月，乙卯，隋遣兼散骑常侍曹令则、通直散骑常侍魏澹来聘①。澹，收之族也。

丙辰，司空长沙王叔坚免。叔坚既失恩，心不自安，乃为厌媚，醮日月以求福。或上书告其事，帝召叔坚，囚于西省，将杀之，令近侍宣敕数之。叔坚对曰:“臣之本心,非有他故,但欲求亲媚耳。臣既犯天宪,罪当万死。臣死之日,必见叔陵,愿宣明诏,责之于九泉之下。”帝乃赦之,免官而已。

隋以上柱国窦荣定为右武卫大将军。荣定妻,隋主姊安成公主也。隋主欲以荣定为三公,辞曰:“卫、霍、梁、邓,若少自贬损,不至覆宗。”帝乃止。

帝以李穆功大,诏曰:“法备小人,不防君子。太师申公,自今虽有罪,但非谋逆,纵有百死,终不推问。”

礼部尚书牛弘请立明堂,帝以时事草创,不许。

帝览刑部奏,断狱数犹至万,以为律尚严密,故人多陷罪。又敕苏威、牛弘等更定新律,除死罪八十一条,流罪一百五十四条,徒杖等千余条,唯定留五百条,凡十二卷。自是刑网简要,疏而不失。仍置律博士弟子员。

隋主以长安仓廪尚虚,是岁,诏西自蒲、陕,东至卫、汴,水次十三州,募丁运米。又于卫州置黎阳仓[②],陕州置常平仓[③],华州置广通仓[④],转相灌输。漕关东及汾、晋之粟以给长安。

时刺史多任武将,类不称职。治书侍御史柳彧上表曰:“昔汉光武与二十八将,披荆棘,定天下,及功成之后,无所任职。伏见诏书,以上柱国和千子为杞州刺史。千子前任赵州,百姓歌之曰:‘老禾不早杀,余种秽良田。’千子,弓马武用,是其所长;治民莅众,非其所解。如谓优老尚年,自可厚赐金帛;若令刺举,所损殊大。”帝善之。千子竟免。

彧见上勤于听受,百僚奏请,多有烦碎,上疏谏曰:“臣闻上古圣帝,莫过唐、虞,不为丛脞[⑤],是谓钦明。舜任五臣,尧咨四岳,垂拱无为,天下以治。所谓劳于求贤,逸于任使。比见陛下留心治道,无惮疲劳,亦由群官惧罪;不能自决,取判天旨,闻奏过多。乃至营造细小之事,出给轻微之物,一日之内,酬答百司。至乃日旰忘食[⑥],夜分未寝,动以文簿忧劳圣躬。伏愿察臣至言,少减烦务,若经国大事,非臣下裁断者,伏愿详决,自余细务,责成所司;则圣体尽无疆之寿,臣下蒙覆育之赐。”上览而嘉之,因曰:“柳彧直士,国之宝也。”

或以近世风俗[7]，每正月十五日夜，然灯游戏，奏请禁之，曰："窃见京邑，爰及外州，每以正月望夜，充街塞陌，聚戏朋游，鸣鼓聒天，燎炬照地，竭赀破产，竞此一时。尽室并孥，无问贵贱，男女混杂，缁素不分[8]。秽行因此而成，盗贼由斯而起，因循弊风，曾无先觉。无益于化，实损于民，请颁天下，并即禁断。"诏从之。

**【注释】**

①魏澹（dàn 淡）：人名。 ②黎阳仓：在今河南浚县西南。 ③常平仓：在今河南陕县。 ④广通仓：在今陕西华阴市东北渭河入黄河口处。隋炀帝初年改名永丰仓。 ⑤丛脞（cuǒ）：细碎小事。 ⑥旰（gàn 赣）：晚。 ⑦近世风俗：胡三省注："上元燃灯，或云以汉祠太一自昏至昼故事，此说非也。梁简文帝有《列灯诗》，陈后主有《光璧殿遥咏山灯诗》，则柳彧所谓近世风俗是也。" ⑧缁（zī 资）素：缁，指僧徒。僧徒穿浅黑色僧服。素指俗众。

# 资治通鉴卷第一百七十六

## 陈纪十　起阏逢执徐，尽著雍涒滩，凡五年。

### 长城公下

**至德二年**　春，正月，甲子，日有食之。

己巳，隋主享太庙；辛未，祀南郊。

壬申，梁主入朝于隋，服通天冠、绛纱袍，北面受郊劳。及入见于大兴殿，隋主服通天冠、绛纱袍，梁主服远游冠、朝服，君臣并拜。赐缣万匹，珍玩称是。

隋前华州刺史张宾、仪同三司刘晖等造甲子元历成，奏之。壬辰，诏颁新历。

癸巳，大赦。

二月，乙巳，隋主饯梁主于灞上[①]。

突厥苏尼部男女万余口降隋。

庚戌，隋主如陇州。

突厥达头可汗请降于隋。

夏，四月，庚子，隋以吏部尚书虞庆则为右仆射。

隋上大将军贺娄子干发五州兵击吐谷浑，杀男女万余口，二旬而还。

帝以陇西频被寇掠，而俗不设村坞，命子干勒民为堡，仍营田积谷。子干上书曰："陇西、河右，土旷民稀，边境未宁，不可广佃。比见屯田之所，获少费多，虚役人功，卒逢践暴；屯田疏远者请皆废省。但陇右之人以畜牧为事，若更屯聚，弥不自安。但使镇戍连接，烽堠相望，民虽散居，必谓无虑。”帝从之。

以子干晓习边事，丁巳，以为榆关总管[②]。

五月[③]，以吏部尚书江总为仆射。

隋主以渭水多沙，深浅不常，漕者苦之，六月，壬子，诏太子左庶子宇文恺帅水工凿渠，引渭水，自大兴城东至潼关三百余里，名曰广通渠。漕运通利，关内赖之。

秋，七月，丙寅，遣兼散骑常侍谢泉等聘于隋。

八月，壬寅，隋邓恭公窦炽卒。

乙卯，将军夏侯苗请降于隋，隋主以通和，不纳。

**【注释】**

①灞上：在今陕西西安市东白鹿原北首。 ②榆关：即今河北秦皇岛市抚宁区榆关镇；一说即今河北东北境山海关。 ③五月：据《陈书·后主纪》至德二年(584)记江总任职事，“五月”下当有“戊子”二字，戊子为二十七日。

九月，甲戌，隋主以关中饥，行如洛阳。

隋主不喜词华，诏天下公私文翰并宜实录。泗州刺史司马幼之文表华艳，付所司治罪。治书侍御史赵郡李谔亦以当时属文，体尚轻薄，上书曰：“魏之三祖[①]，崇尚文词，忽君人之大道，好雕虫之小艺。下之从上，遂成风俗。江左、齐、梁，其弊弥甚：竞一韵之奇，争一字之巧；连篇累牍，不出月露之形，积案盈箱，唯是风云之状。世俗以此相高，朝廷据兹擢士。禄利之路既开，爱尚之情愈笃。于是闾里童昏，贵游总丱[②]，未窥六甲，先制五言，至如羲皇、舜、禹之典，伊、傅、周、孔之说，不复关心，何尝入耳。以傲诞为清虚，以缘情为勋绩，指儒素为古拙，用词赋为君子。故文笔日繁，其政日乱，良由弃大圣之轨模，构无用以为用也。今朝廷虽有是诏，如闻外州远县，仍踵弊风：躬仁孝之行者，摈落私门，不加收齿；工轻薄之艺者，选充吏职，举送天朝。盖由刺史、县令未遵风教。请普加采察，送台推劾。”又上言：“士大夫矜伐干进，无复廉耻，乞明加罪黜，以惩风轨。”诏以谔前后所奏颁示四方。

突厥沙钵略可汗数为隋所败，乃请和亲。千金公主自请改姓杨氏，为隋主女。隋主遣开府仪同三司徐平和使于沙钵略，更封千金公主为大义公主。晋王广请因衅乘之，隋主不许。

沙钵略遣使致书曰："从天生大突厥天下贤圣天子伊利居卢设莫何沙钵略可汗致书大隋皇帝：皇帝，妇父，乃是翁比。此为女夫，乃是儿例。两境虽殊，情义如一。自今子子孙孙，乃至万世，亲好不绝。上天为证，终不违负！此国羊马，皆皇帝之畜。彼之缯彩，皆此国之物。"

帝复书曰："大隋天子贻书大突厥沙钵略可汗：得书，知大有善意。既为沙钵略妇翁，今日视沙钵略与儿子不异。时遣大臣往彼省女，复省沙钵略也。"于是遣尚书右仆射虞庆则使于沙钵略，车骑将军长孙晟副之。

沙钵略陈兵列其珍宝，坐见庆则，称病不能起，且曰："我诸父以来，不向人拜。"庆则责而谕之。千金公主私谓庆则曰："可汗豺狼性；过与争，将啮人③。"长孙晟谓沙钵略曰："突厥与隋俱大国天子，可汗不起，安敢违意。但可贺敦为帝女，则可汗是大隋女婿，奈何不敬妇翁！"沙钵略笑谓其达官曰④："须拜妇翁！"乃起拜顿颡，跪受玺书，以戴于首。既而大惭，与群下相聚恸哭。庆则又遣称臣，沙钵略谓左右曰："何谓臣？"左右曰："隋言臣，犹此云奴耳。"沙钵略曰："得为大隋天子奴，虞仆射之力也。"赠庆则马千匹，并以从妹妻之。

【注释】

①魏之三祖：指曹魏太祖武皇帝曹操、高祖文皇帝曹丕、烈祖明皇帝曹叡。　②总丱（guàn 惯）：语出《诗·齐风·甫田》："婉兮娈兮，总角丱兮。"角，小髻。丱，儿童的发髻向上分开的样子。"总丱""总角"遂成为儿童或童年时代的代称。　③啮（niè 聂）：咬。　④达官：即突厥大臣。突厥大臣称号有叶护、屈律啜、阿波、俟利发、吐屯、俟斤、阎洪达、颉利发、达干，都是达官。

冬，十一月，壬戌，隋主遣兼散骑常侍薛道衡等来聘，戒道衡"当识朕意，勿以言辞相折"。

是岁，上于光昭殿前起临春、结绮、望仙三阁，各高数十丈，连延数十间，其窗、牖、壁带、悬楣、栏、槛皆以沈、檀为之①，饰以金玉，间以珠翠，外施珠帘，内有宝床、宝帐，其服玩瑰丽，近古所未有。每微风暂至，香闻数里。其下积石为山，引水为池，杂植奇花异卉。

上自居临春阁，张贵妃居结绮阁②，龚、孔二贵嫔居望仙阁，并复道交相往来。又有王、李二美人，张、薛二淑媛，袁昭仪、何婕妤、江修容，并有宠，迭游其上。以宫人有文学者袁大舍等为女学士。仆射江总虽为宰辅，不亲政务，日与都官尚书孔范、散骑常侍王瑳等文士十余人，侍上游宴后庭，无复尊卑之序，谓之"狎客"。上每饮酒，使诸妃、嫔及学士与狎客共赋诗，互相赠答，采其尤艳丽者，被以新声，选宫女千余人习而歌之，分部迭进。其曲有《玉树后庭花》《临春乐》等③，大略皆美诸妃嫔之容色。君臣酣歌，自夕达旦，以此为常。

张贵妃名丽华，本兵家女，为龚贵嫔侍儿，上见而悦之，得幸，生太子深。贵妃发长七尺，其光可鉴，性敏慧，有神彩，进止洋华，每瞻视眄睐，光采溢目，照映左右。善候人主颜色，引荐诸宫女；后宫咸德之，竞言其善。又有厌魅之术，常置淫祀于宫中，聚女巫鼓舞。上怠于政事，百司启奏，并因宦者蔡脱儿、李善度进请；上倚隐囊，置张贵妃于膝上，共决之。李、蔡所不能记者，贵妃并为条疏，无所遗脱。因参访外事，人间有一言

陈叔宝像

一事，贵妃必先知白之；由是益加宠异，冠绝后庭。宦官近习，内外连结，援引宗戚，纵横不法，卖官鬻狱[4]，货赂公行；赏罚之命，不出于外。大臣有不从者，因而谮之。于是孔、张之权熏灼四方，大臣执政皆从风谄附。

孔范与孔贵嫔结为兄妹；上恶闻过失，每有恶事，孔范必曲为文饰，称扬赞美，由是宠遇优渥，言听计从。群臣有谏者，辄以罪斥之。中书舍人施文庆，颇涉书史，尝事上于东宫，聪敏强记，明闲吏职，心算口占，应时条理，由是大被亲幸。又荐所善吴兴沈客卿、阳惠朗、徐哲、暨慧景等，云有吏能，上皆擢用之；以客卿为中书舍人。客卿有口辩，颇知朝廷典故，兼掌金帛局。旧制：军人、士人并无关市之税。上盛修宫室，穷极耳目，府库空虚，有所兴造，恒苦不给。客卿奏请不问士庶并责关市之征，而又增重其旧。于是以阳惠朗为太市令，暨慧景为尚书金、仓都令史，二人家本小吏，考校簿领，纤毫不差；然皆不达大体，督责苛碎，聚敛无厌，士民嗟怨。客卿总督之，每岁所入，过于常格数十倍。上大悦，益以施文庆为知人，尤加亲重，小大众事，无不委任；转相汲引，珥貂蝉者五十人。

孔范自谓文武才能，举朝莫及，从容白上曰："外间诸将，起自行伍，匹夫敌耳。深见远虑，岂其所知！"上以问施文庆，文庆畏范，亦以为然；司马申复赞之。自是将帅微有过失，即夺其兵，分配文吏；夺任忠部曲以配范及蔡征。由是文武解体，以至覆灭。

**【注释】**

①壁带：壁中横木。　②贵妃：梁、陈制度，贵妃、贵嫔、贵姬，为三夫人；淑媛、淑仪、淑容、昭华、昭仪、昭容、修华、修仪、修容，为九嫔；亚于九嫔有婕妤、容华、充华、承徽、列荣五职；再次有美人、才人、良人三职，散位。　③《玉树后庭花》：乐曲名。陈后主于清乐中作《黄鹂留》《玉树后庭花》等曲，并与幸臣一起填作歌词，极其绮靡轻薄。男女唱和，音调哀婉。　④鬻（yù 域）：卖。

**三年**　春，正月，戊午朔，日有食之。

隋主命礼部尚书牛弘修五礼，勒成百卷；戊辰，诏行新礼。

三月，戊午，隋以尚书左仆射高颎为左领军大将军。

丰州刺史章大宝[①]，昭达之子也，在州贪纵，朝廷以太仆卿李晕代之。晕将至，辛酉，大宝袭杀晕，举兵反。

隋大司徒郢公王谊与隋主有旧，其子尚帝女兰陵公主。帝待之恩礼稍薄，谊颇怨望。或告谊自言名应图谶，相表当王；公卿奏谊大逆不道。壬寅，赐谊死。

戊申，隋主还长安。

章大宝遣其将杨通攻建安[②]，不克。台军将至，大宝众溃，逃入山，为追兵所擒，夷三族。

隋度支尚书长孙平奏"令民间每秋家出粟麦一石以下，贫富为差，储之当社，委社司检校，以备凶年，名曰'义仓'"，隋主从之。五月，甲申，初诏郡、县置义仓。时民间多妄称老、小以免赋役，山东承北齐之弊政，户口租调，奸伪尤多。隋主命州县大索貌阅，户口不实者，里正、党长远配[③]；大功以下[④]，皆令析籍，以防容隐。于是计帐得新附一百六十四万余口。高颎请为输籍法，遍下诸州，帝从之，自是奸无所容矣。

诸州调物，每岁河南自潼关，河北自蒲坂[⑤]，输长安者相属于路，昼夜不绝者数月。

梁主殂，谥曰孝明皇帝，庙号世宗。世宗孝慈俭约，境内安之。太子琮嗣位。

初，突厥阿波可汗既与沙钵略有隙，阿波浸强，东距都斤[⑥]，西越金山[⑦]，龟兹、铁勒、伊吾及西域诸胡悉附之[⑧]，号西突厥。隋主亦遣上大将军元契使于阿波以抚之。

**【注释】**

①丰州：治所在今福建福州市。　②建安：县名。治所在今福建建瓯市西南覆船山下。　③里正、党长：乡里小吏。隋颁新令定制，五家为保，保有长；五保为闾，四闾为族，有闾正、族正。畿外置里正，与闾正相当；党长，与族正相当。　④大功：指堂兄弟。堂兄弟丧服为大功，服期九月。其服用熟麻布做成，较齐衰稍细，较小功为粗，故称大功。　⑤蒲坂：关隘名。在今陕西大荔县朝邑镇东黄河上。　⑥都斤：山名。即今蒙古国境内杭爱山。　⑦金山：即今阿尔泰山。　⑧龟（qiū 丘）兹：西

域城国。国都原在延城(今新疆库车县东郊皮朗旧城),魏、晋时迁都于今新疆沙雅县北六十里羊达克沁废城,仍名延城。伊吾:全称伊吾卢。即今新疆哈密市。本为匈奴呼衍王庭。东汉时取道以通西域,置宜禾都尉,为屯田、兵镇之所。北魏置伊吾戍。隋炀帝时置伊吾郡。

秋,七月,庚申,遣散骑常侍王话等聘于隋。

突厥沙钵略既为达头所困,又畏契丹,遣使告急于隋,请将部落度漠南,寄居白道川。隋主许之,命晋王广以兵援之,给以衣食,赐之车服鼓吹。沙钵略因西击阿拔,破之。而阿拔国乘虚掠其妻子①;官军为击阿拔,败之,所获悉与沙钵略。

沙钵略大喜,乃立约,以碛为界,因上表曰:"天无二日,土无二王,大隋皇帝真皇帝也,岂敢阻兵恃险,偷窃名号!今感慕淳风,归心有道,屈膝稽颡,永为藩附。"遣其子库合真入朝。

八月,丙戌,库合真至长安。隋主下诏曰:"沙钵略往虽与和,犹是二国;今作君臣,便成一体。"因命肃告郊庙,普颁远近;凡赐沙钵略诏,不称其名。宴库合真于内殿,引见皇后,赏劳甚厚。沙钵略大悦,自是岁时贡献不绝。

九月,将军湛文彻侵隋和州②,隋仪同三司费宝首击擒之。

丙子,隋使李若等来聘。

冬,十月,壬辰,隋以上柱国杨素为信州总管。

初,北地傅縡以庶子事上于东宫,及即位,迁秘书监、右卫将军兼中书通事舍人,负才使气,人多怨之。施文庆、沈客卿共谮縡受高丽使金,上收縡下狱。

縡于狱中上书曰:"夫君人者,恭事上帝,子爱下民,省嗜欲,远谄佞,未明求衣,日旰忘食,是以泽被区宇,庆流子孙。陛下顷来酒色过度,不虔郊庙大神,专媚淫昏之鬼,小人在侧,宦竖弄权,恶忠直若仇雠,视生民如草芥,后宫曳绮绣,厩马余菽粟,百姓流离,僵尸蔽野,货贿公行,帑藏损耗,神怒民怨,众叛亲离,臣恐东南王气自斯而尽。"

书奏,上大怒。顷之,意稍解,遣使谓縡曰:"我欲赦卿,卿能改过不?"对曰:"臣心如面,臣面可改,则臣心可改。"上益怒,令宦者李善庆穷治其事，遂赐死狱中。

上每当郊祀，常称疾不行，故绰言及之。

是岁，梁大将军戚昕以舟师袭公安[3]，不克而还。

隋主征梁主叔父太尉吴王岑入朝，拜大将军，封怀义公，因留不遣；复置江陵总管以监之。

梁大将军许世武密以城召荆州刺史宜黄侯慧纪；谋泄，梁主杀之。慧纪，高祖之从孙也。

隋主使司农少卿崔仲元发丁三万[4]，于朔方、灵武筑长城，东距河，西至绥州[5]，绵历七百里，以遏胡寇。

【注释】

①阿拔国：在漠外，居突厥西南。 ②和州：治所在今安徽和县。 ③公安：陈朝荆州治所，在今湖北公安县东北。 ④司农少卿：官名。司农寺副长官。 ⑤绥州：治所在今陕西绥德县。

**四年** 梁改元广运。

甲子，党项羌请降于隋[1]。

庚午，隋颁历于突厥。

二月，隋始令刺史上佐每岁暮更入朝，上考课。

丁亥，隋复令崔仲方发丁十五万，于朔方以东，缘边险要，筑数十城。

丙申，立皇弟叔谟为巴东王，叔显为临江王，叔坦为新会王，叔隆为新宁王。

庚子，隋大赦。

三月，己未，洛阳男子高德上书，请隋主为太上皇，传位皇太子。帝曰："朕承天命，抚育苍生，日旰孜孜，犹恐不逮。岂效近代帝王，传位于子，自求逸乐者哉！"

夏，四月，己亥，遣周磻等聘于隋。

五月，丁巳，立皇子庄为会稽王。

秋，八月[2]，隋遣散骑常侍裴豪等来聘。

戊申，隋申明公李穆卒，葬以殊礼。

闰月，丁卯，隋太子勇镇洛阳。

隋上柱国郕公梁士彦讨尉迟迥,所当必破,代迥为相州刺史;隋主忌之,召还长安。上柱国杞公宇文忻与隋主少相厚,善用兵,有威名;隋主亦忌之,以谴去官,与柱国舒公刘昉皆被疏远,闲居无事,颇怀怨望,数相往来,阴谋不轨。

忻欲使士彦于蒲州起兵[③],己为内应,士彦之甥裴通预其谋而告之。帝隐其事,以士彦为晋州刺史,欲观其意;士彦欣然,谓昉等曰:"天也!"又请仪同三司薛摩儿为长史,帝亦许之。后与公卿朝谒,帝令左右执士彦、忻、昉于行间,诘之,初犹不伏;捕薛摩儿适至,命之庭对,摩儿具论始末,士彦失色,顾谓摩儿曰:"汝杀我!"丙子,士彦、忻、昉等伏诛,叔侄、兄弟免死除名。

九月,辛巳,隋主素服临射殿,命百官射三家资物以为诫。

**【注释】**

①党项羌:古民族名。汉西羌的一支。初居今青海、甘肃、四川边区一带。南北朝后期逐渐强大。 ②八月:据《隋书·高祖纪》开皇六年(586),裴豪等聘陈在八月辛卯,辛卯为十三日。 ③蒲州:治所在今山西永济市西南蒲州镇,为黄河津渡要地,距长安三百多里。

冬,十月,己酉,隋以兵部尚书杨尚希为礼部尚书。隋主每旦临朝,日昃不倦,尚希谏曰:"周文王以忧勤损寿,武王以安乐延年。愿陛下举大纲,责成宰辅。繁碎之务,非人主所宜亲也。"帝善之而不能从。

癸丑,隋置山南道行台于襄州[①];以秦王俊为尚书令。俊妃崔氏生男,隋主喜,颁赐群官。

直秘书内省博陵李文博[②],家素贫,人往贺之,文博曰:"赏罚之设,功过所存。今王妃生男,于群官何事,乃妄受赏也!"闻者愧之。

癸亥,以尚书仆射江总为尚书令,吏部尚书谢伷为仆射[③]。

十一月,己卯,大赦。

吐谷浑可汗夸吕在位百年,屡因喜怒废杀太子。后太子惧,谋执夸吕而降;请兵于隋边吏,秦州总管河间王弘请以兵应之,隋主不许。

太子谋泄，为夸吕所杀，复立其少子嵬王诃为太子。叠州刺史杜粲请因其衅而讨之[④]，隋主又不许。

是岁，嵬王诃复惧诛，谋帅部落万五千户降隋，遣使诣阙，请兵迎之。隋主曰："浑贼风俗，特异人伦，父既不慈，子复不孝。朕以德训人，何有成其恶逆乎！"乃谓使者曰："父有过失，子当谏争，岂可潜谋非法，受不孝之名！溥天之下皆朕臣妾，各为善事，即称朕心。嵬王既欲归朕，唯教嵬王为臣子之法，不可远遣兵马，助为恶事！"嵬王诃乃止。

【注释】

①襄州：治所在今湖北襄阳市。 ②直秘书内省：官名。胡三省注："曹魏藏书在秘书，中、外三阁，是时秘书已有内外之分矣。隋氏开献书之路，召天下工书之士补续残缺，为正副二本，藏于宫中，其余以实秘书内外之阁，故置直秘书内省之官。" ③谢仙（zhòu 宙）：人名。 ④叠州：治所在今甘肃迭部县。

**祯明元年** 春，正月，戊寅，大赦，改元。

癸巳，隋主享太庙。

乙未，隋制诸州岁贡士三人。

二月，丁巳，隋主朝日于东郊。

遣兼散骑常侍王亨等聘于隋。

隋发丁男十万余人修长城，二旬而罢。夏，四月，于扬州开山阳渎以通运[①]。

突厥沙钵略可汗遣其子入贡于隋，因请猎于恒、代之间[②]，隋主许之，仍遣人赐以酒食。沙钵略帅部落再拜受赐。

沙钵略寻卒，隋为之废朝三日，遣太常吊祭。

初，沙钵略以其子雍虞闾懦弱，遗令立其弟叶护处罗侯。雍虞闾遣使迎处罗侯，将立之，处罗侯曰："我突厥自木杆可汗以来，多以弟代兄，以庶夺嫡，失先祖之法，不相敬畏。汝当嗣位。我不惮拜汝。"雍虞闾曰："叔与我父，共根连体。我，枝叶也，岂可使根本反从枝叶，叔父屈于卑幼乎！且亡父之命，何可废也！愿叔勿疑！"遣使相让者五六，处罗侯竟立，是为莫何可汗。以雍虞闾为叶护。遣使上表言状。

隋使车骑将军长孙晟持节拜之,赐以鼓吹、幡旗。莫何勇而有谋,以隋所赐旗鼓西击阿波;阿波之众以为得隋兵助之,多望风降附。遂生擒阿波,上书请其死生之命。

隋主下其议,乐安公元谐请就彼枭首;武阳公李充请生取入朝,显戮以示百姓。隋主谓长孙晟:"于卿何如?"晟对曰:"若突厥背诞,须齐之以刑。今其昆弟自相夷灭,阿波之恶非负国家。因其困穷,取而为戮,恐非招远之道。不如两存之。"左仆射高颎曰:"骨肉相残,教之蠹也,宜存养以示宽大。"隋主从之。

甲戌,隋遣兼散骑常侍杨同等来聘。

五月,乙亥朔,日有食之。

**【注释】**

①山阳渎:隋开皇七年(587)凿,自今江苏淮安市通向淮水,东南经射阳湖,再折西南至今扬州市南入长江。　②恒:州名。治所在今山西大同市东北古城。代:州名。治所在今山西代县。

秋,七月,己丑,隋卫昭王爽卒。

八月,隋主征梁主入朝。梁主帅其群臣二百余人发江陵;庚申,至长安。

隋主以梁主在外,遣武乡公崔弘度将兵戍江陵。军至都州[1],梁主叔父太傅安平王岩、弟荆州刺史义兴王瓛等恐弘度袭之,乙丑,遣都官尚书沈君公诣荆州刺史宜黄侯慧纪请降。九月,庚寅,慧纪引兵至江陵城下。辛卯,岩等驱文、武、男、女十万口来奔。

隋主闻之,废梁国;遣尚书左仆射高颎安集遗民;梁中宗、世宗各给守冢十户;拜梁主琮上柱国,赐爵莒公。

甲午,大赦。

冬,十月,隋主如同州;癸亥,如蒲州。

十一月,丙子,以萧岩为开府仪同三司、东扬州刺史,萧瓛为吴州刺史。

丁亥,以豫章王叔英兼司徒。

甲午,隋主如冯翊[2],亲祠故社;戊戌,还长安。

是行也，内史令李德林以疾不从，隋主自同州敕书追之，与议伐陈之计。及还，帝马上举鞭南指曰："待平陈之日，以七宝装严公，使自山以东无及公者。"

初，隋主受禅以来，与陈邻好甚笃，每获陈谍，皆给衣马礼遣之，而高宗犹不禁侵掠。故太建之末，隋师入寇；会高宗殂，隋主即命班师，遣使赴吊，书称姓名顿首。帝答之益骄，书末云："想彼统内如宜，此宇宙清泰。"隋主不悦，以示朝臣，上柱国杨素以为主辱臣死，再拜请罪。

隋主问取陈之策于高颎，对曰："江北地寒，田收差晚；江南水田早熟。量彼收获之际，微征士马，声言掩袭，彼必屯兵守御，足得废其农时。彼既聚兵，我便解甲。再三若此，彼以为常；后更集兵，彼必不信。犹豫之顷，我乃济师；登陆而战，兵气益倍。又，江南土薄，舍多茅竹，所有储积皆非地窖。若密遣行人因风纵火，待彼修立，复更烧之，不出数年，自可财力俱尽。"隋主用其策，陈人始困。

于是杨素、贺若弼及光州刺史高劢、虢州刺史崔仲方等争献平江南之策。仲方上书曰："今唯须武昌以下[3]，蕲、和、滁、方、吴、海等州[4]，更帖精兵，密营度计；益、信、襄、荆、基、郢等州[5]，速造舟楫，多张形势，为水战之具。蜀、汉二江是其上流，水路冲要，必争之所。贼虽流头、荆门、延洲、公安、巴陵、隐矶、夏首、蕲口、溢城置船[6]，然终聚汉口[7]、峡口，以水战大决。若贼必以上流有军，令精兵赴援者，下流诸将即须择便横渡；如拥众自卫，上江诸军鼓行以前。彼虽恃九江、五湖之险，非德无以为固；徒有三吴、百越之兵[8]，非恩不能自立矣。"隋主以仲方为基州刺史。

及受萧岩等降，隋主益忿，谓高颎曰："我为民父母，岂可限一衣带水不拯之乎！"命大作战船。人请密之，隋主曰："吾将显行天诛，何密之有！"使投其柿于江[9]，曰："若彼惧而能改，吾复何求！"

杨素在永安[10]，造大舰，名曰："五牙"。上起楼五层，高百余尺；左右前后置六拍竿，并高五十尺，容战士八百人；次曰"黄龙"，置兵百人。自余平乘、舴艋各有等差。

晋州刺史皇甫续将之官，稽首言陈有三可灭。帝问其状，对曰:“大吞小,一也。以有道伐无道,二也。纳叛臣萧岩,于我有词,三也。陛下若命将出师,臣愿展丝发之效!”隋主劳而遣之。

时江南妖异特众,临平湖草久塞[11],突然自开。帝恶之,乃自卖于佛寺为奴以厌之。又于建康造大皇寺,起七级浮图;未毕,火从中起而焚之。

吴兴章华,好学,善属文,朝臣以华素无伐阅,竞排诋之,除太市令。华郁郁不得志,上书极谏,略曰:“昔高祖南平百越[12],北诛逆虏,世祖东定吴会[13],西破王琳,高宗克复淮南,辟地千里,三祖之功勤亦至矣。陛下即位,于今五年,不思先帝之艰难,不知天命之可畏;溺于嬖宠,惑于酒色;祠七庙而不出,拜三妃而临轩;老臣宿将弃之草莽,谄佞谗邪升之朝廷。今疆埸日蹙,隋军压境,陛下如不改弦易张,臣见麋鹿复游于姑苏矣[14]!”帝大怒,即日斩之。

**【注释】**

①都州:隋无都州。据《周书·隋书·萧琮传》并作“军至鄀州”,鄀(ruò 若)州,治所在今湖北荆州市。 ②冯翊(yì 易):郡、县名。治所在今陕西大荔县。 ③武昌:今湖北鄂州市。 ④蕲:蕲州。治所在今湖北蕲春县北。和:和州。治所在今安徽和县。滁:滁州。治所在今安徽滁州市。方:方州。治所在今江苏南京市六合区。吴:吴州。治所在今江苏扬州市西北蜀冈上。海:海州。治所在今江苏连云港市西南海州镇。 ⑤益:益州。治所在今四川成都市。信:信州。治所在今重庆奉节县东。襄:襄州。治所在今湖北襄阳市。荆:荆州。治所在今湖北荆州市。基:基州。治所在今湖北钟祥市南。郢:郢州。治所在今河南潢川县西。 ⑥流头:滩名。在今湖北宜昌市与秭归县之间长江中。荆门:山名。在今湖北宜都市西北五十里长江南岸,与虎牙山隔江相望。延洲:在今湖北枝江市附近长江中。公安:地名。今湖北公安县东北油江口。巴陵:地名。今湖南岳阳市。隐矶:在今湖南临湘市西北长江南岸。夏首:地名。在今湖北荆州市东南。蕲口:即今湖北蕲春县西南长江北岸蕲州镇。湓城:一名湓口城。在今江西九江市。南朝时曾为江州治所。隋开皇中置寻阳县于此。 ⑦汉口:即今湖北武汉市汉口。⑧三吴:地区名。所指说法不一。《元和郡县志》以吴、吴兴、丹阳三郡为三吴,相当今江苏太湖以东、以西、以南和浙江钱塘江以北地区。百越:古江、浙、闽、粤之地,为越族所居,故称百越。 ⑨柿(fèi 费):削下

的木片。 ⑩永安：即白帝城，在今重庆奉节县东。 ⑪临平湖：在今浙江杭州市余杭区（临平镇）南。原周围十里，今多淤废，仅存小河，为上塘河所经。 ⑫南平百越：指平定卢子略、李贲、元景仲、兰裕、萧勃之乱。 ⑬东定吴会：指破斩杜龛、张彪。 ⑭麋鹿句：伍子胥谏吴王而不听，说："臣见麋鹿游于姑苏矣。"吴最终亡了国。姑苏，吴国都城，今江苏苏州市。

**二年** 春，正月，辛巳，立皇子恮为东阳王，恬为钱塘王。

遣散骑常侍袁雅等聘于隋；又遣散骑常侍九江周罗睺将兵屯峡口，侵隋峡州[①]。

三月，甲戌，隋遣兼散骑常侍程尚贤等来聘。

戊寅，隋主下诏曰："陈叔宝据手掌之地，恣溪壑之欲，劫夺闾阎，资产俱竭，驱逼内外，劳役弗已；穷奢极侈，俾昼作夜；斩直言之客，灭无罪之家；欺天造恶，祭鬼求恩；盛粉黛而执干戈，曳罗绮而呼警跸；自古昏乱，罕或能比。君子潜逃，小人得志。天灾地孽，物怪人妖。衣冠钳口，道路以目。重以背德违言，摇荡疆埸；昼伏夜游，鼠窃狗盗。天之所覆，无非朕臣，每关听览，有怀伤恻。可出师授律，应机诛殄；在斯一举，永清吴越。"又送玺书暴帝二十恶；仍散写诏书三十万纸，遍谕江外。

太子胤，性聪敏，好文学，然颇有过失；詹事袁宪切谏，不听。时沈后无宠，而近侍左右数于东宫往来，太子亦数使人至后所，帝疑其怨望，甚恶之。张、孔二贵妃日夜构成后及太子之短，孔范之徒又于外边助之。帝欲立张贵妃子始安王深为嗣，尝从容言之。吏部尚书蔡征顺旨称赞，袁宪厉色折之曰："皇太子国家储副，亿兆宅心，卿是何人，轻言废立！"帝卒从征议。夏，五月，庚子，废太子胤为吴兴王，立扬州刺史始安王深为太子。征，景历之子也。深亦聪惠，有志操，容止俨然，虽左右近侍未尝见其喜愠。帝闻袁宪尝谏胤，即用宪为尚书仆射。

帝遇沈后素薄，张贵妃专后宫之政，后澹然，未尝有所忌怨，身居俭约，衣服无锦绣之饰，唯寻阅经史及释典为事，数上书谏争。帝欲废之而立张贵妃，会国亡，不果。

冬，十月，己亥，立皇子蕃为吴郡王。

己未，隋置淮南行省于寿春，以晋王广为尚书令。

帝遣兼散骑常侍王琬、兼通直散骑常侍许善心聘于隋，隋人留于客馆。琬等屡请还，不听。

甲子，隋以出师，有事于太庙，命晋王广、秦王俊、清河公杨素皆为行军元帅。广出六合[②]，俊出襄阳，素出永安，荆州刺史刘仁恩出江陵，蕲州刺史王世积出蕲春[③]，庐州总管韩擒虎出庐江[④]，吴州总管贺若弼出广陵，青州总管弘农燕荣出东海[⑤]，凡总管九十，兵五十一万八千，皆受晋王节度。东接沧海，西拒巴、蜀，旌旗舟楫，横亘数千里。以左仆射高颎为晋王元帅长史，右仆射王韶为司马，军中事皆取决焉；区处支度，无所凝滞。

十一月，丁卯，隋主亲饯将士；乙亥，至定城[⑥]，陈师誓众。

**【注释】**

①峡州：治所在今湖北宜昌市西北。 ②六合：县名。治所在今江苏南京市六合区。 ③蕲春：县名。治所在今湖北蕲春县西南。 ④庐江：县名。治所即今安徽庐江县。 ⑤东海：郡名。治所在今江苏连云港市西南海州区。 ⑥定城：在今陕西华阴市东。《述征记》："定城去潼关三十里，夹道各一城。"

丙子，立皇弟叔荣为新昌王，叔匡为太原王。

隋主如河东；十二月，庚子，还长安。

突厥莫何可汗西击邻国，中流矢而卒。国人立雍虞闾，号颉伽施多那都蓝可汗。

隋军临江，高颎谓行台吏部郎中薛道衡曰："今兹大举，江东必可克乎？"道衡曰："克之。尝闻郭璞有言[①]：'江东分王三百年，复与中国合。'今此数将周，一也。主上恭俭勤劳，叔宝荒淫骄侈，二也。国之安危在所委任，彼以江总为相，唯事诗酒，拔小人施文庆，委以政事，萧摩诃、任蛮奴为大将[②]，皆一夫之用耳，三也。我有道而大，彼无德而小，量其甲士不过十万，西自巫峡，东至沧海，分之则势悬而力弱，聚之则守此而失彼，四也。席卷之势，事在不疑。"颎忻然曰："得君言成败之理，令人豁然。本以才学相期，不意筹略乃尔。”

秦王俊督诸军屯汉口，为上流节度。诏以散骑常侍周罗睺都督巴峡缘江诸军事以拒之。

杨素引舟师下三峡，军至流头滩。将军戚昕以青龙百余艘守狼尾滩[3]，地势险峭，隋人患之。素曰：“胜负大计，在此一举。若昼日下船，彼见我虚实，滩流迅激，制不由人，则吾失其便；不如以夜掩之。”素亲帅黄龙数千艘，衔枚而下，遣开府仪同三司王长袭引步卒自南岸击昕别栅，大将军刘仁恩帅甲骑自北岸趣白沙[4]，迟明而至，击之；昕败走，悉俘其众，劳而遣之，秋毫不犯。

素帅水军东下，舟舻被江，旌甲曜日。素坐平乘大船，容貌雄伟，陈人望之，皆惧，曰：“清河公即江神也！”江滨镇戍闻隋军将至，相继奏闻；施文庆、沈客卿并抑而不言。

初，上以萧岩、萧瓛，梁之宗室，拥众来奔，心忌之，故远散其众，以岩为东扬州刺史，瓛为吴州刺史；使领军任忠出守吴兴郡，以襟带二州。使南平王嶷镇江州[5]，永嘉王彦镇南徐州[6]。寻召二王赴明年元会，命缘江诸防船舰悉从二王还都，为威势以示梁人之来者。由是江中无一斗船，上流诸州兵皆阻杨素军，不得至。

湘州刺史晋熙王叔文，在职既久，大得人和，上以其据有上流，阴忌之；自度素与群臣少恩，恐不为用，无可任者，乃擢施文庆为都督、湘州刺史，配以精兵二千，欲令西上；仍征叔文还朝。文庆深喜其事，然惧出外之后，执事者持己短长，因进其党沈客卿以

陈太货六铢钱

自代。

未发间，二人共掌机密。护军将军樊毅言于仆射袁宪曰："京口、采石俱是要地[7]，各须锐兵五千，并出金翅二百，缘江上下，以为防备。"宪及骠骑将军萧摩诃皆以为然，乃与文武群臣共议，请如毅策。施文庆恐无兵从己，废其述职，而客卿又利文庆之任，己得专权，俱言于朝："必有论议，不假面陈；但作文启，即为通奏。"宪等以为然，二人赍启入。白帝曰："此是常事，边城将帅足以当之。若出人船，必恐惊扰。"

乃隋军临江，间谍骤至，宪等殷勤奏请，至于再三。文庆曰："元会将逼，南郊之日[8]，太子多从；今若出兵，事便废阙。"帝曰："今且出兵，若北边无事，因以水军从郊，何为不可！"又曰："如此则声闻邻境，便谓国弱。"后又以货动江总，总内为之游说，帝重违其意，而迫群官之请，乃令付外详议。总又抑宪等，由是议久不决。

帝从容谓侍臣曰："王气在此。齐兵三来，周师再来，无不摧败。彼何为者邪！"都官尚书孔范曰："长江天堑，古以为限隔南北，今日虏军岂能飞渡邪！边将欲作功劳，妄言事急。臣每患官卑，虏若渡江，臣定作太尉公矣[9]！"或妄言北军马死，范曰："此是我马，何为而死！"帝笑以为然，故不为深备，奏伎、纵酒、赋诗不辍。

是岁，吐谷浑裨王拓跋木弥请以千余家降隋[10]。隋主曰："普天之下，皆是朕臣，朕之抚育，俱存仁孝。浑贼惛狂，妻子怀怖，并思归化，自救危亡。然叛夫背父，不可收纳。又其本意正自避死，今若违拒，又复不仁。若更有音信，但宜慰抚，任其自拔，不须出兵应接。其妹夫及甥欲来，亦任其意，不劳劝诱也。"

河南王移兹裒卒，隋主令其弟树归袭统其众。

【注释】

①郭璞（276—324）：东晋文学家、训诂学家。博学多才，精通天文、卜筮之术。　②任蛮奴：即任忠。　③狼尾滩：在今湖北宜昌市西北九十里。　④白沙：在今湖北宜昌市东。　⑤江州：治所在今江西九江市。⑥南徐州：治所在京口（今江苏镇江市）。　⑦采石：为江防要地，隋平

陈置采石镇，即今安徽当涂县北采石。 ⑧南郊：陈沿袭梁制，于间岁正月上辛日在南、北二郊祭祀天地。 ⑨太尉公：自两晋、刘宋之后，常谓“三公”为太尉公、司徒公、司空公。 ⑩裨王：汉代匈奴小王之称。《通鉴》此处用《汉书》语。《隋书》作“名王拓跋木弥”。

# 资治通鉴卷第一百七十七

## 隋纪一　起屠维作噩，尽重光大渊献，凡三年。

### 高祖文皇帝上之上[1]

**开皇九年**　春，正月，己丑朔，陈主朝会群臣，大雾四塞，入人鼻，皆辛酸，陈主昏睡，至晡时乃寤。

是日，贺若弼自广陵引兵济江[2]。先是弼以老马多买陈船而匿之，买弊船五六十艘，置于渎内。陈人觇之[3]，以为内国无船[4]。弼又请缘江防人每交代之际，必集广陵，于是大列旗帜，营幕被野，陈人以为隋兵大至，急发兵为备，既知防人交代，其众复散；后以为常，不复设备。又使兵缘江时猎，人马喧噪。故弼之济江，陈人不觉。韩擒虎将五百人自横江宵济采石[5]，守者皆醉，遂克之。晋王广帅大军屯六合镇桃叶山[6]。

丙寅，采石戍主徐子建驰启告变；丁卯，召公卿入议军旅。戊辰，陈主下诏曰："犬羊陵纵，侵窃郊畿，蜂虿有毒[7]，宜时扫定。朕当亲御六师，廓清八表，内外并可戒严。"以骠骑将军萧摩诃、护军将军樊毅、中领军鲁广达并为都督[8]，司空司马消难、湘州刺史施文庆并为大监军，遣南豫州刺史樊猛帅舟师出白下[9]，散骑常侍皋文奏将兵镇南豫州。重立赏格，僧、尼、道士，尽令执役。

庚午，贺若弼攻拔京口[10]，执南徐州刺史黄恪。弼军令严肃，秋毫不犯，有军士于民间酤酒者，弼立斩之。所俘获六千余人，弼皆释之，给粮劳遣，付以敕书，令分道宣谕。于是所至风靡。

樊猛在建康，其子巡摄行南豫州事。辛未，韩擒虎进攻姑孰[11]，半日，拔之，执巡及其家口。皋文奏败还。江南父老素闻擒虎威信，来谒军门者昼夜不绝。

鲁广达之子世真在新蔡[12]，与其弟世雄及所部降于擒虎，遣使致书招广达。广达时屯建康，自劾，诣廷尉请罪；陈主慰劳之，加赐黄金，遣还营。樊猛与左卫将军蒋元逊将青龙八十艘于白下游弈，以御六合兵；陈主以猛妻子在隋军，惧有异志，欲使镇东大将军任忠代之，令萧摩诃徐谕猛，猛不悦，陈主重伤其意而止。

于是贺若弼自北道，韩擒虎自南道并进，缘江诸戍，望风尽走；弼分兵断曲阿之冲而入[13]。陈主命司徒豫章王叔英屯朝堂，萧摩诃屯乐游苑，樊毅屯耆暗寺，鲁广达屯白土冈，忠武将军孔范屯宝田寺，己卯，任忠自吴兴入赴[14]，仍屯朱雀门。

【注释】

①高祖文皇帝：即隋文帝杨坚(541—604)。北周时，袭父爵为隋国公。其女为宣帝皇后。静帝年幼即位，他任丞相，总揽朝政，封隋王。大定元年(581)，杀静帝自立，建立隋朝。开皇七年(587)灭后梁，九年(589)灭陈，统一全国。　②贺若弼(544—607)：隋大将。字辅伯。北周时为寿州刺史，封襄邑县公。隋文帝时，任吴州总管，献取陈十策，为文帝所重，赐以宝刀。开皇九年(589)，任行军总管，大破陈军于钟山。广陵：今江苏扬州市。　③觇(chān 搀)：看，窥看。　④内国：即中国，指隋朝。　⑤横江：即横江浦，渡口名。在今安徽和县长江北岸。采石：即采石矶，在今安徽当涂县北。　⑥六合镇：今江苏南京市六合区。桃叶山：今南京市六合区瓜埠镇之地。　⑦虿(chài)：蝎类毒虫。　⑧护军将军：重要军事长官。与领军将军或中领军同掌中央军队。中领军：重要军事长官。统率禁军，与护军将军或中护军同掌中央军队。　⑨白下：即白下城。在今江苏南京市北金川门外、幕府山南麓。北临大江，为东晋、南朝时建康北郊的军事要地，常置镇戍于此。　⑩京口：南徐州治所。今江苏镇江市。⑪姑孰：南豫州治所。今安徽当涂县。　⑫新蔡：侨郡。治所在今湖北黄梅县。　⑬曲阿：县名。治所在今江苏丹阳市。⑭吴兴：郡名。治所在今浙江湖州市南下菰城。

辛未，贺若弼进据钟山[1]，顿白土冈之东。晋王广遣总管杜彦与韩擒虎合军[2],步骑二万屯于新林。蕲州总管王世积以舟师出九江,破陈将纪瑱于蕲口[3],陈人大骇,降者相继。晋王广上状,帝大悦,宴赐群臣。

时建康甲士尚十余万人,陈主素怯懦,不达军士,唯昼夜啼泣,台内处分,一以委施文庆。文庆既知诸将疾己,恐其有功,乃奏曰:“此等怏怏,素不伏官,迫此事机,那可专信!”由是诸将凡有启请,率皆不行。

贺若弼之攻京口也,萧摩诃请将兵逆战,陈主不许。及弼至钟山,摩诃又曰:“弼悬军深入,垒堑未坚,出兵掩袭,可以必克。”又不许。陈主召摩诃、任忠于内殿议军事,忠曰:“兵法:客贵速战,主贵持重。今国家足兵足食,宜固守台城,缘淮立栅,北军虽来,勿与交战;分兵断江路,无令彼信得通。给臣精兵一万,金翅三百艘,下江径掩六合;彼大军必谓其渡江将士已被俘获,自然挫气。淮南土人与臣旧相知悉,今闻臣往,必皆景从。臣复扬声欲往徐州,断彼归路,则诸军不击自去。待春水既涨,上江周罗睺等众军必沿流赴援。此良策也。”陈主不能从。明日,欻然曰:“兵久不决,令人腹烦,可呼萧郎一出击之。”任忠叩头苦请勿战。孔范又奏:“请作一决,当为官勒石燕然[4]。”陈主从之,谓摩诃曰:“公可为我一决!”摩诃曰:“从来行陈,为国为身;今日之事,兼为妻子。”陈主多出金帛赋诸军以充赏。甲申,使鲁广达陈于白土冈,居诸军之南,任忠次之,樊毅、孔范又次之,萧摩诃军最在北。诸军南北亘二十里,首尾进退不相知。

贺若弼将轻骑登山,望见众军,因驰下,与所部七总管杨牙、员明等甲士凡八千,勒陈以待之。陈主通于萧摩诃之妻,故摩诃初无战意,唯鲁广达以其徒力战,与弼相当。隋师退走者数回,弼麾下死者二百七十三人,弼纵烟以自隐,窘而复振。陈兵得人头,皆走献陈主求赏,弼知其骄惰,更引兵趣孔范;范兵暂交即走,陈诸军顾之,骑卒乱溃,不可复止,死者五千人。员明擒萧摩诃,送于弼,弼命牵斩之,摩诃颜色自若,弼乃释而礼之。

任忠驰入台[5],见陈主言败状,曰:“官好住,臣无所用力矣!”陈主与之金两縢,使募人出战,忠曰:“陛下唯当具舟楫,就上流众军，臣以死奉卫。”陈主信之，敕忠出部分，令宫人装束以待之，怪其久不至。时韩擒虎自新林进军⑥，忠已帅数骑迎降于石子冈⑦。领军蔡征守朱雀航，闻擒虎将至，众惧而溃。忠引擒虎军直入朱雀门，陈人欲战，忠挥之曰：“老夫尚降，诸军何事！”众皆散走。于是城内文武百司皆遁，唯尚书仆射袁宪在殿中，尚书令江总等数人居省中。陈主谓袁宪曰：“我从来接遇卿不胜余人，今日但以追愧。非唯朕无德，亦是江东衣冠道尽。”

陈主遑遽，将避匿，宪正色曰：“北兵之入，必无所犯。大事如此，陛下去欲安之！臣愿陛下正衣冠，御正殿，依梁武帝见侯景故事⑧。”陈主不从，下榻驰去，曰：“锋刃之下，未可交当，吾自有计！”从宫人十余出后堂景阳殿，将自投于井，宪苦谏不从；后阁舍人夏侯公韵以身蔽井⑨，陈主与争，久之，乃得入。既而军人窥井，呼之，不应，欲下石，乃闻叫声；以绳引之，惊其太重，及出，乃与张贵妃、孔贵嫔同束而上。沈后居处如常。太子深年十五，闭阁而坐，舍人孔伯鱼侍侧⑩，军士叩阁而入，深安坐，劳之曰：“戎旅在涂，不至劳也！”军士咸致敬焉。时陈人宗室王侯在建康者百余人，陈主恐其为变，皆召入，令屯朝堂，使豫章王叔英总督之，又阴为之备，及台城失守，相帅出降。

贺若弼乘胜至乐游苑，鲁广达犹督余兵苦战不息，所杀获数百人，会日暮，乃解甲，面台再拜恸哭，谓众曰：“我身不能救

南京古胭脂井

国，负罪深矣！”士卒皆流涕歔欷，遂就擒。诸门卫皆走，弼夜烧北掖门入，闻韩擒虎已得陈叔宝，呼视之，叔宝惶惧，流汗股栗，向弼再拜。弼谓之曰：“小国之君当大国之卿，拜乃礼也。入朝不失作归命侯⑪，无劳恐惧。”既而耻功在韩擒虎后，与擒虎相询⑫，挺刃而出；欲令蔡征为叔宝作降笺，命乘骡车归己，事不果。弼置叔宝于德教殿，以兵卫守。

高颎先入建康，颎子德弘为晋王广记室⑬，广使德弘驰诣颎所，令留张丽华，颎曰：“昔太公蒙面以斩妲己，今岂可留丽华！”乃斩之于青溪⑭。德弘还报，广变色曰：“昔人云，‘无德不报’⑮，我必有以报高公矣！”由是恨颎。

**【注释】**

①钟山：即今江苏南京市中山门外紫金山。 ②总管：地方高级军政长官。隋沿北周旧制，凡军事上较重要的州设置总管，兼任刺史，一个总管统辖邻近几个州的军事。 ③蕲口：蕲水入江之口。即今湖北蕲春县西南长江北岸蕲州镇。 ④燕然：山名。即今蒙古国杭爱山。永元元年(89)，东汉将领窦宪大破匈奴，登燕然山，刻石纪功而还。 ⑤台：台城。即宫城。 ⑥新林：即今江苏南京市西南西善桥镇，滨临大江，南朝时为军事、交通要地。 ⑦石子冈：在今江苏南京市南。 ⑧侯景(503—552)：北朝时将领。先属北魏尔朱荣，继归高欢，为镇守河南的大将。中大同二年(547)，因恐为高澄(高欢子)所害，降梁，为河南王。次年，举兵叛变，攻破梁都城建康。梁武帝见侯景事见本书卷第一百六十二梁武帝太清三年(549)。 ⑨后阁舍人：官名。舍人为亲近随从之官。梁制，有殿中舍人、守舍人。陈制同。后阁舍人，当为殿中舍人之守后阁者。 ⑩舍人：此为太子舍人，太子属官。梁、陈制，有太子中舍人、太子舍人。太子舍人掌文记。 ⑪归命侯：三国吴末帝孙皓降晋，封归命侯。⑫询(gòu 构)：同“诟”。骂。 ⑬记室：官名。东汉置，诸王三公及大将军都设有记室令史，掌章表书记文檄。后代因之。 ⑭青溪：人工水渠，三国时开凿。发源于今江苏南京市紫金山西南，屈曲穿达今南京市注入秦淮河，长十余里。六朝时为首都漕运要道。溪上置栅，为防守要地。 ⑮无德不报：语见《诗·大雅·抑》。

丙戌，晋王广入建康，以施文庆受委不忠，曲为谄佞以蔽耳目，沈客卿重赋厚敛以悦其上，与太市令阳慧朗、刑法监徐析、尚书都令史暨慧皆为民害[1]，斩于石阙下，以谢三吴。使高颎与元帅府记室裴矩收图籍，封府库，资财一无所取，天下皆称广，以为贤。矩，让之之弟子也。

广以贺若弼先期决战，违军令，收以属吏。上驿召之，诏广曰："平定江表，弼与韩擒虎之力也。"赐物万段；又赐弼与擒虎诏，美其功。

开府仪同三司王颁，僧辩之子，夜，发陈高祖陵，焚骨取灰，投水而饮之。既而自缚，归罪于晋王广；广以闻，上命赦之。诏陈高祖、世祖、高宗陵，总给五户分守之。

上遣使以陈亡告许善心，善心衰服号哭于西阶之下，藉草东向坐三日；敕书唁焉。明日，有诏就馆，拜通直散骑常侍[2]，赐衣一袭。善心哭尽哀，入房改服，复出，北面立，垂泣，再拜受诏，明日乃朝，伏泣于殿下，悲不能兴。上顾左右曰："我平陈国，唯获此人。既能怀其旧君，即我之诚臣也。"敕以本官直门下省。

陈水军都督周罗睺与郢州刺史荀法尚守江夏[3]，秦王俊督三十总管水陆十余万屯汉口，不得进，相持逾月。陈荆州刺史陈慧纪遣南康内史吕忠肃屯岐亭[4]，据巫峡，于北岸凿岩，缀铁锁三条，横截上流以遏隋船，忠肃竭其私财以充军用。杨素、刘仁恩奋兵击之，四十余战，忠肃守险力争，隋兵死者五千余人，陈人尽取其鼻以求功赏。既而隋师屡捷，获陈之士卒，三纵之。忠肃弃栅而遁，素徐去其锁；忠肃复据荆门之延洲[5]，素遣巴蜑千人[6]，乘五牙四艘，以拍竿碎其十余舰，遂大破之，俘甲士二千余人，忠肃仅以身免。陈信州刺史顾觉屯安蜀城[7]，弃城走。陈慧纪屯公安[8]，悉烧其储蓄，引兵东下，于是巴陵以东无复城守者[9]。陈慧纪帅将士三万人，楼船千余艘，沿江而下，欲入援建康，为秦王俊所拒，不得前。是时，陈晋熙王叔文罢湘州，还，至巴州，慧纪推叔文为盟主。而叔文已帅巴州刺史毕宝等致书请降于俊，俊遣使迎劳之。会建康平，晋王广命陈叔宝手书招上江诸将，使樊毅诣周罗睺，陈慧纪子正业诣慧纪谕指。时诸城皆解甲，罗睺乃与诸将大临三日，放兵散，然后诣俊降，陈慧纪亦降，上江皆平。杨素下至汉口，与俊会。王世积在蕲口，闻陈已亡，告谕江南诸郡，于是江州司马黄偲弃城走[10]，豫章诸郡太守皆诣世积降[11]。

癸巳，诏遣使者巡抚陈州郡。二月，乙未，废淮南行台省。

【注释】

①太市令：官名职掌管理市场。都令史：官名。即令史之长。令史，尚书台等政府机构低级事务员。 ②通直散骑常侍：官名。在皇帝左右规谏过失，以备顾问，往往预闻要政。隋代属门下省。 ③江夏：陈朝郢州治所。今湖北武汉市武昌区。 ④岐亭：在今湖北宜昌市西北西陵峡口。按：下文"巫峡"当从《隋书·杨素传》作"江峡"，即西陵峡。 ⑤延洲：在今湖北宜都市附近长江中。 ⑥巴蜑（dàn 但）：族名。居住在今四川中部地区。 ⑦安蜀城：北周筑，在今湖北宜昌市西北西陵峡口。⑧公安：陈朝荆州治所，在今湖北公安县东北。 ⑨巴陵：陈朝巴州治所，今湖南岳阳市。 ⑩江州：治所在今江西九江市。司马：官名。此处司马为州府佐吏，掌军事。 ⑪豫章：郡名。治所在今江西南昌市。

苏威奏请五百家置乡正，使治民，简辞讼。李德林以为："本废乡官判事，为其里闾亲识，剖断不平，今令乡正专治五百家，恐为害更甚。且要荒小县，有不至五百家者，岂可使两县共管一乡！"帝不听。丙申，制："五百家为乡，置乡正一人；百家为里，置里长一人。"

陈吴州刺史萧瓛能得物情[1]，陈亡，吴人推瓛为主，右卫大将军武川宇文述帅行军总管元契、张默言等讨之[2]，落丛公燕荣以舟师自东海至，陈永新侯陈君范自晋陵奔瓛[3]，并军拒述。述军且至，瓛立栅于晋陵城东，留兵拒述，遣其将王褒守吴州，自义兴入太湖[4]，欲掩述后。述进破其栅，回兵击瓛，大破之；又遣兵别道袭吴州，王褒衣道士服弃城走。瓛以余众保包山[5]，燕荣击破之。瓛将左右数人匿民家，为人所执。述进至奉公埭[6]，陈东扬州刺史萧岩以会稽降，与瓛皆送长安，斩之。

杨素之下荆门也[7]，遣别将庞晖将兵略地，南至湘州[8]，城中将士，莫有固志。刺史岳阳王叔慎，年十八，置酒会文武僚吏。酒酣，叔慎叹曰："君臣之义，尽于此乎！"长史谢基伏而流涕。湘州助防遂兴侯正理在坐，乃起曰："主辱臣死。诸君独非陈国之臣乎！今天下有难，实致命之秋也，纵其无成，犹见臣节，青门之外[9]，有死不能！今日之机，不可犹豫，后应者斩！"众咸许诺。乃刑牲结盟，仍遣人诈奉降书于庞晖。晖信之，克期入城，叔慎伏甲待之，晖至，执之以徇，并其众皆斩之。叔慎坐于射堂，招合士众，数日之中，得五千人。衡阳太守樊通、武州刺史邬居业皆请举兵助之[10]。隋所除湘州刺史薛胄将兵适至，与行军总管刘仁恩共击之[11]；叔慎遣其将陈正理与樊通拒战，兵败。胄乘胜入城，禽叔慎，仁恩破邬居业于横桥[12]，亦擒之，俱送秦王俊，斩于汉口。

岭南未有所附，数郡共奉高凉郡太夫人洗氏为主[13]，号圣母，保境拒守。诏遣柱国韦洸等安抚岭外[14]，陈豫章太守徐璒据南康拒之[15]，洸等不得进。晋王广遣陈叔宝遗夫人书，谕以国亡，使之归隋。夫人集首领数千人，尽日恸哭，遣其孙冯魂帅众迎洸。洸击斩徐璒，入，至广州，说谕岭南诸州皆定；表冯魂为仪同三司[16]，册洗氏为宋康郡夫人。洸，敻之子也。

衡州司马任瓌劝都督王勇据岭南，求陈氏子孙，立以为帝；勇不能用，以所部来降，瓌弃官去。瓌，忠之弟子也。

于是陈国皆平，得州三十，郡一百，县四百。诏建康城邑宫室，并平荡耕垦，更于石头置蒋州。

晋王广班师，留王韶镇石头城，委以后事。三月，己巳，陈叔宝与其王公百司发建康，诣长安，大小在路，五百里累累不绝。帝命权分长安士民宅以俟之，内外修整，遣使迎劳；陈人至者如归。夏，四月，辛亥[17]，帝幸骊山，亲劳旋师。乙巳，诸军凯入，献俘于太庙，陈叔宝及诸王侯将相并乘舆服御、天文图籍等以次行列，仍以铁骑围之，从晋王广、秦王俊入，列于展庭。拜广为太尉，赐辂车、乘马、衮冕之服、玄圭、白璧。丙辰，帝坐广阳门观[18]，引陈叔宝于前，及太子、诸王二十八人，司空司马消难以下至尚书郎凡二百余人，帝使纳言宣诏劳之[19]；次使内史令宣诏[20]，责以君臣不能相辅，乃至灭亡。叔宝及其群臣并愧惧伏地，屏息不能对。既而宥之。

初，武元帝迎司马消难，与消难结为兄弟，情好甚笃，帝每以叔父礼事之。及平陈，消难至，特免死，配为乐户，二旬而免，犹以旧恩引见;寻卒于家。

庚戌,帝御广阳门宴将士,自门外夹道列布帛之积,达于南郭,班赐各有差,凡用三百余万段。故陈之境内,给复十年,余州免其年租赋。

乐安公元谐进曰:"陛下威德远被,臣前请以突厥可汗为候正[21],陈叔宝为令史[22],今可用臣言矣。"帝曰:"朕平陈国,本以除逆,非欲夸诞。公之所奏,殊非朕心。突厥不知山川,何能警候;叔宝昏醉,宁堪驱使!"谐默然而退。

**【注释】**

①吴州:治所在今江苏苏州市。 ②右卫大将军:隋十二禁卫军长官之一。参见本书卷第一百七十四最后部分注⑤。 ③晋陵:郡名。治所在今江苏常州市。 ④义兴:郡名。治所在今江苏宜兴市。 ⑤包山:即太湖洞庭山。 ⑥奉公埭(dài 带):地名。在今浙江杭州市萧山区西。 ⑦荆门:在今湖北宜都市西北。 ⑧湘州:治所在今湖南长沙市。 ⑨青门之外:秦朝灭亡,东陵侯召平为平民,在咸阳青门外种瓜为生。此处陈正理意谓陈亡后宁愿一死,不愿为民以求活。 ⑩衡阳:郡名。治所在今湖南湘潭市。武州:治所在今湖南常德市。 ⑪行军总管:行军元帅。隋制,领军出征者称行军总管或大总管,是出征时的军队主帅。 ⑫横桥:在今江西奉新县西。 ⑬高凉郡:治所在今广东阳江市西。太夫人冼(xiǎn 显)氏:通称冼夫人,南朝、隋初岭南少数民族女首领。嫁梁高凉太守冯宝。冯宝死后,她积极助陈统一岭南,封石龙太夫人。隋开皇九年(589)迎隋将韦洸入广州,击平王仲宣叛乱,封谯国夫人。 ⑭柱国:官名。隋制柱国为二等勋官。 ⑮南康:郡名。治所在今江西赣州市。 ⑯仪同三司:官名。隋制,仪同三司为第八等勋官。参见本书卷第一百七十四最后部分注⑥。 ⑰辛亥:据《隋书·高祖纪》,当作"己亥"。己亥为初六。文中"夏四月"应为闰三月。 ⑱广阳门:隋大兴宫城正南门。 ⑲纳言:门下省长官,掌出纳王命。 ⑳内史令:内史省(中书省)长官。负责秉承皇帝意旨起草诏敕,传宣诏命。 ㉑候正:边境伺望侦察哨所头目。 ㉒令史:官名。汉代设有兰台令史、尚书令史,掌文书,职位次于郎。隋唐以后,令史变为三省六部及御史台的低级事务员。

辛酉，进杨素爵为越公，以其子玄感为仪同三司[1]，玄奖为清河郡公；赐物万段，粟万石。命贺若弼登御坐，赐物八千段，加位上柱国[2]，进爵宋公。仍各加赐金宝及陈叔宝妹为妾。

贺若弼、韩擒虎争功于帝前。弼曰："臣在蒋山死战[3]，破其锐卒，擒其骁将，震扬威武，遂平陈国；韩擒虎略不交陈，岂臣之比！"擒虎曰："本奉明旨，令臣与弼同时合势以取伪都，弼乃敢先期，逢贼遂战，致令将士伤死甚多。臣以轻骑五百，兵不血刃，直取金陵，降任蛮奴，执陈叔宝，据其府库，倾其巢穴。弼至夕方扣北掖门，臣启关而纳之，斯乃救罪不暇，安得与臣相比！"帝曰："二将俱为上勋。"于是进擒虎位上柱国，赐物八千段。有司劾擒虎放纵士卒，淫污陈宫；坐此不加爵邑。

加高颎上柱国，进爵齐公，赐物九千段。帝劳之曰："公伐陈后，人言公反，朕已斩之。君臣道合，非青蝇所能间也[4]。"帝从容命颎与贺若弼论平陈事，颎曰："贺若弼先献十策，后于蒋山苦战破贼。臣文吏耳，焉敢与大将论功！"帝大笑，嘉其有让。

帝之伐陈也，使高颎问方略于上仪同三司李德林[5]，以授晋王广；至是，帝赏其功，授柱国，封郡公，赏物三千段。已宣敕讫，或说高颎曰："今归功于李德林，诸将必当愤惋，且后世观公有若虚行。"颎入言之，乃止。

以秦王俊为扬州总管四十四州诸军事，镇广陵。晋王广还并州。

晋王广之戮陈五佞也，未知都官尚书孔范、散骑常侍王瑳、王仪、御史中丞沈瓘之罪[6]，故得免；及至长安，事并露，乙未，帝暴其过恶，投之边裔，以谢吴、越之人。瑳刻薄贪鄙，忌害才能；仪倾巧侧媚，献二女以求亲昵；瓘险惨苛酷，发言邪谄，故同罪焉。

帝给赐陈叔宝甚厚，数得引见，班同三品；每预宴，恐致伤心，为不奏吴音。后监守者奏言："叔宝云，'既无秩位，每预朝集，愿得一官号'。"帝曰："叔宝全无心肝！"监者又言："叔宝常醉，罕有醒时。"帝问："饮酒几何？"对曰："与其子弟日饮一石。"帝大惊，使节其酒，既而曰："任其性；不尔，何以过日！"帝以陈氏子弟既多，恐其在京城为非，乃分置边州，给田业使为生，岁时赐衣服以安全之。

诏以陈尚书令江总为上开府仪同三司[⑦]，仆射袁宪、骠骑萧摩诃、领军任忠皆为开府仪同三司[⑧]，吏部尚书吴兴姚察为秘书丞[⑨]。上嘉袁宪雅操，下诏，以为江表称首，授昌州刺史。闻陈散骑常侍袁元友数直言于陈叔宝，擢拜主爵侍郎[⑩]。谓群臣曰："平陈之初，我悔不杀任蛮奴。受人荣禄，兼当重寄，不能横尸徇国，乃云无所用力，与弘演纳肝何其远也[⑪]！"

帝见周罗睺，慰谕之，许以富贵。罗睺垂泣对曰："臣荷陈氏厚遇，本朝沦亡，无节可纪。得免于死，陛下之赐也，何富贵之敢望！"贺若弼谓罗睺曰："闻公郢、汉捉兵，即知扬州可得。王师利涉，果如所量。"罗睺曰："若得与公周旋，胜负未可知也。"顷之，拜上仪同三司。先是，陈将羊翔来降，伐陈之役，使为乡导，位至上开府仪同三司，班在罗睺上。韩擒虎于朝堂戏之曰："不知机变，乃立在羊翔之下，能无愧乎！"罗睺曰："昔在江南，久承令问，谓公天下节士；今日所言，殊非所望。"擒虎有愧色。

贺若弼像

帝之责陈君臣也，陈叔文独欣然有得色。既而复上表自陈："昔在巴州，已先送款，乞知此情，望异常例！"帝虽嫌其不忠，而欲怀柔江表，乃授叔文开府仪同三司，拜宜州刺史。

初，陈散骑常侍韦鼎聘于周，遇帝而异之，谓帝曰："公当大贵，贵则天下一家，岁一周天，老夫当委质于公。"及至德之初，鼎为太府卿[⑫]，尽卖田宅，大匠卿毛彪问其故[13]，鼎曰："江东王气，尽于此矣！吾与尔当葬长安。"及陈平，上召鼎为上仪同三司。鼎，叡之孙也。

壬戌，诏曰："今率土大同，含生遂性；太平之法，方可流行。凡我臣民，澡身浴德，家家自修，人人克念。兵可立威，不可不戢；刑可助化，不可专行。禁卫九重之余，镇守四方之外，戎旅军器，皆宜停罢。世路既夷，群方无事，武力之子，俱可学经；民间甲仗，悉皆除毁。颁告天下，咸悉此意。"

贺若弼撰其所画策上之，谓为御授平陈七策。帝弗省，曰："公欲发扬我名，我不求名；公宜自载家传。"弼位望隆重，兄弟并封郡公，为刺史、列将，家之珍玩，不可胜计，婢妾曳罗绮者数百，时人荣之。其后突厥来朝，上谓之曰："汝闻江南有陈国天子乎?"对曰："闻之。"上命左右引突厥诣韩擒虎前曰："此是执得陈国天子者。"擒虎厉色顾之，突厥惶恐，不敢仰视。

左卫将军庞晃等短高颎于上[14]，上怒，皆黜之，亲礼逾密。因谓颎曰："独孤公，犹镜也，每被磨莹，皎然益明。"初，颎父宾为独孤信僚佐，赐姓独孤氏，故上常呼为独孤而不名。

乐安公元谐，性豪侠，有气调，少与上同学，甚相爱，及即位，累历显仕。谐好排诋，不能取媚左右。与上柱国王谊善，谊诛，上稍疏忌之。或告谐与从父弟上开府仪同三司滂、临泽侯田鸾、上仪同三司祁绪等谋反，下有司案验，奏"谐谋令祁绪勒党项兵断巴、蜀[15]。又，谐尝与滂同谒上，谐私谓滂曰：'我是主人，殿上者贼也。'因令滂望气，滂曰：'彼云似蹲狗走鹿，不如我辈有福德云。'"上大怒，谐、滂、鸾、绪并伏诛。

**【注释】**

①仪同三司：隋制为八等勋官，正五品。　②上柱国：隋制为一等勋官，从一品。　③蒋山：即今江苏南京市中山门外紫金山。　④青蝇：苍蝇的一种，也称金蝇。《诗·小雅·青蝇》："营营青蝇，止于樊。岂弟君子，无信谗言。"因以青蝇喻指谗言。　⑤上仪同三司：隋制为七等勋官，从四品。　⑥都官尚书：官名。隋初设都官尚书，统都官、刑部、比部、司门各侍郎，后改都官尚书为刑部尚书，即刑部长官，掌法律、刑狱。　⑦上开府仪同三司：隋制为五等勋官，从三品。　⑧开府仪同三

司：隋制为六等勋官，正四品。 ⑨吏部尚书：官名。隋唐吏部为六部之首，长官为吏部尚书，掌管全国官吏的任免、考课、升降、调动等事务。 ⑩主爵侍郎：官名。吏部属官，主管爵位。 ⑪弘演：春秋时卫懿公臣。卫懿公与狄人战于荧泽，被杀。弘演剖腹纳肝殉死。 ⑫太府卿：官名。梁、陈十二卿之一，掌财货库藏。 ⑬大匠卿：官名。梁、陈十二卿之一，掌土木营建。 ⑭左卫将军：隋十二禁卫军长官之一。 ⑮党项：古民族名。汉代西羌的一支。初居今青海、甘肃、四川边区一带。南北朝后期渐趋强大。

闰月[1]，己卯，以吏部尚书苏威为右仆射。六月，乙丑，以荆州总管杨素为纳言。

朝野皆请封禅，秋，七月，丙午，诏曰："岂可命一将军除一小国，遐迩注意，便谓太平。以薄德而封名山，用虚言而干上帝，非朕攸闻。而今以后，言及封禅，宜即禁绝！"

左卫大将军广平王雄，贵宠特盛，与高颎、虞庆则、苏威称为四贵。雄宽容下士，朝野倾属，上恶其得众，阴忌之，不欲其典兵马；八月，壬戌，以雄为司空，实夺之权。雄既无职务，乃杜门不通宾客。

帝践阼之初，柱国沛公郑译请修正雅乐[2]，诏太常卿牛弘、国子祭酒辛彦之、博士何妥等议之[3]，积年不决。译言："古乐十二律[4]，旋相为宫[5]，各用七声[6]，世莫能通。"译因龟兹人苏祗婆善琵琶[7]，始得其法，推演为十二均、八十四调[8]，以校太乐所奏，例皆乖越。译又于七音之外更立一声，谓之应声，作书宣示朝廷。与邳公世子苏夔议累黍定律。

时人以音律久无通者，非译、夔一朝可定。帝素不悦学，而牛弘不精音律，何妥自耻宿儒反不逮译等，常欲沮坏其事，乃立议，非十二律旋相为宫及七调，竞为异议，各立朋党；或欲令各造乐，待成，择其善者而从之。妥恐乐成善恶易见，乃请帝张乐试之，先白帝云："黄钟象人君之德[9]。"及奏黄钟之调，帝曰："滔滔和雅，甚与我心会。"妥因奏止用黄钟一宫，不假余律。帝悦，从之。



时又有乐工万宝常，妙达钟律。译等为黄钟调成，奏之，帝召问宝常，宝常曰："此亡国之音也。"帝不悦。宝常请以水尺为律，以调乐器，上从之。宝常造诸乐器，其声率下郑译调二律，损益乐器，不可胜纪。其声雅淡，不为时人所好，太常善声者多排毁之。苏夔尤忌宝常，夔父威方用事，凡言乐者皆附之而短宝常，宝常乐竟为威所抑，寝不行。

及平陈，获宋、齐旧乐器，并江左乐工，帝令廷奏之，叹曰："此华夏正声也。"乃调五音为五夏、二舞、登歌、房内等十四调[10]，宾祭用之。仍诏太常置清商署以掌之。

时天下既壹，异代器物，皆集乐府[11]。牛弘奏："中国旧音多在江左，前克荆州得梁乐，今平蒋州又得陈乐，史传相承以为合古，请加修缉以备雅乐。其后魏之乐及后周所用，杂有边裔之声，皆不可用，请悉停之。"冬，十二月，诏弘与许善心、姚察及通直郎虞世基参定雅乐。世基，荔之子也。

己巳，以黄州总管周法尚为永州总管，安集岭南，给黄州兵三千五百人为帐内，陈桂州刺史钱季卿等皆诣法尚降。定州刺史吕子廓，据山洞，不受命，法尚击斩之。

以驾部侍郎狄道辛公义为岷州刺史[12]。岷州俗畏疫[13]，一人病疫，阖家避之，病者多死。公义命皆舆置己之厅事，暑月，病人或至数百，厅廊皆满，公义设榻，昼夜处其间，以秩禄具医药，身自省问。病者既愈，乃召其亲戚谕之曰："死生有命，岂能相染！若相染者，吾死久矣。"皆惭谢而去。其后人有病者，争就使君，其家亲戚固留养之，始相慈爱，风俗遂变。后迁牟州刺史[14]，下车，先至狱中露坐，亲自验问。十余日间。决遣咸尽，方还厅事受领新讼。事皆立决；若有未尽，必须禁者，公义即宿听事，终不还阁。或谏曰："公事有程，使君何自苦！"公义曰："刺史无德，不能使民无讼，岂可禁人在狱而安寝于家乎！"罪人闻之，咸自款服。后有讼者，乡闾父老遽晓之曰："此小事，何忍勤劳使君！"讼者多两让而止。

【注释】

①闰月：本年闰三月。此处应为"夏四月"。 ②雅乐：古代帝王祭祀天地、祖先和朝会、宴享等重大典礼时所用的乐舞，相对于俗乐而言，古代视为正乐。 ③太常卿：官名。太常寺长官。掌祭祀礼乐。国子祭

酒:学官名。即古代贵族子弟学校(国子监)校长。博士:学官名。即国子博士。 ④十二律:我国古代的定音方法,简称“律吕”。用三分损益把一个八度分为十二个不完全相等的半音,相当于把现代使用的传统七声音阶分为十二个“律”,每个律约等于半个音。十二律从低到高依次为黄钟、大吕、太簇、夹钟、姑洗、仲吕、蕤宾、林钟、夷则、南吕、无射、应钟。 ⑤旋相为宫:中国古代以七音配十二律,每律都可以作为宫音,叫做“旋相为宫”,简称“旋宫”。也就是以十二律中任何一律作宫音,翻出十二个调来,即转调(包括调高与调式的变换)之意。 ⑥七声:中国古代七声音阶中的七个音级,即宫、商、角、变徵、徵、羽和变宫。 ⑦龟(qiū 丘)兹:古西域城国名。在今新疆库车市一带。苏祇婆:北周武帝宇文邕娶突厥阿史那公主,苏祇婆为陪嫁侍从之一。 ⑧十二均:以十二律中各律为宫所建立的音阶。 ⑨黄钟:古乐十二律中的第一律。声调最洪大响亮。 ⑩五夏:昭夏、皇夏、諴夏、需夏、肆夏。二舞:文、武二舞。房内十四调:杨坚在北周时曾倚琵琶作歌二首,名《地厚天高》,托言夫妻之义,因取之为房内曲。十四调,北周乐律制度,悬钟、磬法七正七背,合为十四。 ⑪乐府:古代主管音乐的官署。 ⑫驾部侍郎:官名。兵部尚书属官,掌舆辇、传乘、邮驿、厩牧之事。 ⑬岷州:治所在今甘肃岷县。 ⑭牟州:治所在今山东莱州市。

**十年** 春,正月,乙未,以皇孙昭为河南王,楷为华阳王。昭,广之子也。

二月[1],上幸晋阳[2],命高颎居守[3]。夏,四月,辛酉,至自晋阳。

成安文子李德林[4],恃其才望,论议好胜,同列多疾之;由是以佐命元功,十年不徙级。德林数与苏威异议[5],高颎常助威,奏德林狠戾,上多从威议。上赐德林庄店,使自择之,德林请逆人高阿那肱卫国县市店[6],上许之。及幸晋阳,店人诉称高氏强夺民田,于内造店赁之。苏威因奏德林诬罔,妄奏自入,司农卿李圆通复助之曰[7]:“此店收利如食千户,请计日追赃。”上自是益恶之。虞庆则等奉使关东巡省[8],还,皆奏称“乡正专理辞讼[9],党与爱憎,公行货贿,不便于民”。上令废之,德林曰:“兹事臣本以为不可,然置来始尔,复即停废,政令不一,朝成暮毁,深非帝王设法之义。

臣望陛下自今群臣于律令辄欲改张，即以军法从事；不然者，纷纭未已。”上遂发怒，大诟云：“尔欲以我为王莽邪！”先是，德林称父为太尉谘议以取赠官[10]，给事黄门侍郎猗氏陈茂等密奏[11]：“德林父终于校书[12]，妄称谘议。”上甚衔之。至是，上因数之曰：“公为内史[13]，典朕机密，比不可豫计议者，以公不弘耳，宁自知乎！又罔冒取店，妄加父官，朕实忿之，而未能发，今当以一州相遣耳。”因出为湖州刺史[14]。德林拜谢曰：“臣不敢复望内史令，请但预散参。”上不许，迁怀州刺史而卒[15]。

李圆通，本上微时家奴，有器干；及为隋公，以圆通及陈茂为参佐，由是信任之。梁国之废也，上以梁太府卿柳庄为给事黄门侍郎[16]。庄有识度，博学，善辞令，明习典故，雅达政事，上及高颎皆重之。与陈茂同僚，不能降意，茂谮之于上，上稍疏之，出为饶州刺史[17]。

上性猜忌，不悦学，既任智以获大位，因以文法自矜，明察临下，恒令左右觇视内外[18]，有过失则加以重罪。又患令史赃污，私使人以钱帛遗之[19]，得犯立斩。每于殿庭棰人，一日之中，或至数四；尝怒问事者挥楚不甚[20]，即命斩之。尚书左仆射高颎[21]、治书侍御史柳彧等谏[22]，以为“朝堂非杀人之所，殿廷非决罚之地”。上不纳。颎等乃尽诣朝堂请罪，上顾谓领左右都督田元曰[23]：“吾杖重乎？”元曰：“重。”帝问其状，元举手曰：“陛下杖大如指，捶人三十者，比常杖数百，故多死。”上不怿，乃令殿内去杖，欲有决罚，各付所由。后楚州行参军李君才上言[24]：“上宠高颎过甚。”上大怒，命杖之，而殿内无杖，遂以马鞭捶杀之，自是殿内复置杖。未几，怒甚，又于殿廷杀人；兵部侍郎冯基固谏[25]，上不从，竟于殿廷杀之。上亦寻悔，宣慰冯基，而怒群臣之不谏者。

**【注释】**

①二月：据章钰校记，有三种版本“月”下有“庚申”二字。按：《隋书·高祖纪》作“二月庚申”。 ②晋阳：古县名。治所即今山西太原市西南古城营西古城。又曾为并州、太原郡治所。 ③高颎（jiǒng 炯）（？—607）：隋代名相。一名敏，字昭玄。北周末，从杨坚为相府司隶。隋文帝时，任尚书左仆射，执掌朝政。 ④成安：县名，治所在今河南民

权县东北。文子：文，谥号。子，爵位。 ⑤苏威（540—621）：字无畏。隋文帝时历任纳言、民部尚书、尚书右仆射等职。 ⑥高阿那肱：北齐时曾为右丞相，后降北周。大象二年（580）八月，从益州总管王谦起兵反杨坚，被诛。卫国县：隋时治所在今河南清丰县南。 ⑦司农卿：隋九卿之一，司农寺长官，主农功仓廪。 ⑧关东：指函谷关或潼关以东地区。⑨乡正：乡官名。隋制乡设乡正，里设里长。 ⑩太尉谘议：北齐三公太尉、司徒、司空属官有谘议参军之职，为从第四品。 ⑪给事黄门侍郎：门下省属官，掌侍从左右、献纳得失、驳正文书。猗氏：旧县名。隋时治所在今山西临猗县。 ⑫校书：即校书郎，秘书省属官，掌典校藏书。北齐之制，校书郎为从第九品。 ⑬内史：即内史令。汉魏中书省至隋改称内史省，主撰作诏令文书，长官为内史令。 ⑭湖州：治所在今浙江湖州市。 ⑮怀州：治所在今河南沁阳市。 ⑯太府卿：梁十二卿之一，掌财货库藏。 ⑰饶州：治所在今江西鄱阳县。 ⑱觇（chān 搀）视：偷看，侦察。 ⑲遗（wèi 卫）：赠送。 ⑳楚：打人的荆条。 ㉑尚书左仆射：尚书省副长官。 ㉒治书侍御史：隋制御史大夫为御史台台主，治书侍御史为副。 ㉓领左右都督：隋初沿北周之制，设置十二府以统率禁卫军，其中左右领左右府简称领左右府，各设大将军一人、将军二人。又因北齐旧制，将军之下置正副都督。 ㉔楚州：治所在今江苏淮安市。行参军：隋制，州置刺史，属官中有户曹、兵曹参军事，法曹、士曹行参军等职。 ㉕兵部侍郎：兵部是隋唐时尚书省下属的六部之一，掌管全国武官选用和兵籍、军械、军令之政，长官为兵部尚书，统兵部、职方侍郎各二人，驾部、库部侍郎各一人。

五月，乙未，诏曰："魏末丧乱，军人权置坊府[①]，南征北伐，居处无定，家无完堵，地罕包桑，朕甚愍之。凡是军人，可悉属州县[②]，垦田、籍帐，一与民同。军府统领，宜依旧式。罢山东[③]、河南及北方缘边之地新置军府[④]。"

六月，辛酉，制民年五十免役收庸。

秋，七月，癸卯，以纳言杨素为内史令。

冬，十一月，辛丑，上祀南郊[⑤]。

【注释】

①坊府：据胡注，北魏军队设置有六坊，北齐沿置。也称六

府。 ②州县：此处标点据《隋书·高祖纪》。 ③山东：指华山（今属陕西）或崤山（今属河南）以东地区。 ④河南：南北朝时，今甘肃省西南部黄河以南地区称河南。 ⑤南郊：隋祭天之所。

江表自东晋已来[1]，刑法疏缓，世族陵驾寒门；平陈之后，牧民者尽更变之。苏威复作《五教》[2]，使民无长幼悉诵之，士民嗟怨。民间复讹言隋欲徙之入关，远近惊骇。于是婺州汪文进、越州高智慧、苏州沈玄侩皆举兵反[3]，自称天子，署置百官。乐安蔡道人、蒋山李棱、饶州吴世华、温州沈孝彻、泉州王国庆、杭州杨宝英、交州李春等皆自称大都督[4]，攻陷州县。陈之故境，大抵皆反，大者有众数万，小者数千，共相影响，执县令，或抽其肠，或脔其肉食之[5]，曰："更能使侬诵《五教》邪！"诏以杨素为行军总管以讨之。

素将济江，使始兴麦铁杖戴束藁[6]，夜，浮渡江觇贼，还而复往，为贼所擒，遣兵仗三十人防之。铁杖取贼刀，乱斩防者，杀之皆尽，割其鼻，怀之以归；素大奇之，奏授仪同三司。

素帅舟师自杨子津入[7]，击贼帅朱莫问于京口[8]，破之。进击晋陵贼帅顾世兴、无锡贼帅叶略，皆平之。沈玄侩败走，素追擒之。高智慧据浙江东岸为营[9]，周亘百余里，船舰被江；素击之。子总管南阳来护儿言于素曰[10]："吴人轻锐，利在舟楫，必死之贼，难与争锋，公宜严陈以待之，勿与接刃。请假奇兵数千潜渡江，掩破其壁，使退无所归，进不得战，此韩信破赵之策也[11]。"素从之。护儿以轻舸数百直登江岸，袭破其营，因纵火，烟焰

隋骑驼俑

涨天。贼顾火而惧,素因纵兵奋击,大破之,贼遂溃。智慧逃入海,素蹑之至海曲,召行军记室封德彝计事,德彝坠水,人救,获免,易衣见素,竟不自言。素后知之,问其故,曰:“私事也,所以不白。”素嗟异之。德彝名伦,以字行,隆之之孙也。汪文进以蔡道人为司空,守乐安,素进讨,悉平之。

素遣总管史万岁帅众二千,自婺州别道逾岭越海,攻破溪洞,不可胜数。前后七百余战,转斗千余里,寂无声问者十旬,远近皆以万岁为没。万岁置书竹筒中,浮之于水,汲者得之,言于素。素上其事,上嗟叹,赐万岁家钱十万。

素又破沈孝彻于温州,步道向天台[12],指临海,逐捕遗逸,前后百余战,高智慧走保闽、越。上以素久劳于外,令驰传入朝[13]。素以余贼未殄,恐为后患,复请行,遂乘传至会稽。王国庆自以海路艰阻,非北人所习,不设备;素泛海奄至,国庆遑遽弃州走。余党散入海岛,或守溪洞,素分遣诸将,水陆追捕。密令人说国庆,使斩送智慧以自赎;国庆乃执送智慧,斩于泉州,余党悉降。江南大定。

素班师,上遣左领军将军独孤陀至浚仪迎劳[14];比到京师,问者日至。拜素子玄奖为仪同三司,赏赐甚厚。陀,信之子也[15]。

杨素用兵多权略,驭众严整,每将临敌,辄求人过失而斩之,多者百余人,少不下十数,流血盈前,言笑自若。及其对陈,先令一二百人赴敌,陷陈则已,如不能陷而还者,无问多少,悉斩之;又令二三百人复进,还如向法。将士股栗,有必死之心,由是战无不胜,称为名将。素时贵幸,言无不从,其从素行者,微功必录,至他将虽有大功,多为文吏所谴却,故素虽残忍,士亦以此愿从焉。

【注释】

①江表:泛指长江以南地区。 ②五教:据《隋书·刑法志》载,隋开皇三年(583),令苏威、牛弘等更定新律,凡五百条,十二卷。六年,敕诸州长史以下、行参军以上,并令诵习律令,定时会集京师,试其通否。③婺(wù务)州:治所在今浙江金华市。越州:治所在今浙江绍兴市。④乐安:治所在今浙江仙居县。悛(líng凌):或作“稜”。泉州:治所在今福建福州市。交州:治所在今越南河内市。大都督:西魏、北周和隋文帝

时，府兵制的各军府中，以大都督、帅都督、都督为团、旅、队的官长。⑤脔（luán 峦）：肉块；碎割。 ⑥始兴：治所在今广东始兴县。 ⑦杨子津：即扬子津，一名杨子桥。在今江苏扬州市南。 ⑧京口：即今江苏镇江市。 ⑨浙江：即今浙江省钱塘江。 ⑩子总管：裨将，领兵，属总管。南阳：据《隋书·来护儿传》，来为江都（今扬州）人。 ⑪韩信破赵：前 204 年，汉将韩信率军数万攻赵，采用“陷之死地而后生”的战术，背水为阵，率军奋战；同时遣兵袭占赵军防御薄弱的后方。二十万赵军腹背受敌，全部溃败。赵将被杀，赵王歇被俘。 ⑫天台：即今浙江天台县城北天台山。 ⑬驰传（zhuàn 撰）：驾驿站车马急行。传，驿车，传达命令的马车。 ⑭左领军将军：隋禁军十二府中有左右领军府，各设大将军一人，将军一人，掌侍卫左右，供御兵仗。浚仪：县名。治所即今河南开封市。 ⑮信：独孤信，云中（今山西大同市）人。北周功臣。长女为周明帝后，四女唐高祖母元贞后，七女为隋文帝后，历周隋唐三代俱为外戚。

以并州总管晋王广为扬州总管[①]，镇江都，复以秦王俊为并州总管。

番禺夷王仲宣反[②]，岭南首领多应之，引兵围广州。韦洸中流矢卒[③]，诏以其副慕容三藏检校广州道行军事。又诏给事郎裴矩巡抚岭南[④]，矩至南康，得兵数千人。仲宣遣别将周师举围东衡州[⑤]，矩与大将军鹿愿击斩之[⑥]，进至南海[⑦]。

高凉洗夫人遣其孙冯暄将兵救广州，暄与贼将陈佛智素善，逗留不进；夫人知之，大怒，遣使执暄，系州狱，更遣孙盎出讨佛智，斩之。进会鹿愿于南海，与慕容三藏合击仲宣，仲宣众溃，广州获全。洗氏亲被甲，乘介马，张锦幟[⑧]，引彀骑卫，从裴矩巡抚二十余州。苍梧首领陈坦等皆来谒见，矩承制署为刺史、县令，使还统其部落，岭表遂定。

矩复命，上谓高颎、杨素曰：“韦洸将二万兵不能早度岭，朕每患其兵少。裴矩以三千弊卒径至南海，有臣若此，朕亦何忧！”以矩为民部侍郎[⑨]。拜冯盎高州刺史[⑩]，追赠冯宝广州总管[⑪]、谯国公。册洗氏为谯国夫人，开谯国夫人幕府，置长史以下官属[⑫]，官给印章，听发部落六州兵马，若有机急，便宜行事。仍敕以夫人诚效之故，特赦暄逗留之罪，拜罗州刺史[13]。皇后赐夫人首饰及宴服一袭，夫人并盛于金箧，并梁、陈赐物，各藏一库，每岁时大会，陈之于庭，以示子孙，曰："我事三代主，唯用一忠顺之心，今赐物具存，此其报也；汝曹皆念之，尽赤心于天子！"

番州总管赵讷贪虐[14]，诸俚、獠多亡叛[15]。夫人遣长史张融上封事，论安抚之宜，并言讷罪，不可以招怀远人。上遣推讷，得其赃贿，竟致于法；委夫人招慰亡叛。夫人亲载诏书，自称使者，历十余州，宣述上意，谕诸俚、獠，所至皆降。上嘉之，赐夫人临振县为汤沐邑[16]，赠冯仆崖州总管、平原公[17]。

【注释】

①并州：隋唐时北方政治、军事重镇。州郡治所在今山西太原市西南。 ②番禺：秦置县，治所即今广东广州市，隋为南海县，又分置番禺县。 ③韦洸：字世穆。初仕周。入隋后，历江州总管、广州总管。 ④给事郎：秦汉有加官称给事中。晋以后为正官。隋开皇六年(586)，于吏部置给事郎。 ⑤东衡州：南朝梁承圣中置，治所在今广东韶关市南。隋开皇九年改为韶州。 ⑥大将军：隋代左右武卫、左右武候等各置大将军，为禁军的高级武官。 ⑦南海：隋开皇十年(590)置县，治所在今广东广州市。 ⑧繖："伞"的本字。 ⑨民部侍郎：官名。民部为隋唐时六部之一，掌全国土地、户籍、赋税、财政收支等事务。长官为民部尚书，其副有度支、户部侍郎各二人，金部、仓部侍郎各一人。 ⑩高州：即高凉郡，旧置高州。 ⑪冯宝：梁高凉太守，冼夫人之夫。 ⑫长史：官名。三公府、大将军幕府属官，职任颇重。南北朝时，凡刺史之带将军称号开府者，其幕府亦设长史，多兼任首郡太守。 ⑬罗州：郡名。治所在今广东化州市。 ⑭番州：郡名。治所在今广东广州市。 ⑮俚(lǐ理)：黎族。獠(lǎo老)：古籍中对我国少数民族仡(gē戈)佬族的侮辱性称谓。 ⑯临振县：治所在今海南三亚市。汤沐邑：古代天子赐给诸侯的封邑，邑内收入供诸侯作汤沐之用。汉制，自天子以至于封君皆有汤沐邑，收取赋税以供个人奉养。 ⑰冯仆：冼夫人之子。曾为陈阳春(今属广东)太守。崖州：治所在今海南儋州市西北。

**十一年** 春，正月，皇太子妃元氏薨。

二月，戊午，吐谷浑遣使入贡。吐谷浑可汗夸吕闻陈亡，大惧，遁逃保险，不敢为寇。夸吕卒，子世伏立，使其兄子无素奉表称藩，并献方物，请以女备后庭。上谓无素曰："若依来请，他国闻之，必当相效，何以拒之！朕情存安养，各令遂性，岂可聚敛子女以实后宫乎！"竟不许。

平乡令刘旷有异政[①]，以义理晓谕，讼者皆引咎而去，狱中草满，庭可张罗；迁临颍令[②]。高颎荐旷清名善政为天下第一，上召见，劳勉之，顾谓侍臣曰："若不殊奖，何以为劝！"丙子，优诏擢为莒州刺史[③]。

辛巳晦，日有食之。

初，帝微时，与滕穆王瓒不协。帝为周相，以瓒为大宗伯，瓒恐为家祸，阴欲图帝，帝隐之。瓒妃，周高祖妹顺阳公主也，与独孤后素不平，阴为咒诅；帝命出之，瓒不可。秋，八月，瓒从帝幸栗园[④]，暴薨，时人疑其遇鸩。乙亥，帝至自栗园。

沛达公郑译卒。

【注释】

①平乡：县名。治所在今河北平乡县西南平乡。 ②临颍：县名。治所在今河南临颍县西北。 ③莒州：治所在今山东沂水县。 ④栗园：在长安南。

# 资治通鉴卷第一百七十八

## 隋纪二　起玄黓困敦，尽屠维协洽，凡八年。

## 高祖文皇帝上之下

**开皇十二年**　春，二月，己巳[①]，以蜀王秀为内史令兼右领军大将军。

国子博士何妥与尚书右仆射邳公苏威争议事，积不相能。威子夔为太子通事舍人，少敏辩，有盛名，士大夫多附之。及议乐，夔与妥各有所持；诏百僚署其所同，百僚以威故，同夔者什八九。妥恚曰："吾席间函丈四十余年[②]，反为昨暮儿之所屈邪！"遂奏："威与礼部尚书卢恺、吏部侍郎薛道衡、尚书右丞王弘、考功侍郎李同和等共为朋党[③]。省中呼弘为世子，同和为叔，言二人如威之子弟也。"复言威以曲道任其从父弟彻、肃罔冒为官等数事。上命蜀王秀、上柱国虞庆则等杂按之，事颇有状。上大怒。秋，七月，乙巳，威坐免官爵，以开府仪同三司就第；卢恺除名，知名之士坐威得罪者百余人。

初，周室以来，选无清浊；及恺摄吏部，与薛道衡甄别士流，故涉朋党之谤，以至得罪。未几，上曰："苏威德行者，但为人所误耳！"命之通籍。威好立条章，每岁责民间五品不逊[④]，或答云："管内无五品之家。"其不相应领，类多如此。又为余粮簿，欲使有无相赡；民部侍郎郎茂以为烦迂不急[⑤]，皆奏罢之。茂，基之子也，尝为卫国令[⑥]，有民张元预兄弟不睦，丞、尉请加严刑，茂曰："元预兄弟本相憎疾，又坐得罪，弥益其忿，非化民之意也。”乃徐谕之以义。元预等各感悔，顿首请罪，遂相亲睦，称为友悌。

己巳，上享太庙。

壬申晦，日有食之。

帝以天下用律者多踳驳，罪同论异，八月，甲戌，制：“诸州死罪，不得辄决，悉移大理按覆，事尽，然后上省奏裁。”

冬，十月，壬午，上享太庙。十一月，辛亥，祀南郊。

己未，新义公韩擒虎卒。

十二月，乙酉，以内史令杨素为尚书右仆射，与高颎专掌朝政。素性疏辩，高下在心，朝臣之内，颇推高颎，敬牛弘，厚接薛道衡，视苏威蔑如也，自余朝贵，多被陵轹[7]。其才艺风调优于颎；至于推诚体国，处物平当，有宰相识度，不如颎远矣。

右领军大将军贺若弼，自谓功名出朝臣之右，每以宰相自许。既而杨素为仆射，弼仍为将军，甚不平，形于言色，由是坐免官，怨望愈甚。久之，上下弼狱，谓之曰：“我以高颎、杨素为宰相，汝每昌言曰：‘此二人惟堪啖饭耳。’是何意也？”弼曰：“颎，臣之故人；素，臣舅子：臣并知其为人，诚有此语。”公卿奏弼怨望，罪当死。上曰：“臣下守法不移，公可自求活理。”弼曰：“臣恃至尊威灵，将八千兵渡江，擒陈叔宝，窃以此望活。”上曰：“此已格外重赏，何用追论！”弼曰：“臣已蒙格外重赏，今还格外望活。”既而上低回数日，惜其功，特令除名。岁余，复其爵位，上亦忌之，不复任使，然每宴赐，遇之

韩擒虎像

甚厚。

有司上言:“府藏皆满,无所容,积于廊庑。”帝曰:“朕既薄赋于民,又大经赐用,何得尔也?”对曰:“入者常多于出,略计每年赐用,至数百万段,曾无减省。”于是更辟左藏院以受之。诏曰:“宁积于人,无藏府库。河北、河东今年田租三分减一[8],兵减半功,调全免。”时天下户口岁增,京辅及三河地少而人众[9],衣食不给,帝乃发使四出,均天下之田,其狭乡每丁才至二十亩,老少又少焉。

**【注释】**

①己巳:二月丁丑朔,“己巳”疑误。 ②席间函丈:指当博士。《礼》:“侍坐于先生,席间函丈。”何安在北周武帝时已为太学博士,故云然。 ③礼部尚书:礼部长官。掌礼仪、祭享、贡举等职。吏部侍郎:吏部副长官。尚书右丞:隋唐制,尚书省属官有左右丞、左右司郎中、员外郎,负责都省职事,总领六部。考功侍郎:吏部考功司长官。 ④五品:指五伦。即父、母、兄、弟、子尊卑等差。下句“五品”指官阶。 ⑤民部侍郎:民部副长官。掌土地、户籍、赋税、财政收支等事务。 ⑥卫国:县名。治所在今山东济南市章丘区西南。 ⑦轹(lì 历):欺凌。 ⑧河北:泛指黄河以北地区。河东:指今山西省地区。 ⑨京辅:指都城长安地区。三河:指洛阳。

**十三年** 春,正月,壬子,上祀感生帝[1]。

壬戌,行幸岐州。

二月,丙午[2],诏营仁寿宫于岐州之北[3],使杨素监之。素奏前莱州刺史宇文恺检校将作大匠[4],记室封德彝为土木监。于是夷山堙谷以立宫殿,崇台累榭,宛转相属。役使严急,丁夫多死,疲屯颠仆,推填坑坎,覆以土石,因而筑为平地。死者以万数。

丁亥,上至自岐州。

己卯,立皇孙暕为豫章王。暕[5],广之子也。

丁酉,制:“私家不得藏纬候、图谶。”

秋,七月,戊辰晦,日有食之。

是岁,上命礼部尚书牛弘等议明堂制度[6]。宇文恺献明堂木样,上命有司规度安业里地,将立之;而诸儒异议,久之不决,乃罢之。

上之灭陈也，以陈叔宝屏风赐突厥大义公主。公主以其宗国之覆，心常不平，书屏风，为诗叙陈亡以自寄；上闻而恶之，礼赐渐薄。彭公刘昶先尚周公主，流人杨钦亡入突厥，诈言昶欲与其妻作乱攻隋，遣钦密告大义公主，发兵扰边。都蓝可汗信之，乃不修职贡，颇为边患。上遣车骑将军长孙晟使于突厥，微观察之。公主见晟。言辞不逊，又遣所私胡人安遂迦与杨钦计议，扇惑都蓝。晟至京师，具以状闻。上遣晟往索钦；都蓝不与，曰："检校客内无此色人。"晟乃赂其达官，知钦所在，夜，掩获之，以示都蓝，因发公主私事，国人大以为耻。都蓝执安遂迦等，并以付晟。上大喜，加授开府仪同三司，仍遣入突厥废公主。内史侍郎裴矩请说都蓝使杀公主⑦。时处罗侯之子染干，号突利可汗，居北方，遣使求婚，上使裴矩谓之曰："当杀大义公主，乃许婚。"突利复谮之于都蓝，都蓝因发怒，杀公主，更表请婚，朝议将许之。长孙晟曰："臣观雍虞闾反覆无信，直以与玷厥有隙，所以欲依倚国家，虽与为婚，终当叛去。今若得尚公主，承藉威灵，玷厥、染干必受其征发。强而更反，后恐难图。且染干者，处罗侯之子，素有诚款，于今两代，前乞通婚，不如许之，招令南徙，兵少力弱，易可抚驯，使敌雍虞闾以为边捍。"上曰："善。"复遣晟慰谕染干，许尚公主。

牛弘使协律郎范阳祖孝孙等参定雅乐⑧，从陈阳山太守毛爽受京房律法，布管飞灰，顺月皆验。又每律生五音，十二律为六十音，因而六之，为三百六十音，分直一岁之日以配七音，而旋相为宫之法，由是著名。弘等乃奏请复用旋宫法，上犹记何妥之言，注弘奏下，不听作旋宫，但用黄钟一宫。于是弘等复为奏，附顺上意，其前代金石并销毁之，以息异议。弘等又作武舞，以象隋之功德；郊庙飨用一调，迎气用五调。旧工稍尽，其余声律，皆不复通。

**【注释】**

①感生帝：隋以火德称王称帝，以赤帝赤熛怒为感生帝。 ②丙午：二月辛未朔日，"丙午"有误。 ③仁寿宫：地址在今陕西麟游县西。④检校将作大匠：官名。隋制，未除授正官而领其务者为检校官。将作大匠，掌土木营建。 ⑤暕（jiǎn 简）：即杨暕，杨广之子。 ⑥明堂：古

代帝王宣明政教的地方。凡朝会、祭祀、庆赏、选士、养老、教学等大典，均在此举行。 ⑦内史侍郎：官名。隋改中书省为内史省，长官为内史令，副长官为内史侍郎。负责秉承皇帝旨意起草诏敕。 ⑧协律郎：官名。隋制，太常寺有协律郎二人，掌管指挥节乐，协和律吕，监试乐人典课。

**十四年** 春，三月，乐成。夏，四月，乙丑，诏行新乐，且曰："民间音乐，流僻日久，弃其旧体，竞造繁声，宜加禁约，务存其本。"万宝常听太常所奏乐，泫然泣曰："乐声淫厉而哀，天下不久将尽！"时四海全盛，闻者皆谓不然；大业之末，其言卒验。宝常贫而无子，久之，竟饿死。且死，悉取其书烧之[1]，曰："用此何为！"

先是，台、省、府、寺及诸州皆置公廨钱，收息取给。工部尚书苏孝慈以为"官司出举兴生，烦扰百姓，败损风俗，请皆禁止，给地以营农"。上从之。六月，丁卯，始诏"公卿以下皆给职田，毋得治生，与民争利"。

秋，七月，乙未，以邳公苏威为纳言。

初，张宾历既行，广平刘孝孙、冀州秀才刘焯并言其失。宾方有宠于上，刘晖附会之，共短孝孙，斥罢之。后宾卒，孝孙为掖县丞，委官入京，上其事，诏留直太史[2]，累年不调，乃抱其书，使弟子舆榇来诣阙下，伏而恸哭；执法拘而奏之。帝异焉，以问国子祭酒何妥，妥言其善。乃遣与宾历比校短长。直太史勃海张胄玄与孝孙共短宾历，异论锋起，久之不定。上令参问日食事，杨素等奏："太史凡奏日食二十有五[3]，率皆无验，胄玄所刻，前后妙中，孝孙所刻，验亦过半。"于是上引孝孙、胄玄等亲自劳徕。孝孙请先斩刘晖，乃可定历，帝不怿，又罢之。孝孙寻卒。

关中大旱，民饥，上遣左右视民食，得豆屑杂糠以献。上流涕以示群臣，深自咎责，为之不御酒肉，殆将一期。八月，辛未，上帅民就食于洛阳，敕斥候不得辄有驱逼。男女参厕于仗卫之间，遇扶老携幼者，辄引马避之，慰勉而去；至艰险之处，见负担者，令左右扶助之。

冬，闰十月，甲寅，诏以齐、梁、陈宗祀废绝，命高仁英、萧琮、陈叔宝以时修祭，所须器物，有司给之。陈叔宝从帝登邙山，侍饮，赋诗曰："日月光天德，山河壮帝居。太平无以报，愿上东封书。"并表请封禅。帝优诏答之。他日，复侍宴，及出，帝目之曰："此败岂不由酒！以作诗之功，何如思安时事！当贺若弼渡京口，彼人密启告急，叔宝饮酒，遂不之省。高颎至日，犹见启在床下，未开封。此诚可笑，盖天亡之也。昔苻氏征伐所得国，皆荣贵其主，苟欲求名，不知违天命；与之官，乃违天也。"

齐州刺史卢贲坐民饥闭民粜，除名。帝后复欲授以一州，贲对诏失旨，又有怨言，帝大怒，遂不用。皇太子为言："此辈并有佐命功，虽性行轻险，诚不可弃。"帝曰："我抑屈之，全其命也。微刘昉、郑译、卢贲、柳裘、皇甫绩等，则我不至此。然此等皆反覆子也，当周宣帝时，以无赖得幸。及帝大渐，颜之仪等请以赵王辅政，此辈行诈，顾命于我。我将为政，又欲乱之，故昉谋大逆，译为巫蛊。如贲之例，皆不满志，任之则不逊，置之则怨望，自为难信，非我弃之。众人见此，谓我薄于功臣，斯不然矣。"贲遂废，卒于家。

晋王广帅百官抗表，固请封禅。帝令牛弘创定仪注，既成，帝视之，曰："兹事体大，朕何德以堪之！但当东巡，因致祭泰山耳。"十二月，乙未，车驾东巡。

上好机祥小数，上仪同三司萧吉上书曰："甲寅、乙卯，天地之合也。今兹甲寅之年，以辛酉朔旦冬至，来年乙卯，以甲子夏至。冬至阳始，郊天之日，即至尊本命；夏至阴始，祀地之辰，即皇后本命。至尊德并乾之覆育，皇后仁同地之载养，所以二仪元气并会本辰。"上大悦，赐物五百段。吉，懿之孙也。员外散骑侍郎王劭言上有龙颜戴干之表[④]，指示群臣。上悦，拜著作郎[⑤]。劭前后上表言上受命符瑞甚众，又采民间歌谣，引图书谶纬，捃摭佛经[⑥]，回易文字，曲加诬饰，撰《皇隋灵感志》三十卷奏之，上令宣示天下。劭集诸州朝集，使盥手焚香而读之[⑦]，曲折其声，有如歌咏，经涉旬朔，遍而后罢。上益喜，前后赏赐优洽。

**【注释】**

①其书：万宝常撰《乐谱》六十四卷，详论八音旋相为宫、改弦移柱

的方法，共八十四调，一百四十四律，一千八百声，按谱可以奏乐曲。②直太史：以他官入太史曹为直太史。 ③太史：官名。掌推算历法。④员外散骑侍郎：门下省属官。职掌监督政令。 ⑤著作郎：秘书省属官。掌编纂国史。 ⑥捃摭（jùnzhí 郡直）：摘取；搜集。 ⑦盥（guàn 贯）：洗。

**十五年** 春，正月，壬戌，车驾顿齐州。庚午，为坛于泰山，柴燎祀天，以岁旱谢愆咎，礼如南郊；又亲祀青帝坛。赦天下。

二月，丙辰，收天下兵器，敢私造者坐之；关中、缘边不在其例。

三月，己未，至自东巡。

仁寿宫成。丁亥，上幸仁寿宫。时天暑，役夫死者相次于道，杨素悉焚除之，上闻之，不悦。及至，见制度壮丽，大怒曰："杨素殚民力为离宫，为吾结怨天下。"素闻之，惶恐，虑获谴，以告封德彝，曰："公勿忧，俟皇后至，必有恩诏。"明日，上果召素入对，独孤后劳之曰："公知吾夫妇老，无以自娱，盛饰此宫，岂非忠孝！"赐钱百万，锦绢三千段。素负贵恃才，多所陵侮；唯赏重德彝，每引之与论宰相职务，终日忘倦，因抚其床曰："封郎必须据吾此坐。"屡荐于帝，帝擢为内史舍人[①]。

夏，四月，己丑朔，赦天下。

六月，戊子，诏凿底柱[②]。

庚寅，相州刺史豆卢通贡绫文布，命焚之于朝堂。

秋，七月，纳言苏威坐从祠泰山不敬，免，俄而复位。上谓群臣曰："世人言苏威诈清，家累金玉，此妄言也。然其性狠戾，不切世要，求名太甚，从己则悦，违之必怒，此其大病耳。"

戊寅，上至自仁寿宫。

冬，十月，戊子，以吏部尚书韦世康为荆州总管。世康，洸之弟也，和静谦恕，在吏部十余年，时称廉平。常有止足之志，谓子弟曰："禄岂须多，防满则退；年不待暮，有疾便辞。"因恳乞骸骨。帝不许，使镇荆州。时天下惟有四总管，并、扬、益、荆，以晋、秦、蜀三王及世康为之，当世以为荣。

十一月，辛酉，上幸温汤。

十二月，戊子，敕："盗边粮一升已上，皆斩，仍籍没其家。"

己丑，诏文武官以四考受代。

汴州刺史令狐熙来朝，考绩为天下之最，赐帛三百匹，颁告天下。熙，整之子也。

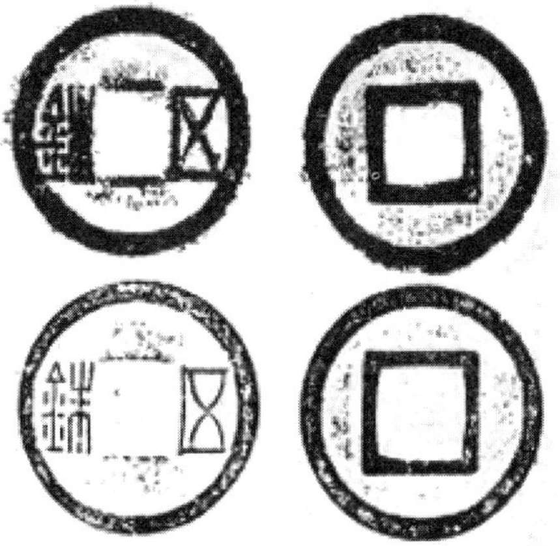

隋五铢钱

**十六年** 春，正月，丁亥，以皇孙裕为平原王，筠为安成王[③]，嶷为安平王，恪为襄城王，该为高阳王，韶为建安王，煚为颍川王[④]，皆勇之子也。

夏，六月，甲午，初制工商不得仕进。

秋，八月，丙戌，诏："决死罪者，三奏然后行刑。"

冬，十月，己丑，上幸长春宫[⑤]；十一月，壬子，还长安。

党项寇会州[⑥]，诏发陇西兵讨降之。

帝以光化公主妻吐谷浑可汗世伏；世伏上表请称公主为天后，上不许。

**【注释】**

①内史舍人：内史省属官。掌草拟政令。 ②底柱：即砥柱山。在今河南陕县东北黄河中。 ③筠（jūn 均）：即杨筠，隋文帝之孙。 ④煚（jiǒng 窘）：即杨煚，隋文帝之孙。 ⑤长春宫：在今陕西省大荔县境。 ⑥会州：治所在今四川茂县西北。

**十七年** 春，二月，癸未，太平公史万岁击南宁羌，平之。初，梁睿之克王谦也，西南夷、獠莫不归附，唯南宁州酋帅爨震恃远不服[①]。睿上疏，以为："南宁州，汉世牂柯之地[②]，户口殷众，金宝富饶。梁南宁州刺史徐文盛为湘东王征赴荆州，属东夏尚阻，未遑远略，土民爨瓒遂窃据一方，国家遥授刺史，其子震相承至今。而震臣礼多亏，贡赋不入，乞因平蜀之众，略定南宁。”其后南宁夷爨玩来降，拜昆州刺史，既而复叛。乃以左领军将军史万岁为行军总管，帅众击之，入自蜻蛉川③，至于南中④。夷人前后屯据要害，万岁皆击破之；过诸葛亮纪功碑，渡西洱河⑤，入渠滥川⑥，行千余里，破其三十余部，虏获男女二万余口。诸夷大惧，遣使请降，献明珠径寸，于是勒石颂美隋德。万岁请将爨玩入朝，诏许之。爨玩阴有贰心，不欲诣阙，赂万岁以金宝，万岁于是舍玩而还。

庚寅，上幸仁寿宫⑦。

桂州俚帅李光仕作乱⑧，帝遣上柱国王世积与前桂州总管周法尚讨之，法尚发岭南兵，世积发岭北兵，俱会尹州⑨。世积所部遇瘴，不能进，顿于衡州⑩，法尚独讨之。光仕战败，帅劲兵走保白石洞⑪。法尚大获家口，其党有来降者，辄以妻子还之，居旬日，降者数千人；光仕众溃而走，追斩之。

帝又遣员外散骑侍郎何稠募兵讨光仕，稠谕降其党莫崇等，承制署首领为州县官。稠，妥之兄子也。

上以岭南夷、越数反，以汴州刺史令狐熙为桂州总管十七州诸军事，许以便宜从事，刺史以下官得承制补授。熙至部，大弘恩信，其溪洞渠帅更相谓曰：“前时总管皆以兵威相胁，今者乃以手教相谕，我辈其可违乎！”于是相帅归附。先是州县生梗，长吏多不得之官，寄政于总管府，熙悉遣之，为建城邑，开设学校，华、夷感化焉。俚帅宁猛力者，在陈世已据南海⑫，隋因而抚之，拜安州刺史。猛力恃险骄倨，未尝参谒，熙谕以恩信，猛力感之，诣府请谒，不敢为非。熙奏改安州为钦州⑬。

【注释】

①爨(cuàn 窜)震：人名。魏晋南北朝时，居住在今云南东部地区的爨氏大姓演变成一个民族，晋宋至隋唐，爨氏分为东西二部：西爨以白蛮为主，后称为白爨；东爨以乌蛮为主，后称为黑爨。　②牂(zāng 脏)柯：郡名，治所在今贵州凯里市西北。　③蜻蛉川：水名。即今云南大姚、姚安县境龙川江支流苴宁河及其上源青蛉河。　④南中：地区名。相当于今四川南部及云南、贵州地区。　⑤西洱河：一名叶榆泽，即今云南西部洱海。　⑥渠滥川：水名。在今云南普宁市境。　⑦仁寿宫：在今陕西

省麟游县境。 ⑧桂州：治所在今广西桂林市。 ⑨尹州：治所在今广西贵港市东南郁江南岸。 ⑩衡州：治所在今广东英德市。 ⑪白石洞：在今广西桂平市南。 ⑫南海：郡名。治所在今广东广州市。 ⑬安州：治所在今广西钦州市。

帝以所在属官不敬惮其上，事难克举，三月，丙辰，诏"诸司论属官罪，有律轻情重者，听于律外斟酌决杖"。于是上下相驱，迭行捶楚，以残暴为干能，以守法为懦弱。

帝以盗贼繁多，命盗一钱以上皆弃市，或三人共盗一瓜，事发即死。于是行旅皆晏起早宿，天下懔懔。有数人劫执事而谓之曰："吾岂求财者邪！但为枉人来耳。而为我奏至尊：自古以来，体国立法，未有盗一钱而死者也。而不为我以闻，吾更来，而属无类矣！"帝闻之，为停此法。

帝尝乘怒，欲以六月杖杀人，大理少卿河东赵绰固争曰[①]："季夏之月，天地成长庶类，不可以此时诛杀。"帝报曰："六月虽曰生长，此时必有雷霆；我则天而行，有何不可！"遂杀之。

大理掌固来旷上言大理官司太宽[②]，帝以旷为忠直，遣每旦于五品行中参见。旷又告少卿赵绰滥免徒囚，帝使信臣推验，初无阿曲，帝怒，命斩之。绰固争，以为旷不合死，帝拂衣入阁。绰矫言，"臣更不理旷，自有他事，未及奏闻"。帝命引入阁，绰再拜请曰："臣有死罪三，臣为大理少卿，不能制御掌固，使旷触挂天刑，一也。囚不合死，而臣不能死争，二也。臣本无他事，而妄言求入，三也。"帝解颜。会独孤后在坐，命赐绰二金杯酒，并杯赐之。旷因免死，徙广州。

萧摩诃子世略在江南作乱，摩诃当从坐，上曰："世略年未二十，亦何能为，以其名将之子，为人所逼耳。"因赦摩诃。绰固谏不可，上不能夺，欲绰去而赦之，因命绰退食。绰曰："臣奏狱未决，不敢退。"上曰："大理其为朕特赦摩诃也！"因命左右释之。

刑部侍郎辛亶尝衣绯裈[③]，俗云利官；上以为厌蛊，将斩之。绰曰："法不当死，臣不敢奉诏。"上怒甚，曰："卿惜辛亶而不自惜也！"命引绰斩之。绰曰："陛下宁杀臣，不可杀辛亶。"至朝堂，解衣当斩,上使人谓绰曰:“竟何如?”对曰:“执法一心,不敢惜死。”上拂衣而入,良久,乃释之。明日谢绰,劳勉之,赐物三百段。

时上禁行恶钱,有二人在市,以恶钱易好者,武候执以闻[④],上令悉斩之,绰进谏曰:“此人所坐当杖,杀之非法。”上曰:“不关卿事。”绰曰:“陛下不以臣愚暗,置在法司,欲妄杀人,岂得不关臣事!”上曰:“撼大木,不动者当退。”对曰:“臣望感天心,何论动木。”上复曰:“啜羹者热则置之[⑤],天子之威,欲相挫邪!”绰拜而益前,诃之,不肯退,上遂入。治书侍御史柳彧复上奏切谏[⑥],上乃止。

上以绰有诚直之心,每引入阁中,或遇上与皇后同榻,即呼绰坐,评论得失,前后赏赐万计。与大理卿薛胄同时[⑦],俱名平恕;然胄断狱以情而绰守法,俱为称职。胄,端之子也。

帝晚节用法益峻,御史于元日不劾武官衣剑之不齐者,帝曰:“尔为御史,纵舍自由。”命杀之;谏议大夫毛思祖谏[⑧],又杀之。将作寺丞以课麦䴬迟晚[⑨],武库令以署庭荒芜[⑩],左右出使,或授牧宰马鞭、鹦鹉,帝察知,并亲临斩之。

帝既喜怒不恒,不复依准科律。信任杨素,素复任情不平,与鸿胪少卿陈延有隙[⑪],尝经蕃客馆,庭中有马屎,又众仆于毡上樗蒲[⑫],以白帝。帝大怒,主客令及樗蒲者皆杖杀之[⑬],棰陈延几死。

帝遣亲卫大都督长安屈突通往陇西检覆群牧[⑭],得隐匿马二万余匹,帝大怒,将斩太仆卿慕容悉达及诸监官千五百人[⑮]。通谏曰:“人命至重,陛下奈何以畜产之故杀千有余人!臣敢以死请!”帝瞋目叱之,通又顿首曰:“臣一身分死,就陛下丐千余人命。”帝感寤,曰:“朕之不明,以至于此!赖有卿忠言耳。”于是悉达等皆减死论,擢通为左武候将军[⑯]。

上柱国刘昶与帝有旧,帝甚亲之;其子居士,任侠不遵法度,数有罪,上以昶故,每原之。居士转骄恣,取公卿子弟雄健者,辄将至家,以车轮括其颈而棒之,殆死能不屈者,称为壮士,释而与交。党与三百人,殴击路人,多所侵夺,至于公卿妃主,莫敢与校。或告居士谋为不轨,帝怒,斩之,公卿子弟坐居士除名者甚众。

杨素、牛弘等复荐张胄玄历术。上令杨素与术数人立议六十一事，皆旧法久难通者，令刘晖等与胄玄等辩析。晖杜口一无所答，胄玄通者五十四，上乃拜胄玄员外散骑侍郎兼太史令，赐物千段，令参定新术。至是，胄玄历成。夏，四月，戊寅，诏颁新历；前造历者刘晖等四人并除名。

【注释】

①大理少卿：官名。大理寺副长官。掌刑狱。 ②大理掌固：官名。大理寺属官。隋制，省、台、寺、监都有掌固。掌固，同“掌故”。掌制度典故。 ③刑部侍郎：官名。刑部副长官。掌管国家法律、刑狱事务。裈（kūn 坤）：有裆的裤子，以别于无裆的套裤而言。 ④武候：官名。左右武候将军属官。掌昼夜巡察，拘捕作奸违法者。 ⑤啜（chuò 辍）：喝，吃。 ⑥治书侍御史：官名。御史台属官。掌律令监察。 ⑦大理卿：官名。大理寺长官。 ⑧谏议大夫：官名。掌侍从规谏。隋制门下省置谏议大夫七人。 ⑨将作寺丞：官名。将作寺属官。掌土木营建。⑩武库令：官名。卫尉寺属官。管理军械库。 ⑪鸿胪少卿：官名。鸿胪寺副长官。掌接待少数民族事务。 ⑫樗（chū 初）蒲：古代博戏名。晋代尤为盛行。以掷骰决胜负，得采有卢、雉、犊、白等称。后樗蒲成为赌博的泛称。 ⑬主客令：官名。鸿胪寺属官。 ⑭亲卫大都督：官名。隋制有左右亲卫、左右勋卫、左右翊卫等禁卫军，有大都督、帅都督、都督等官。 ⑮太仆卿：官名。太仆寺长官。掌管皇帝的舆马和马政。 ⑯左武候将军：官名。十二禁卫军首领之一。

秋，七月，桂州人李世贤反，上议讨之。诸将数人请行，上不许，顾右武候大将军虞庆则曰：“位居宰相，爵乃上公，国家有贼，遂无行意，何也？”庆则拜谢，恐惧，乃以庆则为桂州道行军总管，讨平之。

秦王俊，幼仁恕，喜佛教，尝请为沙门，不许。及为并州总管，渐好奢侈，违越制度，盛治宫室。俊好内，其妃崔氏，弘度之妹也，性妒，于瓜中进毒，由是得疾，征还京师。上以其奢纵，丁亥，免俊官，以王就第。崔妃以毒王，废绝，赐死于家。左武卫将军刘升谏曰：“秦王非有他过，但费官物，营廨舍而已，臣谓可容。”上曰：“法不可违。”杨素谏曰：“秦王之过，不应至此，愿陛下详之！”上曰：

"我是五儿之父[①],非兆民之父?若如公意,何不别制天子儿律!以周公之为人,尚诛管、蔡,我诚不及周公远矣,安能亏法乎!"卒不许。

戊戌,突厥突利可汗来逆女,上舍之太常,教习六礼,妻以宗女安义公主。上欲离间都蓝,故特厚其礼,遣太常卿牛弘、纳言苏威、民部尚书斛律孝卿相继为使。

突利本居北方,既尚主,长孙晟说其帅众南徙,居度斤旧镇[②],锡赉优厚。都蓝怒曰:"我,大可汗也,反不如染干!"于是朝贡遂绝,亟来抄掠边鄙。突利伺知动静,辄遣奏闻,由是边鄙每先有备。

九月,甲申,上至自仁寿宫。

何稠之自岭南还也,宁猛力请随稠入朝,稠见其疾笃,遣还钦州,与之约曰:"八九月间,可诣京师相见。"使还,奏状,上意不怿。冬,十月,猛力病卒。上谓稠曰:"汝前不将猛力来,今竟死矣!"稠曰:"猛力与臣约,假令身死,当遣子入侍。越人性直,其子必来。"猛力临终,果戒其子长真曰:"我与大使约,不可失信。汝葬我毕,宜即登路。"长真嗣为刺史,如言入朝。上大悦曰:"何稠著信蛮夷,乃至于此!"

鲁公虞庆则之讨李世贤也,以妇弟赵什住为随府长史。什住通于庆则爱妾,恐事泄,乃宣言庆则不欲此行,上闻之,礼赐甚薄。庆则还,至潭州临桂岭[③],观眺山川形势,曰:"此诚险固,加以足粮,若守得其人,攻不可拔。"使什住驰诣京师奏事,观上颜色,什住因告庆则谋反,下有司按验。十二月,壬子,庆则坐死,拜什住为柱国。

高丽王汤闻陈亡[④],大惧,治兵积谷,为拒守之策。是岁,上赐汤玺书责以"虽称藩附,诚节未尽"。且曰:"彼之一方,虽地狭人少,今若黜王,不可虚置,终须更选官属,就彼安抚。王若洒心易行,率由宪章,即是朕之良臣,何劳别遣才彦!王谓辽水之广,何如长江?高丽之人,多少陈国?朕若不存含育,责王前愆,命一将军,何待多力!殷勤晓示,许王自新耳。"汤得书。惶恐,将奉表陈谢。会病卒,子元嗣立,上使使拜元为上开府仪同三司,袭爵辽东公。元奉表谢恩，因请封王，上许之。

吐谷浑大乱，国人杀世伏，立其弟伏允为主，遣使陈废立之事，并谢专命之罪，且请依俗尚主；上从之。自是朝贡岁至。

**【注释】**

①五儿之父：隋文帝有五个儿子：太子杨勇、晋王杨广、秦王杨俊、蜀王杨秀、汉王杨谅。　②度斤：即都斤山。今蒙古国境内杭爱山。③潭州：治所在今湖南长沙市。　④高丽：古国名。隋时，朝鲜半岛上有高丽、白济、新罗三国。其中高丽最强。

**十八年**　春，二月，甲辰，上幸仁寿宫。

高丽王元帅靺鞨之众万余寇辽西[①]，营州总管韦冲击走之。上闻而大怒，乙巳，以汉王谅、王世积并为行军元帅，将水陆三十万伐高丽，以尚书左仆射高颎为汉王长史，周罗睺为水军总管。

延州刺史独孤陁有婢曰徐阿尼，事猫鬼，能使之杀人，云每杀人，则死家财物潜移于畜猫鬼家。会独孤后及杨素妻郑氏俱有疾，医皆曰："猫鬼疾也。"上以陁，后之异母弟，陁妻，杨素异母妹，由是意陁所为，令高颎等杂治之，具得其实。上怒，令以犊车载陁夫妻，将赐死，独孤后三日不食，为之请命曰："陁若蠹政害民者，妾不敢言；今坐为妾身，敢请其命。"陁弟司勋侍郎整诣阙求哀[②]，于是免陁死，除名为民，以其妻杨氏为尼。先是，有人讼其母为猫鬼所杀者，上以为妖妄，怒而遣之。至是，诏诛被讼行猫鬼家。夏，四月，辛亥，诏："畜猫鬼、蛊毒、厌媚野道之家，并投于四裔。"

六月，丙寅，下诏黜高丽王元官爵。汉王谅军出临渝关[③]，值水潦，馈运不继，军中乏食，复遇疾疫。周罗睺自东莱泛海趣平壤城[④]，亦遭风，船多飘没。秋，九月，己丑，师还，死者什八九。高丽王元亦惶惧遣使谢罪，上表称"辽东粪土臣元"，上于是罢兵，待之如初。

百济王昌遣使奉表，请为军导，帝下诏谕以"高丽服罪，朕已赦之，不可致伐"。厚其使而遣之。高丽颇知其事，以兵侵掠其境。

辛卯，上至自仁寿宫。

冬,十一月,癸未,上祀南郊。

十二月,自京师至仁寿宫,置行宫十有二所。

南宁夷爨玩复反。蜀王秀奏"史万岁受赂纵贼,致生边患"。上责万岁,万岁诋谰;上怒,命斩之。高颎及左卫大将军元旻等固请曰:"万岁雄略过人,将士乐为致力,虽古名将,未能过也。"上意少解,于是除名为民。

【注释】

①靺鞨(mò hé 末合):古民族名。隋唐时分布在松花江、牡丹江流域及黑龙江下游。 ②司勋侍郎:官名。吏部勋赏司之长。 ③临渝关:一作临榆关。即今河北秦皇岛市抚宁区东榆关镇。一说即今山海关。 ④东莱:今山东莱州市。

**十九年** 春,正月,癸酉,赦天下。

二月,甲寅,上幸仁寿宫。

突厥突利可汗因长孙晟奏言都蓝可汗作攻具,欲攻大同城[①]。诏以汉王谅为元帅,尚书左仆射高颎出朔州道,右仆射杨素出灵州道,上柱国燕荣出幽州道以击都蓝,皆取汉王节度;然汉王竟不临戎。

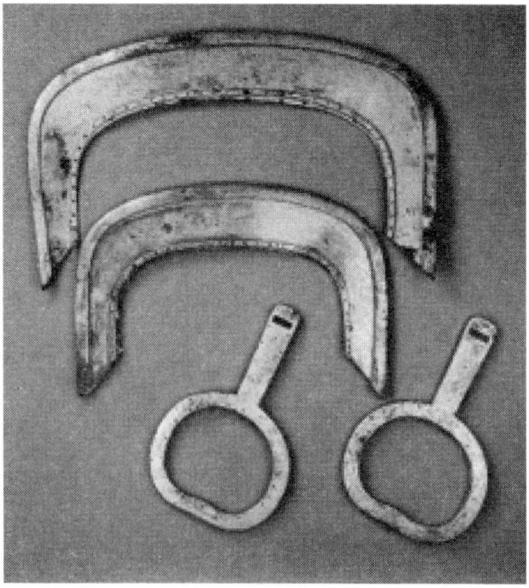

高句丽鎏金鞍桥和马镫

都蓝闻之,与达头可汗结盟,合兵掩袭突利,大战长城下,突利大败。都蓝尽杀其兄弟子侄,遂渡河入蔚州[②]。突利部落散亡,夜,与长孙晟以五骑南走,比旦,行百余里,收得数百骑。突利与其下谋曰:"今兵败入朝,一降人耳,大隋天子岂礼我乎!玷厥虽来,本无冤隙,若往投之,必相存济。"晟知之,密遣使者入伏远镇[③],令速举烽。突利见四烽俱发，以问晟，晟绐之曰："城高地迥，必遥见贼来。我国家法，若贼少，举二烽；来多，举三烽；大逼，举四烽。彼见贼多而又近耳。"突利大惧，谓其众曰："追兵已逼，且可投城。"既入镇，晟留其达官执室领其众，自将突利驰驿入朝。夏，四月，丁酉，突利至长安。帝大喜，以晟为左勋卫骠骑将军，持节护突厥。

上令突利与都蓝使者因头特勒相辩诘，突利辞直，上乃厚待之。都蓝弟都速六弃其妻子，与突利归朝，上嘉之，使突利多遗之珍宝以慰其心。

高颎使上柱国赵仲卿将兵三千为前锋，至族蠡山[4]，与突厥遇，交战七日，大破之；追奔至乞伏泊[5]，复破之，虏千余口，杂畜万计。突厥复大举而至，仲卿为方陈，四面拒战，凡五日。会高颎大兵至，合击之，突厥败走，追度白道[6]，逾秦山七百余里而还[7]。杨素军与达头遇。先是诸将与突厥战，虑其骑兵奔突，皆以戎车步骑相参，设鹿角为方陈，骑在其内。素曰："此乃自固之道，未足以取胜也。"于是悉除旧法，令诸军为骑陈。达头闻之，大喜曰："天赐我也！"下马仰天而拜，帅骑兵十余万直前。上仪同三司周罗睺曰："贼陈未整，请击之。"先帅精骑逆战，素以大兵继之，突厥大败，达头被重创而遁，杀伤不可胜计，其众号哭而去。

**【注释】**

①大同城：在今内蒙古乌拉特前旗东北。　②蔚州：治所在今山西灵丘县。　③伏远镇：今地不详。　④族蠡山：今地不详。　⑤乞伏泊：即今内蒙古察哈尔右翼前旗东北黄旗海。　⑥白道：白道川，在今内蒙古呼和浩特市北。　⑦秦山：即今内蒙古黄河东北大青山。

六月，丁酉，以豫章王暕为内史令。

宜阳公王世积为凉州总管，其亲信安定皇甫孝谐有罪，吏捕之，亡抵世积，世积不纳。孝谐配防桂州，因上变，称"世积尝令道人相其贵不，道人答曰：'公当为国主，又将之凉州。'其所亲谓世积曰：'河西天下精兵处[1]，可图大事。'世积曰：'凉州土旷人希，非用武之国。'"世积坐诛，拜孝谐上大将军。

独孤后性妒忌，后宫莫敢进御。尉迟迥女孙，有美色，先没宫中，上于仁寿宫见而悦之，因得幸。后伺上听朝，阴杀之，上由是大怒，单骑从苑中出，不由径路，入山谷间二十余里。高颎、杨素等追及上，扣马苦谏。上太息曰："吾贵为天子，不得自由！"高颎曰："陛下岂以一妇人而轻天下！"上意少解，驻马良久，中夜方还宫。后俟上于阁内，及至，后流涕拜谢，颎、素等和解之，因置酒极欢。先是后以高颎父之家客[②]，甚见亲礼，至是，闻颎谓己为一妇人，遂衔之。

时太子勇失爱于上，潜有废立之志，从容谓颎曰："有神告晋王妃，言王必有天下，若之何？"颎长跪曰："长幼有序，其可废乎！"独孤后知颎不可夺，阴欲去之。

会上令选东宫卫士以入上台，颎奏称："若尽取强者，恐东宫宿卫太劣。"上作色曰："我有时出入，宿卫须得勇毅。太子毓德春宫，左右何须壮士！此极弊法。如我意者，恒于交番之日，分向东宫，上下团伍不别，岂非佳事！我熟见前代，公不须仍踵旧风。"颎子表仁，娶太子女，故上以此言防之。

颎夫人卒，独孤后言于上曰："高仆射老矣，而丧夫人，陛下何能不为之娶！"上以后言告颎。颎流涕谢曰："臣今已老，退朝，唯斋居读佛经而已，虽陛下垂哀之深，至于纳室，非臣所愿。"上乃止。既而颎爱妾生男，上闻之，极喜，后甚不悦。上问其故，后曰："陛下尚复信高颎邪？始，陛下欲为颎娶，颎心存爱妾，面欺陛下。今其诈已见，安得信之！"上由是疏颎。

伐辽之役，颎固谏，不从，及师无功，后言于上曰："颎初不欲行，陛下强遣之，妾固知其无功矣！"又，上以汉王年少，专委军事于颎，颎以任寄隆重，每怀至公，无自疑之意，谅所言多不用。谅甚衔之，及还，泣言于后曰："儿幸免高颎所杀。"上闻之，弥不平。

及击突厥，出白道，进图入碛，遣使请兵，近臣缘此言颎欲反。上未有所答，颎已破突厥而还。及王世积诛，推核之际，有宫禁中事，云于颎处得之，上大惊。有司又奏"颎及左右卫大将军元旻、元胄，并与世积交通，受其名马之赠"。旻、胄坐免官。上柱国贺若弼、吴州总管宇文弢、刑部尚书薛胄、民部尚书斛律孝卿、兵部尚书柳述等明颎无罪，上愈怒，皆以属吏，自是朝臣无敢言者。秋，八月，癸卯，颎坐免上柱国、左仆射，以齐公就第。

未几，上幸秦王俊第，召颎侍宴。颎歔欷悲不自胜，独孤后亦对之泣。上谓颎曰："朕不负公，公自负也。"因谓侍臣曰："我于高颎，胜于儿子，虽或不见，常似目前；自其解落，瞑然记之，如本无高颎。人臣不可以身要君，自云第一也。"

顷之，颎国令上颎阴事[3]，称其子表仁谓颎曰："司马仲达初托疾不朝[4]，遂有天下，公今遇此，焉知非福！"于是上大怒，囚颎于内史省而鞫之[5]。宪司复奏沙门真觉尝谓颎云："明年国有大丧。"尼令晖复云："十七、十八年，皇帝有大厄，十九年不可过。"上闻而益怒，顾谓群臣曰："帝王岂可力求！孔子以大圣之才，犹不得天下。颎与子言，自比晋帝，此何心乎！"有司请斩之。上曰："去年杀虞庆则，今兹斩王世积，如更诛颎，天下其谓我何！"于是除名为民。

颎初为仆射，其母戒之曰："汝富贵已极，但有一斫头耳，尔其慎之！"颎由是常恐祸变。至是，颎欢然无恨色。先是国子祭酒元善言于上曰："杨素粗疏，苏威怯懦，元胄、元旻正似鸭耳。可以付社稷者，唯独高颎。"上初然之。及颎得罪，上深责之，善忧惧而卒。

九月，以太常卿牛弘为吏部尚书。弘选举先德行而后文才，务在审慎，虽致停缓，其所进用，并多称职。吏部侍郎高孝基鉴赏机晤，清慎绝伦，然爽俊有余，迹似轻薄，时宰多以此疑之；唯弘深识其真，推心任委。隋之选举得人，于斯为最，时论弥服弘识度之远。

冬，十月，甲午，以突厥突利可汗为意利珍豆启民可汗，华言"意智健"也。突厥归启民者男女万余口，上命长孙晟将五万人于朔州，筑大利城以处之[6]。时安义公主已卒，复使晟持节送宗女义成公主以妻之。

晟奏："染干部落，归者益众，虽在长城之内，犹被雍虞闾抄掠，不得宁居。请徙五原[7]，以河为固，于夏、胜两州之间[8]，东西至河，南北四百里，掘为横堑，令处其内，使得任情畜牧。"上从之。

又令上柱国赵仲卿屯兵二万为启民防达头，代州总管韩洪等将步骑一万镇恒安[9]。达头骑十万来寇，韩洪军大败，仲卿自乐宁镇邀击[10]，斩首千余级。

帝遣越公杨素出灵州[11]，行军总管韩僧寿出庆州[12]。太平公史万岁出燕州，大将军武威姚辩出河州[13]，以击都蓝。师未出塞，十二月，乙未，都蓝为部下所杀，达头自立为步迦可汗，其国大乱。长孙晟言于上曰："今官军临境，战数有功，虏内自携离，其主被杀，乘此招抚，可以尽降。请遣染干部下分道招慰。"上从之。降者甚众。

【注释】

①河西：地区名。指今甘肃、青海两省黄河以西，即河西走廊与湟水流域一带。 ②家客：高颎的父亲高宝，是独孤皇后之父独孤信的部属，独孤信被杀，独孤皇后因高宝是先父旧部，常到高家。 ③国令：官名。隋制，王国、公国都有令有尉。 ④司马仲达：司马懿，字仲达。 ⑤内史省：即中书省，隋称内史省。内史省负责草拟政令。内史、门下、尚书三省长官同为宰相。 ⑥大利城：即今内蒙古和林格尔县西北土城子。⑦五原：今陕西定边县。 ⑧夏：夏州。治所在今陕西榆林市横山区。胜：胜州。治所在今内蒙古托克托县。 ⑨恒安：今山西大同市。⑩乐宁镇：疑在今内蒙古和林格尔县与察哈尔右翼前旗之间。 ⑪灵州：治所在今宁夏灵武市。 ⑫庆州：治所在今甘肃庆阳市。 ⑬河州：治所在今甘肃临夏市。

# 资治通鉴卷第一百七十九

## 隋纪三　起上章涒滩，尽昭阳大渊献，凡四年。

## 高祖文皇帝中

**开皇二十年**　春，二月，熙州人李英林反[1]。三月，辛卯，以扬州总管司马河内张衡为行军总管，帅步骑五万讨平之。

贺若弼复坐事下狱，上数之曰："公有三太猛：嫉妒心太猛，自是、非人心太猛，无上心太猛。"既而释之。他日，上谓侍臣曰："弼将伐陈，谓高颎曰：'陈叔宝可平也。不作高鸟尽，良弓藏邪？'颎云：'必不然。'及平陈，遽索内史，又索仆射。我语颎曰：'功臣正宜授勋官[2]，不可预朝政。'弼后语颎：'皇太子于己，出口入耳，无所不尽。公终久何必不得弼力，何脉脉邪！'意图广陵，又图荆州，皆作乱之地，意终不改也。"

夏，四月，壬戌，突厥达头可汗犯塞，诏命晋王广、杨素出灵武道[3]，汉王谅、史万岁出马邑道以击之[4]。

长孙晟帅降人为秦州行军总管，受晋王节度。晟以突厥饮泉，易可行毒，因取诸药毒水上流，突厥人畜饮之多死，于是大惊曰："天雨恶水，其亡我乎！"因夜遁。晟追之，斩首千余级。

史万岁出塞，至大斤山[5]，与虏相遇。达头遣使问："隋将为谁？"候骑报："史万岁也。"突厥复问："得非敦煌戍卒乎[6]？"候骑曰："是也。"达头惧而引去。万岁驰追百余里，纵击，大破之，斩数千级；逐北，入碛数百里，虏远遁而还。诏遣长孙晟复还大利城，安抚新附。

达头复遣其弟子俟利伐从碛东攻启民，上又发兵助启民守要路；俟利伐退走入碛。启民上表陈谢曰："大隋圣人可汗怜养百姓，如天无不覆，地无不载。染干如枯木更叶，枯骨更肉，千世万世，常为大隋典羊马也。"帝又遣赵仲卿为启民筑金河、定襄二城。

秦孝王俊久疾未能起，遣使奉表陈谢。上谓其使者曰："我戮力创兹大业，作训垂范，庶臣下守之；汝为吾子而欲败之，不知何以责汝！"俊惭怖，疾遂笃，乃复拜俊上柱国；六月丁丑，俊薨。上哭之，数声而止；俊所为侈丽之物，悉命焚之。王府僚佐请立碑，上曰："欲求名，一卷史书足矣，何用碑为！若子孙不能保家，徒与人作镇石耳。"俊子浩，崔妃所生也；庶子曰湛。群臣希旨，奏称："汉之栗姬子荣、郭后子强皆随母废，今秦王二子，母皆有罪，不合承嗣。"上从之，以秦国官为丧主。

隋白瓷鸡首壶

【注释】

①熙州：治所在今安徽潜山县。　②勋官：隋置上柱国至帅都督共十一等勋官。　③灵武道：今宁夏灵武市。　④马邑道：今山西朔州市。　⑤大斤山：又作秦山。即今内蒙古黄河东北大青山。⑥敦煌戍卒：史万岁戍敦煌事，见本书卷第一百七十五陈长城公至德元年。

初，上使太子勇参决军国政事，时有损益；上皆纳之。勇性宽厚，率意任情，无矫饰之行。上性节俭，勇尝文饰蜀铠，上见而不悦，戒之曰："自古帝王未有好奢侈而能久长者。汝为储后，当以俭约为先，乃能奉承宗庙。吾昔日衣服，各留一物，时复观之以自警戒。恐汝以今日皇太子之心忘昔时之事，故赐汝以我旧所带刀子一枚，并菹酱一合[①]，汝昔作上士时常所食也。若存记前事，应知我心。"

后遇冬至，百官皆诣勇，勇张乐受贺。上知之，问朝臣曰："近闻至日内外百官相帅朝东宫，此何礼也?"太常少卿辛亶对曰："于东宫，乃贺也，不得言朝。"上曰："贺者正可三数十人，随情各去，何乃有司征召，一时普集！太子法服设乐以待之，可乎?"因下诏曰："礼有等差，君臣不杂。皇太子虽居上嗣，义兼臣子，而诸方岳牧正冬朝贺，任土作贡，别上东宫；事非典则，宜悉停断。"自是恩宠始衰，渐生猜阻。

勇多内宠，昭训云氏尤幸[②]。其妃元氏无宠，遇心疾，二日而薨，独孤后意有他故，甚责望勇。自是云昭训专内政，生长宁王俨，平原王裕，安成王筠；高良娣生安平王嶷，襄城王恪；王良媛生高阳王该，建安王韶；成姬生颍川王煚；后宫生孝实、孝范。后弥不平，颇遣人伺察，求勇过恶。

晋王广弥自矫饰，唯与萧妃居处，后庭有子皆不育，后由是数称广贤。大臣用事者，广皆倾心与交。上及后每遣左右至广所，无贵贱，广必与萧妃迎门接引，为设美馔，申以厚礼；婢仆往来者，无不称其仁孝。上与后尝幸其第，广悉屏匿美姬于别室，唯留老丑者，衣以缦彩，给事左右；屏帐改用缣素；故绝乐器之弦，不令拂去尘埃。上见之，以为不好声色，还宫，以语侍臣，意甚喜，侍臣皆称庆，由是爱之特异诸子。

上密令善相者来和遍视诸子，对曰："晋王眉上双骨隆起，贵不可言。"上又问上仪同三司韦鼎："我诸儿谁得嗣位?"对曰："至尊、皇后所最爱者当与之，非臣敢预知也。"上笑曰："卿不肯显言邪!"

晋王广美姿仪，性敏慧，沉深严重；好学，善属文；敬接朝士，礼极卑屈；由是声名籍甚，冠于诸王。

广为扬州总管，入朝，将还镇，入宫辞后，伏地流涕，后亦泫然泣下[③]。广曰："臣性识愚下，常守平生昆弟之意，不知何罪失爱东宫，恒蓄盛怒，欲加屠陷。每恐谗谮生于投杼[④]，鸩毒遇于杯勺，是以勤忧积念，惧履危亡。"后忿然曰："睍地伐渐不可耐[⑤]，我为之娶元氏女，竟不以夫妇礼待之，专宠阿云，使有如许豚犬。前新妇遇毒而夭，我亦不能穷治，何故复于汝发如此意！我在尚尔，我死后，当鱼肉汝乎！每思东宫竟无正嫡，至尊千秋万岁之后，遣汝等兄弟向阿云儿前再拜问讯，此是几许苦痛邪！"广又拜，呜咽不能止，后亦悲不自胜。自是后决意欲废勇立广矣。

广与安州总管宇文述素善，欲述近己，奏为寿州刺史。广尤亲任总管司马张衡，衡为广画夺宗之策。广问计于述，述曰："皇太子失爱已久，令德不闻于天下。大王仁孝著称，才能盖世，数经将领，频有大功；主上之与内宫，咸所钟爱，四海之望，实归大王。然废立者国家大事，处人父子骨肉之间，诚未易谋也。然能移主上意者，唯杨素耳，素所与谋者唯其弟约。述雅知约，请朝京师，与约相见，共图之。"广大悦，多赍金宝，资述入关。

约时为大理少卿，素凡有所为，皆先筹于约而后行之。述请约，盛陈器玩，与之酣畅，因而共博，每阳不胜，所赍金宝尽输之约。约所得既多，稍以谢述，述因曰："此晋王之赐，令述与公为欢乐耳。"约大惊曰："何为尔？"述因通广意，说之曰："夫守正履道，固人臣之常致；反经合义，亦达者之令图。自古贤人君子，莫不与时消息以避祸患。公之兄弟，功名盖世，当途用事有年矣，朝臣为足下家所屈辱者，可胜数哉！又，储后以所欲不行，每切齿于执政；公虽自结于人主，而欲危公者固亦多矣！主上一旦弃群臣，公亦何以取庇！今皇太子失爱于皇后，主上素有废黜之心，此公所知也。今若请立晋王，在贤兄之口耳。诚能因此时建大功，王必永铭骨髓，斯则去累卵之危，成太山之安也。"约然之，因以白素。素闻之，大喜，抚掌曰："吾之智思殊不及此，赖汝启予。"约知其计行，复谓素曰："今皇后之言，上无不用，宜因机会早自结托，则长保荣禄，传祚子孙，兄若迟疑，一旦有变，令太子用事，恐祸至无日矣！"素从之。



后数日，素入侍宴，微称"晋王孝悌恭俭，有类至尊"。用此揣后意。后泣曰："公言是也！吾儿大孝爱，每闻至尊及我遣内使到，必迎于境首；言及违离，未尝不泣。又其新妇亦大可怜，我使婢去，常与之同寝共食。岂若晛地伐与阿云对坐，终日酣宴，昵近小人，疑阻骨肉！我所以益怜阿麽者[6]，常恐其潜杀之。"素既知后意，因盛言太子不才。后遂遗素金，使赞上废立。

勇颇知其谋，忧惧，计无所出，使新丰人王辅贤造诸厌胜；又于后园作庶人村，室屋卑陋，勇时于中寝息，布衣草褥，冀以当之。上知勇不自安，在仁寿宫，使杨素观勇所为。素至东宫，偃息未入，勇束带待之，素故久不进以激怒勇；勇衔之，形于言色。素还言："勇怨望，恐有他变，愿深防察！"上闻素谮毁，甚疑之。后又遣人伺觇东宫，纤介事皆闻奏，因加诬饰以成其罪。

上遂疏忌勇，乃于玄武门达至德门量置候人[7]，以伺动静，皆随事奏闻。又，东宫宿卫之人，侍官以上，名籍悉令属诸卫府，有勇健者咸屏去之。出左卫率苏孝慈为淅州刺史，勇愈不悦。太史令袁充言于上曰："臣观天文，皇太子当废。"上曰："玄象久见，群臣不敢言耳。"充，君正之子也。

晋王广又令督王府军事姑臧段达私赂东宫幸臣姬威[8]，令伺太子动静，密告杨素；于是内外喧谤，过失日闻。段达因胁姬威曰："东宫过失，主上皆知之矣。已奉密诏，定当废立；君能告之，则大富贵！"威许诺，即上书告之。

【注释】

①菹（zū 租）：酢菜，腌菜。 ②昭训：太子宫妃嫔称号。 ③泫（xuàn 渲）然：伤心落泪的样子。 ④投杼（zhù 柱）：杼，织布的梭子。曾参的母亲正在织布，有人告诉她说："曾参杀人。"她不相信。等到第三个人也如此告诉她时，她扔掉织布梭，翻墙逃走。 ⑤晛（xiàn 现）地伐：杨勇乳名。 ⑥阿麽（mō 摸）：杨广乳名。 ⑦玄武门：隋大兴宫正北门。至德门：大兴宫东北门。 ⑧督王府军事：官名。掌晋王府军务。

秋，九月，壬子，上至自仁寿宫。翌日，御大兴殿，谓侍臣曰："我新还京师，应开怀欢乐；不知何意翻邑然愁苦！"吏部尚书牛弘对曰："臣等不称职，故至尊忧劳。"上既数闻谮毁，疑朝臣悉知之，故于众中发问，冀闻太子之过。弘对既失旨，上因作色，谓东宫官属曰："仁寿宫此去不远，而令我每还京师，严备仗卫，如入敌国。我为下利，不解衣卧。昨夜欲近厕，故在后房恐有警急，还移就前殿，岂非尔辈欲坏我家国邪！"于是执太子左庶子唐令则等数人付所司讯鞫[1]；命杨素陈东宫事状以告近臣。

素乃显言之曰："臣奉敕向京，令皇太子检校刘居士余党。太子奉诏，作色奋厉，骨肉飞腾，语臣云：'居士党尽伏法，遣我何处穷讨！尔作右仆射，委寄不轻，自检校之，何关我事！'又云：'昔大事不遂，我先被诛，今作天子，竟乃令我不如诸弟，一事以上，不得自遂！'因长叹回视云：'我大觉身妨。'"上曰："此儿不堪承嗣久矣，皇后恒劝我废之。我以布衣时所生，地复居长，望其渐改，隐忍至今。勇尝指皇后侍儿谓人曰：'是皆我物。'此言几许异事！其妇初亡，我深疑其遇毒，尝责之，勇即怼曰：'会杀元孝矩。'此欲害我而迁怒耳。长宁初生[2]，朕与皇后共抱养之，自怀彼此，连遣来索。且云定兴女，在外私合而生，想此由来，何必是其体胤！昔晋太子取屠家女[3]，其儿即好屠割。今傥非类，便乱宗祏。我虽德惭尧、舜，终不以万姓付不肖子！我恒畏其加害，如防大敌；今欲废之以安天下！"

左卫大将军五原公元旻谏曰："废立大事，诏旨若行，后悔无及。谗言罔极，惟陛下察之。"

上不应，命姬威悉陈太子罪恶。威对曰："太子由来与臣语，唯意在骄奢，且云：'若有谏者，正当斩之，不杀百许人[4]，自然永息。'营起台殿，四时不辍。前苏孝慈解左卫率，太子奋髯扬肘曰：'大丈夫会当有一日，终不忘之，决当快意。'又宫内所须，尚书多执法不与，辄怒曰：'仆射以下，吾会戮一二人，使知慢我之祸。'每云：'至尊恶我多侧庶，高纬、陈叔宝岂孽子乎！'尝令师姥卜吉凶，语臣云：'至尊忌在十八年，此期促矣。'"上泫然曰："谁非父母生，乃至于此！朕近览《齐书》[5]，见高欢纵其儿子，不胜忿愤，安可效尤邪！"于是禁勇及诸子，部分收其党与。杨素舞文巧诋，锻炼以成其狱。

居数日，有司承素意，奏元旻常曲事于勇，情存附托，在仁寿宫，勇使所亲裴弘以书与旻，题云“勿令人见”。上曰：“朕在仁寿宫，有纤介事，东宫必知，疾于驿马，怪之甚久，岂非此徒邪！”遣武士执旻于仗。右卫大将军元胄时当下直，不去，因奏曰：“臣向不下直者，为防元旻耳。”上以旻及裴弘付狱。

先是，勇见老枯槐，问：“此堪何用？”或对曰：“古槐尤宜取火。”时卫士皆佩火燧，勇命工造数千枚，欲以分赐左右；至是，获于库。又药藏局贮艾数斛[⑥]，索得之，大以为怪，以问姬威，威曰：“太子此意别有所在，至尊在仁寿宫，太子常饲马千匹，云：‘径往守城门，自然饿死。’”素以威言诘勇，勇不服，曰：“窃闻公家马数万匹，勇忝备太子，马千匹，乃是反乎！”素又发东宫服玩，似加雕饰者，悉陈之于庭，以示文武群官，为太子之罪。上及皇后迭遣使责问勇，勇不服。

**【注释】**

①太子左庶子：官名。太子官属，掌太子宫事务。　②长宁：长宁王。杨勇长子杨俨封长宁王。　③晋太子：指晋惠帝司马衷太子司马遹（yù 玉）。事见本书卷第八十三晋惠帝元康九年（299）。　④不杀：据上下文义，“不”字衍。　⑤《齐书》：指崔子发所撰《齐纪》。　⑥药藏局：药品局。隋制，东宫门下坊，下设有司经、宫门、内直、典膳、药藏、斋帅六局。

冬，十月，乙丑，上使人召勇，勇见使者惊曰：“得无杀我邪？”上戎服陈兵，御武德殿，集百官立于东面，诸亲立于西面，引勇及诸子列于殿庭，命内史侍郎薛道衡宣诏，废勇及其男、女为王、公主者[①]。勇再拜言曰：“臣当伏尸都市，为将来鉴戒；幸蒙哀怜，得全性命！”言毕，泣下流襟，既而舞蹈而去，左右莫不闵默。长宁王俨上表乞宿卫，辞情哀切；上览之闵然。杨素进曰：“伏望圣心同于螫手，不宜复留意。”

己巳，诏：“元旻、唐令则及太子家令邹文腾、左卫率司马夏侯福、典膳监元淹、前吏部侍郎萧子宝、前主玺下士何竦并处斩[②]，妻妾子孙皆没官。车骑将军榆林阎毗、东郡公崔君绰、游骑尉沈福宝、瀛州术士章仇太翼[③]，特免死，各杖一百，身及妻子、资财、田宅皆没官。副将作大匠高龙叉、率更令晋文建、通直散骑侍郎元衡皆处尽[④]。”于是集群官于广阳门外，宣诏戮之。乃移勇于内史省，给五品料食。赐杨素物三千段，元胄、杨约并千段，赏鞫勇之功也。

文林郎杨孝政上书谏曰[⑤]：“皇太子为小人所误，宜加训诲，不宜废黜。”上怒，挞其胸。

初，云昭训父定兴，出入东宫无节，数进奇服异器以求悦媚；左庶子裴政屡谏，勇不听。政谓定兴曰：“公所为不合法度。又，元妃暴薨，道路籍籍，此于太子，非令名也。公宜自引退，不然，将及祸。”定兴以告勇，勇益疏政，由是出为襄州总管。唐令则为勇所昵狎，每令以弦歌教内人，右庶子刘行本责之曰：“庶子当辅太子以正道，何有取媚于房帷之间哉！”令则甚惭而不能改。时沛国刘臻、平原明克让、魏郡陆爽，并以文学为勇所亲；行本怒其不能调护，每谓三人曰：“卿等正解读书耳！”夏侯福尝于阁内与勇戏，福大笑，声闻于外。行本闻之，待其出，数之曰：“殿下宽容，赐汝颜色。汝何物小人，敢为亵慢！”因付执法者治之。数日，勇为福致请，乃释之。勇尝得良马，欲令行本乘而观之，行本正色曰：“至尊置臣于庶子，欲令辅导殿下，非为殿下作弄臣也。”勇惭而止。及勇败，二人已卒，上叹曰：“向使裴政、刘行本在，勇不至此。”

勇尝宴宫臣，唐令则自弹琵琶，歌《娬媚娘》。洗马李纲起白勇曰[⑥]：“令则身为宫卿[⑦]，职当调护；乃于广坐自比倡优，进淫声，秽视听。事若上闻，令则罪在不测，岂不为殿下之累邪！臣请速治其罪！”勇曰：“我欲为乐耳，君勿多事。”纲遂趋出。及勇废，上召东宫官属切责之，皆惶惧无敢对者。纲独曰：“废立大事，今文武大臣皆知其不可而莫肯发言，臣何敢畏死，不一为陛下别白言之乎！太子性本中人，可与为善，可与为恶。向使陛下择正人辅之，足以嗣守鸿基。今乃以唐令则为左庶子，邹文腾为家令，二人唯知以弦歌鹰犬娱悦太子，安得不至于是邪！此乃陛下之过，非太子之罪也。”因伏地流涕呜咽。上惨然良久曰：“李纲责我，非为无理，然徒知其一，未知其二；我择汝为宫臣，而勇不亲任，虽更得正人，何益哉！”对曰：“臣所以不被亲任者，良由奸人在侧故也。

陛下但斩令则、文腾，更选贤才以辅太子，安知臣之终见疏弃也。自古废立冢嫡，鲜不倾危，愿陛下深留圣思，无贻后悔。”上不悦，罢朝，左右皆为之股栗。会尚书右丞缺，有司请人，上指纲曰：“此佳右丞也！”即用之。

太平公史万岁还自大斤山，杨素害其功，言于上曰：“突厥本降，初不为寇，来塞上畜牧耳。”遂寝之。万岁数抗表陈状，上未之悟。上废太子，方穷东宫党与。上问万岁所在，万岁实在朝堂，杨素曰：“万岁谒东宫矣！”以激怒上。上谓为信然，令召万岁。时所将将士在朝堂称冤者数百人，万岁谓之曰：“吾今日为汝极言于上，事当决矣。”既见上，言“将士有功，为朝廷所抑！”词气愤厉。上大怒，令左右㧐杀之。既而追之，不及，因下诏陈其罪状，天下共冤惜之。

十一月，戊子，立晋王广为皇太子。天下地震，太子请降章服，宫官不称臣。十二月，戊午，诏从之。以宇文述为左卫率。始，太子之谋夺宗也。洪州总管郭衍预焉，由是征衍为左监门率[8]。

帝囚故太子勇于东宫，付太子广掌之，勇自以废非其罪，频请见上申冤，而广遏之不得闻。勇于是升树大叫，声闻帝所，冀得引见。杨素因言勇情志昏乱，为癫鬼所著，不可复收。帝以为然，卒不得见。

初，帝之克陈也，天下皆以为将太平，监察御史房彦谦私谓所亲曰[9]：“主上忌刻而苛酷，太子卑弱，诸王擅权，天下虽安，方忧危乱。”其子玄龄亦密言于彦谦曰：“主上本无功德，以诈取天下，诸子皆骄奢不仁，必自相诛夷，今虽承平，其亡可翘足待。”彦谦，法寿之玄孙也。

玄龄与杜杲之兄孙如晦皆预选，吏部侍郎高孝基名知人，见玄龄，叹曰：“仆阅人多矣，未见如此郎者，异日必为伟器，恨不见其大成耳。”见如晦，谓曰：“君有应变之才，必任栋梁之重。”俱以子孙托之。

【注释】

①公主者：据《隋书·高祖纪》及章钰校记，“者”下应有“并为庶人”

四字。　②太子家令:官名。太子官属。掌东宫刑法、食膳、仓库、什物、奴婢等事。左卫率司马:官名。左卫府属官。典膳监:官名。东宫典膳局负责官员,主管膳食。主玺下士:官名。北周官。掌管玺印。　③游骑尉:官名,从七品。开皇六年(586),置武骑、屯骑、骁骑、游骑、飞骑、旅骑、云骑、羽骑八尉,其品位在六品以下、从九品以上。　④率更令:官名。掌东宫伎乐、漏刻。通直散骑侍郎:隋制,东宫也有通直散骑侍郎。⑤文林郎:官名。文散官,隋置。取北齐征文学之士以充文林馆之义。⑥洗(xiǎn 显)马:官名,东宫官属。隋制门下坊司经局置洗马四人。⑦宫卿:太子左庶子、右庶子称为宫卿。　⑧左监门率:官名。东宫官属。隋制东宫置左、右监门率,掌东宫禁卫。　⑨监察御史:官名。助理监察官。隋制御史台置监察御史十二人。

隋陶胡俑

帝晚年深信佛道鬼神,辛巳,始诏"有毁佛及天尊、岳、镇、海、渎神像者①,以不道论;沙门毁佛像,道士毁天尊像者,以恶逆论"。

是岁,征同州刺史蔡王智积入朝。智积,帝之弟子也,性修谨,门无私谒,自奉简素,帝甚怜之。智积有五男,止教读《论语》,不令交通宾客。或问其故,智积曰:"卿非知我者!"其意盖恐诸子有才能以致祸也。

齐州行参军章武王伽送流囚李参等七十余人诣京师②,行至荥阳,哀其辛苦,悉呼谓曰:"卿辈自犯国刑,身婴缧绁,固其职也;重劳援卒,岂不愧心哉!"

参等辞谢。伽乃悉脱其枷锁，停援卒，与约曰："某日当至京师，如致前却，吾当为汝受死。"遂舍之而去。流人感悦，如期而至，一无离叛。上闻而惊异，召见与语，称善久之。于是悉召流人，令携负妻子俱入，赐宴于殿庭而赦之。因下诏曰："凡在有生，含灵禀性，咸知善恶，并识是非。若临以至诚，明加劝导，则俗必从化，人皆迁善。往以海内乱离，德教废绝，吏无慈爱之心，民怀奸诈之意。朕思遵圣法，以德化民，而伽深识朕意，诚心宣导，参等感寤，自赴宪司；明是率土之人，非为难教。若使官尽王伽之俦，民皆李参之辈，刑厝不用，其何远哉！"乃擢伽为雍令。

太史令袁充表称："隋兴已后，昼日渐长，开皇元年，冬至之景长一丈二尺七寸二分；自尔渐短，至十七年，短于旧三寸七分。日去极近则景短而日长，去极远则景长而日短；行内道则去极近，行外道则去极远。谨按《元命包》曰[③]：'日月出内道，璇玑得其常[④]。'《京房别对》曰：'太平，日行上道；升平，行次道；霸代，行下道。'伏惟大隋启运，上感乾元，景短日长，振古希有。"上临朝，谓百官曰："景长之庆，天之祐也。今太子新立，当须改元，宜取日长之意以为年号。"是后百工作役，并加程课，以日长故也。丁匠苦之。

**【注释】**

①天尊：道教神元始天尊。镇：九镇，即九州之大山，即《周礼·职方氏》所云"荆州其山镇曰衡山，豫州之山镇曰华山"等。海：东海、南海。②行参军：官名。为州府属官，参谋军务。　③《元命包》：神秘预言书。④璇玑：古代测天文仪器。

**仁寿元年**　春，正月，乙酉朔，赦天下，改元。

以尚书右仆射杨素为左仆射，纳言苏威为右仆射。

丁酉，徙河南王昭为晋王。

突厥步迦可汗犯塞，败代州总管韩弘于恒安[①]。

以晋王昭为内史令。

二月，乙卯朔，日有食之。

夏，五月，己丑，突厥男女九万口来降。

六月,乙卯,遣十六使巡省风俗。

乙丑,诏以天下学校生徒多而不精,唯简留国子学生七十人,太学、四门及州县学并废[2]。殿内将军河间刘炫上表切谏[3],不听。秋,七月,改国子学为太学。

初,帝受周禅,恐民心未服,故多称符瑞以耀之,其伪造而献者,不可胜计。冬,十一月,己丑,有事于南郊,如封禅礼,版文备述前后符瑞以报谢云。

山獠作乱,以卫尉少卿洛阳卫文升为资州刺史镇抚之[4]。文升名玄,以字行。初到官,獠方攻大牢镇[5],文升单骑造其营,谓曰:"我是刺史,衔天子诏,安养汝等,勿惊惧也!"群獠莫敢动。于是说以利害,渠帅感悦,解兵而去,前后归附者十余万口。帝大悦,赐缣二千匹。壬辰,以文升为遂州总管。

潮、成等五州獠反[6],高州酋长冯盎驰诣京师,请讨之。帝敕杨素与盎论贼形势,素叹曰:"不意蛮夷中有如是人!"即遣盎发江、岭兵击之。事平,除盎汉阳太守。

诏以杨素为云州道行军元帅[7],长孙晟为受降使者,挟启民可汗北击步迦。

**【注释】**

①恒安:今山西大同市。　②四门:即四门学。北魏孝文帝太和十八年(494)迁都洛阳,创设四门小学。因初设于京师四门,故称四门学。后与太学同在一处。隋、唐、宋都曾沿置四门学。　③殿内将军:官名。即殿中将军。属左、右卫府。　④卫尉少卿:官名。卫尉寺副长官。掌宫城警卫。　⑤大牢镇:今四川荣县。　⑥潮:潮州。治所在今广东潮州市。成:成州。治所在今广西桂平市。　⑦云州道:总管府治所在今山西大同市。

**二年**　春,三月,己亥,上幸仁寿宫。

突厥思力俟斤等南渡河,掠启民男女六千口、杂畜二十余万而去。杨素帅诸军追击,转战六十余里,大破之,突厥北走。素复进追,夜,及之,恐其越逸,令其骑稍后,亲引两骑并降突厥二人与虏并行,虏不之觉;候其顿舍未定,趣后骑掩击,大破之,悉得人畜以归启民。自是突厥远遁，碛南无复寇抄。素以功进子玄感柱国，赐玄纵爵淮南公。

兵部尚书柳述，庆之孙也，尚兰陵公主，怙宠使气，自杨素之属皆下之。帝问符玺直长万年韦云起[①]："外间有不便事，可言之。"述时侍侧，云起奏曰："柳述骄豪，未尝经事，兵机要重，非其所堪，徒以主婿，遂居要职。臣恐物议以陛下为'官不择贤，专私所爱'，斯亦不便之大者。"帝甚然其言，顾谓述曰："云起之言，汝药石也，可师友之。"秋，七月，丙戌，诏内外官各举所知。柳述举云起，除通事舍人[②]。

益州总管蜀王秀，容貌瑰伟，有胆气，好武艺。帝每谓独孤后曰："秀必以恶终，我在当无虑，至兄弟，必反矣。"大将军刘哙之讨西爨也[③]，帝令上开府仪同三司杨武通将兵继进。秀以嬖人万智光为武通行军司马。帝以秀任非其人，谴责之，因谓群臣曰："坏我法者，子孙也。譬如猛虎，物不能害，反为毛间虫所损食耳。"遂分秀所统。

自长史元岩卒后，秀渐奢僭，造浑天仪，多捕山獠充宦者，车马被服，拟于乘舆。

及太子勇以谗废，晋王广为太子，秀意甚不平。太子恐秀终为后患，阴令杨素求其罪而谮之。上遂征秀，秀犹豫，欲谢病不行。总管司马源师谏，秀作色曰："此自我家事，何预卿也！"师垂涕对曰："师忝参府幕，敢不尽心！圣上有敕追王，以淹时月，今乃迁延未去。百姓不识王心，傥生异议，内外疑骇，发雷霆之诏，降一介之使，王何以自明？愿王熟计之！"朝廷恐秀生变，戊子，以原州总管独孤楷为益州总管，驰传代之。楷至，秀犹未肯行；楷讽谕久之，乃就路。楷察秀有悔色，因勒兵为备；秀行四十余里，将还袭楷，觇知有备，乃止。

八月，甲子，皇后独孤氏崩。太子对上及宫人哀恸绝气，若不胜丧者；其处私室，饮食言笑如平常。又，每朝令进二溢米[④]，而私令外取肥肉脯鲊[⑤]，置竹筒中，以蜡闭口，衣襆裹而纳之[⑥]。

著作郎王劭上言："佛说：'人应生天上及生无量寿国之时，天佛放大光明，以香花妓乐来迎。'伏惟大行皇后福善祯符，备诸秘记,皆云是妙善菩萨。臣谨案八月二十二日,仁寿宫内再雨金银花;二十三日,大宝殿后夜有神光[7];二十四日卯时,永安宫北有自然种种音乐,震满虚空;至夜五更,奄然如寐,遂即升遐,与经文所说,事皆符验。"上览之悲喜。

九月,丙戌,上至自仁寿宫。

冬,十月,癸丑,以工部尚书杨达为纳言。达,雄之弟也。

**【注释】**

①符玺直长:官名。门下省符玺局副主管。 ②通事舍人:官名。属内史省。立法助理官。 ③西爨(cuàn 窜):古族名。分布于今云南滇池、洱海地区及四川南部,以白蛮为主。今白族即其后裔。 ④溢:通"镒"。重量单位。金二十两为溢。 ⑤鲊(zhǎ 眨):经过加工的鱼类食品,腌鱼、糟鱼之类。 ⑥襆(fú 福):头巾。 ⑦大宝殿:在仁寿宫中寝殿。

闰月,甲申,诏杨素、苏威与吏部尚书牛弘等修定五礼[1]。

上令上仪同三司萧吉为皇后择葬地,得吉处,云:"卜年二千,卜世二百。"上曰:"吉凶由人,不在于地。高纬葬父,岂不卜乎!俄而国亡。正如我家墓田,若云不吉,朕不当为天子;若云不凶,我弟不当战没[2]。"然竟从吉言。吉退,告族人萧平仲曰:"皇太子遣宇文左率深谢余云[3]:'公前称我当为太子,竟有其验,终不忘也。今卜山陵,务令我早立。我立之后,当以富贵相报。'吾语之曰:'后四载,太子御天下。'若太子得政,隋其亡乎!吾前绐云'卜年二千'者,三十字也;'卜世二百'者,取世二传也。汝其识之!"

壬寅,葬文献皇后于太陵。诏以"杨素经营葬事,勤求吉地,论素此心,事极诚孝,岂与夫平戎定寇比其功业!可别封一子义康公,邑万户"。并赐田三十顷,绢万段,米万石,金珠绫锦称是。

蜀王秀至长安,上见之,不与语;明日,使使切让之。秀谢罪,太子诸王流涕庭谢。上曰:"顷者秦王糜费财物,我以父道训之。今秀蠹害生民,当以君道绳之。"于是付执法者。开府仪同三司庆整谏曰:"庶人勇既废,秦王已薨,陛下见子无多,何至如是!蜀王性甚耿介,今被重责,恐不自全。"上大怒,欲断其舌,因谓群臣曰:

"当斩秀于市以谢百姓。"乃令杨素等推治之。

太子阴作偶人,缚手钉心,枷锁杻械[4],书上及汉王姓名,仍云"请西岳慈父圣母收杨坚、杨谅神魂,如此形状,勿令散荡"。密埋之华山下,杨素发之;又云秀妄述图谶,称京师妖异,造蜀地征祥;并作檄文,云"指期问罪",置秀集中,俱以闻奏。上曰:"天下宁有是邪!"十二月,癸巳,废秀为庶人,幽之内侍省,不听与妻子相见,唯獠婢二人驱使,连坐者百余人。秀上表摧谢曰:"伏愿慈恩,赐垂矜愍,残息未尽之间,希与瓜子相见;请赐一穴,令骸骨有所。"瓜子,其爱子也。上因下诏数其十罪,且曰:"我不知杨坚、杨谅是汝何亲?"后乃听与其子同处。

初,杨素尝以少谴敕送南台,命治书侍御史柳彧治之。素恃贵,坐彧床。彧从外来,于阶下端笏整容谓素曰:"奉敕治公之罪!"素遽下。彧据案而坐,立素于庭,辨诘事状。素由是衔之。蜀王秀尝从彧求李文博所撰《治道集》,彧与之;秀遗彧奴婢十口。及秀得罪,素奏彧以内臣交通诸侯,除名为民,配戍怀远镇[5]。

帝使司农卿赵仲卿往益州穷按秀事[6],秀之宾客经过之处,仲卿必深文致法,州县长吏坐者太半。上以为能,赏赐甚厚。

久之,贝州长史裴肃遣使上书,称:"高颎以天挺良才,元勋佐命,为众所疾,以至废弃;愿陛下录其大功,忘其小过。又二庶人得罪已久,宁无革心!愿陛下弘君父之慈,顾天性之义,各封小国,观其所为;若能迁善,渐更增益;如或不悛,贬削非晚。今者自新之路永绝,愧悔之心莫见,岂不哀哉!"书奏,上谓杨素曰:"裴肃忧我家事,此亦至诚也。"于是征肃入朝。太子闻之,谓左庶子张衡曰:"使勇自新,欲何为也?"衡曰:"观肃之意,欲令如吴太伯、汉东海王耳。"肃至,上面谕以勇不可复收之意而罢遣之。肃,侠之子也。

杨素弟约及从父文思、文纪、族父忌并为尚书、列卿,诸子无汗马之劳,位至柱国、刺史;广营资产,自京师及诸方都会处,邸店、碾硙、便利田宅,不可胜数;家僮千数,后庭妓妾曳绮罗者以千数;第宅华侈,制拟宫禁;亲故吏布列清显。既废一太子及一王,威权愈盛。朝臣有违忤者,或至诛夷;有附会及亲戚,虽无才用,

隋彩绘陶女侍俑群

必加进擢;朝廷靡然,莫不畏附。敢与素抗而不桡者,独柳彧及尚书右丞李纲、大理卿梁毗而已⑦。

始,毗为西宁州刺史⑧,凡十一年,蛮夷酋长皆以金多者为豪隽,递相攻夺,略无宁岁,毗患之。后因诸酋长相帅以金遗毗,毗置金坐侧,对之恸哭,而谓之曰:"此物饥不可食,寒不可衣,汝等以此相灭,不可胜数,今将此来,欲杀我邪!"一无所纳。于是蛮夷感悟,遂不相攻击。上闻而善之,征为大理卿,处法平允。

毗见杨素专权,恐为国患,乃上封事曰:"臣闻臣无有作威作福,其害于而家,凶于而国⑨。窃见左仆射越国公素,幸遇愈重,权势日隆,搢绅之徒,属其视听。忤旨者严霜夏零,阿旨者甘雨冬澍;荣枯由其唇吻,废兴候其指麾;所私皆非忠谠,所进咸是亲戚,子弟布列,兼州连县。天下无事,容息异图;四海有虞,必为祸始。夫奸臣擅命,有渐而来,王莽资之于积年,桓玄基之于易世,而卒殄汉祀,终倾晋祚。陛下若以素为阿衡,臣恐其心未必伊尹也。伏愿揆鉴古今,量为处置,俾洪基永固,率土幸甚!"书奏,上大怒,收毗系狱,亲诘之。毗极言"素擅宠弄权,将领之处,杀戮无道。又太子、蜀王罪废之日,百僚无不震竦,唯素扬眉奋肘,喜见容色,利国家有事以为身幸"。上无以屈,乃释之。

其后上亦寝疏忌素,乃下敕曰:"仆射国之宰辅,不可躬亲细务，但三五日一向省，评论大事。”外示优崇，实夺之权也。素由是终仁寿之末，不复通判省事。出杨约为伊州刺史⑩。

素既被疏，吏部尚书柳述益用事，摄兵部尚书，参掌机密；素由是恶之。

太子问于贺若弼曰：“杨素、韩擒虎、史万岁皆称良将，其优劣何如？”弼曰：“杨素猛将，非谋将；韩擒虎斗将，非领将；史万岁骑将，非大将。”太子曰：“然则大将谁也？”弼拜曰：“唯殿下所择！”弼意自许也。

交州俚帅李佛子作乱⑪，据越王故城，遣其兄子大权据龙编城⑫，其别帅李普鼎据乌延城⑬。杨素荐瓜州刺史长安刘方有将帅之略，诏以方为交州道行军总管，统二十七营而进。方军令严肃，有犯必斩；然仁爱士卒，有疾病者亲临抚养，士卒亦以此怀之。至都隆岭⑭，遇贼，击破之。进军临佛子营，先谕以祸福。佛子惧，请降，送之长安。

【注释】

①五礼：吉礼、凶礼、军礼、宾礼、嘉礼。 ②我弟：隋文帝杨坚之弟杨整随从周武帝伐齐，在并州战死。 ③宇文左率：宇文述时为左卫率。④杻(chǒu 丑)械：刑具。即手铐脚镣。 ⑤怀远镇：今宁夏银川市。⑥司农卿：官名。司农寺长官。掌管租税、钱谷、盐铁和国家财政收支。⑦大理卿：官名。大理寺长官。掌刑狱。 ⑧西宁州：治所在今四川西昌市。 ⑨“臣无有”三句：语见《尚书·洪范》。 ⑩伊州：治所在今河南汝州市。 ⑪交州：治所在今越南河内市。 ⑫龙编城：在今越南北宁省仙游附近。 ⑬乌延城：今地不详。 ⑭都隆岭：今地不详。

**三年** 秋，八月，壬申，赐幽州总管燕荣死。荣性严酷，鞭挞左右，动至千数。尝见道次丛荆，以为堪作杖，命取之，辄以试人。人或自陈无罪，荣曰：“后有罪，当免汝。”既而有犯，将杖之，人曰：“前日被杖，使君许以有罪宥之。”荣曰：“无罪尚尔，况有罪邪！”杖之自若。

观州长史元弘嗣迁幽州长史，惧为荣所辱，固辞。上敕荣曰：“弘嗣杖十已上罪，皆须奏闻。”荣忿曰：“竖子何敢玩我！”于是遣

王通像

弘嗣监纳仓粟，扬得一糠一秕，皆罚之。每笞虽不满十，然一日之中，或至三数。如是历年，怨隙日构。荣遂收弘嗣付狱，禁绝其粮，弘嗣抽絮杂水咽之。其妻诣阙称冤，上遣使按验，奏荣暴虐，赃秽狼籍。征还，赐死。元弘嗣代荣为政，酷又甚之。

九月，壬戌，置常平官①。

是岁，龙门王通诣阙献太平十二策，上不能用，罢归。通遂教授于河、汾之间，弟子自远至者甚众，累征不起。杨素甚重之，劝之仕，通曰："通有先人之弊庐足以蔽风雨，薄田足以具饘粥②，读书谈道足以自乐。愿明公正身以治天下，时和岁丰，通也受赐多矣，不愿仕也。"或谮通于素曰："彼实慢公，公何敬焉？"素以问通，通曰："使公可慢，则仆得矣；不可慢，则仆失矣：得失在仆，公何预焉！"素待之如初。

弟子贾琼问息谤，通曰："无辩。"问止怨，曰："不争。"通尝称："无赦之国，其刑必平；重敛之国，其财必削。"又曰："闻谤而怒者，谗之囮也③；见誉而喜者，佞之媒也；绝囮去媒，谗佞远矣。"大业末，卒于家，门人谥曰文中子。

突厥步迦可汗所部大乱，铁勒仆骨等十余部④，皆叛步迦降于启民。步迦众溃，西奔吐谷浑；长孙晟送启民置碛口⑤，启民于是尽有步迦之众。

**【注释】**

①常平官：开皇初年，置义仓，现置常平官掌管。　②饘（zhān 沾）：同"饘"。稠粥。　③囮（é 俄）：囮子，也叫鸟媒，捕鸟人用活鸟诱捕他

鸟的设置。 ④铁勒:古族名。南北朝隋唐时期北方诸操突厥语游牧部落的泛称。又作狄历、丁零、敕勒。其车轮高大,幅数至多,故又被称为高车。与突厥实际上是一个族,只是分裂为两个部落群而已。史称其为“匈奴之苗裔”。仆骨:也作仆固。铁勒部族之一。 ⑤碛(qì 汽)口:今地不详。

# 资治通鉴卷第一百八十

## 隋纪四　起阏逢困敦，尽强圉单阏，凡四年。

### 高祖文皇帝下

**仁寿四年**　春，正月，丙午，赦天下。

帝将避暑于仁寿宫，术士章仇太翼固谏；不听。太翼曰："是行恐銮舆不返！"帝大怒，系之长安狱，期还而斩之。甲子，幸仁寿宫。乙丑，诏赏赐支度，事无巨细，并付皇太子。夏，四月，乙卯[①]，帝不豫。六月庚申[②]，赦天下。秋，七月，甲辰，上疾甚，卧与百僚辞诀，并握手歔欷，命太子赦章仇太翼。丁未，崩于大宝殿。

高祖性严重，令行禁止。每旦听朝，日昃忘倦。虽啬于财，至于赏赐有功，即无所爱；将士战没，必加优赏，仍遣使者劳问其家。爱养百姓，劝课农桑，轻徭薄赋。其自奉养，务为俭素，乘舆御物，故弊者随宜补用；自非享宴，所食不过一肉；后宫皆服浣濯之衣。天下化之，开皇、仁寿之间，大夫率衣绢布，不服绫绮，装带不过铜铁骨角，无金玉之饰。故衣食滋殖，仓库盈溢。受禅之初，民户不满四百万，末年，逾八百九十万，独冀州已一百万户。然猜忌苛察，信受谗言，功臣故旧，无始终保全者；乃至子弟，皆如仇敌，此其所短也。

初，文献皇后既崩[③]，宣华夫人陈氏、容华夫人蔡氏皆有宠。陈氏，陈高宗之女；蔡氏，丹杨人也。上寝疾于仁寿宫，尚书左仆射杨素、兵部尚书柳述、黄门侍郎元岩皆入阁侍疾[④]，召皇太子入居大宝殿。太子虑上有不讳，须预防拟，手自为书，封出问素；素条录事状以报太子。宫人误送上所，上览而大恚。陈夫人平旦出更衣，为太子所逼，夫人拒之，得免，归于上所；上怪其神色有异，问其故，夫人泫然曰："太子无礼！"上恚，抵床曰："畜生何足付大事！独孤误我！"乃呼柳述、元岩曰："召我儿！"述等将呼太子，上曰："勇也。"述、岩出阁为敕书。杨素闻之，以白太子，矫诏执述、岩，系大理狱；追东宫兵士帖上台宿卫，门禁出入，并取宇文述、郭衍节度；令右庶子张衡入寝殿侍疾，尽遣后宫出就别室；俄而上崩。故中外颇有异论[5]。陈夫人与后宫闻变，相顾战栗失色。晡后，太子遣使者赍小金合，帖纸于际，亲署封字，以赐夫人。夫人见之，惶惧，以为鸩毒，不敢发。使者促之，乃发，合中有同心结数枚，宫人咸悦，相谓曰："得免死矣！"陈氏恚而却坐，不肯致谢；诸宫人共逼之，乃拜使者。其夜，太子烝焉。

乙卯，发丧，太子即皇帝位。会伊州刺史杨约来朝，太子遣约入长安，易留守者，矫称高祖之诏，赐故太子勇死，缢杀之，然后陈兵集众，发高祖凶问。炀帝闻之，曰："令兄之弟，果堪大任。"追封勇为房陵王，不为置嗣。八月，丁卯，梓宫至自仁寿宫；丙子，殡于太兴前殿。柳述、元岩并除名，述徙龙川[6]，岩徙南海[7]。帝令兰陵公主与述离绝，欲改嫁之；公主以死自誓，不复朝谒，上表请与述同徙，帝大怒。公主忧愤而卒，临终，上表请葬于柳氏，帝愈怒，竟不哭，葬送甚薄。

隋炀帝杨广像

太史令袁充奏言："皇

帝即位，与尧受命年合。”讽百官表贺。礼部侍郎许善心议，以为“国哀甫尔，不宜称贺”。左卫大将军宇文述素恶善心，讽御史劾之；左迁给事郎，降品二等。

**【注释】**

①乙卯：四月丙寅朔，无乙卯，纪日有误。　②庚申：据《隋书·天文志》《北史·隋本纪》当作“庚午”，为初六。　③文献皇后：独孤皇后谥号“文献”。　④黄门侍郎：官名。门下省属官。隋制，门下省纳言二人，给事黄门侍郎四人，掌纠核朝臣奏章，复审中书诏敕，有不便者，驳正封还。其职任颇重。　⑤中外颇有异论：司马光《通鉴考异》引赵毅《大业略记》：“高祖在仁寿宫，病甚，追帝侍疾，而高祖美人尤嬖幸者，唯陈、蔡二人而已。帝乃召蔡于别室，既还，面伤而发乱，高祖问之，蔡泣曰：‘皇太子为非礼。’高祖大怒，齧指出血，召兵部尚书柳述、黄门侍郎元岩等令发诏追庶人勇，即令废立。帝事迫，召左仆射杨素、左庶子张衡进毒药。帝简骁健官奴三十人皆服妇人之服，衣下置仗，立于门巷之间，以为之卫。素等既入，而高祖暴崩。”　⑥龙川：郡名。治所在今广东惠州市。⑦南海：郡名。治所在今广东广州市。

汉王谅有宠于高祖，为并州总管，自山以东，至于沧海，南距黄河，五十二州皆隶焉；特许以便宜从事，不拘律令。谅自以所居天下精兵处，见太子勇以谗废，居常怏怏；及蜀王秀得罪，尤不自安，阴蓄异图。言于高祖，以“突厥方强，宜修武备”。于是大发工役，缮治器械，招集亡命，左右私人殆将数万。突厥尝寇边，高祖使谅御之，为突厥所败；其所领将帅坐除解者八十余人，皆配防岭表。谅以其宿旧，奏请留之，高祖怒曰：“尔为藩王，惟当敬依朝命，何得私论宿旧，废国家宪法邪！嗟乎小子，尔一旦无我，或欲妄动，彼取尔如笼内鸡雏耳，何用腹心为！”

王頍者[①]，僧辩之子，倜傥好奇略，为谅谘议参军[②]，萧摩诃，陈氏旧将，二人俱不得志，每郁郁思乱，皆为谅所亲善，赞成其阴谋。

会荧惑守东井[③]，仪曹邺人傅奕晓星历[④]，谅问之曰：“是何祥也？”对曰：“天上东井，黄道所经[⑤]，荧惑过之，乃其常理，若入地上井，则可怪耳。”谅不悦。

及高祖崩，炀帝遣车骑将军屈突通以高祖玺书征之。先是，高祖与谅密约：“若玺书召汝，敕字傍别加一点，又与玉麟符合者，当就征。”及发书无验，谅知有变。诘通，通占对不屈，乃遣归长安。谅遂发兵反。

总管司马安定皇甫诞切谏，谅不纳。诞流涕曰：“窃料大王兵资非京师之敌；加以君臣位定，逆顺势殊，士马虽精，难以取胜。一旦陷身叛逆，结于刑书，虽欲为布衣，不可得也。”谅怒，囚之。

岚州刺史乔钟葵将赴谅[⑥]，其司马京兆陶模拒之曰：“汉王所图不轨，公荷国厚恩，当竭诚效命，岂得身为厉阶乎！”钟葵失色曰：“司马反邪！”临之以兵，辞气不挠，钟葵义而释之。军吏曰：“若不斩模，无以压众心。”乃囚之。于是从谅反者凡十九州。

王頍说谅曰：“王所部将吏，家属尽在关西，若用此等，则宜长驱深入，直据京都，所谓疾雷不及掩耳；若但欲割据旧齐之地，宜任东人。”谅不能决，乃兼用二策，唱言杨素反，将诛之。

总管府兵曹闻喜裴文安说谅曰：“井陉以西[⑦]，在王掌握之内，山东士马[⑧]，亦为我有，宜悉发之；分遣羸兵屯守要害，仍命随方略地，帅其精锐，直入蒲津[⑨]。文安请为前锋，王以大军继后，风行雷击，顿于霸上[⑩]。咸阳以东，可指麾而定。京师震扰，兵不暇集，上下相疑，群情离骇；我陈兵号令，谁敢不从！旬日之间，事可定矣。”谅大悦，于是遣所署大将军余公理出太谷[⑪]，趣河阳[⑫]，大将军綦良出滏口[⑬]，趣黎阳[⑭]，大将军刘建出井陉，略燕、赵，柱国乔钟葵出雁门[⑮]，署文安为柱国，与柱国纥单贵、王聃等直指京师[⑯]。

帝以右武卫将军洛阳丘和为蒲州刺史，镇蒲津。谅选精锐数百骑戴幂䍦[⑰]，诈称谅宫人还长安，门司弗觉，径入蒲州[⑱]，城中豪桀亦有应之者；丘和觉其变，逾城，逃归长安。蒲州长史勃海高义明、司马北平荣毗皆为反者所执。裴文安等未至蒲津百余里，谅忽改图，令纥单贵断河桥，守蒲州，而召文安还。文安至，谓谅曰：“兵机诡速，本欲出其不意。王既不行，文安又返，使彼计成，大事去矣。”谅不对。以王聃为蒲州刺史，裴文安为晋州刺史，薛粹为绛州刺史，梁菩萨为潞州刺史，韦道正为韩州刺史，张伯英为泽州刺史。代州总管天水李景发兵拒谅，谅遣其将刘暠袭景；景击斩之。谅复遣乔钟葵帅劲勇三万攻之，景战士不过数千，加以城池不固，为钟葵所攻，崩毁相继，景且战且筑，士卒皆殊死斗；钟葵屡败。司马冯孝慈、司法吕玉并骁勇善战[19]，仪同三司侯莫陈乂多谋画[20]，工拒守之术，景知三人可用，推诚任之，己无所关预，唯在阁持重，时抚循而已。

杨素将轻骑五千袭王聃、纥单贵于蒲州，夜，至河际，收商贾船，得数百艘，船内多置草，践之无声，遂衔枚而济；迟明，击之；纥单贵败走，聃惧，以城降。有诏征素还。初，素将行，计日破贼，皆如所量，于是以素为并州道行军总管、河北道安抚大使，帅众数万讨谅。

谅之初起兵也，妃兄豆卢毓为府主簿，苦谏，不从，私谓其弟懿曰："吾匹马归朝，自得免祸，此乃身计，非为国也，不若且伪从之，徐伺其便。"毓，勣之子也。毓兄显州刺史贤言于帝曰："臣弟毓素怀志节，必不从乱，但逼凶威，不能自遂，臣请从军，与毓为表里，谅不足图也。"帝许之。贤密遣家人赍敕书至毓所，与之计议。

谅出城，将往介州[21]，令毓与总管属朱涛留守[22]。毓谓涛曰："汉王构逆，败不旋踵，吾属岂可坐受夷灭，孤负国家邪！当与卿出兵拒之。"涛惊曰："王以大事相付，何得有是语！"因拂衣而去，毓追斩之。出皇甫诞于狱，与之协计，及开府仪同三司宿勤武等闭城拒谅。部分未定，有人告谅，谅袭击之。毓见谅至，绐其众曰："此贼军也！"谅攻城南门，稽胡守南城，不识谅，射之；矢下如雨；谅移攻西门，守兵识谅，即开门纳之，毓、诞皆死。

【注释】

①王頍（kuǐ 跬）：王僧辩之子。　②谘议参军：官名。王府属官，在长史、司马之下，掾属之上。　③荧惑：即火星。它的光呈红色像火，亮度常有变化，从地上看，其运行方向也有变化，好像使人捉摸不定的样子，故称荧惑。东井：即井宿，二十八宿之一，由双子座的八颗星组成。井宿，秦分野。　④仪曹：仪曹郎。王府属官。　⑤黄道：古人视觉中太阳在一年里运行的轨道。即太阳在恒星之间运行的轨迹。　⑥岚州：治所在今山西静乐县。　⑦井陉（xíng 刑）：即井陉关。在今河北井陉县西北井陉山上。地当太行山区进入华北平原的要隘。　⑧山东：太行山

以东。　⑨蒲津：即蒲津关。今山西永济市西黄河渡口。　⑩霸上：在今陕西西安市东。　⑪太谷：县名。治所在今山西晋中市太谷区。⑫河阳：县名。治所在今河南孟州市。　⑬滏口："太行八陉"之一。在今河北磁县西北鼓山，滏水（今滏阳河）发源于此。古为自邺西出要道。⑭黎阳：县名。治所在今河南浚县东北。　⑮雁门：郡名。治所在今山西代县。　⑯纥（hé何）单贵：人名。纥单，复姓。王聃（dān丹）：人名。⑰幂䍦（mì lí密离）：古时妇女遮面障身服装。《旧唐书·舆服志》："武德、贞观之时，宫人骑马者，依齐、隋旧制，多著幂䍦，虽发自戎夷，而全身障蔽，不欲途路窥之。"　⑱蒲州：治所在今山西永济市。　⑲司法：即法曹行参军。总管府属官。　⑳侯莫陈乂（yì刈）：人名。侯莫陈，三字姓。㉑介州：治所在今山西介休市。　㉒总管属：总管府低级员吏，在掾之下。

綦良攻慈州刺史上官政[①]，不克，引兵攻行相州事薛胄，又不克，遂自滏口攻黎州[②]，塞白马津[③]。余公理自太行下河内[④]，帝以右卫将军史祥为行军总管，军于河阴[⑤]。祥谓军吏曰："余公理轻而无谋，恃众而骄，不足破也。"公理屯河阳[⑥]，祥具舟南岸，公理聚兵当之。祥简精锐于下流潜济，公理闻之，引兵拒之，战于须水[⑦]。公理未成列，祥击之，公理大败。祥东趣黎阳，綦良军不战而溃。祥，宁之子也。

帝将发幽州兵[⑧]，疑幽州总管窦抗有贰心，问可使取抗者于杨素，素荐前江州刺史勃海李子雄，授上大将军，拜广州刺史。又以左领军将军长孙晟为相州刺史，发山东兵，与李子雄共经略之。晟辞以男行布在谅所部，帝曰："公体国之深，终不以儿害义，朕今相委，公其勿辞。"李子雄驰至幽州，止传舍，召募得千余人。抗来诣子雄，子雄伏甲擒之。抗，荣定之子也。

子雄遂发幽州兵步骑三万，自井陉西击谅。时刘建围戍将京兆张祥于井陉，子雄破建于抱犊山下[⑨]，建遁去。李景被围月余，诏朔州刺史代人杨义臣救之。义臣帅马步二万，夜出西陉[⑩]，乔钟葵悉众拒之。义臣自以兵少，悉取军中牛驴，得数千头，复令兵数百人，人持一鼓潜驱之，匿于涧谷间。晡后，义臣复与钟葵战，兵初合，命驱牛驴者疾进。一时鸣鼓，尘埃涨天，钟葵军不知，以为伏兵发，因而奔溃；义臣纵击，大破之。晋、绛、吕三州皆为谅城守[11]，杨素各以二千人縻之而去。谅遣其将赵子开拥众十余万，栅绝径路，屯据高壁[12]，布陈五十里。素令诸将以兵临之，自引奇兵潜入霍山[13]，缘崖谷而进。素营于谷口，自坐营外，使军司入营简留三百人守营[14]，军士惮北兵之强，不欲出战，多愿守营，因尔致迟。素责所由，军司具对，素即召所留三百人出营，悉斩之；更令简留，人皆无愿留者。素乃引军驰进，出北军之北，直指其营，鸣鼓纵火；北军不知所为，自相蹂践，杀伤数万。谅所署介州刺史梁修罗屯介休[15]，闻素至，弃城走。

谅闻赵子开败，大惧，自将众且十万，拒素于蒿泽[16]。会大雨，谅欲引军还，王頍谏曰："杨素悬军深入，士马疲弊，王以锐卒自将击之，其势必克。今望敌而退，示人以怯，沮战士之心，益西军之气，愿王勿还。"谅不从，退守清源[17]。

王頍谓其子曰："气候殊不佳，兵必败，汝可随我。"杨素进击谅，大破之，擒萧摩诃。谅退保晋阳，素进兵围之，谅穷蹙，请降，余党悉平。帝遣杨约赍手诏劳素。王頍将奔突厥，至山中，径路断绝，知必不免，谓其子曰："吾之计数不减杨素，但坐言不见从，遂至于此，不能坐受擒获，以成竖子名，吾死之后，汝慎勿过亲故。"于是自杀，瘗之石窟中。其子数日不得食，遂过其故人，竟为所擒；并获頍尸，枭于晋阳。

群臣奏汉王谅当死，帝不许，除名为民，绝其属籍，竟以幽死。谅所部吏民坐谅死徙者二十余万家。初，高祖与独孤后甚相爱重，誓无异生之子，尝谓群臣曰："前世天子，溺于嬖幸，嫡庶分争，遂有废立，或至亡国；朕旁无姬侍，五子同母，可谓真兄弟也，岂有此忧邪！"帝又惩周室诸王微弱，故使诸子分据大镇，专制方面，权侔帝室。及其晚节，父子兄弟迭相猜忌，五子皆不以寿终。

臣光曰：昔辛伯念周桓公曰："内宠并后，外宠贰政，嬖子配嫡，大都偶国，乱之本也。"人主诚能慎此四者，乱何自生哉！隋高祖徒知嫡庶之多争，孤弱之易摇，曾不知势钧位逼，虽同产至亲，不能无相倾夺。考诸辛伯之言，得其一而失其三乎！

【注释】

①慈州：治所在今山西吉县。 ②黎州：治所在今河南浚县。 ③白马津：在今河南滑县东北，秦、汉白马县西北古黄河南岸，与北岸黎阳津相对。在金代黄河南徙以前，为兵争之地。 ④河内：县名。治所即今河南沁阳市。 ⑤河阴：县名。治所在今河南宜阳县东。⑥河阳：县名。治所在今河南孟州市南。 ⑦须水：在今河南荥阳市东。⑧幽州：治所在今北京城西南。 ⑨抱犊山：在今河北石家庄市鹿泉区西。 ⑩西陉：即西陉关。在今山西代县西北。 ⑪晋：晋州。治所在今山西临汾市。绛：绛州。治所在今山西新绛县。吕：吕州。治所在今山西霍州市。 ⑫高壁：岭名。在今山西灵石县南。 ⑬霍山：又名霍太山、太岳山。在今山西霍州市东南。 ⑭军司：即军司马。 ⑮介休：县名。治所即今山西介休市。 ⑯蒿泽：介休市北湖泊。现已干涸。 ⑰清源：县名。治所在今山西清徐县。

冬，十月，己卯，葬文皇帝于太陵，庙号高祖，与文献皇后同坟异穴。

诏除妇人及奴婢、部曲之课[①]，男子二十二成丁。

章仇太翼言于帝曰："陛下木命，雍州为破木之冲，不可久居。又谶云：'修治洛阳还晋家。'"帝深以为然。十一月，乙未，幸洛阳，留晋王昭守长安。杨素以功拜其子万石、仁行、侄玄挺为仪同三司，赉物五万段，绮罗千匹，谅妓妾二十人。

丙申，发丁男数十万掘堑，自龙门东接长平、汲郡[②]，抵临清关[③]，渡河至浚仪、襄城[④]，达于上洛[⑤]，以置关防。

壬子，陈叔宝卒；赠大将军、长城县公，谥曰炀。

癸丑，下诏于伊洛建东京，仍曰："宫室之制，本以便生，今所营构，务从俭约。"

蜀王秀之得罪也，右卫大将军元胄坐与交通除名，久不得调。时慈州刺史上官政坐事徙岭南，将军丘和以蒲州失守除名[⑥]。胄与和有旧，酒酣，谓和曰："上官政，壮士也，今徙岭表，得无大事乎！"因自拊腹曰："若是公者，不徒然矣。"和奏之，胄竟坐死。于是征政为骁卫将军,以和为代州刺史。

**【注释】**

①部曲:古时军队的编制单位。也指豪门大族私人的军队。 ②龙门:县名。治所在今山西河津市。长平:郡名。治所在今山西晋城市东北。汲郡:治所在今河南卫辉市。 ③临清关:在今河南新乡市东北。④浚仪:县名。治所即今河南开封市。襄城:郡名。治所在今河南汝州市东。 ⑤上洛:郡名。治所在今陕西商洛市商州区。 ⑥蒲州:治所在今山西永济市。

## 炀皇帝上之上[1]

**大业元年** 春,正月,壬辰朔,赦天下,改元。

立妃萧氏为皇后。

废诸州总管府。

丙辰,立晋王昭为皇太子。

高祖之末,群臣有言林邑多奇宝者[2]。时天下无事,刘方新平交州[3],乃授方驩州道行军总管[4],经略林邑。方遣钦州刺史宁长真等以步骑万余出越裳[5],方亲帅大将军张愻等以舟师出比景[6],是月,军至海口。

二月,戊辰,敕有司大陈金宝、器物、锦彩、车马,引杨素及诸将讨汉王谅有功者立于前,使奇章公牛弘宣诏,称扬功伐,赐赍各有差。素等再拜舞蹈而出。己卯,以素为尚书令[7]。

诏天下公除,惟帝服浅色黄衫、铁装带。

三月,丁未,诏杨素与纳言杨达、将作大匠宇文恺营建东京[8],每月役丁二百万人,徙洛州郭内居民及诸州富商大贾数万户以实之。废二崤道[9],开菱册道[10]。

戊申,诏曰:"听采舆颂,谋及庶民,故能审刑政之得失;今将巡历淮、海,观省风俗。"

敕宇文恺与内史舍人封德彝等营显仁宫[11],南接皂涧[12],北跨洛滨。发大江之南、五岭以北奇材异石,输之洛阳;又求海内嘉木异草，珍禽奇兽，以实园苑。辛亥，命尚书右丞皇甫议发河南、淮北诸郡民[13]，前后百余万，开通济渠[14]。自西苑引谷、洛水达于河；复自板渚引河历荥泽入汴[15]；又自大梁之东引汴水入泗[16]，达于淮；又发淮南民十余万开邗沟[17]，自山阳至杨子入江[18]。渠广四十步，渠旁皆筑御道，树以柳，自长安至江都，置离宫四十余所。庚申，遣黄门侍郎王弘等往江南造龙舟及杂船数万艘。东京官吏督役严急，役丁死者什四五，所司以车载死丁，东至城皋[19]，北至河阳，相望于道。又作天经宫于东京，四时祭高祖。

林邑王梵志遣兵守险，刘方击走之。师渡阇黎江[20]，林邑兵乘巨象，四面而至。方战不利，乃多掘小坑，草覆其上，以兵挑之，既战，伪北；林邑逐之，象多陷地颠踬，转相惊骇，军遂乱。方以弩射象，象却走，蹂其阵，因以锐师继之，林邑大败，俘馘万计。方引兵追之，屡战皆捷，过马援铜柱南，八日至其国都。夏，四月，梵志弃城走入海。方入城，获其庙主十八，皆铸金为之；刻石纪功而还。士卒肿足，死者什四五，方亦得疾，卒于道。

初，尚书右丞李纲数以异议忤杨素及苏威，素荐纲于高祖，以为方行军司马。方承素意，屈辱之，几死。军还，久不得调，威复遣纲诣南海应接林邑，久而不召。纲自归奏事，威劾奏纲擅离所职，下吏按问；会赦，免官，屏居于鄠[21]。

隋白釉黑彩侍吏俑

【注释】

①炀皇帝：即隋炀帝杨广(569—618)。604—618 年在位。一名英，小字阿麽。文帝杨坚第二子。即位后四处游

览、大肆挥霍。兴修大运河，营建东都洛阳，迫使数百万人服劳役。对外不断用兵，激起人民反抗。大业十四年（618），他在江都（今江苏扬州市）被禁军将领宇文化及等缢杀。 ②林邑：国名。在今越南中部。 ③交州：治所在今越南河内市。 ④驩州道：治所在今越南义安省荣市。 ⑤越裳：县名。治所在今越南河静省甘禄附近。 ⑥比景：郡名。治所在今越南河洞县。 ⑦尚书令：官名。尚书省长官，总领六部，贯彻各项政令。与内史省、门下省长官同为事实上的宰相。 ⑧东京：北周灭北齐时，以洛阳为东京。⑨二崤道：崤山南道。崤山，在今河南洛宁县西北，西接陕县界，东接渑池县界。 ⑩葼（zōng 宗）册道：崤山北道。 ⑪显仁宫：在今河南宜阳县境。 ⑫皂涧：洛水支流。 ⑬尚书右丞：官名。尚书省属官。左丞总辖吏、户、礼三部，右丞总辖兵、刑、工三部之事。 ⑭通济渠：分东西两段：西段自今河南洛阳市西引谷、洛水东循阳渠故道由洛水入黄河；东段自板渚（今河南荥阳市市北）引黄河东南行，经今开封市及杞县、商丘、永城等市县，复东南经今安徽宿州市、泗县和江苏泗洪县至盱眙县对岸注入淮河。唐改名广济渠。 ⑮荥泽：在今河南郑州市西北。 ⑯大梁：今河南开封市。 ⑰邗（hán 寒）沟：春秋吴王夫差十年（前486）凿。故道自今江苏扬州市南引长江往北至淮安市入淮河。 ⑱山阳：郡名。治所在今江苏淮安市。杨子：今江苏仪征市。 ⑲城皋：郡名。治所在今河南荥阳市。 ⑳阇（shé 舌）黎江：今地不详。 ㉑鄠（hù 户）：县名。治所在今陕西西安市鄠邑区北。

五月，筑西苑，周二百里；其内为海，周十余里；为蓬莱、方丈、瀛洲诸山，高出水百余尺，台观殿阁，罗络山上，向背如神。北有龙鳞渠，萦纡注海内。缘渠作十六院，门皆临渠，每院以四品夫人主之，堂殿楼观，穷极华丽。宫树秋冬凋落，则翦彩为华叶，缀于枝条，色渝则易以新者，常如阳春。沼内亦剪彩为荷芰菱芡，乘舆游幸，则去冰而布之。十六院竟以殽羞精丽相高，求市恩宠。上好以月夜从宫女数千骑游西苑，作《清夜游曲》，于马上奏之。

帝待诸王恩薄，多所猜忌；滕王纶、卫王集内自忧惧，呼术者问吉凶及章醮求福。或告其怨望咒诅，有司奏请诛之；秋，七月，丙午，诏除名为民，徙边郡。纶，瓒之子；集，爽之子也。

八月，壬寅，上行幸江都，发显仁宫，王弘遣龙舟奉迎。乙巳，上御小朱航，自漕渠出洛口[①]，御龙舟。龙舟四重，高四十五尺，长二百丈。上重有正殿、内殿、东、西朝堂，中二重有百二十房，皆饰以金玉，下重内侍处之。皇后乘翔螭舟[②]，制度差小，而装饰无异。别有浮景九艘，三重，皆水殿也。又有漾彩、朱乌、苍螭、白虎、玄武、飞羽、青凫、陵波、五楼、道场、玄坛、板艄、黄篾等数千艘[③]，后宫、诸王、公主、百官、僧、尼、道士、蕃客乘之，及载内外百司供奉之物，共用挽船士八万余人，其挽漾彩以上者九千余人，谓之殿脚，皆以锦彩为袍。又有平乘、青龙、艨艟、艚䑼、八棹、艇舸等数千艘[④]，并十二卫兵乘之，并载兵器帐幕，兵士自引，不给夫。舳舻相接二百余里，照耀川陆，骑兵翊两岸而行，旌旗蔽野。所过州县，五百里内皆令献食，多者一州至百舆，极水陆珍奇；后宫厌饫[⑤]，将发之际，多弃埋之。

契丹寇营州[⑥]，诏通事谒者韦云起护突厥兵讨之[⑦]，启民可汗发骑二万，受其处分。云起分为二十营，四道俱引，营相去一里，不得交杂，闻鼓声而行，闻角声而止，自非公使，勿得走马，三令五申，击鼓而发。有纥干犯约[⑧]，斩之，持首以徇。于是突厥将帅入谒，皆膝行股栗，莫敢仰视。契丹本事突厥，情无猜忌。云起既入其境，使突厥诈云向柳城与高丽交易[⑨]，敢漏泄事实者斩。契丹不为备，去其营五十里，驰进袭之，尽获其男女四万口，杀其男子，以女子及畜产之半赐突厥，余皆收之以归。帝大喜，集百官曰："云起用突厥平契丹，才兼文武，朕今自举之。"擢为治书侍御史[⑩]。

初，西突厥阿波可汗为叶护可汗所虏，国人立鞅素特勒之子，是为泥利可汗。泥利卒，子达漫立，号处罗可汗。其母向氏，本中国人，更嫁泥利之弟婆实特勒。开皇末，婆实与向氏入朝，遇达头之乱，遂留长安，舍于鸿胪寺[⑪]。处罗多居乌孙故地[⑫]，抚御失道，国人多叛，复为铁勒所困。铁勒者，匈奴之遗种，族类最多，有仆骨、同罗、契苾、薛延陀等部，其酋长皆号俟斤。族姓虽殊，通谓之铁勒，大抵与突厥同俗，以寇抄为生，无大君长，分属东、西两突厥。是岁，处罗引兵击铁勒诸部，厚税其物，又猜忌薛延陀，恐其为变，集其酋长数百人，尽杀之。于是铁勒皆叛，立俟利发俟斤契苾歌楞为莫何可汗，又立薛延陀俟斤字也咥为小可汗，与处罗战，屡破之。莫何勇毅绝伦，甚得众心，为邻国所惮，伊吾、高昌、焉耆皆附之[13]。

【注释】

①洛口：洛水注入黄河处。在今河南巩义市境。 ②翔螭（chī 吃）：船名。 ③青凫（fú 扶）：船名。板艙（tà 榻）：大船名。 ④艨艟（méng chōng 萌冲）：船名。艚艭（cáo yuán 曹爰）：船名。 ⑤饫（yù 玉）：饱食。 ⑥契丹：古族名。源于东胡。与库莫奚系同族别种。所建政权，初也名契丹，后称辽。自北魏以来游牧于辽河上游一带。营州：今辽宁长春市朝阳区。 ⑦通事谒者：官名。即通事舍人，原属内史省。隋炀帝即位，增置谒者台，改为谒者台职，员二十人。 ⑧纥（hé 核）干：突厥低级军官。 ⑨柳城：营州治所。今辽宁长春市朝阳区。 ⑩治书侍御史：官名。御史台属官。掌执法监察。 ⑪鸿胪寺：官署名。掌接待少数民族等事。 ⑫乌孙：古代西域国家。在今新疆西北部。 ⑬伊吾：古国名。在今新疆哈密市。高昌：古国名。在今新疆吐鲁番市。焉耆：古国名。在今新疆焉耆回族自治县。

**二年** 春，正月，辛酉，东京成，进将作大匠宇文恺位开府仪同三司。

丁卯，遣十使并省州县。

二月，丙戌，诏吏部尚书牛弘等议定舆服、仪卫制度。以开府仪同三司何稠为太府少卿[①]，使之营造，送江都。稠智思精巧，博览图籍，参会古今，多所损益；衮冕画日、月、星、辰，皮弁用漆纱为之。又作黄麾三万六千人仗[②]，及辂辇车舆，皇后卤簿，百官仪服，务为华盛，以称上意。课州县送羽毛，民求捕之，网罗被水陆，禽兽有堪氅毦之用者[③]，殆无遗类。乌程有高树[④]，逾百尺，旁无附枝，上有鹤巢，民欲取之，不可上，乃伐其根；鹤恐杀其子，自拔氅毛投于地，时人或称以为瑞，曰："天子造羽仪，鸟兽自献羽毛。"所役工十万余人，用金银钱帛巨亿计。帝每出游幸，羽仪填街溢路，亘二十余里。三月，庚午，上发江都，夏，四月，庚戌，自伊阙陈法驾[⑤]，备千乘万骑入东京。辛亥，御端门，大赦，免天下今年租赋。制五品以上文官乘车，在朝弁服，佩玉；武官马加珂，戴帻，服裤褶。文物之盛，近世莫及也。

六月，壬子，以杨素为司徒；进封豫章王暕为齐王。

秋，七月，庚申，制百官不得计考增级，必有德行、功能灼然显著者进擢之。帝颇惜名位，群臣当进职者，多令兼假而已；虽有阙员，留而不补。时牛弘为吏部尚书，不得专行其职，别敕纳言苏威、左翊卫大将军宇文述、左骁卫大将军张瑾、内史侍郎虞世基、御史大夫裴蕴、黄门侍郎裴矩参掌选事，时人谓之"选曹七贵"。虽七人同在坐，然与夺之笔，虞世基独专之，受纳贿赂，多者超越等伦，无者注色而已。蕴，邃之从曾孙也。

元德太子昭自长安来朝，数月，将还，欲乞少留；帝不许。拜请无数，体素肥，因致劳疾，甲戌，薨。帝哭之，数声而止，寻奏声伎，无异平日。

楚景武公杨素，虽有大功，特为帝所猜忌，外示殊礼，内情甚薄。太史言隋分野有大丧，乃徙素为楚公，意言楚与隋同分，欲以厌之。素寝疾，帝每令名医诊候，赐以上药，然密问医者，恒恐不死。素亦自知名位已极，不肯饵药，亦不将慎，谓弟约曰："我岂须更活邪！"乙亥，素薨，赠太尉公、弘农等十郡太守，葬送甚盛。

八月，辛卯，封皇孙倓为燕王，侗为越王，侑为代王，皆昭之子也。

九月，乙丑，立秦孝王子浩为秦王。

帝以高祖末年，法令峻刻，冬，十月，诏改修律令。

置洛口仓于巩东南原上[⑥]，筑仓城，周回二十余里，穿三千窖，窖容八千石以还，置监官并镇兵千人。十二月，置回洛仓于洛阳北七里，仓城周回十里，穿三百窖。

初，齐温公之世[⑦]，有鱼龙、山车等戏，谓之散乐，周宣帝时，郑译奏征之。高祖受禅，命牛弘定乐，非正声清商及九部四舞之色[⑧]，悉放遣之。帝以启民可汗将入朝，欲以富乐夸之。太常少卿裴蕴希旨，奏括天下周、齐、梁、陈乐家子弟皆为乐户；其六品以下至庶人，有善音乐者，皆直太常。帝从之。于是四方散乐，大集东京，阅之于芳华苑积翠池侧。有舍利兽先来跳跃，激水满衢，鼋鼍、龟鳖、水人、虫鱼[⑨]，遍覆于地。又有鲸鱼喷雾翳日，倏忽化成黄龙[10]，长七八丈，又二人戴竿，上有舞者，欻然腾过[11]，左右易处。又有神鳌负山，幻人吐火，千变万化。伎人皆衣锦绣缯彩，舞者鸣环佩，缀花毦；课京兆、河南制其衣，两京锦彩为之空竭。帝多制艳篇，令乐正白明达造新声播之，音极哀怨。帝甚悦，谓明达曰："齐氏偏隅，乐工曹妙达犹封王；我今天下大同，方且贵汝，宜自修谨！"

**【注释】**

①太府少卿：官名。太府寺副长官。掌库藏财物。 ②黄麾（huī灰）：一种旌旗模样的皇家仪仗，行路时卫士高举，作为前导。 ③氅毦（chǎng ěr 敞耳）：羽毛装饰。 ④乌程：今浙江湖州市。 ⑤伊阙：县名。治所在今河南伊川县西南。 ⑥洛口仓：一名兴洛仓。在今河南巩义市东南。 ⑦齐温公：即北齐后主高纬。北周封他为温公。 ⑧清商：清商乐。盛行于汉魏六朝民间，后为宫廷所采用的汉族传统舞曲或曲辞。包括平调、清调、瑟调（即宫、商、角调在当时的俗称）之歌曲，因称清商三调，简称清商。隋平陈，置《七部乐》，其二为清商，由太常寺清商署执掌。炀帝设《九部乐》，乃改称清乐，置于九部之首。九部：九部乐。隋文帝灭陈后，集中整理了魏晋南朝盛行的清商乐及南北朝时传入中原的胡乐，制定了《七部乐》，包括：国伎、清商伎、高丽伎、天竺伎、安国伎、龟兹伎、文康伎。大业中，将清商乐列为第一部；改国伎为西凉伎，又增康国伎、疏勒伎，遂成《九部乐》。四舞：即鞞舞、铎舞、巾舞、拂舞。为我国中古前期三国时民间舞蹈，因舞蹈时持鞞鼓、持铎（大铃）、持巾、持拂，故名。 ⑨鼋（yuán 元）：大鳖。鼍（tuó 驼）：扬子鳄。 ⑩倏（shū 书）忽：转眼之间。 ⑪欻（xū 须）然：如火光一现。

**三年** 春，正月，朔旦，大陈文物。时突厥启民可汗入朝，见而慕之，请袭冠带，帝不许。明日，又率其属上表固请，帝大悦，谓牛弘等曰："今衣冠大备，致单于解辫，卿等功也！"各赐帛甚厚。

三月，辛亥，帝还长安。

癸丑，帝使羽骑尉朱宽入海求访异俗，至流求国而还[1]。

初，云定兴、阎毗坐媚事太子勇，与妻子皆没官为奴婢。上即位，多所营造，闻其有巧思，召之，使典其事，以毗为朝请郎。时宇文述用事，定兴以明珠络帐赂述，并以奇服新声求媚于述；述大喜,兄事之。上将有事四夷,大作兵器,述荐定兴可使监造,上从之。述谓定兴曰:“兄所作器杖,并合上心,而不得官者,为长宁兄弟犹未死耳。”定兴曰:“此无用物,何不劝上杀之。”述因奏:“房陵诸子年并成立,今欲兴兵征讨,若使之从驾,则守掌为难;若留于一处,又恐不可。进退无用,请早处分。”帝然之,乃鸩杀长宁王俨,分徙其七弟于岭表,仍遣间使于路尽杀之。襄城王恪之妃柳氏自杀以从恪。

夏,四月,庚辰,下诏欲安辑河北,巡省赵、魏。

牛弘等造新律成,凡十八篇,谓之《大业律》;甲申,始颁行之。民久厌严刻,喜于宽政。其后征役繁兴,民不堪命,有司临时迫胁以求济事,不复用律令矣。旅骑尉刘炫预修律令,弘尝从容问炫曰:“周礼士多而府史少,今令史百倍于前,减则不济,其故何也?”炫曰:“古人委任责成,岁终考其殿最,案不重校,文不繁悉,府史之任,掌要目而已。今之文簿,恒虑覆治,若锻炼不密,则万里追证百年旧案。故谚云:‘老吏抱案死。’事繁政弊,职此之由也。”弘曰:“魏、齐之时,令史从容而已,今则不遑宁处,何故?”炫曰:“往者州唯置纲纪,郡置守、丞,县置令而已。其余具僚则长官自辟,受诏赴任,每州不过数十,今则不然,大小之官,悉由吏部,纤介之迹,皆属考功。省官不如省事,官事不省而望从容,其可得乎!”弘善其言而不能用。

壬辰,改州为郡;改度量权衡,并依古式。改上柱国以下官为大夫[②];置殿内省[③],与尚书、门下、内史、秘书为五省;增谒者、司隶台[④],与御史为三台;分太府寺置少府监[⑤],与长秋、国子、将作、都水为五监[⑥];又增改左、右翊卫等为十六府[⑦];废伯、子、男爵,唯留王、公、侯三等。

丙寅[⑧],车驾北巡;己亥,顿赤岸泽[⑨]。五月,丁巳,突厥启民可汗遣其子拓特勒来朝。戊午,发河北十余郡丁男凿太行山,达于并州[⑩],以通驰道。丙寅,启民遣其兄子毗黎伽特勒来朝。辛未,启民遣使请自入塞奉迎舆驾,上不许。

【注释】

①流求国:即今台湾。 ②大夫:原上柱国至都督十一等勋官改为

"九大夫":光禄大夫(从一品)、左光禄大夫(正二品)、右光禄大夫(从二品)、金紫光禄大夫(正三品)、银青光禄大夫(从三品)、正议大夫(正四品)、通议大夫(从四品)、朝请大夫(正五品)、朝散大夫(从五品)。③殿内省:官署名。掌皇宫事务。 ④谒者台:官署名。掌受诏劳问、出使慰抚、持节巡察等。司隶台:官署名。掌京畿巡察。 ⑤少府监:官署名。掌供百工伎巧之事。 ⑥长秋:长秋监。为皇宫宦官署。原为内侍省。将作:将作监。掌土木营建。都水:都水监。掌川泽津梁之政令。⑦十六府:隋初沿北周之制,设置十二府以统率禁卫之兵。大业三年(607),隋炀帝将十二府增改为十二卫四府,合称十六卫府或十六府。十二卫是:左右翊卫(原左右卫府)、左右骁(骑)卫(开皇十八年设置的左右备身府)、左右武卫(原左右武卫府)、左右屯卫(原左右领军府)、左右候卫(原左右武候府及新置左右御卫);四府是:左右备身府(原左右领左右府)和左右监门府(依旧名)。 ⑧丙寅:据《隋书·炀帝纪》当作"丙申"。丙申为十八日。 ⑨赤岸泽:在今陕西大荔县西南。 ⑩并州:治所在今山西太原市。

初,高祖受禅,唯立四亲庙,同殿异室而已,帝即位,命有司议七庙之制。礼部侍郎摄太常少卿许善心等奏请为太祖、高祖各立一殿,准周文、武二祧[①],与始祖而三,余并分室而祭,从迭毁之法。至是,有司请如前议,于东京建宗庙。帝谓秘书监柳䛒曰[②]:"今始祖及二祧已具,后世子孙处朕何所?"六月,丁亥,诏为高祖建别庙,仍修月祭礼。既而方事巡幸,竟不果立。

帝过雁门,雁门太守丘和献食甚精;至马邑[③],马邑太守杨廓独无所献,帝不悦。以和为博陵太守[④],仍使廓至博陵观和为式。由是所至献食,竟为丰侈。

戊子,车驾顿榆林郡[⑤]。帝欲出塞耀兵,径突厥中,指于涿郡[⑥],恐启民惊惧,先遣武卫将军长孙晟谕旨。启民奉诏,因召所部诸国奚、霫、室韦等酋长数十人咸集[⑦]。晟见牙帐中草秽,欲令启民亲除之,示诸部落,以明威重,乃指帐前草曰:"此根大香。"启民遽嗅之,曰:"殊不香也。"晟曰:"天子行幸所在,诸侯躬自洒扫,耕除御路,以表至敬之心;今牙内芜秽,谓是留香草耳!"启民乃悟曰："奴之罪也！奴之骨肉皆天子所赐，得效筋力，岂敢有辞。特以边人不知法耳，赖将军教之；将军之惠，奴之幸也。"遂拔所佩刀，自芟庭草。其贵人及诸部争效之。于是发榆林北境，至其牙，东达于蓟[8]，长三千里，广百步，举国就役，开为御道。帝闻晟策，益嘉之。

隋"仙山并照"四神十二生肖纹镜

丁酉，启民及义成公主来朝行宫。己亥，吐谷浑、高昌并遣使入贡。

甲辰，上御北楼观渔于河，以宴百寮。定襄太守周法尚朝于行宫，太府卿元寿言于帝曰："汉武出关，旌旗千里。今御营之外，请分为二十四军，日别遣一军发，相去三十里，旗帜相望，钲鼓相闻，首尾相属，千里不绝，此亦出师之盛者也。"法尚曰："不然，兵亘千里，动间山川，猝有不虞，四分五裂；腹心有事，首尾未知，道路阻长，难以相救，虽有故事，乃取败之道也。"帝不怿，曰："卿意如何？"法尚曰："结为方陈，四面外拒，六宫及百官家属并在其内；若有变起，所当之面，即令抗拒，内引奇兵，出外奋击，车为壁垒，重设钩陈，此与据城，理亦何异！若战而捷，抽骑追奔，万一不捷，屯营自守，臣谓此万全之策也。"帝曰："善！"因拜法尚左武卫将军。

启民可汗复上表，以为"先帝可汗怜臣，赐臣安义公主，种种无乏。臣兄弟嫉妒，共欲杀臣。臣当是时，走无所适，仰视唯天，俯视唯地，奉身委命，依归先帝。先帝怜臣且死，养而生之，以臣为大可汗，还抚突厥之民。至尊今御天下，还如先帝养生臣及突厥之民，种种无乏。臣荷戴圣恩，言不能尽。臣今非昔日突厥可汗，乃是至尊臣民，愿率部落变改衣服，一如华夏”。帝以为不可。秋，七月，辛亥，赐启民玺书，谕以“碛北未静，犹须征战，但存心恭顺，何必变服”？

帝欲夸示突厥，令宇文恺为大帐，其下可坐数千人；甲寅，帝于城东御大帐，备仪卫，宴启民及其部落，作散乐。诸胡骇悦，争献牛羊驼马数千万头。帝赐启民帛二千万段，其下各有差。又赐启民路车乘马，鼓吹幡旗，赞拜不名，位在诸侯王上。

又诏发丁男百余万筑长城，西拒榆林，东至紫河⑨。尚书左仆射苏威谏，上不听，筑之二旬而毕。帝之征散乐也，太常卿高颎谏，不听。颎退，谓太常丞李懿曰：“周天元以好乐而亡，殷鉴不远，安可复尔！”颎又以帝遇启民过厚，谓太府卿何稠曰：“此虏颇知中国虚实，山川险易，恐为后患。”又谓观王雄曰：“近来朝廷殊无纲纪。”礼部尚书宇文弼私谓颎曰：“天元之侈，以今方之，不亦甚乎？”又言：“长城之役，幸非急务。”光禄大夫贺若弼亦私议宴可汗太侈。并为人所奏。帝以为诽谤朝政，丙子，高颎、宇文弼、贺若弼皆坐诛，颎诸子徙边，弼妻子没官为奴婢。事连苏威，亦坐免官。颎有文武大略，明达世务，自蒙寄任，竭诚尽节，进引贞良，以天下为己任；苏威、杨素、贺若弼、韩擒虎皆颎所推荐，自余立功立事者不可胜数；当朝执政将二十年，朝野推服，物无异议，海内富庶，颎之力也。及死，天下莫不伤之。先是，萧琮以皇后故，甚见亲重，为内史令，改封梁公，宗族缌麻以上⑩，皆随才擢用，诸萧昆弟，布列朝廷。琮性澹雅，不以职务为意，身虽羁旅，见北间豪贵，无所降下。与贺若弼善，弼既诛，又有童谣曰：“萧萧亦复起。”帝由是忌之，遂废于家，未几而卒。

**【注释】**

①祧（tiāo 佻）：祖庙；远祖庙。　②秘书监：官名。秘书省长官。掌图书著作等事。柳䛒：人名。䛒，与“辩”同。　③马邑：郡名。治所在今山西朔州市。　④博陵：郡名。治所在今河北定州市。　⑤榆林郡：治所在今内蒙古托克托县。　⑥涿郡：改幽州置，治所在今北京城西南。⑦奚：西辽河上游乌桓人。霫（xí 席）：西辽河以北匈奴人。室韦：契丹别

种。分布于今嫩江流域及黑龙江南岸一带。 ⑧蓟：涿郡治所。 ⑨紫河：在今内蒙古和林格尔县南。 ⑩缌（sī 丝）麻：五服中最轻的一种丧服。

八月，壬午，车驾发榆林，历云中[①]，溯金河[②]。时天下承平，百物丰实，甲士五十余万，马十万匹，旌旗辎重，千里不绝。令宇文恺等造观风行殿，上容侍卫者数百人，离合为之，下施轮轴，倏忽推移。又作行城，周二千步，以板为干，衣之以布，饰以丹青，楼橹悉备。胡人惊以为神，每望御营，十里之外，屈膝稽颡，无敢乘马。启民奉庐帐以俟车驾；乙酉，帝幸其帐，启民奉觞上寿，跪伏恭甚，王侯以下袒割于帐前，莫敢仰视。帝大悦，赋诗曰："呼韩顿颡至，屠耆接踵来[③]；何如汉天子，空上单于台！"皇后亦幸义成公主帐。帝赐启民及公主金瓮各一，并衣服被褥锦彩，特勒以下，受赐各有差。帝还，启民从入塞，己丑，遣归国。

癸巳，入楼烦关[④]；壬寅，至太原，诏营晋阳宫。帝谓御史大夫张衡曰："朕欲过公宅，可为朕作主人。"衡乃先驰至河内[⑤]，具牛酒。帝上太行，开直道九十里，九月，己未，至济源[⑥]，幸衡宅。帝悦其山泉，留宴三日，赐赉甚厚。衡复献食，帝令颁赐公卿，下至卫士，无不沾洽。己巳，至东都。

壬申，以齐王暕为河南尹[⑦]；癸酉，以民部尚书杨文思为纳言。

冬，十月，敕河南诸郡送一艺户陪东都三千余家，置十二坊于洛水南以处之。

西域诸胡多至张掖交市[⑧]，帝使吏部侍郎裴矩掌之。矩知帝好远略，商胡至者，矩诱访诸国山川风俗，王及庶人仪形服饰，撰《西域图记》三卷，合四十四国，入朝奏之。仍别造地图，穷其要害，从西倾以去[⑨]，纵横所亘，将二万里，发自敦煌，至于西海[⑩]，凡为三道，北道从伊吾[⑪]，中道从高昌[⑫]，南道从鄯善[⑬]，总凑敦煌。且云："以国家威德，将士骁雄，泛濛汜而越昆仑[⑭]，易如反掌。但突厥、吐浑分领羌、胡之国，为其壅遏，故朝贡不通。今并因商人密送诚款，引领翘首，愿为臣妾。若服而抚之，务存安辑，皇华遣使，弗动兵车，诸蕃既从，浑、厥可灭，混壹戎、夏，其在兹乎！"帝大悦，赐帛五百段，日引矩于御坐，亲问西域事。矩盛言“胡中多诸珍宝，吐谷浑易可并吞”。帝于是慨然慕秦皇、汉武之功，甘心将通西域；四夷经略，咸以委之。以矩为黄门侍郎，复使至张掖，引致诸胡，啖之以利，劝令入朝。自是西域胡往来相继，所经郡县，疲于送迎，糜费以万万计，卒令中国疲弊以至于亡，皆矩之唱导也。

铁勒寇边，帝遣将军冯孝慈出敦煌击之，不利。铁勒寻遣使谢罪，请降；帝使裴矩慰抚之。

**【注释】**

①云中:郡名。治所在今内蒙古和林格尔县西北土城子。 ②金河:流经和林格尔县北。 ③屠耆:屠耆王，匈奴最高官职，分左右，汉称为左右贤王。 ④楼烦关:在今山西宁武县北。 ⑤河内:郡名。治所在今河南沁阳市。 ⑥济源:县名。在今河南济源市。 ⑦河南尹:东都洛阳行政长官。 ⑧张掖:郡名。治所在今甘肃张掖市。 ⑨西倾:西倾山，在今甘肃临洮县南。 ⑩西海:中亚细亚依斯色克湖。 ⑪伊吾:今新疆哈密市。 ⑫高昌:今新疆吐鲁番市。 ⑬鄯善:今新疆若羌县东北。 ⑭濛汜:水名。在今四川彭州市境。

# 资治通鉴卷第一百八十一

## 隋纪五 起著雍执徐，尽玄黓涒滩，凡五年。

### 炀皇帝上之下

**大业四年** 春，正月，乙巳，诏发河北诸军百余万众穿永济渠[①]，引沁水南达于河，北通涿郡。丁男不供，始役妇人。

壬申，以太府卿元寿为内史令。

裴矩闻西突厥处罗可汗思其母，请遣使招怀之。二月，己卯，帝遣司朝谒者崔君肃赍诏书慰谕之[②]。处罗见君肃甚倨，受诏不肯起，君肃谓之曰："突厥本一国，中分为二，每岁交兵，积数十岁而莫能相灭者，明知其势敌耳。然启民举其部落百万之众，卑躬折节，入臣天子者，其故何也？正以切恨可汗，不能独制，欲借兵于大国，共灭可汗耳。群臣咸欲从启民之请，天子既许之，师出有日矣。顾可汗母向夫人惧西国之灭，旦夕守阙，哭泣哀祈，匍匐谢罪，请发使召可汗，令入内属。天子怜之，故复遣使至此。今可汗乃倨慢如此，则向夫人为诳天子，必伏尸都市，传首虏庭。发大隋之兵，资东国之众，左提右挈以击可汗，亡无日矣！奈何爱两拜之礼，绝慈母之命，惜一语称臣，使社稷为墟乎！"处罗矍然而起，流涕再拜，跪受诏书，因遣使者随君肃贡汗血马。

三月，壬戌，倭王多利思比孤入贡，遗帝书曰："日出处天子致书日没处天子无恙。"帝览之，不悦，谓鸿胪卿曰："蛮夷书无礼者，勿复以闻。"

乙丑，车驾幸五原[3]，因出塞巡长城。行宫设六合板城，载以枪车。每顿舍，则外其辕以为外围，内布铁菱；次施弩床，皆插钢锥，外向；上施旋机弩，以绳连机，人来触绳，则弩机旋转，向所触而发。其外又以矰周围，施铃柱、槌磐以知所警。

帝募能通绝域者，屯田主事常骏等请使赤土[4]，帝大悦，丙寅，命骏等赍物五千段，以赐其王。赤土者，南海中远国也。

帝无日不治宫室，两京及江都，苑囿亭殿虽多，久而益厌，每游幸，左右顾瞩，无可意者，不知所适。乃备责天下山川之图，躬自历览，以求胜地可置宫苑者。夏，四月，诏于汾州之北汾水之源，营汾阳宫[5]。

初，元德太子薨，河南尹齐王暕次当为嗣，元德吏兵二万余人，悉隶于暕，帝为之妙选僚属，以光禄少卿柳謇之为齐王长史，且戒之曰："齐王德业修备，富贵自钟卿门；若有不善，罪亦相及。"謇之，庆之从子也。暕宠遇日隆，百官趋谒，阗咽道路。暕以是骄恣，昵近小人，所为多不法。遣左右乔令则、库狄仲锜、陈智伟求声色。令则等因此放纵，访人家有美女，辄矫暕命呼之，载入暕第，淫而遣之。仲锜、智伟诣陇西，挝炙诸胡，责其名马，得数匹以进暕；暕令还主，仲锜等诈言王赐，取归其家，暕不知也。乐平公主尝奏帝，言柳氏女美，帝未有所答。久之，主复以柳氏进暕，暕纳之。其后，帝问主："柳氏女安在?"主曰："在齐王所。"帝不悦。暕从帝幸汾阳宫，大猎，诏暕以千骑入围，暕大获麋鹿以献；而帝未有得也，乃怒从官，皆言为暕左右所遏，兽不得前。帝于是发怒，求暕罪失。时制：县令无故不得出境；有伊阙令皇甫诩，得幸于暕，违禁，携之至汾阳宫。御史韦德裕希旨劾奏暕，帝令甲士千余人大索暕第，因穷治其事。暕妃韦氏早卒，暕与妃姊元氏妇通，产一女。暕召相工令遍视后庭，相工指妃姊曰："此产子者当为皇后。"暕以元德太子有三子，恐不得立，阴挟左道为厌胜，至是皆发。帝大怒，斩令则等数人，赐妃姊死，暕府僚皆斥之边远。柳謇之坐不能匡正，除名。时赵王杲尚幼，帝谓侍臣曰："朕唯有暕一子，不然者，当肆诸市朝以明国宪。"暕自是恩宠日衰，虽为京尹，不复关预时政。帝恒令虎贲郎将一人监其府事[6]，暕有微失，虎贲辄奏之。帝亦常虑暕生变，所给左右，皆以老弱，备员而已。太史令庾质，季才之子也，其子为齐王属，帝谓质曰："汝不能一心事我，乃使儿事齐王，何向背如此！"对曰："臣事陛下，子事齐王，实是一心，不敢有二。"帝犹怒，出为合水令⑦。

乙卯，诏以突厥启民可汗遵奉朝化，思改戎俗，宜于万寿戍置城造屋⑧，其帷帐床褥以上，务从优厚。

秋，七月，辛巳，发丁男二十余万筑长城，自榆谷而东⑨。

裴矩说铁勒，使击吐谷浑，大破之。吐谷浑可汗伏允东走，入西平境内⑩，遣使请降求救；帝遣安德王雄出浇河⑪，许公宇文述出西平迎之。述至临羌城⑫，吐谷浑畏述兵盛，不敢降，帅众西遁；述引兵追之，拔曼头、赤水二城⑬，斩三千余级，获其王公以下二百人，虏男女四千口而还。伏允南奔雪山⑭，其故地皆空，东西四千里，南北二千里，皆为隋有，置郡、县、镇、戍，天下轻罪徙居之。

八月，辛酉，上亲祠恒岳，赦天下。河北道郡守毕集，裴矩所致西域十余国皆来助祭。

九月，辛未，征天下鹰师悉集东京。至者万余人。

冬，十月，乙卯，颁新式。

常骏等至赤土境，赤土王利富多塞遣使以三十舶迎之，进金锁以缆骏船，凡泛海百余日，入境月余，乃至其都。其王居处器用，穷极珍丽，待使者礼亦厚，遣其子那邪迦随骏入贡。

帝以右翊卫将军河东薛世雄为玉门道行军大将⑮，与突厥启民可汗连兵击伊吾，师出玉门，启民不至。世雄孤军度碛，伊吾初谓隋军不能至，皆不设备；闻世雄兵已度碛，大惧，请降。世雄乃于汉故伊吾城东筑城，留银青光禄大夫王威以甲卒千余人戍之而还。

**【注释】**

①永济渠：隋大业四年(608)凿。自今河南武陟县南引沁水达于今天津、北京，全程多利用自然河道，长二千余里。　②司朝谒者：官名。谒者台副长官。掌出使巡察等事。　③五原：郡名。治所在今内蒙古五原县。　④屯田主事：官名。工部尚书属官。工部尚书有屯田曹，掌屯田事。赤土：赤土国。古国名。故地在今马来半岛。或以为即羯荼国的

异译。608 年，隋炀帝遣常骏等访问其国，受到隆重接待，并遣使回访，建立友好关系。《隋书·南蛮列传》等书有专条记述。 ⑤汾阳宫：故址在今山西宁武县管涔山上。 ⑥虎贲郎将：官名。十六禁军府副将军。 ⑦合水：县名。治所在今甘肃庆阳市。 ⑧万寿戍：在今内蒙古托克托县北。 ⑨榆谷：在今内蒙古托克托县西。 ⑩西平：郡名。治所在今青海海东市乐都区。 ⑪浇河：郡名。治所在今青海贵德县。 ⑫临羌城：故址在今青海湟源县东南。 ⑬曼头：城名。故址在今青海兴海县北。赤水：城名。故址在今青海兴海县。 ⑭雪山：即今青海东南部积石山。 ⑮行军大将：隋炀帝改行军总管为行军大将。

**五年** 春，正月，丙子，改东京为东都。

突厥启民可汗来朝，礼赐益厚。

癸未，诏天下均田。

戊子，上自东都西还。

己丑，制民间铁叉、搭钩、穳刃之类皆禁之。

二月，戊申，车驾至西京。

三月，己巳，西巡河右[1]；乙亥，幸扶风旧宅[2]。夏，四月，癸亥，出临津关[3]，渡黄河，至西平，陈兵讲武，将击吐谷浑。五月，乙亥，上大猎于拔延山[4]，长围亘二十里。庚辰，入长宁谷[5]，度星岭[6]；丙戌，至浩亹川[7]。以桥未成，斩都水使者黄亘及督役者九人[8]。数日，桥成，乃行。

吐谷浑可汗伏允帅众保覆袁川[9]，帝分命内史元寿南屯金山[10]，兵部尚书段文振北屯雪山，太仆卿杨义臣东屯琵琶峡[11]，将军张寿西屯泥岭[12]，四面围之。伏允以数十骑遁出，遣其名王诈称伏允，保车我真山[13]。壬辰，诏右屯卫大将军张定和往捕之。定和轻其众少，不被甲，挺身登山，吐谷浑伏兵射杀之；其亚将柳武建击吐谷浑，破之。甲午，吐谷浑仙头王穷蹙，帅男女十余万口来降。六月，丁酉，遣左光禄大夫梁默等追讨伏允，兵败，为伏允所杀。卫尉卿刘权出伊吾道，击吐谷浑，至青海，虏获千余口，乘胜追奔，至伏俟城[14]。

辛丑，帝谓给事郎蔡征曰：“自古天子有巡狩之礼；而江东诸帝多傅脂粉，坐深宫，不与百姓相见，此何理也？”对曰：“此其所以不能长世。”丙午，至张掖。帝之将西巡也，命裴矩说高昌王麴伯雅及伊吾吐屯设等，啖以厚利，召使入朝。壬子，帝至燕支山[15]，伯雅、吐屯设等及西域二十七国谒于道左，皆令佩金玉，被锦罽[16]，焚香奏乐，歌舞喧噪。帝复令武威、张掖士女盛饰纵观，衣服车马不鲜者，郡县督课之。骑乘嗔咽，周亘数十里，以示中国之盛。吐屯设献西域数千里之地，上大悦。癸丑，置西海、河源、鄯善、且末等郡[17]，谪天下罪人为戍卒以守之。命刘权镇河源郡积石镇[18]，大开屯田，捍御吐谷浑，以通西域之路。

是时天下凡有郡一百九十，县一千二百五十五，户八百九十万有奇。东西九千三百里，南北万四千八百一十五里。隋氏之盛，极于此矣。

帝谓裴矩有绥怀之略，进位银青光禄大夫。自西京诸县及西北诸郡，皆转输塞外，每岁巨亿万计；经途险远及遇寇钞，人畜死亡不达者，郡县皆征破其家。由是百姓失业，西方先困矣。

初，吐谷浑伏允使其子顺来朝，帝留顺不遣。伏允败走，无以自资，帅数千骑客于党项。帝立顺为可汗，送至玉门，令统其余众；以其大宝王尼洛周为辅。至西平，其部下杀洛周，顺不果入而还。

丙辰，上御观风殿，大备文物，引高昌王麴伯雅及伊吾吐屯设升殿宴饮，其余蛮夷使者陪阶庭者二十余国，奏九部乐及鱼龙戏以娱之，赐赉有差。戊午，赦天下。

吐谷浑有青海，俗传置牝马于其上，得龙种。秋，七月，置马牧于青海，纵牝马二千匹于川谷以求龙种，无效而止。

车驾东还，经大斗拔谷[19]，山路隘险，鱼贯而出，风雪晦冥，文武饥馁沾湿，夜久不逮前营，士卒冻死者太半，马驴什八九，后宫妃、主或狼狈相失，与军士杂宿山间。九月，乙未[20]，车驾入西京。冬，十一月，丙子，复幸东都。

民部侍郎裴蕴以民间版籍，脱漏户口及诈注老小尚多，奏令貌阅，若一人不实，则官司解职。又许民纠得一丁者，令被纠之家代输赋役。是岁，诸郡计帐进丁二十万三千，新附口六十四万一千五百。帝临朝览状，谓百官曰："前代无贤才，致此罔冒；今户口皆实，全由裴蕴。"由是渐见亲委，未几，擢授御史大夫，与裴矩、虞世基参掌机密。蕴善候伺人主微意，所欲罪者，则曲法锻成其罪；所欲宥者，则附从轻典，因而释之。是后大小之狱，皆以付蕴，刑部、大理莫敢与争，必禀承进止，然后决断。蕴有机辩，言若悬河，或重或轻，皆由其口，剖析明敏，时人不能致诘。

突厥启民可汗卒，上为之废朝三日，立其子咄吉，是为始毕可汗；表请尚公主，诏从其俗。

初，内史侍郎薛道衡以才学有盛名，久当枢要，高祖末，出为襄州总管；帝即位，自番州刺史召之，欲用为秘书监。道衡既至，上《高祖文皇帝颂》，帝览之，不悦，顾谓苏威曰："道衡致美先朝，此《鱼藻》之义也[21]。"拜司隶大夫[22]，将置之罪。司隶刺史房彦谦劝道衡杜绝宾客[23]，卑辞下气，道衡不能用。会议新令，久不决，道衡谓朝士曰："向使高颎不死，令决当久行。"有人奏之，帝怒曰："汝忆高颎邪！"付执法者推之。裴蕴奏："道衡负才恃旧，有无君之心，推恶于国，妄造祸端。论其罪名，似如隐昧；原其情意，深为悖逆。"帝曰："然。我少时与之行役，轻我童稚，与高颎、贺若弼等外擅威权；及我即位，怀不自安，赖天下无事，未得反耳。公论其逆，妙体本心。"道衡自以所坐非大过，促宪司早断，冀奏日帝必赦之，敕家人具馔，以宾客来候者。及奏，帝令自尽，道衡殊不意，未能引决。宪司重奏，缢而杀之，妻子徙且末。天下冤之。

帝大阅军实，称器甲之美，宇文述因进言："此皆云定兴之功。"帝即擢定兴为太府丞。

**【注释】**

①河右：地区名。即河西。指今甘肃、青海二省黄河以西，即河西走廊与湟水流域一带。　②扶风：郡名。治所在今陕西凤翔县。　③临津关：一名临津城。在今青海循化撒拉族自治县东黄河南岸。　④拔延山：在今青海化隆回族自治县西北。　⑤长宁谷：在今青海西宁市北。⑥星岭：在今青海西宁市北大通回族土族自治县附近。　⑦浩亹（wěi伟）川：一名阁门河。即今青海、甘肃境内湟水支流大通河。　⑧都水使者：官名。都水台长官。掌水利。　⑨覆袁川：在今青海省青海湖东北

一带。⑩金山：在今青海西宁市西北。⑪琵琶峡：在今青海门源回族自治县西大通河畔。⑫泥岭：在今青海刚察县西北，为今大通山的南支。⑬车我真山：在今青海祁连县东南一带。⑭伏俟城：在今青海共和县西北黑马镇东北。西魏大统六年（540）吐谷浑夸吕可汗建都于此。隋大业五年（609）置西海郡治此。⑮燕支山：在今甘肃永昌、民乐二县之间。⑯罽（jì 计）：一种毛织品。⑰河源：郡名。治所在赤水城（今青海兴海县东南）。鄯善：郡名。治所在今新疆若羌县。且末：郡名。治所在今新疆且末县附近。⑱积石镇：在今青海兴海县一带。⑲大斗拔谷：即今甘肃民乐县东南甘、青二省交界处扁都口隘路。⑳乙未：据《隋书·炀帝纪》，当作"癸未"。㉑《鱼藻》：《诗·小雅》篇名。《诗序》认为《鱼藻》是刺幽王之诗。㉒司隶大夫：官名。司隶台长官。掌京畿安全。㉓司隶刺史：官名。司隶台属官。掌巡察畿外诸郡。

**六年**　春，正月，癸亥朔，未明三刻，有盗数十人，素冠练衣，焚香持华，自称弥勒佛，入自建国门[①]，监门者皆稽首。既而夺卫士仗，将为乱；齐王暕遇而斩之。于是都下大索，连坐者千余家。

帝以诸蕃酋长毕集洛阳，丁丑，于端门街盛陈百戏，戏场周围五千步，执丝竹者万八千人，声闻数十里，自昏达旦，灯火光烛天地，终月而罢，所费巨万。自是岁以为常。

诸蕃请入丰都市交易[②]，帝许之。先命整饰店肆，檐宇如一，盛设帷帐，珍货充积，人物华盛，卖菜者亦藉以龙须席。胡客每过酒食店，悉令邀延就坐，醉饱而散，不取其直，绐之曰："中国丰饶，酒食例不取直。"胡客皆惊叹。其黠者颇觉之，见以缯帛缠树，曰："中国亦有贫者，衣不盖形，何如以此物与之，缠树何为？"市人惭不能答。

帝称裴矩之能，谓群臣曰："裴矩大识朕意，凡所陈奏，皆朕之成算，未发之顷，矩辄以闻；自非奉国尽心，孰能若是！"是时矩与右翊卫大将军宇文述、内史侍郎虞世基、御史大夫裴蕴、光禄大夫郭衍皆以谄谀有宠。述善于供奉，容止便辟，侍卫者咸取则焉。郭衍尝劝帝五日一视朝，曰："无效高祖，空自勤苦。"帝益以为忠，曰："唯有郭衍心与朕同。"

帝临朝凝重，发言降诏，辞义可观；而内存声色，其在两都及巡游，常以僧、尼、道士、女官自随，谓之四道场。梁公萧钜，琮之弟子；千牛左右宇文皛[③]，庆之孙也；皆有宠于帝。帝每日于苑中林亭间盛陈酒馔，敕燕王倓与钜、皛及高祖嫔御为一席，僧、尼、道士、女官为一席，帝与诸宠姬为一席，略相连接，罢朝即从之宴饮，更相劝侑，酒酣淆乱，靡所不至，以是为常。杨氏妇女之美者，往往进御。皛出入宫掖，不限门禁。至于妃嫔、公主皆有丑声，帝亦不之罪也。

帝复遣朱宽招抚流求，流求不从，帝遣虎贲郎将庐江陈稜、朝请大夫同安张镇周发东阳兵万余人，自义安泛海击之[④]。行月余，至其国，以镇周为先锋。流求王渴剌兜遣兵逆战；屡破之，遂至其都。渴剌兜自将出战，又败，退入栅；稜等乘胜攻拔之，斩渴剌兜，虏其民万余口而还。二月，乙巳，稜等献流求俘，颁赐百官，进稜位右光禄大夫，镇周金紫光禄大夫。

乙卯，诏以"近世茅土妄假，名实相乖，自今唯有功勋乃得赐封，仍令子孙承袭"。于是旧赐五等爵，非有功者皆除之。

庚申，以所征周、齐、梁、陈散乐悉配太常，皆置博士弟子以相传授，乐工至三万余人。

三月，癸亥，帝幸江都宫[⑤]。

初，帝欲大营汾阳宫，令御史大夫张衡具图奏之。衡乘间进谏曰："比年劳役繁多，百姓疲弊，伏愿留神，稍加抑损。"帝意甚不平，后目衡谓侍臣曰："张衡自谓由其计画，令我有天下也。"乃录齐王暕携皇甫诩从驾及前幸涿郡祠恒岳时父老谒见者衣冠多不整，谴衡以宪司不能举

隋李静训墓出土绿玻璃瓶

正，出为榆林太守。久之，衡督役筑楼烦城，因帝巡幸，得谒帝。帝恶衡不损瘦，以为不念咎，谓衡曰："公甚肥泽，宜且还郡。"复遣之榆林。未几，敕衡督役江都宫。礼部尚书杨玄感使至江都，衡谓玄感曰："薛道衡真为枉死。"玄感奏之；江都郡丞王世充又奏衡频减顿具。帝于是发怒，锁诣江都市，将斩之，久乃得释，除名为民，放还田里。以王世充领江都宫监。

世充本西域胡人，姓支氏，父收，幼从其母嫁王氏，因冒其姓。世充性谲诈，有口辩，颇涉书传，好兵法，习律令。帝数幸江都，世充能伺候颜色为阿谀，雕饰池台，奏献珍物，由是有宠。

夏，六月，甲寅，制江都太守秩同京尹⑥。

冬，十二月，己未，文安宪侯牛弘卒。弘宽厚恭俭，学术精博，隋室旧臣，始终信任，悔吝不及者，唯弘一人而已。弟弼，好酒而酗⑦，尝因醉射杀弘驾车牛。弘来还宅，其妻迎谓之曰："叔射杀牛。"弘无所怪问，直答云："作脯。"坐定，其妻又曰："叔忽射杀牛，大是异事！"弘曰："已知之矣。"颜色自若，读书不辍。

敕穿江南河，自京口至余杭⑧，八百余里，广十余丈，使可通龙舟，并置驿宫、草顿，欲东巡会稽。

上以百官从驾皆服袴褶⑨，于军旅间不便，是岁，始诏"从驾涉远者，文武官皆戎衣，五品以上，通著紫袍，六品以下，兼用绯绿，胥史以青，庶人以白，屠商以皂，士卒以黄"。

帝之幸启民帐也，高丽使者在启民所，启民不敢隐，与之见帝。黄门侍郎裴矩说帝曰："高丽本箕子所封之地⑩，汉、晋皆为郡县；今乃不臣，别为异域。先帝欲征之久矣，但杨谅不肖，师出无功。当陛下之时，安可不取，使冠带之境，遂为蛮貊之乡乎！今其使者亲见启民举国从化，可因其恐惧，胁使入朝。"帝从之，敕牛弘宣旨曰："朕以启民诚心奉国，故亲至其帐。明年当往涿郡，尔还日语高丽王：勿自疑惧，存育之礼，当如启民。苟或不朝，将帅启民往巡彼土。"高丽王元惧，藩礼颇阙，帝将讨之；课天下富人买武马，匹至十万钱；简阅器仗，务令精新，或有滥恶，则使者立斩。

【注释】

①建国门：东都洛阳皇城端门。　②丰都：东都东市。　③千牛左

右:武官名。东宫左右内率府属官。千牛备身左、右十二人,掌供御弓箭。宇文皛(xiǎo 晓):宇文庆之孙。 ④义安:郡名。治所在今广东潮州市。 ⑤江都宫:在今江苏扬州市西。 ⑥秩同京尹:隋制,京尹正三品。 ⑦酗:同"酗"(xù)。 ⑧京口:今江苏镇江市。余杭:今浙江杭州市。 ⑨袴褶(zhě 者):服装名。袴为下衣,套裤。褶为上衣。上穿褶而下缚袴,外面不再套裘裳。为骑乘之服。 ⑩箕子:商贵族。纣王叔父。官少师。曾劝谏纣王,被囚禁。周武王灭商后被释。

**七年** 春,正月,壬寅,真定襄侯郭衍卒。

二月,己未,上升钓台,临杨子津①。大宴百僚。乙亥,帝自江都行幸涿郡,御龙舟,渡河入永济渠,仍敕选部、门下、内史、御史四司之官于前船选补,其受选者三千余人,或徒步随船三千余里,不得处分,冻馁疲顿,因而致死者什一二。

壬午,下诏讨高丽。敕幽州总管元弘嗣往东莱海口造船三百艘②,官吏督役,昼夜立水中,略不敢息,自腰以下皆生蛆,死者什三四。夏,四月,庚午,车驾至涿郡之临朔宫,文武从官九品以上,并令给宅安置。先是,诏总征天下兵,无问远近,俱会于涿。又发江淮以南水手一万人,弩手三万人,岭南排镩手三万人,于是四远奔赴如流。五月,敕河南、淮南、江南造戎车五万乘送高阳③,供载衣甲幔幕,令兵士自挽之,发河南、北民夫以供军须。秋,七月,发江、淮以南民夫及船运黎阳及洛口诸仓米至涿郡,舳舻相次千余里,载兵甲及攻取之具,往还在道常数十万人,填咽于道,昼夜不绝,死者相枕,臭秽盈路,天下骚动。

山东、河南大水,漂没三十余郡。冬,十月,乙卯,底柱崩,偃河逆流数十里。

初,帝西巡,遣侍御史韦节召西突厥处罗可汗,令与车驾会大斗拔谷,国人不从,处罗谢使者,辞以他故。帝大怒,无如之何。会其酋长射匮遣使来求婚,裴矩因奏曰:"处罗不朝,恃强大耳。臣请以计弱之,分裂其国,即易制也。射匮者,都六之子,达头之孙,世为可汗,君临西面,今闻其失职,附属处罗,故遣使来以结援耳,愿厚礼其使,拜为大可汗,则突厥势分,两从我矣。"帝曰:"公言是也。”因遣矩朝夕至馆，微讽谕之。帝于仁风殿召其使者，言处罗不顺之状，称射匮向善，吾将立为大可汗，令发兵诛处罗，然后为婚。帝取桃竹白羽箭一枚以赐射匮，因谓之曰：“此事宜速，使疾如箭也。”使者返，路径处罗，处罗爱箭，将留之，使者谲而得免。射匮闻而大喜，兴兵袭处罗；处罗大败，弃妻子，将数千骑东走，缘道被劫，寓于高昌，东保时罗漫山[4]。高昌王麴伯雅上状。帝遣裴矩与向氏亲要左右驰至玉门关晋昌城，晓谕处罗使入朝。十二月，己未，处罗来朝于临朔宫，帝大悦，接以殊礼。帝与处罗宴，处罗稽首，谢入见之晚。帝以温言慰劳之，备设天下珍膳，盛陈女乐，罗绮丝竹，眩曜耳目，然处罗终有怏怏之色。

帝自去岁谋讨高丽，诏山东置府，令养马以供军役。又发民夫运米，积于泸河、怀远二镇[5]，车牛往者皆不返，士卒死亡过半，耕稼失时，田畴多荒。加之饥馑，米价踊贵，东北边尤甚，斗米直数百钱。所运米或粗恶，令民籴以偿之。又发鹿车夫六十余万，二人共推米三石，道途险远，不足充糇粮，至镇，无可输，皆惧罪亡命。重以官吏贪残，因缘侵渔，百姓困穷，财力俱竭，安民则不胜冻馁，死期交急，剽掠则犹得延生，于是始相聚为群盗。

邹平民王薄拥众据长白山[6]，剽掠齐、济之郊，自称知世郎，言事可知矣；又作《无向辽东浪死歌》以相感劝，避征役者多往归之。

平原东有豆子航负海带河[7]，地形深阻，自高齐以来，群盗多匿其中，有刘霸道者，家于其旁，累世仕宦，赀产富厚。霸道喜游侠，食客常数百人。及群盗起，远近多往依之，有众十余万，号“阿舅贼”。

隋青釉盘托五兽足器

漳南人窦建德[8]，

少尚气侠，胆力过人，为乡党所归附。会募人征高丽，建德以勇敢选为二百人长。同县孙安祖亦以骁勇选为征士，安祖辞以家为水所漂，妻子馁死，县令怒笞之。安祖刺杀令，亡抵建德，建德匿之。官司逐捕，踪迹至建德家，建德谓安祖曰："文皇帝时，天下殷盛，发百万之众以伐高丽，尚为所败。今水潦为灾，百姓困穷，加之往岁西征，行者不归，疮痍未复；主上不恤，乃更发兵亲击高丽，天下必大乱。丈夫不死，当立大功，岂可但为亡虏邪！"乃集无赖少年，得数百人，使安祖将之，入高鸡泊中为群盗[9]，安祖自号将军。时鄃人张金称聚众河曲[10]，蓨人高士达聚众于清河境内为盗[11]。郡县疑建德与贼通，悉收其家属，杀之。建德帅麾下二百人亡归士达，士达自称东海公，以建德为司兵。顷之，孙安祖为张金称所杀，其众尽归建德，兵至万余人。建德能倾身接物，与士卒均劳逸，由是人争附之，为之致死。

自是所在群盗蜂起，不可胜数，徒众多者至万余人，攻陷城邑。甲子，敕都尉、鹰扬与郡县相知追捕，随获斩决；然莫能禁止。

**【注释】**

①杨子津：也作扬子津。一名扬子桥。在今江苏扬州市南。古时紧靠长江北岸，由此南渡京口，为江滨要津。隋大业中建临江宫于此。②东莱：郡名。治所在今山东莱州市。 ③高阳：县名。治所在今河北高阳县东。 ④时罗漫山：或译折罗漫山。即今新疆境内天山山脉。⑤泸河：镇名。在今辽宁义县境。怀远：镇名。在今辽宁沈阳市辽中区附近。 ⑥长白山：在今山东邹平市南、济南市章丘区和淄博市间。⑦豆子航（gǎng 港）：在今山东惠民县境。 ⑧漳南：县名。治所即今河北故城县东北故城。 ⑨高鸡泊：湖名。在今河北故城县西南。 ⑩鄃（shū 舒）：县名。治所在今山东平原县西南。 ⑪蓨（tiáo 条）：县名。治所在今河北景县。清河：郡名。治所在今河北清河县西北。

**八年** 春，正月，帝分西突厥处罗可汗之众为三，使其弟阙度设将羸弱万余口，居于会宁[1]，又使特勒大奈别将余众居于楼烦[2]，命处罗将五百骑常从车驾巡幸，赐号曷婆那可汗，赏赐甚厚。

初，嵩高道士潘诞自言三百岁[3]，为帝合炼金丹。帝为之作嵩阳观，华屋数百间，以童男童女各一百二十人充给使，位视三品；常役数千人，所费巨万。云金丹应用石胆、石髓，发石工凿嵩高大石深百尺者数十处。凡六年，丹不成。帝诘之，诞对以“无石胆、石髓，若得童男女胆髓各三斛六斗，可以代之”。帝怒，锁诣涿郡，斩之。且死，语人曰：“此乃天子无福，值我兵解时至[4]，我应生梵摩天”云。

四方兵皆集涿郡，帝征合水令庾质，问曰：“高丽之众不能当我一郡，今朕以此众伐之，卿以为克不？”对曰：“伐之可克。然臣窃有愚见，不愿陛下亲行。”帝作色曰：“朕今总兵至此，岂可未见贼而先自退邪？”对曰：“战而未克，惧损威灵。若车驾留此，命猛将劲卒，指授方略，倍道兼行，出其不意，克之必矣。事机在速，缓则无功。”帝不悦，曰：“汝既惮行，自可留此。”右尚方署监事耿询上书切谏，帝大怒，命左右斩之，何稠苦救，得免。

壬午，诏左十二军出镂方、长岑、溟海、盖马、建安、南苏、辽东、玄菟、扶馀、朝鲜、沃沮、乐浪等道，右十二军出黏蝉、含资、浑弥、临屯、候城、提奚、蹋顿、肃慎、碣石、东暆、带方、襄平等道，骆驿引途，总集平壤，凡一百一十三万三千八百人，号二百万，其馈运者倍之。宜社于南桑乾水上，类上帝于临朔宫南，祭马祖于蓟城北[5]。帝亲授节度：每军大将、亚将各一人；骑兵四十队，队百人，十队为团，步卒八十队，分为四团，团各有偏将一人；其铠胄、缨拂、旗幡，每团异色；受降使者一人，承诏慰抚，不受大将节制；其辎重散兵等亦为四团，使步卒挟之而行；进止立营，皆有次叙仪法。癸未，第一军发；日遣一军，相去四十里，连营渐进；终四十日，发乃尽，首尾相继，鼓角相闻，旌旗亘九百六十里。御营内合十二卫、三台、五省、九寺，分隶内、外、前、后、左、右六军，次后发，又亘八十里。近古出师之盛，未之有也。

甲辰，内史令元寿薨。

二月，壬戌，观德王雄薨。

北平襄侯段文振为兵部尚书，上表，以为帝“宠待突厥太厚，处之塞内，资以兵食，戎狄之性，无亲而贪，异日必为国患，宜以时谕遣，令出塞外，然后明设烽候，缘边镇防，务令严重，此万岁之长策也”。兵曹郎斛斯政[6]，椿之孙也，以器干明悟，为帝所宠任，使专掌兵事。文振知政险薄，不可委以机要，屡言于帝，帝不从。及征高丽，以文振为左候卫大将军，出南苏道。文振于道中疾笃，上表曰：“窃见辽东小丑，未服严刑，远降六师，亲劳万乘。但夷狄多诈，深须防拟，口陈降款，毋宜遽受。水潦方降，不可淹迟。唯愿严勒诸军，星驰速发，水陆俱前，出其不意，则平壤孤城，势可拔也。若倾其本根，余城自克；如不时定，脱遇秋霖，深为艰阻，兵粮既竭，强敌在前，靺鞨出后[7]，迟疑不决，非上策也。”三月，辛卯，文振卒，帝甚惜之。

癸巳，上始御师，进至辽水。众军总会，临水为大陈，高丽兵阻水拒守，隋兵不得济。左屯卫大将军麦铁杖谓人曰：“丈夫性命自有所在，岂能然艾灸頞，瓜蒂歕鼻，治黄不差，而卧死儿女手中乎！”乃自请为前锋，谓其三子曰：“吾荷国恩，今为死日！我得良杀，汝当富贵。”帝命工部尚书宇文恺造浮桥三道于辽水西岸，既成，引桥趣东岸，桥短不及岸丈余。高丽兵大至，隋兵骁勇者争赴水接战，高丽兵乘高击之，隋兵不得登岸，死者甚众。麦铁杖跃登岸，与虎贲郎将钱士雄、孟叉等皆战死。乃敛兵，引桥复就西岸。诏赠铁杖宿公，使其子孟才袭爵，次子仲才、季才并拜正议大夫。更命少府监何稠接桥，二日而成，诸军相次继进，大战于东岸，高丽兵大败，死者万计。诸军乘胜进围辽东城[8]，即汉之襄平城也。车驾渡辽，引曷萨那可汗及高昌王伯雅观战处以慑惮之，因下诏赦天下。命刑部尚书卫文升、尚书右丞刘士龙抚辽左之民，给复十年，建置郡县，以相统摄。

**【注释】**

①会宁：县名。治所在今甘肃永登县东南。　②特勒：突厥官名。③嵩高：山名。即嵩山，五岳之一，在今河南登封市北。　④兵解：学仙者谓蜕骨升天成仙为尸解，此处兵解即谓用兵刃杀死而成仙。　⑤马祖：马神名。古代以天驷(房星)为马神。　⑥兵曹郎：即兵部侍郎。炀帝改尚书诸曹侍郎为郎。　⑦靺鞨(mòhé 末合)：古族名。亦称“肃慎”“勿吉”。即满族的前身。隋唐时分布在松花江、牡丹江流域及黑龙江下游。　⑧辽东城：辽东郡城。今辽宁辽阳市。

夏，五月，壬午，纳言杨达薨。

隋石观音立像

诸将之东下也，帝亲戒之曰："今者吊民伐罪，非为功名。诸将或不识朕意，欲轻兵掩袭，孤军独斗，立一身之名以邀勋赏，非大军行法。公等进军，当分为三道，有所攻击，必三道相知，毋得轻军独进，以致失亡。又，凡军事进止，皆须奏闻待报，毋得专擅。"辽东数出战不利，乃婴城固守，帝命诸军攻之。又敕诸将，高丽若降，即宜抚纳，不得纵兵。辽东城将陷，城中人辄言请降，诸将奉旨不敢赴机，先令驰奏，比报至，城中守御亦备，随出拒战。如此再三，帝终不悟。既而城久不下，六月，己未，帝幸辽东城南，观其城池形势，因召诸将诘责之曰："公等自以官高，又恃家世，欲以暗懦待我邪！在都之日，公等皆不愿我来，恐见病败耳。我今来此，正欲观公等所为，斩公辈耳！公今畏死，莫肯尽力，谓我不能杀公邪！"诸将咸战惧失色。帝因留城西数里，御六合城。高丽诸城各坚守不下。右翊卫大将军来护儿帅江、淮水军，舳舻数百里，浮海先进，入自浿水[①]，去平壤六十里，与高丽相遇，进击，大破之。护儿欲乘胜趣其城，副总管周法尚止之，请俟诸军至俱进。护儿不听，简精甲四万，直造城下。高丽伏兵于罗郭内空寺中，出兵与护儿战而伪败，护儿逐之入城，纵兵俘掠，无复部伍。伏兵发，护儿大败，仅而获免，士卒还者不过数千人。高丽追至船所，周法尚整陈待之，高丽乃退。护儿引兵还屯海浦，不敢复留应接诸军。

左翊卫大将军宇文述出扶馀道，右翊卫大将军于仲文出乐浪道，左骁卫大将军荆元恒出辽东道，右翊卫将军薛世雄出沃沮道，右屯卫将军辛世雄出玄菟道，右御卫将军张瑾出襄平道，右武候将军赵孝才出碣石道，涿郡太守检校左武卫将军崔弘升出遂城道，检校右御卫虎贲郎将卫文升出增地道，皆会于鸭绿水西。述等兵自泸河、怀远二镇，人马皆给百日粮，又给排甲、枪稍并衣资、戎具、火幕，人别三石已上，重莫能胜致。下令军中："士卒有遗弃米粟者斩！"士卒皆于幕下掘坑埋之，才行及中路，粮已将尽。

高丽遣大臣乙支文德诣其营诈降，实欲观虚实。于仲文先奉密旨："若遇高元及文德来者，必擒之。"仲文将执之，尚书右丞刘士龙为慰抚使，固止之。仲文遂听文德还，既而悔之，遣人给文德曰："更欲有言，可复来。"文德不顾，济鸭绿水而去。仲文与述等既失文德，内不自安，述以粮尽，欲还。仲文议以精锐追文德，可以有功，述固止，仲文怒曰："将军仗十万之众，不能破小贼，何颜以见帝！且仲文此行，固知无功，何则？古之良将能成功者，军中之事，决在一人，今人各有心，何以胜敌！"时帝以仲文有计画，令诸军谘禀节度，故有此言。由是述等不得已而从之，与诸将渡水追文德。文德见述军士饥色，故欲疲之，每战辄走。述一日之中，七战皆捷，既恃骤胜，又逼群议，于是遂进，东济萨水[2]，去平壤城三十里，因山为营。文德复遣使诈降，请于述曰："若旋师者，当奉高元朝行在所。"述见士卒疲弊，不可复战，又平壤城险固，度难猝拔，遂因其诈而还。述等为方陈而行，高丽四面钞击，述等且战且行。秋，七月，壬寅，至萨水，军半济，高丽自后击其后军，右屯卫将军辛世雄战死。于是诸军俱溃，不可禁止，将士奔还，一日一夜至鸭绿水，行四百五十里。将军天水王仁恭为殿，击高丽，却之。来护儿闻述等败，亦引还。唯卫文升一军独全。

初，九军度辽，凡三十万五千，及还至辽东城，唯二千七百人，资储器械巨万计，失亡荡尽。帝大怒，锁系述等。癸卯，引还。

初，百济王璋遣使请讨高丽，帝使之觇高丽动静，璋内与高丽潜通。隋军将出，璋使其臣国智牟来请师期，帝大悦，厚加赏赐，遣尚书起部郎席律诣百济[3]，告以期会。及隋军渡辽，百济亦严兵境上，声言助隋，实持两端。

是行也，唯于辽水西拔高丽武厉逻[4]，置辽东郡及通定镇而已。八月，敕运黎阳、洛阳、洛口、太原等仓谷向望海顿[5]，使民部尚书庐江樊子盖留守涿郡。九月，庚寅，车驾至东都。

冬，十月，甲寅，工部尚书宇文恺卒。

十一月，己卯，以宗女为华容公主，嫁高昌。

宇文述素有宠于帝，且其子士及尚帝女南阳公主，故帝不忍诛。甲申，与于仲文等皆除名为民，斩刘士龙以谢天下。萨水之败，高丽追围薛世雄于白石山[6]，世雄奋击，破之，由是独得免官。以卫文升为金紫光禄大夫。诸将皆委罪于于仲文，帝既释诸将，独系仲文。仲文忧恚，发病困笃，乃出之，卒于家。

是岁，大旱，疫，山东尤甚。

张衡既放废，帝每令亲人觇衡所为。帝还自辽东，衡妾告衡怨望，谤讪朝政，诏赐尽于家。衡临死大言："我为人作何等事[7]，而望久活！"监刑者塞耳，促令杀之。

**【注释】**

①浿水：即今大同江，在平壤南。 ②萨水：即今清川江，在平壤北。③尚书起部郎：官名。工部尚书属官。百济：古国名。在朝鲜半岛西南部。 ④武厉逻：在今辽宁新民市。 ⑤望海顿：一名临海顿。在今辽宁凌海市东南。 ⑥白石山：在朝鲜半岛北部。 ⑦何等事：仁寿四年（604），张衡参与弑杀隋文帝杨坚。

# 资治通鉴卷第一百八十二

## 隋纪六 起昭阳作噩，尽旃蒙大渊献，凡三年。

## 炀皇帝中

**大业九年** 春，正月，丁丑，诏征天下兵集涿郡。始募民为骁果[①]，修辽东古城以贮军粮[②]。

灵武贼帅白瑜娑劫掠牧马，北连突厥，陇右多被其患，谓之"奴贼"。

戊戌，赦天下。

己亥，命刑部尚书卫文升等辅代王侑留守西京。

二月，壬午[③]，诏："宇文述以兵粮不继，遂陷王师；乃军吏失于支料，非述之罪，宜复其官爵。"寻又加开府仪同三司。

帝谓侍臣曰："高丽小虏，侮慢上国；今拔海移山，犹望克果，况此虏乎！"乃复议伐高丽。左光禄大夫郭荣谏曰："戎狄失礼，臣下之事；千钧之弩，不为鼷鼠发机，奈何亲辱万乘以敌小寇乎！"帝不听。

三月，丙子，济阴孟海公起为盗，保据周桥[④]，众至数万，见人称引书史，辄杀之。

丁丑，发丁男十万城大兴。

戊寅，帝幸辽东，命民部尚书樊子盖等辅越王侗留守东都。

时所在盗起：齐郡王薄、孟让、北海郭方预、清河张金称、平原郝孝德、河间格谦、勃海孙宣雅各聚众攻剽[⑤]，多者十余万，少者数万人,山东苦之。天下承平日久,人不习战,郡县吏每与贼战,望风沮败。唯齐郡丞阌乡张须陀得士众心[6],勇决善战。将郡兵击王薄于泰山下,薄恃其骤胜,不设备;须陀掩击,大破之。薄收余兵北渡河,须陀追击于临邑[7],又破之。薄北连孙宣雅、郝孝德等十余万攻章丘[8],须陀帅步骑二万击之,贼众大败。贼帅裴长才等众二万掩至城下,大掠,须陀未暇集兵,帅五骑与战,贼竞赴之,围百余重,身中数创,勇气弥厉。会城中兵至,贼稍却,须陀督众击之,长才等败走。庚子,郭方预等合军攻陷北海,大掠而去。须陀谓官属曰:"贼恃其强,谓我不能救,吾今速行,破之必矣。"乃简精兵倍道进击,大破之,斩数万级,前后获贼辎重不可胜计。

历城罗士信[9],年十四,从须陀击贼于潍水上[10],贼始布陈,士信驰至陈前,刺杀数人,斩一人首,掷空中,以矟盛之,揭以略陈;贼徒愕眙,莫敢近。须陀因引兵奋击,贼众大溃。士信逐北,每杀一人,劓其鼻怀之,还,以验杀贼之数;须陀叹赏,引置左右。每战,须陀先登,士信为副。帝遣使慰谕,并画须陀、士信战陈之状而观之。

夏,四月,庚午,车驾渡辽。壬申,遣宇文述与上大将军杨义臣趣平壤。

左光禄大夫王仁恭出扶馀道[11]。仁恭进军至新城[12],高丽兵数万拒战,仁恭帅劲骑一千击破之,高丽婴城固守。帝命诸将攻辽东,听以便宜从事。飞楼、橦、云梯、地道四面俱进[13],昼夜不息,而高丽应变拒之,二十余日不拔,主客死者甚众。冲梯竿长十五丈,骁果吴兴沈光升其端,临城与高丽战,短兵接,杀十数人,高丽竞击之而坠;未及地,适遇竿有垂絙[14],光接而复上。帝望见,壮之,即拜朝散大夫,恒置左右。

**【注释】**

①骁(xiāo 萧)果:勇士名。 ②辽东:郡名。汉晋时治所在襄平城,前燕及后燕时治所迁平郭城。均在今辽宁辽阳市境。炀帝重修的是平郭,在南。襄平为高丽军所据守,在北。 ③壬午:此月乙巳朔,无壬午。干支有误。 ④周桥:在今山东曹县西北。 ⑤齐郡:治所在今山东济南市。北海:郡名。治所在今山东青州市。清河:郡名。治所在今

河北清河县。平原：郡名。治所在今山东德州市陵城区。河间：郡名。治所在今河北河间市。勃海：郡名。治所在今山东阳信县。 ⑥阌(wén 文)乡：县名。在河南省西部。1954 年并入今河南灵宝市。 ⑦临邑：县名。今属山东省。 ⑧章丘：县名。今属山东省。 ⑨历城：县名。治所在今山东济南市。 ⑩潍水：即今山东东部潍河。 ⑪扶馀道：今辽宁昌图县。 ⑫新城：今辽宁新宾满族自治县。 ⑬橦(chōng 冲)：通"幢"。古代的冲锋车。 ⑭絙(gēng 耕)：粗绳索。

礼部尚书杨玄感，骁勇，便骑射，好读书，喜宾客，海内知名之士多与之游。与蒲山公李密善，密，弼之曾孙也，少有才略，志气雄远，轻财好士，为左亲侍[①]。帝见之，谓宇文述曰："向者左仗下黑色小儿，瞻视异常，勿令宿卫！"述乃讽密使称病自免，密遂屏人事，专务读书。尝乘黄牛读汉书，杨素遇而异之，因召至家，与语，大悦，谓其子玄感等曰："李密识度如此，汝等不及也！"由是玄感与为深交。时或侮之，密曰："人言当指实，宁可面谀！若决机两陈之间，喑呜咄嗟，使敌人震慑，密不如公；驱策天下贤俊，各申其

隋汉白玉石椁

用，公不如密；岂可以阶级稍崇而轻天下士大夫邪！”玄感笑而服之。

素恃功骄倨，朝宴之际，或失臣礼，帝心衔而不言，素亦觉之。及素薨，帝谓近臣曰：“使素不死，终当夷族。”玄感颇知之。且自以累世贵显，在朝文武多父之故吏，见朝政日紊，而帝多猜忌，内不自安，乃与诸弟潜谋作乱。帝方事征伐，玄感自言：“世荷国恩，愿为将领。”帝喜曰：“将门必有将，相门必有相，固不虚也。”由是宠遇日隆，颇预朝政。

帝伐高丽，命玄感于黎阳督运[②]，遂与虎贲郎将王仲伯、汲郡赞治赵怀义等谋[③]，故逗遛漕运，不时进发，欲令渡辽诸军乏食；帝遣使者促之，玄感扬言水路多盗，不可前后而发。玄感弟虎贲郎将玄纵，鹰扬郎将万石，并从幸辽东，玄感潜遣人召之，二人皆亡还。万石至高阳[④]，为监事许华所执[⑤]，斩于涿郡。

时右骁卫大将军来护儿以舟师自东莱将入海趣平壤，玄感遣家奴伪为使者从东方来，诈称护儿反。六月，乙巳，玄感入黎阳，闭城，大索男夫，取帆布为牟、甲[⑥]，署官属，皆准开皇之旧。移书傍郡，以讨护儿为名，各令发兵会于仓所。郡县官有干用者，玄感皆以运粮追集之，以赵怀义为卫州刺史，东光尉元务本为黎州刺史，河内郡主簿唐祎为怀州刺史。

治书侍御史游元，督运在黎阳，玄感谓曰：“独夫肆虐，陷身绝域，此灭亡之时也。我今亲帅义兵以诛无道，卿意如何？”元正色曰：“尊公荷国宠灵，近古无比，公之弟兄，青紫交映，当谓竭诚尽节，上答鸿恩。岂意坟土未干，亲图反噬！仆有死而已，不敢闻命！”玄感怒而囚之，屡胁以兵，不能屈，乃杀之。元，明根之孙也。

玄感选运夫少壮者得五千余人，丹阳、宣城篙梢三千余人[⑦]，刑三牲誓众，且谕之曰：“主上无道，不以百姓为念，天下骚扰，死辽东者以万计。今与君等起兵以救兆民之弊，何如？”众皆踊跃称万岁。乃勒兵部分。唐祎自玄感所逃归河内[⑧]。

先是玄感阴遣家僮至长安，召李密及弟玄挺赴黎阳。及举兵，密适至，玄感大喜，以为谋主，谓密曰：“子常以济物为己任，今其时矣！计将安出？”密曰：“天子出征，远在辽外，去幽州犹隔千里。南有巨海,北有强胡,中间一道,理极艰危。公拥兵出其不意,长驱入蓟[9],据临渝之险[10],扼其咽喉。归路既绝,高丽闻之,必蹑其后,不过旬月,资粮皆尽,其众不降则溃,可不战而擒,此上计也。"玄感曰:"更言其次。"密曰:"关中四塞,天府之国,虽有卫文升,不足为意。今帅众鼓行而西,经城勿攻,直取长安,收其豪桀,抚其士民,据险而守之。天子虽还,失其根本,可徐图也。"玄感曰:"更言其次。"密曰:"简精锐,昼夜倍道,袭取东都,以号令四方。但恐唐祎告之,先已固守。若引兵攻之,百日不克,天下之兵四面而至,非仆所知也。"玄感曰:"不然,今百官家口并在东都,若先取之,足以动其心。且经城不拔,何以示威!公之下计,乃上策也。"遂引兵向洛阳,遣杨玄挺将骁勇千人为前锋,先取河内。唐祎据城拒守,玄挺无所获。

祎又使人告东都越王侗与樊子盖等勒兵为备,修武民相帅守临清关[11]。玄感不得度,乃于汲郡南渡河[12],从之者如市。使弟积善将兵三千自偃师南缘洛水西入[13],玄挺自白司马坂逾邙山南入[14],玄感将三千余人随其后,相去十里许,自称大军。其兵皆执单刀柳楯,无弓矢甲胄。东都遣河南令达奚善意将精兵五千人拒积善,将作监、河南赞治裴弘策将八千人拒玄挺。善意渡洛南,营于汉王寺;明日,积善兵至,不战自溃,铠仗皆为积善所取。弘策出至白司马坂,一战,败走,弃铠仗者太半,玄挺亦不追。弘策退三四里,收散兵,复结陈以待之;玄挺徐至,坐息良久,忽起击之,弘策又败,如是五战。丙辰,玄挺直抵太阳门,弘策将十余骑驰入宫城,自余无一人返者,皆归于玄感。

玄感屯上春门[15],每誓众曰:"我身为上柱国,家累巨万金,至于富贵,无所求也。今不顾灭族者,但为天下解倒悬之急耳!"众皆悦。父老争献牛酒,子弟诣军门请自效者,日以千数。

【注释】

①左亲侍:官名。十六禁军第一军左翊卫府属官。 ②黎阳:今河南浚县。 ③赞治:官名。即赞务。隋炀帝改州为郡,郡置太守为长官,置赞务一人为其副。 ④高阳:县名。今属河北省。 ⑤监事:武库署、太仓署员吏。 ⑥牟:通"鍪"。兜鍪,即头盔。 ⑦丹阳:郡名。治所

在今江苏南京市。宣城:郡名。治所在今安徽宣城市。 ⑧河内:郡名。治所在今河南沁阳市。 ⑨蓟:城名。今北京市。 ⑩临渝:关名。今山海关。 ⑪修武:县名。今属河南省。临清关:在今河南新乡市东北。⑫汲郡:治所在今河南卫辉市。 ⑬偃师:县名。今属河南省。 ⑭白司马坂:即白马山,在今河南洛阳市北邙山北麓。 ⑮上春门:洛阳东城北面第一门。

内史舍人韦福嗣,洸之兄子也,从军出拒玄感,为玄感所获;玄感厚礼之,使与其党胡师耽共掌文翰。玄感令福嗣为书遗樊子盖,数帝罪恶,云:“今欲废昏立明,愿勿拘小礼,自贻伊戚。”樊子盖新自外藩入为京官,东都旧官多慢之,至于部分军事,未甚丞禀。裴弘策与子盖同班,前出讨贼失利,子盖更使出战,不肯行,子盖命引出斩之以徇。国子祭酒河东杨汪,小有不恭,子盖又将斩之;汪顿首流血,乃得免。于是将吏震肃,无敢仰视,令行禁止。玄感尽锐攻城,子盖随方拒守,玄感不能克。然达官子弟应募从军者,闻弘策死,皆不敢入城。韩擒虎子世谔、观王雄子恭道、虞世基子柔、来护儿子渊、裴蕴子爽、大理卿郑善果子俨、周罗睺子仲等四十余人皆降于玄感,玄感悉以亲重要任委之。善果,译之兄子也。

玄感收兵得五万余人,分五千守慈硐道[①],五千守伊阙道[②],遣韩世谔将三千人围荥阳,顾觉将五千人取虎牢[③]。虎牢降,以觉为郑州刺史,镇虎牢。

代王侑使刑部尚书卫文升帅兵四万救东都,文升至华阴[④],掘杨素冢,焚其骸骨,示士卒以必死,遂鼓行出崤、渑[⑤],直趋东都城北。玄感逆拒之;文升且战且行,屯于金谷[⑥]。

辽东城久不拔,帝遣造布囊百余万口,满贮土,欲积为鱼梁大道,阔三十步,高与城齐,使战士登而攻之,又作八轮楼车,高出于城,夹鱼梁道,欲俯射城内,指期将攻,城内危蹙。会杨玄感反书至,帝大惧,引纳言苏威入帐中,谓曰:“此儿聪明,得无为患?”威曰:“夫识是非,审成败,乃谓之聪明,玄感粗疏,必无所虑。但恐因此寖成乱阶耳。”帝又闻达官子弟皆在玄感所,益忧之。兵部侍郎斛斯政素与玄感善，玄感之反，政与之通谋，玄纵兄弟亡归，政潜遣之。帝将穷治玄纵等党与，政内不自安，戊辰，亡奔高丽。庚午，夜二更，帝密召诸将，使引军还，军资、器械、攻具，积如丘山，营垒、帐幕，按堵不动，皆弃之而去。众心恟惧，无复部分，诸道分散。高丽即时觉之，然不敢出，但于城内鼓噪。至来日午时，方渐出外，四远觇侦，犹疑隋军诈之。经二日，乃出数千兵追蹑，畏隋军之众，不敢逼，常相去八九十里；将至辽水，知御营毕渡，乃敢逼后军。时后军犹数万人，高丽随而抄击，最后羸弱数千人为所杀略。

初，帝再征高丽，复问太史令庾质曰："今段何如？"对曰："臣实愚迷，犹执前见，陛下若亲动万乘，劳费实多。"帝怒曰："我自行犹不克，直遣人去，安得有功！"及还，谓质曰："卿前不欲我行，当为此耳。玄感其有成乎"质曰："玄感地势虽隆，素非人望，因百姓之劳，冀幸成功。今天下一家，未易可动。"

帝遣虎贲郎将陈稜攻元务本于黎阳，又遣左翊卫大将军宇文述、左候卫将军屈突通乘传发兵以讨玄感。来护儿至东莱，闻玄感围东都，召诸将议旋军救之。诸将咸以无敕，不宜擅还，固执不从，护儿厉声曰："洛阳被围，心腹之疾；高丽逆命，犹疥癣耳。公家之事，知无不为，专擅在吾，不关诸人，有沮议者，军法从事！"即日回军。令子弘、整驰驿奏闻。帝时还至涿郡，已敕护儿救东都，见弘、整，甚悦，赐护儿玺书曰："公旋师之时，是朕敕公之日，君臣意合，远同符契。"

先是，右武候大将军李子雄坐事除名，令从军自效，从来护儿在东莱，帝疑之，诏锁子雄送行在所。子雄杀使者，逃奔玄感。卫文升以步骑二万渡瀍水⑦，与玄感战，玄感屡破之。玄感每战，身先士卒，所向摧陷，又善抚其下，皆乐为致死，由是每战多捷，众益盛，至十万人。文升众寡不敌，死伤太半且尽，乃更进屯邙山之阳，与玄感决战，一日十余合。会杨玄挺中流矢死，玄感军乃稍却。

【注释】

①慈磵道：慈磵城。在今河南洛阳市西。　②伊阙道：伊阙，又名龙

门。在今河南洛阳市南。 ③虎牢:今河南荥阳市西北汜水镇。 ④华阴:县名。今属陕西省。 ⑤渑:渑池县。今属河南省。 ⑥金谷:在今河南新安县东。 ⑦瀍(chán 缠)水:洛水支流。在今河南。

秋,七月,癸未,余杭民刘元进起兵以应玄感。元进手长尺余,臂垂过膝,自以相表非常,阴有异志。会帝再发三吴兵征高丽,三吴兵皆相谓曰:"往岁天下全盛,吾辈父兄征高丽者犹太半不返;今已罢弊,复为此行,吾属无遗类矣!"由是多亡命。郡县捕之急,闻元进举兵,亡命者云集,旬月间,众至数万。

始,杨玄感至东都,自谓天下响应。得韦福嗣,委以心膂,不复专任李密。福嗣每画策,皆持两端;密揣知其意,谓玄感曰:"福嗣元非同盟,实怀观望;明公初起大事而奸人在侧,听其是非,必为所误,请斩之!"玄感曰:"何至于此!"密退,谓所亲曰:"楚公好反而不欲胜[①],吾属今为虏矣!"

李子雄劝玄感速称尊号,玄感以问密,密曰:"昔陈胜自欲称王,张耳谏而被外;魏武将求九锡,荀彧止而见诛。今者密欲正言,还恐追踪二子;阿谀顺意,又非密之本图。何者?兵起以来,虽复频捷,至于郡县,未有从者;东都守御尚强,天下救兵益至,公当挺身力战,早定关中,乃亟欲自尊,何示人不广也!"玄感笑而止。

屈突通引兵屯河阳[②],宇文述继之,玄感问计于李子雄,子雄曰:"通晓习兵事,若一得渡河,则胜负难决,不如分兵拒之。通不能济,则樊、卫失援。"玄感然之,将拒通;樊子盖知其谋,数击其营,玄感不得往。通济河,军于破陵[③]。玄感分为两军,西抗文升,东拒通。子盖复出兵大战,玄感军屡败,与其党谋之,李子雄曰:"东都援军益至,我军数败,不可久留,不如直入关中,开永丰仓以振贫乏[④],三辅可指麾而定,据有府库,东面而争天下,亦霸王之业也。"李密曰:"弘化留守元弘嗣握强兵在陇右[⑤],可声言其反,遣使迎公,因此入关,可以给众。"

会华阴诸杨请为向导,壬辰,玄感解东都围,引兵西趣潼关,宣言:"我已破东都,取关西矣!"宇文述等诸军蹑之。至弘农宫[⑥],

父老遮说玄感曰："宫城空虚，又多积粟，攻之易下。"玄感以为然。弘农太守蔡王智积谓官属曰："玄感闻大军将至，欲西图关中，若成其计，则难克也；当以计縻之，使不得进，不出一旬，可以成擒。"及玄感军至城下，智积登陴詈之⑦；玄感怒，留攻之。李密谏曰："公今诈众西入，军事贵速，况乃追兵将至，安可稽留！若前不得据关，退无所守，大众一散，何以自全！"玄感不从，遂攻之，烧其城门，智积于内益火，玄感兵不得入。三日不拔，乃引而西。至阌乡，宇文述、卫文升、来护儿、屈突通等军追及于皇天原⑧。玄感上槃豆⑨，布陈亘五十里，且战且行，玄感一日三败。八月，壬寅，玄感陈于董杜原⑩，诸军击之，玄感大败，独与十余骑奔上洛⑪。追骑至，玄感叱之，皆反走。至葭芦戍⑫，独与弟积善徒步走，自度不免，谓积善曰："我不能受人戮辱，汝可杀我！"积善抽刀斫杀之，因自刺，不死，为追兵所执，与玄感首俱送行在所。磔玄感尸于东都市，三日，复脔而焚之。玄感弟玄奖为义阳太守⑬，将赴玄感，为郡丞周旋玉所杀；仁行为朝请大夫，伏诛于长安。

玄感之围东都也，梁郡民韩相国举兵应之，玄感以为河南道元帅，旬月间众十余万，攻剽郡县；至襄城⑭，闻玄感败，众稍散，为吏所获。传首东都。

帝以元弘嗣，斛斯政之亲也，留守弘化郡，遣卫尉少卿李渊驰往执之，因代为留守，关右十三郡兵皆受征发。渊御众宽简，人多附之。帝以渊相表奇异，又名应图谶，忌之。未几，征诣行在所，渊遇疾未谒，其甥王氏在后宫，帝问曰："汝舅来何迟？"王氏以疾对，帝曰："可得死否？"渊闻之，惧，因纵酒纳赂以自晦。

【注释】

①楚公：指杨玄感。杨袭封楚国公。 ②河阳：在今河南孟州市。③破陵：在今河南洛阳市东北。 ④永丰仓：在今陕西华阴市。 ⑤弘化：郡名。治所在今甘肃庆阳市。 ⑥弘农宫：在今河南灵宝市境。⑦陴（pí 皮）：城墙上的女墙。 ⑧皇天原：在今河南灵宝市西南二十二公里。 ⑨槃豆：在今河南灵宝市西南十公里。 ⑩董杜原：在今河南灵宝市西二十公里。 ⑪上洛：郡名。治所在今陕西商洛市商州区。⑫葭芦戍：在今河南卢氏县西。 ⑬义阳：郡名。治所在今河南信阳市。

⑭襄城：郡名。治所在今河南汝州市。

癸卯，吴郡朱燮、晋陵管崇聚众寇掠江左[1]。燮本还俗道人，涉猎经史，颇知兵法，形容眇小，为昆山县博士[2]，与数十学生起兵，民苦役者赴之如归。崇长大，美姿容，志气倜傥，隐居常熟，自言有王者相，故群盗相与奉之。时帝在涿郡，命虎牙郎将赵六儿将兵万人屯扬子[3]，分为五营以备南贼。崇遣其将陆颛渡江，夜，袭六儿，破其两营，收其器械军资而去，众益盛，至十万。

辛酉，司农卿云阳赵元淑坐杨玄感党伏诛。帝使大理卿郑善果、御史大夫裴蕴、刑部侍郎骨仪、与留守樊子盖推玄感党与。仪，本天竺胡人也[4]。帝谓蕴曰："玄感一呼而从者十万，益知天下人不欲多，多即相聚为盗耳。不尽加诛，无以惩后。"子盖性既残酷，蕴复受此旨，由是峻法治之，所杀三万余人，皆籍没其家，枉死者太半，流徙者六千余人。玄感之围东都也，开仓赈给百姓。凡受米者，皆坑之于都城之南。玄感所善文士会稽虞绰、琅邪王胄俱坐徙边，绰、胄亡命，捕得，诛之。

帝善属文，不欲人出其右。薛道衡死，帝曰："更能作'空梁落燕泥'否！"王胄死，帝诵其佳句曰："'庭草无人随意绿'，复能作此语邪！"帝自负才学，每骄天下之士，尝谓侍臣曰："天下皆谓朕承藉绪余而有四海，设令朕与士大夫高选，亦当为天子矣。"

帝从容谓秘书郎虞世南曰："我性不喜人谏，若位望通显而谏以求名，弥所不耐。至于卑贱之士，虽少宽假，然卒不置之地上。汝其知之！"世南，世基之弟也。

帝使裴矩安集陇右，因之会宁，存问曷萨那可汗部落，遣阙度设寇掠吐谷浑以自富，还而奏状，帝大赏之。

九月，己卯，东海民彭孝才起为盗[5]，有众数万。

甲午，车驾至上谷[6]，以供费不给，免太守虞荷等官。闰月，己巳，幸博陵[7]。

冬，十月，丁丑，贼帅吕明星围东郡[8]，虎贲郎将费青奴击破之[9]。

刘元进帅其众将渡江，会杨玄感败，朱燮、管崇共迎元进，推以为主，据吴郡，称天子，燮、崇俱为尚书仆射，署置百官，毗陵、东阳、会稽、建安豪桀多执长吏以应之[10]。帝遣左屯卫大将军代人吐万绪、光禄大夫下邽鱼俱罗将兵讨之。

**【注释】**

①吴郡：治所在今江苏苏州市。晋陵：郡名。治所在今江苏常州市。②昆山县：在今江苏昆山市。 ③虎牙郎将：官名。十六禁军府属官。扬子：地名。今江苏仪征市。 ④天竺：古国名。在今印度半岛。⑤东海：郡名。治所在今江苏东海县。 ⑥上谷：郡名。治所在今河北易县。 ⑦博陵：今河北定州市。 ⑧东郡：治所在今河南滑县。⑨虎贲郎将：官名。十六禁军府副将军。 ⑩毗陵：即晋陵。今江苏常州市。东阳：郡名。治所在今浙江金华市。会稽：郡名。治所在今浙江绍兴市。建安：郡名。治所在今福建福州市。

十一月，己酉，右候卫将军冯孝慈讨张金称于清河[1]，孝慈败死。

杨玄感之西也，韦福嗣亡诣东都归首，是时如其比者皆不问。樊子盖收玄感文簿，得其书草，封以呈帝；帝命执送行在。李密亡命，为人所获，亦送东都。樊子盖锁送福嗣、密及杨积善、王仲伯等十余人诣高阳，密与王仲伯等窃谋亡去，悉使出其所赍金以示使者曰："吾等死日，此金并留付公，幸用相瘗，其余即皆报德。"使者利其金，许诺，防禁渐弛。密请通市酒食，每宴饮，喧哗竟夕，使者不以为意，行至魏郡石梁驿[2]，饮防守者皆醉，穿墙而逸。密呼韦福嗣同去，福嗣曰："我无罪，天子不过一面责我耳。"至高阳，帝以书草示福嗣，收付大理。宇文述奏："凶逆之徒，臣下所当同疾，若不为重法，无以肃将来。"帝曰："听公所为。"十二月，甲申，述就野外，缚诸应刑者于格上，以车轮括其颈，使文武九品以上皆持兵斫射，乱发矢如猬毛，支体糜碎，犹在车轮中。积善、福嗣仍加车裂，皆焚而扬之。积善自言手杀玄感，冀得免死。帝曰："然则枭类耳[3]！"因更其姓曰枭氏。

唐县人宋子贤[4]，善幻术，能变佛形，自称弥勒出世，远近信惑，遂谋因无遮大会举兵袭乘舆；事泄，伏诛，并诛党与千余家。

扶风桑门向海明亦自称弥勒出世[⑤]，人有归心者，辄获吉梦，由是三辅人翕然奉之，因举兵反，众至数万。丁亥，海明自称皇帝，改元白乌。诏太仆卿杨义臣击破之。

帝召卫文升、樊子盖诣行在，慰劳之，赏赐极厚，遣还所任。

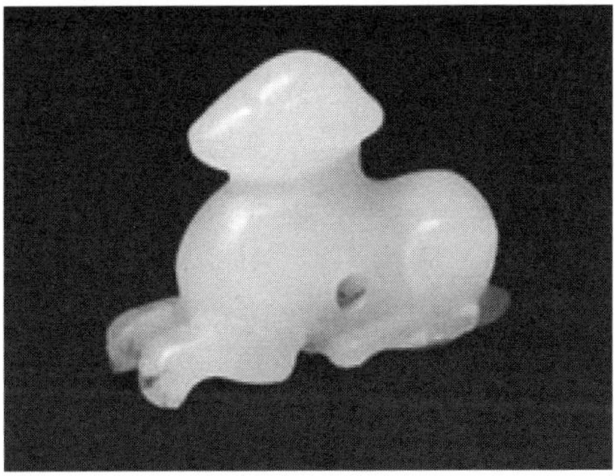

隋玉兔配

刘元进攻丹阳[⑥]，吐万绪济江击破之，元进解围去，绪进屯曲阿[⑦]。元进结栅拒绪，相持百余日；绪击之，贼众大溃，死者以万数。元进挺身夜遁，保其垒。朱燮、管崇等屯毗陵，连营百余里，绪乘胜进击，复破之。贼退保黄山[⑧]，绪围之，元进、燮仅以身免，于陈斩崇及其将卒五千余人，收其子女三万余口，进解会稽围。鱼俱罗与绪偕行，战无不捷，然百姓从乱者如归市，贼败而复聚，其势益盛。

元进退据建安，帝令绪进讨，绪以士卒疲弊，请息甲待来春；帝不悦。俱罗亦以贼非岁月可平，诸子在洛京，潜遣家仆迎之；帝怒，有司希旨，奏绪怯懦，俱罗败衄，俱罗坐斩，征绪诣行在，绪忧愤，道卒。

帝更遣江都丞王世充发淮南兵数万人讨元进。世充渡江，频战皆捷，元进、燮败死于吴[⑨]，其余众或降或散。世充召先降者于通玄寺瑞像前焚香为誓，约降者不杀。散者始欲入海为盗，闻之，旬月之间，归首略尽，世充悉坑之于黄亭涧[⑩]，死者三万余人。由是余党复相聚为盗，官军不能讨，以至隋亡。帝以世充有将帅才，益加宠任。

是岁，诏为盗者籍没其家。时群盗所在皆满，郡县官因之各专威福，生杀任情矣。

章丘杜伏威与临济辅公祏为刎颈交[⑪]，俱亡命为群盗。伏威年十六，每出则居前，入则殿后，由是其徒推以为帅。下邳苗海潮亦聚众为盗[12],伏威使公祏谓之曰:“今我与君同苦隋政,各举大义,力分势弱,常恐被擒,若合为一,则足以敌隋矣。君能为主,吾当敬从,自揆不堪,宜来听命;不则一战以决雌雄。”海潮惧,即帅其众降之。伏威转掠淮南,自称将军,江都留守遣校尉宋颢讨之,伏威与战,阳为不胜,引颢众入葭苇中,因从上风纵火,颢众皆烧死。海陵贼帅赵破陈以伏威兵少[13],轻之,召与并力;伏威使公祏严兵居外,自与左右十人赍牛酒入谒,于座杀破陈,并其众。

【注释】

①清河:郡名。治所在今河北清河县。 ②魏郡:治所在今河南安阳市。 ③枭(xiāo 消):鸟名。即鸺鹠(xiū liú 休留)。羽毛棕褐色,有横斑,尾巴黑褐色,外形跟鸱鸺相似,捕食鼠、兔等,古人认为它是一种恶鸟。 ④唐县:今属河北省。 ⑤扶风:郡名。治所在今陕西凤翔县。 ⑥丹阳:县名。治所即今江苏丹阳市。 ⑦曲阿:县名。治所即今江苏丹阳市。 ⑧黄山:在今江苏苏州市西南。 ⑨吴:吴县,吴郡治所。今江苏苏州市。 ⑩黄亭涧:在今江苏苏州市南黄山之下。 ⑪章丘:县名。今属山东省。临济:县名。治所在今山东济南市章丘区西北。 ⑫下邳:郡名。治所在今江苏邳州市。 ⑬海陵:县名。治所在今江苏省泰州市。

**十年** 春,二月,辛未,诏百僚议伐高丽,数日,无敢言者。戊子,诏复征天下兵,百道俱进。

丁酉,扶风贼帅唐弼立李弘芝为天子,有众十万,自称唐王。

三月,壬子,帝行幸涿郡,士卒在道,亡者相继。癸亥,至临渝宫[1],祃祭黄帝[2],斩叛军者以衅鼓,亡者亦不止。

夏,四月,榆林太守成纪董纯与彭城贼帅张大虎战于昌虑[3],大破之,斩首万余级。

甲午,车驾至北平[4]。

五月,庚申,延安贼帅刘迦论自称皇王,建元大世,有众十万,与稽胡相表里为寇。诏以左骁卫大将军屈突通为关内讨捕大使,发兵击之,战于上郡[5],斩迦论并将卒万余级,虏男女数万口而还。

秋,七月,癸丑,车驾次怀远镇[6]。时天下已乱,所征兵多失期不至，高丽亦困弊。来护儿至毕奢城[7]，高丽举兵逆战，护儿击破之，将趣平壤，高丽王元惧，甲子，遣使乞降，囚送斛斯政。帝大悦，遣使持节召护儿还。护儿集众曰："大军三出，未能平贼，此还不可复来，劳而无功，吾窃耻之。今高丽实困，以此众击之，不日可克，吾欲进兵径围平壤，取高元，献捷而归，不亦善乎！"答表请行，不肯奉诏。长史崔君肃固争，护儿不可，曰："贼势破矣，独以相任，自足办之。吾在阃外，事当专决，宁得高元还而获谴，舍此成功，所不能矣！"君肃告众曰："若从元帅违拒诏书，必当闻奏，皆应获罪。"诸将惧，俱请还，乃始奉诏。

八月，己巳，帝自怀远镇班师。邯郸贼帅杨公卿帅其党八千人抄驾后第八队，得飞黄上厩马四十二匹而去[8]。冬，十月，丁卯，上至东都；己丑，还西京。以高丽使者及斛斯政告太庙；仍征高丽王元入朝，元竟不至。敕将帅严装，更图后举，竟不果行。

初，开皇之末，国家殷盛，朝野皆以高丽为意，刘炫独以为不可，作《抚夷论》以刺之，至是，其言始验。

十一月，丙申，杀斛斯政于金光门外，如杨积善之法，仍烹其肉，使百官啖之，佞者或啖之至饱，收其余骨，焚而扬之。

乙巳，有事于南郊，上不斋于次。诘朝，备法驾，至即行礼。是日，大风。上独献上帝，三公分献五帝。礼毕，御马疾驱而归。

乙卯，离石胡刘苗王反[9]，自称天子，众至数万；将军潘长文讨之，不克。

汲郡贼帅王德仁拥众数万[10]，保林虑山为盗[11]。

帝将如东都，太史令庾质谏曰："比岁伐辽，民实劳弊，陛下宜镇抚关内，使百姓尽力农桑，三五年间，四海稍丰实，然后巡省，于事为宜。"帝不悦。质辞疾不从，帝怒，下质狱，竟死狱中。十二月，壬申，帝如东都，赦天下；戊子，入东都。

东海贼帅彭孝才转掠沂水[12]，彭城留守董纯讨擒之[13]。纯战虽屡捷，而盗贼日滋，或谮纯怯懦；帝怒，锁纯诣东都，诛之。

孟让自长白山寇掠诸郡[14]，至盱眙[15]，众十余万，据都梁宫[16]，阻淮为固。江都丞王世充将兵拒之，为五栅以塞险要，羸形示弱。让笑曰："世充文法小吏，安能将兵！吾今生缚取，鼓行入江都耳!”时民皆结堡自固,野无所掠,贼众渐馁,乃少留兵,围五栅,分人于南方抄掠;世充伺其懈,纵兵出击,大破之,让以数十骑遁去,斩首万余级。

齐郡贼帅左孝友众十万屯蹲狗山[17],郡丞张须陀列营逼之,孝友窘迫出降。须陀威振东夏,以功迁齐郡通守[18],领河南道十二郡黜陟讨捕大使。涿郡贼帅卢明月众十余万军祝阿[19],须陀将万人邀之。相持十余日,粮尽,将退,谓将士曰:“贼见吾退,必悉众来追,若以千人袭据其营,可有大利。此诚危事,谁能往者?”众莫对,唯罗士信及历城秦叔宝请行[20]。于是须陀委栅而遁,使二人分将千兵伏葭苇中,明月悉众追之。士信、叔宝驰至其栅,栅门闭,二人超升其楼,各杀数人,营中大乱;二人斩关以纳外兵,因纵火焚其三十余栅,烟焰涨天。明月奔还,须陀回军奋击,大破之,明月以数百骑遁去,所俘斩无算。叔宝名琼,以字行。

**【注释】**

①临渝宫:在今河北卢龙县境。 ②祃(mà 骂):古代军中祭名。军队出征,在野外祭祀战神黄帝,称为祃祭。 ③昌虑:县名。治所在今山东滕州市。 ④北平:郡名。治所在今河北卢龙县。 ⑤上郡:治所在今陕西富平县。 ⑥怀远镇:在今辽宁沈阳市辽中区附近。 ⑦毕奢城:在今辽宁省大连市东北。 ⑧飞黄上厩:隋皇宫殿内省设有管理马匹的尚乘局,拥有六厩:上等飞黄厩、二等吉良厩、三等龙媒厩、四等驹骖厩、五等駃騠厩、六等天苑厩。 ⑨离石:郡名。治所在今山西吕梁市离石区。 ⑩汲郡:治所在今河南卫辉市。 ⑪林虑山:在今河南林州市西。 ⑫东海:郡名。治所在今江苏东海县。沂水:县名。今属山东省。 ⑬彭城:今江苏徐州市。 ⑭长白山:在今山东邹平市境。 ⑮盱眙:县名。在今江苏南京市六合区。 ⑯都梁宫:在今江苏盱眙县东南都梁山上。 ⑰蹲狗山:在今山东昌乐县东。 ⑱通守:官名。郡副长官。 ⑲祝阿:县名。治所在今山东禹城市。 ⑳历城:县名。治所在今山东济南市。

**十一年** 春,正月,增秘书省官百二十员,并以学士补之[1]。帝好读书著述,自为扬州总管,置王府学士至百人,常令修撰,以至为帝，前后近二十载，修撰未尝暂停；自经术、文章、兵、农、地理、医、卜、释、道乃至蒲博、鹰狗[2]，皆为新书，无不精洽，共成三十一部，万七千余卷。初，西京嘉则殿有书三十七万卷，帝命秘书监柳顾言等诠次，除其复重猥杂，得正御本三万七千余卷，纳于东都修文殿。又写五十副本，简为三品，分置西京、东都宫、省、官府，其正御书皆装翦华净，宝轴锦褾。于观文殿前为书室十四间，窗户床褥厨幔，咸极珍丽，每三间开方户，垂锦幔，上有二飞仙，户外地中施机发，帝幸书室，有宫人执香炉，前行践机，则飞仙下，收幔而上，户扉及厨扉皆自启，帝出，则垂闭复故。

帝以户口逃亡，盗贼繁多，二月，庚午，诏民悉城居，田随近给。郡县驿亭村坞皆筑城。

上谷贼帅王须拔自称漫天王，国号燕；贼帅魏刀儿自称历山飞：众各十余万，北连突厥，南寇燕、赵。

初，高祖梦洪水没都城，意恶之，故迁都大兴。申明公李穆薨，孙筠袭爵。叔父浑忿其吝啬，使兄子善衡贼杀之，而证其从父弟瞿昙，使之偿死。浑谓其妻兄左卫率宇文述曰："若得绍封，当岁奉国赋之半。"述为之言于太子，奏高祖，以浑为穆嗣。二岁之后，不复以国赋与述，述大恨之。帝即位，浑累官至右骁卫大将军，改封郕公，帝以其门族强盛，忌之。会有方士安伽陁言"李氏当为天子"，劝帝尽诛海内凡李姓者。浑从子将作监敏，小名洪儿，帝疑其名应谶，常面告之，冀其引决。敏大惧，数与浑及善衡屏人私语；述谮之于帝，仍遣虎贲郎将河东裴仁基表告浑反。帝收浑等家，遣尚书左丞元文都、御史大夫裴蕴杂治之，按问数日，不得反状，以实奏闻。帝更遣述穷治之，述诱教敏妻宇文氏为表，诬告浑谋因度辽，与其家子弟为将领者共袭取御营，立敏为天子。述持入，奏之，帝泣曰："吾宗社几倾，赖公获全耳。"三月，丁酉，杀浑、敏、善衡及宗族三十二人，自三从以上皆徙边徼。后数月，敏妻亦鸩死。

有二孔雀自西苑飞集宝城朝堂前[3]，亲卫校尉高德儒等十余人见之，奏以为鸾，时孔雀已飞去，无可得验，于是百僚称贺。诏以德儒诚心冥会，肇见嘉祥，擢拜朝散大夫，赐物百段，余人皆赐束帛；仍于其地造仪鸾殿。

己酉，帝行幸太原；夏，四月，幸汾阳宫避暑。宫城迫隘，百官士卒布散山谷间，结草为营而居之。

以卫尉少卿李渊为山西、河东抚慰大使，承制黜陟选补郡县文武官，仍发河东兵讨捕群盗。渊行至龙门，击贼帅毋端儿，破之。

【注释】

①学士：官名。魏晋六朝征文学之士主掌典礼、编纂、撰述诸事，通称学士；诸王及节帅也得置学士，以师友相待，无定员、品秩。后至唐开元时始置学士院，官员称翰林学士，掌起草皇帝诏命。　②蒱（pú 蒲）：摴蒱。古代博戏。博具有子、有马、有五木等。　③宝城：洛阳宫城东南。

秋，八月，乙丑，帝巡北塞。

初，裴矩以突厥始毕可汗部众渐盛，献策分其势，欲以宗女嫁其弟叱吉设，拜为南面可汗；叱吉不敢受，始毕闻而渐怨。突厥之臣史蜀胡悉多谋略，为始毕所宠任，矩诈与为互市，诱至马邑下[①]，杀之。遣使诏始毕曰："史蜀胡悉叛可汗来降，我已相为斩之。"始毕知其状，由是不朝。

隋岳州窑青釉杯

戊辰，始毕帅骑数十万谋袭乘舆，义成公主先遣使者告变。壬申，车驾驰入雁门[②]，齐王暕以后军保崞县[③]。癸酉，突厥围雁门，上下惶怖，撤民屋为守御之具，城中兵民十五万口，食仅可支二旬，雁门四十一城，突厥克其三十九，唯雁门、崞不下。突厥急攻雁门,矢及御前;上大惧,抱赵王杲而泣,目尽肿。

左卫大将军宇文述劝帝简精锐数千骑溃围而出,纳言苏威曰:“城守则我有余力,轻骑乃彼之所长,陛下万乘之主,岂宜轻动!”民部尚书樊子盖曰:“陛下乘危徼幸,一朝狼狈,悔之何及!不若据坚城以挫其锐,坐征四方兵使入援。陛下亲抚循士卒,谕以不复征辽,厚为勋格,必人人自奋,何忧不济!”内史侍郎萧瑀以为:“突厥之俗,可贺敦预知军谋;且义成公主以帝女嫁外夷,必恃大国之援。若使一介告之,借使无益,庸有何损。又,将士之意,恐陛下既免突厥之患,还事高丽,若发明诏,谕以赦高丽、专讨突厥,则众心皆安,人自为战矣。”瑀,皇后之弟也。虞世基亦劝帝重为赏格,下诏停辽东之役。帝从之。

帝亲巡将士,谓之曰:“努力击贼,苟能保全,凡在行陈,勿忧富贵,必不使有司弄刀笔破汝勋劳。”乃下令:“守城有功者,无官直除六品,赐物百段;有官以次增益。”使者慰劳,相望于道,于是众皆踊跃,昼夜拒战,死伤甚众。

甲申,诏天下募兵。守令竞来赴难,李渊之子世民,年十六,应募隶屯卫将军云定兴,说定兴多赍旗鼓为疑兵,曰:“始毕敢举兵围天子,必谓我仓猝不能赴援故也。宜昼则引旌旗数十里不绝,夜则钲鼓相应,虏必谓救兵大至,望风遁去。不然,彼众我寡,若悉军来战,必不能支。”定兴从之。

帝遣间使求救于义成公主,公主遣使告始毕云:“北边有急。”东都及诸郡援兵亦至忻口④,九月,甲辰,始毕解围去。帝使人出侦,山谷皆空,无胡马,乃遣二千骑追蹑,至马邑,得突厥老弱二千余人而还。

丁未,车驾还至太原。苏威言于帝曰:“今盗贼不息,士马疲弊,愿陛下亟还西京,深根固本,为社稷计。”帝初然之。宇文述曰:“从官妻子多在东都,宜便道向洛阳,自潼关而入。”帝从之。

冬,十月,壬戌,帝至东都,顾眄街衢,谓侍臣曰:“犹大有人在。”意谓向日平杨玄感,杀人尚少故也。苏威追论勋格太重,宜加斟酌,樊子盖固请,以为不宜失信,帝曰:“公欲收物情邪!”子盖惧,不敢对。帝性吝官赏。初平杨玄感,应授勋者多,乃更置戎秩:建节尉为正六品,次奋武、宣惠、绥德、怀仁、秉义、奉诚、立信等尉,递降一阶。将士守雁门者万七千人,得勋者才千五百人,皆准平玄感勋,一战得第一勋者进一阶,其先无戎秩者止得立信尉,三战得第一勋者至秉义尉,其在行陈而无勋者四战进一阶,亦无赐。会仍议伐高丽,由是将士无不愤怨。

初,萧瑀以外戚有才行,尝事帝于东宫,累迁至内史侍郎,委以机务。瑀性刚鲠,数言事忤旨,帝渐疏之。及雁门围解,帝谓群臣曰:"突厥狂悖,势何能为! 少时未散,萧瑀遽相恐动,情不可恕!"出为河池郡守,即日遣之。候卫将军杨子崇从帝在汾阳宫,知突厥必为寇,屡请早还京师,帝怒曰:"子崇怯懦,惊动众心,不可居爪牙之官。"出为离石郡守。子崇,高祖之族弟也。

杨玄感之乱,龙舟水殿皆为所焚,诏江都更造,凡数千艘,制度仍大于旧者。

壬申,卢明月帅众十万寇陈、汝[5]。

东海李子通,有勇力,先依长白山贼帅左才相,群盗皆残忍,而子通独宽仁,由是人多归之,未半岁,有众万人。才相忌之,子通引去,渡淮,与杜伏威合,伏威选军中壮士养为假子,凡三十余人,济阴王雄诞、临济阚稜为之冠[6]。既而李子通谋杀伏威,遣兵袭之。伏威被重创坠马,雄诞负之逃葭苇中,收散兵复振。将军来整击伏威,破之;其将西门君仪之妻王氏,勇而多力,负伏威以逃,雄诞帅壮士十余人卫之,与隋兵力战,由是得免。来整又击李子通,破之,子通帅其余众奔海陵[7],复收兵得二万人,自称将军。

城父朱粲始为县佐史[8],从军,遂亡命聚众为盗,谓之"可达寒贼",自称迦楼罗王,众至十余万,引兵转掠荆、沔及山南郡县,所过噍类无遗[9]。

十二月,庚寅,诏民部尚书樊子盖发关中兵数万击绛贼敬盘陀等。子盖不分臧否,自汾水之北,村坞尽焚之,贼有降者皆坑之;百姓怨愤,益相聚为盗。诏以李渊代之。有降者,渊引置左右,由是贼众多降,前后数万人,余党散入他郡。

【注释】

①马邑:郡名。治所在今山西朔州市。 ②雁门:郡名。治所在今山西代县。 ③崞(guō 郭)县:治所在今山西原平市北崞阳镇。 ④忻口:今山西忻州市北忻口镇。 ⑤陈:陈州。治所在今河南周口市淮阳区。汝:汝州,治所在今河南汝州市东。 ⑥济阴:郡名。治所在今山东菏泽市定陶区。临济:县名。治所在今山东济南市章丘区西北。 ⑦海陵:今江苏泰州市。 ⑧城父:县名。治所在今安徽亳州市东南。 ⑨噍(jiào 醮)类:原指能饮食的动物,此特指活着的人。

# 资治通鉴卷第一百八十三

## 隋纪七　起柔兆困敦，尽强圉赤奋若五月，凡一年有奇。

### 炀皇帝下

**大业十二年**　春，正月，朝集使不至者二十余郡，始议分遣使者十二道发兵讨捕盗贼。

诏毗陵通守路道德集十郡兵数万人[①]，于郡东南起宫苑，周围十二里，内为十六离宫，大抵仿东都西苑之制，而奇丽过之。又欲筑宫于会稽，会乱，不果成。

三月，上巳[②]，帝与群臣饮于西苑水上，命学士杜宝撰《水饰图经》，采古水事七十二，使朝散大夫黄衮以木为之，间以妓航、酒船，人物自动如生，钟磬筝瑟，能成音曲。

己丑，张金称陷平恩[③]，一朝杀男女万余口；又陷武安、巨鹿、清河诸县[④]。金称比诸贼尤残暴，所过民无孑遗。

夏，四月，丁巳，大业殿西院火，帝以为盗起，惊走，入西苑，匿草间，火定乃还。帝自八年以后，每夜眠恒惊悸，云有贼，令数妇人摇抚，乃得眠。

癸亥，历山飞别将甄翟儿众十万寇太原，将军潘长文败死。

五月，丙戌朔，日有食之，既。

壬午[⑤]，帝于景华宫征求萤火，得数斛，夜出游山，放之，光遍岩谷。

帝问侍臣盗贼，左翊卫大将军宇文述曰："渐少。"帝曰："比从来少几何?”对曰:“不能什一。”纳言苏威引身隐柱,帝呼前问之,对曰:“臣非所司,不委多少,但患渐近。”帝曰:“何谓也?”威曰:“他日贼据长白山[6],今近在汜水[7]。且往日租赋丁役,今皆何在!岂非其人皆化为盗乎!比见奏贼皆不以实,遂使失于支计,不时翦除。又昔在雁门,许罢征辽,今复征发,贼何由息!”帝不悦而罢。寻属五月五日,百僚多馈珍玩,威独献《尚书》。或谮之曰:“《尚书》有《五子之歌》,威意甚不逊。”帝益怒。顷之,帝问威以伐高丽事,威欲帝知天下多盗,对曰:“今兹之役,愿不发兵,但赦群盗,自可得数十万,遣之东征。彼喜于免罪,争务立功,高丽可灭。”帝不怿。威出,御史大夫裴蕴奏曰:“此大不逊!天下何处有许多贼!”帝曰:“老革多奸,以贼胁我!欲批其口,且复隐忍。”蕴知帝意,遣河南白衣张行本奏:“威昔在高阳典选,滥授人官;畏怯突厥,请还京师。”帝令按验,狱成,下诏数威罪状,除名为民。后月余,复有奏威与突厥阴图不轨者,事下裴蕴推之,蕴处威死。威无以自明,但摧谢而已。帝悯而释之,曰:“未忍即杀。”并其子孙三世皆除名。

秋,七月,壬戌,济景公樊子盖卒。

江都新作龙舟成,送东都;宇文述劝幸江都,右候卫大将军酒泉赵才谏曰:“今百姓疲劳,府藏空竭,盗贼蜂起。禁令不行,愿陛下还京师,安兆庶。”帝大怒,以才属吏,旬日,意解,乃出之。朝臣皆不欲行,帝意甚坚,无敢谏者,建节尉任宗上书极谏,即日于朝堂杖杀之。甲子,帝幸江都,命越王侗与光禄大夫段达、太府卿元文都、检校民部尚书韦津、右武卫将军皇甫无逸、右司郎卢楚等总留后事[8]。津,孝宽之子也。帝以诗留别宫人曰:“我梦江都好,征辽亦偶然。”奉信郎崔民象以盗贼充斥[9],于建国门上表谏[10];帝大怒,先解其颐,然后斩之。

戊辰,冯翊孙华举兵为盗[11]。虞世基以盗贼充斥,请发兵屯洛口仓,帝曰:“卿是书生,定犹恇怯。”戊辰,车驾至巩。敕有司移箕山、公路二府于仓内[12],仍令筑城以备不虞。至汜水,奉信郎王爱仁复上表请还西京,帝斩之而行。至梁郡[13],郡人邀车驾上书曰:“陛下若遂幸江都,天下非陛下之有!”又斩之。是时李子通据海

隋社仓纳粟砖

陵，左才相掠淮北，杜伏威屯六合⑭，众各数万；帝遣光禄大夫陈稜将宿卫精兵八千讨之，往往克捷。

八月，乙巳，贼帅赵万海众数十万，自恒山寇高阳⑮。

**【注释】**

①毗陵：郡名。治所在今江苏常州市。 ②上巳：节日名。古代以三月上旬的巳日为“上巳”，又称为“三巳”。三国魏以后把节日固定为三月初三。古人于此日临水以祓除不祥。后来“上巳”逐渐成为人们春日到水边饮宴游玩的节日。 ③平恩：县名。治所在今河北曲周县东南。 ④武安、巨鹿、清河：均县名。皆属河北省。 ⑤壬午：据张敦仁校记，“壬午”作“甲午”。甲午为初九。 ⑥长白山：在今山东省邹平县境。 ⑦汜水：县名。治所在今河南荥阳市西北汜水镇。 ⑧右司郎：官名。隋炀帝大业三年(607)，尚书都司始置左、右司郎各一人，掌都省之职。 ⑨奉信郎：官名。谒者台属官，从九品。 ⑩建国门：洛阳罗城正南门。 ⑪冯翊：郡名。治所在今陕西大荔县。 ⑫箕山、公路二府：禁军征兵府。 ⑬梁郡：治所在今河南商丘市。 ⑭六合：县名。今属江苏省。 ⑮恒山：郡名。治所在今河北定州市。高阳：县名。治所在今河北高阳县东旧城。

冬，十月，己丑，许恭公宇文述卒。初，述子化及、智及皆无赖。化及事帝于东宫，帝宠昵之，及即位，以为太仆少卿。帝幸榆林，化及、智及冒禁与突厥交市，帝怒，将斩之，已解衣辫发，既而释之，赐述为奴。智及弟士及，以尚主之故，常轻智及，惟化及与之亲昵。述卒，帝复以化及为右屯卫将军，智及为将作少监。

李密之亡也，往依郝孝德，孝德不礼之；又入王薄，薄亦不之奇也。密困乏，至削树皮而食之，匿于淮阳村舍，变姓名，聚徒教授。郡县疑而捕之，密亡去，抵其妹夫雍丘令丘君明。君明不敢舍，转寄密于游侠王秀才家，秀才以女妻之。君明从侄怀义告其事，帝令怀义自赍敕书与梁郡通守杨汪相知收捕。汪遣兵围秀才宅，适值密出外，由是获免，君明、秀才皆死。

韦城翟让为东都法曹[①]，坐事当斩。狱吏黄君汉奇其骁勇，夜中潜谓让曰："翟法司，天时人事，抑亦可知，岂能守死狱中乎！"让惊喜曰："让，圈牢之豕，死生唯黄曹主所命。"君汉即破械出之。让再拜曰："让蒙再生之恩则幸矣，奈黄曹主何！"因泣下。君汉怒曰："本以公为大丈夫，可救生民之命，故不顾其死以奉脱，奈何反效儿女子涕泣相谢乎！君但努力自免，勿忧吾也！"让遂亡命于瓦岗为群盗[②]，同郡单雄信，骁健，善用马槊，聚少年往从之。离狐徐世勣家于卫南[③]，年十七，有勇略，说让曰："东郡于公与勣皆为乡里，人多相识，不宜侵掠。荥阳、梁郡，汴水所经，剽行舟、掠商旅，足以自资。"让然之，引众入二郡界，掠公私船，资用丰给，附者益众，聚徒至万余人。

时又有外黄王当仁、济阳王伯当、韦城周文举、雍丘李公逸等皆拥众为盗[④]。李密自雍丘亡命，往来诸帅间，说以取天下之策，始皆不信。久之，稍以为然，相谓曰："斯人公卿子弟，志气若是。今人人皆云杨氏将灭，李氏将兴。吾闻王者不死，斯人再三获济，岂非其人乎！"由是渐敬密。

密察诸帅唯翟让最强，乃因王伯当以见让，为让画策，往说诸小盗，皆下之。让悦，稍亲近密，与之计事，密因说让曰："刘、项皆起布衣为帝王。今主昏于上，民怨于下，锐兵尽于辽东，和亲绝于突厥，方乃巡游扬、越，委弃东都，此亦刘、项奋起之会也。以足下雄才大略，士马精锐，席卷二京，诛灭暴虐，隋氏不足亡也！"让谢曰："吾侪群盗，旦夕偷生草间，君之言者，非吾所及也。"

会有李玄英者，自东都逃来，经历诸贼，求访李密，云"斯人当代隋家”。人问其故，玄英言：“比来民间谣歌有桃李章曰：‘桃李子，皇后绕扬州，宛转花园里。勿浪语，谁道许！’‘桃李子’，谓逃亡者李氏之子也；皇与后，皆君也；‘宛转花园里’，谓天子在扬州无还日，将转于沟壑也；‘莫浪语，谁道许’者，密也。”既与密遇，遂委身事之。前宋城尉齐郡房玄藻，自负其才，恨不为时用，预于杨玄感之谋，变姓名亡命，遇密于梁、宋之间，遂与之俱游汉、沔，遍入诸贼，说其豪桀；还日，从者数百人，仍为游客，处于让营。让见密为豪桀所归，欲从其计，犹豫未决。

有贾雄者，晓阴阳占候，为让军师，言无不用。密深结于雄，使之托术数以说让；雄许诺，怀之未发。会让召雄，告以密所言，问其可否，对曰：“吉不可言。”又曰：“公自立恐未必成，若立斯人，事无不济。”让曰：“如卿言，蒲山公当自立，何来从我？”对曰：“事有相因。所以来者，将军姓翟，翟者，泽也，蒲非泽不生，故须将军也。”让然之，与密情好日笃。

密因说让曰：“今四海糜沸，不得耕耘，公士众虽多，食无仓廪，唯资野掠，常苦不给。若旷日持久，加以大敌临之，必涣然离散。未若先取荥阳[5]，休兵馆谷，待士马肥充，然后与人争利。”让从之，于是破金堤关[6]，攻荥阳诸县，多下之。

荥阳太守郇王庆，弘之子也，不能讨，帝徙张须陀为荥阳通守以讨之。庚戌，须陀引兵击让，让向数为须陀所败，闻其来，大惧，将避之。密曰：“须陀勇而无谋，兵又骤胜，既骄且狠，可一战擒也。公但列陈以待，密保为公破之。”让不得已，勒兵将战，密分兵千余人伏于大海寺北林间[7]。须陀素轻让，方陈而前，让与战，不利，须陀乘之，逐北十余里；密发伏掩之，须陀兵败。密与让及徐世勣、王伯当合军围之，须陀溃围出；左右不能尽出，须陀跃马复入救之，来往数四，遂战死，所部兵昼夜号哭，数日不止，河南郡县为之丧气。鹰扬郎将河东贾务本为须陀之副，亦被伤，帅余众五千余人奔梁郡，务本寻卒。诏以光禄大夫裴仁基为河道讨捕大使，代领其众，徙镇虎牢。

让乃令密建牙，别统所部，号蒲山公营。密部分严整，凡号令士卒，虽盛夏，皆如背负霜雪。躬服俭素，所得金宝，悉颁赐麾下，由是人为之用。麾下士卒多为让士卒所凌辱,以威约有素,不敢报也。让谓密曰:"今资粮粗足,意欲还向瓦岗,公若不往,唯公所适,让从此别矣。"让帅辎重东引,密亦西行至康城[8],说下数城,大获资储。让寻悔,复引兵从密。

【注释】

①韦城:县名。治所在今河南滑县东南。法曹:郡司法官。 ②瓦岗:在今河南滑县东南。 ③离狐:县名。治所在今山东东明县。卫南:县名。治所在今河南滑县东。 ④外黄:县名。治所在今河南杞县东。济阳:县名。治所在今河南兰考县东北。雍丘:县名。治所在今河南杞县。 ⑤荥阳:郡名。治所在今河南荥阳市。 ⑥金堤关:在河南荥阳市北。 ⑦大海寺:在河南荥阳市北。 ⑧康城:今河南禹州市。

鄱阳贼帅操师乞自称元兴王[1],建元始兴,攻陷豫章郡[2],以其乡人林士弘为大将军。诏治书侍御史刘子翊将兵讨之。师乞中流矢死,士弘代统其众,与子翊战于彭蠡湖[3],子翊败死。士弘兵大振,至十余万人。十二月,壬辰,士弘自称皇帝,国号楚,建元太平;遂取九江、临川、南康、宜春等郡[4],豪桀争杀隋守令,以郡县应之。其地北自九江,南及番禺[5],皆为所有。

诏以右骁卫将军唐公李渊为太原留守,以虎贲郎将王威、虎牙郎将高君雅为之副,将兵讨甄翟儿,与翟儿遇于雀鼠谷。渊众才数千,贼围渊数匝;李世民将精兵救之,拔渊于万众之中,会步兵至,合击,大破之。

帝疏薄骨肉,蔡王智积每不自安,及病,不呼医,临终,谓所亲曰:"吾今日始知得保首领没于地矣!"

张金称、郝孝德、孙宣雅、高士达、杨公卿等寇掠河北,屠陷郡县;隋将帅败亡者相继,唯虎贲中郎将蒲城王辩、清河郡丞华阴杨善会数有功[6],善会前后与贼七百余战,未尝负败。帝遣太仆卿杨义臣讨张金称。金称营于平恩东北[7],义臣引兵直抵临清之西[8],据永济渠为营,去金称营四十里,深沟高垒,不与战。金称日引兵至义臣营西,义臣勒兵擐甲,约与之战,既而不出。日暮,金称还营,明旦,复来;如是月余,义臣竟不出。金称以为怯,屡逼其营詈辱之。义臣乃谓金称曰:“汝明旦来,我当必战。”金称易之,不复设备。义臣简精骑二千,夜自馆陶济河[9],伺金称离营,即入击其累重。金称闻之,引兵还,义臣从后击之,金称大败,与左右逃于清河之东。月余,杨善会讨擒之。吏立木于市,悬其头,张其手足,令仇家割食之;未死间,歌讴不辍。诏以善会为清河通守。

涿郡通守郭绚将兵万余人讨高士达。士达自以才略不及窦建德,乃进建德为军司马,悉以兵授之。建德请士达守辎重,自简精兵七千人拒绚,诈为与士达有隙而叛,遣人请降于绚,愿为前驱,击士达以自效。绚信之,引兵随建德至长河[10],不复设备。建德袭之,杀虏数千人,斩绚首,献士达,张金称余众皆归建德。杨义臣乘胜至平原[11],欲入高鸡泊讨之。建德谓士达曰:“历观隋将,善用兵者无如义臣,今灭张金称而来,其锋不可当。请引兵避之,使其欲战不得,坐费岁月,将士疲倦,然后乘间击之,乃可破也。不然,恐非公之敌。”士达不从,留建德守营,自帅精兵逆击义臣,战小胜,因纵酒高宴。建德闻之曰:“东海公未能破敌,遽自矜大,祸至不久矣。”后五日,义臣大破士达,于陈斩之,乘胜逐北,趣其营,营中守兵皆溃。建德与百余骑亡去,至饶阳[12],乘其无备,攻陷之,收兵,得三千余人。义臣既杀士达,以为建德不足忧,引去。建德还平原,收士达散兵,收葬死者,为士达发丧,军复大振,自称将军。先是,群盗得隋官及士族子弟,皆杀之,独建德善遇之;由是隋官稍以城降之,声势日盛,胜兵至十余万人。

【注释】

①鄱阳:郡名。治所在今江西鄱阳县。 ②豫章郡:治所在今江西南昌市。 ③彭蠡湖:今鄱阳湖。 ④南康:郡名。治所在今江西赣州市赣县区。 ⑤番禺:今广东广州市。 ⑥蒲城:县名。今属陕西省。⑦平恩:县名。治所在今河北曲周县东南。 ⑧临清:县名。今为市,属山东省。 ⑨馆陶:县名。今属河北省。 ⑩长河:县名。治所在今山东德州市东。 ⑪平原:郡名。治所在今山东陵县。 ⑫饶阳:县名。今属河北省。



内史侍郎虞世基以帝恶闻贼盗,诸将及郡县有告败求救者,世基皆抑损表状，不以实闻，但云：“鼠窃狗盗，郡县捕逐，行当殄尽，愿陛下勿以介怀！”帝良以为然，或杖其使者，以为妄言，由是盗贼遍海内，陷没郡县，帝皆弗之知也。杨义臣破降河北贼数十万，列状上闻，帝叹曰：“我初不闻贼顿如此，义臣降贼何多也！”世基对曰：“小窃虽多，未足为虑，义臣克之，拥兵不少，久在阃外，此最非宜。”帝曰：“卿言是也。”遽追义臣，放散其兵，贼由是复盛。

治书侍御史韦云起劾奏：“世基及御史大夫裴蕴职典枢要，维持内外，四方告变，不为奏闻。贼数实多，裁减言少，陛下既闻贼少，发兵不多，众寡悬殊，往皆不克，故使官军失利，贼党日滋。请付有司结正其罪。”大理卿郑善果奏：“云起诋訾名臣，所言不实，非毁朝政，妄作威权。”由是左迁云起为大理司直[①]。

帝至江都，江、淮郡官谒见者，专问礼饷丰薄，丰则超迁丞、守，薄则率从停解。江都郡丞王世充献铜镜屏风，迁通守；历阳郡丞赵元楷献异味[②]，迁江都郡丞。由是郡县竞务刻剥，以充贡献。民外为盗贼所掠，内为郡县所赋，生计无遗；加之饥馑无食，民始采树皮叶，或捣藁为末，或煮土而食之，诸物皆尽，乃自相食；而官食犹充牣，吏皆畏法，莫敢振救。王世充密为帝简阅江淮民间美女献之，由是益有宠。

河间贼帅格谦拥众十余万，据豆子䴚，自称燕王，帝命王世充将兵讨斩之。谦将勃海高开道收其余众，寇掠燕地，军势复振。

初，帝谋伐高丽，器械资储，皆积于涿郡；涿郡人物殷阜，屯兵数万。又，临朔宫多珍宝[③]，诸贼竞来侵掠；留守官虎贲郎将赵什住等不能拒，唯虎贲郎将云阳罗艺独出战，前后破贼甚众，威名日重，什住等阴忌之。艺将作乱，先宣言以激其众曰：“吾辈讨贼数有功，城中仓库山积，制在留守之官，而莫肯散施以济贫乏，将何以劝将士！”众皆愤怨。军还，郡丞出城候艺，艺因执之，陈兵而入。什住等惧，皆来听命，乃发库物以赐战士，开仓廪以赈贫乏，境内咸服；杀不同己者勃海太守唐祎等数人，威振燕地，柳城、怀远并归之[④]。艺黜柳城太守杨林甫，改郡为营州，以襄平太守邓暠为总管，艺自称幽州总管。

突厥数寇北边。诏晋阳留守李渊帅太原道兵与马邑太守王仁恭击之。时突厥方强，两军众不满五千，仁恭患之。渊选善骑射者二千人，使之饮食舍止一如突厥，或与突厥遇，则伺便击之，前后屡捷，突厥颇惮之。

【注释】

①大理司直：官名。大理寺属官，从五品。 ②历阳郡：治所在今安徽和县。 ③临朔宫：在今河北卢龙县境。 ④柳城：郡名。治所在今辽宁朝阳市。怀远：郡名。治所在今辽宁沈阳市辽中区。

## 恭皇帝上[1]

**义宁元年** 春，正月，右御卫将军陈稜讨杜伏威，伏威帅众拒之。稜闭壁不战，伏威遗以妇人之服，谓之“陈姥”。稜怒，出战，伏威奋击，大破之，稜仅以身免。伏威乘胜破高邮[2]，引兵据历阳，自称总管，以辅公祏为长史，分遣诸将徇属县，所至辄下，江淮间小盗争附之。伏威常选敢死之士五千人，谓之“上募”，宠遇甚厚，有攻战，辄令上募先击之，战罢阅视，有伤在背者即杀之，以其退而被击故也。所获资财，皆以赏军。士有战死者，以妻、妾徇葬。故人自为战，所向无敌。

丙辰，窦建德为坛于乐寿[3]，自称长乐王，置百官，改元丁丑。

辛巳，鲁郡贼徐圆朗攻陷东平[4]，分兵略地，自琅邪以西[5]，北至东平，尽有之，胜兵二万余人。

卢明月转掠河南，至于淮北，众号四十万，自称无上王；帝命江都通守王世充讨之。世充与战于南阳，大破之，斩明月，余众皆散。

二月，壬午，朔方鹰扬郎将梁师都杀郡丞唐世宗[6]，据郡，自称大丞相，北连突厥。

马邑太守王仁恭，多受货赂，不能振施。郡人刘武周，骁勇喜任侠，为鹰扬府校尉，仁恭以其土豪，甚亲厚之，令帅亲兵屯阁下。武周与仁恭侍儿私通，恐事泄，谋作乱，先宣言曰：“今百姓饥馑，僵尸满道，王府君闭仓不赈恤，岂为民父母之意乎！”众皆愤怒。

武周称疾卧家，豪桀来候问，武周椎牛纵酒，因大言曰：“壮士岂能坐待沟壑！今仓粟烂积，谁能与我共取之？”豪桀皆许诺。己丑，仁恭坐听事，武周上谒，其党张万岁等随入，升阶，斩仁恭，持其首出徇，郡中无敢动者。于是开仓以赈饥民，驰檄境内属城，皆下之，收兵得万余人。武周自称太守，遣使附于突厥。

李密说翟让曰：“今东都空虚，兵不素练；越王冲幼，留守诸官政令不壹，士民离心。段达、元文都，暗而无谋，以仆料之，彼非将军之敌。若将军能用仆计，天下可指麾而定也。”乃遣其党裴叔方觇东都虚实，留守官司觉之，始为守御之备，且驰表告江都。密谓让曰：“事势如此，不可不发。兵法曰：‘先则制于己，后则制于人。’今百姓饥馑，洛口仓多积粟，去都百里有余，将军若亲帅大众，轻行掩袭，彼远未能救，又先无豫备，取之如拾遗耳。比其闻知，吾已获之，发粟以赈穷乏，远近孰不归附！百万之众，一朝可集，枕威养锐，以逸待劳，纵彼能来，吾有备矣。然后檄召四方，引贤豪而资计策，选骁悍而授兵柄，除亡隋之社稷，布将军之政令，岂不盛哉！”让曰：“此英雄之略，非仆所堪；惟君之命，尽力从事，请君先发，仆为后殿。”庚寅，密、让将精兵七千人出阳城北[7]，逾方山[8]，自罗口袭兴洛仓[9]，破之；开仓恣民所取，老弱襁负，道路相属。

朝散大夫时德叡以尉氏应密[10]，前宿城令祖君彦自昌平往归之[11]。君彦，珽之子也，博学强记，文辞赡敏，著名海内，吏部侍郎薛道衡尝荐之于高祖，高祖曰：“是歌杀斛律明月人儿邪？朕不须此辈！”炀帝即位，尤疾其名，依常调选东平书佐，检校宿城令。君彦自负其才，常郁郁思乱，密素闻其名，得之大喜，引为上客，军中书檄，一以委之。

越王侗遣虎贲郎将刘长恭、光禄少卿房崱帅步骑二万五千讨密[12]。时东都人皆以密为饥贼盗米，乌合易破，争来应募，国子三馆学士及贵胜亲戚皆来从军，器械修整，衣服鲜华，旌旗钲鼓甚盛。长恭等当其前，使河南讨捕大使裴仁基等将所部兵自汜水而入以掩其后，约十一日会于仓城南，密、让具知其计。东都兵先至，士卒未朝食，长恭等驱之渡洛水，陈于石子河西[13]，南北十余

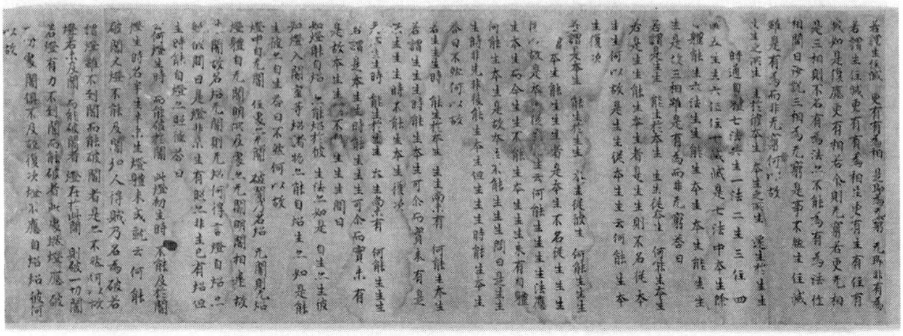

日本藏隋代敦煌写经(局部)

里。密、让选骁雄,分为十队,令四队伏横岭下以待仁基,以六队陈于石子河东,长恭等见密兵少,轻之。让先接战,不利,密帅麾下横冲之。隋兵饥疲,遂大败,长恭等解衣潜窜得免,奔还东都,士卒死者什五六。越王侗释长恭等罪,慰抚之。密、让尽收其辎重器甲,威声大振。

让于是推密为主。上密号为魏公;庚子,设坛场,即位,称元年,大赦。其文书行下,称行军元帅府;其魏公府置三司、六卫,元帅府置长史以下官属。拜翟让为上柱国、司徒、东郡公,亦置长史以下官,减元帅府之半;以单雄信为左武候大将军,徐世勣为右武候大将军,各领所部;房彦藻为元帅左长史,东郡邴元真为右长史,杨德方为左司马,郑德韬为右司马,祖君彦为记室,其余封拜各有差。于是赵、魏以南,江、淮以北,群盗莫不响应,孟让、郝孝德、王德仁及济阴房献伯、上谷王君廓、长平李士才、淮阳魏六儿、李德谦、谯郡张迁、魏郡李文相、谯郡黑社、白社、济北张青特、上洛周比洮、胡驴贼等皆归密。密悉拜官爵,使各领其众,置百营簿以领之。道路降者不绝如流,众至数十万。乃命其护军田茂广筑洛口城,方四十里而居之,密遣房彦藻将兵东略地,取安陆、汝南、淮安、济阳,河南郡县多陷于密。

**【注释】**

①恭皇帝:杨侑。封代王。元德太子杨昭之子,炀帝之孙。617 年十一月,李渊克长安,奉代王杨侑即帝位,改元义宁。　②高邮:县名。今属江苏省。　③乐寿:县名。治所在今河北献县。　④鲁郡:治所在

今山东济宁市兖州区。东平：郡名。治所在今山东郓城县。 ⑤琅邪：郡名。治所在今山东临沂市。 ⑥朔方：郡名。治所在今陕西榆林市横山区。 ⑦阳城：县名。治所在今河南登封市。 ⑧方山：在今河南荥阳市西北汜水镇南。 ⑨罗口：在今河南巩义市西南。兴洛仓：即洛口仓。在巩义市东。 ⑩尉氏：县名。今属河南省。 ⑪昌平：县名。今属北京市。 ⑫房崱（zè 仄）：人名。 ⑬石子河：在今河南巩义市东南。

雁门郡丞河东陈孝意与虎贲郎将王智辩共讨刘武周，围其桑乾镇[①]。壬寅，武周与突厥合兵击智辩，杀之；孝意奔还雁门。三月，丁卯，武周袭破楼烦郡[②]，进取汾阳宫，获隋宫人，以赂突厥始毕可汗；始毕以马报之；兵势益振，又攻陷定襄[③]。突厥立武周为定杨可汗，遗以狼头纛。武周即皇帝位，立妻沮氏为皇后，改元天兴。以卫士杨伏念为尚书左仆射，妹婿同县苑君璋为内史令。武周引兵围雁门，陈孝意悉力拒守，乘间出击武周，屡破之；既而外无救援，遣间使诣江都，皆不报。孝意誓以必死，旦夕向诏敕库俯伏流涕，悲动左右。围城百余日，食尽，校尉张伦杀孝意以降。

梁师都略定雕阴、弘化、延安等郡[④]，遂即皇帝位，国号梁，改元永隆。始毕遗以狼头纛，号为大度毗伽可汗。师都乃引突厥居河南之地，攻破盐川郡[⑤]。

左翊卫蒲城郭子和坐事徙榆林。会郡中大饥，子和潜结敢死士十八人攻郡门，执郡丞王才，数以不恤百姓，斩之，开仓赈施。自称永乐王，改元丑平。尊其父为太公，以其弟子政为尚书令，子端、子升为左右仆射。有二千余骑，南连梁师都，北附突厥，各遣子为质以自固。始毕以刘武周为定杨天子，梁师都为解事天子，子和为平杨天子；子和固辞不敢当，乃更以为屋利设。

汾阴薛举[⑥]，侨居金城[⑦]，骁勇绝伦，家赀巨万，交结豪桀，雄于西边，为金城府校尉。时陇右盗起，金城令郝瑗募兵得数千人，使举将而讨之。夏，四月，癸未，方授甲，置酒飨士，举与其子仁果及同党十三人，于座劫瑗发兵，囚郡县官，开仓赈施。自称西秦霸王，改元秦兴。以仁果为齐公，少子仁越为晋公，招集群盗，掠官牧马。贼帅宗罗睺帅众归之,以为义兴公。将军皇甫绾将兵一万屯枹罕[8],举选精锐二千人袭之。岷山羌酋钟利俗拥众二万归之[9],举兵大振。更以仁果为齐王,领东道行军元帅,仁越为晋王,兼河州刺史[10],罗睺为兴王,以副仁果;分兵略地,取西平、浇河二郡[11]。未几,尽有陇西之地,众至十三万。

李密以孟让为总管、齐郡公,己丑夜,让帅步骑二千入东都外郭,烧掠丰都市,比晓而去。于是东京居民悉迁入宫城,台省府寺皆满。巩县长柴孝和、监察御史郑颋以城降密,密以孝和为护军,颋为右长史。

裴仁基每破贼得军资,悉以赏士卒,监军御史萧怀静不许,士卒怨之;怀静又屡求仁基长短劾奏之。仓城之战,仁基失期不至,闻刘长恭等败,惧不敢进,屯百花谷[12],固垒自守,又恐获罪于朝。李密知其狼狈,使人说之,啖以厚利。贾务本之子闰甫在军中,劝仁基降密,仁基曰:"如萧御史何?"闰甫曰:"萧君如栖上鸡,若不知机变,在明公一刀耳。"仁基从之,遣闰甫诣密请降。密大喜,以闰甫为元帅府司兵参军,兼直记室事,使之复命,遗仁基书,慰纳之,仁基还屯虎牢。萧怀静密表其事,仁基知之,遂杀怀静,帅其众以虎牢降密,密以仁基为上柱国、河东公;仁基子行俨,骁勇善战,密亦以为上柱国、绛郡公。

密得秦叔宝及东阿程咬金[13],皆用为骠骑。选军中尤骁勇者八千人,分隶四骠骑以自卫,号曰内军,常曰:"此八千人足当百万。"咬金后更名知节。罗士信、赵仁基皆帅众归密,密署为总管,使各统所部。

【注释】

①桑乾镇:在今山西朔州市东南。 ②楼烦郡:治所在今山西静乐县。 ③定襄:郡名。治所在今内蒙古和林格尔县。 ④雕阴:郡名。治所在今陕西绥德县。弘化:郡名。治所在今甘肃庆阳市。 ⑤盐川郡:治所在今陕西定边县。 ⑥汾阴:县名。治所在今山西万荣县西南。⑦金城:郡名。治所在今甘肃兰州市。 ⑧枹罕:郡名。治所在今甘肃临夏市。 ⑨岷山:在今甘肃临洮县。 ⑩河州:改枹罕郡为河州。⑪西平:郡名。治所在今青海西宁市。浇河:郡名。治所在今青海贵德

县。 ⑫百花谷：在今河南巩义市东南。 ⑬东阿：县名。今属山东省。

癸巳，密遣裴仁基、孟让帅二万余人袭回洛东仓[1]，破之；遂烧天津桥[2]，纵兵大掠。东都出兵击之，仁基等败走，密自帅众屯回洛仓。东都兵尚二十余万人，乘城击柝，昼夜不解甲。密攻偃师、金墉[3]，皆不克；乙未，还洛口。

东都城内乏粮，而布帛山积，至以绢为汲绠，然布以爨。越王侗使人运回洛仓米入城，遣兵五千屯丰都市，五千屯上春门，五千屯北邙山，为九营，首尾相应，以备密。

丁酉，房献伯陷汝阴[4]，淮阳太守赵陁举郡降密。

己亥，密帅众三万复据回洛仓，大修营堑以逼东都；段达等出兵七万拒之。辛丑，战于仓北，隋兵败走。丁未，密使其幕府移檄郡县，数炀帝十罪，且曰："罄南山之竹，书罪无穷；决东海之波，流恶难尽。"祖君彦之辞也。

越王侗遣太常丞元善达间行贼中，诣江都奏称："李密有众百万，围逼东都，据洛口仓，城内无食。若陛下速还，乌合必散；不然者，东都决没。"因歔欷呜咽，帝为之改容。虞世基进曰："越王年少，此辈诳之。若如所言，善达何缘来至！"帝乃勃然怒曰："善达小人，敢廷辱我！"因使经贼中向东阳催运[5]，善达遂为群盗所杀。是后人人杜口，莫敢以贼闻。

世基容貌沉审，言多合意，特为帝所亲爱，朝臣无与为比；亲党凭之，鬻官卖狱，贿赂公行，其门如市。由是朝野共疾怨之。内史舍人封德彝托附世基，以世基不闲吏务，密为指画，宣行诏命，谄顺帝意，群臣表疏忤旨者，皆屏而不奏。鞫狱用法，多峻文深诋，论功行赏，则抑削就薄。故世基之宠日隆而隋政益坏，皆德彝所为也。

初，唐公李渊娶于神武肃公窦毅，生四男，建成、世民、玄霸、元吉；一女，适太子千牛备身临汾柴绍。

世民聪明勇决，识量过人，见隋室方乱，阴有安天下之志，倾身下士，散财结客，咸得其欢心。世民娶右骁卫将军长孙晟之女；右勋卫长孙顺德，晟之族弟也，与右勋侍池阳刘弘基皆避辽东之役,亡命在晋阳依渊,与世民善。左亲卫窦琮,炽之孙也,亦亡命在太原,素与世民有隙,每以自疑;世民加意待之,出入卧内,琮意乃安。

晋阳宫监猗氏裴寂,晋阳令武功刘文静,相与同宿,见城上烽火,寂叹曰:"贫贱如此,复逢乱离,将何以自存!"文静笑曰:"时事可知,吾二人相得,何忧贫贱!"文静见李世民而异之,深自结纳,谓寂曰:"此非常人,豁达类汉高,神武同魏祖,年虽少,命世才也。"寂初未然之。

文静坐与李密连昏,系太原狱,世民就省之。文静曰:"天下大乱,非高、光之才,不能定也。"世民曰:"安知其无,但人不识耳。我来相省,非儿女子之情,欲与君议大事也。计将安出?"文静曰:"今主上南巡江、淮,李密围逼东都,群盗殆以万数。当此之际,有真主驱驾而用之,取天下如反掌耳。太原百姓皆避盗入城,文静为令数年,知其豪桀,一旦收拾,可得十万人,尊公所将之兵复且数万,一言出口,谁敢不从!以此乘虚入关,号令天下,不过半年,帝业成矣。"世民笑曰:"君言正合我意。"乃阴部署宾客,渊不之知也。世民恐渊不从,犹豫久之,不敢言。

渊与裴寂有旧,每相与宴语,或连日夜。文静欲因寂关说,乃引寂与世民交。世民出私钱数百万,使龙山令高斌廉与寂博,稍以输之,寂大喜,由是日从世民游,情款益狎。世民乃以其谋告之,寂许诺。

会突厥寇马邑,渊遣高君雅将兵与马邑太守王仁恭并力拒之。仁恭、君雅战不利,渊恐并获罪,甚忧之。世民乘间屏人说渊曰:"今主上无道,百姓困穷,晋阳城外皆为战场;大人若守小节,下有寇盗,上有严刑,危亡无日。不若顺民心,兴义兵,转祸为福,此天授之时也。"渊大惊曰:"汝安得为此言,吾今执汝以告县官!"因取纸笔,欲为表。世民徐曰:"世民观天时人事如此,故敢发言;必欲执告,不敢辞死!"渊曰:"吾岂忍告汝,汝慎勿出口!"明日,世民复说渊曰:"今盗贼日繁,遍于天下,大人受诏讨贼,贼可尽乎!要之,终不免罪。且世人皆传李氏当应图谶,故李金才无罪,一朝族灭,大人设能尽贼,则功高不赏,身益危矣!唯昨日之言,可以救祸，此万全之策也，愿大人勿疑。”渊乃叹曰：“吾一夕思汝言，亦大有理。今日破家亡躯亦由汝，化家为国亦由汝矣！”

先是，裴寂私以晋阳宫人侍渊，渊从寂饮，酒酣，寂从容言曰：“二郎阴养士马，欲举大事，正为寂以宫人侍公，恐事觉并诛，为此急计耳。众情已协，公意如何？”渊曰：“吾儿诚有此谋，事已如此，当复奈何，正须从之耳。”

【注释】

①回洛东仓：在洛阳北三公里。 ②天津桥：即洛水桥。 ③偃师：县名。今属河南省。金墉：城名。在洛阳西北角。 ④汝阳：郡名。治所在今安徽阜阳市。 ⑤东阳：郡名。治所在今浙江金华市。

帝以渊与王仁恭不能御寇，遣使者执诣江都。渊大惧，世民与寂等复说渊曰：“今主昏国乱，尽忠无益。偏裨失律，而罪及明公。事已迫矣，宜早定计。且晋阳士马精强，宫监蓄积巨万，以兹举事，何患无成！代王幼冲，关中豪桀并起，未知所附，公若鼓行而西，抚而有之，如探囊中之物耳。奈何受单使之囚，坐取夷灭乎！”渊然之，密部勒，将发；会帝继遣使者驰驿赦渊及仁恭，使复旧任，渊谋亦缓。

渊之为河东讨捕使也，请大理司直夏侯端为副。端，祥之孙也，善占候及相人，谓渊曰：“今玉床摇动①，帝座不安②，参墟得岁，必有真人起于其分，非公而谁乎！主上猜忍，尤忌诸李，金才既死，公不思变通，必为之次矣。”渊心然之。及留守晋阳，鹰扬府司马太原许世绪说渊曰：“公姓在图谶，名应歌谣；握五郡之兵③，当四战之地，举事则帝业可成，端居则亡不旋踵；唯公图之。”行军司铠文水武士彟、前太子左勋卫唐宪、宪弟俭皆劝渊举兵。俭说渊曰：“明公北招戎狄，南收豪桀，以取天下，此汤、武之举也。”渊曰：“汤、武非所敢拟，在私则图存，在公则拯乱，卿姑自重，吾将思之。”宪，邕之孙也。时建成、元吉尚在河东，故渊迁延未发。

刘文静谓裴寂曰：“先发制人，后发制于人。何不早劝唐公举兵，而推迁不已！且公为宫监，而以宫人侍客，公死可尔，何误唐公也！”寂甚惧，屡趣渊起兵。渊乃使文静诈为敕书，发太原、西河、雁门、马邑民年二十已上五十已下悉为兵，期岁暮集涿郡，击高丽，由是人情汹汹，思乱者益众。

及刘武周据汾阳宫，世民言于渊曰："大人为留守，而盗贼窃据离宫，不早建大计，祸今至矣！"渊乃集将佐谓之曰："武周据汾阳宫，吾辈不能制，罪当族灭，若之何？"王威等皆惧，再拜请计。渊曰："朝廷用兵，动止皆禀节度。今贼在数百里内，江都在三千里外，加以道路险要，复有他贼据之；以婴城胶柱之兵，当巨猾豕突之势，必不全矣。进退维谷，何为而可？"威等皆曰："公地兼亲贤，同国休戚，若俟奏报，岂及事机；要在平贼，专之可也。"渊阳若不得已而从之者，曰："然则先当集兵。"乃命世民与刘文静、长孙顺德、刘弘基等各募兵，远近赴集，旬日间近万人，仍密遣使召建成、元吉于河东，柴绍于长安。

**【注释】**

①玉床：又称天床。紫宫门内主星。　②帝座：北极五星。第二星象征帝座。　③五郡：指太原、雁门、马邑、楼烦、西河郡。

王威、高君雅见兵大集，疑渊有异志，谓武士彟曰："顺德、弘基皆背征三侍，所犯当死，安得将兵[①]！"欲收按之。士彟曰："二人皆唐公客，若尔，必大致纷纭。"威等乃止。留守司兵田德平欲劝威等按募人之状[②]，士彟曰："讨捕之兵，悉隶唐公，威、君雅但寄坐耳，彼何能为！"德平亦止。

晋阳乡长刘世龙密告渊云："威、君雅欲因晋祠祈雨，为不利。"五月，癸亥夜，渊使世民伏兵于晋阳宫城之外。甲子旦，渊与威、君雅共坐视事，使刘文静引开阳府司马胙城刘政会入立庭中，称有密状。渊目威等取状视之，政会不与，曰："所告乃副留守事，唯唐公得视之。"渊阳惊曰："岂有是邪！"视其状，乃云："威、君雅潜引突厥入寇。"君雅攘袂大诟曰："此乃反者欲杀我耳。"时世民已布兵塞衢路，文静因与刘弘基、长孙顺德等共执威、君雅系狱。丙寅，突厥数万众寇晋阳，轻骑入外郭北门，出其东门。渊命裴寂等勒兵为备，而悉开诸城门，突厥不能测，莫敢进。众以为威、君雅实召之也，渊于是斩威、君雅以徇。渊部将王康达将千余人出战，皆死，城中恼惧。渊夜遣军潜出城，旦则张旗鸣鼓自他道来，如援军者；突厥终疑之，留城外二日，大掠而去。

炀帝命监门将军泾阳庞玉、虎贲郎将霍世举将关内兵援东都[③]。柴孝和说李密曰："秦地山川之固，秦、汉所凭以成王业者也。今不若使翟司徒守洛口，裴柱国守回洛，明公自简精锐西袭长安。既克京邑，业固兵强，然后东向以平河、洛，传檄而天下定矣。方今隋失其鹿，豪桀竞逐，不早为之，必有先我者，悔无及矣！"密曰："此诚上策，吾亦思之久矣。但昏主尚存。从兵犹众，我所部皆山东人，见洛阳未下，谁肯从我西入！诸将出于群盗，留之各竞雌雄，如此，则大业隳矣。"孝和曰："然则大军既未可西上，仆请间行观衅。"密许之。孝和与数十骑至陕县，山贼归之者万余人。时密兵锋甚锐，每入苑，与隋兵连战。会密为流矢所中，尚卧营中，丁丑，越王侗使段达与庞玉等夜出兵，陈于回洛仓西北。密与裴仁基出战，达等大破之，杀伤太半，密乃弃回洛，奔洛口。庞玉、霍世举军于偃师，柴孝和之众闻密退，各散去。孝和轻骑归密，杨德方、郑德韬皆死。密以郑颋为左司马，荥阳郑乾象为右司马。

李建成、李元吉弃其弟智云于河东而去，吏执智云送长安，杀之。建成、元吉遇柴绍于道，与之偕行。

【注释】

①武士彟(huò 祸)：人名。 ②留守司兵：官名。留守府佐吏，掌军事谋议。 ③监门将军：左、右监门府长官，掌宫殿门禁及守卫事。

# 资治通鉴卷第一百八十四

## 隋纪八 起强圉赤奋若六月，不满一年。

## 恭皇帝下

**义宁元年** 六月，己卯[1]，李建成等至晋阳。

刘文静劝李渊与突厥相结，资其士马以益兵势。渊从之，自为手启，卑辞厚礼，遗始毕可汗云："欲大举义兵，远迎主上，复与突厥和亲，如开皇之时。若能与我俱南，愿勿侵暴百姓；若但和亲，坐受宝货，亦唯可汗所择。"始毕得启，谓其大臣曰："隋主为人，我所知也，若迎以来，必害唐公而击我无疑矣。苟唐公自为天子，我当不避盛暑，以兵马助之。"即命以此意为复书。使者七日而返，将佐皆喜，请从突厥之言，渊不可。裴寂、刘文静皆曰："今义兵虽集而戎马殊乏，胡兵非所须，而马不可失；若复稽回，恐其有悔。"渊曰："诸君宜更思其次。"寂等乃请尊天子为太上皇，立代王为帝，以安隋室；移檄郡县；改易旗帜，杂用绛白，以示突厥。渊曰："此可谓'掩耳盗钟'，然逼于时事，不得不尔。"乃许之，遣使以此议告突厥。

西河郡不从渊命[2]，甲申，渊使建成、世民将兵击西河；命太原令太原温大有与之偕行，曰："吾儿年少，以卿参谋军事；事之成败，当以此行卜之。"时军士新集，咸未阅习，建成、世民与之同甘苦，遇敌则以身先之。近道菜果，非买不食，军士有窃之者，辄求其主偿之，亦不诘窃者，军士及民皆感悦。至西河城下，民有欲入城者，皆听其入。郡丞高德儒闭城拒守，己丑，攻拔之。执德儒至军门，世民数之曰："汝指野乌为鸾，以欺人主，取高官，吾兴义兵，正为诛佞人耳！"遂斩之。自余不戮一人，秋毫无犯，各慰抚使复业，远近闻之大悦。建成等引兵还晋阳，往返凡九日。渊喜曰："以此行兵，虽横行天下可也。"遂定入关之计。

渊开仓以赈贫民，应募者日益多。渊命为三军，分左右，通谓之义士。裴寂等上渊号为大将军，癸巳，建大将军府；以寂为长史，刘文静为司马，唐俭及前长安尉温大雅为记室，大雅仍与弟大有共掌机密，武士彟为铠曹，刘政会及武城崔善为、太原张道源为户曹，晋阳长上邽姜謩为司功参军，太谷长殷开山为府掾，长孙顺德、刘弘基、窦琮及鹰扬郎将高平王长谐、天水姜宝谊、阳屯为左、右统军；自余文武，随才授任。又以世子建成为陇西公，左领军大都督，左三统军隶焉；世民为敦煌公，右领军大都督，右三统军隶焉；各置官属。以柴绍为右领军府长史；谘议谯人刘赡领西河通守。道源名河，开山名峤，皆以字行。开山，不害之孙也。

李密复帅众向东都，丙申，大战于平乐园[③]，密左骑、右步，中列强弩，鸣千鼓以冲之，东都兵大败，密复取回洛仓。

突厥遣其柱国康鞘利等送马千匹诣李渊为互市，许发兵送渊入关，多少随所欲。丁酉，渊引见康鞘利等，受可汗书，礼容尽恭，赠遗康鞘利等甚厚。择其马之善者，止市其半；义士请以私钱市其余，渊曰："虏饶马而贪利，其来将不已，恐汝不能市也。吾所以少取者，示贫，且不以为急故也，当为汝贳之，不足为汝费。"

隋白釉皮囊壶

乙巳，灵寿贼帅郗士陵帅众数千降于渊[④]，渊以为镇东将军、燕郡公，仍置镇东府，补僚属，以招抚山东郡县。

己巳[⑤]，康鞘利北还。渊命刘文静使于突厥以请兵，私谓文静曰："胡骑入中国，生民之大蠹也。吾所以欲得之者，恐刘武周引之共为边患；又，胡马行牧，不费刍粟，聊欲藉之以为声势耳。数百人之外，无所用之。"

**【注释】**

①己卯：六月庚辰朔，无己卯，纪日有误。 ②西河郡：治所在今山西汾阳市。 ③平乐园：在今河南洛阳市孟津区平乐镇。 ④灵寿：县名。今属河北省。 ⑤己巳：六月无己巳。纪日有误。

秋，七月，炀帝遣江都通守王世充将江、淮劲卒，将军王隆帅邛黄蛮[①]，河北大使太常少卿韦霁、河南大使虎牙郎将王辩等各帅所领同赴东都，相知讨李密。霁，世康之子也。

壬子，李渊以子元吉为太原太守，留守晋阳宫，后事悉以委之。癸丑，渊帅甲士三万发晋阳。立军门誓众，并移檄郡县，谕以尊立代王之意；西突厥阿史那大奈亦帅其众以从。甲寅，遣通议大夫张纶将兵徇稽胡。丙辰，渊至西河，慰劳吏民，赈赡穷乏；民年七十已上，皆除散官，其余豪俊，随才授任，口询功能，手注官秩，一日除千余人；受官皆不取告身，各分渊所书官名而去。渊入雀鼠谷[②]；壬戌，军贾胡堡[③]，去霍邑五十余里[④]。代王侑遣虎牙郎将宋老生帅精兵二万屯霍邑，左武候大将军屈突通屯河东以拒渊。会积雨，渊不得进，遣府佐沈叔安等将羸兵还太原，更运一月粮。乙丑，张纶克离石[⑤]，杀太守杨子崇。

刘文静至突厥，见始毕可汗，请兵，且与之约曰："若入长安，民众土地入唐公，金玉缯帛归突厥。"始毕大喜，丙寅，遣其大臣级失特勒先至渊军，告以军已上道。

渊以书招李密，密自恃兵强，欲为盟主，使祖君彦复书曰："与兄派流虽异，根系本同。自唯虚薄，为四海英雄共推盟主。所望左提右挈，戮力同心，执子婴于咸阳，殪商辛于牧野，岂不盛哉！"且欲使渊以步骑数千自至河内，面结盟约。渊得书，笑曰："密妄自矜大，非折简可致。吾方有事关中，若遽绝之，乃是更生一敌；不如卑辞推奖以骄其志，使为我塞成皋之道，缀东都之兵，我得专意西征。俟关中平定，据险养威，徐观鹬蚌之势以收渔人之功，未为晚也。”乃使温大雅复书曰：“吾虽庸劣，幸承余绪，出为八使[⑥]，入典六屯[⑦]，颠而不扶，通贤所责。所以大会义兵，和亲北狄，共匡天下，志在尊隋。天生烝民，必有司牧，当今为牧，非子而谁！老夫年逾知命，愿不及此。欣戴大弟，攀鳞附翼，唯弟早膺图箓，以宁兆民！宗盟之长，属籍见容，复封于唐，斯荣足矣。殪商辛于牧野，所不忍言；执子婴于咸阳，未敢闻命。汾晋左右，尚须安辑；盟津之会，未暇卜期。”密得书甚喜，以示将佐曰：“唐公见推，天下不足定矣！”自是信使往来不绝。

雨久不止，渊军中粮乏；刘文静未返，或传突厥与刘武周乘虚袭晋阳；渊召将佐谋北还。裴寂等皆曰：“宋老生、屈突通连兵据险，未易猝下。李密虽云连和，奸谋难测。突厥贪而无信，唯利是视。武周，事胡者也。太原一方都会，且义兵家属在焉，不如还救根本，更图后举。”李世民曰：“今禾菽被野，何忧乏粮！老生轻躁，一战可擒。李密顾恋仓粟，未遑远略。武周与突厥外虽相附，内实相猜。武周虽远利太原，岂可近忘马邑！本兴大义，奋不顾身以救苍生，当先入咸阳，号令天下。今遇小敌，遽已班师，恐从义之徒一朝解体，还守太原一城之地为贼耳，何以自全！”李建成亦以为然。渊不听，促令引发。世民将复入谏，会日暮，渊已寝；世民不得入，号哭于外，声闻帐中。渊召问之，世民曰：“今兵以义动，进战则克，退还则散；众散于前，敌乘于后，死亡无日，何得不悲！”渊乃悟曰：“军已发，奈何？”世民曰：“右军严而未发；左军虽去，计亦未远，请自追之。”渊笑曰：“吾之成败皆在尔，知复何言，唯尔所为。”世民乃与建成夜追左军复还。丙子，太原运粮亦至。

**【注释】**

①邛黄蛮：少数民族。居住在今四川西昌市一带。　②雀鼠谷：在今山西灵石县境。　③贾胡堡：在今山西汾西县北。　④霍邑：今山西霍州市。　⑤离石：郡名。治所在今山西吕梁市离石区。　⑥八使：汉顺帝时曾派遣八位使者巡行天下。　⑦六屯：隋制，六军十二卫。李渊

曾为将军,故云。

武威鹰扬府司马李轨[①],家富,好任侠;薛举作乱于金城,轨与同郡曹珍、关谨、梁硕、李赟、安修仁等谋曰:“薛举必来侵暴,郡官庸怯,势不能御,吾辈岂可束手并妻孥为人所虏邪!不若相与并力拒之,保据河右以待天下之变。”众皆以为然,欲推一人为主,各相让,莫肯当。曹珍曰:“久闻图谶李氏当王;今轨在谋中,乃天命也。”遂相与拜轨,奉以为主。丙辰,轨令修仁集诸胡,轨结民间豪桀,共起兵,执虎贲郎将谢统师、郡丞韦士政。轨自称河西大凉王,置官属并拟开皇故事。关谨等欲尽杀隋官,分其家赀,轨曰:“诸人既逼以为主,当禀其号令。今兴义兵以救生民,乃杀人取货,此群盗耳,将何以济!”于是以统师为太仆卿,士政为太府卿。西突厥阙度设据会宁川[②],自称阙可汗,请降于轨。

薛举自称秦帝,立其妻鞠氏为皇后,子仁果为皇太子。遣仁果将兵围天水,克之,举自金城徙都之[③]。仁果多力,善骑射,军中号万人敌;然性贪而好杀。尝获庾信子立,怒其不降,磔于火上,稍割以啖军士。及克天水,悉召富人,倒悬之,以醋灌鼻,责其金宝。举每戒之曰:“汝之才略足以办事,然苛虐无恩,终当覆我国家。”

举遣晋王仁越将兵趋剑口[④],至河池郡[⑤];太守萧瑀拒却之。又遣其将常仲兴济河击李轨,与轨将李赟战于昌松[⑥],仲兴举军败没。轨欲纵遣之,赟曰:“力战获俘,复纵以资敌,将焉用之!不如尽坑之。”轨曰:“天若祚我,当擒其主,此属终为我有;若其无成,留之何益!”乃纵之。

未几,攻张掖、敦煌、西平、枹罕[⑦],皆克之,尽有河西五郡之地。

炀帝诏左御卫大将军涿郡留守薛世雄将燕地精兵三万讨李密,命王世充等诸将皆受世雄节度,所过盗贼,随便诛翦。世雄行至河间[⑧],军于七里井[⑨],窦建德士众惶惧,悉拔诸城南遁,声言还入豆子航[⑩]。世雄以为畏己,不复设备,建德谋还袭之。其处去世雄营百四十里,建德帅敢死士二百八十人先行,令余众续发,建德与其士众约曰："夜至，则击其营；已明，则降之。"未至一里所，天欲明，建德惶惑议降；会天大雾，人咫尺不相辨，建德喜曰："天赞我也！"遂突入其营击之，世雄士卒大乱，皆腾栅走。世雄不能禁，与左右数十骑遁归涿郡，惭恚发病卒。建德遂围河间。

【注释】

①鹰扬府司马：禁军征兵府属官，掌军政。 ②会宁川：在今甘肃靖远县。 ③金城：今甘肃兰州市。 ④剑口：剑门关口。在今四川剑阁县。 ⑤河池郡：治所在今陕西凤县。 ⑥昌松：县名。治所在今甘肃古浪县。 ⑦西平：今青海西宁市。枹（fū 肤）罕：今甘肃临夏回族自治州。 ⑧河间：县名。今属河北省。 ⑨七里井：在今河北河间市南七里。 ⑩豆子𬨎（gǎng 港）：在今山东惠民县北。

八月，己卯，雨霁。庚辰，李渊命军中曝铠仗行装。辛巳旦，东南由山足细道趣霍邑。渊恐宋老生不出，李建成、李世民曰："老生勇而无谋，以轻骑挑之，理无不出；脱其固守，则诬以贰于我。彼恐为左右所奏，安敢不出！"渊曰："汝测之善，老生不能逆战贾胡，吾知其无能为也！"渊与数百骑先至霍邑城东数里以待步兵，使建成、世民将数十骑至城下，举鞭指麾，若将围城之状，且诟之。老生怒，引兵三万自东门、南门分道而出，渊使殷开山趣召后军。后军至，渊欲使军士先食而战，世民曰："时不可失。"渊乃与建成陈于城东，世民陈于城南。渊、建成战小却，世民与军头临淄段志玄自南原引兵驰下[①]，冲老生陈，出其背，世民手杀数十人，两刀皆缺，流血满袖，洒之复战。渊兵复振，因传呼曰："已获老生矣！"老生兵大败，渊兵先趣其门，门闭，老生下马投堑，刘弘基就斩之，僵尸数里。日已暮，渊即命登城，时无攻具，将士肉薄而登，遂克之。

渊赏霍邑之功，军吏疑奴应募者不得与良人同，渊曰："矢石之间，不辨贵贱，论勋之际，何有等差，宜并从本勋授。"壬午，渊引见霍邑吏民，劳赏如西河，选其丁壮使从军；关中军士欲归者，并授五品散官，遣归。或谏以官太滥，渊曰："隋氏吝惜勋赏，此所以失人心也，奈何效之！且收众以官，不胜于兵乎！"

丙戌，渊入临汾郡[2]，慰抚如霍邑。庚寅，宿鼓山[3]。绛郡通守陈叔达拒守[4]；辛卯，进攻，克之。叔达，陈高宗之子，有才学，渊礼而用之。

癸巳，渊至龙门，刘文静、康鞘利以突厥兵五百人、马二千匹来至。渊喜其来缓，谓文静曰："吾西行及河，突厥始至，兵少马多，皆君将命之功也。"

汾阳薛大鼎说渊："请勿攻河东，自龙门直济河，据永丰仓，传檄远近，关中可坐取也。"渊将从之。诸将请先攻河东，乃以大鼎为大将军府察非掾[5]。

河东县户曹任瓌说渊曰："关中豪桀皆企踵以待义兵。瓌在冯翊积年，知其豪桀，请往谕之，必从风而靡。义师自梁山济河[6]，指韩城[7]，逼郃阳[8]。萧造文吏，必当望尘请服。孙华之徒，皆当远迎，然后鼓行而进，直据永丰，虽未得长安，关中固已定矣。"渊悦，以瓌为银青光禄大夫。

时关内群盗，孙华最强；丙申，渊至汾阴[9]，以书招之。己亥，渊进军壶口[10]，河滨之民献舟者日以百数，仍置水军。壬寅，孙华自郃阳轻骑渡河见渊。渊握手与坐，慰奖之，以华为左光禄大夫、武乡县公，领冯翊太守，其徒有功者，委华以次授官，赏赐甚厚。使之先济；继遣左右统军王长谐、刘弘基及左领军长史陈演寿、金紫光禄大夫史大奈将步骑六千自梁山济，营于河西以待大军。以任瓌为招慰大使，瓌说韩城，下之。渊谓长谐等曰："屈突通精兵不少，相去五十余里，不敢来战，足明其众不为之用。然通畏罪，

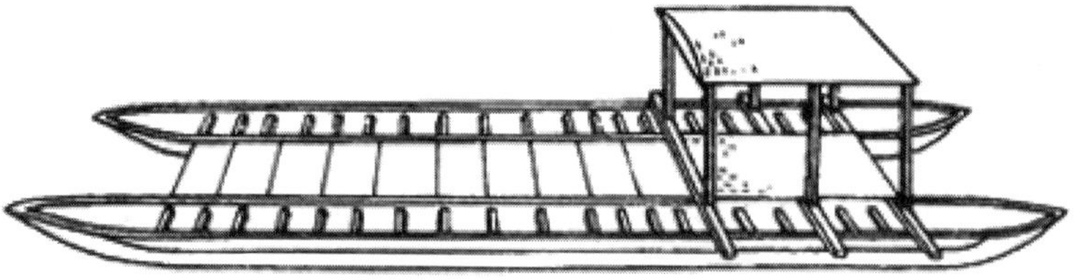

隋双体船图

不敢不出。若自济河击卿等，则我进攻河东，必不能守；若全军守城，则卿等绝其河梁；前扼其喉，后拊其背，彼不走必为擒矣。”

骁果从炀帝在江都者多逃亡，帝患之，以问裴矩，对曰：“人情非有匹偶，难以久处，请听军士于此纳室。”帝从之。九月，悉召江都境内寡妇、处女集宫下，恣将士所取；或先与奸者听自首，即以配之。

武阳郡丞元宝藏以郡降李密[11]，甲寅，密以宝藏为上柱国、武阳公。宝藏使其客巨鹿魏征为启谢密，且请改武阳为魏州；又请帅所部西取魏郡[12]，南会诸将取黎阳仓。密喜，即以宝藏为魏州总管，召魏征为元帅府文学参军，掌记室。征少孤贫，好读书，有大志，落拓不事生业。始为道士，宝藏召典书记，密爱其文辞，故召之。

初，贵乡长弘农魏德深[13]，为政清静，不严而治。辽东之役，征税百端，使者旁午，责成郡县，民不堪命，唯贵乡闾里不扰，有无相通，不竭其力，所求皆给。元宝藏受诏捕贼，数调器械，动以军法从事。其邻城营造，皆聚于厅事，官吏递相督责，昼夜喧嚣，犹不能济。德深听随便修营，官府寂然，恒若无事，唯戒吏以不须过胜余县，使百姓劳苦；然民各自竭心，常为诸县之最，民爱之如父母。宝藏深害其能，遣将千兵赴东都。所领兵闻宝藏降密，思其亲戚，辄出都门，东向恸哭而返；或劝之降密，皆泣曰：“我与魏明府同来，何忍弃去！”

河南、山东大水，饿殍满野，炀帝诏开黎阳仓赈之，吏不时给，死者日数万人。徐世勣言于李密曰：“天下大乱，本为饥馑。今更得黎阳仓，大事济矣。”密遣世勣帅麾下五千人自原武济河[14]，会元宝藏、郝孝德、李文相及洹水贼帅张升、清河贼帅赵君德共袭破黎阳仓，据之，开仓恣民就食，浃旬间，得胜兵二十余万。武安、永安、义阳、弋阳、齐郡相继降密[15]。窦建德、朱粲之徒亦遣使附密，密以粲为扬州总管、邓公。泰山道士徐洪客献书于密，以为：“大众久聚，恐米尽人散，师老厌战，难可成功。”劝密“乘进取之机，因士马之锐，沿流东指，直向江都，执取独夫，号令天下”。密壮其言，以书招之，洪客竟不出，莫知所之。

【注释】

①军头:官名。唐武德元年(618),改鹰扬郎将曰军头。后又改称骠骑将军。 ②临汾郡:治所在今山西临汾市。 ③鼓山:在今山西新绛县北。 ④绛郡:治所在今山西新绛县。 ⑤察非掾:官名。禁军府、大将军府属官,掌纠查。炀帝时左、右候卫府增置察非掾。 ⑥梁山:在今陕西韩城市北。 ⑦韩城:县名。在今陕西韩城市。 ⑧郃阳:县名。今属陕西省。 ⑨汾阴:县名。治所在今山西万荣县西南。 ⑩壶口:山名。在今山西吉县西南。 ⑪武阳郡:治所在今河北大名县。 ⑫魏郡:治所在今河南安阳市。 ⑬贵乡:县名。魏州(武阳郡)治所。 ⑭原武:县名。治所在今河南原阳县西。 ⑮武安:郡名。治所在今河北邯郸市永年区。永安:郡名。治所在今湖北黄冈市。义阳:郡名。治所在今河南信阳市。弋阳:郡名。治所在今河北隆尧县。齐郡:治所在今山东济南市。

乙卯,张纶徇龙泉、文成等郡[①],皆下之,获文成太守郑元璹。元璹,译之子也。

屈突通遣虎牙郎将桑显和将骁果数千人夜袭王长谐等营,长谐等战不利,孙华、史大奈以游骑自后击显和,大破之。显和脱走入城,仍自绝河梁。丙辰,冯翊大守萧造降于李渊。造,修之子也。

戊午,渊帅诸军围河东,屈突通婴城自守。

将佐复推渊领太尉,增置官属,渊从之。时河东未下,三辅豪桀至者日以千数。渊欲引兵西趣长安,犹豫未决。裴寂曰:“屈突通拥大众,凭坚城,吾舍之而去,若进攻长安不克,退为河东所踵,腹背受敌,此危道也。不若先克河东,然后西上。长安恃通为援,通败,长安必破矣。”李世民曰:“不然。兵贵神速,吾席累胜之威,抚归顺之众,鼓行而西,长安之人望风震骇,智不及谋,勇不及断,取之若振槁叶耳。若淹留自弊于坚城之下,彼得成谋修备以待我,坐费日月,众心离沮,则大事去矣。且关中蜂起之将,未有所属,不可不早招怀也。屈突通自守虏耳,不足为虑。”渊两从之,留诸将围河东,自引军而西。

朝邑法曹武功靳孝谟②，以蒲津、中潬二城降③，华阴令李孝常以永丰仓降，仍应接河西诸军。孝常，圆通之子也。京兆诸县亦多遣使请降。

王世充、韦霁、王辩及河内通守孟善谊、河阳郡尉独孤武都各帅所领会东都④，唯王隆后期不至。己未，越王侗使虎贲郎将刘长恭等帅留守兵，庞玉等帅偃师兵，与世充等合十余万众，击李密于洛口，与密夹洛水相守。炀帝诏诸军皆受世充节度。

帝遣摄江都郡丞冯慈明向东都，为密所获，密素闻其名，延坐劳问，礼意甚厚，因谓曰："隋祚已尽，公能与孤共立大功乎？"慈明曰："公家历事先朝，荣禄兼备。不能善守门阀，乃与玄感举兵，偶脱罔罗，得有今日，唯图反噬，未谕高旨。莽、卓、敦、玄非不强盛，一朝夷灭，罪及祖宗。仆死而后已，不敢闻命！"密怒，囚之。慈明说防人席务本，使亡走。奉表江都，及致书东都论贼形势，至雍丘⑤，为密将李公逸所获，密又义而释之；出至营门，翟让杀之。慈明，子琮之子也。

密之克洛口也，箕山府郎将张季珣固守不下，密以其寡弱，遣人呼之。季珣骂密极口，密怒，遣兵攻之，不能克。时密众数十万在其城下，季珣四面阻绝，所领不过数百人，而执志弥固，誓以必死。久之，粮尽水竭，士卒羸病，季珣抚循之，一无离叛，自三月至于是月，城遂陷。季珣见密不肯拜，曰："天子爪牙，何容拜贼！"密犹欲降之，诱谕终不屈，乃杀之。季珣，祥之子也。

**【注释】**

①龙泉：郡名。治所在今山西隰县。文成：郡名。治所在今山西吉县。 ②朝邑：县名。治所在今陕西大荔县东南朝邑镇。 ③蒲津：城名。在今陕西大荔县朝邑镇东。中潬（dàn 但）：城名；在今山西永济市、陕西大荔县之间古蒲津关下黄河中流。 ④郡尉：据胡三省注，"郡尉"当作"都尉"。 ⑤雍丘：今河南杞县。

庚申，李渊帅诸军济河；甲子，至朝邑，舍于长春宫，关中士民归之者如市。丙寅，渊遣世子建成、司马刘文静帅王长谐等诸军数万人屯永丰仓，守潼关以备东方兵，慰抚使窦轨等受其节度；敦煌公世民帅刘弘基等诸军数万人徇渭北，慰抚使殷开山等受其节度。轨，琮之兄也。

冠氏长于志宁、安养尉颜师古及世民妇兄长孙无忌谒见渊于长春宫[①]。师古名籀，以字行；志宁，宣敏之兄子；师古，之推之孙也；皆以文学知名，无忌仍有才略。渊皆礼而用之，以志宁为记室，师古为朝散大夫，无忌为渭北行军典签。

屈突通闻渊西入，署鹰扬郎将汤阴尧君素领河东通守，使守蒲坂[②]，自引兵数万趣长安，为刘文静所遏。将军刘纲戍潼关，屯都尉南城，通欲往依之，王长谐引兵袭斩纲，据城以拒通，通退保北城。渊遣其将吕绍宗等攻河东，不能克。

柴绍之自长安赴太原也，谓其妻李氏曰："尊公举兵，今偕行则不可，留此则及祸，奈何？"李氏曰："君弟速行，我一妇人，易以潜匿，当自为计。"绍遂行。李氏归鄠县别墅[③]，散家赀，聚徒众。渊从弟神通在长安，亡入鄠县山中，与长安大侠史万宝等起兵以应渊。西域商胡何潘仁入司竹园为盗[④]，有众数万，劫前尚书右丞李纲为长史，李氏使其奴马三宝说潘仁与之就神通，合势攻鄠县，下之。神通众逾一万，自称关中道行军总管，以前乐城长令狐德棻为记室。德棻，熙之子也。李氏又使马三宝说群盗李仲文、向善志、丘师利等，皆帅众从之。仲文，密之从父；师利，和之子也。西京留守屡遣兵讨潘仁等，皆为所败。李氏徇盩厔、武功、始平[⑤]，皆下之，众至七万。左亲卫段纶，文振之子也，娶渊女，亦聚徒于蓝田[⑥]，得万余人。及渊济河，神通、李氏、纶各遣使迎渊。渊以神通为光禄大夫，子道彦为朝请大夫，纶为金紫光禄大夫；使柴绍将数百骑并南山迎李氏[⑦]。何潘仁、李仲文、向善志及关中强盗，皆请降于渊，渊一一以书慰劳授官，使各居其所，受敦煌公世民节度。

刑部尚书领京兆内史卫文升年老[⑧]，闻渊兵向长安，忧惧成疾，不复预事，独左翊卫将军阴世师、京兆郡丞骨仪奉代王侑乘城拒守。己巳，渊如蒲津[⑨]；庚午，自临晋济渭[⑩]，至永丰仓劳军，开仓赈饥民。辛未，还长春宫；壬申，进屯冯翊。世民所至，吏民及群盗归之如流，世民收其豪俊以备僚属，营于泾阳[⑪]，胜兵九万。李氏将精兵万余会世民于渭北,与柴绍各置幕府,号“娘子军”。

先是,平凉奴贼数万围扶风太守窦琎,数月不下,贼军食尽。丘师利遣其弟行恭帅五百人负米麦持牛酒诣奴贼营,奴帅长揖,行恭手斩之,谓其众曰:“汝辈皆良人,何故事奴为主,使天下谓之奴贼!”众皆俯伏曰:“愿改事公。”行恭即帅其众与师利共谒世民于渭北,世民以为光禄大夫。琎,琮之从子也。隰城尉房玄龄谒世民于军门,世民一见如旧识,署记室参军,引为谋主。玄龄亦自以为遇知己,罄竭心力,知无不为。

渊命刘弘基、殷开山分引西略扶风,有众六万,南渡渭水,屯长安故城。城中出战,弘基逆击,破之。世民引兵趣司竹,李仲文、何潘仁、向善志皆帅众从之,顿于阿城[12],胜兵十三万,军令严整,秋毫不犯。乙亥,世民自盩厔遣使白渊,请期日赴长安。渊曰:“屈突东行不能复西,不足虞矣!”乃命建成选仓上精兵自新丰趣长乐宫[13],世民帅新附诸军北屯长安故城,至并听教。延安、上郡、雕阴皆请降于渊[14]。丙子,渊引军西行,所过离宫园苑皆罢之,出宫女还其亲属。冬,十月,辛巳,渊至长安,营于春明门之西北[15],诸军皆集,合二十余万。渊命各依垒壁,毋得入村落侵暴。屡遣使至城下谕卫文升等以欲尊隋之意,不报。辛卯,命诸军进围城。甲午,渊迁馆于安兴坊。

巴陵校尉阳董景珍、雷世猛、旅帅郑文秀、许玄彻、万瓒、徐德基、郭华、沔阳张绣等谋据郡叛隋,推景珍为主。景珍曰:“吾素寒贱,不为众所服。罗川令萧铣[16],梁室之后,宽仁大度,请奉之以从众望。”乃遣使报铣。铣喜从之,声言讨贼,召募得数千人。铣,岩之孙也。

会颍川贼帅沈柳生寇罗川,铣与战不利,因谓其众曰:“今天下皆叛,隋政不行,巴陵豪桀起兵,欲奉吾为主。若从其请以号令江南,可以中兴梁祚,以此召柳生,亦当从我矣。”众皆悦,听命,乃自称梁公,改隋服色旗帜皆如梁旧。柳生即帅众归之,以柳生为车骑大将军。起兵五日,远近归附者至数万人,遂帅众向巴陵。景珍遣徐德基帅郡中豪桀数百人出迎,未及见铣,柳生与其党谋曰:“我先奉梁公,勋居第一。今巴陵诸将,皆位高兵多,我若入城,返出其下。不如杀德基,质其首领,独挟梁公进取郡城,则无出我右者矣。"遂杀德基。入白铣,铣大惊曰:"今欲拨乱反正,忽自相杀!吾不能为若主矣。"因步出军门。柳生大惧,伏地请罪,铣责而赦之,陈兵入城。景珍言于铣曰:"徐德基建义功臣,而柳生无故擅杀之,此而不诛,何以为政!且柳生为盗日久,今虽从义,凶悖不移,共处一城,势必为变。失今不取,后悔无及!"铣又从之。景珍收柳生,斩之,其徒皆溃去。丙申,铣筑坛燔燎,自称梁王,改元鸣凤。

**【注释】**

①冠氏:县名。治所在今山东冠县。安养:县名。治所在今湖北襄阳市北。　②蒲坂:河东郡治所。今山西永济市。　③鄠县:今陕西西安市鄠邑区。属陕西省。　④司竹园:在今陕西周至县。　⑤盩厔:县名。今作周至县。属陕西省。武功:县名。今属陕西省。始平:县名。治所在今陕西兴平市。　⑥蓝田:县名。今属陕西省。　⑦南山:即秦岭。　⑧内史:官名。东、西京行政长官。隋炀帝改京兆尹、河南尹为内史。　⑨蒲津:在今陕西韩城市北。　⑩临晋:今陕西大荔县。　⑪泾阳:县名。今属陕西省。　⑫阿城:即秦阿房宫城。在今陕西西安市西。⑬新丰:县名。治所在今陕西西安市临潼区。长乐宫:汉王朝故宫。⑭上郡:治所在今陕西富平县。雕阴:郡名。治所在今陕西绥德县。⑮春明门:长安城东面三门之中门。　⑯罗川:县名。治所在今湖南汨罗市。

壬寅,王世充夜渡洛水,营于黑石[①],明日,分兵守营,自将精兵陈于洛北。李密闻之,引兵渡洛逆战,密兵大败,柴孝和溺死。密帅麾下精骑渡洛南,余众东走月城[②],世充追围之,密自洛南策马直趣黑石,营中惧,连举六烽,世充释月城之围,狼狈自救;密还与战,大破之,斩首三千余级。

甲辰,李渊命诸军攻城,约"毋得犯七庙及代王、宗室,违者夷三族"!孙华中流矢卒。十一月,丙辰,军头雷永吉先登,遂克长安。代王在东宫,左右奔散,唯侍读姚思廉侍侧。军士将登殿,思廉厉声诃之曰:"唐公举义兵、匡帝室,卿等毋得无礼!"众皆愕然,布立庭下。渊迎王于东宫,迁居大兴殿后,听思廉扶王至顺阳阁下,泣拜而去。思廉,察之子也。渊还,舍于长乐宫,与民约法十二条,悉除隋苛禁。

渊之起兵也,留守官发其坟墓,毁其五庙[3]。至是,卫文升已卒,戊午,执阴世师、骨仪等,数以贪婪苛酷,且拒义师,俱斩之,死者十余人,余无所问。

马邑郡丞三原李靖,素与渊有隙,渊入城,将斩之。靖大呼曰:"公兴义兵,欲平暴乱,乃以私怨杀壮士乎!"世民为之固请,乃舍之。世民因召置幕府。靖少负志气,有文武才略,其舅韩擒虎每抚之曰:"可与言将帅之略者,独此子耳!"

王世充自洛北之败,坚壁不出;越王侗遣使劳之,世充惭惧,请战于密。丙辰,世充与密夹石子河而陈[4],密布陈南北十余里。翟让先与世充战,不利而退;世充逐之,王伯当、裴仁基从旁横断其后,密勒中军击之,世充大败,西走。

翟让司马王儒信劝让自为大冢宰,总统众务,以夺密权,让不从。让兄柱国荥阳公弘,粗愚人也,谓让曰:"天子汝当自为,奈何与人!汝不为者,我当为之!"让但大笑,不以为意,密闻而恶之。总管崔世枢自鄢陵初附于密[5],让囚之私府,责其货,世枢营求未办,遽欲加刑。让召元帅府记室邢义期博,逡巡未就,杖之八十。让谓左长史房彦藻曰:"君前破汝南[6],大得宝货,独与魏公,全不与我!魏公我之所立,事未可知!"彦藻惧,以状告密,因与左司马郑颋共说密曰:"让贪愎不仁,有无君之心,宜早图之。"密曰:"今安危未定,遽相诛杀,何以示远!"颋曰:"毒蛇螫手,壮士解腕,所全者大故也。彼先得志,悔无所及。"密乃从之,置酒召让。戊午,让与兄弘及兄子司徒府长史摩侯同诣密,密与让、弘、裴仁基、郝孝德共坐,单雄信等皆立侍,房彦藻、郑颋往来检校。密曰:"今日与达官饮,不须多人,左右止留给使而已。"密左右皆引去,让左右犹在。彦藻白密曰:"今方为乐,天时甚寒,司徒左右,请给酒食。"密曰:"听司徒进止。"让应曰:"甚佳。"乃引让左右尽出,独密下壮士蔡建德持刀立侍。食未进,密出良弓,与让习射,让方引满,建德自后斫之,踣于床前,声若牛吼,并弘、摩侯、儒信皆杀之。徐世勣走出，门者斫之伤颈，王伯当遥诃止之。单雄信叩头请命，密释之。左右惊扰，莫知所为，密大言曰："与君等同起义兵，本除暴乱，司徒专行贪虐，凌辱群僚，无复上下；今所诛止其一家，诸君无预也。"命扶徐世勣置幕下，亲为傅创。让麾下欲散，密使单雄信前往宣慰，密寻独骑入其营，历加抚谕，令世勣、雄信、伯当分领其众，中外遂定。让残忍，摩侯猜忌，儒信贪纵，故死之日，所部无哀之者；然密之将佐始有自疑之心矣。始，王世充知让与密必不久睦，冀其相图，得从而乘之。及闻让死，大失望，叹曰："李密天资明决，为龙为蛇，固不可测也！"

【注释】

①黑石：地名。在今河南巩义市南。 ②月城：在洛口仓附近新筑的偃月城。 ③五庙：皇帝立祖先七庙，公爵立祖先五庙。 ④石子河：即今河南巩义市东石河，为洛河支流。 ⑤鄢陵：县名。今属河南省。⑥汝南：郡名。治所在今河南鲁山县东。

壬戌，李渊备法驾迎代王即皇帝位于天兴殿[①]，时年十三，大赦改元，遥尊炀帝为太上皇。甲子，渊自长乐宫入长安。以渊为假黄钺、使持节、大都督内外诸军事、尚书令、大丞相，进封唐王。以武德殿为丞相府，改教称令，日于虔化门视事[②]。乙丑，榆林、灵武、平凉、安定诸郡皆遣使请命。丙寅，诏军国机务，事无大小，文武设官，位无贵贱，宪章赏罚，咸归相府；唯郊祀天地，四时禘祫奏闻。置丞相府官属，以裴寂为长史，刘文静为司马。何潘仁使李纲入见，渊留之，以为丞相府司录，专掌选事。又以前考功郎中窦威为司录参军，使定礼仪。威，炽之子也。渊倾府库以赐勋人，国用不足，右光禄大夫刘世龙献策，以为"今义师数万，并在京师，樵苏贵而布帛贱；请伐六街及苑中树为樵，以易布帛，可得数十万匹"。渊从之。己巳，以李建成为唐世子，李世民为京兆尹、秦公，李元吉为齐公。

河南诸郡尽附李密，唯荥阳太守郇王庆、梁郡太守杨汪尚为隋守。密以书招庆，为陈利害，且曰："王之家世，本住山东，本姓郭氏，乃非杨族。芝焚蕙叹，事不同此。"初，庆祖父元孙早孤，随母郭氏养于舅族。及武元帝从周文帝起兵关中，元孙在邺，恐为高氏所诛，冒姓郭氏，故密云然。庆得书惶恐，即以郡降密，复姓郭氏。

十二月，癸未，追谥唐王渊大父襄公为景王；考仁公为元王，夫人窦氏为穆妃。

薛举遣其子仁果寇扶风，唐弼据汧源拒之[3]。举遣使招弼，弼乃杀李弘芝，请降于举，仁果乘其无备，袭破之，悉并其众。弼以数百骑走诣扶风请降，扶风太守窦琎杀之。举势益张，众号三十万，谋取长安；闻丞相渊已定长安，遂围扶风。渊使李世民将兵击之。又使姜謩、窦轨俱出散关[4]，安抚陇右[5]；左光禄大夫李孝恭招慰山南[6]；府户曹张道源招慰山东[7]。孝恭，渊之从父兄子也。

癸巳，世民击薛仁果于扶风，大破之，追奔至垅坻而还[8]。薛举大惧，问其群臣曰："自古天子有降事乎？"黄门侍郎钱唐褚亮曰："赵佗归汉，刘禅仕晋，近世萧琮，至今犹贵。转祸为福，自古有之。"卫尉卿郝瑗趋进曰："陛下失问！褚亮之言又何悖也！昔汉高祖屡经奔败，蜀先主亟亡妻子，卒成大业；陛下奈何以一战不利，遽为亡国之计乎！"举亦悔之曰："聊以此试君等耳。"乃厚赏瑗，引为谋主。

**【注释】**

①天兴殿：胡三省注："天兴殿，当作大兴殿。" ②虔化门：在大兴殿前东侧。 ③汧源：县名。治所在今陕西陇县。 ④散关：即大散关。在今陕西宝鸡市南。 ⑤陇右：陇山以西。 ⑥山南：秦岭以南。 ⑦山东：崤山以东。 ⑧垅坻：陇山。

乙未，平凉留守张隆，丁酉，河池太守萧瑀及扶风汉阳郡相继来降。以窦琎为工部尚书、燕国公，萧瑀为礼部尚书、宋国公。

姜謩、窦轨进至长道[1]，为薛举所败，引还。渊使通议大夫醴泉刘世让安集唐弼余党，与举相遇，战败，为举所虏。

李孝恭击破朱粲，诸将请尽杀其俘，孝恭曰："不可，自是以往，谁复肯降矣！"于是自金川出巴、蜀[2]，檄书所至，降附者三十余州。

屈突通与刘文静相持月余，通复使桑显和夜袭其营，文静与左光禄大夫段志玄悉力苦战，显和败走，尽俘其众，通势益蹙。或说通降，通泣曰："吾历事两主，恩顾甚厚。食人之禄而违其难，吾不为也！"每自摩其颈曰："要当为国家受一刀！"劳勉将士，未尝不流涕，人亦以此怀之。丞相渊遣其家僮召之，通立斩之。及闻长安不守，家属悉为渊所虏，乃留显和镇潼关，引兵东出，将趣洛阳。通适去，显和即以城降文静。文静遣窦琮等将轻骑与显和追之，及于稠桑[3]，通结陈自固，窦琮遣通子寿往谕之，通骂曰："此贼何来！昔与汝为父子，今与汝为仇雠！"命左右射之。显和谓其众曰："今京城已陷，汝辈皆关中人，去欲何之！"众皆释仗而降。通知不免，下马。东南向再拜号哭曰："臣力屈至此，非敢负国，天地神祇实知之。"军人执通送长安，渊以为兵部尚书，赐爵蒋公，兼秦公元帅府长史。

渊遣通至河东城下招谕尧君素，君素见通，歔欷不自胜，通亦泣下沾衿，因谓君素曰："吾军已败，义旗所指，莫不响应，事势如此，卿宜早降。"君素曰："公为国大臣，主上委公以关中，代王付公以社稷，奈何负国生降，乃更为人作说客邪！公所乘马，即代王所赐也，公何面目乘之哉！"通曰："吁，君素，我力屈而来！"君素曰："方今力犹未屈，何用多言？"通惭而退。

隋青瓷象首净瓶

东都米斗三钱[4]，人饿死者什二三。

庚子，王世充军士有亡降李密者，密问："世充军中何所为？"军士曰："比见益募兵，再飨将士，不知其故。"密谓裴仁基曰："吾几落奴度中,光禄知之乎?吾久不出兵,世充刍粮将竭,求战不得,故募兵飨士,欲乘月晦以袭仓城耳,宜速备之。”乃命平原公郝孝德、琅邪公王伯当、齐郡公孟让勒兵分屯仓城之侧以待之。其夕三鼓,世充兵果至,伯当先遇之,与战,不利。世充兵即陵城,总管鲁儒拒却之,伯当更收兵击之,世充大败,斩其骁将费青奴,士卒战溺死者千余人。世充屡与密战,不胜,越王侗遣使劳之,世充诉以兵少,数战疲弊;侗以兵七万益之。

刘文静等引兵东略地,取弘农郡⑤,遂定新安以西⑥。

甲辰,李渊遣云阳令詹俊、武功县正李仲衮徇巴、蜀⑦,下之。

乙巳,方与贼帅张善安袭陷庐江郡⑧,因渡江,归林士弘于豫章⑨;士弘疑之,营于南塘上⑩。善安恨之,袭破士弘,焚其郛郭而去,士弘徙居南康⑪,萧铣遣其将苏胡儿袭豫章,克之,士弘退保余干⑫。

**【注释】**

①长道:县名。治所即今甘肃西和县东北长道镇。 ②金川:县名。治所在今陕西安康市。 ③稠桑:地名。即稠桑驿。在今河南灵宝市北。 ④米斗三钱:据章钰校记,十二行本、乙十一行本“钱”作“千”。⑤弘农郡:治所在今河南灵宝市。 ⑥新安:县名。今属河南省。⑦县正:官名。掌一县军事。炀帝改县尉为县正。 ⑧方与:县名。治所在今江苏徐州市铜山区。庐江郡:治所即今安徽合肥市。 ⑨豫章:郡名。治所即今江西南昌市。 ⑩南塘:地名。在江西南昌市南。⑪南康:郡名。治所在今江西赣州市西南。 ⑫余干:县名。今属江西省。

# 资治通鉴卷第一百八十五

## 唐纪一　起著雍摄提格正月，尽七月，不满一年。

### 高祖神尧大圣光孝皇帝上之上[1]

**武德元年**　春，正月，丁未朔，隋恭帝诏唐王剑履上殿，赞拜不名。[2]

唐王既克长安，以书谕诸郡县，于是东自商洛[3]，南尽巴、蜀，郡县长吏及盗贼渠帅、氐羌酋长，争遣子弟入见请降，有司复书，日以百数。

王世充既得东都兵[4]，进击李密于洛北[5]，败之，遂屯巩北。辛酉，世充命诸军各造浮桥渡洛击密，桥先成者先进，前后不一。虎贲郎将王辩破密外栅，密营中惊扰，将溃；世充不知，鸣角收众，密因帅敢死士乘之，世充大败，争桥溺死者万余人。王辩死，世充仅自免，洛北诸军皆溃。世充不敢入东都，北趣河阳，是夜，疾风寒雨，军士涉水沾湿，道路冻死者又以万数。世充独与数千人至河阳，自系狱请罪，越王侗遣使赦之[6]，召还东都，赐金帛、美女以安其意。世充收合亡散，得万余人，屯含嘉城，不敢复出。

密乘胜进据金墉城，修其门堞、庐舍而居之，钲鼓之声，闻于东都；未几，拥兵三十余万，陈于北邙，南逼上春门。乙丑，金紫光禄大夫段达、民部尚书韦津出兵拒之[7]；达望见密兵盛，惧而先还，密纵兵乘之，军遂溃，韦津死。于是偃师、柏谷及河阳都尉独孤武都、检校河内郡丞柳燮、职方郎柳续等各举所部降于密。窦建德、朱粲、孟海公、徐圆朗等并遣使奉表劝进，密官属裴仁基等亦上表请正位号，密曰："东都未平，不可议此。"

戊辰，唐王以世子建成为左元帅，秦公世民为右元帅，督诸军十余万人救东都。

东都乏食，太府卿元文都等募守城不食公粮者进散官二品；于是商贾执象而朝者，不可胜数。

二月，己卯，唐王遣太常卿郑元璹将兵出商洛，徇南阳，左领军府司马安陆马元规徇安陆及荆、襄。

李密遣房彦藻、郑颋等东出黎阳，分道招慰州县。以梁郡太守杨汪为上柱国、宋州总管，又以手书与之曰："昔在雍丘，曾相追捕，射钩斩袂[⑧]，不敢庶几。"汪遣使往来通意，密亦羁縻待之。彦藻以书招窦建德，使来见密。建德复书，卑辞厚礼，托以罗艺南侵，请捍御北垂。彦藻还，至卫州，贼帅王德仁邀杀之。德仁有众数万，据林虑山，四出抄掠，为数州之患。

**【注释】**

①高祖神尧大圣光孝皇帝：唐高祖李渊死后追封谥号。李渊（566—635），唐开国皇帝，在位9年（618—626）。字叔德，陇西成纪（今甘肃静宁西北）人。因父昞袭封唐国公，兵克长安，进封唐王，遂受隋禅，国号唐，建元武德。后镇压各地农民起义，消灭地方割据势力，统一全国。武德九年（626），李世民"玄武门之变"，被迫传位，自称太上皇，庙号高祖。　②剑履上殿，赞拜不名：佩带宝剑，穿着履上殿，司仪宣读礼仪，自我参拜皇帝不呼姓名，为特优礼遇。因隋制，大臣上殿不得剑履，赞拜必呼其名。　③商洛：古县名。治所在今陕西丹凤县西北。　④王世充：隋末割据者。字行满，新丰（今陕西西安市临潼区东北）人。炀帝初，为民部侍郎，出任江都郡丞。炀帝末，镇压农民起义，升江都通守。因瓦岗李密逼东都派其援救。炀帝被杀拥立越王侗；击败李密自立为帝。其后降唐被杀。东都：洛阳，与西都长安对称。　⑤李密：隋末瓦岗军首领。京兆长安人。应杨玄起兵黎阳，玄败被捕，逃入瓦岗军，由自统一军到为主称魏公。其后为王世充击败。　⑥越王侗：隋炀帝孙杨侗，封越王，炀帝赴江都，留守东都；炀帝被杀，即帝位，年号皇泰，后被王世充所逼退位并被杀。　⑦金紫光禄大夫：加金章紫绶的光禄大夫，掌顾问应对。民部尚书：隋唐尚书省六部之一的民部尚书，掌文书之职。　⑧射钩斩袂：

指齐桓公不计管仲射钩之仇及晋文公不怨恨曾追杀他斩其袂的寺人，以喻不计前仇。

三月，己酉，以齐公元吉为镇北将军、太原道行军元帅、都督十五郡诸军事，听以便宜从事。

隋炀帝至江都[1]，荒淫益甚，宫中为百余房，各盛供张，实以美人，日令一房为主人。江都郡丞赵元楷掌供酒馔，帝与萧后及幸姬历就宴饮，酒卮不离口，从姬千余人亦常醉。然帝见天下危乱，意亦扰扰不自安，退朝则幅巾短衣，策杖步游，遍历台馆，非夜不止，汲汲顾景，唯恐不足。

帝自晓占候卜相[2]，好为吴语；常夜置酒，仰视天文，谓萧后曰："外间大有人图侬，然侬不失为长城公[3]，卿不失为沈后[4]，且共乐饮耳！"因引满沉醉。又尝引镜自照，顾谓萧后曰："好头颈，谁当斫之？"后惊问故，帝笑曰："贵贱苦乐，更迭为之，亦复何伤？"

帝见中原已乱，无心北归，欲都丹阳[5]，保据江东[6]，命群臣廷议之，内史侍郎虞世基等皆以为善[7]；右候卫大将军李才极陈不可[8]，请车驾还长安，与世基忿争而出。门下录事衡水李桐客曰[9]："江东卑湿，土地险狭，内奉万乘，外给三军，民不堪命，亦恐终散乱耳。"御史劾桐客谤毁朝政[10]。于是公卿皆阿意言："江东之民望幸已久，陛下过江，抚而临之，此大禹之事也[11]。"乃命治丹阳宫，将徙都之。

时江都粮尽，从驾骁果多关中人，久客思乡里，见帝无西意，多谋叛归，郎将窦贤遂帅所部西走[12]，帝遣骑追斩之，而亡者犹不止，帝患之。虎贲郎将扶风司马德戡素有宠于帝[13]，帝使领骁果屯于东城，德戡与所善虎贲郎将元礼、直阁裴虔通谋曰[14]："今骁果人人欲亡，我欲言之，恐先事受诛；不言，于后事发，亦不免族灭，奈何？又闻关内沦没，李孝常以华阴叛，上囚其二弟，欲杀之。我辈家属皆在西，能无此虑乎？"二人皆惧，曰："然则计将安出？"德戡曰："骁果若亡，不若与之俱去。"二人皆曰："善！"因转相招引，内史舍人元敏、虎牙郎将赵行枢、鹰扬郎将孟秉、符玺郎李覆、牛方裕、直长许弘仁、薛世良、城门郎唐奉义、医正张恺、勋侍杨士览等皆与之同谋[15],日夜相结约,于广座明论叛计,无所畏避。有宫人白萧后曰:“外间人人欲反。”后曰:“任汝奏之。”宫人言于帝,帝大怒,以为非所宜言,斩之。其后宫人复白后,后曰:“天下事一朝至此,无可救者,何用言之,徒令帝忧耳!”自是无复言者。

赵行枢与将作少监宇文智及素厚[16],杨士览,智及之甥也,二人以谋告智及,智及大喜。德戡等期以三月望日结党西遁,智及曰:“主上虽无道,威令尚行,卿等亡去,正如窦贤取死耳。今天实丧隋,英雄并起,同心叛者已数万人,因行大事,此帝王之业也。”德戡等然之。行枢、薛世良请以智及兄右屯卫将军许公化及为主[17],结约既定,乃告化及。化及性驽怯,闻之,变色流汗,既而从之。

德戡使许弘仁、张恺入备身府[18],告所识者云:“陛下闻骁果欲叛,多酝毒酒,欲因享会,尽鸩杀之,独与南人留此。”骁果皆惧,转相告语,反谋益急。乙卯,德戡悉召骁果军吏,谕以所为,皆曰:“唯将军命!”是日,风霾昼昏。晡后[19],德戡盗御厩马,潜厉兵刃。是夕,元礼、裴虔通直阁下,专主殿内;唐奉义主闭城门,与虔通相知,诸门皆不下键。至三更,德戡于东城集兵得数万人,举火与城外相应。帝望见火,且闻外喧嚣,问何事。虔通对曰:“草坊失火,外人共救之耳。”时内外隔绝,帝以为然。智及与孟秉于城外集千余人,劫候卫虎贲冯普乐布兵分守衢巷[20]。燕王倓觉有变[21],夜,穿芳林门侧水窦而入,至玄武门[22],诡奏曰:“臣猝中风,命悬俄顷,请得面辞。”裴虔通等不以闻,执囚之。丙辰,天未明,德戡授虔通兵,以代诸门卫士。虔通自门将数百骑至成象殿,宿卫者传呼有贼,虔通乃还,闭诸门,独开东门,驱殿内宿卫者令出,皆投仗而走。右屯卫将军独孤盛谓虔通曰:“何物兵势太异[23]!”虔通曰:“事势已然,不预将军事;将军慎毋动!”盛大骂曰:“老贼,是何物语!”不及被甲,与左右十余人拒战,为乱兵所杀。盛,楷之弟也。千牛独孤开远帅殿内兵数百人诣玄览门[24],叩阁请曰:“兵仗尚全,犹堪破贼。陛下若出临战,人情自定;不然,祸今至矣。”竟无应者,军士稍散。贼执开远,义而释之。先是,帝选骁健官奴数百人置玄武门,谓之给使[25],以备非常,待遇优厚,至以宫人赐之。司宫魏氏为帝所信[26]，化及等结之使为内应。是日，魏氏矫诏悉听给使出外，仓促际制，无一人在者。

德戡等引兵自玄武门入，帝闻乱，易服逃于西阁。虔通与元礼进兵排左阁，魏氏启之，遂入永巷，问："陛下安在？"有美人出，指之。校尉令狐行达拔刀直进[27]，帝映窗扉谓行达曰："汝欲杀我邪？"对曰："臣不敢，但欲奉陛下西还耳。"因扶帝下阁。虔通，本帝为晋王时亲信左右也，帝见之，谓曰："卿非我故人乎[28]！何恨而反？"对曰："臣不敢反，但将士思归，欲奉陛下还京师耳。"帝曰："朕方欲归，正为上江米船未至，今与汝归耳！"虔通因勒兵守之。

至旦，孟秉以甲骑迎化及，化及战栗不能言，人有来谒之者，但俯首据鞍称罪过。化及至城门，德戡迎谒，引入朝堂，号为丞相。裴虔通谓帝曰："百官悉在朝堂，陛下须亲出慰劳。"进其从骑，逼帝乘之；帝嫌其鞍勒弊，更易新者，乃乘之。虔通执辔挟刀出宫门，贼徒喜噪动地。化及扬言曰："何用持此物出，亟还与手[29]。"帝问："世基何在？"贼党马文举曰："已枭首矣！"于是引帝还至寝殿，虔通、德戡等拔白刃侍立。帝叹曰："我何罪至此？"文举曰："陛下违弃宗庙，巡游不息，外勤征讨，内极奢淫，使丁壮尽于矢刃，女弱填于沟壑，四民丧业，盗贼蜂起；专任佞谀，饰非拒谏；何谓无罪！"帝曰："我实负百姓；至于尔辈，荣禄兼极，何乃如是！今日之事，孰为首邪？"德戡曰："溥天同怨，何止一人！"化及又使封德彝数帝罪，帝曰："卿乃士人，何为亦尔？"德彝赧然而退。帝爱子赵王杲，年十二，在帝侧，号恸不已，虔通斩之，血溅御服。贼欲弑帝，帝曰："天子死自有法，何得加以锋刃！取鸩酒来！"文举等不许，使令狐行达顿帝令坐。帝自解练巾授行达，缢杀之。初，帝自知必及于难，常以罂贮毒药自随，谓所幸诸姬曰："若贼至，汝曹当先饮之，然后我饮。"及乱，顾索药，左右皆逃散，竟不能得。萧后与宫人撤漆床板为小棺，与赵王杲同殡于西院流珠堂。

帝每巡幸，常以蜀王秀自随，囚于骁果营。化及弑帝，欲奉秀立之，众议不可，乃杀秀及其七男。又杀齐王暕及其二子并燕王倓，隋氏宗室、外戚，无少长皆死。唯秦王浩素与智及往来，且以计全之。齐王暕素失爱于帝，恒相猜忌，帝闻乱，顾萧后曰："得非阿孩邪[30]?”化及使人就第诛暕,暕谓帝使收之,曰:“诏使且缓儿,儿不负国家!”贼曳至街中,斩之,暕竟不知杀者为谁,父子至死不相明。又杀内史侍郎虞世基、御史大夫裴蕴、左翊卫大将军来护儿、秘书监袁充、右翊卫将军宇文协、千牛宇文皛、梁公萧巨等及其子[31]。巨,琮之弟子也。

难将作,江阳长张惠绍驰告裴蕴,与惠绍谋矫诏发郭下兵收化及等,扣门援帝。议定,遣报虞世基;世基疑告反者不实,抑而不许。须臾,难作,蕴叹曰:“谋及播郎[32],竟误人事!”虞世基宗人伋谓世基子符玺郎熙曰:“事势已然,吾将济卿南渡,同死何益!”熙曰:“弃父背君,求生何地! 感尊之怀,自此决矣!”世基弟世南抱世基号泣请代,化及不许。黄门侍郎裴矩知必将有乱,虽厮役皆厚遇之,又建策为骁果娶妇;及乱作,贼皆曰:“非裴黄门之罪。”既而化及至,矩迎拜马首,故得免。化及以苏威不预朝政,亦免之。威名位素重,往参化及;化及集众而见之,曲加殊礼。百官悉诣朝堂贺,给事郎许善心独不至[33]。许弘仁驰告之曰:“天子已崩,宇文将军摄政,阖朝文武咸集。天道人事自有代终,何预于叔而低回若此[34]?”善心怒,不肯行。弘仁反走上马,泣而去。化及遣人就家擒至朝堂,既而释之。善心不舞蹈而出[35],化及怒曰:“此人大负气!”复命擒还,杀之。其母范氏,年九十二,抚柩不哭,曰:“能死国难[36],吾有子矣!”因卧不食,十余日而卒。唐王之入关也,张季珣之弟仲琰为上洛令,帅吏民拒守,部下杀之以降。宇文化及之乱,仲琰弟琮为千牛左右[37],化及杀之,兄弟三人皆死国难,时人愧之。

化及自称大丞相,总百揆[38]。以皇后令立秦王浩为帝,居别宫,令发诏画敕书而已,仍以兵监守之。化及以弟智及为左仆射,士及为内史令[39],裴矩为右仆射。

**【注释】**

①江都:古县名。治所在今江苏扬州市。炀帝于大业十二年(616)至江都。 ②占候卜相:指视天象变化以测吉凶,灼龟甲取兆测吉凶以及视人形测其命运,泛称占卜术。 ③长城公:南朝陈末代皇帝后主陈叔宝曾称长城公。 ④沈后:陈后主皇后沈氏。 ⑤丹阳:郡名。治所

在今江苏南京市。 ⑥江东:一名江左。指芜湖、南京长江以东地区。 ⑦内史侍郎:隋内史省属官。内史省原称中书省,为全国政务中枢,内史侍郎为其长官中书监、令之副。 ⑧右候卫大将军:隋设左右候卫,管巡察逮捕,置大将军。 ⑨门下录事:隋制,门下省置录事,掌总录文簿。衡水:古县名。治所在今河北衡水市西。 ⑩御史:即御史台,为旧封建国家监察机构。 ⑪此大禹之事:这是夏禹的事业。因大禹治水,功勋卓著,曾向南方巡狩,并大会诸侯于会稽,故引以作比。 ⑫郎将:即中郎将,隋唐为中级军官。 ⑬虎贲郎将:领禁卫兵军官。 ⑭直阁:即直阁将军,为宿卫宫殿的领兵官。 ⑮内史舍人:隋改中书舍人为内史舍人,专管诏令。虎牙郎将:将军名称。盖隋沿用改变东汉的虎牙将军为虎牙郎将。鹰扬郎将:将军名称。盖取鹰扬奋威之义。符玺郎:属门下省,掌符节印玺。直长:门下省六尚局各置直长,管国家政务。城门郎:皇城门禁的郎官,炀帝改城门校尉为此称。医正:为隋太医署官员,即司医。勋侍:为三侍之一。 ⑯将作少监:亦称少府少监,专管工艺制造及钱币之事。 ⑰右屯卫将军:府军制京畿十二卫之一,置将军二人,从三品。 ⑱备身府:隋设左右领军府,炀帝改称备身府,掌宫禁侍卫。 ⑲晡后:晡,申时,即下午三点到五点;晡后,五点以后,即傍晚。 ⑳候卫虎贲:候卫,主管京畿日夜巡察的军事机构;虎贲,盖虎贲将军之简称。 ㉑燕王倓:元德太子昭之子,代王侑之弟封燕王。
㉒玄武门:皇宫正北门。 ㉓何物:哪一个,什么人,俗称什么家伙。
㉔千牛:即千牛卫将军的省称。因其卫兵士皆执千牛刀而称。 ㉕给使:供差遣的人。 ㉖司宫:主管皇宫诸事的官。 ㉗校尉:武官名。隋为武散官。 ㉘故人:对旧吏的称谓。 ㉙与手:施毒手杀之。 ㉚阿孩:齐王暕的小字。 ㉛内史侍郎:隋时相当于专管朝政的宰相之职。御史大夫:隋专掌监察、执法的中央长官。左、右翊卫:禁军官署,置将军、大将军。秘书监:典司图籍的秘书省主官。皛(xiǎo 晓):皎洁。
㉜播郎:虞世基小字。 ㉝给事郎:隋改给事中为给事郎,掌侍从左右,献纳得失,校正文书。 ㉞低回:徘徊,犹豫。 ㉟舞蹈:此指行朝见之礼。 ㊱死国难:为国家危难而死。 ㊲千牛左右:隋制,领左右府有千牛左右,司射左右。 ㊳百揆:古代总领国政的官,亦泛指诸政务。
㊴内史令:即中书令,隋改为内史令,掌著作简册、策命及爵禄废置。

乙卯，徙秦公世民为赵公。

戊辰，隋恭帝诏以十郡益唐国，仍以唐王为相国，总百揆，唐国置丞相以下官，又加九锡[1]。王谓僚属曰："此谄谀者所为耳。孤秉大政而自加宠锡，可乎？必若循魏、晋之迹，彼皆繁文伪饰，欺天罔人；考其实不及五霸，而求名欲过三王，此孤常所非笑，窃亦耻之。"或曰："历代所行，亦何可废！"王曰："尧、舜、汤、武，各因其时，取与异道，皆推其至诚以应天顺人，未闻夏、商之末必效唐、虞之禅也。若使少帝有知，必不肯为；若其无知，孤自尊而饰让，平生素心所不为也。"但改丞相为相国府，其九锡殊礼，皆归之有司。

宇文化及以左武卫将军陈稜为江都太守，综领留事。壬申，令内外戒严，云欲还长安。皇后六宫皆依旧式为御营[2]，营前别立帐，化及视事其中，仗卫部伍[3]，皆拟乘舆。夺江都人舟楫，取彭城水路西归。以折冲郎将沈光骁勇[4]，使将给使营于禁内[5]。行至显福宫，虎贲郎将麦孟才、虎牙郎钱杰与光谋曰[6]："吾侪受先帝厚恩，今俯首事仇，受其驱帅，何面目视息世间哉[7]！吾必欲杀之，死无所恨！"光泣曰："是所望于将军也。"孟才乃纠合恩旧，帅所将数千人，期以晨起将发时袭化及。语泄，化及夜与腹心走出营外，留人告司马德戡等，使讨之。光闻营内喧，知事觉，即袭化及营，空无所获，值内史侍郎元敏，数而斩之[8]。德戡引兵入围之，杀光，其麾下数百人皆斗死，一无降者，孟才亦死。孟才，铁杖之子也。

武康沈法兴[9]，世为郡著姓，宗族数千家。法兴为吴兴太守[10]，闻宇文化及弑逆，举兵，以讨化及为名，比至乌程[11]，得精卒六万，遂攻余杭、毗陵、丹阳，皆下之；据江表十余郡[12]，自称江南道大总管，承制置百官。

陈国公窦抗，唐王之妃兄也，炀帝使行长城于灵武[13]；闻唐王定关中，癸酉，帅灵武、盐川等数郡来降。

夏，四月，稽胡寇富平[14]，将军王师仁击破之。又五万余人寇宜春[15]，相国府谘议参军窦轨将兵讨之，战于黄钦山。稽胡乘高纵火，官军小却；轨斩其部将十四人，拔队中小校代之，勒兵复战。轨自将数百骑居军后，令之曰："闻鼓声有不进者，自后斩之！"既而鼓之，将士争先赴敌，稽胡射之不能止，遂大破之，虏男女二万口。

世子建成等至东都，军于芳华苑；东都闭门不出，遣人招谕，不应。李密出军争之，小战，各引去。城中多欲为内应者，赵公世民曰："吾新定关中，根本未固，虽得东都，不能守也。"遂不受。戊寅，引军还。世民曰："城中见吾退，必来追蹑。"乃设三伏于三王陵以待之[16]；段达果将万余人追之，遇伏而败。世民逐北，抵其城下，斩四千余级。遂置新安、宜阳二郡，使行军总管史万宝、盛彦师将兵镇宜阳，吕绍宗、任瓌将兵镇新安而还。

初，五原通守栎阳张长逊以中原大乱[17]，举郡附突厥，突厥以为割利特勒。郝瑗说薛举[18]，与梁师都及突厥连兵以取长安，举从之。时启民可汗之子咄苾号莫贺咄设，建牙直五原之北[19]，举遣使与莫贺咄设谋入寇；莫贺咄设许之。唐王使都水监宇文歆赂莫贺咄设[20]，且为陈利害，止其出兵，又说莫贺咄设遣张长逊入朝，以五原之地归之中国，莫贺咄设并从之。己卯，武都、宕渠、五原等郡皆降[21]，王即以长逊为五原太守。长逊又诈为诏书与莫贺咄设，示知其谋。莫贺咄设乃拒举、师都等，不纳其使。

戊戌，世子建成等还长安。

东都号令不出四门，人无固志，朝议郎段世弘等谋应西师[22]。会西师已还，乃遣人招李密，期以己亥夜纳之。事觉，越王命王世充讨诛之。密闻城中已定，乃还。

**【注释】**

①九锡：即九赐，谓古代帝王尊礼大臣所恩赐的九种器物：车马、衣服、弓矢、斧钺、秬鬯、命珪、朱户、纳陛、虎贲。"乃加九锡"书面语始见《汉书·武帝纪》，后献帝赐曹操九锡，王莽篡位先加九锡，魏晋南北朝权臣取代前都加九锡，成了惯例，所以隋恭帝给唐王加九锡，唐王不悦。　②六宫：古帝王、皇后皆有正寝一，燕寝五，合为六宫。此指隋炀帝六宫。　③仗卫部伍：仪仗侍卫及一般军队。部伍，即部曲和行伍。古代军队编制，将军领军皆有部曲，大将军五营五部，部校尉一人。部下有曲，曲有军候一人。其基层单位，五人为伍，二十五人为行。所以泛指军队。　④折冲郎将：官名。隋置，正四品，掌领骁果，属领左右府。

⑤给使营:供随时役使差遣的军营。 ⑥虎牙郎:即虎牙郎将,为隋十二卫府中的副将官。 ⑦视息:指仅能目视鼻息,含苟且偷生之义。 ⑧数:数说,责骂,条数其罪恶。 ⑨武康:古县名。治今浙江湖州。 ⑩吴兴:郡名。治今浙江湖州市。 ⑪乌程:古县名。治今浙江湖州市南二十五里。 ⑫江表:江外,指长江以南。 ⑬灵武:地名。治今宁夏灵武市境。 ⑭稽胡:一名步落稽,盖匈奴别称。居自离石以西,安定以东,方七、八百里,在今新疆安定一带。富平:古县名。在今陕西境内。 ⑮宜春:当作"宜君"。古县名。《隋志》,宜君属京兆郡。治今陕西宜君县境。 ⑯三王陵:传说为周景、悼、定三王陵墓,在今河南洛阳市西南。 ⑰五原:郡名。治今陕西境内。通守:仅次太守的地方行政官员。栎阳:古县名。治今陕西西安市临潼区北。 ⑱薛举:隋末地方割据者。大业十三年(617),与子仁果劫兰州金城县令郝瑗起兵反隋,称秦帝,都天水,尽有陇西之地,拥众十余万。与另一在陕甘称帝的梁师都及突厥连兵以取长安,后病死,传位其子仁果。 ⑲咄苾:东突厥可汗,启民可汗之子。唐武德九年(626),发兵四十万攻唐,因连年雹灾,部下反抗,唐联合薛延陀夹攻,后失败被杀,东突厥亡。牙直:牙,牙旗,树于军营前将帅指挥进退用象牙装饰的军旗;直,即值,值勤,防守。牙直,建立军营防卫。 ⑳都水监:官署名。唐置,掌河渠、津梁、堤堰等事务。 ㉑武都:郡名。在今甘肃成县西八十里。宕渠:郡名。在今四川渠县东北。 ㉒朝议郎:六品以上官员,得参与政事。

宇文化及拥众十余万,据有六宫,自奉养一如炀帝。每于帐中南面坐,人有白事者,嘿然不对[①];下牙,方取启状与唐奉义、牛方裕、薛世良、张恺等参决之。以少主浩付尚书省,令卫士十余人守之,遣令史取其画敕[②],百官不复朝参。至彭城,水路不通,复夺民车牛得二千两,并载宫人珍宝;其戈甲戎器,悉令军士负之,道远疲剧,军士始怨。司马德戡窃谓赵行枢曰:"君大谬误我!当今拨乱,必藉英贤;化及庸暗,群小在侧,事将必败,若之何?"行枢曰:"在我等耳,废之何难!"初,化及既得政,赐司马德戡爵温国公,加光禄大夫[③];以其专统骁果,心忌之。后数日,化及署诸将分部士卒,以德戡为礼部尚书[④],外示美迁,实夺其兵柄。德戡由是愤怨,所获赏赐,皆以赂智及;智及为之言,乃使之将后军万余人以从。于是德戡、行枢与诸将李本、尹正卿、宇文导师等谋，以后军袭杀化及，更立德戡为主；遣人诣孟海公，结为外助，迁延未发，待海公报。许弘仁、张恺知之，以告化及，化及遣宇文士及阳为游猎，至后军，德戡不知事露，出营迎谒，因执之。化及让之曰："与公戮力共定海内，出于万死。今始事成，方愿共守富贵，公又何反也？"德戡曰："本杀昏主，苦其淫虐[5]，推立足下，而又甚之；逼于物情[6]，不得已也。"化及缢杀之，并杀其支党十余人。孟海公畏化及之强，帅众具牛酒迎之。李密据巩洛以拒化及，化及不得西，引兵向东郡[7]，东郡通守王轨以城降之。

辛丑，李密将井陉王君廓帅众来降。君廓本群盗，有众数千人，与贼帅韦宝、邓豹合军虞乡[8]，唐王与李密俱遣使招之。宝、豹欲从唐王，君廓伪与之同，乘其无备，袭击，破之，夺其辎重，奔李密；密不礼之，复来降，拜上柱国，假河内太守。

萧铣即皇帝位[9]，置百官，准梁室故事。谥其从父琮为孝靖皇帝，祖岩为河间忠烈王，父璿为文宪王，封董景珍等功臣七人皆为王。遣宋王杨道生击南郡[10]，下之，徙都江陵，修复园庙。引岑文本为中书侍郎[11]，使典文翰，委以机密。又使鲁王张绣徇岭南[12]，隋将张镇周、王仁寿等拒之；既而闻炀帝遇弑，皆降于铣。钦州刺史宁长真亦以郁林、始安之地附于铣[13]。汉阳太守冯盎以苍梧、高凉、珠崖、番禺之地附于林士弘[14]。铣、士弘各遣人招交趾太守丘和，和不从。铣遣宁长真帅岭南之兵自海道攻和，和欲出迎之，司法书佐高士廉说和曰[15]："长真兵数虽多，悬军远至，不能持久，城中胜兵足以当之，奈何望风受制于人！"和从之，以士廉为军司马[16]，将水陆诸军逆击，破之，长真仅以身免，尽俘其众。既而有骁果自江都至，得炀帝凶问，亦以郡附于铣。士廉，劢之子也[17]。

始安郡丞李袭志[18]，迁哲之孙也，隋末，散家财，募士得三千人，以保郡城；萧铣、林士弘、曹武彻迭来攻之，皆不克。闻炀帝遇弑，帅吏民临三日。或说袭志曰："公中州贵族，久临鄙郡，华、夷悦服。今隋室无主，海内鼎沸[19]，以公威惠，号令岭表，尉佗之业可坐致也[20]。"袭志怒曰："吾世继忠贞，今江都虽覆，宗社尚存，尉佗狂僭[21]，何足慕也！"欲斩说者，众乃不敢言。坚守二年，外无声援，城陷,为铣所虏,铣以为工部尚书[22],检校桂州总管[23]。于是东自九江[24],西抵三峡[25],南尽交趾[26],北距汉川[27],铣皆有之,胜兵四十余万。

炀帝凶问至长安,唐王哭之恸,曰:"吾北面事人,失道不能救,敢忘哀乎!"

五月,山南抚慰使马元规击朱粲于冠军[28],破之。

王德仁既杀房彦藻,李密遣徐世勣讨之。德仁兵败,甲寅,与武安通守袁子干皆来降[29],诏以德仁为邺郡太守[30]。

戊午,隋恭帝禅位于唐,逊居代邸[31]。甲子,唐王即皇帝位于太极殿,遣刑部尚书萧造告天于南郊[32],大赦,改元。罢郡,置州,以太守为刺史。推五运为土德[33],色尚黄[34]。

**【注释】**

①嘿然:沉默不语。 ②令史:隋制门下省置录事、通事、令史六人,掌上传下达事宜。 ③光禄大夫:隋唐为文官阶官称号,为加官,褒赠之官。 ④礼部尚书:隋唐为六部之一的礼部长官,掌国家典章法度、祭祀、学校、科举和接待四方宾客等事宜。 ⑤苦:以……为苦,或受不了……之苦。 ⑥逼于:被……所逼。 ⑦东郡:郡名。治今开封东。 ⑧虞乡:古县名。治今山西永济市西。 ⑨萧铣:隋末割据者。后梁宣帝曾孙。炀帝时,以后族为罗县令。大业十三年(617),巴陵校尉董景珍、雷世猛,旅帅郑文秀、许玄彻等同谋反隋,推他为首,称梁王,次年称帝,迁都江陵。隋灭,附者日众,有东到九江,西到三峡,南尽交趾,北距汉水之地,聚众四十余万。后降唐被杀。 ⑩南郡:郡名。治今湖北荆州。 ⑪中书侍郎:中书省长官。职掌机要政令。 ⑫岭南:五岭以南,即今广东、广西一带。 ⑬钦州:治今广西钦州市北。郁林:治今广西玉林市。始安:治今广西桂林市。 ⑭苍梧:治今广西苍梧县。高凉:治今广东阳江市西三十里。珠崖:治今海南海口市琼山区。番禺:治今广东广州市。 ⑮司法书佐:州郡主管刑法文书的佐吏。 ⑯军司马:军府官,在将军之下,总理军府之事,参与军事计划。 ⑰劢(mài 迈):人名。即高劢,北齐清河王岳之子。 ⑱郡丞:郡中辅佐官。 ⑲鼎沸:鼎中沸水翻腾,比喻混乱。 ⑳尉佗之业:指秦南海尉赵佗,因秦亡据南海、桂林、象郡立国称南越王之业绩。 ㉑狂僭:狂妄超越本分的封号。 ㉒工部尚书:为隋唐中央机构中六部之一的工部长官,掌工程、工匠、屯

田、水利、交通等事务。 ㉓检校桂州总管：未列入九品的总理桂州军政官员。桂州：治今广西桂林市。 ㉔九江：治今江西九江市。 ㉕三峡：瞿塘峡、巫陕、西陵峡的总称。位于四川省和湖北省交界处。 ㉖交趾：郡名。治安南东京州之河内城，即今越南河内。 ㉗汉川：汉中有汉川郡，此为汉水以南之地。 ㉘山南：山南道。治今湖北襄阳市，辖东接荆楚，西抵陇蜀，南控大江，北距商华之山地带。冠军：古县名。治今河南邓州市西北四十里。 ㉙武安：郡名。治今河北大名县。 ㉚邺郡：治今河南安阳县。 ㉛代邸：在今河北蔚县。 ㉜刑部尚书：为隋唐中央机构六部之一的刑部长官，掌法律、刑狱事务。告天于南郊：在南郊告祭天地，是封建帝王即位时的一种最隆重的迷信礼仪形式。 ㉝推五运：推算木、金、火、水、土五行的运转。 ㉞色尚黄：色崇尚黄。因五色与五行相配，黄色配土。

隋炀帝凶问至东都，戊辰，留守官奉越王即皇帝位，大赦，改元皇泰。是时于朝堂宣旨，以时钟金革[①]，公私皆即日大祥[②]。追谥大行曰明皇帝[③]，庙号世祖[④]；追尊元德太子曰成皇帝，庙号世宗。尊母刘良娣为皇太后。以段达为纳言、陈国公[⑤]，王世充为纳言、郑国公，元文都为内史令、鲁国公，皇甫无逸为兵部尚书、杞国公，又以卢楚为内史令，郭文懿为内史侍郎，赵长文为黄门侍郎，共掌朝政。时人号“七贵”。皇泰主眉目如画，温厚仁爱，风格俨然。

辛未，突厥始毕可汗遣骨咄禄特勒来，宴之于太极殿，奏九部乐[⑥]。时中国人避乱者多入突厥，突厥强盛，东自契丹、室韦[⑦]，西尽吐谷浑、高昌[⑧]，诸国皆臣之，控弦百余万。帝以初起资其兵马，前后饷遗，不可胜纪。突厥恃功骄倨，每遣使者至长安，多暴横，帝优容之。

壬申，命裴寂、刘文静等修定律令。置国子、太学、四门生[⑨]，合三百余员，郡县学亦各置生员。

六月，甲戌朔，以赵公世民为尚书令，黄台公瑗为刑部侍郎，相国府长史裴寂为右仆射、知政事，司马刘文静为纳言，司录窦威为内史令，李纲为礼部尚书、参掌选事，掾殷开山为吏部侍郎，属赵慈景为兵部侍郎，韦义节为礼部侍郎，主簿陈叔达、博陵崔民干并为黄门侍郎，唐俭为内史侍郎，录事参军裴晞为尚书右丞；以隋民部尚书萧瑀为内史令，礼部尚书窦琎为户部尚书，蒋公屈突通为兵部尚书，长安令独孤怀恩为工部尚书。瑗，上之从子；怀恩，舅子也。

上待裴寂特厚，群臣无与为比，赏赐服玩，不可胜纪；命尚书奉御日以御膳赐寂，视朝必引与同坐，入阁则延之卧内；言无不从，称为裴监而不名[10]。委萧瑀以庶政，事无大小，无不关掌[11]。瑀亦孜孜尽力，绳违举过[12]，人皆惮之，毁之者众，终不自理。上尝有敕而内史不时宣行，上责其迟，瑀对曰："大业之世，内史宣敕，或前后相违，有司不知所从，其易在前，其难在后；臣在省日久，备见其事。今王业经始，事系安危，远方有疑，恐失机会，故臣每受一敕必勘审，使与前敕不违，始敢宣行，稽缓之愆，实由于此。"上曰："卿用心如是，吾复何忧！"

初，帝遣马元规慰抚山南，南阳郡丞河东吕子臧独据郡不从；元规遣使数辈谕之，皆为子臧所杀。及炀帝遇弑，子臧发丧成礼，然后请降；拜邓州刺史，封南郡公。

废大业律令，颁新格。

上每视事，自称名，引贵臣同榻而坐。刘文静谏曰："昔王导有言[13]：'若太阳俯同万物，使群生何以仰照！'今贵贱失位，非常久之道。"上曰："昔汉光武与严子陵共寝[14]，子陵加足于帝腹。今诸公皆名德旧齿，平生亲友，宿昔之欢，何可忘也。公勿以为嫌！"

戊寅，隋安阳令吕珉以相州来降，以为相州刺史。

己卯，祔四亲庙主[15]。追尊皇高祖瀛州府君曰宣简公；皇曾祖司空曰懿王；皇祖景王曰景皇帝，庙号太祖，祖妣曰景烈皇后；皇考元王曰元皇帝，庙号世祖，妣独孤氏曰元贞皇后；追谥妃窦氏曰穆皇后。每岁祀昊天上帝、皇地祇、神州地祇[16]，以景帝配，感生帝、明堂[17]，以元帝配。庚辰，立世子建成为皇太子，赵公世民为秦王，齐公元吉为齐王，宗室黄瓜公白驹为平原王[18]，蜀公孝基为永安王，柱国道玄为淮阳王，长平公叔良为长平王，郑公神通为永康王，安吉公神符为襄邑王，柱国德良为新兴王，上柱国博义为陇西

唐高祖像

王,上柱国奉慈为勃海王。孝基、叔良、神符、德良,帝之从父弟;博义、奉慈,弟子;道玄,从父兄子也。

【注释】

①以时钟金革:按时鸣钟击鼓。金革,指代钟鼓之类乐器,且用如动词,鸣钟击鼓。　②大祥:亲丧两周年除服之祭,即禫祭。　③大行:本意为一去不返,讳言皇帝死亡,此指炀帝。　④庙号:封建皇帝死后,在太庙立室奉祀时特起的名号。　⑤纳言:官名。本职为宣达帝命,渐职重,隋门下省置纳言二人,相当于宰相之职。　⑥九部乐:隋乐,分九部。大业中,炀帝定清乐、西凉、龟兹、天竺、康国、疏勒、安国、高丽,礼毕以为九部乐。　⑦契丹、室韦、吐谷浑、高昌:皆今辽宁、黑龙江、青海、新疆一带我国古代少数民族之国名。　⑨国子、太学、四门生:属国子监,三学生员不同,文武三品以上及国公子孙、从二品以上曾孙为国子学生;文武五品以上及郡县公子孙、从三品曾孙为太学生;文武七品以上及侯、伯、子、男若庶人子为俊士生者为四门学生。　⑩裴监:裴寂仕隋为晋阳宫监,故称,以表亲近。　⑪关:通“贯”,贯通,统统。⑫绳:绳正,纠正。　⑬王导:东晋重臣,官居宰辅,总揽元、明、成三朝国政。元帝即位,百官陪列,帝命王导升御床共坐,导固辞曰:“若太阳下同万物,苍生何由仰照!”批评尊卑失次,帝乃止。　⑭严子陵:东汉初隐士。名光,字子陵。会稽余姚人。少与刘秀同学。刘秀即位,改名隐居。后召京师洛阳,任谏议大夫,他不受,归隐富春江。　⑮祔:祭名。合享

之祭。四亲：高、曾、祖、父四辈。 ⑯昊天上帝：敬称天帝，指元气博大的天帝。皇地祇：地神。皇，大，对神明的敬称。 ⑰感生帝：感五精之气而生之帝。五精，即五行。汉后受阴阳五行家影响，以五行相胜推算帝王兴衰，隋以火德王，祀"赤熛怒"为感帝，唐以土德王，祀"含枢纽"感帝。明堂：为古代帝王祭祀之地。 ⑱黄瓜公：即黄瓜县公。县在今甘肃天水市西南。

癸未，薛举寇泾州，以秦王世民为元帅，将八总管兵以拒之。

遣太仆卿宇文明达招慰山东，以永安王孝基为陕州总管[①]。时天下未定，凡边要之州，皆置总管府，以统数州之兵。

乙酉，奉隋帝为酅国公[②]。诏曰："近世以来，时运迁革[③]，前代亲族，莫不诛夷。兴亡之效，岂伊人力！其隋蔡王智积等子孙，并付所司，量才选用。"

东都闻宇文化及西来，上下震惧。有盖琮者，上疏请说李密与之合势拒化及。元文都谓卢楚等曰："今仇耻未雪而兵力不足，若赦密罪使击化及，两贼自斗，吾徐承其弊。化及既破，密兵亦疲；又其将士利吾官赏，易可离间，并密亦可擒也。"楚等皆以为然，即以琮为通直散骑常侍[④]，赍敕书赐密。

丙申，隋信都郡丞东莱麴稜来降[⑤]，拜冀州刺史。

丁酉[⑥]，万年县法曹武城孙伏伽上表，以为："隋以恶闻其过亡天下。陛下龙飞晋阳[⑦]，远近响应，未期年而登帝位；徒知得之之易，不知隋失之之不难也。臣谓宜易其覆辙，务尽下情。凡人君言动，不可不慎。窃见陛下今日即位而明日有献鹞雏者[⑧]，此乃少年之事，岂圣主所须哉！又，百戏散乐[⑨]，亡国淫声。近太常于民间借妇女裙襦五百余袭以充妓衣[⑩]，拟五月五日玄武门游戏，此亦非所以为子孙法也。凡如此类，悉宜废罢。善恶之习，朝夕渐染，易以移人。皇太子、诸王参僚左右，宜谨择其人；其有门风不能雍睦，为人素无行义，专好奢靡，以声色游猎为事者，皆不可使之亲近也。自古及今，骨肉乖离，以至败国亡家，未有不因左右离间而然也。愿陛下慎之。"上省表大悦，下诏褒称，擢为治书侍御史[⑪]，赐帛三百匹，仍颁示远近。

辛丑，内史令延安靖公窦威薨。以将作大匠窦抗兼纳言，黄门侍郎陈叔达判纳言。

宇文化及留辎重于滑台，以王轨为刑部尚书，使守之，引兵北趣黎阳。李密将徐世勣据黎阳，畏其军锋，以兵西保仓城。化及渡河，保黎阳，分兵围世勣。密帅步骑二万，壁于清淇，与世勣以烽火相应，深沟高垒，不与化及战。化及每攻仓城，密辄引兵以掎其后。密与化及隔水而语，密数之曰："卿本匈奴皂隶破野头耳[12]；父兄子弟，并受隋恩，富贵累世，举朝莫二。主上失德，不能死谏，反行弑逆，欲规篡夺。不追诸葛瞻之忠诚[13]，乃为霍禹之恶逆[14]，天地所不容，将欲何之！若速来归我，尚可得全后嗣。"化及默然，俯视良久，瞋目大言曰："与尔论相杀事，何须作书语邪！"密谓从者曰："化及庸愚如此，忽欲图为帝王，吾当折杖驱之耳[15]！"化及盛修攻具以逼仓城，世勣于城外掘深沟以固守，化及阻堑，不得至城下。世勣于堑中为地道，出兵击之，化及大败，焚其攻具。

时密与东都相持日久，又东拒化及，常畏东都议其后，见盖琮至，大喜，遂上表乞降，请讨灭化及以赎罪，送所获凶党雄武郎将于洪建[16]，遣元帅府记室参军李俭[17]、上开府徐师誉等入见[18]。皇泰主命戮洪建于左掖门外[19]，如斛斯政之法[20]。元文都等以密降为诚实，盛饰宾馆于宣仁门东[21]。皇泰主引见俭等，以俭为司农卿，师誉为尚书右丞，使具导从，列铙吹，还馆，玉帛酒馔，中使相望。册拜密太尉、尚书令、东南道大行台行军元帅、魏国公，令先平化及，然后入朝辅政。以徐世勣为右武候大将军。仍下诏称密忠款，且曰："其用兵机略，一禀魏公节度。"

元文都喜于和解，谓天下可定，于上东门置酒作乐，自段达已下皆起舞。王世充作色谓起居侍郎崔长文曰[22]："朝廷官爵，乃以与贼，其志欲何为邪！"文都等亦疑世充欲以城应化及，由是有隙，然犹外相弥缝，阳为亲善。

秋，七月，皇泰主遣大理卿张权[23]、鸿胪卿崔善福赐李密书曰[24]："今日以前，咸共刷荡，使至以后，彼此通怀。七政之重[25]，伫公匡弼，九伐之利[26]，委公指挥。"权等既至，密北面拜受诏书。既无西虑，悉以精兵东击化及。密知化及军粮且尽，因伪与和；化及大喜，恣其兵食，冀密馈之。会密下有人获罪，亡抵化及，具言其情，化及大怒，其食又尽，乃渡永济渠，与密战于童山之下，自辰达酉；密为流矢所中，堕马闷绝，左右奔散，追兵且至，唯秦叔宝独捍卫之[27]，密由是获免。叔宝复收兵与之力战，化及乃退。化及入汲郡求军粮，又遣使拷掠东郡吏民以责米粟。王轨等不堪其弊，遣通事舍人许敬宗诣密请降；密以轨为滑州总管，以敬宗为元帅府记室，与魏征共掌文翰[28]。敬宗，善心之子也。房公苏威在东郡，随众降密，密以其隋氏大臣，虚心礼之。威见密，初不言帝室艰危，唯再三舞蹈，称“不图今日复睹圣明！”时人鄙之。化及闻王轨叛，大惧，自汲郡引兵欲取以北诸郡，其将陈智略帅岭南骁果万余人，樊文超帅江淮排穳[29]，张童儿帅江东骁果数千人，皆降于密。文超，子盖之子也。化及犹有众二万，北趣魏县；密知其无能为，西还巩洛，留徐世勣以备之。

【注释】

①陕州：治今河南陕三门峡市陕州区。　②郿（xī 西）：春秋鲁地名。在今山东省。　③时运：时令和命运。此指天命机运，即朝代兴衰。④通直散骑常侍：侍奉皇帝的官职。　⑤东莱：古莱夷之地，后为郡名，治今山东莱州市。　⑥丁酉：原文缺，据章、孔等版本所加。　⑦龙飞：比喻皇帝起事之初或即位。《易·乾》：“飞龙在天，利见大人。”《疏》：“若圣人有龙德，飞腾而居天位。”　⑧鹞雏：疑即鹞雉。《尔雅·释鸟》：“鹞雉……江淮而南，青质五彩皆备成章曰鹞。”　⑨百戏散乐：杂技、歌舞、乐奏。　⑩裙襦：上衣下裙，妇女服饰。　⑪治书侍御史：专掌监察、执法的官员。　⑫破野头：匈奴人一种姓氏。言宇文化及本为匈奴姓破野头的，役属鲜卑俟豆归，从其主子姓宇文。　⑬诸葛瞻之忠诚：三国时蜀诸葛亮之子瞻，忠于蜀，蜀亡身死。　⑭霍禹之恶逆：西汉政治家霍光子禹，汉宣帝亲政，禹谋弑逆自立，遂灭族。此数化及弑逆之恶。　⑮折杖：断竹木等为杖。表示胜算在握，轻易可赶走宇文化及。　⑯雄武郎将：隋骁果军左右雄武府将领。　⑰记室参军：掌章表书记文檄的官。　⑱上开府：将军府之称。　⑲掖门：宫中的旁门。　⑳斛斯政之法：大业十年（614）十一月丙申，杀斛斯政于金光门外，烹肉焚骨，扬其骨灰。　㉑宣仁门：东都东城东门。　㉒起居侍郎：专掌记录皇帝起居动止的官。　㉓大理卿：掌刑狱的官员。　㉔鸿胪卿：掌接待礼仪的官

员。 ㉕七政:日、月、五大行星。此喻国家大政。 ㉖九伐:制裁诸侯违犯王命的九种办法。《周礼·夏官·大司马》:“以九伐之法正邦国:冯弱犯寡则眚(削地)之,贼贤害民则伐之,暴内陵外则坛(撤职)之,野荒民散则削之,负固不服则侵之,贼杀其亲则正之,放弑其君则残之,犯令陵政则杜之,外内乱、鸟兽行则灭之。”此指安定国家的多种征讨平服办法。 ㉗秦叔宝:唐初将领。名琼,始属隋将来护儿等,后降密,密败投唐,官至左武卫大将军。 ㉘魏征:唐初大臣、政治家。少家贫出家为道士。后参加瓦岗军,密败降唐,任太子洗马,为李建成心腹,建成被杀,太宗重其才,擢任谏议大夫,历秘书监、侍中等职,以直谏闻于世。 ㉙排穳(zuǎn 纂):盾牌和小矛。此指步卒。

乙巳,宣州刺史周超击朱粲[1],败之。

丁未,梁师都寇灵州[2],骠骑将军蔺兴粲击破之。

突厥阙可汗遣使内附。初,阙可汗附于李轨[3];隋西戎使者曹琼据甘州诱之,乃更附琼,与之拒轨;为轨所败,窜于达斗拔谷,与吐谷浑相表里,至是内附。寻为李轨所灭。

薛举进逼高墌[4],游兵至于豳、岐,秦王世民深沟高垒不与战。会世民得疟疾,委军事于长史、纳言刘文静、司马殷开山,且戒之曰:“薛举悬军深入,食少兵疲,若来挑战,慎勿应也。俟吾疾愈,为君等破之。”开山退,谓文静曰:“王虑公不能办,故有此言耳。且贼闻王有疾,必轻我,宜曜武以威之。”乃陈于高墌西南,恃众而不设备。举潜师掩其后,壬子,战于浅水原,八总管皆败,士卒死者什五六,大将军慕容罗睺、李安远、刘弘基皆没,世民引兵还长安。举遂拔高墌,收唐兵死者为京观[5];文静等皆坐除名。

乙卯,榆林贼帅郭子和遣使来降[6],以为灵州总管。

李密每战胜,必遣使告捷于皇泰主。隋人皆喜,王世充独谓其麾下曰:“元文都辈,刀笔吏耳,吾观其势,必为李密所擒。且吾军士屡与密战,没其父兄子弟,前后已多,一旦为之下,吾属无类矣!”欲以激怒其众。文都闻之,大惧,与卢楚等谋因世充入朝,伏甲诛之。段达性庸懦,恐事不就,遣其婿张志以楚等谋告世充。戊午夜三鼓,世充勒兵袭含嘉门。元文都闻变,入奉皇泰主御乾阳殿，陈兵自卫，命诸将闭门拒守。将军跋野纲将兵出，遇世充，下马降之。将军费曜、田阇战于门外，不利。文都自将宿卫兵欲出玄武门以袭其后，长秋监段瑜称求门钥不获⑦，稽留遂久。天且曙，文都复欲引兵出太阳门逆战，还至乾阳殿，世充已攻太阳门得入。皇甫无逸弃母及妻子，斫右掖门，西奔长安。卢楚匿于太官署，世充之党擒之，至兴教门，见世充，世充令乱斩杀之；进攻紫微宫门。皇泰主使人登紫微观，问："称兵欲何为？"世充下马谢曰："元文都、卢楚等横见规图；请杀文都，甘从刑典⑧。"段达乃令将军黄桃树执送文都。文都顾谓皇泰主曰："臣今朝死，陛下夕及矣！"皇泰主恸哭遣之，出兴教门，乱斩如卢楚，并杀卢、元诸子。段达又以皇泰主命开门纳世充，世充悉遣人代宿卫者，然后入见皇泰主于乾阳殿。皇泰主谓世充曰："擅相诛杀，曾不闻奏，岂为臣之道乎？公欲肆其强力，敢及我邪！"世充拜伏流涕谢曰："臣蒙先皇采拔，粉骨非报。文都等苞藏祸心⑨，欲召李密以危社稷，疾臣违异，深积猜嫌；臣迫于救死，不暇闻奏。若内怀不臧，违负陛下，天地日月，实所照临，使臣阖门殄灭，无复遗类。"词泪俱发。皇泰主以为诚，引令升殿，与语久之，因与俱入见皇太后；世充被发为誓，称不敢有二心。乃以世充为左仆射、总督内外诸军事。比及日中，捕获赵长文、郭文懿，杀之。然后巡城，告谕以诛元、卢之意。世充自含嘉城移居尚书省，渐结党援，恣行威福。用兄世恽为内史令，入居禁中，子弟咸典兵马，分政事为十头，悉以其党主之，势震内外，莫不趋附，皇泰主拱手而已⑩。

**【注释】**

①宣州：治今安徽宣城市宣州区。朱粲：唐城父（今河南宝丰县东四十里）人。隋大业中从军伐贼长白山，亡命为盗，渡淮，屠竟陵、沔阳，转剽山南，号楚帝，建元昌达。后先降高祖，寻奔王世充，东都平被斩。②梁师都：割据者。夏州朔方（今陕西靖边县北白城子）人。任鹰扬将军。隋大业十三年（617）起兵反隋，攻占雕阴、弘化、延安，称帝，国号梁，年号永隆，依附突厥，屡引南侵，后为堂弟所杀。 ③李轨：割据者。今甘肃武威人。隋末任鹰扬府司马，大业十三年（617）起兵，拥有张掖等河西五郡，称西河大凉王，次年称帝，年号安乐。后被唐斩于长安。 ④高

墌(zhǐ 止):在今陕西长武县北。 ⑤京观:亦称京丘。指古代战争时期,胜者炫耀武功,收集敌人尸体封土成冢,若山陵高大。 ⑥郭子和:隋叛将。炀帝时任左翊卫,罪徙榆林,大业十三年(617)起兵,称永乐王,年号正平,与梁师都联合,受突厥封爵,此时降唐。 ⑦长秋监:炀帝大业三年(607),改内侍省为长秋监。 ⑧刑典:刑法,法律。 ⑨苞藏祸心:指包藏着祸害他人之心。"苞"同"包"。 ⑩拱手:顺从。

李密将入朝,至温,闻元文都等死,乃还金墉。东都大饥,私钱滥恶,太半杂以锡镮[①],其细如线,米斛直钱八九万。

初,李密尝受业于儒生徐文远。文远为皇泰主国子祭酒,自出樵采,为密军所执;密令文远南面坐,备弟子礼,北面拜之。文远曰:"老夫既荷厚礼,敢不尽言!未审将军之志欲为伊、霍以继绝扶倾乎[②]?则老夫虽迟暮,犹愿尽力;若为莽、卓,乘危邀利,则无所用老夫矣!"密顿首曰:"昨奉朝命,备位上公,冀竭庸虚[③],匡济国难,此密之本志也。"文远曰:"将军名臣之子[④],失涂至此,若能不远而复,犹不失为忠义之臣。"及王世充杀元文都等,密复问计于文远。文远曰:"世充亦门人也,其为人残忍褊隘,既乘此势,必有异图,将军前计为不谐矣。非破世充,不可入朝也。"密曰:"始谓先生儒者,不达时事,今乃坐决大计,何其明也!"文远,孝嗣之玄孙也。

庚申,诏隋氏离宫游幸之所并废之。

戊辰,遣黄台公瑗安抚山南。

己巳,以隋右武卫将军皇甫无逸为刑部尚书。

隋河间郡丞王琮守郡城以拒群盗,窦建德攻之,岁余不下;闻炀帝凶问,帅吏士发丧,乘城者皆哭。建德遣使吊之,琮因使者请降,建德退舍具馔以待之[⑤]。琮言及隋亡,俯伏流涕,建德亦为之泣。诸将曰:"琮久拒我军,杀伤甚众,力尽乃降,请烹之。"建德曰:"琮,忠臣也,吾方赏之以劝事君,奈何杀之!往在高鸡泊为盗,容可妄杀人;今欲安百姓,定天下,岂得害忠良乎!"乃徇军中曰:"先与王琮有怨敢妄动者,夷三族!"以琮为瀛州刺史。于是河北郡县闻之,争附于建德。

先是，建德陷景城，执户曹河东张玄素，将杀之，县民千余人号泣，请代其死，曰："户曹清慎无比，大王杀之，何以劝善！"建德乃释之，以为治书侍御史，固辞；及江都败，复以为黄门侍郎，玄素乃起。饶阳令宋正本，博学有才气，说建德以定河北之策，建德引为谋主。建德定都乐寿，命所居曰金城宫，备置百官。

【注释】

①锡镮：假钱。隋开皇初，见用之钱，皆须和以锡镴，此为私铸锡镮冒充。 ②伊、霍：商伊尹、汉霍光，都是辅政重臣，关键时刻，能挽救国家危难。 ③庸虚：自谦之词，言平庸无能。 ④名臣之子：指李密为周名将李宽之子。谓其有忠义之基。 ⑤退舍：退却。舍，行军三十里为一舍。

# 资治通鉴卷第一百八十六

## 唐纪二　起著雍摄提格八月，尽十二月，不满一年。

## 高祖神尧大圣光孝皇帝上之中

**武德元年**　八月，薛举遣其子仁果进围宁州[①]，刺史胡演击却之。郝瑗言于举曰："今唐兵新破，关中骚动，宜乘胜直取长安。"举然之，会有疾而止。辛巳，举卒。太子仁果立，居于折墌城[②]，谥举曰武帝。

上欲与李轨共图秦、陇，遣使潜诣凉州[③]，招抚之，与之书，谓之从弟。轨大喜，遣其弟懋入贡。上以懋为大将军，命鸿胪少卿张俟德册拜轨为凉州总管，封凉王。

初，朝廷以安阳令吕珉为相州刺史[④]，更以相州刺史王德仁为岩州刺史。德仁由是怨愤，甲申，诱山东大使宇文明达入林虑山而杀之，叛归王世充。

己丑，以秦王世民为元帅，击薛仁果。

丁酉，临洮等四郡来降。

隋江都太守陈稜求得炀帝之柩，取宇文化及所留辇辂鼓吹，粗备天子仪卫，改葬于江都宫西吴公台下，其王公以下，皆列瘗于帝茔之侧[⑤]。

宇文化及之发江都也，以杜伏威为历阳太守[⑥]；伏威不受，仍上表于隋，皇泰主拜伏威为东道大总管，封楚王。

沈法兴亦上表于皇泰主[⑦]，自称大司马、录尚书事、天门公，承制置百官，以陈杲仁为司徒，孙士汉为司空，蒋元超为左仆射，殷芊为左丞，徐令言为右丞，刘子翼为选部侍郎，李百药为府掾。百药，德林之子也[⑧]。

【注释】

①宁州：州名。治在今甘肃宁县。 ②折墌城：西魏筑，在今甘肃泾川县东北。 ③凉州：在今甘肃武威市。 ④相州：治在今河南安阳市。 ⑤瘗（yì亦）：掩埋。 ⑥杜伏威：隋末江淮农民起义领袖。大业九年（613）起兵据六合，逼江都，后败隋将陈稜，破高邮，占历阳，自称总管。曾表奏皇泰主，为东南道大总管，封楚王。献款入唐，任淮南安抚大使、吴王，拜太子太师，辅公祏反唐，他被杀。 ⑦沈法兴：隋末江南割据者。大业十四年（618），以讨宇文化及起兵，据余杭、毗陵、丹阳等十余郡，称江南道大总管。越王侗立，上书称大司马录尚书事，设百官，又称梁王，年号延康。后为李子通击败，投江死。 ⑧李德林：隋史学家，历事齐、周、隋三朝，任隋内史令，予修国史，撰《齐史》二十七卷。

九月，隋襄国通守陈君宾来降[①]，拜邢州刺史[②]。君宾，伯山之子也[③]。

虞州刺史韦义节攻隋河东通守尧君素[④]，久不下，军数不利；壬子，以工部尚书独孤怀恩代之。

初，李密既杀翟让，颇自骄矜，不恤士众；仓粟虽多，无府库钱帛，战士有功，无以为赏；又厚抚初附之人，众心颇怨。徐世勣尝因宴会刺讥其短；密不怿，使世勣出镇黎阳[⑤]，虽名委任，实亦疏之。

密开洛口仓散米，无防守典当者，又无文券，取之者随意多少；或离仓之后，力不能致，委弃衢路，自仓城至郭门，米厚数寸，为车马所辗践[⑥]；群盗来就食者并家属近百万口，无瓮盎[⑦]，织荆筐淘米，洛水两岸十里之间，望之皆如白沙。密喜，谓贾闰甫曰："此可谓足食矣！"闰甫对曰："国以民为本，民以食为天。今民所以襁负如流而至者[⑧]，以所天在此故也。而有司曾无爱吝，屑越如此[⑨]，窃恐一旦米尽民散，明公孰与成大业哉！"密谢之，即以闰甫判司仓参军事。

密以东都兵数败微弱，而将相自相屠灭，谓旦夕可平；王世充既专大权，厚赏将士，缮治器械，亦阴图取密。时隋军乏食，而密军少衣，世充请交易，密难之；长史邴元真等各求私利，劝密许之。先是，东都人归密者，日以百数；既得食，降者益少，密悔而止。

密破宇文化及还，其劲卒良马多死，士卒疲病。世充欲乘其弊击之，恐人心不壹，乃诈称左军卫士张永通三梦周公，令宣意于世充，当勒兵相助击贼；乃为周公立庙，每出兵，辄先祈祷。世充令巫宣言周公欲令仆射急讨李密，当有大功，不即兵皆疫死。世充兵多楚人，信妖言，皆请战。世充简练精锐得二万余人，马二千余匹。壬子，出师击密，旗幡之上皆书永通字，军容甚盛。癸丑，至偃师，营于通济渠南，作三桥于渠上。密留王伯当守金墉，自引精兵出偃师，阻邙山以待之。

密召诸将会议，裴仁基曰："世充悉众而至，洛下必虚，可分兵守其要路，令不得东，简精兵三万，傍河西出以逼东都。世充还，我且按甲；世充再出，我又逼之。如此，则我有余力，彼劳奔命，破之必矣。"密曰："公言大善。今东都兵有三不可当：兵仗精锐，一也；决计深入，二也；食尽求战，三也。我但乘城固守，蓄力以待之；彼欲斗不得，求走无路，不过十日，世充之头可致麾下。"陈智略、樊文超、单雄信皆曰："计世充战卒甚少，屡经摧破，悉已丧胆。《兵法》曰'倍则战'，况不啻倍哉！且江、淮新附之士，望因此机展其勋效，及其锋而用之，可以得志。"于是诸将喧然，欲战者什七八，密惑于众议而从之。仁基苦争不能得，击地叹曰："公后必悔之。"魏征言于长史郑颋曰："魏公虽骤胜，而骁将锐卒多死，战士心怠，此二者难以应敌。且世充乏食，志在死战，难与争锋，未若深沟高垒以拒之，不过旬月，世充粮尽，必自退，追而击之，蔑不胜矣。"颋曰："此老生之常谈耳[10]。"征曰："此乃奇策，何谓常谈！"拂衣而起。

程知节将内马军与密同营在北邙山上，单雄信将外马军营于偃师城北。世充遣数百骑渡通济渠攻雄信营，密遣裴行俨与知节助之。行俨先驰赴敌，中流矢，坠于地；知节救之，杀数人，世充军披靡，乃抱行俨重骑而还；为世充骑所逐，刺槊洞过，知节回身捩折其槊，兼斩追者，与行俨俱免。会日暮，各敛兵还营。密骁将孙长乐等十余人皆被重创。

密新破宇文化及，有轻世充之心，不设壁垒。世充夜遣二百余骑潜入北山，伏溪谷中，命军士皆秣马蓐食[11]。甲寅旦，将战，世充誓众曰："今日之战，非直争胜负；死生之分，在此一举。若其捷也，富贵固所不论；若其不捷，必无一人获免。所争者死，非独为国，各宜勉之！"迟明，引兵薄密。密出兵应之，未及成列，世充纵兵击之。世充士卒皆江、淮剽勇[12]，出入如飞。世充先索得一人貌类密者，缚而匿之，战方酣，使牵以过陈前，噪曰："已获李密矣！"士卒皆呼万岁。其伏兵发，乘高而下，驰压密营，纵火焚其庐舍。密众大溃，其将张童仁、陈智略皆降，密与万余人驰向洛口。

世充夜围偃师；郑颋守偃师，其部下翻城纳世充。初，世充家属在江都，随宇文化及至滑台，又随王轨入李密，密留于偃师，欲以招世充。及偃师破，世充得其兄世伟、子玄应、虔恕、琼等，又获密将佐裴仁基、郑颋、祖君彦等数十人。世充于是整兵向洛口，得邴元真妻子、郑虔象母及密诸将子弟，皆抚慰之，令潜呼其父兄。

初，邴元真为县吏，坐赃亡命，从翟让于瓦冈；让以其尝为吏，使掌书记。及密开幕府，妙选时英，让荐元真为长史；密不得已用之，行军谋画，未尝参预。密西拒世充，留元真守洛口仓。元真性贪鄙，宇文温谓密曰："不杀元真，必为公患。"密不应。元真知之，阴谋叛密；杨庆闻之，以告密，密固疑焉。至是，密将入洛口城，元真已遣人潜引世充矣。密知而不发，因与众谋，待世充兵半济洛水，然后击之。世充军至，密候骑不时觉，比将出战，世充军悉已济矣。单雄信等又勒兵自据；密自度不能支，帅麾下轻骑奔虎牢，元真遂以城降。

初，雄信骁捷，善用马槊，名冠诸军，军中号曰"飞将"。彦藻以雄信轻于去就，劝密除之；密爱其才，不忍也。及密失利，雄信遂以所部降世充。

密将如黎阳，或曰："杀翟让之际，徐世勣几死，今失利而就之，安可保乎！"时王伯当弃金墉保河阳，密自虎牢归之，引诸将共议。密欲南阻河，北守太行，东连黎阳，以图进取。诸将皆曰："今兵新失利，众心危惧，若更停留，恐叛亡不日而尽。又人情不愿，难以成功。”密曰：“孤所恃者众也，众既不愿，孤道穷矣。”欲自刎以谢众。伯当抱密号绝，众皆悲泣，密复曰：“诸君幸不相弃，当共归关中；密身虽无功，诸君必保富贵。”府掾柳爕曰：“明公与唐公同族，兼有畴昔之好；虽不陪起兵，然阻东都，断隋归路，使唐公不战而据长安，此亦公之功也。”众咸曰：“然。”密又谓王伯当曰：“将军室家重大，岂复与孤俱行哉！”伯当曰：“昔萧何尽帅子弟以从汉王，伯当恨不兄弟俱从，岂以公今日失利遂轻去就乎！纵身分原野，亦所甘心！”左右莫不感激，从密入关者凡二万人。于是密之将帅、州县多降于隋。朱粲亦遣使降隋，皇泰主以粲为楚王。

**【注释】**

①襄国：郡名。治在今河北邢台市。 ②邢州：郡名。再改襄国为邢州。 ③伯山：陈伯山，陈文帝之子。 ④虞州：郡名。治在今山西运城市东北安邑。河东：郡名。治在今山西永济市西南蒲州镇。 ⑤黎阳：地名。治在今河南浚县境。 ⑥轥（lìn 吝）：辗、轧。 ⑦瓮盎（wèngàng 蕹醠）：都是大腹敛口的一种陶器。 ⑧襁负：用襁褓背负。襁褓，背负小儿的背带或布兜。此指背着婴儿。 ⑨屑越：糟蹋，犹言狼藉而弃之。 ⑩老生之常谈：老书生平常之谈，比喻没有新意的言论。 ⑪秣马蓐食：喂饱马匹，未起床时就吃饭。秣，饲料、喂养。蓐，草席，草垫。 ⑫剽勇：轻捷骁勇。

甲寅，秦州总管窦轨击薛仁果[①]，不利；骠骑将军刘感镇泾州[②]，仁果围之。城中粮尽，感杀所乘马以分将士，感一无所啖，唯煮马骨取汁和木屑食之。城垂陷者数矣；会长平王叔良将士至泾州，仁果乃扬言食尽，引兵南去；乙卯，又遣高墌人伪以城降。叔良遣感帅众赴之；己未，至城下，扣，城中人曰：“贼已去，可逾城入。”感命烧其门，城上下水灌之。感知其诈，遣步兵先还，自帅精兵为殿。俄而城上举三烽，仁果兵自南原大下，战于百里细川，唐军大败，感为仁果所擒。仁果复围泾州，令感语城中云：“援军已败，不如早降。”感许之，至城下，大呼曰：“逆贼饥馁，亡在旦夕，秦王帅数十万众，四面俱集，城中勿忧，勉之！”仁果怒，执感，于城旁埋之至膝，驰骑射之；至死，声色逾厉。叔良婴城固守，仅能自全。感，丰生之孙也。

庚申，陇州刺史陕人常达击薛仁果于宜禄川[3]，斩首千余级。

上遣从子襄武公琛、太常卿郑元璹以女妓遗始毕可汗[4]。壬戌，始毕复遣骨咄禄特勒来。

癸亥，白马道士傅仁均造《戊寅历》成[5]，奏上，行之。

薛仁果屡攻常达，不能克，乃遣其将仵士政以数百人诈降，达厚抚之。乙丑，士政伺隙以其徒劫达，拥城中二千人降于仁果。达见仁果，词色不屈，仁果壮而释之。奴贼帅张贵谓达曰："汝识我乎？"达曰："汝逃死奴贼耳！"贵怒，欲杀之；人救之，获免。

辛未，追谥隋太上皇为炀帝。

宇文化及至魏县，张恺等谋去之；事觉，化及杀之。腹心稍尽，兵势日蹙，兄弟更无他计，但相聚酣宴，奏女乐。化及醉，尤智及曰："我初不知，由汝为计，强来立我。今所向无成，士马日散，负弑君之名，天下所不容。今者灭族，岂不由汝乎！"持其两子而泣。智及怒曰："事捷之日，初不赐尤，及其将败，乃欲归罪，何不杀我以降窦建德！"数相斗阋[6]，言无长幼；醒而复饮，以此为恒。其众多亡，化及自知必败，叹曰："人生固当死，岂不一日为帝乎！"于是鸩杀秦王浩，即皇帝位于魏县，国号许，改元天寿，署置百官。

**【注释】**

①秦州：古州名，治在今甘肃甘谷县东。　②泾州：古州名。治在今甘肃泾川县北泾河北岸。　③陇州：古州名。治在今陕西陇县东南。宜禄川：地名，在今陕西长武县境。　④始毕可汗：东突厥可汗。即咄吉世。隋时曾率众南侵雁门。隋末北方割据势力刘武周、梁师都、李轨等，都曾向他称臣求援，李渊也依他之力南定长安。在位期间中原先进文化、技术传入，畜牧业有很大发展。　⑤《戊寅历》：历法名。因唐受禅建国，岁在戊寅，故以名历。　⑥斗阋（xì 系）：指家庭兄弟间的争执。

冬，十月，壬申朔，日有食之。

戊寅，宴突厥骨咄禄，引骨咄禄升御座以宠之。

李密将至，上遣使迎劳，相望于道。密大喜，谓其徒曰："我拥众百万，一朝解甲归唐，山东连城数百①，知我在此，遣使招之，亦当尽至；比于窦融②，功亦不细，岂不以一台司见处乎③！”己卯，至长安，有司供待稍薄，所部兵累日不得食，众心颇怨。既而以密为光禄卿、上柱国，赐爵邢国公。密既不满望，朝臣又多轻之，执政者或来求贿，意甚不平；独上亲礼之，常呼为弟，以舅子独孤氏妻之。

庚辰，诏右翊卫大将军淮安王神通为山东道安抚大使，山东诸军并受节度；以黄门侍郎崔民干为副。

邓州刺史吕子臧与抚慰使马元规击朱粲，破之。子臧言于元规曰：“粲新败，上下危惧，请并力击之，一举可灭。若复迁延，其徒稍集，力强食尽，致死于我，为患方深。”元规不从。子臧请独以所部兵击之，元规不许。既而粲收集余众，兵复大振，自称楚帝于冠军，改元昌达，进攻邓州。子臧抚膺谓元规曰：“老夫今坐公死矣！”粲围南阳④，会霖雨城坏，所亲劝子臧降。子臧曰：“安有天子方伯降贼者乎！”帅麾下赴敌而死。俄而城陷，元规亦死。

癸未，王世充收李密美人珍宝及将卒十余万人还东都，陈于阙下。乙酉，皇泰主大赦。丙戌，以世充为太尉、尚书令、内外诸军事，仍使之开太尉府，备置官属，妙选人物。世充以裴仁基父子骁勇，深礼之。徐文远复入东都，见世充，必先拜。或问曰：“君倨见李密而敬王公，何也？”文远曰：“魏公，君子也，能容贤士；王公，小人也，能杀故人，吾何敢不拜！”

李密总管李育德以武陟来降，拜陟州刺史。育德，谔之孙也。其余将佐刘德威、贾闰甫、高季辅等，或以城邑，或帅众，相继来降。

初，北海贼帅綦公顺帅其徒三万攻郡城⑤，已克其外郭，进攻子城，城中食尽；公顺自谓克在旦夕，不为备。明经刘兰成纠合城中骁健百余人袭击之⑥，城中见兵继之，公顺大败，弃营走，郡城获全。于是郡官及望族分城中民为六军，各将之，兰成亦将一军。有宋书佐者⑦，离间诸军曰：“兰成得众心，必为诸人不利，不如杀之。”众不忍杀，但夺其兵以授宋书佐。兰成恐终及祸，亡奔公顺；公顺军中喜噪，欲奉以为主，固辞，乃以为长史，军事咸听焉。居五十余日，兰成简军中骁健者百五十人，往抄北海。距城四十里，留十人，使多芟草，分为百余积；二十里，又留二十人，各执大旗；五六里，又留三十人，伏险要；兰成自将十人，夜，距城一里许潜伏；余八十人分置便处，约闻鼓声即抄取人畜亟去，仍一时焚积草。明晨，城中远望无烟尘，皆出樵牧。日向中，兰成以十人直抵城门，城上钲鼓乱发；伏兵四出，抄掠杂畜千余头及樵牧者而去。兰成度抄者已远，徐步而还。城中虽出兵，恐有伏兵，不敢急追；又见前有旌旗、烟火，遂不敢进而还。既而城中知兰成前者众少，悔不穷追。居月余，兰成谋取郡城，更以二十人直抵城门。城中人竞出逐之，行未十里，公顺将大军总至。郡兵奔驰还城，公顺进兵围之；兰成一言招谕，城中人争出降。兰成抚存老幼，礼遇郡官，见宋书佐，亦礼之如旧，仍资送出境，内外安堵。

时海陵贼帅臧君相闻公顺据北海⑧，帅其众五万来争之；公顺众少，闻之大惧。兰成为公顺画策曰："君相今去此尚远，必不为备，请将军倍道袭击其营。"公顺从之，自将骁勇五千人，赍熟食，倍道袭之。将至，兰成与敢死士二十人前行，距君相营五十里，见其抄者负担向营，兰成亦与其徒负担蔬米、烧器，诈为抄者，择空而行听察，得其号及主将姓名；至暮，与贼比肩而入，负担巡营，知其虚实，得其更号。乃于空地燃火营食，至三鼓，忽于主将幕前交刀乱下，杀百余人，贼众惊扰，公顺兵亦至，急攻之，君相仅以身免，俘斩数千，收其资粮甲仗以还。由是公顺党众大盛。及李密据洛口，公顺以众附之，密败，亦来降。

隋末群盗起，冠军司兵李袭誉说西京留守阴世师遣兵据永丰仓⑨，发粟以赈贫乏，出库物赏战士，移檄郡县，同心讨贼。世师不能用。乃求募兵山南，世师许之。上克长安，自汉中召还，为太府少卿；乙未，附袭誉籍于宗正⑩。袭誉，袭志之弟也。

丙申，朱粲寇淅州⑪，遣太常卿郑元璹帅步骑一万击之。

是月，纳言窦抗罢为左武候大将军。

【注释】

①山东：指太行山以东李密辖制地区。　②比于窦融：同窦融相等。窦融，东汉初大臣。新莽时，任波水将军；莽败归刘玄，为巨鹿太守，转张

掖属国都尉;刘玄败,联酒泉,张掖、郭煌等五郡,为河西五郡大将军。光武即位归汉,从破隗嚣,封安丰侯,累进大司空。 ③台司:台官司职。即尚书、御史、谒者的官员司职。 ④南阳:郡名。隋改邓州为南阳郡,治在穰县,今河南邓州市。 ⑤北海:郡名。隋大业三年(607)改青州置,治在今山东昌乐县。 ⑥明经:明经取士之科,以经义射策取者也称明经。 ⑦宋书佐:姓宋的书佐。书佐,官名,炀帝改郡诸曹参军为书佐。 ⑧海陵:古县名。治在今江苏泰州市。 ⑨冠军司兵:冠军府的司兵之职。因冠军、辅国将军,从六品,司兵为六品以下小军官。 ⑩附袭誉籍于宗正:将李袭誉先祖户籍,附录在宗正寺所掌天子族亲属籍的册籍上。因李袭誉的先祖,亦出于陇西,故附之属籍以示亲近。 ⑪淅州:治在今河南淅川县西南。

十一月,乙巳,凉王李轨即皇帝位,改元安乐。

戊申,王轨以滑州来降。

薛仁果之为太子也[①],与诸将多有隙;及即位,众心猜惧。郝瑗哭举得疾,遂不起,由是国势浸弱。秦王世民至高墌,仁果使宗罗睺将兵拒之;罗睺数挑战,世民坚壁不出。诸将咸请战,世民曰:"我军新败[②],士气沮丧,贼恃胜而骄,有轻我心,宜闭垒以待之。彼骄我奋,可一战而克也。"乃令军中曰:"敢言战者斩!"相持六十余日,仁果粮尽,其将梁胡郎等帅所部来降。世民知仁果将士离心,命行军总管梁实营于浅水原以诱之。罗睺大喜,尽锐攻之,梁实守险不出;营中无水,人马不饮者数日。罗睺攻之甚急;世民度贼已疲,谓诸将曰:"可以战矣!"迟明,使右武候大将军庞玉陈于浅水原。罗睺并兵击之,玉战,几不能支,世民引大军自原北出其不意,罗睺引兵还战。世民帅骁骑数十先陷陈,唐兵表里奋击,呼声动地,罗睺士卒大溃,斩首数千级。世民帅二千余骑追之,窦轨叩马苦谏曰:"仁果犹据坚城,虽破罗睺,未可轻进,请且按兵以观之。"世民曰:"吾虑之久矣,破竹之势,不可失也,舅勿复言[③]!"遂进。仁果陈于城下,世民据泾水临之,仁果骁将浑干等数人临陈来降。仁果惧,引兵入城拒守。日向暮,大军继至,遂围之。夜半,守城者争自投下。仁果计穷,己酉,出降;得其精兵万

李世民为纪念平陇西所立昭仁寺碑

余人,男女五万口。

诸将皆贺,因问曰:“大王一战而胜,遽舍步兵,又无攻具,轻骑直造城下,众皆以为不克,而卒取之④,何也?”世民曰:“罗睺所将皆陇外之人,将骁卒悍;吾特出其不意而破之,斩获不多。若缓之,则皆入城,仁果抚而用之,未易克也;急之,则散归陇外,折墌虚弱,仁果破胆,不暇为谋,此吾所以克也。”众皆悦服。世民所得降卒,悉使仁果兄弟及宗罗睺、翟长孙等将之,与之射猎,无所疑间。贼畏威衔恩,皆愿效死。世民闻褚亮名,求访,获之,礼遇甚厚,引为王府文学⑤。

上遣使谓世民曰:“薛举父子多杀我士卒,必尽诛其党以谢冤魂。”李密谏曰:“薛举虐杀不辜,此其所以亡也,陛下何怨焉!怀服之民,不可不抚!”乃命戮其谋首,余皆赦之。

上使李密迎秦王世民于豳州,密自恃智略功名,见上犹有傲色;及见世民,不觉惊服,私谓殷开山曰:“真英主也,不如是,何以定祸乱乎!”

诏以员外散骑常侍姜謩为秦州刺史⑥,謩抚以恩信,盗贼悉归首,士民安之。

徐世勣据李密旧境,未有所属。魏征随密至长安,乃自请安集山东,上以为秘书丞⑦,乘传至黎阳,遗徐世勣书,劝之早降。世勣遂决计西向,谓长史阳翟郭孝恪曰:“此民众土地,皆魏公有也;

吾若上表献之，是利主之败，自为功以邀富贵也，吾实耻之。今宜籍郡县户口士马之数以启魏公，使自献之。”乃遣孝恪诣长安，又运粮以饷淮安王神通。上闻世勣使者至，无表，止有启与密[8]，甚怪之。孝恪具言世勣意，上乃叹曰：“徐世勣不背德，不邀功，真纯臣也！”赐姓李。以孝恪为宋州刺史，使与世勣经营虎牢以东，所得州县，委之选补。

癸丑，独孤怀恩攻尧君素于蒲反[9]。行军总管赵慈景尚帝女桂阳公主，为君素所擒，枭首城外，以示无降意。

癸亥，秦王世民至长安，斩薛仁果于市，赐常达帛三百段。赠刘感平原郡公，谥忠壮。扑杀仵士政于殿庭。以张贵尤淫暴，腰斩之。上享劳将士，因谓群臣曰：“诸公共相翊戴以成帝业，若天下承平，可共保富贵。使王世充得志，公等岂有种乎！如薛仁果君臣，岂可不以为前鉴也！”己巳，以刘文静为户部尚书，领陕东道行台左仆射[10]；复殷开山爵位。

**【注释】**

①薛仁果之为太子也：指上年七月，薛举称帝，仁果为太子。　②我军新败：指七月浅水原之败。　③舅：因李世民为窦氏生，故呼窦轨为舅。　④卒（cù 促）：急遽貌。通“猝”、“促”。　⑤文学：官名。略如后世教官。　⑥员外散骑常侍：官名。指正员以外，掌管规谏，不典事的侍从皇帝左右的官。　⑦秘书丞：掌典籍或起草文书的官。　⑧启：书函、信件。　⑨尧君素：隋汤阴人。炀帝为晋王，随从左右；即位，累迁鹰击将军。后为河东通守，唐遣吕绍宗、韦义节等攻之，围之急，又赐金券待以不死，终无降意，妻至城下招之，亲射杀，泣励将士，誓以死守。岁余，乏粮为左右所害。　⑩行台：在地方代表朝廷的行尚书省事的机构之称。

李密骄贵日久，又自负归国之功，朝廷待之不副本望，郁郁不乐。尝遇大朝会，密为光禄卿[1]，当进食，深以为耻；退，以告左武卫大将军王伯当。伯当心亦怏怏，因谓密曰：“天下事在公度内耳。今东海公在黎阳，襄阳公在罗口，河南兵马，屈指可计，岂得久如此也！”密大喜，乃献策于上曰：“臣虚蒙荣宠，安坐京师，曾无报效;山东之众皆臣故时麾下,请往收而抚之。凭藉国威,取王世充如拾地芥耳!”上闻密故将士多不附世充,亦欲遣密往收之。群臣多谏曰:“李密狡猾好反,今遣之,如投鱼于泉,放虎于山,必不返矣!”上曰:“帝王自有天命,非小子所能取。借使叛去,如以蒿箭射蒿中耳!今使二贼交斗,吾可以坐收其弊。”辛未,遣密诣山东,收其余众之未下者。密请与贾闰甫偕行,上许之,命密及闰甫同升御榻,赐食,传饮卮酒曰:“吾三人同饮是酒以明同心,善建功名,以副朕意。丈夫一言许人,千金不易。有人确执不欲弟行,朕推赤心于弟,非他人所能间也。”密、闰甫再拜受命。上又以王伯当为密副而遣之。

有大鸟五集于乐寿,群鸟数万从之,经日乃去。窦建德以为己瑞,改元五凤。宗城人有得玄圭献于建德者[②],宋正本及景城丞会稽孔德绍皆曰:“此天所以赐大禹也[③],请改国号曰夏。”建德从之,以正本为纳言,德绍为内史侍郎。

初,王须拔掠幽州,中流矢死,其将魏刀儿代领其众,据深泽,掠冀、定之间,众至十万,自称魏帝。建德伪与连和,刀儿弛备,建德袭击破之,遂围深泽;其徒执刀儿降,建德斩之,尽并其众。

易、定等州皆降,唯冀州刺史麴稜不下。稜婿崔履行,暹之孙也,自言有奇术,可使攻者自败,稜信之。履行命守城者皆坐,毋得妄斗,曰:“贼虽登城,汝曹勿怖,吾将使贼自缚。”于是为坛,夜,设章醮[④],然后自衣衰绖,杖竹登北楼恸哭;又令妇女升屋四面振裙。建德攻之急,稜将战,履行固止之。俄而城陷,履行哭犹未已。建德见稜,曰:“卿忠臣也!”厚礼之,以为内史令。

**【注释】**

①光禄卿:《新唐书·艺文志·职官类·六典》:“光禄卿之职,掌邦国酒醴、膳羞之事,总太官、珍羞、良酝、掌醢四署之官,属朝会燕飨,则节其等差,量其丰约以供焉。” ②玄圭:黑色的玉,古代帝王举行典礼所用的一种玉器。 ③此天所以赐大禹也:这是天所赐给禹的。此,指玄圭。这里用禹治水于会稽告成,天赐玄圭,比喻窦建德得玄圭的祥瑞。④章醮:符书章,作法术。

十二月，壬申，诏以秦王世民为太尉、使持节、陕东道大行台[①]，其蒲州、河北诸府兵马并受节度[②]。

癸酉，西突厥曷娑那可汗自宇文化及所来降。

隋将尧君素守河东，上遣吕绍宗、韦义节、独孤怀恩相继攻之，俱不下。时外围严急，君素为木鹅，置表于颈，具论事势，浮之于河；河阳守者得之，达于东都。皇泰主见而叹息，拜君素金紫光禄大夫。庞玉、皇甫无逸自东都来降，上悉遣诣城下，为陈利害，君素不从。又赐金券[③]，许以不死。其妻又至城下，谓之曰："隋室已亡，君何自苦！"君素曰："天下名义，非妇人所知！"引弓射之，应弦而倒。君素亦自知不济，然志在守死，每言及国家，未尝不歔欷。谓将士曰："吾昔事主上于藩邸，大义不得不死。必若隋祚永终[④]，天命有属，自当断头以付诸君，听君等持取富贵。今城池甚固，仓储丰备，大事犹未可知，不可横生心也！"君素性严明，善御众，下莫敢叛。久之，仓粟尽，人相食；又获外人，微知江都倾覆。丙子，君素左右薛宗、李楚客杀君素以降，传首长安。君素遣朝散大夫解人王行本将精兵七百在他所[⑤]，闻之，赴救不及，因捕杀君素者党与数百人，悉诛之，复乘城拒守。独孤怀恩引兵围之。

丁丑，隋襄平太守邓暠以柳城、北平二郡来降，以暠为营州总管。

辛巳，太常卿郑元璹击朱粲于商州，破之。

初，宇文化及遣使招罗艺，艺曰："我隋臣也。"斩其使者，为炀帝发丧，临三日。窦建德、高开道各遣使招之，艺曰："建德、开道，皆剧贼耳。吾闻唐公已定关中，人望归之。此真吾主也，吾将从之，敢沮议者斩！"会张道源慰抚山东，艺遂奉表，与渔阳、上谷等诸郡皆来降[⑥]。癸未，诏以艺为幽州总管。薛万均，世雄之子也，与弟万彻俱以勇略为艺所亲待，诏以万均为上柱国、永安郡公，万彻为车骑将军、武安县公。

窦建德既克冀州，兵威益盛，帅众十万寇幽州。艺将逆战，万均曰："彼众我寡，出战必败。不若使羸兵背城阻水为陈，彼必渡水击我。万均请以精骑百人伏于城旁，俟其半渡击之，蔑不胜矣[⑦]。"艺从之。建德果引兵渡水，万均邀击，大破之。建德竟不能至其城下，乃分兵掠霍堡及雍奴等县，艺复邀击，败之。凡相拒百余日，建德不能克，乃还乐寿。

艺得隋通直谒者温彦博，以为司马。艺以幽州归国，彦博赞成之；诏以彦博为幽州总管府长史，未几，征为中书侍郎。兄大雅，时为黄门侍郎，与彦博对居近密，时人荣之。

【注释】

①太尉：全国最高军事长官。使持节：加官，给予诛杀中级以下官吏之权。大行台：在大行政区代表中央机构即称行台，多由军事关系临时设置。若任职人权位特重，则称大行台。 ②河北诸府：指大河以北，黎、相之地诸总管府。 ③金券：金书券契。 ④祚：皇位。 ⑤解：即解县。 ⑥渔阳：郡名。治在今天津蓟州区。上谷：郡名。治在今河北易县。 ⑦蔑：无，没有

以西突厥曷娑那可汗为归义王，曷娑那献大珠，上曰："珠诚至宝，然朕宝王赤心，珠无所用。"竟还之。

乙西，车驾幸周氏陂，过故墅。[1]

初，羌豪旁企地以所部附薛举，及薛仁果败，企地来降，留长安。企地不乐，帅其众数千叛，入南山，出汉川，所过杀掠。武候大将军庞玉击之，为企地所败。企地行至始州，掠女子王氏，与俱醉卧野外；王氏拔其佩刀，斩首送梁州，其众遂溃。诏赐王氏号崇义夫人。

壬辰，王世充帅众三万围谷州，刺史任瓌拒却之。

上使李密分其麾下之半留华州，将其半出关。长史张宝德预在行中，恐密亡去，罪相及；上封事，言其必叛。上意乃中变，又恐密惊骇，乃降敕书劳来，令密留所部徐行，单骑入朝，更受节度。

密至稠桑，得敕，谓贾闰甫曰："敕遣我去，无故复召我还，天子向云，'有人确执不许'，此谮行矣。吾今若还，无复生理，不若破桃林县[2]，收其兵粮，北走渡河。比信达熊州[3]，吾已远矣。苟得至黎阳，大事必成。公意如何？"闰甫曰："主上待明公甚厚；况国家姓名，著在图谶，天下终当一统。明公既已委质[4]，复生异图；任瓌、史万宝据熊、谷二州，此事朝举，彼兵夕至，虽克桃林，兵岂暇

集，一称叛逆，谁复容人！为明公计，不若且应朝命，以明元无异心，自然浸润不行[5]；更欲出就山东，徐思其便可也。"密怒曰："唐使吾与绛、灌同列[6]，何以堪之！且谶文之应，彼我所共。今不杀我，听使东行，足明王者不死；纵使唐遂定关中，山东终为我有。天与不取，乃欲束手投人！公，吾之心腹，何意如是！若不同心，当斩而后行！"闰甫泣曰："明公虽云应谶，近察天人，稍已相违。今海内分崩，人思自擅，强者为雄；明公奔亡甫尔，谁相听受！且自翟让受戮之后，人皆谓明公弃恩忘本，今日谁肯复以所有之兵束手委公乎！彼必虑公见夺，逆相拒抗，一朝失势，岂有容足之地哉！自非荷恩殊厚者，讵肯深言不讳乎！愿明公熟思之，但恐大福不再。苟明公有所措身，闰甫亦何辞就戮！"密大怒，挥刃欲击之；王伯当等固请，乃释之。闰甫奔熊州。伯当亦止密，以为未可；密不从。伯当乃曰："义士之志，不以存亡易心。公必不听，伯当与公同死耳，然终恐无益也。"

密因执使者，斩之。庚子旦，密绐桃林县官曰："奉诏暂还京师，家人请寄县舍。"乃简骁勇数十人，着妇人衣，戴羃䍦[7]，藏刀裙下，诈为妻妾，自帅之入县舍，须臾，变服突出，因据县城。驱掠徒众，直趣南山，乘险而东，遣人驰告故将伊州刺史襄城张善相[8]，令以兵应接。

右翊卫将军史万宝镇熊州，谓行军总管盛彦师曰："李密，骁贼也，又辅以王伯当，今决策而叛，殆不可当也。"彦师笑曰："请以数千之众邀之，必枭其首。"万宝曰："公以何策能尔？"彦师曰："兵法尚诈，不可为公言之。"即帅众逾熊耳山南，据要道，令弓弩夹路乘高，刀楯伏于溪谷，令之曰："俟贼半渡，一时俱发。"或问曰："闻李密欲向洛州，而公入山，何也？"彦师曰："密声言向洛，实欲出人不意，走襄城，就张善相耳。若贼入谷口，我自后追之，山路险隘，无所施力，一夫殿后，必不能制。今吾先得入谷，擒之必矣。"

李密既渡陕，以为余不足虑，遂拥众徐行，果逾山南出。彦师击之，密众首尾断绝，不得相救。遂斩密及伯当，俱传首长安。彦师以功赐爵葛国公，拜武卫将军，仍领熊州。



李世勣在黎阳，上遣使以密首示之，告以反状。世勣北面拜伏号恸，表请收葬；诏归其尸。世勣为之行服，备君臣之礼。大具仪卫，举军缟素，葬密于黎阳山南。密素得士心，哭者多欧血。

【注释】

①周氏陂：地名。在今陕西咸阳市东北。故墅：在高陵县西十里店，李渊原来居住过的宅舍。后名龙跃宫。 ②桃林县：治在今河南灵宝市北老城。 ③熊州：治在今河南宜阳县西。 ④委质：谓人臣拜见君主，屈膝而委身于地，称委质。一说"质"通"贽"，古人相见，必贽以为礼，如卿以羔，大夫以雁等。 ⑤浸润不行：见《论语·颜渊》："浸润之谮，肤受之诉，不行焉。"是说点滴而来的谗言在你这里行不通。 ⑥与绛、灌同列：与绛、灌等同。汉绛侯周勃与颍阴侯灌婴，佐刘邦累之军功，为一代名将。但绛灌无文、一介武夫、淮阴侯韩信羞与等列。见《史记·淮阴侯传》。密引此言唐给其待遇太低而不满。 ⑦羃䍦：面幕。古代妇女障面之巾。 ⑧伊州：治在今河南汝州市。

隋右武卫大将军李景守北平，高开道围之，岁余不能克。辽西太守邓暠将兵救之，景帅其众迁于柳城；后将还幽州，于道为盗所杀。开道遂取北平，进陷渔阳郡，有马数千匹，众且万，自称燕王，改元始兴，都渔阳。

怀戎沙门高昙晟因县令设斋[①]，士民大集，昙晟与僧五千人拥斋众而反，杀县令及镇将，自称大乘皇帝，立尼静宣为邪输皇后，改元法轮[②]。遣使招开道，立为齐王。开道帅众五千人归之，居数月，袭杀昙晟，悉并其众。

有犯法不至死者，上特命杀之。监察御史李素立谏曰："三尺法[③]，王者所与天下共也；法一动摇，人无所措手足。陛下甫创洪业，奈何弃法！臣忝法司，不敢奉诏。"上从之。自是特承恩遇，命所司授以七品清要官；所司拟雍州司户，上曰："此官要而不清。"又拟秘书郎，上曰："此官清而不要。"遂擢授侍御史。素立，义深之曾孙也[④]。

上以舞胡安叱奴为散骑侍郎。礼部尚书李纲谏曰："古者乐工不与士齿，虽贤如子野、师襄[⑤]，皆世不易其业。唯齐末封曹妙达为王，安马驹为开府[⑥]，有国家者以为殷鉴[⑦]。今天下新定，建义功臣，行赏未遍，高才硕学，犹滞草莱[8]；而先擢舞胡为五品，使鸣玉曳组，趋翔廊庙[9]，非所以规模后世也。”上不从，曰：“吾业已授之，不可追也。”

陈岳论曰：受命之主，发号施令，为子孙法；一不中理，则为厉阶[10]。今高祖曰“业已授之，不可追”，苟授之而是，则已；授之而非，胡不可追欤？君人之道，不得不以“业已授之”为诫哉！

李轨吏部尚书梁硕，有智略，轨常倚之以为谋主。硕见诸胡浸盛，阴劝轨宜加防察，由是与户部尚书安修仁有隙。轨子仲琰尝诣硕，硕不为礼，乃与修仁共谮硕于轨，诬以谋反，轨鸩硕，杀之。有胡巫谓轨曰：“上帝当遣玉女自天而降。”轨信之，发民筑台以候玉女，劳费甚广。河右饥，人相食，轨倾家财以赈之；不足，欲发仓粟，召群臣议之。曹珍等皆曰：“国以民为本，岂可爱仓粟而坐视其死乎！”谢统师等皆故隋官，心终不服，密与群胡为党，排轨故人，乃诟珍曰：“百姓饿者自是羸弱，勇壮之士终不至此。国家仓粟以备不虞，岂可散之以饲羸弱！仆射苟悦人情，不为国计，非忠臣也。”轨以为然，由是士民离怨。

【注释】

①怀戎：古县名，治在今河北涿鹿县西南桑干河南岸。沙门：僧徒。梵语，勤息、止息恶行之义。设斋：设坛请僧道向神佛念经祈祷。 ②法轮：梵语。佛教认为佛法力大无边，比做车轮，能轧毁一切恶业。 ③三尺法：即法律。古代以三尺竹简书写法律，故称。 ④义深：李义深，赵郡著姓大户，事高齐，史云人位兼美。 ⑤子野：晋乐师，字旷。师襄：鲁乐师。 ⑥开府：开设府署，辟置僚属。 ⑦殷鉴：《诗·大雅·荡》：“殷鉴不远在夏后之世。”郑玄《笺》：“此言殷之明镜不远也。近在夏后之世，谓汤诛桀也。”本谓夏的灭亡，是殷对照的一面镜子，后泛指可鉴诫的前事。此指齐后主亡国，应为唐的鉴诫。 ⑧草莱：本指草茅、杂草之类，进而指田野，喻未出仕者。 ⑨廊庙：廊，殿四周的廊屋；庙，太庙。都是古帝王大臣议政的地方，故可指朝廷。 ⑩厉阶：祸端。《诗·大雅·桑柔》：“谁生厉阶，至今为梗。”毛《传》：“厉，恶。”